Viajes en Europa, África i América

por

Domingo Faustino Sarmiento

Miembro de la Universidad de Chile,
del instituto Historico de Francia i de otras Corporaciones
Literarias.

Santiago de Chile

1849

índice

Prólogo

Ofrezco a mis amigos, en las siguientes pájinas, una miscelánea de observaciones, reminiscencias, impresiones e incidentes de viaje, que piden toda la induljencia del corazon, para tener a raya la merecida crítica que sobre su importancia no dejará de hacer el juicio desprevenido. Saben ellos que a fines de 1845 partí de Chile, con el objeto de ver por mis ojos, i de palpar, por decirlo así, el estado de la enseñanza primaria, en las naciones que han hecho de ella un ramo de la administracion pública. El fruto de mis investigaciones verá bien pronto la luz; pero dejaba esta tarea árida por demas, vacíos en mi existencia ambulante, que llenaban el espectáculo de las naciones, usos, monumentos e instituciones, que ante mis miradas caian sucesivamente, i de que quise hacer en la época, abreviada reseña a mis amigos, o de no guardé anotaciones i recuerdos, a que ahora doi el posible órden, en la coleccion de cartas que a continuacion publico.

Este plan traíalo aparejado la realidad del caso, i aconsejábamelo la naturaleza misma del asunto. El *viaje escrito*, a no ser en prosecucion de algun tema científico, o haciendo esploracion de paises poco conocidos, es materia mui manoseada ya, para entretener la atencion de los lectores. Las *impresiones de viaje*, tan en voga como lectura amena, han sido esplotadas por plumas como la del creador inimitable del jénero, el popular Dumas, quien con la privilejiada facundia de su espiritu, ha revestido de colores vivaces todo lo que ha caido bajo su inspeccion, hermoseando sus cuadros casi siempre con las ficciones de la fantasía, o bien apropiándose acontecimientos dramáticos o novedosos ocurridos muchos años ántes a otros, i conservados por la tradicion local; a punto de no saberse si lo que se lee es una novela caprichosa o un viaje real sobre un punto edénico de la tierra, ¡Cuán bellos son los paises así descritos, i cuán animado el movible i corredizo panorama de los viajes! I sin embargo, no es en nuestra época la escitacion continua el tormento del viajero, que entre unas i otras impresiones agradables, tiene que soportar la intercalacion de largos dias de fastidio, de monotonía, i aun la de escenas naturales, mui bellas ara vistas i sentidas; pero que son ya, con variaciones que la pluma no acierta a determinar, duplicados de lo ya visto i descrito. La descripcion carece, pues, de novedad, la vida civilizada reproduce en todas partes los mismos caractéres, los mismos medios de existencia; la prensa diaria lo revela todo; i no es raro que un hombre estudioso sin salir de su gabinete, deje parado al viajero sobre las cosas mismas que él creia conocer bien por la inspeccion personal. Si esto ocurre de ordinario, mayor se hace todavía la dificulted de escribir viajes, si el viajero sale de las sociedades ménos adelantadas, para darse cuenta de otras que lo son mas. Entónces se siente la incapacidad de observar, por falta de la necesaria preparacion de espíritu, que deja turbio i míope el ojo, a causa de lo dilatado de las vistas, i la multiplicidad de los objetos que en ellas se encierran. Nada hai que me haya fastidiado tanto como la inspeccion de aquellas portentosas fábricas que son el orgullo i el blason de la intelijencia humana, i la fuente de la riqueza de los pueblos modernos. No he visto en ellas sino ruedas, motores, balanzas, palancas i un laberinto de piecesillas, que se mueven no sé cómo, para producir qué sé yo qué resultados; i mi ignorancia de cómo se fabrica el hilo de coser ha sido punto ménos tan grande, despues de recorrer una fábrica, que ántes de haberla visto. I sucede lo mismo en todos los otros ramos de la vida de los pueblos avanzados; el Anacarsis no viene con su ojo de escita a contemplar las maravillas del arte, sino a riesgo de injuriar la estatua con solo mirarla. Nuestra percepcion está aun embotada, mal despejado el juicio, rudo el sentimiento de lo bello, e incompletas nuestras nociones sobre la historia, la política, la filosofía i bellas letras de aquellos pueblos, que van a mostrarnos en sus hábitos, sus preocupaciones, i las ideas que en un momento dado los ocupan, el resultado de todos aquellos ramos combinados de su existencia moral i física. Si algo mas hubiera   que añadir a esto, seria que el libro lo hacen para nosotros los europeos; i el escritor americano, a la inferioridad real, cuando entra con su humilde producto a engrosar el caudal de las obras que andan en manos del público, se le acumula la desventaja de una prevencion de ánimo que le desfavorece, sin que pueda decirse por eso que inmerecidamente. Si hubiera descrito todo cuanto he visto como el Conde del Maule, habria repetido un trabajo hecho ya por mas idónea i entendida pluma; si hubiese intentado escribir *impresiones de viaje*, la mía se me habria escapado de las manos, negándose a tarea tan desproporcionada. He escrito, pues, *lo que he escrito*, porque no sabria cómo clasificarlo de otro modo, obedeciendo a instintos i a impulsos que vienen de adentro, i que a veces la razon misma no es arte a refrenar. Algunos fragmentos de estas cartas que la prensa de Montevideo, Francia, España o Chile han publicado, dan cumplida muestra de aquella falta de plan que no quiero prejuzgar; si bien me permitiré hacer indicaciones que no serán por demás, para escusar su irregularidad. Desde luego las cartas son de suyo jénero literario tan dúctil i elástico, que se presta a todas las formas i admite todos los asuntos. No le está prohibido lo pasado, por la asociacion natural de las ideas, que a la vista de un hecho o de un objeto despiertan reminiscencias i sujieren aplicacion; sin que siente mal aventurarse mas allá de lo material i visible, pudiendo con propiedad seguir deducciones que vienen de suyo a ofrecerse al espíritu. Gústase entónces de pensar, a la par que se siente, i de pasar de un objeto a otro, siguiendo el andar abandonado de la carta, que tan bien cuadra con la natural variedad del viaje.

Ni es ya la fisonomía esterior de las naciones, ni el aspecto físico de los países, sujeto propio de observacion, que los libros nos tienen harto familiarizados con sus detalles. Materia mas vasta, si bien ménos fácil de apreciar, ofrecen el espíritu que ajita a las naciones, las instituciones que retardan o impulsan sus progresos, i aquellas preocupaciones del momento, que dan a la narracion toda su oportunidad, i el tinte peculiar de la época. Cúpome la ventura, digna de observador mas alto, de caminar en buena parte de mi viaje sobre un terreno minado hondamente por los elementos de una de las mas terribles convulsiones que han ajitado la mente de los pueblos, trastornando, como por la súbita vibracion del rayo, cosas e instituciones que parecian edificios sólidamente basados: i puedo envanecerme de haber sentido moverse bajo mis   plantas el suelo de las ideas, i de haber escuchado rumores sordos, que los mismos que habitaban el pais, no alcanzaban a apercibir. La revolucion europea de 1848, que tan honda huella dejará en las pájinas de la historia, hallóme ya de regreso a Chile; pero los amigos en cuya presencia escribo, i personajes mui altamente colocados, pudieron oirme, desde el momento de mi arribo, no sin visibles muestras de incredulidad, la narracion alarmante de lo que habia visto; i sin vaticinar una próxima e inminente catástrofe, que nadie pudo prever, anunciar la crísis, como violenta, i juzgar imposible la continuacion del órden de cosas i de instituciones que yo había dejado en toda su fuerza. Por temor de pasar plaza de profeta de cosas sucedidas, insertaré aquí un fragmento de carta en que uno de mis compañeros de viaje en Europa, un republicano de la veille me dice: «gracias, mil gracias, mi caro amigo, por su recuerdo. ¡Cuán grande i bella es la conformidad de creencias que nos conserva amigos a dos mil leguas de distancia! Aquella república de que tanto hablábamos en Florencia i Venecia un año há, la tenemos ya hace cuatro meses. ¡Ah! no puede usted imajinarse, en medio del placer que me causaba la lectura de su carta, cuánto asombro esperimentaba de ver a usted en el mes de julio hablar de república... venidera. ¡Venidera!... Pero hace ya siglos que somos republicanos, si se compara la historia de estos cuatro meses, al vacío de los doce últimos años de la historia de Europa». Asistía, pues, sin saberlo, al último día de un mundo que se iba, i veia sistemas i principios, hombres i cosas que debia bien pronto ceder su lugar a una de aquellas grandes síntesis que hacen estallar la enerjía del sentimiento moral del hombre, de largo tiempo comprimida por la presion de fuerzas físicas, de preocupaciones e intereses; propendiendo a nivelar sus instituciones a la altura misma a que ha llegado la conciencia que tienen del derecho i de la justicia.

I como en las cosas morales la idea de la verdad viene ménos de su propia esencia, que de la predisposicion de ánimo, i de la aptitud del que a recia los hechos, que es el individuo, no es estraño que a la descripcion de las escenas de que fuí testigo se mezclase con harta frecuencia lo que no ví, porque existia en mí mismo, por la manera de percibir; tras luciéndose mas bien las propias que las ajenas preocupaciones. I a ser bien desempeñada esta parte, ¿quién no dijera que ese es el mérito i el objeto de un viaje, en que el viajero es forzosamente el protagonista, por aquella solidaridad del narrador i la narracion, de la vision i los objetos, de la materia de exámen i la percepcion, vínculos estrechos que ligan el alma a las cosas visibles, i hacen que vengan éstas a espiritualizarse, cambiándose en imájenes, i modificándose i adaptándose al tamaño i alcance del instrumento óptico que las refleja? El hecho es que bellas artes, instituciones, ideas, acontecimientos, i hasta el aspecto físico de la naturaleza en mi dilatado itinerario, han despertado siempre en mi espíritu, el recuerdo de las cosas análogas de América, haciéndome, por decirlo así, el representante de estas tierras lejanas, i dando por medida de su ser, mi ser mismo, mis ideas, hábitos o instintos. Cuánta influencia haya ejercido en mí mismo aquel espectáculo, i hasta dónde se haga sentir la inevitable modificacion que sobre el espíritu ejercen los viajes, juzgaránlo aquellos que se tomen el trabajo de comparar la tendencia de mis escritos pasados con el jiro actual de mis ideas. Por lo que a mí respecta, he sentido agrandarse i asumir el carácter de una convicción invencible, persistente, la idea de que vamos en América en mal camino, i de que hai causas profundas, tradicionales, que es preciso romper, si no queremos dejarnos arrastrar a la descomposicion, a la nada, i me atrevo a decir a la barbarie, fango inevitable en que se sumen los restos de pueblos i de razas que no pueden vivir, como aquellas primitivas cuanto informes creaciones que se han sucedido sobre la tierra, cuando la atmósfera se ha cambiado, i modificádose o alterado los elementos que mantienen la existencia. Las primeras vislumbres de esta revelacion, si se me permite así llamarla, encontraránse en algunos opúsculos, injenua manifestacion de las ideas que venian de vez en cuando a atravesar por mi espíritu; que en cuanto a los desarrollos i pruebas, propóngome irlos dando, junto con los remedios, en trabajos mas serios de lo que pueden serlo nunca reminiscencias de viaje. Por aquello i por lo que aquí se columbrare, pido desde ahora toda su induljencia a los que sientan herido i chocado en lo mas vivo su propio criterio, que estos dolores del alma tambien los he sufrido yo, al sentir arrancarse una a una las ideas recibidas, i sostituírseles otras que están mui léjos de halagar ninguna de aquellas afecciones del ánimo, instintivas i naturales en el hombre.

Para mejor comprender esta elaboracion, téngase presente que el báculo de viajero no lo he tomado a las puertas de Santiago. Recojílo solo de algun rincon, donde lo tenia, como tantos otros, abandonado, miéntras hacia alto, en una peregrinacion   a que están periódicamente, i a veces sin vuelta, condenados los pocos que en nuestros paises se mezclan a las cosas públicas; i si bien omito estas primeras pájinas, que nada digno de noticia encierran, hame sucedido encontrar en el discurso de mi viaje, hechos, ideas i hombres que a ellas se ligan íntimamente, como que eran la continuacion i el complemento del grande mapa de las convulsiones americanas; no siendo otra cosa mi viaje, que un anhelar continuo a encontrar la solucion a las dudas que oscurecen i envuelven la verdad, como aquellas nubes densas que al fin se rompen, huyen i disipan, dejándonos despejada i radiosa la inmutable, imájen del sol.

Sobre el mérito puramente artístico i literario de estas pájinas, no se me aparta nunca de la mente que Chateaubriand, Lamartine, Dumas, Jaquemont, han escrito viajes, i han formado el gusto público. Si entre nuestros intelijentes, educados en tan elevada escuela, hai alguno que pretenda acercárseles, yo seria el primero en abandonar la pluma i descubrirme en su presencia. Hai rejiones demasiado altas, cuya atmósfera no pueden respirar los que han nacido en las tierras baja, i es locura mirar el sol de hito en hito, con peligro cierto de perder la vista.

Mas-a-fuera

Señor don Demetrio Peña.
Montevideo, diciembre 14 de 1845.

Fué usted, mi querido i buen amigo, el último que abandonó la cubierta, al dejar la *Enriqueta* el puerto de Valparaíso, i por tanto el primero en mis recuerdos, ahora que puedo enviar de nuevo mis vales a los amigos que por allá dejó.

La espectacion de un rápido viaje, con que todos se complacían en darnos el último adiós, fué mas bien que feliz presajio, un buen deseo, burlado por vientos obstinadamente contrarios, o calmas pesadas que ajitaban las velas sin inflarlas. Estas contrariedades con que la naturaleza desbarata los esfuerzos del arte humano, no son del todo estériles sin embargo. En el mar, i en los buques de vela sobre todo, aprende uno a resignarse al destino i a esperar sin hacerse violencia. Los primeros dias de viaje, cada milla que hacíamos desviándonos de nuestro rumbo, era motivo de rebeliones de espíritu, de rabia i malestar. Al cabo de cuarenta días, empero, éramos todos unos corderos en resignacion; i el viento, por contrario que nos fuese, soplaba segun su voluntad soberana sin recojer de paso vanas e impotentes maldiciones. Así educado, empiezo a mirar como cosa llevadera las molestias que   me aguardan en todos los mares i en todas las latitudes, hasta que acercándome a Europa, el vapor venga en mi ausilio, contra la naturaleza indócil.

¿Qué puede referirse en un viaje de Valparaiso para Montevideo, aunque esté de por medio el temido Cabo de Hornos, que vimos de cerca, i rodeado de todos los polares esplendores, incluso las noches crepusculares en que, puesto el sol, la luz va rodando el horizonte, sin perder nada de su pálido esplendor hasta preceder la salida del sol al naciente? Por lo demas, sucesion de dias sin emociones, siguiendo a veces el vuelo majestuoso del *pájaro-carnero*, que da vueltas al buque como azorado, cual si quisiera cerciorarse de lo que significa objeto para él tan estraño; atraidos otras por los saltos i rápido pasaje de las *tuninas*, que formadas le dos en dos vienen a dar vuelta al buque, pasando precisamente por la proa; acudiendo un dia en tropel sobre cubierta a ver navegar a nuestro costado cuatro enormes ballenas, vapores vivos con sus columnas de agua, como de humo llevan los artificiales, aterrados otra ocasion por el fatídico grito del timonel: «¡¡¡hombre al mar!!!». I en efecto, un inféliz marinero cayó de una verga en un dia de borrasca; hizo un esfuerzo horrible para mostrarnos todo su busto sobre la superficie del océano enfurecido; pero el negro e insondable abismo reclamó su presa, i fué en vano que el buque volviera sobre el lugar de la catástrofe, el hombre se sumerjió para siempre. ¿Se acuerda usted que reclinados con nuestra incomparable Eujenia en la galería que de sus habitaciones da a la bahía en Valparaiso, le comunicaba la impresion que me causa la vista del mar, permaneciendo cuando puedo horas enteras, inmóvil, los ojos fijos en un punto, sin mirar, sin pensar, sin sentir, es especie de embrutecimiento i paralizacion de todas las facultales, i sin embargo, lleno de atractivo i de delicia? De este placer gozaba a mis anchas todos los dias, i aun con mas viveza en aquellos mares en que las olas son montañas que se derrumban por momentos, disolviéndose con estrépito aterrante en una cosa como polvo de agua. Allí el abismo, lo infinito, lo incontrastable, tienen encantos i seducciones, que parece que lo llaman a uno, i le hacen reconocer si está bien seguro, para no ceder a la tentacion. Gustaba asimismo de pasar hasta mui entrada la noche sobre cubierta mirando el cielo polar, cuya cruz i manchas se acercaban de dia en dia a nuestro zenit, escuchando el silbido del viento en la jarcia, u oyendo al piloto cuentos de mar, llenos de novedad e interes, que me   hacian envidiar la suerte de aquel que habia sido testigo i actor en ellos. ¡Pues bien! desde el dia en que cayó el marinero, no mas pude permanecer como ántes reclinado sobre la obra muerta, con los ojos fijos en las olas; temia ver salir la cabeza del infeliz náufrago; el silbido plañidero del viento perdió para mí toda su misteriosa melodía, porque me parecia que habia de traer a mis oidos, (i aun ponia atencion sin poderlo remediar para escucharlos) jemidos confusos i lejanos, como llantos de hombre, como grito de socorro, como súplica de desvalido, i el corazon se me oprimia; de noche las manchas i la Cruz del Sud, Vénus, Júpiter, Saturno i Marte que estaban a la vista, no detenian como ántes mis ociosas miradas, por echarlas furtivamente sobre la ancha huella que a popa deja el buque, para descubrir en la oscuridad de la noche si venia siguiéndonos un bulto negro, ajitándose para que lo viéramos. No es que tuviese miedo, pues que seria ridículo abrigarlo; lo que quiero hacerle sentir es que mis goces silenciosos i como conmigo mismo, de que le hablaba a su Eujenia, se echaron a perder con el recuerdo del náufrago, cuyo cadáver se mezclaba en todos mis sueños despierto, en esos momentos en que no es el pensamiento el que piensa, sino las ideas, los recuerdos que le su propio motu se ajitan en cierta caprichosa confusion i desórden que no carece de delicias. Lo mas triste era que la desgracia sucedió al frente del archipiélago de Chiloé, patria del infeliz; allí cerca estaba su madre i la pobre cabaña que lo vió nacer, i a cuyos umbrales no debia presentarse mas.

A estos pequeños incidentes estaria reducida mi narracion, si uno inesperado no mereciese por su novedad la pena de entrar en mayores detalles. Un porfiado viento sudoeste nos llevó, a poco andar de Valparaiso, mas allá del grupo de las islas de Juan Fernandez, forzándonos una calma de cuatro dias a dar la vuelta completa de la de Mas-a-fuera. Sabe usted que es esta una enorme montaña de oríjen volcánico que a los 34° de latitud i 80°25' de lonjitud, del seno del océano se levanta ex-abrupto, sin playas ni fondeadero seguro en ninguno de sus costados, muchos de ellos cortados a pico, i lisos como una inmensa muralla, presentando casi por todas partes la forma de una ballena colosal que estuviera a flor de agua. Desierta desde ab inicio, aunque de vez en cuando sea visitada por los botes de los balleneros, que en busca de leña i agua suelen abordar sus inabordables flancos, está señalada en las cartas i en los tratados como inhabitable e inhabitada.   Cansados nosotros de tenerla siempre en algun punto del compas, segun que al viento placia hacernos amanecer cada mañana, aceptamos con trasportes la idea del piloto de hacer una incursion en ella, i pasar un día en tierra. Estaba, segun él, poblada de perros salvajes que hacian la caza a manadas de cerdos silvestres.

Hago a usted merced de los preparativos de viaje, bote al agua, vivas de partida, i duro remar con rumbo hácia la isla, aunque esto último, por haber calculado mal la distancia, durase ocho horas mortales, demasiado largas para apagar todo entusiasmo, i reducirnos al silencio que produce una esperanza tarda en realizarse. Un incidente, empero, vino a sacarnos de esta apatía, suministrándonos sensaciones para las que no estábamos apercibidos. Cuando a la moribunda luz del crepúsculo nos empeñábamos en discernir los confusos lineamentos de la montaña, divisose la llama de un fogon entre una de sus sinuosidades. Un grito jeneral de placer saludó esta señal cierta de la existencia de seres racionales, en aquellos parajes que hasta entónces habíamos considerado como desiertos, si bien la reflexion vino a sobresaltarnos con el temor mui fundado de encontrarnos con desertores de buques, u otros individuos sospechosos, cuyo número e intenciones no nos era dado apreciar. Contribuyó no poco a aumentar nuestra alarma, la circunstancia, de mui mal agüero, de haber desaparecido la luz, momentos despues de haberla apercibido nosotros; a su turno nos habian visto i trataban de ocultarnos su guarida. La situacion se hacia crítica i alarmante, pues la noche avanzaba, estábamos a muchas millas de distancia i no sabíamos a qué punto dirijirnos. Para prepararnos a todo evento, i haciendo rumbo al lugar mismo donde la luz había sido vista, procedimos a cargar a bala un par de pistolas que llevábamos, a mas de un fusil i una carabina, para la proyectada caza de perros i cerdos. Con esto, i un trago de ron distribuido a los marineros, nos creimos en estado de acometer dignamente aquella descomunal aventura.

Mui avanzada ya la noche, llegamos por fin al pié de la montaña, cuya proximidad nos dejaba sospechar la oscuridad de las sombras que nos rodeaban, aunque no sin disimulado sobresalto echase ménos el piloto el ruido de las olas, al romperse en la presunta playa, como sucede donde quiera que no encuentran rocas lisas i perpendiculares. Aquella oscuridad i este silencio se hacían mas solemnes con la idea de los   tránsfugas i el cauteloso golpe de los remos que no impulsaban el bote, temerosos los marineros de zozobrar en alguna punta encubierta, sin que no obstante la proximidad reconocida, nos fuese posible discernir las formas de la tierra que teniamos. Al fin el piloto enderezándose cuan alto es, lanzó un tonante i prolongado grito a que solo contestaron, uno en pos de otro, los cien ecos de la montaña. Esto era pavoroso i lo fué mas el silencio preñado de incertidumbre que se siguió cuando el último sonido de aquel decrescendo fué a espirar a lo léjos. Despues de segundo i tercer grito, creimos distinguir otra voz que respondia al llamado, i no lo será difícil concebir que el placer de encontrarnos con hombres hiciese olvidar nuestros recelos pasados. En seguida el piloto, no obstante hablar el castellano, dirijió la palabra en inglés a alguno que se acercaba; porque un inglés en el mar no conoce la competencia de otro idioma, cual si el suyo fuese el del gobierno de las aguas como en otro tiempo fuélo el latin el de la tierra conocida; i para que esta pretension quedase aun allí justificada, en inglés contestaron desde la ribera. Supimos que el desembarco era difícil, que al respaldo de la montaña habia punto mas practicable, i que vivian en la isla cuatro hombres, en cuyas cabañas allí inmediatas, podiamos pasar la noche. A la indicacion del piloto de dar vuelto la isla en busca de mas seguro desembarcadero, una esclamacion de penosa angustia se escapó de la boca del que contestaba. ¡Oh! ¡No señor por Dios! decia, no se vayan.... ¡hace tanto tiempo que no hablamos con nadie!!!.

Habiéndonos ofrecido su auxilio, se resolvió bajar a tierra allí mismo, e imposible seria pintar el anonadamiento en que caimos, nosotros pobres pasajeros entre los gritos imperiosos i alarmantes de la difícil maniobra para acercar el bote a rocas desconocidas i casi invisibles; apercibiendo apénas los bultos indecisos i fantásticos de aquellos desconocidos; arrojados de un brazo por los de abordo sobre un peñasco helado i resbaladizo, para caer en seguida en el agua, amoratándonos las piernas en las puntas de las rocas; cojidos, en fin, del lado de tierra por una mano áspera i vigorosa, que se empeñaba en mantenernos contra el balance que el aturdimiento i el hábito contraido abordo nos hacian guardar sobre las peñas; encaminándonos en seguida con los gritos de pise aquí.... ahí nó... mas allá, hasta dejarnos en un suelo seco pero erizado de pedriscos.

Cuando estuvimos en aquel faldeoque hacia veces de playa,   i recobrados ya de nuestro susto, toconos el turno de volver a los insulares la sensacion de temor que la vista del fuego nos habia causado por la tarde. Segun lo supimos, no las habían tenido ellos todas consigo, al vernos armados de piés a cabeza i con aires de capitanes de buques de guerra. El caso no era para ménos. El jóven Huelin, uno de la comitiva, a mas de dos pistolas que sacaban las cabezas por los bolsillos del paletó, llevaba un gorro carmesí con estampados de oro, i yo, otro franjeado de cuero cayendo sobre los ojos, con bordado de oro i plata i borla de relumbron, todo lo cual podia dar al portador, en cualquier latitud de la Oceanía, trazas de almirante por su lordlike apariencia; i como norteamericanos que eran los moradores de la isla, han debido ser alguna vez marineros, i como tales, hai pocos establecidos en aquellas alturas que no tengan en el fondo de su conciencia algun pecadillo de desercion entre los ignorados i ocultos, siendo suficiente nuestra presencia para despertarlo si dormia, a guisa de lobo marino al aproximarse una ballenera.

Recordará V. que en una de estas islas, i sin duda ninguna en la de Mas-a-fuera. fué arrojado el marinero Selkirk, que dió oríjen a la por siempre célebre historia de Robinson Crusoe. ¡Cuál seria pues nuestra sorpresa, en verla esta vez i en el mismo lugar realizada en lo que presenciábamos, i tan a lo vivo, que a cada momento nos venian a la imajinacion los inolvidables sucesos de aquella lectura clásica de la niñez. Algunos momentos despues de llegar a las cabañas de aquellos desconocidos, el fuego hospitalario encendido en una tosca chimenea de piedra, a la par que secaba nuestros calzados, nos iba enseñando los objetos le aquella mansion semisalvaje. Cajas, barriles i otros útiles que acusaban su procedencia de algun buque naufragado, muebles improvisados i sujeridos por la necesidad, i algunas reses de montería colgadas, mostraban que no carecian absolutamente de ciertos goces, ni de medios de subsistencia. Secuestrados en las hondonadas de una isla abortada por los volcanes; viendo de tarde en tarde cruzar a lo léjos una vela que pasa sin acercarse a ellos, i mui frecuentemente por las inmediaciones una ballena que recorre majestuosamente los alrededores de la isla, estos cuatro proscritos de la sociedad humana, viven sin zozobra por el dia de mañana, libres de toda sujecion, i fuera del alcance de las contrariedades de la vida civilizada, ¿Quién es aquel que burlado en sus esperanzas, resentido por la ajena   injusticia, labrado de pasiones, o forjándose planes quiméricos de ventura, no ha suspirado una vez en su vida por una isla como la de Robinson, donde pasar ignorado de todos, quieto i tranquilo, el resto de sus dias? Esta isla afortunada está allí en la de Mas-a-fuera, aunque no sea prudente asegurar que en ella se halle la felicidad apetecida. ¡Sueño vano!... Se nos secaria una parte del alma como un costado a los paralíticos, si no tuviésemos sobre quienes ejercitar la envidia, los celos, la ambicion, la codicia, i tanta otra pasion eminentemente social, que con apariencia de egoista, ha puesto Dios en nuestros corazones, cual otros tantos vientos que inflasen las velas de la existencia para surcar estos mares llamados sociedad, pueblo, estado. ¡Santa pasion la envidia! Bien lo sabian los griegos que la levantaron altares.

Afortunadamente, ni los isleños, ni nosotros hacíamos, por entónces reflexiones tan filosóficas, ocupados ellos en sabotear con deleite inefable, algunos cigarros de que les hicimos no esperado obsequio, embebidos nosotros, con imperturbable ahinco, en sondear las profundidades de una olla, que sin mengua habria figurado en las bodas de Camacho, tan suculenta parte encerraba de una res de montería, cuyos tasajos sacábamos a dedo por no haber sido conocidos hasta entónces en la ínsula i sus dependencias, tenedores ni cucharas. Todavía en pos de estas suntuosidades silvestres, vino ¿qué se imajina usted?... Un humilde té de yerbabuena secada en hacesillos al calor de la chimenea, i que declaramos unánimemente preferible al mandarin, tal era el buen humor con que tomábamos parte en aquella pastoral que tan gratamente se habia echado entre la monotonía del mar.

Ya ve que no sin razon nos venia a cada momento la memoria de Robinson; creíamos estar con él en su isla, en su cabaña, durante el tiempo de su dura prueba. Al fin, lo que veíamos era la misma situacion del hombre en presencia de la naturaleza salvaje, i sacado de quicios, por decirlo así, en el aislamiento para que no fué creado. Como Robinson i por medios análogos, los isleños llevaban cuenta exacta de los dias de la semana i del mes, pudiendo por tanto i a solicitud nuestra, verificar que era el mártes 4 de noviembre del año del Señor de 1845, el dia clásico en que la Divina Providencia les concedia la sin par ventura de ver otros seres de su misma especie. Mas intelijentes i solícitos en esto que nuestros compatriotas de San Luis, capital de Estado de la Confederación arjentina, los cuales segun es fama, llevaban en cierto   tiempo errada la cuenta de los dias de la semana, hasta que el arribo de unos pasajeros pudo averiguarse, no sin jeneral estupefaccion, que estaban un año habia, ayunando el juéves, oyendo misa el sábado i trabajando el domingo, aquellos que por una inspiracion del cielo no hacian *San Lúnes*, como es uso i costumbre entre nuestros trabajadores. Por fortuna averiguóse que estos formaban la mayor parte, con lo que se aquietó, dicen, la conciencia del buen cura, cómplice involuntario de aquella terjiversacion de los mandamientos de nuestra madre la Iglesia. Por mas detalles, ocurra usted a nuestro buen amigo el doctor, Ortiz, oriundo de aquella ciudad, i mui dado a investigaciones tradicionales sobre su patria.

Satisfechas nuestras necesidades vitales i fatigados por tan varias sensaciones, llegó el momento de entregarnos al reposo, i aquí nos aguardaban nuevos i no esperados goces. Una amaca acojió muellemente al jóven Huelin, i a falta de amaca para Solares, secretario de la legacion boliviana al Brasil, i para mí, doscientas cincuenta pieles de cabra distribuidas en un ancha superficie, hicieron dignamente honores de elástica i mullida pluma.

He mentado pieles de cabra, i va usted a creerme sor rendido in fraganti delicto, de estar forjando cuentos de duendes para dar interes novelesco a nuestra incursion en la isla. Pero para llámarlo al órden de nuevo, preciso es que sepa que si Mas-a-fuera solo encierra cuatro seres pasablemente racionales, sirve en cambio de eden afortunado a cincuenta mil habitantes cabrunos que en línea recta descienden de un par, macho i hembra de la especie, que el inmortal Cook puso en ella, diciéndoles como el Creador a Adan i Eva: «creced i multiplicaos». Un nudo se me hizo a la garganta de enternecimiento, al oir a uno de nuestros huéspedes recordar cómo hacia cuarenta i cinco años que el famoso navegante habia visitado la isla i arrojado en ella aquel puñado de las bendiciones de la vida civilizada. Sabe usted que hace ochenta años a que murió aquel; pero el pueblo aproxima siempre en su memoria a los seres que les han sido benéficos i queridos. Cook, el segundo creador de la Oceanía por los animales domésticos i las plantas alimenticias que en todas las islas derramó, murió víctima, sin embargo, de aquellos cuya existencia hiciera fácil i segura. ¡Triste pero ordinaria recompensa de las grandes acciones i de los grandes hombres! Es la humanidad una tierra dura e ingrata que rompe   las manos que la cultivan, i cuyos frutos vienen tarde, mui tarde, cuando el que esparció la semilla ha desaparecido!

El nombre de Cook, repetido hoi por los que felices i tranquilos, cosechan el producto de sus afanes, es la única venganza tomada contra sus asesinos, de quienes el ilustre navegante pudo decir al morir: *¡Perdónalos, Señor, porque no saben lo que hacen!* ¡Espresion sublime de la desdeñosa compasion, que al jenio inspira la estupidez de las naciones, Sócrates, Cervantes, Colon, Rivadavia, cada uno de ellos al morir, han pedido a Dios que perdone a sus compatriotas!.

Aquí tiene usted, pues, cómo nuestros atos de espantables javalíes, se habian convertido en millares de cabras alzadas, con quienes sin mucha pretension podiamos prometernos entrar en comunicacion directa por el telegráfico intermedio de carabinas i fusiles; por lo que ántes de entregarnos al sueño que nos reclamaba con instancia, se dispuso la partida de caza del dia siguiente, impartiendo órdenes ademas, para que el bote hiciese en el intertanto buena provision de langostas de mar, anguilas, cabrillas, i otros pescados de que los alrededores de la isla abundan.

A las cuatro de la mañana del siguiente dia, estábamos en pié estasiándonos en aspirar el ambiente húmedo i embalsamado de la vejetacion, hundiendo nuestras miradas atónitas en las oscuras profundidas de la quebrada en cuya boca están situadas las cabañas, cubiertas de bosques renegridos, interrumpidos tan solo por rocas sañudas que cruzan sus dientes de ambos lados alternativamente.

El sol que asomaba por la cúspide venia ilnminando con esplendorosa paleta estos grupos tan valientemente diseñados. ¡Oh, amigo! Aquellas sensaciones no se olvidan nunca, i empiezan a darme un gusto anticipado de las que recompensan al viajero de las molestias de la locomocion, verdaderas islas floridas que quedan en nuestros recuerdos, como lo están éstas en medio de la uniforme superficie del océano.

Para emprender la proyectada partida de caza, debiamos dejar nuestro calzado i reemplazarlo por uno de cuero de cabra ceñido al pié, con el ausilio de una gareta artísticamente preparada; calzado a la Robinson Crusoe, segun nos complaciamos todos en llamarlo, a fin de cohonestar con una palabra noble, la innoble i bastarda forma que daba a nuestros piés. Este secreto de los nombres es májico, como usted sabe, en política sobre todo, *federacion, americanismo, legalidad*, etc., etc., no hai nadie tan avisado que no caiga en el lazo.

Todo lo necesario dispuesto, emprendimos con los primeros rayos del sol naciente el ascenso de la montaña en cuya cima habiamos de encontrar las desapercibidas cabras. Despues de escalar, literalmente, un enorme risco, por caminos de los insulares solo conocidos, encontramos que aquello era tan solo la basa de otro ascenso, el cual conducia a una eminencia superior que a su vez servia de base i escala para subir a otra, i así sucesivamente, hasta siete, cual si fueran las montañas que los titanes amontonaron para escalar el Olimpo; de manera que, no obstante nuestro entusiasmo i la belleza i animacion de los cuadros i vistas que a cada nuevo ascenso se nos iba presentando, empezábamos a aflojar el paso, rendidos por la fatiga producida por un sol fulminante, bueno para iluminar una batalla de Austerlitz o de Maipú, pero soberanamente impertinente cuando jóvenes ciudadanos que han calzado guante blanco, pretenden hacer un ascenso casi perpendicular, por tres horas consecutivas.

Al fin se nos presentaron las cúspides de la montaña, coronado cada uno de sus picos por un cabro situado en ella a guisa de atalaya. Esplicónos

Williams, el isleño que nos servia de guia, el significado de aquella aparicion fantástica. Un macho estaba siempre apostado en las alturas para descubrir el campo i dar parte de la aproximacion de los cazadores, a la manada de cabras que forma el harem de cada uno de estos sultanes; había, pues, tantos rebaños en el respaldo de la montaña, cuantos cabríos veíamos colocados en una eminencia, inmóviles como estátuas de ídolos o manitues de los indios. Cuando nos hubimos acercado demasiado i retirádose aquellas guardias avanzadas, todavía el isleño nos hizo distinguir aquí i allí el triángulo de las astas de algunos escuchas, que escondiendo el cuerpo i parte de la cabeza tras el perfil de la montaña, permanecian denodadamente hasta observar nuestros últimos movimientos. El momento de la caza habia llegado. Williams prescribió el mas profundo silencio; se distribuyeron municiones, i para burlar la vijilancia del enemigo, nos dividimos en dos cuerpos a fin de tomarlo por los flancos. Desgraciadamente la parte confiada a mi valor i audacia fué la peor desempeñada, i la derrota se hubiera pronunciado por el ala izquierda que yo ocupaba, si el enemigo en lugar de acometer, como debió, no hubiera preferido por una inspiracion del jénio cabruno, emprender   la mas instantánea retirada. Sin embargo, debo decir en mi justificacion, como lo hacen todos los que se conducen mal, que tan perpendicular era el corte de la montaña por aquella parte, que por poco que yo me hubiese separado de la cúspide a fin de rodearla, quedaban entre mí i las manadas de cabras, por lo ménos diez cuchillas que descendian paralelas a un abismo donde un arroyuelo serpenteaba. Apénas es posible formarse idea de sitio mas salvaje, precipicios mas espantosos, ni espectáculo mas sublime. De todos los puntos de aquella soledad agreste, callada hasta entónces, partieron en el momento de mi aparicion, gritos estraños que repetian centenares de cabros, diseminados en todas las crestas, declives i faldeos circunvecinos. No en vano los pueblos cristianos han personificado el Espíritu Malo en el macho de cabrío; tiene este animal en sus jestos, en su voz, en sus estornudos, una cierta semejanza con el hombre, que aun en el estado doméstico, causa una desagradable impresion, como si viésemos en él un injurioso remedo de nuestra especie. Pero estas impresiones llegan hasta el ódio i el terror, cuando vuelto a la vida salvaje, nos desafia aquel animal con sus insolentes parodias de la voz humana; pueblo sublevado i libre del yugo que el hombre le impusiera, i que desde las montañas inaccesibles que le sirven de baluarte, avisa a los suyos, pasándose el grito de alarma de familia en familia, la proximidad odiada i a la vez temida de sus antiguos e implacables amos.

Habia yo, pues, descendido en vano, i por entonces solo me quedaba que admirar de paso el paisaje, i esforzarme en ascender a la cúspide, abriéndome paso. por espesuras de árboles i de matorrales, en que permanecia sepultado por horas enteras, hasta salir al borde de un abismo para ascender de nuevo i encontrarme con otro que me cerraba el paso irrevocablemente. ¡Cuantas veces permanecia un cuarto de hora con un pié fijo en la punta de una roca, asido con una mano a las raices de las yerbas que mas arriba crecian, estático, aterrado, la vista inmóvil sobre el oscuro valle, que descubria repentinamente a mil varas perpendiculares bajo mis plantas! Allí cien rebaños de cabras pacian tranquilamente en distintos puntos i direcciones; al frente una enorme montaña, de cuyas cimas cubiertas de nubes, descendia por mas de una milla una caida de agua en cascadas de plata; bosquecillos de una palma arbusto tapizaban las hondonadas oscuras i húmedas, miéntras que chorreras de árboles matizados   con variedad pintoresca, dejaban ver sus copas redondeadas, unos en pos de otros hasta el fondo del valle, en las mil sinuosidades de las montañas. La naturaleza ha desplegado allí en una diminuta estension, todas las osadias que ostenta en los Andes, o en los Alpes, encerrando entre quebradas cuyos costados cree uno tocar con ambas manos, bosques impenetrables, sotillos elegantes, praderías deliciosas, abismos i golpes de vista sorprendentes.

Estraviándome en aquellas sinuosidades tupidas como los dientes de un peine, gozándome en los peligros a cada paso renovados, internándome por entre las malezas i los troncos de los árboles, llegué, al fin, a la cúspide, que habia intentado rodear tres horas ántes, pudiendo entónces oir los gritos del isleño que me buscaba, no sin sobresalto, pues que habiendo principiado a llover i descendiendo las nubes mas abajo de nuestra posicion, me habria sido imposible acertar entre aquel laberinto, con el camino practicado.

A poco andar mi guia alzó del suelo una cabra herida de bala, que habia, cazado él por el lado opuesto a la montaña pero ¿cómo?.... Echándose a correr por un escarpada cresta en medio de dos abismos, descendiendo a saltos, i disparando el tiro en la velocidad de la carrera a fin de alcanzar la caza fujitiva. Yankee del Kentucky, de puntería infalible, con piés de suizo de los que hacen en los Alpes la caza de la gamuza, era nada ménos lo que pedia la de cabras de Mas-a fuera, i fácilmente se inferirá que con semejante espectáculo, quedamos curados de la necia pretension de alcanzarlas nosotros en sus Termópilas. La caza ordinaria la hacen los isleños, a falta de balas, con el ausilio de perros que poseen adiestrados para la persecucion.

Despues de todo, llevábamos una cabra cazada, no importa por quien, i esto bastaba para disponernos a emprender el descensode la montaña, sin el desaliento de una espedicion frustrada. La ilimitada superficie del océano, que desde aquellas cimas a nuestro regreso descubriamos, añadia nuevos encantos a los que la isla sumistraba, haciendo ménos sensible el esfuerzo de un rápido descenso. En las inmediaciones veiamos retozar dos ballenatos; a lo léjos nuestra barca aproximándose a recojernos, cual golondrina de mar que se juega sobre la superficie de las aguas, i en el límite del horizonte la *Godefroi*, fragata destinada a Hamburgo desde Valparaiso i luchando como nosotros contra el viento contrario. Una ballenera en fin, i las crestas de las montañas de Juan   Fernandez, apénas perceptibles entre los celajes, formaban los únicos accidentes que interrumpian la quieta i tersa uniformidad del mar. Pero lo que mas nos complacia en nuestro descenso, era la tupida alfombra de verdura, que cubriendo con su blando cojin la aspereza de las rocas, ofrece deleite a los ojos, suavidad a los piés no acostumbrados a tanta fragosida, i alimento inagotable para cien mil cabras.

A nuestra llegada al estrecho valle en que las cabañas están situadas, estenuados de fatiga i abrazados de calor, pudimos apreciar el inapreciable sabor acridulce de los *capulíes*, que a ambos lados del camino nos brindaban con sus vastaguillos cargados de refrijerantes i embozadas naranjillas, cual si la mano próvida de la naturaleza los hubiera a designio colocado allí, donde el calor i la sed habian de hacerlos de un valor inestimable, despues de ocho fatigosas horas de ascenso i descenso no interrumpido. Inútil seria añadir que en las habitaciones nos aguardaba un copioso almuerzo, en que los insulares habian apurado los recursos de la ciencia culinaria, para desarmar el apetito desplegado por tan estraordinario ejercicio. Era aquello una escena de hotentotes, de caníbales, que por vergüenza de mí i de mis compañeros no describo.

Para decir todo lo que pueda interesarle sobre la isla de Robinson, llamada vulgarmente Mas-a-fuera, instruiré a usted que sus maderas de construcion son inagotables, rectas i sólidas; pudiendo en varios puntos, con el ausilio de planos inclinados, hacerse descender hasta la orilla del agua. La riqueza espontánea de la isla, empero, consiste en sus abundantes i esquisitos pastos, cuyo verdor perenne mantienen las lluvias que, a hora determinada del dia, descienden de las nubes que se fijan en sus picos. La cria de cerdos i ovejas, sobre todo merinos, produciria sumas enormes, caso de que la actual de cabras no satisfaciese a sus moradores. Caballos i vacas serian por demas allí, donde no hai un palmo de terreno horizontal, bastando la cria de ganados menores para mantener en la abundancia diez o veinte familias.

La flora de la isla es reducidísima, si bien figuran en su corto catálogo, a mas de unas azucenas blancas, alelíes carmesí, cuyas semillas, como las de duraznos dulces de que existen bosques, fueron sin duda derramadas por el capitan Cook. Pocas aves pueblan estas soledades; un gorrion vimos tan solo, i dos especies de gavilanes, el número de los cuales es prodijioso, a causa de la facilidad con que se alimentan;   arrebatando en sus garras los cabritillos recien nacidos, elevándolos en el aire para estrellarlos en seguida contra las rocas. Seria fácil estinguirlos, puesto que para cazarlos es preciso retirarse de ellos, a fin de no tocarlos con la boca de la carabina, tan poco conocen de la malicia del hombre. Mando a Procesa la piel de uno de pecho blanco para que la añada a sus colecciones de pájaros.

Los norteamericanos residentes hoi en la isla, cultivan como Robinson, papas, maiz i zapallos, en los declives terrosos, en que la jeneral rudeza i escabrosidad del terreno lo permite. Estos productos agrícolas, con los duraznos, capulíes i el tallo de cierta planta que contiene un jugo refrijerante, llamada en Bolivia *quiruzilla*, proporcionan alimentos gratos, suficientes para amenizar la mesa que por sí solo hacen abundante i segura la carne de las cabras i los pescados del mar. Del cortejo de animales que acompañan al hombre en la vida civilizada, se encuentra en las habitaciones gallinas, un par macho i hembra de pavos, i algunos perros e la especio ordinaria, i de los cuales se sirven para la caza, que hace por turno cada dia uno de los isleños. A mas de cabras, hai en la isla zorras i gatos como los domésticos. Tantas comodidades como las arriba enumeradas, no pueden haberse reunido por el acaso, i siento mucho no poder describir esta vez el horrible naufrajio i demas circunstancias portentosas que debieron echar a mis héroes en aquella isla desierta. Veintiseis meses habia que uno de ellos fué traido a la isla para emprender una pesquería de lobos marinos que abundan en sus alrededores. El empresario, que era un vecino de Talcahuano, mandó en seguida en una lancha a su propio hijo i dos trabajadores mas, pero no bien dieron principio a la pesca, cuando una violenta borrasca estrelló la frájil barquilla contra las rocas, el jóven patron pereció, i los dos marineros que le acompañaban, salvaron a duras penas despues de luchar con las olas amotinadas un dia entero, hasta poder asirse de las rocas, i escalar la montaña por medio de esfuerzos de valor, de sufrimiento i de perseverancia que sobrepasan todo creencia. Desde entónces carecen de embarcacion, circunstancia que los tiene en completa incomunicacion con el continente, i al infeliz padre ignorando el fin desastrado de su hijo. Este es el oríjen del establecimiento de tres de los insulares: dos de ellos permanecian retenidos por el temor de que se les imputase a crímen la muerte de su malaventurado compañero de naufrajio; i el otro, mayor de edad, estaba   resuelto a pasar el resto de sus dias, señor de la isla como Robinson, satisfecha su ambicion i sin *envidiar* nada a los mas bulliciosos habitantes de las ciudades. El cuarto era un jóven de 18 años, que solicitó su estradicion, i que conducido por la *Enriqueta* a Montevideo, hoi navega en el Paraná.

Por lo demas i echando de ménos muchos útiles i comodidades necesarias a la vida, aquellos hombres viven felices para su condicion, asegurada la subsistencia, i lo que es mas, formándose un capital con peletería que reunen lentamente. Poseian entre todos mas de quinientos cueros de cabra, como ciento de zorra i de gato, i de algunos de lobo que podrian aumentarse a ciento, si tuviesen un bote para pescarlo, pues que nuestro piloto dió caza a cinco de tamaño enorme en solo algunas horas.

Para que aquella incompleta sociedad no desmintiese la frajilidad humana, estaba dividida entre sí por feudos domésticos, cuya causa no quisimos conocer, tal fué la pena que nos causó ver a estos infelices separados del resto de los hombres, habitando dos cabañas a seis pasos la una de la otra, i sin embargo, ¡malqueriéndose i enemistados! Está visto; la discordia es una condicion de nuestra existencia, aunque no haya gobierno ni mujeres.

Williams, el mas comunicativo de ellos, nos preguntó si los Estados Unidos estaban en guerra con alguna potencia, haciendo un jesto de soberano desden cuando se le indicó la posibilidad de una próxima ruptura con Méjico. Deseaba una guerra con la Francia o Inglaterra. ¿Pregunte usted para qué? Méjico no era por lo tanto un rival digno de los Estados. A propósito de preguntas, este Williams nos esplotó a su salvo desde el momento de nuestro arribo hasta que nos despedimos. Como dije a usted al principio, aquejábalos la necesidad de hablar, la primera necesidad del hombre, i para cuyo desahogo i satisfaccion se ha introducido el sistema parlamentario con dos cámaras, i comisiones especiales, etc., etc. Williams, a falta de tribuna i auditores, se apoderó de nosotros i se lo habló todo, no diré ya con la locuacidad voluble de una mujer, lo que no es siempre bien dicho, pues hai algunas que saben callar, sino mas bien con la petulancia de un peluquero frances que conoce el arte i lo practica *en artiste*. Contónos mil aventuras, entre otras la de un antiguo habitante de la isla cuya morada nos señaló, el cual, habiendo hecho una muerte en Juan Fernandez, se guareció allí, hasta que un enorme risco, desprendiéndose súbitamente de la   montaña vecina, le hundió con espantable ruido la habitacion, mostrándose así la cólera del cielo que le perseguia. Por él supimos demasiado tarde, que en un árbol estaban inscritos mas de veinte nombres de viajeros. Acaso hubiéramos tenido el placer al verlos, de quitarnos relijiosamente nuestros gorros de mar en presencia del de Cook i de los de sus compañeros. Pero ya que esto no nos fuese dado, encargámosle gravase al pié de una roca, ad perpetuam rei memoriam, los de
HULELIN.

SOLARES.
SARMIENTO.
1845.

Despues de haber el jóven Huelin forzádolos a admitir algunas monedas i nosotros varias bagatelas, nos preparamos para partir deseándonos recíprocamente felicidad i salud. Cuando ya nos alejábamos, los isleños reunidos en grupo sobre una roca, i con los gorros en el aire, nos dirijieron tres ¡hurrah!.... en que el sentimiento de vernos partir luchaba visiblemente con el placer de habernos visto; contestámosles tres veces, i a poco remar la *Enriqueta* nos recibió a su bordo, en donde todo era oidos para escuchar la estupenda relacion de nuestras aventuras.

Soi de usted, etc.

Montevideo

Señor don Vicente F. Lopez.
Montevideo, enero 25 de 1846.

¡Cuánto ha dilatado, mi buen amigo, esta carta tantas veces prometida, que se hace al mar al tiempo mismo que yo me abandono de nuevo a las ondas del Plata, para ganar el proceloso Atlántico en prosecucion de mi viaje! Entre Chile i Montevideo media mas que el Cabo de Hornos, que ningun obstáculo serio opone a la ciencia del navegante; media la incomunicacion natural de los nuevos estados de América, que no ligará el proyectado Congreso Americano, por aquel secreto pero seguro instinto que lleva a los pueblos, como a las plantas,   a volverse hácia el lado de donde la luz viene. Por lo que he podido traslucir de los resultados comerciales del cargamento de cereales de la *Enriqueta*, muchos miles hubiera ganado el comercio chileno, proveyendo de víveres esta plaza; pero el comercio allí no *ha sabido* que en las plazas sitiadas se come, cosa que no ignoraban por cierto los norte-americanos que le envian sus trigos.

Usted no ha estado en Montevideo, ni despues de larga ausencia remontado el amarillento rio, acercádose a la patria, divinizada siempre en el recuerdo de los proscritos. Suceden a veces cosas tan estrañas, que hicieran creer que hai relaciones misteriosas entre el mundo físico i el moral, justificando aquella tenaz persistencia del pueblo en los augurios, en los presentimientos i en los signos. Despues de cansada i larga travesía, nos acercábamos a las costas arjentinas. Habiamos dejado atras las islas Malvinas, i el capitan cuidadoso tomaba por las estrellas la altura, por temor de dar de hocicos con el fatal Banco Inglés. Una tarde, en que los celajes i el barómetro amenazaban con el *pampero*, el mal espíritu de estas rejiones, entramos en una zona de agua purpúrea que en sus orillas contrastaba perfectamente con el verde esmeralda del mar cerca de las costas. Era acaso algún enjambre de infusorios microscópicos, de aquellos a quienes Dios confió la creacion de las rocas calcáreas con los depósitos de sus invisibles restos; pero el capitan que no entiende de estas cosas dijo, medio serio, medio burlándose «estamos en el Rio», i señalando la enrojecida agua, «esa es la sangre, añadió, de los que allá degüellan». Aquella broma zumbó en mis oidos como un sarcasmo verdaderamente sangriento. Por lo pronto permanecí enmudecido, triste, pensativo, humillado por la que fué mi patria, como se avergüenza el hijo del baldon de sus padres. ¿Creerá usted que tomé a mi

17

cargo probar que eran infusorios, i no nuestra sangre la que teñía el malhadado rio?

Sangrienta en efecto es su historia, gloriosa a la par que estéril. Naumaquia permanente que a una u otra ribera tiene, cual anfiteatros, dos ciudades espectadoras, que han tenido desde mucho tiempo la costumbre de lanzar de sus puertos naves cargadas de gladiadores para teñir sus aguas con inútiles combates. Montevideo i Buenos Aires conservan su arquitectura morisca, sus techos planos, i sus miradores que dominan hasta mui léjos la superficie de las aguas. La brisa de la tarde encuentra siempre en aquellos terraplenes elevados,   dos, millares de cabezas de las damas del Plata, cuya beldad i gracia, han personificado los marineros ingleses llamando asía unas avecillas acuáticas que se asemejan a palomas pintadas; allí van a esperarla para que juegue con sus rizos flotantes, miéntras, echando sobre las ondas caprichosas del rio sus distraidas miradas, la fantasía se entrega a cavilaciones sin fin. Si la tempestad turba el ancho rio, si las naves batidas por la borrasca no pueden ganar el difícil puerto, si la bandera o el cañon piden a la vecina costa socorro, si la escuadra enemiga asoma sus siniestras velas, Montevideo i Buenos Aires acuden alternativamente a sus atalayas i azoteas, a hartarse de emociones, a endurecer sus nervios con el espectáculo del peligro, la saña de los elementos o la violencia de los hombres. En 1826, la escuadra brasilera bloqueaba en numerosa comitiva las balisas de Buenos Aires. El pueblo tenia neumaquia todas las tardes, siguiendo con sus ojos desde lo alto de los planos de los edificios, las balas que se cruzaban entre su sutil, cuanto escasa escuadrilla, i los imperiales dominadores del río. Una tarde, como en las escenas de toros en España, el combate se prolongaba, i a la luz del sol que se escondia tras los pajonales de la pampa, se sucedían los fogonazos de los cañones que iluminaban por momentos los mástiles i cascos indefinibles, de los buques próximos a abordarse. De repente una inmensa llamarada alumbra el espacio; un volcan lanza al cielo una columna de llamas bastante a iluminar de rojo las pálidas caras de aquella muchedumbre de pueblo ávido de emociones i de combates, i al fragor del cañoneo se sucede el silencio sepulcral del espanto de los combatientes mismos. Un buque habia volado, incendiada la Santa Bárbara. ¿A cual de las dos escuadras pertenecia?... Hé aquí las emociones que educan a aquellos pueblos.

I no es de ahora esta existencia guerrera del rio. En 1807 Sir Samuel Achmuty rueda con sus naves en torno de la península montevideana, i despues de arrojarla catorce dias balas en su seno, encuentra la juntura de su coraza de peñascos i cañones i la toma por asalto. En 1808 Mont Elio desobedece al virei de Buenos Aires i la lucha de ambas riberas se inicia por el sitio de Rondeau, de cuyas filas sale Artigas que levanta la bandera roja; i los suplicios atroces, perpetuados por la inquisicion en el espíritu español, toman formas nuevas, estrañas, adaptadas a la vida pastoril.

En 1814 Alvear anunciaba a Buenos Aires la toma de la   escuadra española en el puerto mismo de Montevideo con estas bellas palabras que habrian sentado bien en boca del vencedor de las Pirámides. «El sol i la victoria se presentaron un tiempo en este memorable dia». 600 piezas de cañon 99 buques, una ciudad conquistada i los pertrechos de guerra de Jibraltar del sur, pasaban a la otra orilla para dar pábulo a la insolencia de los guerreros, i a la destruccion de que han quedado sembrados los restos en todo el continente hasta el otro lado de los Andes, al pié del Chimborazo. Las intrigas i las escuadras de la Princesa Carlota pasan un momento la esponja sobre esta conquista, hasta que en 1823, una barquilla arrojaba sobre las playas orientales del rio treinta i tres guerreros, que debian agrandarse hasta producir la guerra imperial, i aquel eterno batallar sobre las aguas del rio, i aquella caza dada en los canales sinuosos del Uruguai, que hizo por cuatro años, la ocupacion i la gloria de Brown, i el diario entretenimiento de ambas ciudades riberanas. I cuando los amos antiguos i los súbditos rebeldes, la capital i la provincia, el vecino imperio i la orgullosa república dejaron con la independencia de Montevideo de teñir con sangre las aguas del rio, i de ajitar con el estampido del cañon los ecos de la pampa, la Europa ha venido de nuevo a dar pretesto i objeto a esta normal existencia del Rio guerrero. Los buques de Buenos Aires i Montevideo se acechaban i dan caza, si bien las inauditas i osadas empresas de Garibaldi no han podido nada contra el viejo tirano de estas aguas, Brown, cuyo nombre abraza la historia marítima de Buenos Aires desde 1812 hasta esto momento; i en el rio i en la playa, en la ciudad i en el campo, en los cerros i en la llanura, el cañon suena siempre, remedando la tempestad de los cielos i la ajitacion periódica del *pampero* que echa el rio sobre Montevideo, i aleja i persigue las naves del comercio.

¡Cuanto trabajo ha de costar desembrollar este caos de guerras, i señalar el demonio que las atiza, entre el clamoreo de los partidos que se denuestan, las pretenciones odiosas siempre de las ciudades capitales, el espiritu altanero de la provincia vuelta estado, los designios de la política, la máscara de la ambicion, los intereses mercantiles, el odio español contra el *estranjero*, i el viento que echa la Europa sobre la América, trayéndonos sus artefactos, sus emigrantes, i haciéndonos entrar en su balanza de desenvolvimiento i de riqueza!

Estábamos ya por fin en las aguas del Plata, i estos misterios podian, si no esplicárseme, ofrecerse al ménos a mi vista. La tarde del cuadrajésimo octavo dia de mar, el sol empezaba a ponerse, como he dicho, entro nubarrones torvos; i no bien se habia ocultado tras el ancho lomo de las aguas, por todos los estremos del horizonte asomaban lentamente densas masas de nubes preñadas de tempestades. ¡Oh! la tempestad eléctrica, para quien ha habitado largos años las calladas costas chilenas, tiene encantos májicos cuando el estampido del trueno ha sacudido nuestros oidos desde la cuna. Habia iluminacion en los cielos aquella noche; los *refusilos* del horizonte ocupaban los entreactos del rayo que surcaba el espacio; nuestra frájil barca tenia empavezados de fuegos de santelmo sus mástiles, i la sucesion de luz solar, i de noche oscura, encandilaba los ojos fijos en algun punto de las nubes, anhelando sorprender la súbita iluminacion fuljente. Mui tarde aun de la noche permanecíamos unos cuantos en las banquetas de proa, gozando del espectáculo, conmovidos nuestros nervios acaso por la superabundancia de electricidad; i no bien habiamos cobrado sueño cuando hubimos mas tarde ganado nuestros camarotes, el estampido de un rayo cercano nos echó de la cama a todos, a los ayes i jemidos del timonel a quien suponíamos herido; pero la celeste batería habia errado esta vez su tiro, i nave i timonel escaparon sanos i salvos. El dia siguiente era el de la entrada, puesto que estábamos ya en las aguas amarillas. Señaláronse sucesivamente los promontorios de ambas costas; descubrióse la mentida isla de Flores, tarda en dejarse pasar,

19

animando la marina algunas naves que buscaban la alta mar. No ha mucho que la hermosa farola estuvo apagada por órden de Oribe. Estas fechorías me paresen semejantes a las de aquellos que en los caminos de hierro en Europa suelen poner un atolladero para hacer fracasar los wagones. Veíase, por fin, el rio cubierto de naves ancladas en distintos puntos, como el gaucho amarra su caballo en donde le sorprende la noche, o halla pasto abundante en la pampa solitaria; i a lo léjos un vistoso grupo de torres i miradores, señalaba, aparentemente a la sombra del cerro que le dio nombre, la presencia de Montevideo. La ciudad en tanto se presentaba a nuestro escrutinio con una coquetería que pocas pueden ostentar. Rueda el buque en torno de ella buscando desde el lado del Océano el ancladero que guardan la ciudad i el Cerro, i en aquellas viradas de bordo que la barca describe como los jiros del ave acuática que se dispone a posarse sobre las aguas, van presentándose las calles que cruzan la poblacion,   i caen de punta bajo el ojo, primero de norte a sur, despues de poniente a naciente, i todavía de norte a sur, con su variedad infinita de grupos i de trajes, de carruajes i de jinetes, interrumpiendo la perspectiva las ondulaciones del terreno que lo asemejan a espuma del rio perificada. Dan realce a esta vista el material de los edificios, de cal i canto todos, sin aquellas pesadas techumbres de las colonias del Pacífico que matan la calle, e infunden desaliento i tristeza perenne en los ánimos. En Montevideo las líneas rectas, puras del estilo doméstico morisco, viven en santa paz i buena armonía con las construcciones del moderno gusto inglés; la azotea con verja de fierro, a mas de dar transparencia i lijereza al remate, hace el efecto de jardines, de cuyo seno se elevara el cuadrangular, esbelto i blanco mirador, que a esta hora de la tarde está engalanado, vivificado, con grupos de jente que esparcen su vista i aspiran la brisa pura del rio.

A las emociones del viaje se sucedian las del puerto, el paisaje, el muelle, la multitud de velas latinas con que los italianos han animado el movimiento de la rada; el cerro coronado de cañones; los lejanos puntos ocupados por el enemigo, que sombrean el paisaje a lo léjos i dan al espectáculo algo de serio i de amenazante. Es el aspecto de una plaza sitiada imponente de suyo, i el enemigo que cercaba a Montevideo, lo era mio tambien, por aquel parentesco i mancomunidad que uno a las dos repúblicas del Plata en sus odios i en sus afecciones. I en efecto, sorprende esta unidad de las dos riberas, de manera de hacer sospechar que su independencia respectiva es una creacion bastarda i contraria a la naturaleza de las cosas. Un ejército arjentino sitiaba la plaza a las órdenes de un montevideano; i la plaza había improvisado i sostenido su resistencia a las órdenes de un jeneral arjentino. La prensa del Cerrito redactábanla montevideanos i a de Montevideo los arjentinos; i en ambos ejércitos i en ambos partidos, sangre i víctimas de una i otra playa, confundian sus charcos o sus ayes en la lucha que enta el rio que los une en lugar de dividirlos. Publicaba el *Nacional* a la sazon *Civilizacion* i *Barbarie*, i el exámen de mi pasaporte en el resguardo, bastó para atraer en torno mio numeroso círculo de arjentinos asilados en Montevideo, comerciantes, empleados, soldados, letrados, periodistas i literatos; porque todo allí no presenta hoi otra fisonomía que la que presentó en los tiempos en que ambos paises solo formaron un estado, con un foro, una universidad i un ejército comun.   Estaba, pues, entre los mios, i mi curiosidad moria a cada pregunta, bajo un fuego graneado de soluciones mas o ménos satisfactorias.

Entrando, empero, mas adentro en la organizacion de este pueblo, vése que aquellas dos ramificaciones de la familia arjentina, son los restos de una sociedad que muere; la vida está ya injertada en rama mas robusta. No son ni arjentinos ni uruguayos los habitantes de Montevideo, son los europeos que han tomado posesion de una punta de tierra del suelo americano. Cuando se ha dicho que los *estranjeros* sostenian el sitio de Montevideo, decian la verdad; cuando han negado a estos *estranjeros* el derecho de derramar su sangre en Montevideo, como en su patria, por sostener sus intereses, sus preocupaciones de espíritu i su partido, se ha pretendido una de las maldades mas flagrantes, aunque tenga el apoyo de la conciencia de todos los americanos. Sé que la vieja ojeriza española anidada en nuestros corazones, i fortificada por el orgullo provincial de estados improvisados, se irrita i exaspera a la idea solo de dar a los estranjeros en nuestro suelo toda la latitud de accion que no tenemos nosotros; pero hace ya tiempo que el guante está echado entre ella i yó, i cuando el curso de una vida entera no lograra mas que mellarla un poco, me daria por bien pagado de los desagrados que puede acarrearme. La historia toda entera de estos bloqueos i de estas intervenciones europeas en el Rio de la Plata, que traen exasperados los ánimos españoles-americanos por todas partes, la leo escrita sobre el rio mismo, en las calles i alrededores de Montevideo. Cubren la bahía sin número de bajeles estranjeros; navegan las aguas del Plata, los jenoveses como patrones i tripulacion del cabotaje; sin ellos no existiria el buque que ellos han creado, marinan i cargan; hacen el servicio de changadores, robustos vascos i gallegos; las boticas i droguerías tiénenlas los italianos; franceses son por la mayor parte los comerciantes de detalle. Paris ha mandado sus representantes en modistas, tapiceros, doradores i peluqueros, que hacen la servidumbre artística de los pueblos civilizados; ingleses dominan en el comercio de consignacion i almacenes; alemanes, ingleses i franceses, en las artes manuales; los vascos con sus anchas espaldas i sus nervios de fierro, esplotan por millares las canteras de piedra, los españoles ocupan en el mercado la plaza de revendedores de comestibles, a falta de una industria que no traen como los otros pueblos en su bagaje de emigrados; los italianos cultivan   la tierra bajo el fuego de las baterías, fuera de las murallas, en una zona de hortaliza surcada todo el dia por las balas de ambos ejércitos; los canarios en fin, siguiendo la costa, se han estendido en torno de Montevideo en una franja de muchas leguas, i cultivan cereales, planta exótica no hace diez años en aquellas praderas en que pacian ganados hasta las goteras de la ciudad. Todos los idiomas viven, todos los trajes se perpetúan, haciendo buena alianza la roja boína vasca, con el chiripá. Descendiendo a las estremidades de la poblacion, escuchando los chicuelos que juegan en las calles, se oyen idiomas estraños, a veces el vascuense que es el antiguo fenicio, a veces el dialecto jenoves que no es el italiano. ¡Hé aquí el oríjen de la guerra del Plata tan porfiada! Estos hechos que se han ofrecido de bulto a mis miradas, están ademas apoyados en los datos de la estadística.

En octubre de 1843 daba el padron estos curiosos resultados:
Habitantes de la ciudad:

Orientales	11431
Americanos	3170
Europeos	15252

Africanos (libres)   1344

Mucha parte de los vecinos nacidos en la ciudad, habian emigrado huyendo de los horrores del sitio; pero otro tanto habían hecho los inmigrados, puesto que desde 1835 a 1842, habian introducídose 33136 de ellos. La ausencia de los primeros no altera en manera ninguna las proporciones, tanto mas que se tuvo en cuenta a los ausentes al tomar razon de sus familias. Tenemos, pues, que Montevideo, numéricamente hablando, se compone de estas proporciones: 1 africano, 3 americanos, de los cuales dos i medio sou arjentinos, 11 montevideanos, 15 europeos.

Apreciaciones morales: *Comercio*: pertenece a los recien venidos; en Montevideo como en Valparaiso, son los europeos los que jiran con grandes capitales. El estado de las patentes de jiro, espedidas desde 1836 hasta 1842, muestra quienes son los que establecen nuevas casas.

En 1836	9146	962
1837	2382	1253
1838	3410	(se ignora)
1839 (Inv.º de Rosas)	1163	1637
1840	2484	1695
1841	8858	2800
1842	9874	3281

En 1835 llegaron a Montevideo 613 estranjeros; ¿diéronse patentes...?

Riqueza; quien dice comercio dice riqueza, i por lo que hace a la que contienen las ciudades, ésta es la principal; que en cuanto a la *industria*, seria ridículo hablar de reparticion de la riqueza i movimiento de la industria manual entre americanos i europeos. La industria en Montevideo desde el botero hasta el mozo de cordel, está en manos de los últimos.

No me ha sido dado conocer la distribucion de la propiedad en Montevideo. ¡Cómo ilustraría esta cuestion el saber la procedencia de cada hombre que posee algo i forma, por tanto, parto constituyente con la suya de la riqueza nacional; i otro tanto sobre los edificios nuevos i antiguos! En este cuadro estadístico, si lo hubiera, de las ventas de casas o ereccion de construcciones nuevas, se veria palpablemente pasar la propiedad urbana de los nacionales de oríjen a los nacionales de riqueza creada, como se ve al ojo desnudo, en los almacenes i talleres, que las profesiones industriales, el comercio i hasta el servicio doméstico de hombres i mujeres, como el trabajo de peones de mano, cargadores i marinos, ha asado a las razas viriles i nuevas que van aglomerándose de dia en dia.

En 1836, la poblacion se sentia estrecha en el antiguo recinto de la ciudad. Una *banda negra* compró los eriales vecinos, subdividiéndolos en calles anchas i espaciosas, i en lotes de terrenos que se vendian a 4 reales la vara. Ahora aquellas playas desnudas entónces, sirven de cimiento a palacios suntuosos; las rocas que lo afeaban, se han convertido en canteras que dan a la construccion la solidez i barniz europeo, i la vara de terreno en este momento está tasada a onza de oro.

De 1835 hasta 1838 habian llegado 9551 *estranjeros* i se edificaron 269 casas.

De 1838 hasta 1842, 22381 emigrantes i 502 casas edificadas. A la par del desevolvimiento de la poblacion europea en Montevideo, ha ido la riqueza.

Calcúlase la poblacion mista de todo el estado en doscientas mil almas, de las cuales   treinta o cuarenta mil estaban reunidas en el recinto de la ciudad. Para estas 200000 almas, de las que en gauchos de la campaña, que no producen ni consumen, debe disminuirse la mitad, se introdujeron en 1840, época del mayor auje de Montevideo, siete millones de mercaderías europeas, que cambiaron por ocho millones cuatrocientos setenta i un mil pesos de productos americanos, dejando al estado, dos millones ochenta i siete mil pesos de renta. Novecientos buques de alta mar entraron en el puerto, i en los primeros nueve i ½ meses de 1841, alcanzaron a 856. En 1836, cuando el movimiento principió, entraron 295 buques i salieron 276, que introdujeron tres i medio millones i esportaron una cifra por poco ménos igual. Pero hai una riqueza que no se esporta ni introduce, i esta es la que se crea en todos los grandes focos de comercio i de industria, la cual queda en casas i barrios enteros construidos, en millares de familias establecidas, en pequeñas i grandes fortunas improvisadas. Pero 1842, hai un punto final puesto al progreso, a la europeificacion de Montevideo; los aboríjenes se aproximaban a las puertas de la ciudad con sus cañones i sus lanzas.

Premunido de estos datos, mi querido amigo, pregúntese en el fondo de su conciencia, ¿a quién pertenecen los derechos políticos en esta ciudad, si a los 11, o a los 11 mas los 15, mas los 3, mas los 1? Riqueza, propiedad urbana, intelijencia, ¿cuál es el título que reclamarian los primeros con esclusion de los otros? Pero tal es la lójica española, la lójica de la espulsion de moros i judíos, que toda la América ha simpatizado con la resistencia que el esclusivísmo torpe de nuestra raza opone ciegamente para suicidarse, a aquellos movimientos providenciales que salvan pueblos transformándolos. La historia de esta lengua de tierra no se pierde en la noche de los archivos de la colonizacion que guardan Simancas o Sevilla. Hasta 1720 los charrúas, tribu de la gran familia guaraní, elevaban aun sus tolderías cerca de estas playas; pasaron entónces de Buenos Aires algunos individuos, treinta i tres en número, a hacer paces sus vacas; los charrúas tambien, alegaban su derecho esclusivo a la posesion de la tierra, i como valientes i rudos, fueron esterminados. En 1728, desembarcaron trece familias canarias, i en 1770, Montevideo contaba 1000 personas adultas i 100 niños vivos de los nacidos en el año; sin contar 70 que murieron; un párroco componia todo el personal del culto relijioso.

«La mayor parte de la poblacion, dice un cronista, se compone   de muchos desertores de mar i tierra, i algunos polizones que, a título de la abundancia de comestibles, ponen pulperías con mui poco dinero, para encubrir su poltronería i sus contrabandos «....» Tambien se debe rebajar del referido número de vecinos, muchos holgazanes *criollos*, a quienes con grandísima propiedad llaman gauderios». Titúlase el libro que contiene datos tan preciosos: «*El lazarillo de ciegos caminantes desde Buenos Aires hasta Lima, con sus itinerarios segun la mas puntual observacion, con algunas noticias útiles a los nuevos comerciantes que tratan en mulas, i otras históricas; sacado de las memorias que hizo don Alonso Carrió de la Vandera en este dilatado viaje, i comision, que tuvo por la corte para arreglo de correos i estafetas, situacion i ajustes de postas desde Montevideo. Por don Calixto Bustamante Cárlos Inca, álias Concolorcovo, natural del Cuzco, que acompañó al referido comisionado en dicho viaje i escribió sus estractos. Con licencia, en Gijon era la Imprenta de la Rovada. Año de 1773*». Pues bien, lo que observaba el lazarillo de ciegos caminantes i repetia el Inca Concolorcorvo, sucede hoi ni mas ni menos. El montevideano criollo, es aquel que canta aun en las pulperías, i lo enrolan para matarlo en el campamento de Oribe o en las fortificaciones de la plaza. Subiendo en la escala social, se le encuentra en ambos partidos, sin profesion conocida, salvo honrosas escepciones, como en todo el resto de la América. Oribe por un lado, Rivera por el otro, sus aliados i sostenedores adentro i afuera de Montevideo, podrian llamarse, con grandísima propiedad, *gauderios*, si en lugar de cantar como la cigarra, no se entretuvieran en derramar sangre. Es este el antiguo tipo colonial que se revuelca en el fango i se descompone en los puntos remotos, donde el comercio europeo no viene a inyectarle nueva vida; que resiste vigorosamente, cuando logra rehacerse bajo la inspiracion de un Viriato, como acontece del otro lado del Plata, cual el tísico que en la flor de la edad siente disolverse su pulmon. El mal de Montevideo es el de Tejas, un pueblo que muere i otro que llega; porque Tejas i Montevideo son los dos desembarcaderos que en las costas españolas se han procurado los inmigrantes. Sé que hai por allí republicanos colonos que toman a lo serio las pretenciones de oribe a la presidencia *legal* que, como el vino, gana en lei a medida que los años pasan. Cuando falta la conciencia pública, la impudencia de los instintos toma aires de razonamiento. Lo que hai de real aquí es la industria que se   atrinchera, contra la arbitrariedad de los haraganes, llámense estos Oribe, Rivera, Rosas, i las escuadras protectoras del comercio, sea la Inglaterra, la Francia o el Brasil, quienes las envien. Hai sustitucion de vida, por tanto sustitucion de gobiernos, pasando de la arbitrariedad del caudillo, que remueve el pais por dar suelta a sus pasiones, a la habilitacion de la masa inteligente, que quiere gobernarse a sí misma i seguir sus propias inclinaciones. En una palabra, hai en Buenos Aires, España esclusiva; en Montevideo, Norte América cosmopolita. ¿Cómo han de estar en paz el fuego i agua?

Hé aquí, las causas de esta profunda perturbacion que tanto escándalo causa. Millares de aquellos antiguos colonos andan prófugos, creyendo obedecer a impulsos jenerosos; tres años va que el cañon avisa con sus estragos, que no hai reconciliacion posible entre lo pasado i lo presente; i la raza desheredada vaga en torno de su antigua ciudad que la rechaza. Un dia habrá de levantarse el sitio de Montevideo, i cuando los antiguos propietarios del suelo, los nacidos en la ciudad regresen, qué cambio, ¡Dios mio! Yo me pongo en lugar de uno de aquellos proscritos de su propia casa, i siento todas sus penas i su mal estar. Quiere llamar a esta calle San Pedro, a aquella San Juan, la que sigue San Francisco, i aquella otra San Cristóbal; pero el pasante a quien pregunta, no conoce tales nombres, que han sido borrados por la mano solícita del progreso, para ceder su lugar a los nombres guaraníes de la historia oriental.

Lo que dejó en 1841 fortaleza i ciudadela, es hoi mercado de provisiones de boca; la antigua muralla, ha cambiado sus casasmatas por almacenes de mercaderías; la tierra ha recibido accesiones del lecho del rio, i por todas partes avanza sobre las aguas, muelles públicos i particulares que aceleran las operaciones del comercio. En lugar de aquella matriz que reunia a los antiguos fieles, encuentra en el punto en que la dejó, un cubo de las fortificaciones, un templo cuyas enormes columnas de gusto griego, i sus decoraciones interiores, están revelando que otro culto i otra creencia han tomado posesion del suelo. En el fronton leerá en dos tablas los preceptos del decálogo, i para chocar su conciencia católica, aquel que dice: «tú no harás imájen alguna tallada, ni a semejanza de las cosas que están allá arriba en el cielo, ni aquí abajo sobre la tierra, ni en las aguas mas abajo de la tierra».

En donde habia dejado una plaza pública, encuentra la propiedad individual que hizo suyo el terreno, mediante los   recursos que facilitó al gobierno para la resistencia. Todo se ha trasformado, las cosas i los hombres mismos. El negro que ayer era su esclavo, lo encuentra ahora su igual, pronto a venderle caro el sudor mismo con que ántes le enriqueciera gratis El gaucho oriental con su calzoncillo i chiripá, afirmado en el poste de una esquina, pasa largas horas en su inactiva contemplacion; atúrdelo el rumor de carros i de vehículos; el hierro colado ha reemplazado a los informes aparatos que ayudaban su grosera e impotente industria; la piedra que él no sabe labrar, sirve de materia paralos edificios; robustos vascos gallegos i jenoveses, se han apoderado del trabajo de manos; italianas i francesas hacen el servicio doméstico; i aturdido, desorientado en presencia de este movimiento en que por su incapacidad industrial le está prohivido tomar parte, busca en vano la antigua pulpería en que acostumbraba pasar sus horas de ocio, escuchando cantares de amor i apurando la botella amiga de la desocupacion de espíritu. La pulpería se ha convertido en un *auberge*, fonda, *debit* de licores. Quédale la campaña i los bosques, el horizonte ancho i las praderas dilatadas. ¡I qué diré del desencanto el antiguo propietario! ¡que fué rico i se siente pobre, por los esfuerzos que hizo para resistir, por las devastaciones de la guerra asoladora, i por los sacrificios que hicieron los sitiados en su defensa! La confiscacion, aquel crímen legal sancionado por la tradicion española que defendia, lo ha alcanzado tambien a él. La propiedad urbana ha sufrido aquellas trasformaciones que en la emigracion de los nobles de Francia esperimentó. El estranjero es el único poseedor garantido. Los partidos oprimidos le hacen ventas simuladas para salvar la confiscacion, i de la venta ficticia al contrato real por la accion del tiempo, las mejoras i el poder del dinero, no hai intermedio posible. Oribe mismo, triunfante, absoluto soberano por la victoria, la venganza, los hábitos de despotismo i la degradacion de los aboríjenes, se pararia ante esta barrera insuperable, como se han parado todos los restauradores de clases desposeidas i de mundos pasados desde Napoleon hasta los Borbones. Rosas mismo no ha sido mas osado. La confiscacion i el ultraje se han detenido en el umbral del estranjero, i su odio de gaucho i de español, se irrita ménos por los bloqueos, que por este poder que él no puede avasallar. En medio de su grita eterna, cuando todo enmudece en torno suyo, no ha podido vejar al estranjero, sino en casos dudosos, raros i cuando no se presentaba suficientemente   garantido por su nacion. Oribe entrará en Montevideo, si tal cosa es posible. ¿I qué encontraría para gobernar con la *suma del poder público*, es decir, con todo el catálogo de crímenes i de violaciones que a la inquisicion política legó la inquisicion relijiosa? En las partes altas de la sociedad dos mil comerciantes estranjeros, a cuya seguridad individual i a cuyas fortunas no lo es dado tocar; la mitad de los propietarios de casas, sobre los cuales la confiscacion no alcanza a encarnar su tenaza, porque son de otra pasta que aquella blanda i maleable que componia la antigua poblacion criolla, a la cual es lícito, consuetudinario i hacedero despojar a título de rebeldes, herejes, o de enemigos de tal cual órden de cosas, que en cuanto a las masas populares, eso es mas serio. Venid a contar la chusma *gauderia*, a quien llevareis amarrada a los cuarteles para dar vuestras batallas contra Rivera, el caudillo de los jinetes de la campaña, o contra las escuadras que quieran pediros cuenta de los desmanes de la suma del poder; componen estas masas populares 206 ingleses, 8000 franceses, 7000 españoles, 4000 vascos, 5000 italianos, i entre tantas cifras reunidas, algunos dos mil haraganes de poncho i chiripá que tiran carretillas o venden agua. Esta poblacion trabajadora i que os aborrece, ha manejado largos años el fusil con la misma destreza que los instrumentos de las artes. Goza de los derechos de ciudadanía por la fuerza del número, de la propiedad, de las tradiciones de orden, i por la industria. ¿Qué vais a hacer para someter sus resistencias? ¿Resucitar la espulsion en masa de los moros? ¿Formar un nuevo Paraguai a la embocadura del Rio? ¡Oh! ¡Montevideo! yo te saludo, ¡reina rejenerada del Plata! tu porvenir está asegurado; el incendio de los pajonales del desierto, ha pasado ya sobre tu superficie; la yerba que nazca será fresca i blanda para todos. Proscrito de mi raza, un dia vendré a buscar debajo de tus muros, las condiciones completas del hombre que las tradiciones españolas me niegan en todas partes. ¡Teneis ahora ministros que han nacido en la península, almirantes que arrojó de su seno la vieja Italia; jenerales arjentinos, coroneles franceses, periodistas de todas lenguas, jueces que no han nacido en tu suelo; tantas intelijencias, talentos i estudios profesionales, sofocados o rechazados en las otras colonias, hallarán en tí patria i asilo! Los hijos de los españoles quisieran asimilarse la industria del estranjero, i conservar paria al industrial; la máquina sin el artífice, el espíritu sin espontaneidad, la conciencia libre para   ellos, agarrotada para el que cree en Dios i lo adora de otro modo; la libertad de hacer el mal, sin la libertad de contenerlo. ¡Todas las constituciones americanas lo gritan así sin pudor; i la prensa i la opinion, hacen coro a esta proclamacion del suicidio que llaman *su derecho*, i la muestra mas clara de su independencia! ¡Raza feliz, mátate como el escorpion, con el veneno mismo que circula en tus venas!

La Europa viene a dar a Montevideo su significado perpetuo, haciéndola desempeñar para la rehabilitacion de nuestras relaciones con el mundo civilizado, el mismo papel que desempeñó siempre, sirviendo de último atrincheramiento a los principios vencidos, o a los movimientos que comienzan. Las colonias españolas entraban en el séquito que acompañaba a la metrópoli en las grandes cuestiones políticas del mundo, aunque sin voto consultivo. Por ella formábamos parte de la familia europea, i la Europa por la España vivia en nosotros. El señor castellano traia consigo usos e ideas que le mantenian europeo en el centro de las plantaciones primitivas. Todavía vive el prestijio de aquellos hidalgos, que revela la inferioridad del criollo, pero que era un vínculo de la gran familia cristiana. Otro espíritu reina hoi en estas comarcas. Porque cortó una vez la cadena que la tenia atada, tiende hoi la América a errar sola por sus soledades, huyendo del trato de los otros pueblos del mundo, a quienes no quiere parecérseles. No es otra cosa el *americanismo*, palabra engañosa que hiciera, al oirla, levantarse la sombra de Américo Vespucio, para ahogar entre sus manos el hijo espurco que quiere atribuirse a su nombre. El *americanismo* es la reproducion de la vieja tradicion castellana, la inmovilidad i el orgullo del árabe.

26

Tal es la cuestion del Plata mirada con el ojo desnudo de todo prisma de partido, i así la sienten en el fondo de su corazon, todos los embusteros que la revisten de los nombres, formas e intereses que entran en la vulgar nomenclatura política. Vista desde el lado en que la Europa figura, no es ménos fecunda en decepciones para la pobre América, que se ajita de indignacion, al oir que un punto del continente es amenazado a europea. A medida que se dilata el horizonte a mis ojos, i observo de cerca nuevos hombres i situaciones nuevas, se desvanecen los prestijios con que la distancia i el éxito revisten los hechos, ¿Quién de nosotros al pensar en la *pérfida* Albion, no se esfuerza en desenmarañar los secretos designios de su política, i no se representa   a sus ministros de finojos sobre el mapamundi, para preparar un siglo ántes la conquista de algun islote o promontorio? ¿Quién no ha leido *Política de los mares*? Cuando el jeneral Madrid hacia su aventurada campaña sobre las provincias de Cuyo, hubo un momento en que su ejército, estraviado en los desiertos de la Rioja, estuvo apunto de perecer hasta el último hombre. Dos dias habia que no comian, i los soldados en partidas, se estendian desesperados sobre un ancho frente, buscando donde aplacar la sed devorante que irritaba el sol i el polvo del desierto. Marchaba el jeneral pensativo i cabizbajo, i su secretario, que me ha contado el caso, detenia su caballo para dejarlo abandonado a sus profundas reflecciones, respetando i compadeciendo el dolor de su jeneral sobre quien pesaba en aquel crítico momento la responsabilidad de tantas víctimas sacrificadas. De repente el pensativo jeneral pára su caballo, i dirijiéndose a su condolido secretario, le dice: ¿Qué le parece a Ud. esta letrilla que acabo de componer para una vidalita? recitándole en seguida un mal retazo de prosa rimada i chocarrera. Me parece que la mitad de los hechos históricos son interpretados como el secretario interpretaba la meditacion del jeneral. Hai, sin embargo, algunos hechos que nunca deben olvidarse. A las naciones poderosas, miéntras no haya un Congreso Supremo del mundo, está cometida la policía de la tierra; i la libertad de la discusion, el presupuesto, i el cambio de ministerios, hacen imposible todo complot secreto i seguido de largo tiempo. La reina Victoria, por su empleo de reina, ocúpase solo de hacer calcetas i cuidar a sus chicuelos. Las cámaras han sido informadas por Aberdeen de que la Inglaterra no tenia derecho a exijir que se le abriesen las aguas de los afluentes del Plata. ¿Dónde está, pues, el oríjen del mal? No en otra parte que donde se halla el oríjen del bien, en el hombre, en la accion personal, en las pasiones buenas o malas de los que están en situacion de crear la historia.

El gobierno inglés tiene un oido i un ojo *oficial* en todos los puntos del globo a donde sus intereses alcanzan; i de los paises lejanos i poco importantes, por falta de tiempo, apénas sí de vez en cuando se reciben noticias i el ministro ha tenido tiempo de informarse de los antecedentes. En Buenos Aires, aquel oido i aquel ojo de la Inglaterra, estaban incrustados en la persona de Mr. Mandeville, calavera arruinado, Talleyrand de aldea, hombre de 76 años (¡setenta i seis!) bien sonados; pónese corsé i refajos, gasta seis horas en el tocador,   i tenia en Buenos Aires una querida. Mr. Mandeville, con todas sus dolamas, era hombre ántes de ser diplomático, i el terror i las cencerradas de la mashorca, no eran pasatiempos que gustaba de procurarse, sobre todo teniendo una querida. Diez años consecutivos informa a su gobierno *oficialmente* todo lo que convenia a su posicion personal, sin descuidar la coyuntura del primer bloqueo frances, para obtener satisfaccion amigable a los reclamos de su gobierno. Avisánle los diarios una mañana que Oribe ha vencido a Rivera, i que marcha el ejército arjentino sobre Montevideo, cuya independencia ha garantido la Inglaterra. Los ajentes diplomáticos, al reves de los hombres comunes *obran*, cuando no saben que hacerse en una emerjencia imprevista. Mandeville i de Lurde protestan colectivamente contra la invasion, miéntras reciben instrucciones de sus gobiernos. Enrédase el asunto, animan con seguridades especiales la resistencia de Montevideo, llamando para dar fuerza a aquel documento, al Comodoro Purvis, que estaba a la sazon estacionado en Rio Janeiro. Purvis es un antiguo marino, de 66 años, lleno de jenerosidad, i a su edad espuesto a dejarse afectar or cuentos de Barba-azul. Llega a Montevideo, i como Mandeville en Buenos Aires del terror, él participa allí de la alarma jeneral, con motivo de la aproximacion del ejército de Oribe; cuéntanle las señoras despavoridas, los horrores de las matanzas, que no habia necesidad de exagerar como lo hace siempre la fama. En un hombre colocado en una alta escala social, educado en los pueblos cultos, estas brutalidades de nuestros terroristas, sublevan mas indignacion i encono que entre nosotros mismos, que tenemos por antecedentes de gobierno la inquisicion, por tradiciones populares las incursiones de los indios, i por hábitos, la violencia i la arbitrariedad, aun en aquellos paises mejor gobernados. El Comodoro Purvis en una tertulia de señoras a que asistia una noche, i que puedo nombrar, prometió, para consolar a las cuitadas, a fuer de marino viejo i galan, que Oribe no entraria a Montevideo; i su conducta desde aquel momento, hizo honor a su palabra empeñada. Encerró a Brown en las balisas de Buenos Aires, proveia de víveres a los sitiados, i por la mañana salia a las baterías esteriores a dirijir la punteria de los artilleros, a anirmarlos con su presencia i su coraje. No me burlo de estos actos apasionados. Creo que un hombre de honor i de corazon, aunque sea inglés i comodoro, debe obrar en iguales casos de un modo análogo. Mandeville, entre tanto, estaba en Buenos Aires, i lo hacia maldita   la gracia la manera independiente i desenfadada de obrar del almirante; crúzanse notas entre ambos, i llevan su querella a la Inglaterra. El ministerio inglés, que por diez años habia ignorado *de oficio* lo que se pasaba en el Rio de la Plata, dudó por la primera vez de los informes de Mandeville, a quien mandó retirar de su puesto, desaprobando al mismo tiempo los procedimientos espontáneos de Purvis. De parte de la Francia sucedia algo de parecido, i sus ajentes no estaban mas exentos de influencias harto terrenas. El cónsul Pichon, de Montevideo, propendia por relaciones pasadas de buena intelijencia con Oribe, a facilitarle la entrada en la plaza; el consulado frances era la estafeta pública i confesada de la correspondencia de los sitiadores, i a fin de apartar a sus nacionales de continuar en la defensa de Montevideo, pagaba cuatro reales diarios a cada individuo que desertase de la lejion francesa. Mas tarde, en el calor de la contienda, desnacionalizó a los suyos, que perseveraron, a despecho de esto, en su propósito, mostrando así, que cualquiera que fuese la política de la Francia en el Rio de la Plata, la conducta de los franceses establecidos en Montevideo, era espontánea. Entre tanto, Mr. Mareuil, cónsul frances en Buenos Aires, hacia la corte mas asidua a una hermana de Rosas, digna por su rara belleza i los encantos de su trato, de hacer perder el seso a un pariciense mas cortesano aun que Mareuil, i a poco andar en zambras, cabalgatas i galanteos, apareció el tratado Mareuil en que la Francia pedia perdon a Rosas de los agravios inferidos. En este estado estaban las cosas, cuando la mision Ouseley i Deffaudis llegó. Es el último de estos personajes un hombre afable, entrado en años, sin que ni sus palabras ni su acento revelen nada de aquel espíritu belicoso que se le atribuye. Hablábame sobre sus miras en el Rio de la Plata, sin ostentacion como sin misterio. No traia intrucciones de su gobierno precisas; habia creido necesario para facilitar la paz entre ambas riberas, despejar el Rio, i habia dado la batalla de Obligado; esperaba órdenes i se proponia obrar segun se lo aconsejasen las circunstancias. Un incidente que se tocó en conversacion, dióle ocasion de caracterizarse a sí mismo. Decíase que Rosas, hablando de él, habia observado que no habian sabido sus jentes *manejarlo*. No sé, díjome el almirante Deffaudis, lo que el señor Rosas entiende por manejarme. Tengo 60 años, fortuna asegurada, soi par de Francia, tengo la condecoracion de la lejion de honor, i soi almirante de la marina de mi patria, última escala de la   carrera a que he consagrado mi vida. Estas circunstancias de posicion, me hacen poco accesible a las seducciones que pudieran ensayar los hombres sobre mi espíritu. Mr. Guizot mismo, hoi ministro, dejará de serlo mañana, miéntras yo continuaré siempre par del reino i almirante frances.

Andando la conversacion, indicóme tina nota que pasaba al gobierno de Buenos Aires, haciéndole sentir que los gobiernos que se salian de los límites prescritos por el derecho de jentes, eran *personalmente* responsables de sus actos. Referíase a un decreto reciente, por el cual se declaraban *piratas* a los estranjeros que navegasen en el Rio de la Plata, mas allá de Martin García. ¿De dónde quiere introducir el señor Rosas, me decia, esa sustitucion de una palabra por otra, para aplicar penas capitales a individuos de otra nacion? El contrabandista, el transgresor, es contrabandista i transgresor, sin que a ningun gobierno le sea dado cambiarlo, por un *fiat* o un decreto, en pirata, *C' en est fait*, añadió, animándose; si el decreto se pone en ejecucion, cuelgo de las vergas de mi buque al primer jeneral, ministro o gobernador arjentino que haya a las manos, i yo sabré procurármelo. Esto es lo que quiero indicar con la responsabilidad *personal* que subrayo. Acaso no lo entiendan.

Equivocábase en ésto el bueno del almirante. Arana contestó mui pronto, con mal disimulada aprension, protestando contra esta solidaridad de las personas i de los decretos.

Mucho he debido fatigar la atencion de usted con estas caseras esplicaciones de sucesos tan abultados; pero propóngome seguir la pista a los negocios del Plata i necesito traer a colacion los antecedentes. En esta *melée* en que entran la ciudad i la campaña, Oribe i Rivera, Rosas i los unitarios, los emigrados i los ajentes diplomáticos, la América i la Europa, en fin, estamos demasiado interesados para que sea lícito cerrar los ojos por contentar pasiones vulgares.

Diréle algo la vida interna de esta Troya, que no son, a fe, griegos los que la sitian, aunque abunden los Aquiles i los Príamos, sea esto dicho en honor de los contendientes. El heroismo anda rodando aquí por calles i campos, como se dice de l' esprit en Paris. La organizacion doméstica recuerda la que debieron tener los romanos: la ciudad organizada por centurias, las armas en la habitacion, el soldado con familia racionado por el estado, un senado de los patricios, i una plebe con bala en boca. La unidad está en el designio, el antagonismo, la anarquía i la lucha en los medios. El odio i los   celos pueriles entre los cuerpos, hace oficio de patriotismo, tornando imposible la traicion. La organizacion de los cuerpos por nacionalidades, trae ventajas para la guerra esterior, harto compensada por los males que produce para la paz interna. Los orientales oriundos guardan una enemiga profunda contra los arjentinos, que adentro i afuera, los mandan en el campo, dirijen en la prensa, defienden en el foro, i hacen suya la lucha, que el provincialismo quisiera llamar *nacional*; sin que esto escluya la capacidad de los nacionales, si bien su personal es mas diminuto. Todas son nacionalidades, i la presuncion de injusticia hecha a un italiano, pone en campaña las pasiones calabresas. El domingo pasado un vasco queria procurarse violentamente un pescado de los que vendia un negro por las calles. Un capitan arjentino que acertó a pasar por el lugar de la escena, de las órdenes de abstenerse, procedió a lo plano del sable. Una docena de estos mal domados montañeses, salió a la demanda, i a las pedradas sucediéronse las balas, dejando muerto al malhadado capitan. Préndese al asesino i ármase el batallon vascuense; negocia el gobierno, i se obtiene un armisticio, hasta que aquel cuerpo regrese de su servicio que sale a hacer a las avanzadas. Miéntras el proceso se instruia, un soldado arjentino, gaucho malo si hubo uno, discute en la pulpería el negocio con otros vascos beodos. ¡Los vascos! dice mirando el carlon purpúreo que contiene su vaso, ¡los vascos! En la salida de la Aguada ¿quienes corrieron?... ¡los vascos! En el encuentro de las Tres Cruces, ¿quiénes dieron vuelta? los vascos. En la... Un vasco que tenia la tranca de la puerta a mano, puso fin a esta reseña histórica que iba larga, dejándolo redondo de un trancazo. Habiamos visto de paso, al dirijirnos varios hácia la línea esterior, el alboroto causado por tan trájica como concluyente réplica, cuando a poco trecho encontramos un mayor arjentino que venia seguido por un batallon de negros en dispersion, cargando sus fusiles a medida que avanzaban. -Mayor, ¡qué es esto por Dios!- Los vascos nos asesinan, replica rechinando los dientes i enajenado por la cólera; ¡no quedará hoi un vasco! -Mayor, son escenas de borrachos. No hai nada, el herido es el cabo N. tan provocativo i tan cuchillero... El irritado jefe empezó a entender razon, i los tostados veteranos se detenian haciéndose violencia i apoyándose sobre sus fusiles cargados.

Se necesitan fibras de hierro, en efecto, para gobernar esta tropa soberana. He visto a Pacheco Obes dirijirse solo a una   compañía italia amotinada, mandarla deponer las armas, i con solo la fascinacion de su voz imperiosa, dejarse conducir arrestada.

En medio de estos elementos discordantes, pero amalgamados por el objeto comun, suele hacer incursion de cuando en cuando, algun grave incidente hijo del espíritu de la tierra. Rivera ha dejado escapar la ocasion de tomar prisionero a Oribe en su campo, por no prestarle el ausilio de sus jinetes al jeneral Paz; el gaucho no entiende eso de combinaciones estratéjicas, i no es hombre de someterse a otra inspiracion que la suya, libre i voluntariosa como los vientos. No sé si recuerda Ud. a aquel coronel Silva, valiente como un Cid, que tan gauchas proezas hizo en los primeros tiempos del sitio. Sus caballos habian perecido en las salidas i escursiones sobre el terreno enemigo, i estaba desmontado en la guarnicion del Cerro. Hacia tiempo que el jeneral Paz estudiaba el terreno para dar una batalla campal sin caballería. No léjos del Cerro i mui distante del Cerrito, tenia Oribe estacionados ochocientos españoles, la flor de su ejército, en observacion de las operaciones del Cerro. Paz, mensurando la distancia entre este puesto avanzado i el centro del enemigo, habia comprobado que podia ser aniquilado por un golpe de mano, ántes que pudiese ser socorrido. En consecuencia tomaba con el mayor sijilo las disposiciones para este ataque que debia hacer levantar el sitio. El Cerro que tenia una guarnicion limitada, empezó a recibir por la noche refuerzos sucesivos, que al fin de algunos dias completaron una division suficiente para la parte que debia confiársele en el plan de campaña. Cuando todo estuvo dispuesto, el jeneral pasó al Cerro i llamando aparte al coronel Silva, confióle el secreto de la empresa meditada i la parte gloriosa que a él se le reservaba. «Entre el Cerro, le decía, i el puesto enemigo, hai, pongo por caso, tres mil pasos por distancia. Ud. sale con su division a las tres de la mañana i está en línea enfrente del enemigo a las cuatro i tantos minutos, contando los retardos que causará el paso del arroyo cenagoso que corre a la base del Cerro. Abre Ud. el fuego con las cuatro piezas de artillería que lleva. Si el enemigo responde sin salir de su atrincheramiento, continúa con la fusilería; si quiere retirarse, lánceles los 150 caballos que poseemos, avance Ud., que yo estaré allí con el ejército para el resto. De la exactitud de sus movimientos, depende la salvacion de todo el ejército». Cuando la leccion parecía bien aprendida, dejadas instrucciones escritas, que marcaban   los accidentes del terreno i la hora i minutos en que cada uno debia de ser pasado, el jeneral a las once de la noche hace citar a todos los cuerpos, divídese el ejército sitiado en dos divisiones, toma él el mando de la una, i confía la otra, compuesta de la lejion francesa, al mando de Pacheco i Obes, a quien dá en aquel momento instrucciones para atacar el cuartel jeneral de Oribe, a la señal que le darian dos cohetes voladores lanzados al aire, desde el punto que a la sazon debia ocupar el jeneral Paz. Emprende este su marcha nocturna; fórranse las ruedas de los cañones en cueros de carnero, prescríbese i obsérvase el silencio mas profundo, i llegan, sin ser sentidos, a medio tiro de fusil del punto fortificado que ocupaban los transfugas españoles. La suerte de Montevideo estaba asegurada; ni un solo soldado podia escapar, cojidos entre la division del Cerro, que habia bajado al lado opuesto, i el grueso de las fuerzas montevideanas que les habian tomado todas las vueltas. Sin embargo, era ya pasada, con mucho, la hora tan encarecidamente indicada, i ni el ruido del viento ajitando las malezas secas, turbaba el imponente silencio de la noche. Trascurrian los minutos, empezaba a despuntar la aurora, i nada prometia cambiar la situacion natural de las cosas. Si el sol venia a reflejarse sobre los cañones de los fusiles de los que meditaban tan decisivo ataque, un cuerpo del ejército sitiado se hallaba solo en el centro de las líneas enemigas, i la retirada era solo obra del coraje, posible, pero desastrosa. El sol aparece en fin, i el jeneral Paz divisa formado en la falda del Cerro i a veinte cuadras de distancia al coronel Silva que habia dicho a sus jentes: «¿dónde se ha visto batalla sin caballería? Ya lo veremos al manco como lo hacen pedazos». I en efecto, el combate fué sangriento; el batallon número 3º. quedó al fin mandado por sarjentos i cabos, habiendo caido en la refriega hasta el último de los oficiales. El jeneral Paz despechado, hizo cargar la caballería enemiga con la lejion italiana, i hubo un momento en que aun creyó arrancar la victoria. Dió órden a Pacheco de avanzar sobre el Cerrito, la batalla se encrudeció con la llegada de las fuerzas de Oribe, i hubo de disputarse palmo a palmo el terreno para poder entrar de nuevo en la plaza, no sin graves pérdidas. Sitiados i sitiadores se cubrieron de heridas i de gloria, i Montevideo empeoró su situacion en lugar de salvarse. El gaucho que veia desde el Cerro esta lucha desigual, repetia con jactancia: «¿no lo decia yo? Es locura querer pelear sin caballería».

Traigo a colacion este hecho porque ha vuelto a repetirse en estos últimos dias. Silva era valiente gaucho, i la esponja del olvido pasa fácilmente cuando queda sin desteñirse la impresion que el valor probado deja siempre sobre la muchedumbre.

Otro coronel de jinetes habíase visto estrechado por las fuerzas de Oribe i afectado pasarse voluntariamente; no ha un mes empero, que se sublevó, poniéndose a disposicion de Montevideo el departamento de Maldonado, poblado de ganados i dueño de cuatro o seis mil caballos. La situacion de Montevideo podia mejorarse notablemente, adquiria un almacen para refrescar sus víveres, caballos para iniciar una campaña desde Maldonado, i la fortuna ayudando, podia arrollar los puestos avanzados de los sitiadores al sur i dar a la plaza una ancha base, provista de elementos. El caudillo sublevado, pedia con instancia infantería que lo apoyase en Maldonado, i el gobierno, de acuerdo con los interventores Ouseley i Deffaudis, mandó en su ausilio dos buques de guerra ingleses que debian estacionar en el puerto, ciento i tantas plazas del batallon de nacionales de Montevideo, compuesto de los vecinos de aquella ciudad, cuarenta arjentinos i ciento cincuenta ingleses del 73 de línea. Un jefe se necesitaba para cometerle la importante empresa. Silva fué elejido a fuer de valiente, montevideano *nacido*, gaucho vaqueano de los lugares, i compadre i amigo del jefe sublevado. Nombrósele, pues, i el ministro de la guerra, con la aprobacion de los aliados, le dió por escrito las instrucciones mas detalladas sobre su mision, prescribiéndole estar a la defensiva, fortificar la ciudad, i no aventurarse en el pais sino despues de haber asegurado la plaza, para cuyo objeto llevaba artillería i pertrechos de guerra. Pero el gaucho estaba entumecido de no montar a caballo dos años hacia. Llega la espedicion a Maldonado; salta a tierra Silva; desembarca la infantería nacional durante la noche; trasnocha él preparando monturas i caballos, amanece el dia, i diciendo a los suyos: «nosotros no necesitamos de gringos», se lanza al campo, a gauchear, a caracolear su caballo, a respirar el aire del bosque. Sale, i a cuatro cuadras cae de improviso en el centro de una fuerte division enemiga, e infantería, cañones, todo queda en poder del enemigo, todo ménos él; porque el gaucho valiente no cae nunca en poder de sus enemigos, cifra en ésto su gloria, como en salir parado cuando rueda su alazan. Los ingleses, que no habian desembarcado aun, volvieron a Montevideo a traer la noticia del desastre, i Oribe ganó mas que una batalla, al apoderarse de cien orientales autóctonos o aboríjenes, cosa importantísima donde se lucha en nombre de la nacionalidad de oríjen, contra la nacionalidad de eleccion, de fortuna, de sangre derramada i de sacrificios reales.

Otro punto de la fisonomía particular de este pais, es la constitucion política del Estado, la manera de entenderla, i las costumbres públicas. Sobre lo primero, lo remito a la obra que publica Varela, en que con rara erudicion i como buen unitario, compila i analiza todas las constituciones que se han servido darse las repúblicas americanas, candoroso i útil trabajo que consultará sin duda el dictador de Buenos Aires, para formular la que ha de rejir a sus estados. De esta obra o de la materia que contiene, no mencionaré sino un capítulo, que parece ha traido a todos los constituyentes preocupados. La lengua castellana es mui púdica, i no acierta a nombrar las cosas feas sino con perífrasis o alusiones, i creo que ésto esplica la diversidad de nombres que se da en todas las constituciones a la arbitrariedad acordada a los gobernantes en los casos en que los romanos creaban un dictador temporal. En Inglaterra llamábase suspension del *habeas corpus*, por alusion a la acta acordada a los comunes. Apellídanla *voto de confianza en España*, por la conciencia que el gobierno tiene de la desconfianza que inspira. *Suma del poder público*, llamóla el sagacísimo Rosas, por no ser jente mui ducha en sumar sus gobernados, que han dejado incluir en las partidas cedidas, el derecho de no quitarle jamas la suma misma. En Francia, Chile i otros paises llámasele *estado de sitio*, para significar con la palabra misma, que la ciudad o departamento, o nacion, serán en un momento dado, rejidos por las leyes ordinarias con que son rejidas las plazas sitiadas. En Montevideo, no satisfechos con ninguna de aquellas clasificaciones de la cosa mala que todos apetecen, dejóse a un lado *el declarar el pueblo en asamblea*, i se la llamó *suspension de las garantías*.

Recuerdo i comparo todas estas fraseolojías para hacer sentir a usted la oportunidad con que una parte mui séria del congreso, se empeña en levantar la *suspension de las garantías*, o lo que es lo mismo, *levantar el estado de sitio*. Miéntras esta rara pretension se discute, una emboscada que se habia apostado en un hospital de la marina brasilera, situado en la falda del Cerro, ha muerto a tres soldados de Oribe i apoderádose de una balija, inocente portadora de la estafeta   del Cerro a la ciudad. Hai en ella cartas para medio Montevideo; periódicos para los abonados; letras i órdenes para los banqueros; consultas literarias sobre la bondad i eficacia de tal artículo, e instrucciones para los ajentes políticos, a fin de que continúen tal negociacion interrumpida con los interventores; i sea dicho en honor de la impotencia i blandura del Poder Ejecutivo, todo ello terminó con algunos arrestos, incluso el del juez del crímen, a quien se consultaba sobre el rumbo que debia darse a la polémica de los diarios.

En cuanto a la administracion de las rentas públicas, no piense usted encontrar aquella probidad i órden a que solo han alcanzado Chile, i Buenos Aires desde los tiempos de Rivadavia. El estado es el enemigo comun, i entre los paises de largo tiempo despotizados, pasa mas tiempo todavía sin formarse la conciencia pública sobre el respeto a aquella propiedad anónima que a nadie empobrece, i que puede añadirse a la propia. Montevideo fué largo tiempo provincia, i provincia mal gobernada: plaza de armas española, conquistada despues por los primeros ejércitos revolucionarios, a quienes nadie ha atribuido la invencion de los presupuestos; la administracion portuguesa agravó el desórden; Ribera, despues de la independencia, mandaba a las cajas órdenes oficiales para el pago de partidas de juego; i ministros de Oribe han dicho en plena cámara que no cambiaban empleados por no cambiar de dilapidadores.

La ciudad, entretanto, se entrega a los placeres para olvidar sus torturas, si bien todos ellos se tiñen de los colores de la época. En un mezquino teatro dánse mezquinas representaciones en español, italiano i frances, como el *Archivo de Buenos Aires*. En estos dias se ha representado una rapsodia orijinal, que queria pintar una de las escenas horribles de la mashorca. Yo he empezado a tenerle ménos ojeriza a aquella respetabilísima sociedad desde

33

que la he visto tan estropeada. La verdad no siempre es verosímil, i lo real rara vez es dramático. Estas funciones tienen, por lo demas, objetos mui laudables; ántes de todo, aturdirse el público en medio de sus sufrimientos, i por añadidura, socorrer con los beneficios al *hospital de sangre*, equipar una division que sale a campaña, o favorecer a las viudas de los que han muerto en los combates diarios. El paseo de la tarde, a falta de alamedas, se hace diariamente por la hermosa calle central de la parte nueva de la ciudad, de treinta varas de ancho i con aceras de cinco en cada costado, la cual, partiendo de la antigua   ciudadela, va hasta la trinchera actual i conduce al campo que divide las baterías avanzadas, i a donde vienen a morir las balas enemigas. En lugar de líneas de árboles, las hai en la tarde de soldados que acaban de ceder su puesto a la gran guardia que se apresta para salir a hacer su peligroso servicio nocturno en los puestos avanzados. Amenizan otras veces la escena, el ejercicio de cazadores de los batallones negros, o una revista del 73 o del 45 de línea ingleses. Las músicas de estos cuerpos o la de los artistas italiano que encabezan la lejion de sus nacionales, animan con sus melodías las calladas noches de la ciudad cercada. Como los combates diarios han disminuido de algun tiempo a esta parte, diviértense las baterías avanzadas en cruzarse algunos cañonazos, i no es raro que los domingos por la tarde, en que las señoras se aventuran a salir fuera de la trinchera, las envien sus compatriotas de afuera algunas balas perdidas. A veces se me ha ocurrido que estos emisarios vienen de parte de algun despechado amante, que reconoce en las figuras esbeltas a aquellas que en otro tiempo le juraban amor eterno. Por lo demas, el hábito ha hecho a esta poblacion indiferente para con el rumor de los combates, siendo de buen tono no dar señales ni de temor ni de compasion. Las camillas de los heridos entran en la ciudad sin llamar la atencion. Ayer estaba yo sobre la azotea de mi habitacion atisbando los cañonazos que se disparaban las baterías de la izquierda; en la azotea vecina leia una señorita, miéntras la brisa de la tarde ajitaba graciosamente sus vestidos de luto. Daba el frente hácia la campaña, i no obstante que los cañonazos menudeaban, no la ví una vez sola levantar sus miradas. No era así, empero, en los primeros dias del sitio, en que las madres, las esposas, las hijas i las amadas, se agolpaban al porton de la muralla, a ver entrar las parihuelas que a veces se contaban por centenares, a fin de reconocer en los heridos i moribundos, los caros objetos de su predileccion, comprometidos en las fuerzas que se estaban batiendo afuera, i cuyas filas veian desde las azoteas raleadas por la metralla i la fusilería del enemigo. El valor de las mujeres se ha ejercitado noblemente en los hospitales de sangre, encomendados desde temprano a la solicitud de una sociedad de señoras, i en los que sobre mas de seiscientos heridos, a veces han derramado el tesoro de consuelos, solicitudes i ausilios, que solo ellas saben dar sin que se agoten. Oprime el corazon ver por las calles centenares de hombres amputados, cuya existencia hace honor,   sin embargo, a la sociedad, al arte i a la noble solicitud puesta para salvarlos. Enseñáronme un soldado quien una bala de cañon llevó un dia su pierna... de palo, como a Dumesnil, a quien ocurriéndole otro tanto, decia: «qué chasco se ha dado la bala; tengo un surtido de piernas de reemplazo».

Todos mis deseos de hallarme en un combate no han sido parte a motivar una escaramusa séria en esta temporada. El dia mismo de nuestro arribo, dos soldados ingleses que se paseaban fuera de la línea, como hubiesen ya comido, habian perdido naturalmente el rumbo, i en lugar de dirijirse a la plaza, se encaminaban al campo enemigo. La primera avanzada que tocaron, les ofreció mui cortesmente, como se debe con estranjeros descaminados, conducirlos... prisioneros. Miéntras los beodos se orientaban, acudió el comandante Villagran con su asistente, i el combate se trabó contra catorce hombres de que constaba la fuerza enemiga. Sobrevino el mayor García con un sarjento, atraidos por las casacas coloradas de los gringos i el centellear de los sables, i lograron alejar a los enemigos, devolviendo sanos i salvos dos defensores a la Reina Victoria. Pocos dias despues creí llegado el momento de un combate jeneral. El almirante de la escuadra inglesa dió aviso a las autoridades de la plaza de estarse moviendo el campo enemigo, i haber visto descender batallones desde el Cerrito. Hai en las fortificaciones de la plaza una elevada atalaya, desde donde se monta guardia con el anteojo para escudriñar los movimientos del campo de los sitiadores. Otro vijía está en el Cerro, i otro en una de las torres de la Iglesia. El ejercicio de tres años ha dado a los funcionarios mirones el conocimiento exacto de todo lo que ocurre, i no pocas veces se ha prevenido el golpe meditado, por alguna circunstancia insignificante observada que salia de los hábitos diarios del campamento. La triple vijía de la ciudad no anunciaba novedad ninguna; i fuese deferencia del gobierno a la solicitud cautelosa del almirante, fuese paso convenido para examinar el espíritu de las tropas, la jenerala empezó a batir, i las órdenes se impartieron para prepararse al combate. Desde luego las azoteas viéronse coronadas de millares de señoras i vecinos armados de anteojos, i comentando cada uno a su modo el anunciado amago; los ayudantes, jefes i oficiales corrian en todas direcciones; aturdia por todas partes el rumor de carros, trenes i furgones que hacian retemblar el empedrado; las puertas de los almacenes se cerraban   unas en pos de otras, dejando fuera a sus tenedores, convertidos en soldados armados, i dirijiéndose sin entusiasmo ni prisa a los lugares convenidos para la reunion de los batallones respectivos. El 73 de línea inglés en traje de parada, desembarcó de la escuadra i vino a ocupar la cabeza de la columna, rompiendo sus cajas de municiones, armando sus camillas para heridos, i aprestando sus hospitales ambulantes. El 45 debia guardar el puerto. La lejion arjentina se presentó en la línea, i no es posible que pinte las emociones penosas que su vista me causó. Habíase compuesto al principio de seiscientas plazas, i hoi no contaba sino ciento veinte. Noventa i nueve oficiales salidos de sus filas, habian muerto en los combates, seis u ocho mutilados habian sido dados de baja, i el resto habia desaparecido en destacamentos perdidos o suministrado jefes i oficiales a los otros cuerpos veteranos. Al dia siguiente de mi llegada, muchos de estos compatriotas me habian mandado suplicar que fuese hasta su campamento para verlos, pues que muchos de ellos carecian de calzado para ir al hotel a saludarme. En el dia de la parada estaban ya mejor montados, puesto que habian recibido ellos como los otros cuerpos, el primer vestuario que se les daba despues de catorce meses. La lejion arjentina habia sido, bajo las órdenes del jeneral Paz, la guardia imperial del ejército. Se la colocaba en los puntos donde era necesaria una muralla de hierro para contener al enemigo, o se la lanzaba a restablecer las posiciones perdidas. Esta posicion se la daba naturalmente la situacion moral de los individuos que la componian, emigrados todos, para quienes no habia otra salvacion que la victoria. Seguíase la lejion italiana, fuerte de seiscientos combatientes, notable por la fisonomía acentuada de los pueblos meridionales, su sombrero plomo adornado de una pluma por todo uniforme, i la bandera negra con la imájen del Vesubio en erupcion, que en otro tiempo enarbolaron los calabreses contra las armas francesas. Los vascos formaron a poco trecho, raza primitiva, semicivilizada, como usted sabe, de estatura mediana, cuadrada, i conocida por las fuerzas atléticas de sus individuos. La boina roja o azul i las alpargatas de esparto, constituian su uniforme. Dos batallones franceses sucedíanseles con la bandera uruguaya por haber sido desnacionalizados por el cónsul Pichon que habia en vano querido estorbar que se armasen. Ultimamente, algunos centenares de marinos desembarcados de la escuadra francesa se recibieron de la guardia del porton de la muralla. El batallon   de nacionales de Montevideo; una partida de quince caballos de estramuros; los restos de tres batallones de negros libertos diezmados por los combates i las enfermedades, desfilaban a tomar sus puestos en las avanzadas de cazadores. Por entre los flancos de las tropas se deslizaban por centenares individuos que no perteneciendo a cuerpo alguno, iban con su fusil a tomar un lugar en las baterías de la muralla.

En esta rara reunion de pueblos i de razas, de europeos i de africanos, que vienen a prestar su brazo en una contienda americana, habrá usted echado ménos a los representantes de la España que mas afinidad tiene con nuestras costumbres. No es que falten sus combatientes, sino que se hallan en el bando opuesto. A principios del sitio se armaron en un cuerpo como las otras nacionalidades; quince dias no pasaron ántes que las simpatías, las tradiciones nacionales no dejasen sentir sus efectos. Una noche el jeneral en jefe recibe el estraño aviso de que la gran guardia apostada al frente de la muralla, se habia desertado en masa. Desde entónces 600 españoles sirven de tropa escojida i guarda de su campo a Oribe. Esta defeccion hacia decir al jeneral Paz, a los españoles que le habían permanecido fieles, en baldon de los culpados: «I ustedes, les decia, ¿qué se han quedado haciendo aquí? ¿Vamos? el camino está franco. No quiero españoles en mis filas. Mis charreteras las he ganado peleando contra españoles. ¡Este brazo me lo invalidaron los españoles!» ¡Tan cierto es que las masas populares no se equivocan nunca en sus predilecciones! Italianos, franceses, orientales i arjentinos han pasado al bando enemigo; pero éstos son actos individuales. El vínculo que une a la mayoría está en los instintos de libertad, en la conciencia del derecho, en el odio de la arbitrariedad. Los españoles eran en su mayor parte carlistas, i las simpatías los llevaban a otro campo; la violencia, el terror, el odio a los estranjeros, todos sus instintos de raza hasta la semejanza en los medios de hacer la guerra encontraban allí, en Oribe, jefe del partido carlista nacional americano.

Miéntras aquellos imponentes preparativos tenian lugar en la plaza, las vijías daban parte de iguales movimientos i aprestos en el campo enemigo, hasta que avanzado ya el dia ambos campos comprendieron que por entónces no podria empeñarse el combate con que parecian amagarse recíprocamente. Descifróse entónces el enigma. Era sábado, i en el campo de Oribe tenian costumbre de hacer bañar las tropas por batallones en un arroyo vecino. Las vijías no daban por   tanto aviso de este accidente sin importancia, que habia alarmado al almirante, ménos conocedor de los hábitos de los sitiadores, los cuales a su vez, viendo los preparativos de la plaza, habian corrido a las armas i empezado a tomar sérias disposiciones para el combate.

Cuánta sangre, empero, i cuántas víctimas habia costado dar a los sitiados este espíritu guerrero de que tan no estudiada ostentacion hicieron aquel dia, a punto de dejar maravillados al almirante i marinos ingleses que pudieron comprender que la plaza con tales defensores estaba fuera de peligro. Los primeros meses del sitio fueron sangrientos. Los sitiadores venian disciplinados por una larga campaña de mas de mil leguas, decorada por cinco victorias, i precedidos por el terror de las matanzas i de las crueldades inauditas de Córdova, Tucuman i Mendoza. La plaza no tenia por soldados sino jóvenes entusiastas, estranjeros arrancados a sus quehaceres, i negros que cambiaban el yugo de la esclavitud, por el dorado de la libertad del soldado. Era preciso quebrantar el orgullo del enemigo, desvanecer la fascinacion del terror, i habituar al combate a los que nunca habian oido silbar las balas. Esta es la obra mas grande del jeneral Paz, i la que ménos le ha valido para su reputacion. Sea dicho de paso que en América es mas fácil defender una trinchera que atacarla; el combato de sitio, el asalto, no entran en las tradiciones del soldado americano, como el abordaje i la trinchera abierta entra en las de los ejércitos europeos. Oribe con sus valientes soldados, sus pertrechos de guerra, se ha dejado clavar en un campamento tres años, por no sentirse fuerte para ir a dar un asalto, aleccionado de su insuficiencia en una temprana tentativa, dejándose despojar de la siniestra aurora de terror que rodeaba su nombre en los primeros tiempos. Los vascos i los italianos sobre todo, han escarmentado a los sitiadores, volviéndoles iguales o mayores actos de crueldad, hasta quedar al parecer cerrado aquel sombrío episodio de nuestras guerras civiles en que parece que se ha querido renunciar al carácter de cristianos, apeteciendo en cambio el renombre de caníbales. El terror habia venido perfeccionándose desde la República Arjentina; administrado allí *oficial* i civilmente en el ejército, adquiria un ritual militar que debia hacerlo efectivo sobre los soldados de la plaza. Hasta el año pasado eran frecuentes escenas análogas en los puestos avanzados de los sitiadores. Cuando se preparaba una degollacion de los prisioneros hechos en los   combates diarios, bajaba del Cerrito, centro de las posiciones de Oribe, un batallon que escoltaba a la procesion de oficiales i aficionados, conduciendo las víctimas a los puestos avanzados, a fin de que los sitiados oyesen la infernal algazara. Disparábase un cohete volador para anunciar el principio de la fiesta. Hacíase en seguida repetir a los prisioneros las proclamas federales que se hacen en los teatros, en los diarios, avisos, etc., i al empezar la lista en las tropas, a saber: ¡Viva la Federacion! ¡Viva el Ilustre Restaurador! ¡Mueran los salvajes, asquerosos, inmundos unitarios! los infelices debian repetirla con precision, con enerjía, simulando entusiasmo, cólera, i si el temor o la congoja se dejaban traslucir en lo tembloroso o apocado de la voz, venian en su ayuda puntazos i golpes, hasta que hubiesen repetido la letanía en la forma prescrita. Los agazajos irónicos, las amenazas, los chistes sangrientos i los insultos groseros, seguian i comentaban las emociones de la víctima, ya fuese que las lágrimas rodasen por su mejillas, sin pedir misericordia, ya que la naturaleza pudiese mas que aquel vano orgullo que hace a la jeneralidad de los hombres morir con aparente calma. La música militar entre tanto hacia resonar el aire con la *Resbalosa* (llamada así por alusion al cuchillo) marcha andante, de una vivacidad festiva, destinada esclusivamente para estos actos, como la Marsellesa para los combates, i cuyos ecos llevaban a las tropas de la ciudad el aviso de que sus compañeros eran sacrificados. He oido a uno de nuestros compatriotas que al escuchar de los puestos avanzados, en el silencio jeneral de la noche, las melodias siniestras de la *Resbalosa*, temblaban de horror i de miedo los centinelas. Aquella obertura de la muerte se prolongaba mas o ménos segun la resistencia del paciente, o el desden con que algunos provocaban la rabia de sus asesinos. Por fin, un intelijente se acercaba, i con la precision de un anatomista abria en el cuello la vena yugular, para que empezase a desangrarse lentamente, en medio de los vivas de los espectadores que acechaban con avidez los afectos del paciente, la trepidacion de las piernas, flaqueando por la estenuacion, el movimiento tembloroso de los lábios sin voz, esforzándose por recitar oraciones de piedad, o prorumpir en blasfemias i maldiciones, i el revolver de los ojos en la última agonía. Todavía en este cruel momento habia quien se acercase al agonizante a gritarle al oido «¡Viva el Ilustre Restaurador! ¡Mueran.............................!!!».

Despues se procedia a cortar las cabezas, i hacer mutilaciones   en el cuerpo que la pluma se resiste a especificar. Veces ha habido que el tránsito de una calle de estramuros estaba obstruido por una hilera de cabezas de franceses así cortadas.

Por mas detalles vea Ud. a Cooper, i los viajeros que han descrito las costumbres de los salvajes de la América del Norte. Ignoro si entre nuestras tribus indíjenas existen prácticas semejantes, para achacar estos actos a tradiciones populares. Las colonias españolas han vivido durante tres siglos en una tranquilidad patriarcal, i solo con la revolucion comenzaron a verse ejecuciones i derramamiento de sangre. ¿Será que en el hombre sea natural aquella fiereza que tiene sofocada la civilizacion i las leyes, i que reaparece de nuevo cuando esta doble resion afloja? ¿Bárcena habria leido viajes i descripciones de las torturas de los prisioneros entre los sioux i los iroqueses? O bien ¿será que una raza traiga en la sangre las tradiciones de sus padres, i éstas revivan i se animen con la excitacion de los odios políticos, como aquellas culebras entorpecidas en nuestros campos, a quienes el calor del sol devuelve el uso de su veneno mortífero? Lea Ud. entónces a Llorente, *Memorias para servir a la historia de la inquisicion*, i allí puede encontrar afinidades mui ilustrativas.

En medio de este caos de intereses, respirando la atmósfera cargada de humo, i encerrados en un horizonte que a cada punto tiene aparejadas tormentas que de una hora a otra pueden descargar sobre sus cabezas, las musas arjentinas cualquiera que sea la ribera donde les sea permitido entregarse a sus sueños, lo divinizan todo, hasta la desesperacion i el desencanto. Me parece que una causa profunda hace al pueblo español por todas partes poeta; intelijencias caidas como aquellos nobles de otro tiempo decendidos a la plebe, con organizaciones e instintos desenvueltos; mentes elevadas i ociosas, que se remueven i ajitan en su nada, revelando su elevada condicion por entre los harapos que las cubren. El español inhábil para el comercio que esplotan a sus ojos naves, hombres i caudales de otras naciones, negado para la industria, la maquinaria, las artes, destituido de luces para hacer andar las ciencias o mantenerlas siquiera, rechazado por la vida moderna para la que no está preparado, el español se encierra en sí mismo i hace versos; monólogo sublime a veces, estéril siempre, que le hace sentirse ser intelijente i capaz, si pudiera, de accion i de vida, por las transformaciones que hace   esperimentar a la naturaleza que engalana en su gabinete, como lo haria el norteamericano con el hacha en los campos, aquel poeta práctico que hace una pastoral de un desierto inculto, e inventa pueblos i maravillas de la civilizacion, cuando del seno del bosque asoma su cabeza a la márjen de un rio aun no ocupado. ¡Yo os disculpo, poetas arjentinos! Vuestras endechas protestarán por mucho tiempo contra la suerte de vuestra patria. Haced versos i poblad el rio de seres fantásticos, ya que las naves no vienen a turbar el terso espejo de sus aguas. I miéntras otros fecundan la tierra, cruzan a vuestros ojos con sus naves cargadas el *almo* rio, cantad vosotros como la cigarra; contad sílavas miéntras los recien venidos cuentan los *patacones*; pintad las bellezas del rio que otros navegan; describid las florestas i campiñas, los sotos i bosquecillos de vuestra patria, miéntras el teodolito, i el grafómetro, prosaicos en demasía, describen a su modo i para otros fines los accidentes del terreno.

¡Qué de riquezas de intelijencia i cuánta fecundidad de imajinacion perdidas! ¡Cuántos progresos para la industria! ¡I qué saltos daria la ciencia si esta fuerza de voluntad, si aquel trabajo de horas de contraccion intensa en que el espíritu del poeta está exaltado hasta hacerle chispear las ojos, clavado en un asiento, encendido su cerebro i ajitándose todas sus fibras, se emplease en encontrar una aplicacion de las fuerzas físicas a producir un resultado útil!

El canto del poeta arjentino se eleva rudo i barbaresco desde las filas del soldado, hasta depurarse i tomar formas mas cultas en la boca de coroneles, ministros i jenerales. La poesía ha servido no pocas veces a despertar intelijencias dormidas, lanzándolas en la vida pública. Pacheco i Obes, el jefe montevideano, es poeta; i poeta es Lamas que llegó al ministerio; poeta era Rivera Indarte, i a noble estirpe de poetas pertenece Florencio Varela, el eco de la razon pública en estas aguas, el intermediario entre los hijos de la España i los ajentes de las naciones, el último Mohicano de la raza pura de los constitucionales; digno representante de un partido que ha desparecido hasta el último, por la muerte de los jefes, i por la desmoralizacion del resto, que ha ido desprendiéndose i cayendo, como las carnes i tegumentos que revisten el esqueleto de los animales sin vida. Vuelvo a mis poetas: Ascazubi el primer bardo plebeyo, templado al fuego de las batallas, soldado raso en el Tala (Tucuman), asistia al primer combate del jenio gaucho; oficial en el sitio de   Montevideo ha podido venir a encontrar el torrente que desde entónces ha venido engrosándose i venciendo débiles obstáculos, como lo venció a él, hasta dar esta última batalla en las murallas que el espíritu europeo le opone. Ascazubí esplota con felicidad a veces aquel jénero popular que traduce en acentos mesurados las preocupaciones de las masas; el arma que Beranger opuso a los Borbones, el jénero en que Rubí en España ha mostrado toda la riqueza de exajeracion, de fraude, o holgazanería del jitano i del andaluz. ¿Cómo hablar de Ascazubi, sin saludar la memoria del montevideano creador del jénero *gauchi-político*, que a haber escrito un libro en lugar de algunas pájinas como lo hizo, habria dejado un monumento de la literatura semi-bárbara de la pampa? A mí me retozan las fibras cuando leo las inmortales pláticas de *Chano el cantor*, que andan por aquí en boca de todos. Echeverría describiendo las escenas de la pampa, Maldonado imitando el llano lenguaje, lleno de imájenes campestres del cantor, ¡qué diablos! porqué no he de decirlo, yó, intentando describir en Quiroga la vida, los instintos del pastor arjentino, i Ruguendas, pintando con verdad las costumbres americanas; hé aquí los comienzos de aquella literatura fantástica, homérica, de la vida bárbara del gaucho que como aquellos antiguos hicsos en el Ejipto, háse apoderado del gobierno de un pueblo culto, i paseado sus caballos i hecho sus yerras, sus festines i sus laceaduras en las plazas de las ciudades. Paréceme ver al viejo *Chano* de las islas del Tordillo, acercándose al pago de la Guardia del Monte, al tranco majestuoso i pausado del caballo del gaucho, estirado el cuello del corcel sin gracia, miéntras que el jinete, sentándose sobre las vértebras, describe con su espalda una curva que avanza hácia delante, la cabeza inclinada para romper el viento, i dejar al cuerpo toda su flexibilidad. «Con que amigo», le dice Contreras, al verlo llegar, «¿diáonde diablos sale? Meta el redomon, ¡desensille, votoalante!... ¡Ah pingo que da calor!» Cordial salutacion que encierra ya muestra sencilla de la hospitalidad de la pampa, i el cumplido mas lisonjero que puede hacerse al gaucho, alabarle su caballo.

«¡Pero si es trabuco, Cristo!».
    Esclama el gaucho lisonjeado.
  «¿Cómo está, señó, Ramon?»
-«Miéntras se calienta el agua
i echamos un cimarron;
¿Qué novedades se corren?...
-¡Novedades! qué sé yo;
hai tantas, que uno no acierta
a que lado caerá el dos,
aunque le esté viendo el lomo;
todo el pago es sabedor
que yo siempre por la causa
anduve a frio i calor.
Cuando la primera patria
al grito se presentó
Chano con todos sus hijos,
¡Ah, tiempo aquel....! ¡ya pasó!
Si fué en la patria del medio
lo mismo me sucedió,
¡Pero, amigo, en esta patria...!
Alcánceme un cimarron».

¡Qué triste, qué doloroso es este: ¡alcánceme un cimarron! ¡Cuántas cavilaciones van a empezar cuando el gaucho comience a sorber su mate amargo! Toda la historia de la revolucion pasa rápidamente por su memoria. Los primeros tiempos de entusiasmo los ha juzgado ya esclamando: «¡Ah, tiempo aquel! ya pasó...» Los desencantos vienen en pos i dice:

«En diez años, que llevamos
de nuestra revolucion,

¿Qué ventaja hemos sacado?
Lo diré con su perdon,
robarnos unos a otros,
aumentar la desunion,
querer todos gobernar,
i de faccion en faccion
andar sin saber que andamos,
resultando en conclusion
que hasta el nombre de paisano
parece de mal sabor».

I no es que al buen sentido del gaucho se esconda la causa del mal, que es el espíritu de localidad, el espíritu castellano de odio i adversion contra el estranjero, llamando tales a los mendocinos i salteños, en su rabia de encontrar estranjeros. Chano pone un caso en que lo que no pudo hacer la jente   del pais, hízolo un mocito forastero, a quien no se premió por ser estranjero. Hé ahí la historia de las repúblicas americanas, solo que Chano, el pobre cantor de la pampa, no alcanzaba a ver sitio el odio entre las provincias; mas tarde habria visto el odio entre los estados; el odio de los nacidos en el suelo contra los que vienen a poblarlo. «Es un dolor ver estas rivalidades» replica Contreras,

«Perdiendo el tiempo mejor,
solo en disputar derechos,
hasta que, ¡no quiera Dios!
Se aproveche algun cualquiera
de todo nuestro sudor».

Dios lo quiso, empero, gaucho profeta del desierto, en 1820; el cualquiera presentose, i hace ya largos años, sin que sea dado vaticinar el fin de esta última patria, ¡tan triste, tan larga!

Sigue en la procesion de poetas montevideanos i arjentinos, grande muchedumbre de versificadores de mas o ménos mérito. He debido a uno de ellos palabras llenas de calor en una composicion que Varela encontró bella. Figueroa se ha distinguido por sus toraidas tan festivas i tan apasionadas por la tauromaquia, que da gana de creerlo aficionado de la puerta de Alcalá en Madrid. Indarte ha seguido a Berro a la tumba; Dominguez ha remontado el Paraná i halládose en la cruenta batalla de Obligado. Mármol, despues de sus peregrinaciones por el mar, en aquel viaje que usted sabe, sin desenlace como todas nuestras empresas, refujióse a Rio Janeiro a trascribir, sin duda, bajo la sombra de algun palmero del trópico, los versos que habia compuesto entre las fríjidas borrascas del Cabo de Hornos que no pudo doblar.

Para indemnizarme de tantas pérdidas, he encontrado a Echeverría, manso varon, como es poeta ardiente i apasionado. Su intimidad me ha ahorrado las largas horas de fastidio de una plaza sitiada. ¡Cuántas pláticas animadas hemos tenido sobre aquello del otro lado del rio! Echeverría, que ha engalanado la pampa con las escenas de la *Cautiva*, se ocupa de cuestiones sociales i políticas, sin desdeñarse de descender a la educacion primaria, como digna solicitud del estadista americano. Alma elevadísima por la contemplacion de la naturaleza i la refraccion de lo bello, libre ademas de todas   aquellas terrenas ataduras que ligan los hombres a los hechos actuales, i que suelen ser de ordinario el camino del engrandecimiento, Echeverría no es ni soldado ni periodista; sufre moral i físicamente, i aguarda sin esperanza que encuentren las cosas un descenlace para regresarse a su patria, a dar aplicacion a sus bellas teorías de libertad i justicia. No entraré a examinarlas por lo que puede ser que trasluzca usted algo en un trabajo que prepara para ver la luz pública bajo el nombre del *Dogma Socialista*. El poeta vive, empero, aun al traves de estas serias lucubraciones.

Echeverría es el poeta de la desesperacion, el grito de la intelijencia pisoteada por los caballos de la pampa, el jemido del que a pié i solo, se encuentra rodeado de ganados alzados que rujen i caban la tierra en torno suyo, enseñándole sus aguzados cuernos. ¡Pobre Echeverria! Enfermo de espíritu i de cuerpo, trabajado por una imajinacion de fuego, prófugo, sin asilo, i *pensando* donde nadie piensa, donde se *obedece* o se sublevan, ¡únicas manifestaciones posibles de la voluntad! Buscando en los libros, en las constituciones, en las teorías, en los principios, la esplicacion del cataclismo que lo envuelve, i entre cuyos aluviones de fango, quisiera alzar aun la cabeza, i decirse habitante de otro mundo i muestra de otra creacion, Echeverría tiene escrito un poema que resume todos aquellos desencantos, aquella inquietud de ánimo, i aquel desesperar sin tregua que forma el fondo de sus cavilaciones. El *Anjel Caido*, es una beldad que ha pecado, i que se arrepiente; pero en el título solo, ¡quién no ve a la patria de sus sueños, solo que no se atreve a hacerla prostituta impúdica, como Jeremias el cantor hebreo! La tiene, lástima todavía, i pide perdon por ella:

«Era un anjel, Señor, de ese tu cielo,
Pero andando en la tierra peregrina,
Olvidó acaso su mision divina,
Por criatura humana sintió amor;
Perdónala, ¡Señor!
Envíala una luz que la ilumine,
Un anjel que la guarde i encamine
Por la senda mejor,
Que la regale siempre horas serenas,
I que aplicando bálsamo a sus penas
Te lleve sus ofrendas mediador;
Perdónala, ¡Señor!».

A falta de sentimientos morales para engalanar su patria, tan humillada i tan cubierta de lodo, Echeverría canta las grandezas naturales de su rio:

«Me place con el pampero
esa tu lídia jigante,
i el incansable hervidero
de tus olas a los piés,
i la espuma i los bramidos

42

de tu cólera soberbia,
que atolondra mis sentidos,
llevan a mi alma embriaguez.

I me place verte en calma,
dormir como suele a veces
dormitar tranquila mi alma,
o mi vida material,
cuando la luna barniza
tu faz de plata, i jugando
el aura apénas te risa
la melena de cristal.

Me places cual la llanura
con su horizonte infinito,
con su gala de verdura
i su vaga ondulacion;
cuando en los lomos del bruto
la cruzaba velozmente
para aturdir de mi mente
la febril cavilacion.

I te quiero ¡oh Plata! tanto
como te quise algun dia,
porque tienes un encanto
indecible para mí;
porque en tu orilla mi cuna
feliz se meció, aunque el brillo
del astro de mi fortuna
jamas en tu suelo ví.

Te quiero como el recuerdo
mas dichoso de mi vida,
como reliquia querida
de lo que fué i ya no es;
como la tumba do yacen
esperanzas, ambiciones,
todo un mundo de ilusiones
que ví en sueño alguna vez».

Hé aquí al verdadero poeta, traduciendo sílaba por sílaba su pais, su época, sus ideas. El Hudson o el Támesis no pueden ser cantados así; los vapores que hienden sus aguas, las barcas cargadas de mercaderías, aquel hormiguear del hombre, aforradas sus plantas en cascos, no deja ver esta soledad del Rio de la Plata, reflejo de la soledad de la pampa que no alegran alquerías, ni matizan villas blanquecinas que ligan al cielo las agujas del lejano campanario. No hai astilleros, ni vida, ni hombre; hai solo la naturaleza bruta, tal como salió de las manos del Criador, i tal como la perpetúa la impotencia del pueblo que habita sus orillas. ¡I si fuera posible aturdirse con la esperanza de mejores tiempos, cuando las ciudades broten, i los astilleros atruenen con los golpes del hacha i del martillo, i los vapores jaspeen el aire con bocanadas de humo, i las naves se apiñen a la entrada de los docks, para burlar la furia del pampero! ¡Pero no! En la imajinacion española, no entra el progreso rápido, súbito, que trasforma en los Estados Unidos un bosque en una capital, un eriazo en una provincia que manda dos diputados al congreso. Lo que ántes fué, será siempre, i tienen razon; el rei i la república, la libertad i el despotismo, todos pueden pasar sobre los pueblos españoles, sin cambiarles la fisonomia árabe, berberisca, estereotipada indeleblemente.

Despues de Echeverría, he gozado de la frecuencia de Mitre, poeta por vocacion; gaucho de la pampa por castigo impuesto a sus instintos intelectuales; artillero, sin duda, buscando el camino mas corto, para volver a su patria; espíritu fácil, carácter siempre mesurado, i escelente amigo.

Alsina, Varela, Wright, Pico, Cané, Velez, cuantos arjentinos intelijentes encierra, tantos amigos dejo en esta ciudad, erizada de cañones, devorada por pasiones mezquinas, i encargada de la mas alta i gloriosa obra que pudo encomendarse a un pueblo.

Un abrazo a todos mis amigos.

Rio-Janeiro

Señor don Miguel Piñero.
Rio Janeiro, febrero 20 de 1846.

Son las seis de la mañana apenas, mi querido amigo, i ya estoi postrado, deshecho, como queda nuestra pobre organizacion cuando se ha aventurado mas allá del límite permitido de los goces. El sol está ahí ya, en el borde del horizonte, escudriñando los mas recónditos recesos de este cráter abierto en cuyo interior está fundada Rio Janeiro. Me pone miedo el sol aquí, i concibo que los pueblos tropicales lo hayan adorado. Paréceme ver en él, cuando se presenta en los límites celestes, aquella figura de Miguel Anjel que preside al juicio final, implacable en sus miradas que dominan la tierra, atlética en sus formas que revelan su poder incontrastable. Es un tirano sobre cuya faz no es uno osado de echar una mirada furtiva; sus rayos se sienten presentes a toda hora, agudos como flechas, penetrantes como lluvia de agujas. Despues de veinte dias de residencia en esta ciudad, permanezco inmóvil, los brazos tendidos, las fibras sin elasticidad, agobiado bajo la influencia letárjica. Anúnciase apenas la aurora, i ya el calor del sol ausente aun, pone en movimiento la vejetacion, bulliciosa ella misma, como los enjambres de insectos dorados que la pueblan. Bajo los trópicos, la naturaleza vive en orjía perenne. La vida bulle por todas partes, ménos en el hombre, que se apoca i anonada, acaso para guardar un equilibrio desconocido entre las fuerzas de produccion. El hombre nacido en estas latitudes, resiste a su accion instantánea; pero a la larga, vésele en sus hábitos, en sus hijos, debilitarse i perder la enerjía orijinal de la raza. El estranjero venido de climas templados, se siente paralizado en sus movimientos, como en aquellas pesadillas en que el brazo no obedece a la impulsion que quisiera darle la voluntad en un soñado peligro; anda escondiéndose del astro matador, i asechando su ausencia para ir a contemplar como un intruso las obras de este artífice supremo o las maravillas tropicales. I entónces, cuando la, vista se ha esparcido sobre este conjunto de cuadros, de sombras luminosas i de luz reberberada, se comunica a los sentidos la fatiga del espíritu gastado por la sensacion de lo sublime, que en la vida no se ejercita sino de tarde en tarde i por minutos, i que dura aquí horas enteras; i el pobre neófito vuelve a buscar su hogar sintiendo su nada, i la limitacion de sus facultades física i morales.

Hoi me pone al fin la pluma en la mano una de aquellas sensaciones que escitan la efervescencia del ánimo i superan al decaimiento de los miembros. Cuando el sol asoma su disco colosal en el horizonte, sábelo el que duerme en el apartado i oscuro retrete del interior de los edificios. Dormido, siente uno moverse el aire en olas tibias que se vienen empujando, hormiguearle la sangre, dilatarse los poros para convertirse en fuentes de donde fluyen mares; i a las locas ideas que revuelve la imajinacion, se suceden movimientos estraños, como de luces que se apagan, como de fantasmas que huyen o se evaporan, como de pesos que van acumulándose sobre los miembros i estorbando el movimiento, con un alargarse al parecer de las fibras cada vez mas i mas, hasta que a la sensacion de la fuerza se ha sostituido la languidez, la muerte en vida del cuerpo i la enervacion del espíritu. Esto es el despertar del trópico, i esta mañana cuando recordaba el sentimiento de la existencia así mutilada, un desconocido rumor de sonajas metálicas i de voces humanas, porque decididamente aunque estrañas, pertenecian a las modulaciones de nuestra especie, venia a confundirse en aquel caos del espíritu que se llama sueño. Incorpórome pesadamente, i los ruidos toman la forma neta i despejada de la realidad; asómome a la ventana que domina la plaza, i la *esclavatura* se me presenta en toda su deformidad. Larga recua de negros encorvados bajo el peso de la carga, seguian al trote, al madrin que en la delantera ajitaba sonajas de cascabeles i campanillas. Negros arrieros cerraban la procesion, chasqueando sus látigos sonoros para avivar el paso de las mulas humanas i aquellas bestia en dos piés, léjos de jemir bajo el peso, canta para animarse con el compas de su voz; al oirla en coro con la de los que le preceden i le siguen, se siente hombre todavía i prevé que hai un término próximo a su fatiga, el muelle donde las naves cargan, i un fin lejano, la muerte que cura todos los dolores.

Paréceme que todas las injusticias humanas vinieran del sentimiento de la debilidad. La raza negra queda hoi tan solo esclavizada por los últimos en la escala de los pueblos civilizados, los portugueses i los españoles. La *esclavatura* es como los pañales de la industria. Hasta los romanos, la guerra se hizo como medio de hacer provisiones, hasta ayer no mas la industria que nacia traia un esclavo para atarlo a la tahona, o uncirlo al yugo. Pero cuando el hombre se ha encontrado en posesion de las matemáticas, ha dejado de esplotar hombres, i sostituido a la fuerza de los caballos mismos, la del vapor que pone en movimiento las máquinas de su invencion. Hai esclavos donde no hai poderes dinámicos, donde el individuo se reconoce débil en presencia de las resistencias físicas; hailos en el Brasil, en Cuba, i en la estremidad sur de los Estados Unidos. ¡Pero bien cara que pagan esta injusticia! La raza blanca en Rio Janeiro está plagada de enfermedades africanas, que participan del carácter odioso i deforme de las dejeneraciones de los trópicos, donde lo que no alcanza a ser bello, es monstruoso i repugnante: mariposas doradas o sabandijas espantables. La raza esclava sirve de seguros del despotismo, i el amo no osa ser libre, porque siente removerse bajo sus plantas la víctima que a su vez oprime. La familia, aquel último asilo del egoismo, se disuelve tambien, i el cáncer de la esclavatura lleva la degradacion al hogar doméstico, la crápula sucia a veces, i la relajacion de todos los vínculos sociales. El asilo doméstico es un estrecho i velado santuario en los pueblos lusitanos. El esclavo hace parte obligada de la familia; el amo descubre con su ojo negrero, atractivos raros en su esclava jóven que le hacen olvidar los deberes conyugales; i en aquellas casas cerradas casi siempre a los estraños, se arrastra, como esas feas alimañas que se placen en la oscuridad i en el fango, torpe la guerra entre marido i mujer, orjías de adolescentes que hacen bajo el techo doméstico el aprendizaje del vicio; a veces susúrrase de tal dama que ha tenido un desliz con un esclavo, o la esposa infeliz sufre de continuo las mordeduras atroces de los celos, viendo a la par de la suya, crecer familias espúreas de los que pueden llamar hermanos o padres a sus hijos. Así el crímen cometido contra una raza, i consentido por la moral pública, va deponiendo lentamente sus jérmenes en el seno mismo de la raza opresora, para obrar a la larga una de aquellas grandes e infalibles compensaciones, ¡con que el mal se equilibra en el mundo moral tornándose siempre en desagravio de los oprimidos! ¡Oh! por qué no ha dado Dios a los tiranos una vida mas larga que a sus víctimas   momentáneas, a fin de que no se sustrajesen con su temprana muerte a la lei infalible del mal, que es matar ¡al mismo que lo promueve!

El *mulato* se levanta ya en el Brasil amenazando vengar bien pronto las injurias hechas a su tostada madre. Raza viril que conserva la sangre ardiente del africano, templada para bullir bajo los rayos verticales del sol, al mismo tiempo que la organizacion de su cráneo lo liga a la familia europea. Dumas, Plácido, Petion, Barcala, aquellos nobles mulatos, viven aquí en todos cuantos hombres notables brillan por las artes, la música, la poesía, i la ciencias médicas. La raza pura portuguesa cae visiblemente en la decrepitud i en la inanicion, i en las cámaras i en la prensa diaria, mas fecunda aquí en injurias que entre nosotros, todo se dicen los contendientes, hasta sodomitas, ménos mulatos; porque cada una se siente implicado en el reproche, en sus hijos, en sus deudos o en sí mismo. Hai una lei que prohibe el uso de este epíteto, medida segura para pesar la gravedad del mal.

Me detengo sin quererlo sobre brillantes cualidades morales de esta raza intermediaria entre el blanco, que se enerva en los climas ecuatoriales, i el negro, incapaz de elevarse a las altas rejiones de la civilizacion. Otra vez habia notado la predisposicion constante del mulato a ennoblecerse, i su sentimiento esquisito del arte, que lo hace instintivamente músico. Viénele la primera cualidad de haber ensanchado su frente, i la segunda de la sangre africana que calienta su nuevo i mas idóneo cerebro. El negro canta, i sus nervios se robustecen i cobran alientos, cuando habian tocado ya el último término posible de la accion humana. Si un negro va en las calles de Rio Janeiro agobiado bajo el peso de la carga, i otro observa que las piernas le flaquean i su espinazo se estremece, exhautos ya los poderes de tension, corre presuroso en su ausilio, pónesele al lado i le canta acompasandose a la marcha. Responde con voz adolorida i sepulcral el paciente, aviva el canto el ausiliar, i poco a poco la voz se aclara, el paso se afirma, i el duo se sigue alegre i mesurado. Entónces el negro amigo ha terminado su obra de caridad dando al aflijido música que remonte sus fibras, volviendo sobre sus pasos a continuar su camino de que se habia desviado. Cuando los remeros esclavos han bogado dos horas i por sobre sus anchas espaldas corre a mares el sudor, i sus ojos hundidos brillan con luz taciturna, míranse entre sí, i prorrumpen en un canto con palabras intelijibles cual ensalmos   dirijidos al fetiche. El golpe de los remos mide el compas, i algunos minutos despues, el lijero esquife hiende las olas como arrebatado por una corriente irresistible. Una vez de camino a una visita, encontré un grupo de africanos haciendo corro a uno que cantaba; acompañábanle con los movimientos de los ojos i el golpe de las manos todos los que le rodeaban, i con los piés uno que estaba pesadamente cargado. Dos horas despues, acertando a pasar por el mismo lugar, detúveme asombrado a contemplar el mismo grupo embriagado con aquella ambrosía que hacia olvidar al uno su pesada carga i a todos las horas trascurridas. ¡Cuánta animacion en aquellos semblantes radiosos de felicidad i de entusiasmo, cuánta voluptuosidad en aquellas bocas entreabiertas, i cuánto fuego en aquellas miradas fijas i cenlleantes! ¡No! los artistas de la ópera no me han mostrado sentir la música como una negra a quien requebraba, sin duda en canto mandinga o cafre, un negro que la detenia en la calle. Su boca, sus ojos, sus nérvios todos, seguian por segundos las modulaciones monótonas del tentador, como si cada nota de aquellas se asentase visiblemente en su fisonomía, animada hasta la exaltacion i el delirio. El entusiasmo es la calidad mas dominante en el negro i el amo avaro para escitarlo, hace que su recua cante, a fin de hacerla dar la última partícula de accion i de trabajo ¿Nos vendrá por ventura la música del sol como los colores? ¿Por qué brilla en Italia i va disminuyendo en armonías a medida que se avanza hácia el norte hasta las playas de Inglaterra? Hai en la naturaleza tropical melodías inapercibibles para nuestros oidos, pero que conmueven las fibras de los aboríjenes. Oyen ellos susurrar la vejetacion al desenvolverse, i en los palmeros donde solo escuchamos nosotros murmullos del viento, distinguen los africanos cantos melodiosos, ritmos que se asemejan a los suyos. La armonía i la belleza ¿por qué no han de ser cuerpos imponderables tambien, como el magnetismo i la electrecidad, que solo necesitan un estimulante para producirse? En los climas templados reina sobre toda la creacion un claro oscuro débilmente iluminado que revela la proximidad de las zonas frias, en donde el pinabeto i el oso son igualmente negros. Suba Ud. la temperatura algunos grados hasta hacerla tropical, i entónces los mismos insectos son carbunclos o rubíes, las mariposas plumillas de oro flotantes, pintadas las aves, que engalanan penachos i decoraciones fantásticas; verde esmeralda la vejetacion, embalsamadas i purpúreas las   flores, tanjible la luz del cielo, azul cobalto el aire, doradas a fuego las nubes, roja la tierra, i las arenas entremezcladas de diamantes i de topacios. Paséome atónito por los alrededores de Rio Janeiro, i a cada detalle del espectáculo, siento que mis facultades de sentir no alcanzan a abarcar tantas maravillas. Desde el mar al aproximarse el buque, llégase a un estrecho pasaje que custodian de pié el jigantesco Pan de Azúcar, i una estraña figura de cadáver humano que parece un rei Borbon tendido sobre su tumba. Los viajeros se muestran este capricho del perfil de una montaña, a cuyos lineamentos la imajinacion presta luego todos los detalles de la realidad. Esto es solo la boca del procenio, i allí colocado el espectador, ve de un golpe desenvolverse ante sus ojos la hasta entónces escondida bahia de catorce leguas de profundidad, sembrada de islas, verdinegras en primer plano, azules mas léjos, i blanquecinas al fin, como para quitar la monotonía de punto de vista tan vasto, terminando a lo lejos el horizonte la montaña de los Órganos, que eleva al cielo sus picos de mayor a menor como las flautas del instrumento que le da nombre.

En medio de la ciudad, en el centro de los barrios mas populosos, se alzan siete morros revestidos de verdura brillante como un mosaico revestido de esmeraldas; el *pasto de Africa* cubre el terreno, i donde un corte o un derrumbe de la tierra impide la vejetacion, el panizo de un rojo vivísimo se deja ver para hacer contraste con los diversos matices de verdes, plateados, negruscos o amarillos que los árboles entrelazados entre sí por diversas lianas, ostentan en deliciosos sotillos, cual si trataran de prestarse mutuo apoyo en los declives i sinuosidades que los protejen contra las invasiones de la civilizacion que los circunda. El café crece a la sombra del árbol del pan, i el cocotero, los mangos, los naranjos, por poco que hallen espacio i tierra, se agrupan en verdaderas selvas primitivas.

Todas las tardes ascendiamos, penosamente por la fatiga que el calor causa, uno de los morros, i las sensaciones de placer, el inefable deleite, la escitacion de entusiasmo casi delirante que causa esta naturaleza siempre de gala, siempre brillante i recargada de perfumes i de flores, léjos de saciarse era un nuevo aguijon para concertar nuevas esploraciones a un morro inmediato.

Hácia el sur de la ciudad i costeando el mar, se estienden los barrios aristocráticos del Catete i Botafogo, verdaderos   Saint-Germain de la nobleza estranjera, de la diplomacia, la finanza, i todo lo que puede aspirar a la holganza reposada que exije un clima abrasador. Pero este Saint-Germain brasilero conserva todo el tipo del pais. La mansion inglesa está circundada de jardines, cubierta con una capa de enredaderas que apénas os deja dar con la puerta, abrigada bajo la sombra de los árboles estraños en formas i frutos que el pais produce.

Botafogo tiene una bahia aparte, que semeja un lago tranquilo, casi encerrado por promontorios coronados de palmeros, i a su espalda se levanta el Corcovado, inmenso fragmento de granito que se avanza de una manera amenazante sobre la línea por perpendicular, como si el núcleo de la montaña hubiese querido sacar la cabeza en medio de las covulsiones de la agonía, a respirar el aire libre, sofocado por las masas de vejetacion, yerbas, arbustos, árboles, enredaderas, amontonadas, superpuestas, intrincadas e impenetrables que la cubren, desde la base hasta los cuatro quintos de su elevacion total. El paisaje que desde la cumbre del Corcovado se descubre es estupendo. Al oriente la inmensa bahia con sus buques i sus islas, hácia la base la ciudad i sus alrededores, i los morros mirados a vista de pájaro, i nivelándose aparentemente con el suelo como oasis floridos. A la espalda hácia el occidente i el norte, un mar de verdura, cuyas olas la forman una serie de montañas que se pierden en el horizonte, i que sirven de guarida inabordable a los negros cimarrones.

Las calles centrales de la ciudad son estrechísimas, quizá consultando en ello la escasez de vehículos para el movimiento de las mercaderías que hacen los negros a hombro; pero las mas apartadas i de data mas reciente son espaciosas i rectas de veinte i aun treinta varas de ancho. El empedrado se compone de fragmentos de granito ajustados entre sí con arena i cascajo, lo que le da una tolerable igualdad i la duracion que no puede obtenerse en Chile con los empedrados de guijarro. Entre las ventajas con que la naturaleza se ha complacido en dotar a Rio Janeiro, cuenta la inapreciable de la mas rica especie de granito azul con criaderos de rubí. Parece que hubiera una muestra perceptible en el material de los edificios en América, de los progresos de la civilizacion o de la proximidad de la Europa. En Chile, desde el mas rico propietario hasta el infeliz labriego, construyen con barro o adobes i reboque de tierra mojada. En Montevideo la construccion se hace con ladrillo i cal esclusivamente, lo que revestido   de estuco, da a la ciudad una apariencia elegante i elevada. En Rio Janeiro se construye con granito, cortado en paralelógramos que sostienen el marco de las ventanas i puertas, distribuidas jeneralmente a tres piés unas de otras, de manera que estos trozos de piedras forman el esqueleto del edificio, cuyos pequeños lienzos rellenan con escombros de granito informes amasados con estuco.

Con tan durables elementos de construccion, ayudados de mármoles de Italia, jarrones, bustos, estatuas, azulejos i arabescos en estuco con que decoran los frisos, los edificios toman un aspecto risueño i culto a la vez. Las plazas públicas, casi siempre pequeñas e irregulares, si se esceptúa el campo de Santa Ana que es una plaza monstruo, a la que desembocan por lo ménos seis calles de cada costado, están dotadas de una fuente de agua que es un edificio o una torre, flanqueada de surtidores multiplicados, a fin de facilitar la provision que por centenares a un tiempo, aguardan los esclavos todo el dia sin interrupcion. Alimenta estas fuentes, entre otros de menor cuantía, el magnífico acueducto de Jacobo IV, que desde la cúspide del Morro de Santa Teresa conduce las aguas sobre arcadas superpuestas como las romanas del acueducto de Valencia. Rio Janeiro posee varias obras públicas de consideracion, pudiéndose contar entre ellas la calzada de Pedro I, que atravesando un terreno fangoso que en otro tiempo ocupó el mar i hoi invade la poblacion, conduce al palacio de San Cristóbal, edificio pasablemente, sino bello embellecido con estatuas, i que situado sobre una eminencia domina el inmenso jardin del Emperador, donde se aclimatan las plantas útiles de todos los climas. El primer dia de carnaval, a fin de escaparnos de la granizada de globillos de cera llenos de agua de olor con que de todas la ventanas asaltan, empapan i aturden al indefenso transeunte, Ruguendas el pintor de costumbres americanas, i yo, nos dirijimos al jardin del Emperador, donde nos hospedó durante todo el dia, Mr. König, un naturalista aleman mui estimable que preside a los trabajos del jardin, casi abandonado hasta la época en que el príncipe de Joinville residió en el pais i afeó tanta incuria. No sé si Ud. ha visitado alguna vez un jardin botánico acompañado de un naturalista, apasionado como lo son casi todos de esta segunda creacion que la ciencia ha hecho, clasificando las plantas, estudiándolas en su oríjen, familia, costumbres, etc., como si fueran pueblos de distintas razas i paises. Es necesario ser mui inculto, para no sentirse   interesado, en despecho de los nombres técnicos, en esta esposicion que el *cicerone* naturalista va haciendo, a medida que encuentra una nueva planta que mostraros. «Esta pertenece a la especie... de la familia, del jénero... viene de la isla de Borbon, la flor, la hoja, etc., llaman vulgo... sirve, etc.; esta otra es de Méjico, cual de la nueva Guinea, cual otra del centro de Africa; todas útiles, o raras o estraordinarias, i aun estravagantes por sus formas. Hai calles de árboles hermosísimos del pais, i se estaban formando otras del árbol del pan, i de bambúes; compartimentos ocupados por plantaciones de té, alcanfor, clavo de olor, canela, etc., etc. Mostráronme un sembrado de un pasto fuerte i largo que sirve maravillosamente para techar cabañas; un árbol cuya corteza sirve para hacer ligaduras; una especie de palma para construir con sus hojas un tejido para bolsas de café, i multitud de árboles i plantas productivas o aplicables a la industria de todos los paises tropicales del mundo. Proponíase el Emperador aclimatar en su jardin, todas las plantas exóticas que forman la riqueza del jardín botánico, vasto establecimiento de aclimatacion, situado en direccion opuesta, a tres leguas de la ciudad i detras del Corcovado. Un diputado habia denunciado este jardin como un lujo inútil que absorvia las rentas del Estado. Es efectivamente un bellisimo establecimiento, sostenido con asiduidad estrema, i enriquecido con cuanto vejetal productivo hai en los paises tropicales, i cuyas semillas i plantas se distribuyen grátis a los hacendados que las solicitan. Por lo demas, no sé si el diputado tenia razon o no; pero no hace 50 años que se introdujo la primera semilla de café a Rio Janeiro; no hace treinta que se estrajo la primera bolsa del aclimatado, i hoi pasan de 800000 las que llenan todos los mercados del mundo. La azúcar i los diamantes han cedido su lugar al café como produccion principal; cuatrocientas mil almas forman la provincia de Rio Janeiro que esplota el café; la capital se ha llenado de riquezas, de edificios i de poblacion, la bahia está siempre en movimiento proveyendo café a los centenares de buques que lo demandan, i el café es, en fin, el anjel salvador del Brasil, cuyos azúcares pierden de dia en dia su valor en todos los mercados. La provincia de San Pablo empieza a producirlo de regular calidad, i gracias al Jardin Botánico, el alcanfor, i el clavo, i la canela, i el té brasileros, pueden una vez presentarse en los mercados europeos, si no temibles por su calidad, respetables por las grandes cantidades en que   son producidos. Es imposible imajinarse las dificultades con que las mejoras o los nuevos ramos de industria tienen que luchar en América, por el apego a la rutina, la incuria i la pereza que en los pueblos enjendra la facilidad de vivir *como quiera*, i con *cualquier cosa*. Sin goces, como sin necesidades, el gobierno debe estimular esta pereza, haciendo brillar ante los ojos de estos pueblos niños, las joyas cuya posesion solo les costaria estender las manos. Quién sabe por otra parte cuanto ha contribuido el Jardin Botánico a desenvolver el gusto por la jardinería que he notado, i que tanto embellece la vida doméstica. El paseo público de Rio Janeiro es tambien un hermoso jardin de árboles i plantas brasileras que un particular donó al rei, que en recompensa lo hizo conde o marques del Paseo público, ni mas ni ménos como Napoleon hacia un duque de Bellune o un príncipe de la Moskowa. Para terminar con los jardines i la naturaleza tropical que tan encantado me tienen, diré a Ud. que he debido a los jardines públicos de Rio Janeiro, el placer de conocer la rara vejetacion tropical en cuanto de mas rico ostenta en toda la tierra, conservada en todo su esplendor i su brillo. Mr. Konig me decia: «en Europa en los conservatorios verá Ud. estas mismas plantas, pero tristes, pálidas, como tísicos que en un hospital viven a fuerza de arte i de cuidados. Aquí están como en su pais, bajo este cielo abrasado, alzándose en medio de la atmósfera húmeda i tibia que les conviene, i sacudidas i bañadas por las lluvias que las mantienen siempre brillantes, como si acabasen de salir de las manos del Creador». I en efecto, es el carácter peculiar de la vejetacion de los trópicos esta rareza de formas i de colores cualquiera que sea la dimension del vejetal, revestidos sus troncos de musgo, sus ramas recargadas de parásitas florescentes, i sus hojas brillantes siempres i resplandecientes.

La ciudad facilita por medio de ómnibus capacísimos la comunicacion entre el centro i las estremidades. La aduana está en la ribera del mar, i los buques atracan a cuatro o cinco muelles de descarga, que ahorran la intervencion de lanchas, depositando desde la bodega del buque, por medio de un aparejo, la carga en almacenes. Otro muelle hai para la descarga de frutos del pais, otro para descargar café, i diez o doce mas para desembarco de pasajeros, o mayor comodidad de los buques que están cargando. Cada hora parte un vapor que lleva i trae a los vecinos que tienen negocios en Playa Grande, o motivo de visitarla. Todo los dias va uno a   las islas, cada dos otro al fondo de la Bahia; cada semana salen dos para Santos, San Pedro i Puerto Alegre, i cada quince otro, en fin, que costea la márjen del Atlántico, llega a Pernambuco, Bahia i Pará, límite del imperio al norte. Como Ud. lo vé, el Brasil en locomocion acuática sale ya del rol de los pueblos Sud-Americanos, que tan supina incapacidad han mostrado hasta aquí en todo lo que tiene relacion con la viabilidad. Aquel movimiento parte de la capital, tan prodijiosamente situada en el medio de la América del Sur, a orillas de la bahia mas espaciosa i segura del mundo, entre el cabo de Hornos i el de Buena Esperanza, centro de todos los derroteros marítimos, donde se cruzan las líneas de Europa i Estados Unidos, escala del Pacífico, a la vez que de los mares de la India, astillero i estacion naval indispensable. Rio Janeiro, en la navegacion universal, ocupa el mismo puesto que Bizancio o Constantinopla en la antigua esfera de navegacion dentro del Mediterráneo. El resto del imperio, a medida que sus provincias se alejan de las costas, presenta el aspecto de la naturaleza primitiva; el camino se cambia en senda variable segun los estragos que las lluvias hacen sobre el terreno. La agricultura se hace en Minas Geraes, sin demarcacion de la propiedad, pasando las labores de un lugar a otro, a medida que los matorrales arborescentes del trópico dejan espacio para las plantas cultivables. Existen en las poblaciones de campaña lejanas de Rio Janeiro, asesinos de profesion, matones que ganan su vida ejerciendo la justicia por encargo de las partes agraviadas; el gaucho aparece en San Pablo i en San Pedro, con sus hábitos de incuria i sus poderes sorprendentes de destreza i de enerjía. La descomposicion, en fin, se efectúa en los estremos, como en el resto de la América, si bien la compensan la vida que principia en la capital.

Ya ha visto Ud., mi buen amigo, como el *mulato* suplanta al blanco; pero aun hai otros movimientos que equilibran esta fuerza, bien que siempre en detrimento de los oriundos del pais. Acumúlanse de dia en dia en Rio Janeiro los portugueses de la península, que ya se cuentan en número de 50000, conservando siempre sobre los habitantes del independiente imperio, aquella superioridad de enerjía i de fuerzas productoras que caracteriza al europeo, aunque sea portugues, i arrogándose ademas pretenciosa superioridad como pertenecientes a la metrópoli. Los portugueses de allá miran a los de acá como una especie de albinos, llamándolos *macacos* por alusion a una familia de monos. Así el odio de los brasileros   contra sus *godos* aquellos, se aviva cada vez mas por la decidida influencia que les dan sus riquezas adquiridas, i no pocas veces su superioridad en inteligencia. Síguenseles los europeos en jeneral que ostentan en la Rua Directa i en la de Ouvidor, todas las magnificencias del comercio europeo, espuestas con gusto parisiense. El europeo es allí la parte viva de la sociedad; de él son las naves, suyos los almacenes, él entra como parte obligada en todas las empresas, i por él i para él, los negros están en continuo movimiento. Yo he buscado en vano en Rio Janeiro al brasilero, sin poderlo encontrar sino por raras muestras que me han dejado sospechar que debe existir en alguna parte. El brasilero de oríjen es noble, aunque a veces mulato, condecorado de cruces de diamantes, ministro, aduanero, empleado, o hacendado, en cuya última funcion tiene que habérselas con el portugues. El brasilero ha bloqueado los empleos, allí no hai cuarentena para el estranjero que no puede ser ni injeniero, razon por la que no hai todavía un mapa del imperio ni una carta topográfica de la provincia de Rio Janeiro. Tal es esta oscuridad del nacional, que la embajada inglesa ha mantenido por tres años consecutivos una tertulia de invierno, a cuyas reuniones no era permitido a los nacionales asistir, aunque formasen sus mujeres i sus hermanas el principal ornato de ella.

En pos de estos movimientos espontáneos de razas i pueblos nuevos que acuden a aquel manantial inagotable de riqueza, vienen las especulaciones de inmigracion que han principiado ya en escala superior, si bien con éxito deplorable. Hai en el fondo de la bahia una colonia de suizos; un enjambre falansteriano vino de Francia a disolverse apénas hubo tocado el suelo caliente del Brasil, i tres mil alemanes depositados en la playa como se deposita el carbon de piedra o las balas de algodon, fueron diezmados, quintados aniquilados en pocos dias por la miseria, el calor, la fiebre i el desencanto. Nada estaba preparado para su recepcion, por esa impericia que nos es comun a todos los decendientes de la península para asimilarnos pueblos estraños. El aleman nacido en climas templados, en lugar de cereales, encontraba el café i la caña, i en vez de frutas europeas, vela con asombro racimos que no eran de uvas; paltas, bananas, ananás, mangos cuanta otra variedad estraña i desconocida ofrecen los tropicos.

De todo este conjunto de movimientos de suplantacion de aquella aglomeracion de fuerzas activas civilizadoras que   hacen la riqueza i el esplendor del Imperio, se levanta un grito unísono contra el *estranjero*, que es insolente, astuto, avaro, conspirando contra el Brasil, llevándose el oro i los diamantes en cambio de sus baratijas i sus avalorios. ¡Qué odio contra la Inglaterra que persigue la esclavatura! ¡Qué dia de gloria aquel, en que el Emperador mandase echar a pique las escuadras estacionadas en la bahia, i ahogar a todo estranjero establecido allí, i prohibir la introduccion de artefactos europeos, para que entónces los fabricasen los brasileros mismos, bien entendido que traerian de Europa las máquinas, i acaso consintieran en que viniesen los artesanos a enseñarles a manejarlas! Los diarios i los estadistas mas eminentes propalan la mision del Brasil para ponerse a la cabeza de la cruzada contra las pretensiones europeas; Rosas, que se llama el Defensor de la Independencia americana, es un intruso, un bárbaro, i un pobre diablo, porque el brasilero afecta ignorar que existe por ahí una cosa que se llama República Arjentina, no obstante que sus enviados, su política i sus naves, han sido siempre i son hasta hoi el estropajo de su caudillo.

La política imperial participa de estas preocupaciones. Allí mas que en Buenos Aires, es profunda la conviccion de que no debe permitirse a los estranjeros la libre navegacion de los rios, que los nacionales no navegan, i tener por límites del Imperio el Amazonas al norte, i el Plata al oriente; es el sueño dorado del moderno Imperio, que se envanece de tener como Roma siete colinas en la capital, esclavos que labren la tierra como de antiguo, i la mision de dominar la América por sus escuadras, su diplomacia i su comercio. Los *casteçaos* son una dejeneracion de la raza portuguesa, i el habla española un dialecto del idioma de Camoëns; pretensiones un poco exajeradas, visto el desigual desarrollo de las fuerzas productivas en proporcion de la riqueza del suelo i de la ¡envidiable posicion jeográfica del Imperio!

La forma de gobierno da aquí sus frutos, con la lozanía de las tierras vírjenes. El emperador es una grande bomba de aspiracion que atrae a sí incesantemente todas las partículas de poder i de riqueza que pueden desprenderse de la masa jeneral; los ministros ejercen la atraccion para su propio centro; i descendiendo la escala de la jerarquía social, se encuentra que cada individuo es un centro, un iman mas o ménos grande. El egoismo es, pues, la lei universal, i aquí como   en todas partes, puede decirse a los pueblos lo que Beranger decia a los belgas: ¿quereis reyes? ¡tomad rei!

La república se ha mostrado en el Brasil embozada en el poncho i armada del lazo, equipaje semi-bárbaro, que no abona, sin duda, sus principios. Yo no comprendo la república sino como la última espresion de la intelijencia humana, i me desconfio de ella cuando sale del interior de los bosques, de las provincias lejanas de la capital, del rancho del negro, o del espíritu de insubordinacion de algun caudillo de jinetes. La república aparecida en las provincias pastoras de San Pedro i de San Pablo, hizo escursiones momentáneas en Minas Geraes, sin osar acercarse a la capital; descomposicion de los estremos que no admiten gobierno posible, i que despues de algunos años de revueltas, ha vuelto a entrar en la nada, de donde salió, no sin haber dejado escapar algunos destellos de valor, en medio del turbion de desórdenes que trae consigo la guerra de caudillaje.

En materia de bellas artes i de monarquía, me guardo para ir a verlas en su cuna, que aquí sus imitaciones me parecen mamarrachos i parodias necias. El Emperador gana 490000 $ anuales por la lista civil, tiene dos palacios, jardines i otras granjerías. Hai déficit en las rentas, i papel moneda desacreditado, en esclusiva circulacion como el de Buenos Aires. Es el emperador un jóven, idiota en el concepto de sus subditos, devotísimo i un santo en el de su confesor que lo gobierna; mui dado a la lectura, i segun el testimonio de un personaje distinguido, excelente jóven que no carece de intelijencia, aunque su juicio está retardado por la falta de espectáculo, i las malas ideas de una educacion desordenada; la *fanfarronería* en las palabras i la endecision en los hechos, hé aquí los dos cabos del hilo de la política imperial en todas las transacciones que tienen relacion con el Rio de la Plata. El jeneral Guido había no há mucho arráncadole un tratado, por el cual la policía brasilera se encargaba de hacer el oficio poco honroso de carcelera de los emigrados arjentinos. Teníase la cosa secreta, robóse alguien una copia del manuscrito, i la prensa de Montevideo lo espuso a la vergüenza pública. Mucho podria añadir sobre la administracion de las rentas públicas, el peculado, el contrabando, i la mendicidad de los empleados, si el orlado manto imperial no cubriese todas estas fealdades que no pertenecen al carácter portugues, sino simplemente a todo desperdicio de   pueblos, arrojados en las costas americanas al acaso, i para hacer la policía de las naciones que los enviaron

Diré a Ud. algo sobre los hombres que he conocido en Rio Janeiro, porque ya es tiempo que concluya esta larga carta. Cuando Ud. viaje, hágase de buenas cartas de introduccion al principio; no que hayan de servirle de gran cosa aquellos a quienes va recomendado, sino que por una de tantas puertas abiertas, ha de encontrar su pasaje i su camino a donde quiera Ud. llegar; a mas de que la civiladad en todas partes pródiga de aquellas atenciones que nos muestran que no andamos desconocidos e ignorados en el mundo. Traíalas yo para el Dr. Sigaud, médico del Emperador i autor de varios trabajos importantes i que me puso en contacto con el Dr. Chavannes, promotor de la industria de la seda; para Hamilton, Encargado de Negocios de la Inglaterra, quien se dignó presentarme el caballero Saint-Georges, del mismo carácter diplomático por la Francia, el cual a su vez me presentó a un jóven de la marina francesa. No quiero pasar por alto una ocurrencia insignificante en sí misma, i que me valió con el segundo de aquellos personajes la transitoria intimidad que puede establecerse en dos o tres encuentros. Hamilton me habia invitado a comer, i tenia yo en la mesa de un lado a Saint-Georges, i del otro al jeneral Rivera, de Montevideo, i próximo a regresar a aquella ciudad a hacer una de las suyas. Conoce Ud. la historia de este célebre caudillo que ha figurado cuarenta años en la revueltas de la jente de a caballo. Habia sídole presentado ántes por el Enviado del Uruguai i recibídome con aquella afabilidad del gaucho que acoje a un doctorcillo de quien le han hablado bien sus amigos, especie de muñeco, que no suele ser inútil a veces, sobre todo cuando se ofrece escribir una proclama, o un manifiesto, que esplique a las naciones i al pueblo las razones que tiene para alzarse el gaucho i turbar dos años la mal conquistada tranquilidad.

¡Ai! ¡qué estúpidos son los pueblos! ¡No me canso de contemplar a este jeneral Rivera! ¡Qué bruto tan fastidioso i tan insípido! ¡Qué saco de mentiras i de jactancias ridículas, qué nulidad! ¡I sin embargo, hai hombres decentes por millares que no solo se dejan arrastrar por él a los conflictos de la guerra i de la revolucion, sino que aun estando caido, se sienten dominados por su prestijio! Yo concibo que la nulidad que se oculta a las miradas del público i solo se hace sentir por atrocidades, ejerza al fin la fascinacion del misterio i la   accion endémica del terror que enferma la razon obrando sobre los nervios; pero la insignificancia a cara descubierta, palpable i poco dañina, porque esta justicia se le debe a Rivera, esto es lo que no comprendo. Yo he debido quedar mui mal puesto en su concepto; i todas aquellas fórmulas con que la buena educacion prescribe disimular nuestro pensamiento para no lastimar el amor propio ajeno, no han bastado, a lo que creo, para ocultarle al buen jeneral, no diré mi desprecio porque no es esta la palabra, sino la risa que me da verlo caudillo de pueblos, personaje histórico, i hombre influyente. Hablábase en casa del Enviado montevideano de los negocios del Rio de la Plata, i, como recientemente llegado, yo esponia los últimos acontecimientos. Los interventores, frances e ingles, decia yo, desearian arreglar por un tratado la cuestion si las partes contendientes se sometiesen a entrar en compromisos mútuos, con garantías de su cumplimiento en lo futuro. Montevideo no puede tratar, repuso el jeneral Rivera con un aplomo i una sencillez adorables: si no se trata conmigo, todo lo que se haga es nulo; yo soi Montevideo, yo soi todo,

¡la verdad! Habíame quedado estupefacto al oir este lenguaje en boca de un hombre entrado ya en años, estábamos todos con la circunspeccion conveniente, i de repente, por una de aquellas súbitas revoluciones de la imajinacion mui frecuentes en los niños, yo, el ménos condecorado entro tan altos personajes, yo reventé en risa. Fué para peor que me contuviese, súbitamente, sacara el pañuelo i afectase limpiarme el sudor; mi confusion misma hizo comprender a todos, i al jeneral, que me le reia en sus hocicos.

En la mesa de Hamilton se hablaba de todo, política, fruslerías, incidentes, noticias. En cada cosa Rivera metia su cuchara principiando siempre: pues, yo... i seguia alguna, necedad i siempre él, actor, héroe, i parte integrante del suceso. Nombróse a la reina doña María de la Gloria, i Rivera estuvo listo para añadir que en su mano habia estado casarse con ella, segun se lo proponia don Pedro; pero que él no habia querido. El enviado frances, con una esclamacion para halagar a Rivera, i una mirada a mí para preguntarme si yo entendia mejor que él las habladurías de este payo, me inspiró desusada presencia de ánimo para decirle: ¿por qué no admitió jeneral? ¡habriamos tenido la gloria de verlo rei de Portugal a la hora de esta! Pude hacer llegar a la *adrese* de Saint-Georges esta palabra: «*c'est un bavard*», i nuestra   buena intelijencia quedó en el acto establecida, luchando ambos en adulaciones al jeneral i en compostura, para no traicionar la risa que nos retozaba, i cuyo fardo fuimos a deponer en un rincon apartado a la horá del café, pasando en reseña las ocurrencias divertidísimas de la mesa.

Para reivindicar la honra de Montevideo tan comprometida por esto badulaque, tuve el gusto de conocer al Dr. Vilardebeau, médico, i el sábio americano mas modesto, mas sencillo i estudioso que he conocido. Acompañóme a la visita de las escuelas, habiéndose él mismo encargado de facilitarme con el gobierno autorizacion para hacer de ellas un exámen detenido. Creo haber ganado sus simpatías, i este es un título de que me honro. La emigracion arjentina enseña aquí de vez en cuando algun resto del antiguo partido unitario; Santa Catalina i San Pedro son, sin embargo, los puntos donde mayor número de emigrados se han acojido. Una joya encontré en Rio Janeiro, Mármol, el jóven poeta que preludia sir lira, cuando no hai oidos sino orejas en su patria para escucharlo. Es este el poeta de la maldicion, i sus versos son otras tantas protestas contra el mal que triunfa i que los vientos disipan sin eco i ántes de llegar a su direccion. La poesía tiene su alta conciencia del bien, que no se atreve a traicionar por temor de empañarse. Mármol, al lado de Guido el solícito servidor de Rosas, desencantado, sin esperanza i sin fe ya en el porvenir de su pobre patria, escribe, depura i lima un poema, como aquellos antiguos literatos que confeccionaban un libro en diez años. El *Peregrino*, que no verá la luz porque a nadie interesará leerlo, es el raudal de poesía mas brillante de pedrería que hasta hoi ha producido la América. Byron, Hugo, Beranger, Espronceda, cada uno, no temo afirmarlo, querria llamar suyo algun fragmento que se adapta al jenio de aquellos poetas. Mi teoría sobre la poesía española está allí plenamente justificada; exhuberancia de vida, una imajinacion que desborda i lanza cascadas de imájenes relucientes que se suceden unas a otras; pensamiento altísimo que se disipa, falto de mejor ocupacion, en endechas, maldiciones i vano anhelar por un bien imposible; bellezas de detalle, hacinadas como las joyas en casa del lapidario, sin que el fin venga a darles a cada una su debida importancia; i el alma replegándose sobre sí misma por no encontrar fuera de ella el espectáculo de las grandes cosas, palpando sus heridas, recontando como el avaro sus tesoros, i repitiendo como el niño en palabras animadas, en eterno i rimado   monólogo, todos los sentimientos, todas las crispaciones que en aquella prision del no ser, del no poder emplearse esperimenta. Mármol emprendió en vieja nave trasladarse a Chile. A la altura del Cabo, el sud oeste los tuvo dos meses a la capa a los 64° de latitud, luchando con las olas que amenazaban sepultarlos, esquivándose con dificultad de las masas flotantes de hielo alborotadas por la tempestad, viendo venir la muerte por los costados del buque en montañas líquidas, por la bodega donde achicaban sin cesar dia i noche la bomba, por la falta de alimentos cuya duracion podían medir, por la racion de agua que se les acordaba escasa. Al fin, desmantelada la nave, hundiéndose por pulgadas de dia en dia, crujiendo los maderos próximos a desbandarse, llegaron a Rio Janeiro, i Mármol bajó a tierra a rumiar el poema, que entre estos sufrimientos i aquellas escitaciones habia brotado en su pensamiento. Hé aquí la tela, ¡pero el bordado, cuán rico es, i cuántos colores vivísimos le han servido para matizarlo! Las zonas templadas, la pampa i el trópico, la república antigua i el despotismo moderno, los mares procelosos i sus muertos amores, todo pasa por aquel panorama, todo se refleja en aquel espejo, donde lo pasado i lo venidero vienen a confundirse en el vacío que el presente deja. Mármol es poeta, i es lástima que cante lo *incantable*, la descomposicion, el marasmo. ¿Quién no siente que fragmentos como éste debieran andar entre *las Orientales*?

«¡Los trópicos! El aire, la brisa de la tarde
resbala como tibio suspiro de mujer,
i en voluptuosos jiros besándonos la frente,
se nos desmaya el alma con dulce languidez

Mas, ¡ai! otra indecible, sublime maravilla
los trópicos encierran, magnífica: la luz,
la luz radiante, roja, cual san re de quince años,
en ondas se derrama por el espacio azul.

Allí la luz que baña los cielos i los montes
se toca, se resiste, se siente difundir;
es una catarata de fuego despeñada
en olas perceptibles que bajan del cenit.

El ojo se resiente de su punzante brillo
que, cual si reflectase de placas de metal,
traspasa, como flecha de imperceptible punta,
la cristalina esfera de la pupila audaz.

A dónde está el acento que describir pudiera
el alba, el mediodía, la tarde tropical,

un rayo solamente del sol en el ocaso,
o del millon de estrellas ¿un astro nada mas?

Semeja los destellos, espléndidos, radiantes,
que en torbellino brota la frente de Jehová
parado en la alturas del ecuador, mirando
los ejes de la tierra, por si a doblarse van.

I con la misma llama que abrasa, vivifica
la tierra que recibe los rayos de su sien,
e hidrópica de vida revienta por los poros
vejetacion manando para alfombrar su pié».

El cerebro de donde han saltado estas abrasadas chispas puede adaptarse mui bien a las cavidades del cráneo de Víctor Hugo o de Lamartine. ¿I dónde, sino entro los mas claros injenios, puede encontrarse concepcion mas alta, pintando la brevedad de los siglos al atravesar la eternidad?

«De su caos los siglos se desprenden,
llegan, ruedan, levantan en sus manos
jeneraciones, mundos, i descienden
de la honda eternidad a los arcanos;
así del hombre las pasiones hienden
por esos del placer goces mundanos,
roban la aroma de la flor, i luego
vuelven al corazon marchito el fuego.

Tienen i nada mas sobre este mundo
una nacion, un siglo; un hombre, un dia».

I cuando busca las causas de la degradacion de su patria, i encuentra en nuestros tristes antecedentes históricos la España:

«Eso tiene este mundo americano,
como fibras de vida dentro el pecho,
desde el florido suelo mejicano
hasta la estéril roca del Estrecho,
absolutismo, siervos i tirano,
farsas de libertad i de derecho,
pueblo ignorante, envanecido i mudo;
supersticion i fanatismo rudo».

¡Coraje, mi querido Mármol! Si alguna vez vuelves atras la vista en la ruda senda que has tomado, me divisarás a lo léjos siguiendo tus huellas de *Peregrino*! Sed el Isaías i el Ezequiel de ese pueblo escojido, que ha renegado de la civilizacion i adorado ¡el becerro de oro! Sin piedad, ¡aféale sus delitos!

La posteridad i la historia te harán justicia. Gritadle, con el grito vengador del pudor ofendido:

«Diputados, ministros, jenerales,
¿Qué haceis? Corred, el bruto tiene fiebre,
Arrastrad vuestras hijas virjinales
como manjar nitroso a su pesebre;
corred hasta las santas catedrales,
a vuestros piés la lápida se quiebre,
i llevad en el cráneo de Belgrano,
sangre de vuestros hijos al tirano».

Me ha dejado atónito, espantado Mármol con la lectura de su poema, i otro tanto esperimentaban Lopez, Pinto, Herrera, que oyeron la lectura de varios fragmentos. Imposible seguir aquel torrente de pensamientos i de imájenes, que van cayéndose i levantándose como el agua que desciende de las alturas de los Andes; la imajinacion se fatiga al fin, con el relampaguear de las figuras i de las comparaciones, que revisten de un empedrado reluciente aun los pensamientos mas comunes. I todos estos tesoros de moral, de justicia, de valor, toda aquella joyería de idealizaciones, de descripcion i de conceptos, todo perdido, oscuro, porque la justicia está calumniada, oprimida, pisoteada, sin esperanzas de ¡mejores tiempos!

Encontre tambien aquí a mi antiguo amigo Ruguendas, que en sus numerosos diseños ha estereotipado la naturaleza i las fisonomías de las diversas secciones de la América del Sud. Su grande obra sobre el Brasil le ha dado un nombre en Europa; pero ni en Europa, ni en América se apreciará por largo tiempo todavía su esquisito talento de observacion, la nimia exactitud de sus cuadros de costumbres.

Ruguendas es un historiador mas bien que un paisajista; sus cuadros son documentos, en los que se revelan las transformaciones, imperceptibles para otro que él, que la raza española ha esperimentado en América. El chileno no es semejante al arjentino que es mas arabe que español, como el caballo de la pampa se distingue de a leguas del caballo del otro lado de los Andes.

Humboldt con la pluma i Ruguendas con el lápiz, son los dos europeos que mas a lo vivo han descrito la América. Ruguendas ha recojido todas las vistas del Brasil, i tal cuadro suyo de la vejetacion tropical, sirve de modelo de verdad i de gusto en las aulas de dibujo en Europa; Méjico, el Perú, Bolivia, Chile, Arauco, la República Arjentina i el Uruguai, le han suministrado en 20 años de viajes, tres mil sujetos de paisajes, vistas, costumbres, i caracteres americanos bastantes a enriquecer un museo. Ruguendas tiene, sin embargo, sus predilecciones. Aleman, cosmopolita, es por la candorosa poesía de su carácter, arjentino i gaucho. ¡Cuánto ha estudiado este tipo americano! Los artistas europeos no acertarian a apreciar el mérito de sus composiciones. El gaucho ha pasado al lienzo con sus hábitos, su traje, su carácter moral; la desembarazada inclinacion de su espalda, la contraccion de los músculos de su fisonomía, que le es tan peculiar, correspoden con el talante reposado i como equilibrándose, del que vive a caballo. Entre las escenas de la pampa, Ruguendas tiene dos tipos que repite i varía al infinito. La escena de bolear caballos, i el rapto de las cristianas, el poema épico de la pampa, de que Echeverría sacó tan bello partido en su *Cautiva*. ¡Cuántos contrastes de matices i de caractéres suministra, en efecto, aquel drama, en que mil familias de los pueblos fronterizos pueden creerse penosamente interesadas! La pampa infinita i los celajes del cielo por fondo, confundidos en parte por las nubes de polvo que levantan los caballos medio domados que monta el salvaje; la melena desgreñada flotando al aire, i sus cobrizos brazos asiendo la blanca i pálida víctima que prepara a su lascivia; ropajes flotantes que se prestan a todas las exijencias del arte; grupos de jinetes i caballos; cuerpos desnudos; pasiones violentas; contrastes de caracteres en las razas, de trajes en la civilizacion de la víctima i la barbarie del raptor, todo ha encontrado Ruguendas en este asunto favorito de su animado pincel. Hálos ejecutado para el Emperador, i recibido en recompensa la condecoracion imperial. Me ha hecho obsequio de una salida   de los sitiados en Montevideo, en que ha ostentado toda la gala de su talento de reproducir los tipos americanos. Distínguese entre la muchedumbre de soldados improvisados, los arjentinos de los orientales, mas por sus fisonomías diversamente animadas, que por las lijeras variantes del chiripá. Entre los jefes a caballo que forman la cúspide del grupo, conócese el que es europeo por la manera de llevar la cabeza, i un italiano a pié contrasta al lado de los arjentinos i orientales, ménos elegantes en su postura.

Todo de Ud. etc.

Ruan

Señor don Cárlos Tejedor.
Mayo 9 de 1846.

Avise usted a los mios, mi buen amigo, que he tocado tierra en Europa, que he abrazado, mas bien dijera, esta Francia de nuestros sueños. Puedo permitirme tal hipérbole con usted que apénas conoce el español como se escribe en España (que es, *du reste*, como debe escribirse) a fuerza de no pensar ni sentir, sino como nos ha enseñado a pensar i sentir la literatura francesa, única que usted i yo llamamos literatura aplicable a los pueblos sud-americanos. I no le pese a usted de aquella su ignorancia. ¡Ai! de los que han habituado sus ojos desde temprano, a la luz fosforescente reflejada de aquella luna europea llamada la España, de aquellos autores que solo brillan donde hace noche oscura, i poniéndoles lo hueco de la mano en torno, para que el aliento no disipe su fugaz e incierta luz. ¡Cuán pocos son los que mas tarde pueden mirar de frente venir las ideas, sin cerrar los ojos lastimados i sin volverles el rostro! Cúponos a ambos suerte mejor, criándonos al aire libre de nuestro siglo, espuestas nuestras juveniles cabezas desnudas a los rayos del sol, a la lluvia i a la tempestad. Así es que nunca hemos adolecido romadizos, como ciertos individuos, cuando la atmósfera de las ideas recibidas cambia por un libro o por un acontecimiento nuevo. Jesto ninguno hice al leer al metafísica Leroux en 1840 Víctor Hugo me encontraba en un rincón de las faldas orientales de los Andes, dispuesto a seguir   por el camino nuevo que venia abriendo, i la escuela moderna de historia, no bien se presentó, que hubo desnudado mi espíritu de todos los andrajos de las interpretaciones en uso. Los jóvenes de buena voluntad en América somos el modelo de aquel Jerónimo Paturot, el Quijote de las ideas francesas, si bien debo hacerle a usted la justicia de decir que se quedó en sus trece en 93, siguiendo de mala gana i refunfuñando en los acomodaticios senderos abiertos despues por el eclectismo, aquella corrupcion de la intelijencia a quien tan sendas maldiciones enviábamos.

Por lo que a mí respecta, dijera, si la modestia no tratase de taparme la boca, que nuestros noveles cerebros han pasado en veinte años por todas las revoluciones que en un siglo ha esperimentado el espíritu humano. ¿Por donde empezó usted sus lecturas? ¿Apuesto que cayó en sus manos el primer libro, como cayó en las mias *La filosofía de la historia*, que tan seductoras mentiras contiene? Estaba seguro de ello. Despues vino *La moral universal*; puede ser que el *Sistema de la naturaleza*, i aquí me tiene usted a los veinte años escéptico por lo ménos, con el alma, aunque dura i estéril, rozada de toda mala i buena yerba, limpia como la palma de la mano. Árela usted en seguida, i riéguela abundantemente, siembre buena semilla, i gústeme esos frutos cuando bien zazonados. ¡Qué tal.... eh? Tengo de escribir un tratado de agricultura del alma, para enseñar la materia con que ha de abonársela si se quiere hacerla producir ciento por uno.

Imajínese, pues, como debo estar de contento viéndome a cuatro horas del Paris de Barbier, cuyo versos escribo por fragmentos como me vienen a la memoria, tanto mas que en tierra de Francia, su idioma empieza a hacérseme habitual.

«Il est, il est sur terre une infernale cuve,
on la nomme Paris: c'est un large étuve,
une fosse de pierre aux immenses contours,
qu'une eau jaune et terreuse enferme a triples tours;
c'est un volcan fumeux et toujours en haleine
qui remue à longs flots de la matière humaine;
et qui de temps en temps, plein d'une vase immonde,
soulevant ses bouillons, déborde sur le monde.
¡O rase de Paris! ¡race au coeur dépravé!
¡Race ardente à mouvoir du fer ou du pavé!
Mer dont la grande voix fait trembler sur les trônes,

ainsi que des fiévreux, ¡tous les port-couronnes!
Flot hardi qui trois jours s'en va battre les cieux,
et qui retombe après, ¡plat et silencieux!
Race qui joue avec en ce monde, effrayant assemblage
des élans du jeune homme et des crimes de l' âge;
race qui joue avec le mal et le trépas,
¡Le monde entier t'admire et ne te comprend pas!».

I en efecto, ahora que me aproximo a aquel foco desde donde parten para nosotros los movimientos del espíritu, uno en pos de otro, como los círculos concéntricos que describen las aguas ajitadas en algun punto de su superficie, siento no sé que timidez, mezclada de curiosidad, admiracion i respeto, como aquel sentimiento relijioso e indefinido del niño que va a hacer su comunion primera. Siéntome, sin embargo, que no soi el huésped ni el estranjero, sino el miembro de la familia, que nacido en otros climas se acerca al hogar de sus antepasados, palpitándole el corazon con la anticipacion de las sensasiones que le aguardan, dando una fisonomía a los que solo de nombre conoce, i tomando prestados a la imajinacion, objetos, formas i conjunto, que la realidad destruirá bien pronto, pero que son indispensables al alma, que como la naturaleza, tiene horror al vacío.

Quiero, pues, ántes quedarme en ayunas de toda impresion estraña, i para conseguirlo necesito contarle algo de mi travesía de Rio Janeiro acá. ¿Por dónde iba Ud.? ¿Romanticismo? Ya pasó. ¿Eclectismo? Lo hemos rechazado. ¿La monarquía moderada? ¡Quite allá! ¿La república, del 93, con la asamblea nacional?... Oiga Ud. al oido, tengo un secreto. ¡El falansterianismo, el furierismo, el socialismo! ¡Qué república ni que monarquía! Voi a contarle el caso.

Habíamosnos reunido en el Brasil Irarrázaval i los jóvenes chilenos que lo acompañaban, i no obstante la amistosa solicitud del enviado estraordinario a Roma, partí en distinto buque, si bien al mismo tiempo que ellos. Con veinte chilenos se vive en Chile siempre aunque esté uno en el Japon i yo queria, desprendiéndome de las reminicencias americanas, echarme en aquel mundo de estraños en cuyo seno habia de vivir en adelante. No quedaron frustrados mis deseos a bordo de la *Rose*, hermoso paquete que hace la travesía entre el Havre i Rio, construido esprofeso para el lucrativo trasporte de pasajeros, i decorado con un lujo a que no estamos habituados en el Pacífico. Entre 45 pasajeros de proa   un arjentino i yo perteneciamos al habla castellana; algunas familias brasileras, gran número de franceses, tal cual aleman, he aquí la sociedad en que debiamos movernos durante la navegacion; mundo que tiene por límites el casco del buque, i e n el que no tardan en formarse parcialidades, enredarse intrigas, i nacer malquerencias o aficciones entre individuos que al tocar la tierra van a perderse de vista acaso para siempre. Las formas de la civilidad sirven al principio de tentáculo suave, para examinar el carácter i condicion de cada uno de los habitantes de a bordo, hasta asimilarse los unos i alejar a los otros, segun que se adapta o no a nuestro modo de ser; i tan constante es esta regla, que aquel jóven arjentino que obedeciendo a las simpatías de idioma, habia tomado camarote conmigo, a los tres dias estuvo ya fuera de mi círculo, absorvido por uno de los brasileros, a quien lo apegaban invenciblemente las afinidades de la sangre de 24 años, tan llena de espansion de ordinario, tan rica de ilusiones. No era tan de fácil composicion mi *cosmos*, i aquella reserva, rayando en timidez en los que no pecan de comunicativos, prolongaba mi aislamiento aun despues de que todos los grupos estaban perfectamente diseñados. Ruguendas me habia presentado un jóven aleman de tan blando carácter, como era lijera su sangre; el caballero Saint-Georges a un capitan de corbeta frances, de regreso de Tahití a Francia, culto en sus modales, pero verdadero oficial de marina, de difícil abordaje; i entre la turba de pasajeros, hacíase notar un jóven pálido, de nariz aguileña, sombreado el conjunto de sus nobles i bellas facciones por una barba negra, reluciente, tupida i prolongada hasta el pecho.

Estos tres individuos eran los que por posicion, educacion i edad parecian mas amalgamables; pero el progreso de nuestras relaciones era lento: *bon jour, bon soir,* i esta o la otra observacion pasajera, formaban el caudal de nuestros diálogos. Tambien ellos me tenian en cuenta; cada uno contando con atraerme a su círculo, sin que se escediesen de aquella comedida reserva que guardan los que se estiman para los que principian a estimar. Entre el de la barba negra i yo, mediaban ademas circunstancias orijinales. Supo él bien pronto que era yo *unitario* de los que no transijen, i sabia yo por mi parte que era él, aunque frances, partidario de Rosas; i esta antipatía de ideas nos hacia solícitos i respetuosos recíprocamente, cuidadoso cada uno de no hacer saltar la primera chispa que podria traer el malestar que causan las opiniones irreconciliables. No tardó, empero, la ocasion de encontrarnos en presencia uno de otro, sobre aquel escabroso terreno. Descendiendo por accidente a la cámara del buque, encontréle esplicándole al capitan de corbeta la cuestion del Rio de la Plata; i jamas he consentido entre personas intelijentes, cualquiera que sea su rango i su posicion, que en mi presencia se calumnie o se desfigure el verdadero carácter de la lucha. Este es un penoso deber que me he impuesto, i que hasta hoi he llenado sin ceder a consideracion ninguna. Hai para mí algo de tan santo en las grandes desgracias de los pueblos que creo complicidad imperdonable, el silencio, siquiera, cuando otros se permiten juzgarlas mal. Hube, pues, de tomar parte en la conversacion, no sin disculpar mi no solicitada injeriencia, i despues de esplicar hechos mal comprendidos haciendo salir la cuestion del innoble cuadro en que la tienen encerrada la fisonomía esterior de los sucesos, i la influencia de las personas, el comandante Massin, Mr. Tandonnet el de la barba negra, i yo, formamos un círculo ménos numeroso sin duda, pero en cuanto a intercambio de ideas, el mas escojido, puesto que mui pocos de entre los demas pasajeros pretendian hacerse notar por este lado, salvo un brasileño entrado en años, especie de bufon literato, que intentó hacerse el héroe de la sociedad e hizo *fiasco*, a causa de la torpe inmoralidad de sus gracias, que no daban, sin duda, la mas alta idea de sus costumbres, relajadas hasta la crápula, seguro lo supimos mas tarde. Tenia, pues, mi mundo, mis amigos, mi círculo en aquel trio tan penosamente formado. Las cuestiones odiosas fueron poco a poco apartándose, quedando para material inagotable de nuestras pláticas, ideas jenerales, accidentes de viaje, reminiscencias artísticas, libros, poetas, etc. El comandante Massin habia estacionado largo tiempo en Tahití, i penetrado en aquel mundo bárbaro de la Oceanía tan rico en estudios sobre la naturaleza primitiva de los gobiernos i de las relijiones. Cuando el gobierno de Chile mandó ocupar el Estrecho de Magallanes, era él el capitan de vapor frances que los colonos encontraron surto en aquellas aguas, i aunque nada me haya dicho directamente, algunos antecedentes significativos me han dejado traslucir que reconocia el Estrecho de órden de su gobierno para tomar posesion de él. La ocupacion de las Marquesas habia sido recomendada al ministerio en una obra en que el autor se estendia igualmente sobre la conveniencia de ocupar el Estrecho a fin de asegurar las comunicaciones con las islas del Pacífico; i esta segunda parte del proyecto, quedó sin ejecucion por la oportuna medida del gobierno de Chile, que obedeciendo a indicaciones análogas en cuanto a asegurar ventajas para su comercio, veia en el Estrecho lo mismo que el gobierno frances buscaba. Creia el comandante Massin que para la navegacion de vapor prestaria aquella colonia de Magallanes importantes servicios, si el gobierno chileno hacia continuar las sondas del Estrecho en la parte que Fitzroy habia dejado incompleta, pues allí estaban las verdaderas dificultades de la navegacion, modificando bastante en mí con sus observaciones de marino, las ideas jenerales que yo habia emitido sobre el mismo asunto en la época que precedió a la ocupacion. A propósito de vapor, quejábase el comandante de la incapacidad industrial de los hombres de Chile, i de la oportunidad malograda por algunos individuos de Concepcion, para haber asegurado con el gobierno frances una contrata de carbon de piedra, que habria desenvuelto en el pais aquella industria i asegurado a los empresarios una fortuna. Pero todas sus reflecciones en ocho dias que permaneció en Concepcion, no fueron parte a persuadirles que los precios exijidos, siendo superiores a los del carbon inglés puesto en el Pacífico, hacian imposible todo arreglo.

Mr. Tandonnet, ahora mi amigo, ofrecía aun instructivos detalles de su residencia en América. Con una educacion aventajada, i por la posicion de su familia en aptitud de viajar sin miras de comercio, habia residido en Montevideo largo tiempo, puéstose en contacto con los jóvenes montevideanos i arjentinos, tenido reyertas por la prensa con Rivera Indarte, i formado una pobre idea del personal de los enemigos de Rosas. Contrariado en sus miras como redactor de un diario en frances, por el gobierno de Montevideo, que en los primeros dias del sitio no podia permitir la emision de opiniones que contribuian, con los esfuerzos de Mr. Pichon, a retraer a los franceses de armarse en defensa de la plaza, Mr. Tandonnet abandonó la ciudad, abrigando cada dia mayor enemiga contra aquellas jentes; pasó al campamento de Oribe, i aunque en su círculo no hallase nada mas digno de su aprecio, el jefe se captó su voluntad por sus maneras afables, i una verdadera amistad los ligó desde entónces.

Con estos antecedentes pasó a Buenos Aires, i allí en el círculo de Manuelita, a quien fué presentado, empezó a creer necesario para la República Arjentina un gobierno que tachaban de cruel, i que él solo encontraba rudo como el pais,   i adaptado perfectamente a los gobernados. Rosas lo recibió en su quinta, como un buen campecino, sin ostentacion, en mangas de camisa. Hablóle cuatro horas de sus trabajos en la campaña como hacendado, del cultivo del trigo introduciendo por él desde mui temprano, i de la injusticia de los unitarios en atribuirle actos de crueldad que nunca habia cometido. Gobernaba pueblos semibárbaros que no podian ser reprimidos sino por la violencia, estaba cansado de aquella penosa tarea, que lo distraia de sus ocupaciones campestres, i asechaba la ocasion de poder consagrarse a la vida doméstica; los federales no querian admitir su dimision, etc. A la caida de la tarde el caballo de Tandonnet se habia estraviado, i Rosas, con la llaneza mas grande, le invitó a pasar la noche, durmiendo en efecto en una pieza inmediata a aquella en que Rosas, Manuelita i uno de los locos dormian. Esta escena campestre, tan inocente, tan contraria a las ideas que tenemos de un tirano, habian dejado en él profundas impresiones. Rosas en momentos de espansion i de buen humor le habia golpeado la espalda i dirijídole bromas sobre su barba monumento de tolerancia, puesto que no habia otra en toda la estension de la república. Rosas era desde entónces un *bon enfant*, un paisanote sencillo i bonazo, gobernando sus estados como el buen rei Dagoberto que hacia él mismo su puchero, i daba audiencia a sus vasallos sentado a la sombra de una encina, tomando su mate, o comiendo pan i queso. Así se hace i se escribe la historia.

Tandonnet profesaba, ademas, doctrinas que falseaban su razon en punto a libertad. Tandonnet era falansteriano. Habia bebido la doctrina en la fuente misma; era discípulo de Fourier, i el Juan bien amado del maestro, habíale cerrado los ojos, i conservaba en su poder la pluma con que escribió en los últimos momentos de su vida, algunos cabellos suyos, i sus zapatos, como reliquias carísimas. Nuestras pláticas durante los dos meses de navegacion, nuestras lecturas, alimentábalas esta nueva doctrina, i mis meditaciones en las silenciosas horas de las tibias tardes tropicales, despues de haber presenciado el esplendoroso ocaso del sol, cuyas fantásticas i sublimes magnificencias predisponen el espíritu a la contemplacion, volvian otra vez sobre ella, preocupado con la grandeza de las ideas, i la fascinacion de aquel sistema de sociedad que repudia la civilizacion como imperfecta i opresora; la moral como subversiva del órden armónico creado por Dios; el comercio como un salteo de   caminos; la ciencia de nuestros filósofos como la decepcion i el error; i los seis mil años de historia como la prueba mas flagrante de que aun no vuelve todavía la especie humana de la senda estraviada en que se echó desde la vida salvaje. Fourier rompe con todos los antecedentes históricos, niega el progreso; i el despotismo, la monarquía o la república, todas son palabras vanas sin resultado ninguno positivo. Quiero introducirlo al furierismo por la misma, puerta por la cual he entrado yo.

Fourier propone un sistema de asociacion en el cual el trabajo será atractivo, en lugar de ser repugnante, como lo es ahora. Si las sociedades humanas se organizan segun su plan, hé aquí lo que sucederá. «Cuando el jénero humano habrá esplotado el globo hasta los 60° norte, la temperatura del planeta se dulcificará i se hará mas regular. El calor fecundante adquirirá mas actividad; la aurora boreal, haciéndose mas frecuente, se fijará sobre el polo i se estenderá en forma de anillo o de corona. La influencia de la corona boreal cambiará el sabor de los mares, i precipitará las partículas bituminosas por la espansion de un *ácido cítrico boreal*. Este flúido combinado con la sal de mar, dará al agua marina el gusto de la especie de limonada que nosotros llamamos *agrisal*». Esta descomposicion es uno le los preliminares necesarios para las nuevas creaciones marinas, debiendo ser aniquiladas por la inmersion del flúido boreal i la descomposicion que operará en los mares, todas aquellas lejiones de monstros marinos, los cuales serán reemplazados por una multitud de anfibios serviciales. Habrá entónces «anti-ballenas remolcando los buques en las calmas; anti-tiburones ayudando a arrear el pescado; anti-hipopótamos tirando las lanchas en los rios, etc». «El caballo siguiendo este progreso de la naturaleza, será reservado para tiro solamente, cuando se posea la familia de portadores elásticos, el anti-leon, el anti-tigre el anti-leopardo, que serán de triple dimension que los de los mundos actuales. Así, cada paso de un anti-leon, hará cuatro toesas saltando i escurriéndose a la vez, i el caballero que vaya montado sobre la espalda de este corcel, irá mas muellemente que en una berlina suspendida. ¡Qué gusto no dará, esclama Fourier, habitar este mundo, cuando se posean tales servidores!».

I si estas cosas no han sucedido, cúlpese de ello al hombre mismo que no ha sabido preparar los antecedentes. «Se han engañado, dice el profeta, de una manera estraña, sobre el   papel asignado al hombre, cuando se le ha tratado de criatura frájil, de gusano de la tierra; es al contrario un ser de gran peso en los destinos universales i ello va a reconocerse como un error científico de nuestro globo, pues puede comprometer el universo entero, la masa de los planetas, i el sol de la bóveda celeste que, despues de muchos miles de años, esperimentan este perjuicio de la parte de nuestro planeta».

El sol enjendra mundos i de su cohabitacion con los planetas, nacen lunitas graciosas i retozonas como unos cabritillos. «El sol, aunque mui activo en funciones luminosas, esta contrariado en sus funciones aromales por efectos de derrames de nuestro planeta (fecundacion de las plantas) que no puede suministrar sino aromas de mala calidad (hueros) miéntras no esté organizado en armonía. (Sistema social de Fourier)».

El sol ha fijado ya un cometa, la lunita Vesta o Febin puede haber fijado otras aun, i puede ser que los dos satélites de Saturno, recientemente descubiertos, no estuviesen en *línea* hace 2000 años. Durante tres siglos anteriores al diluvio, la tierra dió buen aroma, *tetra cardinal*, de que hizo uso para *fijar a Vesta*. Pero la provision estaba agotada en tiempo de César, en que el sol ha sufrido una grave enfermedad, de la cual ha esperimentado una recaida en 1785. Por falso que haya estado enfermo en 1816, como lo sospecharon algunos. Era la tierra quien estaba afectada i lo está cada dia mas i mas, segun lo que se observa por la degradacion climatérica i el desarreglo de las estaciones».

«El alma es inmortal, pero perfectible viajando de un mundo al otro, i volviendo a animar nuevos seres, hasta obtener la perfeccion».

«Nuestras almas, al fin de la carrera planetaria, habran alternado 810 veces del uno al otro mundo, en emigracion e inmigracion, de las cuales 810 son *intra-mundanas* i 810 son *tramundanas*».

«Las almas en la otra vida toman un cuerpo formado de elemento que llamamos *aroma*, que es incombustible i homojéneo con el fuego Penetra los sólidos con rapidez como se le ve por el aroma llamado fluido magnético».

«Las almas de los difuntos gozan de diversos placeres que nos son desconocidos, entre otros el *placer de existir i de moverse*. Nosotros no tenemos conocimiento de este bienestar, comparable al del águila que flota sin ajitar las alas. A esta una facultad de que gozan constantemente en la otra vida las almas de los difuntos, provistas de cuerpos aromantes, la felicidad de *existir*, sin tocar la tierra, ni mover las piernas. Las flores, los animales, todos los seres creados son tipos de las pasiones humanas. «Siendo el ave el ser que se eleva sobre los otros, la naturaleza ha colocado sobre su cabeza los retratos de las especies de espíritus de que están amuebladas las cabezas humanas. El águila, imájen de los reyes, no tiene sino un moño pobre i echado para atrás, en señal del miedo que *ajita* el espíritu de los monarcas, obligados a rodearse de guardias. El faisan pinta al marido enteramente preocupado de los riesgos de infidelidad. Se vé una direccion contraria en el moño de la paloma, pintando el amante seguro de ser amado. El gallo es el emblema del hombre de mundo, del calavera afortunado con las mujeres. El pato es el emblema del marido engatuzado, que no vé sino con los ojos de su mujer. La naturaleza aflijiendo al pato macho con una estincion de voz, ha querido pintar a aquellos maridos dóciles que no tienen el derecho de replicar cuando una mujer ha hablado. La col es el emblema del amor misterioso. La coliflor es el emblema contrario, el amor sin obstáculo ni misterio, los goces de la juventud libre que voltejea de placer en placer».

Despues de leer estos estractos que hago a la ventura de los libros que me rodean hace dos meses, ¿creerá Ud., mi querido amigo, que se haya compuesto este sistema fuera de un hospital de locos? ¿Han podido realmente escribirse tales cosas, i leerlas sin arrojar el libro hombres intelijentes?

I sin embargo, Fourier es un pensador profundo, un injenio de observacion, de estudio, de concentracion. Libre de todo contacto con este mundo, sin educacion no falsificase sus ideas, Fourier ha seguido una serie de soluciones matemáticas que lo han conducido a estas aberraciones, pero bañando de paso de torrentes de luz las cuestiones mas profundas de la sociabilidad humana. Pobre por eleccion, dependiente de una casa de comercio hasta los 66 años para vivir de un salario, ignorado largos años despues de haber publicado su teoría de los *cuatro movimientos*, vejado, burlado cuando su sistema fué conocido de los sabios; Fourier ha vivido en su mundo armónico, compadeciendo a los pretendidos filósofos, i gozándose en la apoteosis que le aguarda cuando las sociedades humanas entren en el camino que él les deja trazado. ¡Qué risa lo escitan los economistas! Qué desprecio le inspiran los moralistas! ¡De los políticos que hablan   de libertad i de instituciones, no merece hablarse! Fourier mandó al doctor Francia del Paraguai un ejemplar de sus obras, contando con que aquel sombrío tirano comprendiese su pensamiento. Entre los sabios Newton, entre los conductores de la humanidad Jesus, hé aquí los dos únicos hombres que le han precedido, todo lo demas es canalla, pedantes i majaderos. Contábame Tandonnet que una vez conversando ya en sus últimos dias, decia Fourier sobra Jesucristo: «Hizo mal en entrar tan pronto a Jerusalen; se dejó arrastrar por el amor de la popularidad, todavía su doctrina no habia echado raices profundas en el pueblo; él debió continuar mas tiempo predicando en las campañas i huir de la capital donde la aristocracia i el clero eran poderosos. Pero se dejó alucinar, i la transitoria ovacion del domingo de Ramos, solo sirvió para precipitar su suplicio. Yo en su lugar habria permanecido mas tiempo en Galilea». Ya ve Ud. una manera nueva de esplicar el Evanjelio. Segun este sistema Jesus daba banquetes monstruos a orillas del lago de Cafarnaun o de Genesareth para esponer en un meeting jeneral la nueva doctrina social. ¿Qué estraño era entónces que sobrasen doce canastos de pan, si nadie comia, escuchando al orador, subido sobre alguna roca para hacerse oir a campo raso como O'Connell o Cobden? Ahora comprendo quienes son aquellos fariseos a quienes larga tantas punzadas; son los lores, el parlamento, los partidarios del privilejio i del monopolio, los cuales lo echaron el guante cuando él creia poder derrocarlos, i lo colgaron; nada mas natural. Así se ha hecho siempre con los que han venido a turbar la tranquilidad pública con nuevas doctrinas. Es una fortuna que Fourier haya escapado a esta recompensa que los pueblos tienen prontita para los redentores, desde Sócrates hasta nuestros tiempos.

En despecho de todas estas estrañas lucubraciones de un espíritu que parece hablar desde otro planeta que el nuestro en despecho del ridículo tan fatal siempre para las innovaciones, Fourier tiene discípulos, hombres profundamente convencidos, i que esperan con fe imperturbable la realizacion de su sistema. Varios ensayos de falansterio se han intentado en Francia, en el Brasil, i en los Estados Unidos i si bien el éxito no ha justificado la teoría, todo el mundo está convencido de que el inconveniente no está en ella misma, sino en el medio ambiente, en la falta de recursos suficientes para la realizacion material del hecho. Lo que es innegable,   lo que sin ultrajar el pudor i la justicia no puede negarse, es que las *Cunas Públicas*, las *Salas de Asilo*, las

Colonias Agrícolas para los niños delincuentes en que se les enseñan tres oficios, creaciones todas tres que han recibido ya la sancion de la esperiencia, i asumido el rango de instituciones públicas en Francia, son robadas, plajiadas a Fourier, el primero i el único que ha sujerido la idea. Los conflictos de la concurrencia, los alzamientos de los obreros por falta de trabajo, la opresion i la muerte de las clases pobres, aplastadas por las necesidades de la industria, Fourier los habia espuesto a priori, ántes de que el parlamento inglés se ocupase de disminuir las horas de trabajo, ni Cobden hecho su famosa liga de los cereales, lo que prueba que hai algo de fundamental en la doctrina del visionario, doctrina en cuyos detalles no entraré aquí, como le espondré a Ud. las objeciones de mi incredulidad de *civilizado*. A mí no me espanta la corona boreal, ni se me da un ardite de que el mar se convierta o nó en limonada. Hai tantos limones en Chile, que puede uno prescindir por egoismo de aquella inapreciable ventaja, que para lo que es ahogarse, lo mismo tiene hacerlo en agua salada que en un mar de orchata. Pero yo hubiera querido que Fourier, i esto es lo que objeto a sus discípulos, hubiese basado su sistema en el progreso natural de la conciencia humana, en los antecedentes históricos, i en los hechos cumplidos. Las sociedades modernas tienden a la igualdad; no hai ya castas privilejiadas i ociosas; la educacion que completa al hombre, se dá oficialmente a todos sin distincion; la industria crea necesidades, i la ciencia abre nuevos caminos de satisfacerlas; hai ya pueblos en que todos los hombres tienen derecho de gobernar por el sufrajio universal; la grande mayoría de las naciones padece; las tradiciones se debilitan, i un momento ha de llegar en que esas masas que hoi se sublevan por pan, pidan a los parlamentos que discuten las horas que deben trabajar, una parte de las utilidades que su sudor da a los capitalistas. Entónces la política, la constitucion, la forma de gobierno, quedarán reducidas a esta simple cuestion: ¿cómo han de entenderse los hombres iguales entre sí, para proveer a su subsistencia presente i futura, dando su parte al capital puesto en actividad, a la intelijencia que lo dirije i hace producir, i al trabajo manual de los millares de hombres que hoi emplea, dándoles apénas con que no morirse, i a veces matándoles en ellos mismos, en sus familias i en su projenie? Cuando esta cuestion,   que viene de todas artes, de Manchester, como de Lyon, encuentre solucion, el furierismo se encontrará sobre la carpeta de la política i de la lejislacion, porque esta es la cuestion que él se propone resolver.

I luego, ¿por qué la libertad ha de ser indiferente, aun para la realizacion misma del descubrimiento social? ¿Por qué la república, en que los intereses populares tienen tanto predominio, no ha de apetecerse, no ha de solicitarse, aunque no sea mas que un paso dado hácia el fin, una preparacion del medio ambiente de la sociedad para hacerla pasar del estado de civilizacion al de *garantismo*, i de ahí al de *armonia* perfecta? Esto es lo que no le perdono a Fourier, cuyas doctrinas han hecho a mi amigo. Tandonnet, indiferente a los estragos hechos por el despotismo estúpido en Buenos Aires, i amigo i admirador del bonazo de D. Juan Manuel.

Baste ya de ideas abstractas, i para despejar su espíritu de estas serias preocupaciones, póngase V. conmigo a bordo de la *Rose*, que ya vamos llegando a Francia. Todos los dias hai una hora o mas de *noir et rouge*, especie de monte en que cada uno pierde o gana alternativamente algunos francos. Un brasilero ex-escribano i que va a cualquiera universidad alemana a comprar un título de abogado sin rendir exámen cuando ha colectado una buena suma se levanta sin ceremonia dejando a los aficionados mirando. La indignacion se hace jeneral a bordo; un dia protestan todos contra tamaña indignidad; el comandante Massin, tan circunspecto de ordinario, apoya este movimiento con algunas palabras públicas ya que no oficiales de reprobacion; i cuando el indigno se ve oprimido por la opinion unánime de la cámara de proa, se dirije a mí, como americano al fin, ya que no tengo la gloria de ser brasilero, i con voz insegura me dice: «¡Estranjeros canallas, quién les hace caso!» He aquí para lo que sirve la nacionalidad americana; escudo de maldades siempre, mas cara de la nulidad i de la impotencia. ¡Estranjeros! i sin embargo, estamos a dos dias de distancia de las costas de Francia, en un buque frances, entre europeos, formando los americanos de puntos distintos, estranjeros, tambien entre sí una minoría insignificante. ¡América del Sur! española o portuguesa, ¡la misma siempre!

Las costas de Francia se diseñaron al fin en el lejano horizonte. Saludábanlas todos con alborozo, las saludaba tambien yo sintiéndome apocado i medroso con la idea de presentarme luego en el seno de la sociedad europea, falto de trato   i de maneras, cuidadoso de no dejar traslucir la gaucherie del provinciano, que tantas bromas alimenta en Paris. Saltábame el corazon al acercarnos a tierra, i mis manos recorrian sin meditacion los botones del vestido, estirando el fraque, palpando el nudo de la corbata, enderezando los cuellos de la camisa, como cuando el enamorado novel va a presentarse ante las damas. La Rose entra en los docks o bassins (no conozco la palabra castellana que supla estos nombres), atraca al borde de madera de los canales, i una innoble turba de criados elegantemente vestidos nos asalta, nos grita, escala el buque por las maromas, nos rodea como moscas, nos apesta con su aliento, se insinúa en nuestras manos i en nuestros bolsillos para depositar una tarjeta con el nombre del hotel que los envia. Es en vano hablarlos, injuriarlos, espantarlos con las manos, fugarse, esconderse. ¡Eh! ¡la Europa! triste mezcla de grandeza i de abyeccion, de saber i de embrutecimiento a la vez, sublime i sucio receptáculo de todo lo que al hombre eleva o le tiene degradado, ¡reyes i lacayos, monumentos i lazaretos, opulencia i vida salvaje!

No he podido desimpresionarme en dos dias del mal efecto que me ha producido esta primera impresion. Paréceme que el Havre no es la Francia, sus bellísimos edificios son modernos, no hai antigüedades, no hai monumentos. Un pobre torreon guarda el puerto desde los tiempos de Francisco I; allí un soldado se sublevó contra el rei, contra la Francia i contra la especie humana, tapió la puerta, i fue sitiado, bloqueado i bombardeado, hasta que despues de dos dias de combate, murió i la plaza fué tomada por asalto. He aquí la historia del Havre. El cardenal Richelieu construyó una ciudadela, donde el cardenal Mazarino encerró algunos príncipes molestos. En cambio están los docks que depositan las naves en el centro de la ciudad, monumento que no recuerda nada, pero que hace la riqueza i la fuerza de una nacion, dotando de puerto a Paris, i dejando burladas las tempestades del temido Canal de la Mancha que andan rondando en torno, como los ladrones, aguardándolas que salgan de sus casas para atacarlas. El nombre del primer Cónsul está incrustado humildemente en algun madero; i las naves americanas encerradas en un punto especial, están ahí por sus dimensiones colosales, espantando a los europeos mismos i vomitando de sus entrañas balas de algodon. Los alrededores son bellísimos, i la cultura i los árboles de bosques i los aparatos agrícolas i el césped, al arte i las lindas casillas, todo está revelando   que se está ya en el mundo antiguo, entro los pueblos cultos, poseedores de todos los poderes que la intelijencia ha puesto en la mano del hombre.

Tengo prisa de seguir adelante, de penetrar en esta tierra que diviso cerrada de masas oscuras de bosque, i pintorreada de alquerías, de *châteaux* i de campos labrados. El *Normandie* que llevó a Paris las cenizas de Napoleon i que conserva una inscripcion, parte, i Tandonnet, el rosista, i yo el salvaje, reunidos i haciendo vida comun partimos; él va a servirme de *cicerone*, de introductor a la presencia de su patria.

El sol comenzaba a apuntar en el horizonte recortado por colinas verdinegras; seis vapores de carga marchaban delante de nosotros, remolcando cada uno cinco embarcaciones, a guisa de cisnes madres seguidas de sus polluelos; las pesadas barcas del Sena descendian lentamente a merced de la escasa corriente, i a ambos costados de la ribera mas o ménos definidamente, veiamos aparecer aldeas, capillas con sus agujas de pizarra, bosques i heredades. Una banda de música compuesta de artistas ambulantes, animaba con sus ecos melodiosos aquel paisaje en fuga. Era a principios de mayo i la vejetacion naciente, añadia, por la viveza cruda de sus colores, nuevos encantos a este pais hechizado. Con toda la novedad de viajero novel teníame yo apartado, a fin de ocultar a la vista de los otros las emociones de novedad infantil que esperimentaba, siguiendo con la vista una casilla campestre, una paisana de la Normandía con su cofia en punta, algun campanario lejano, una cultura de bosque, un grupo de vacas, lamentando la rapidez del vapor que apénas os permite ver en la próxima ribera un objeto; apénas se ha encontrado el punto de un paisaje, cuando ya estais en otro nuevo, i las líneas se han cambiado o cedido su lugar a otras; bien es verdad que a la larga, siéntese que esta rapidez evita la saciedad, acortando, suprimiendo mas bien, los entreactos en aquel bellísimo drama de la naturaleza i del hombre que principia en el Havre, i va a terminar en Ruan. *L'Heure, Harfleur, Honfleur*, en otro tiempo patria de audaces marineros *Fronville*, la *Berville*, han pasado ya delante de nosotros cada una contando una historia, alguna tradicion; cada una dejándome alguna sensacion agradable, hasta que a poca distancia de la roca de Piere-Gatde, la orilla izquierda del Sena forma un promontorio escarpado que parece querer disputar el pasaje al rio, i contra el cual vienen a estrellarse los últimos   esfuerzos de la barra. Al oeste del Cabo, inmenso ramillete de verdura que llaman la Nariz de Tancarville, está la aldea de Tancarville. En las inmediaciones de este punto delicioso, no léjos de Quillebeuf, vénse sobre la ribera cabañas dispersas, con la gracia pastoril que presentimos en las novelas. En verano vienen de Paris centenares de artistas a abrir sus caballetes en las alturas, para trasportar al papel las campestres vistas de estos parajes. Mas arriba, i dominando aldea i cabañas, se presenta el antiguo castillo de los señores de Tancarville, en otro tiempo chambelanes de los duques de Normandía. Héme aquí, pues, en plena edad media; el castillo flanqueado de torreones i almenado aun, asentado en la punta de una roca como nido de aves de rapiña; abajo el villorrio de los siervos agrupado a tiro de ballesta, como rebaño que se estrecha para ser mejor guardado. Los Tancarville brillaron varios siglos en batallas, fiestas i torneos. Los d'Harcourt, otros barones feudales de la vecindad, se apoderaron con las armas en la mano de un molino aun se enseña, i que fué causa de una batalla dada en Lillebonne entre las jentes de ambas casas, hasta que sir Enguerrand de Marigni, ministro de Felipe el Bello, vino a citarlos a comparecer ante rei. De camino el de d'Harcourt cayó sobre Tancarville i le vació un ojo de un puñetazo con el guante de fierro. Oida por el rei la demanda, se designó el campo i el dia en que habian de batirse en duelo. El rei de Inglaterra i el de Navarra, presentes al combate, pidieron al fin que cesase por no tener el dolor de ver perecer a ninguno de tan valientes caballeros, i el rei para acomodarlos, hizo que el de d'Harcourt pagase a Tancarville 50 libras por su ojo tuerto.

A medida que se remonta el rio, las riberas se acercan, se agrupan las vistas i las aldeas i las cabañas; una ruina de este lado, una iglesia del otro, un recuerdo histórico a cada recodo del rio, una leyenda a cada cresta de la montaña, absorben al viajero, volviendo la vista de la derecha para no dejar escapar el paisaje que va ya a dejar a la izquierda; abandonando con pesar este, vuelta la cara hácia atras, para llevar los ojos al punto que ya tiene por delante. Con las casas de *Vateville* se confunden las de una serie de villorrios *Quesnoy, Neuville, la Rue, le Plessis, l'Angle*, que flanquean el rio. No léjos aparece *Caudebec* con su iglesia gótica, cuyos rosetones, santos de piedra, pináculos, ojivas i mil columnillas, apénas deja ver en bosquejo el rápido vapor. Algo hubiera dado porque se detuviese en presencia de esta iglesia, la primera de   la maravillosa arquitectura gótica que se me presentaba; i el todo encerrado en el paisaje mas admirable, la villa misma colocada de un modo pintoresco, a la sombra de una montaña, coronada de bosque, a la embocadura de un vallecito i de un riachuelo que por varios brazos viene a vaciarse en el Sena. La villa vése con su espaldar de verdura, su torre de filigrana, sus terraplenes plantados de grandes árboles, i sus casas blancas, cubiertas de flores i enredaderas, reflejarse en el espejo del Sena, hasta el momento en que el vapor pasa, arrugando su superficie, i levantando en pos una manera que va azotándose por malezas i yerbas en ambas márjenes, recargadas de poblaciones, jardines, botes i casas de campo.

Otro acto de la vida tan dramática de la edad media comienza aquí. Las abadías de los antiguos monjes, colocadas en parajes risueños, en sitios privilejiados, van presentando sus ruinas, sus torres, sus pórticos aislados i desiertos, una en pos de otra. ¡Cuánta leyenda, cuántos sucesos terribles, o lastimosos cuentan estas columnas, i aquellas ojivas que dan paso a la luz del sol! ¡De cuántas revoluciones i de cuántos estragos han sido testigo i víctimas! He gozado sin hartarme de las sensaciones melancólicas que inspira el paisaje cuando alguna noble ruina alza su rugosa i descarnada frente, cubierta de yedras seculares que quieren protejerla atando con mil ligaduras sus hondas grietas. En las noches de invierno cuando los últimos suspiros de la brisa de la tarde ajitan dulcemente las parásitas, si la luna logra asomar su disco por entre las pálidas nubes, me imajino que la oscuridad que no alcanza a disiparse, deja sospechar formas indecisas, imájenes confusas, fantasmas vaporosos; despues la melancólica luz de la luna se refleja en los costados de aquellos arcos abiertos dando relieve a los bultos de los santos de piedra, a las agujas i florones. El paisano que pasa por las inmediaciones, aprieta el paso repitiendo un *pater noster*, temeroso, ménos de sentir caer algun fragmento de aquellas piedras que nadie sabe como se tienen en el aire, que huyendo de oir los jemidos que otros le han dicho haber sentido salir de las tumbas que por todas partes pisa.

Las ruinas de la Abadía de *San Vandrille* se ocultan detras de algunas arboledas. En su refectorio i en su claustro de arquitectura gótica, en lugar de las oraciones piadosas de trescientos monjes que en otro tiempo la poblaban, elévanse al cielo bocanadas de humo o de vapor, e incienso de la industria, de las máquinas que hacen mover una filatura de   algodon. Sus alrededores estaban ántes cubiertos de capillas, calvarios i oratorios que elevaban los peregrinos, atraidos de todas partes por las virtudes milagrosas de una fuente vecina que continúa aun corriendo, i cuyas aguas se venden hoi a medio la cántara; pues que si bien han dejado de hacer milagros, no han perdido su reputacion de saludables. Pero si nada se conserva de la iglesia, el viajero queda recompensado en demasía con la vista de la famosa Abadía de *Jumieges*, célebre en los análes de la historia i de la ciencia, imponente golpe de vista, rico en cavilaciones tristes. Aquellos muros abandonados, guarida hoi de cuervos i de aves nocturnas, encerraban en otro tiempo una corporacion inmortal de sabios que se trasmitian, al traves de las jeneraciones, la continuacion de estudios de siglos atras comenzados. De las escuelas de los Benedictinos sus reclusos, salieron aquellos maestros, historiadores, teólogos, que imprimian movimiento a las ideas de aquellos siglos de ignorancia universal, i ya echaban de cuajo la Europa sobre el Asia para reconquistar el santo sepulcro, ya dotaban a la civilizacion moderna de aquellas pacientes copias i colecciones de autores clásicos, que anudaron al fin el roto hilo de los progresos de la intelijencia humana. Eran los abades de Jumieges, para mayor prestijio de su saber i piedad, soberanos, ademas, de todo el pais circunvecino. La fundacion de esta famosa abadía alcanza a la época misma en que empezó a tomar consistencia de perfeccion cristiana el espíritu ascético, a los tiempos del rei Dagoberto. Entre sus ruinas se encontraba un sepulcro sobre cuya losa yacian dos jóvenes revestidos de ropas talares. Su túnica inferior, cerrada sobre el pecho con un broche de pedrerías, dejaba su cuello enteramente descubierto, i sus cabellos ensortijados estaban ceñidos en forma de diadema con una faja sembrada de piedras preciosas. Estos eran los *enervados de Jumieges*, dos hijos de Clovis II, que habiéndose sublevado contra su rei, el padre les cosió las pantorrillas i los arrojó i los abandonó en un bote i recojieron a los reales desgarretados.

Con la raza siguiente los padres fueron aliados de los reyes, i del seno de su comunidad salieron embajadores para Roma, capellanes para Luis el Debonario, sirviendo el convento mismo de prision para algunos nobles rebeldes. Los infieles normandos remontaron una vez el Sena, i Jumieges i San Vandrille suministraron abundante botin a la rapacidad   de aquellos bárbaros, pábulo a las llamas sus templos i santuarios, i millares de cabezas al filo de sus espadas. Pero los normandos, conquistados por el cristianismo, pagaron con usura mas tarde, en donaciones, ofrendas i construcciones nuevas, aquellos estragos causados por sus padres. De este modo la historia de la abadía se prolonga durante toda la edad media, honrándose con los nombres mas gloriosos, sembrada de acontecimientos maravillosos, piadosas leyendas, historias tiernas i candorosas, i sobre todo, alimentada con espléndidas donaciones. Leíase en una losa sepulcral: «*Dama de belleza, de Roqueferrieres, d'Issondun i de Vernon sur Seine, piadosa entre todas las jentes*, i que daba abundantemente de sus dineros a las iglesias, i *a los pobres, la cual feneció*». Esta dama de beldad tan mano abierta, no era otra que la célebre Agnés Sorel, la querida de Cárlos VII, i cuyos amores encubrió piadosamente la abadía en cuyo seno vivieron algun tiempo aquel rei sin alma, i aquella niña que le inspiraba el sentimiento de la gloria, i que lo dispensaba favores, en cambio de que armase ejércitos contra los ingleses.

La estremidad oriental no es ahora mas que un monton de escombros; en el centro, los restos subsistentes aun de la linterna dejan adivinar las imponentes dimensiones de la torre. El techo de la nave principal como el de las laterales, ha desaparecido; i aun aquellas bóvedas mismas, desquiciadas, abiertas en todo su largo, engrosarán bien pronto con su caida los montones de ruinas acumuladas debajo de ellas. Las torres del portal occidental están aun de pié, si no es la techumbre de uno de los campanarios. Al pié de las torres se estienden las murallas sin techo i muchas veces interrumpidas del antiguo monasterio. Detras está la grande iglesia con sus columnas que no sostienen ya bóvedas, i su larga nave desmantelada del lado del oriente. Al mediodía de esta construccion i en línea paralela, se estienden los muros desmantelados de la iglesia de San Pedro, del largo de la nave de la iglesia principal. Consérvanse restos de los departamentos que ocupaba el rei, su querida i sus guardias. Por todas partes en aquellas bóvedas habitadas hoi por sabandijas, lo pasado se esfuerza en ponerse de pié i presentarse a la vista, por donde quiera se encuentra un recuerdo que hace nacer en el espíritu un pensamiento grave. Al traves de las endijas de la piedra, déjanse ver montones de huesos blancos arrancados en otro tiempo acaso para darles mas santa sepultura a los carneros del monasterio, catacumba aérea, que el viento dispersa   a vuestros piés, i que va rondando con rumor siniestro sobre aquel suelo cubierto ya con hartos escombros.

Aun no acaba uno de oir o de leer lo que a la famosa abadía pertenece, cuando el presuroso vapor ha quitado de la vista aquel carton admirable del panorama, para presentar otro no ménos bello, no ménos fecundo en reflexiones i en recuerdos fabulosos. No sé si hai en la tierra algo mas bello, mas romanesco, mas poético, que este pedazo del Sena que media entre el Havre i Ruan; pero si lo hai aun, el límite de lo bello en la naturaleza i en el arte debe ser entónces indefinido, ¿Quién no ha oido en América hablar de las maravillas de la ópera de Roberto el Diablo de Meyerbeer? ¿Quién no conoce este cuento del calavera que vende su alma a Satanás, por apurar en dos años la copa del placer; cuento que no pertenece a este o al otro pais, sino al viejo cristianismo, a las creencias populares, i que cada nacion reviste a su modo, segun la idea a que del mal tiene? Roberto el Diablo en Francia, se llama Fausto en Alemania, don Juan en España; el pueblo hace el cuento i el poeta lo recarga i embellece. Nuestro don Juan es la última espresion de lo malo, segun el sentir español; no cree en nada, no tiene miedo a los difuntos; se le rie en sus hocicos a la estatua del Comendador, a quien habia muerto, i quien viene invitada por él a cenar en su compañía; el pueblo en Italia tiene otro don Juan mas terrible, Neron, que servia veneno en copas de oro a sus amigos, en un festin, para gozarse en su sorpresa, al recibir la órden de morir. Roberto el Diablo es como don Juan, el terror de los maridos, el favorito de las guasitas lindas de los alrededores de su castillo. La posicion de estas ruinas, porque en esta parte del viaje aparece el castillo de Roberto el Diablo, justifica la tradicion. Sobre una colina cónica aislada, están aun de pié algunos cuerpos de torres, bastiones i edificios, que muestran la fuerza inespugnable de la guarida. En la base del montículo hai una caverna escavada en el corazon de la montaña, i que va hasta el interior de las ruinas; por ahí, diz que salia el Roberto el Diablo a caza de mujeres, i por aquel antro las introducia. Allí están enterradas sus queridas; allí hizo penitencia en sus últimos dias, porque Roberto el Diablo se salvó de las garras de Lucifer. Entre los matorrales, yerbas i arbustos que cubren la montaña maldita, crece la yerba que *estravía*, i el viajero que por descuido la pisa, no vuelve a encontrar su camino aunque marche toda la noche. ¡Cuántas muchachas de las vencindades han pisado   esta fatal yerba! ¡Imposible volver a su casa hasta el siguiente dia! Una vieja crónica cuenta que Roberto, hijo de un gobernador de Neustria en tiempo de Pepino, mató a su maestro de una puñalada; mas tarde se presentó en la vecindad de Ruan en un monasterio, hizo reunir la comunidad escojió la monjita mas salada, i se la llevó al bosque.

Antes de pasar la montaña vése la selva de Mauny i un viejo castillo sobre una roca. El prior de la abadía vecina de *San Jorje*, pasaba el rio a nado para recocijarse con la castellana que habia sido su prometida; un día sorprendiólo el baron, i para que es decirlo, lo mató. Los monjes hasta la revolucion francesa celebraban cada año oficios espiatorios por el alma del prior muerto sin haber tenido tiempo de arrepentirse. Porque en todas estas tradiciones de la edad media entran siempre como personajes obligados barones, monjes, reyes, queridas i abades, única parte viva de la sociedad de entónces; lo demas, el pueblo, es ripio con que se rellena el edificio social; i al leer una de aquellas antiguas leyendas o al rejistrar las crónicas de la época, vése que el pueblo, el autor, i los personajes mismos, no hacen diferencia entre el monje i el baron para cometer delitos, derramar sangre i saquear pueblos; todos son iguales ante la lei de la época, la violencia i la inmoralidad, bien que sea que de entre esta masa hayan subido los santos a los altares, acaso por la admiracion que causaba ver a un hombre que no fuese un solemne malvado.

Si alguna vez viene Ud. a Francia, desembarque en el Havre i no en Burdeos. Por aquí va el camino de su historia para llegar a Paris. Aquí se encuentra todo su pasado, los señores normandos i los ingleses, las tradiciones i las batallas la edad media con sus conventos, sus agujas i sus castillos; i para el americano, poco conocedor al principio, conviene que se le presenten en grandes masas los objetos para que hieran hondamente su imajinacion. He descrito ya lo mas notable del bellísimo rio, i me tiene Ud. en Ruan, en medio del conjunto de monumentos góticos mas nobles que ostenta ciudad alguna de Europa; los siglos se han parado sobre esta ciudad, i del quince acá, nada de notable hai moderno. Las masas de techumbres de pizarra aumentan la oscuridad de las calles estrechas, flanqueadas de edificios parduscos, dominadas por iglesias, conventos, catedrales, cuyas agujas se desprenden en el aire, como si los edificios de cuatro o seis pisos que la circundan, fueran matorrales al pié de añosos cipreses.   He recorrido la ciudad i alrededores, escalado las torres de Saint-Ouen i de la Catedral, tocando con mis manos esta piedra tallada, calada, vaporizada como piezas chinescas de ajedrez, para convencerme de que tantas maravillas son obras humanas. Seria en vano que tratase de darle detalles de una arquitectura que ella toda se compone de detalles, bien que allá, donde este jénero no alcanzó, interesarian mas que otros que prodigo sin temor de cansar. Pero ¿qué decirle de estas murallas caladas i cubiertas de vidrios de colores, en los cuales están pintadas las vidas de los santos, cuyos ropajes colorados o azules dejan pasar al interior de la iglesia los rayos del sol teñidos de todos los colores del íris, bañando en seguida las naves, el pavimento con esta luz estraña, esmaltala, fantástica, dando visos sobrenaturales a las estatuas de santos de escultura rara? Lea un libro, alguna descripcion de esta clase de combinaciones; tome Ud. el caleidescopio, i hallará allí uno de estos rosetones que decoran las fachadas de las antiguas catedrales, en lo que cifraban su gloria los maestros, tanto que en Saint-Ouen el que hacia el roseton de la fachada principal, clavó el puñal en el corazon al discípulo que hacia en una fachada lateral otro que el maestro encontró fatal para su reputacion. Suba Ud. a los Andes, i aquellos numerosos penitentes que forma en la nieve la desigual accion del viento, no le darán idea de esta muchedumbre de pináculos, agujas, i torrecillas que decoran, erizan, los edificios desde su base; cada uno de ellos con remate diverso, cada uno en Saint-Ouen rematado en una estatueta de fraile, en todas las aptitudes imajinables. Si quiere darse idea de la forma de las goteras, que en ángulo obtuso contrastan con los pináculos, cierre los ojos i cree monstruos de todas las formas, perros, serpientes, monos, zapos, lagartos, frailes que se roban mujeres, mujeres que vomitan demonios, demonios que se llevan almas, sátiros peleando o que hacen cosas peores, abortos de la imajinacion, cosas sin nombre, pero todos con formas caprichosas, absurdas, fantásticas, imposibles. La lei de esta arquitectura es clara a mi pobre modo de entender, sobreponerse, a la materia, espiritulizarla, darle vida, presentar un drama infinito sin que el espectador descubra la maquinaria, algo del espíritu cabalístico de la época; el arquitecto ha querido pasar en las edades futuras por nigromántico; presentando de pié, despues de siglos, enormes moles de piedra diáfanas; sosteniendo sobre sus murallas de vidrios pintados, techumbres de plomo, apuntaladas sobre hacecillos   de columnas como manojo de varillas. Si hai dos torres, la una acaba en punta, la otra en una corona rejia de piedra calada; la una es alta i la otra baja; hai un pórtico al frente i al otro costado que es a veces mas lujoso que aquel; las agujas se elevan al cielo sobre bases frájiles que se están meciendo como álamos con el viento; un torreoncillo sube por un costado pegándose al edificio como la yedra, compañera inseparable del monumento gótico; otro torreon por el lado opuesto termina en un segundo cuerpo; un tercero u otra invencion absurda, sin plan sin correspondencia, le arrima su hombro a la base. Caprichos fantásticos, dice uno a primera vista; pero observando con ojo atento, vése que aquellos torreoncitos son los sustentáculos de aquella espuma petrea que afecta formar el cuerpo del edificio; los hacecillos aparentes son en realidad enormes masas de piedra, correspondientes a la mole que sustentan. Tanta lijereza, tanta riqueza de detalles, tanto arte i tanta ciencia encapotada, dan a esta arquitectura el mérito sorprendente, maravilloso que Víctor Hugo reveló a la Europa entera, asombrada de poseer una epopeya en lo que hasta entónces habia creido una pueril rapsodia; ser la última espresion del arte humano, en lo que pasaba plaza de ensayos de la imajinacion de pueblos semibárbaros.

¡Cuán boquiabiertos i estupefactos se quedaron los sabios, cuando en nombre de la edad media les dijo Victor Hugo, bárbaros! I sin embargo, jamás se obró revolucion en el espíritu humano mas rápida, mas pronta que la que produjo *Notre Dame* en 1831. En el acto los arquitectos corrieron a tapar los estragos que su ciencia habia hecho, i desde entónces la Europa entera se ha ocupado de limpiar aquellas joyas enmohecidas por el orin de los siglos, profanadas por la imitacion romana; i las rentas de las iglesias i las del estado, no bastan para reparar las injurias, completar lo inacabado, i borrar, si es posible, el baldon que sobre la ciencia i el arte moderno habia caido. En este momento se repara el *Hôtel de Ville* de Ruan, imitando un costado para reedificar el otro, i en Saint-Ouen i en la Catedral hai trabajos permanentes, como en Paris los hai en la Santa Capilla que se hace restaurar con la paciencia que demandan sus pinturas microscópicas.

Estas alucinaciones no carecen, sin embargo, de ejemplos mas altos. ¿No se moria de fastidio Buffon al oir a Saint-Pierre leer su Pablo i Virjinia? ¿No han dado coces los españoles,   Martinez de la Rosa el primero, contra la reabilitacion del arte romántico, ellos a quienes esta resurreccion de Lope de Vega i de Calderon les venia a dar papel en la historia de la intelijencia humana, en que ni ántes ni despues tomaron parte? ¿Pueden llamarse clásicos los que no han estudiado nunca el griego?

La literatura francesa se ha enriquecido i completado con aquellas audaces escursiones hechas en la edad media, estudiando sus costumbres, sus monumentos, sus creencias i sus ideas. Nacion moderna alguna habia penetrado mas hondamente en el espíritu de la Grecia i de Roma. A Esquiles, Sófocles i Eurípides se siguen inmediatamente Corneille, Racine, Voltaire; a Esopo i Fedro, Lafontaine; a Terencio, Molière; a Horacio i Quintiliano, Boileau i La Harpe; a la república romana, la república francesa de 1793, que plajiaba hasta los nombres, llamándose Arístides, Brutus, Gracos, los Saint-Just, los Collot d'Herbois i los Danton. Los Moratines no figuran en aquel plajiado sino como el trapero figura en la fabricacion del papel, recojiendo la materia que otros han producido. Siguiendo esta ancha huella, la Francia habia, ademas, desarrollado en el siglo XVIII, la lójica del espíritu humano, deprimiendo todas las otras cualidades, Rousseau, Montesquieu, Diderot, aquellos grandes retóricos enseñaron a creer que no habia otro Dios sino Dios, i la razon, la lójica que era su profeta; i el mundo entero puso mano a la construccion de la torre de Babel que debia salvar al jénero humano de la arbitrariedad en gobierno, de la supersticion en relijion. La obra se levantó en efecto, hasta 1793, en que sobreviniendo la confusion de las lenguas, la guillotina funcionó en nombre de la humanidad, en nombre de la libertad el terror, i la diosa razon desnichó a la Vírjen María. Napoleon vino, el enemigo de los ideólogos, i por el rastro de sus victorias la barbarie i el despotismo de la Rusia penetró en Paris, deponiendo como sedimento de su irrupcion a los Borbones, con sus nobles famélicos, sus jesuitas, i su derecho divino, i todos los absurdos que la intelijencia habia pretendido estirpar.

Entónces comienza un movimiento en la literatura i en la filosofía francesa que dura aun. ¡No era, pues, la lójica, tan seguro guia para la humanidad como lo habia prometido el siglo XVIII! Habia que reconstruir desde la base el edificio social, i los escritores empezaron a examinar las piedras del antiguo edificio feudal, que habia desparramado la revolucion.   Châteubriand se encargó de restaurar el cristianismo, Lamartine de encender el apagado sentimiento relijioso, Victor Hugo de levantar las catedrales góticas i mostrar su importancia artística. Michelet i Thierry reconstruyen la historia para dar otro significado a la feudalidad, a Gregorio VII, a los conventos, a la inquisicion, atenuados, perdonados, disculpados, defendidos. A los desencantados que buscaban la verdad de buena fe, se siguieron los pensadores pagados de *par le roi*. La monarquía feudal no podia vivir sin la rehabilitacion de todas las creencias i hechos que la habian enjendrado. El rei *lejítimo* por los cosacos debia ser santitificado por su oríjen divino, i puesto fuera del alcance del látigo de las revoluciones. Todo marchaba a las mil maravillas, hasta el momento en que por sostituir la espúrea libertad de imprenta, por la paternal censura de la Sorbona, vióse bambolear el edificio, i en tres dias desplomarse. A los Borbones lejítimos por derecho divino, sucedió Luis Felipe el ciudadano rei, el rei ciudadano, *la mejor de las repúblicas* del cándido Lafayette, ¡si la república fuese posible! Pero la república es la guillotina, el terror, 93, i un monarca constitucional vale tanto como una República; una carta *verdad*, lo allana todo. La obra *oficial* de reconstruir lo pasado continúa entónces con nuevo afan. La filosofía se vuelve ecléctica como el gobierno, escéptica de otro modo que en el siglo XVIII. Entónces no creia sino en lo que era lójico, demostrable; ahora no cree en la razon; todo hasta el absurdo puede ser bueno, segun la época i el lugar. No hai principios, no hai leyes que guien los destinos de las naciones. Los pueblos que jimen bajo el despotismo están bien, los que han logrado asegurarse algunas libertades, están mucho mejor. Luis Felipe entre tanto, sostiene para su coleto que la obra de los Borbones no era mala en sí, sino que no supieron hacerla; el sacarle la espina al leon, requiere mas maña que fuerza; i he aquí a la Francia en plena *restauracion*. Porque nadie se ha engañado sobre el alcance de esta palabra. Se restaura el mundo destruido; restaurador se llama don Juan Manuel Rosas, restauradores son todos los astutos que ocultan su obra. Ya la Francia tiene sus leyes de setiembre que han ido mas allá de donde habia querido llegar Cárlos X, i que le costaron el trono.

Ver de cerca esta grande obra es lo que mas me arrastra a Paris; ahí está la piédra angular, el modelo de todos los bastardos edificios que se están levantando en América, Rosas   *restaurador*; Oribe, presidente *legal*; Santa Cruz, *protector*; Flores parodia del *Libertador*. ¡Ai! de la república en América ¡si las ideas en Francia no se echan en otro molde! A Ud. ni a mí nos quedará un palmo de la tierra americana para pararnos, si no nos prostituimos ante las restauraciones político-relijiosas, bárbaro-feudales, hispano-coloniales que estan en jérmen por todas partes. Este trabajo no se hace, sin embargo, sin que la razon pisoteada no se queje de cuando en cuando. Hemos leido, Ud. i yo, la Revista *Enciclopedia* sofocada en su oríjen; la *Enciclopédica Nueva*, la *Historia de los Diez años*, el *Timon* i han quedado entre los instrumentos que sirvieron para zapar la obra borbónica, las canciones de Beranger, los panfletos de P. L. Courier, cuyos filos, aunque tomados de orin, no están embotados. Acaba de darse una batalla al jesuitismo, i en despecho de Montalembert i de los hijos de los cruzados i de la Vendée, ha sido derrotado i espulsado. Una vieja piedra ménos. La lójica no lo ha perdido todo; le quedan los libros i la educacion, i Ud. recordará el capítulo de Victor Hugo titulado: esto ha de matar a aquello.

Quiero despedirme de Ruan, tengo tomado asiento en el ferrocarril, i me estoi comiendo por verme lanzado en aquel torbellino de fuego, de humo i de ruedas que se traga las leguas en un santiamen. Por lo ménos no es el ecléctismo el que ha dotado al hombre con este medio de locomocion. Una cosa hai en Ruan todavía, una tradicion popular, un hecho histórico fabuloso sin ser falso. Aquí está la plaza en que fué quemada viva por la inquisicion la Doncella de Orleans, aquella estraordinaria pastora que se sintió un dia invenciblemente arrastrada a acercarse al rei que no conocia, pedirle el ejército, mandarlo, derrotar a los ingleses, coronar al rei i retirarse en seguida a pastorear sus vacas. Si la iglesia la hubiese hecho una santa, yo no buscaria el oríjen de aquella sublime fascinacion del espíritu de una mujer, aquella trasustanciacion que hace de una niña un jeneral, absorviendo el pensamiento, el interes i la gloria perdida de la Francia. Habria sido un milagro entónces; pero la iglesia ha repudiado a la Doncella de Orleans, por no reconocerla mártir de obispos i de abades. Quédanos, pues, el derecho a salvo de mirar este raro hecho con los ojos de la filosofía, i buscar su oríjen en los poderes sobrenaturales que el entusiasmo da al alma humana cuando una profunda idea la labra. Mas bella   es así la obra de Dios, que con la cuña de milagros i portentos que mostrarian mayor limitacion de poder.

Esta es la patria de Corneille i de Boieldieu, de nuestro querido Armand Carrel, el Mirabeau del diarismo, que murió cuando habia encontrado que la república era todavía posible.

En la orilla del Sena, al costado del puente, se levanta una casilla monumental, en cuyo frontispicio se lee esta inscripcion:

A Luis Brune
La ciudad de Ruan.

¿Creerá Ud. que Luis Brune es algun grande artista de que la ciudad gótica se honra, algun inventor de máquinas para la fabricacion de las *ruanerías*, aquellos productos, variados al infinito, del sencillo tejido de la calceta que heredó de sus antepasados la Normandía, industriosa como ninguna provincia de Francia? Luis Brune era una especie de perro de Terranova que pasó su vida rondando las orillas del profundo rio, escuchando donde el agua dejaba escapar un sonido, anuncio de que un cuerpo habia caido en ella. Luis Brune habia salvado de ahogarse una a una, sesenta personas; mujeres infelices de corazon destrozado, padres de familia desesperados, niños traviesos, trabajadores endomingados, criminales que se suicidaban, todos han tenido que volver a anudar el que ya habian creido roto hilo de la vida, porque Luis Brune no permitia a nadie ahogarse miéntras él existiese.

Ahora, a Paris, mi amigo.

Paris

Señor don Antonino Aberastain.
Paris, Setiembre 4 de 1846.

¡Cómo he saltado de gusto al leer su carta datada de Copiapó! Recibir por la primera vez una carta de América en París, es un acontecimiento, una dicha que se saborea dos horas, que hace tregua a la vida europea, transportándonos de nuevo a nuestras predilecciones, a nuestras simpatías *d'autrefois*. Lo veo a Ud., lo palpo, creciendo en corpulencia i en bonohomía, ministro *fainéant*, abogado en feriado permanente, aburrido, deseando hacer, sin poder bullirse, por los achaques de cuerpo, i, yo añado, de espíritu de su patron. A propósito, he visto aquí a su gobernador de Salta, de quien Ud. era digno ministro tambien. ¡Qué bonito, qué rubenguito mozo! Lo conocí de un modo raro. Hablaba yo de la manía de los pueblos arjentinos cuando la insurrecion jeneral de 1840, de poner viejos, doctores, jente de probidad i de respeto a la cabeza de los gobiernos; un Fraguero en Córdova, un Garmendia en Tucuman, escelentes sujetos, hombres de órden; ¡así salió ello! Su hombre de Ud. estaba tragando saliva, i no sabia yo a que atribuirlo, cuando me observó que él habia sucedido a Otero en el mando en Salta, i que el doctor Aberastain era su ministro, hombre de probidad, doctor etc. Yo no sabiendo por donde salir del apuro, le dije para distraerlo ¿quiere Ud. que vamos al baile Mabille? Esta diversion restableció la buena armonía entre nosotros i *bras dessous, bras dessus* nos encaminamos al baile Mabille, que de tantas preocupaciones distrae a las jentes de buena voluntad.

Se toma Ud. estrañas libertades al escribirme; abusa Ud. de sus títulos de mentor de mi primera juventud, aquel buen tiempo en que Ud. me cubria con su mole i su prestijio de supremo juez de alzada, contra mis compatriotas, que no habria consentido, sin su asevaracion reiterada de Ud., en creerme dotado de sentido comun.

Pero aquel ausilio tan constante, aquella decision invariable en mi favor, para sostenerme en mis primeros pasos literarios, no lo autorizan a Ud. a decirme que mi carta sobre la *Isla de Mas-a-fuera* no vale gran cosa, i que en adelante escriba sobre cosas útiles, prácticas, aplicables a la América, so pretesto de que un hombre entre nosotros debe ser teórico i práctico, repicar i andar en la procesion. ¡Cómo! ¿A mí se dirijen estos consejos? ¿Era Ud., por ventura, quién en San Juan, construia máscaras en carnaval, fundaba en mala hora colejios, i creaba el *Zonda*, aquel diario indigno que los patriotas pisoteaban por las injurias que hacia al decoro, al honor i a la fama de la provincia en el Universo i en otros lugares? ¿Era Ud., doctor, el que iba a la cárcel ántes de pagar los doce pesos que el Podestá nos cobraba *inconstitucionalmente* por el 6.º número, para ultimarlo, como lo consiguió? ¿Quiere Ud. hombre mas práctico doctor? ¡A mí hombre teórico? A mí que no pido como Arquímedes, sino un punto de apoyo para poner mi patria o la de otros, patas arriba, porque no soi difícil en punto a la propiedad i pertenencia de las patrias. Su celo que agradezco, doctor, lo estravía esta vez. Lea con atencion lo que le escribo sobre este París encantado.

Desde luego, si ve Ud. a mis amigas en Santiago dígales de mi parte que no esta aquí en este momento Eujenio Sue; pero que me han mostrado al rengo Tortillard; ya está hombre hecho i derecho, siempre cojo, i malo como siempre Brazorojo se ha hecho honrado con su contacto con la policía i la Rigoleta goza de una grande reputacion en el baile Mabille. ¡Otras pérdidas mayores aun tenemos que deplorar! No hai ya ni aquellas pocilgas i vericuetos donde los *Misterios* comienzan. Se ha abierto por medio de la *cité*, una magnífica calle que atraviesa desde el palacio de Justicia hasta hi plaza de nuestra Señora, iluminada de gas, i bordada de estas tiendas de Paris, envueltas en cristales como gasas transparentes graciosas i coquetas como una novia. En vano preguntará Ud. dónde fueron los primeros puñetazos del Churriador con Rodolfo, donde vendia sus fritangas la Pegriote. Estas pobres jentes, ¡oh dolor! no saben nada.

El español no tiene una palabra para indicar aquel *farniente* de los italianos, el flâner de los franceses, porque son uno i otro su estado normal. En Paris esta existencia, esta beatitud del alma se llama *flâner*. *Flâner*, no es como *flairer* ocupacion del ujier que persigue a un deudor. El *flâneu* persigue tambien una cosa, que él mismo no sabe lo que es busca, mira, examina, pasa adelante, va dulcemente, hace rodeos, marcha, i llega al fin... a veces a orillas del Sena al boulevard otras, al Palais al con mas frecuencia. *Flanear* es un arte que solo los parisienses poseen en todos sus detalles; i sin embargo, el estranjero principia el rudo aprendizaje de la encantada vida de Paris por ensayar sus dedos torpes en este instrumento de que solo aquellos insignes artistas arrancan inagotables armonías. El pobre recien venido, habituado a la quietud de las calles de sus ciudades americanas, ¡anda aquí los primeros dias con el jesus! en la boca, corriendo a cada paso riesgo de ser aplastado por uno de los mil carruajes que pasan como exhalaciones, por delante, por detras, por los costados. Oye un ruido en pos de sí, i echa a correr, seguro de echarse sobre un ómnibus que te sale al encuentro; escapa de éste i se estrellara contra un fiacre si el cochero no lograra apénas detener sus apestados   caballos por temor de pagar dos mil francos que vale cada individuo reventado en Paris. El parisiense marcha impasible en medio de este hervidero de carruajes que hacen el ruido de una cascada; mide las distancias con el oido, i tan certero es su tino, que se pára instantáneamente a una pulgada del vuelo de la rueda que va a pasar, i continúa su marcha sin mirar nunca de costado, sin perder un segundo de tiempo.

Por la primera vez de mi vida he gozado de aquella dicha inefable, de que solo se ven muestras en la radiante i franca fisonomía de los niños. *Je flâne*, yo ando como un espíritu, como un elemento, como un cuerpo sin alma en esta soledad de Paris. Ando lelo; paréceme que no camino, que no voi sino que me dejo ir, que floto sobre el asfalto de las aceras de los bulevares. Solo aquí puede un hombre injenuo pararse i abrir un palmo de boca contemplando la Casa Dorada, los Baños Chinescos, o el Café Cardinal. Solo aquí puedo a mis anchas estasiarme ante las litografías, grabados, libros i monadas espuestas a la calle en un almacen; recorrerlas una a una, conocerlas desde lejos, irme, volver al otro dia para saludar la otra estampita que acaba de aparecer. Conozco va todos los talleres de artistas del boulevard; la casa de Aubert en la plaza de la Bolsa, donde hai exhibicion permanente de caricaturas; todos los pasajes donde se venden esos *petits riens* que hacen la gloria de las artes parisienses. I luego las estatuetas de Susse i los bronces por do quier, i los almacenes de *nouveautés*, entre ellos uno que acaba de abrirse en la Calle Vivienne con doscientos dependientes para el despacho, i 2000 picos de gas para la iluminacion.

Por otra parte, es cosa tan santa i respetable en Paris el *flâner*, es una funcion tan privilejiada que nadie osa interrumpir a otro. El *fâneur*, tiene derecho de meter sus narices por todas partes. El propietario lo conoce en su mirar medio estúpido, en su sonrisa en la que se burla de él, i disculpa su propia temeridad al mismo tiempo. Si Ud. se para delante de una grieta de la muralla i la mira con atencion, no falta un aficionado que se detiene a ver que está Ud. mirando; sobreviene un tercero, i si hai ocho reunidos, todos los presentes se detienen, hai obstruccion en la calle, *atropamiento*. ¿Este es, en efecto, el pueblo que ha hecho las revoluciones de 1789 i 1830? ¡Imposible! I sin embargo, ello es real; hago todas las tardes sucesivamente dos, tres grupos   para asegurarme de que esto es constante, invariable, característico, maquinal en el parisiense.

El otro signo he reconocido el pueblo de las grandes cosas, el brazo de hierro de las ideas. Aquel frances terror de la Europa en los campos de batalla, aquel fautor i actor de las grandes revoluciones sociales que echa a rodar tronos cada diez años, es el hombre mas blando, mas atento, mas comedido. El pueblo de blusa, como si dijéramos de poncho el leon i el diputado son iguales en sus espresiones de comedimiento. *Ayez la complaisance... soyez assez bon pour...* cien frases mas como estas comienzan o concluyen una pregunta dirijida a otro. *S' il vous plait* está por todas partes escrito para indicar la cuerda de una capanilla, el resorte que ha de tirarse. *Je vous demande bien pardon*, es el reproche que le hace a Ud. aquel a quien por inadvertencia ha pisado un pié codeado fuertemente, o perturbado en su ocupacion. El pueblo de Paris tiene la relijion de la *adresse*. Si el estranjero pide la direccion de una calle, una casa que busca, un *forçat*, un bandido que en otra circunstancia lo despojaria, en esta se cree en conciencia obligado a decir lo que el pasante necesita, a interrumpir su camino. Por la incertidumbre de las miradas reconoce alguno al estranjero, i se le acerca i le ofrece darle las señas que busca. Me ha sucedido ser así adivinado; echarme en la direccion indicada, perderme de nuevo, encontrar a mi hombre que me ha seguido, i dándome de nuevo las señas, perderme tercera vez, a encaminarme. I esto le ha pasado cien veces a todo estranjero, i es fama i opinion comun que solo en Francia i sobre todo en Paris, se encuentra esta benevolencia pública, esta bondad fraternal. Solo en Paris tambien, el estranjero es el dueño, el tirano de la ciudad. Museos, galerías, palacios, monumentos, todo está abierto para él, ménos para el parisiense, a toda hora i en todos los dias. Mostrar su pasaporte a la puerta, es mostrar un firman ante el cual se quita el sombrero el conserje. Diga Ud. el mayor desatino, *poisson*, por poison, *veau* por beau, i ningun músculo de la fisonomía de un frances se ajitará, porque el estranjero no está obligado a hablar bien su idioma; i no ha mucho que uno de mis amigos, molestado en un lugar siniestro por una turba de ebrios en andrajos: ¡Cómo! les dijo apurado, ¿esto se hace con un estranjero en Paris? ¡Infames! Los beodos al oir la palabra *estranjero*, empezaron a deshacerse en escusas i protestas, lo acompañaron en silencio hasta mejores parajes, i se despidieron confundidos   i humillados. Yo sabia, me decia, que esta era mi única tabla de salvacion; haga Ud. lo que quiera en Paris, i diga que es estranjero. I en efecto, de palco en palco i hablando perversamente el frances, logré no ha mucho en una gran revista que se daba a Ibrahim Pachá en el campo de Marte, acercarme hasta el que ocupaba la familia real. *Mais où allez-vous, Monsieur?* me decian los guardias; yo respondia en castellano puro con calor, con enerjía, i el pobre municipal me dejaba pasar, sospechando que algo de mui racional debia decir puesto que él no entendia jota. Hé aquí la piedra de toque de la cultura intelectual de una nacion, aunque no sea la de la instruccion del individuo.

Acaso no acierto a darle a Ud. una idea de Paris tal que pueda presentárselo al espíritu, tocarlo, sentirlo bullir, hormiguear. Haria si lo intentara mui huecas frases, llenaria pájinas de descripcion insípida, i Ud. no estaria mas avanzado por eso. Paris es un pandemoniun, un camaleon, un prisma. ¿Es Ud sabio? Entónces Paris tiene sus colecciones, sus archivos, su jénesis encerrado en el jardin de las plantas, desde el primer molusco que sin sentirlo él dejó ver el primer rudimento de vida, desde el primer lagarto de los que poblaron durante millares de siglos la tierra, llamándose con insolencia los señores de la creacion, hasta el último cuadrúpedo en que la vida se ensayaba ántes de la aparicion del hombre. Ahí están petrificados todos nuestros antecesores; ahí hai pedazos de todos los mundos pasados, rastros de los animales ante-diluvianos que de creacion en creacion pueden llamarnos a nosotros sus tataranietos. ¿Es Ud. astrónomo? Arago está montando un telescopio que acercará la luna a seis leguas de Paris; i un tal Leverrier, que era ayer empleado en los ferrocarriles, anda persiguiendo en los espacios celestes, i llamando a todos los astrónomos que se aposten en tales i cuales lugares que él señala, para cojerlo al paso a un planeta que él dice que hai en el cielo, porque debe haberlo por requerirlo así una demostracion de las matemáticas. Humboldt, acaba de escribir el credo de las ciencias naturales, dejando que cada cual levante su culto sobre aquella base de dogmas.

Si en lugar de antigüedades de la tierra busca Ud. las de las sociedades humanas, en este momento están poniéndose en órden los bajo-relieves i los fragmentos de palacios arrancados a Nínive que acaban de desenterrar en las llanuras del Tigris, miéntras que otros se despestañan por leer las escrituras   grabadas en los ladrillos de la torre de Babel, que se están trayendo para colocarlos al lado de los sarcófagos ejipcios, de los cartuchos, que muestran por fechas, y por cifras duras, de granito, que no se doblegan a interpretacion humana, que hai veinte siglos mas que añadir a la historia de la civilizacion del hombre.

¿Es Ud. literato? Entónces consagre un año a leer lo que publican cada dia esa turba de romancistas, poetas, dramatistas, que tienen en ajitacion los espíritus, que hacen de Paris una sociedad pueril, oyendo con la boca abierta a esa multitud de contadores de cuentos para entretener a los niños, Dumas, Balzac, Sue, Scribe, Soulié, Paul Feval, que os hacen llorar i reir, que inventan mundos i pasiones estrañas, absurdas, imposibles para entretener a este pueblo fatigado sin hartarse de sentir emociones, de hacerse pinchar los nervios con descripciones atroces, terribles, irritantes.

¿Es Ud. artista? Aun dura, la esposicion del Louvre de 1846. Dos mil cuatrocientos objetos de arte, cuadros, estatuas, grabados, jarrones, tapices de Gobelin, que ocupan legua i media en los salones del Louvre. Allí están los productos de la pintura relijiosa que va a buscar sus asuntos en las tradiciones de la edad media, al lado de la batalla de Isly, inmenso lienzo de Horacio Vernet, que ha trasportado a Paris un pedazo del Africa con su cielo tostado, sus camellos, su atmósfera polvorosa, sus árabes indómitos ya domados. Detras de cada cuadro hai un nombre, una escuela, una historia, un taller, un artista que ha pasado por todas las angustias, todas las miserias, todos los desencantos, i que con la paleta en la mano, i apartando el pensamiento del suicidio que rueda, susurra i voltejea en torno suyo, ha llegado al fin a la puerta del Louvre, i permitídosele colgar en sus murallas el cuadro que ha de servir de enseña para trabajar su gloria i su fortuna de artista.

¿Gústanle los sistemas políticos? ¡Oh! no entre Ud. en ese dédalo de teorías, de principios i de cuestiones. Una cosa hai estraña, en despecho de la aparente calma de esta ciudad enferma de fiebre cerebral. Diria Ud. que el mundo político está para acabarse; todos los signos son de un cataclismo universal; los hombres andan afanados rejistrando la historia de los tiempos pasados, compulsando las fechas, corrijiendo los errores, reproduciendo libros olvidados, tomando un camino i dejándolo al dia siguiente para echarse en otro. Nadie es hoi lo que ayer era. Michelet está borrando apresurado   las pájinas, de historia que habia escrito, Châteaubriand en sus ochenta años, llama a Bèranger el único sabio i el único filósofo conocido, miéntras que el *bonhomme* se rie de todas las instituciones, de reyes i de oráculos. El socialismo cunde, i las novelas de Sue i los dramas lo predican, lo esponen en perspectiva. La-Mennais continúa alejándose de su punto de partida, i en medio de la jendarmería de las ideas dominantes, oficiales, moderadas, ve Ud. moverse figuras nuevas, desconocidas, pensamientos que tienen el aspecto de bandidos, escapados al baño, al presidio en que los han confundido con los criminales de hecho, ellos que no son mas que revolucionarios. Una fisonomía del pensamiento frances ha desaparecido, no obstante ser ella la que pretendia amalgamar esta variedad de opiniones i de creencias contradictorias, el eclectismo, que habia hecho un mosaico de los sistemas, engañándose con la armonía del conjunto. Ha muerto de muerte natural, como todas las cosas caducas que no están fundadas en la verdad. Cuánto estudio i cuánta penetracion necesita el viajero para entender a Paris por este lado. Yo desespero, i sin embargo, empiezo a tener barruntos, a sentir que la lójica late en mi espíritu; me parece que veo de cuando en cuando señales, columnas miliarias, linderos que muestran el camino que ha de seguirse en este laberinto. Déjeme tiempo, i yo he de sentir alguna vez que la conviccion viene formándose, fortificándose, endureciéndose, como aquellas rocas que se ve que han sido al principio capas de arena movediza acumuladas por las aguas i removidas por los vientos.

Desde el Havre habia hecho vida comun con un excelente frances, gran conocedor de su Paris, i deseoso de mostrármelo en toda su gloria. No bien hubimos llegado, llevóme a los *Frères Provençaux*, donde cenamos ambos por 60 francos; al dia siguiente por 30 almorzamos en el Café de Paris; en un *restaurant* comimos por 10; en un Pasaje al dia siguiente fuimos a almorzar por 3, i a comer por 32 sueldos al Pasaje Choiseul; últimamente a una abominable pocilga, detras de la Magdalena, decorada con el nombre de *Hôtel ingles*, donde se sirve carne cruda de procedencia mas que sospechosa, porotos duros, i cerveza infame, todo por un franco para regalo de los que quieren salvar el honor de la bolsa, afectando anglomanía. Habia, pues, en tres dias recorrido los siete escalones de la vida parisiense, i conocido el camino que va de la opulencia a la escasez, haciéndome mi mentor este curso, para   precaverme de todo accidente. *Là-dessus*, podia permanecer tranquilo: en una crisis financiera, conocia ya el camino del *soi-disant Hôtel ingles*.

El *folletin* es como Ud., sabe la filosofía de la época aplicada a la vida, el tirano de las conciencias, el regulador de las aspiraciones humanas. Un buen *folletin* puede decidir de los destinos del mundo dando una nueva direccion a los espíritus. Leen Gozlan ha publicado uno en estos dias, que para mí vale mas que el tratado Mackau. Paris, la ciudad de todos los goces, que ha inventado el Hipódromo, el *reclame*, la carta *verdad*, con sus veinte teatros, sus jardines, *restaurantes*, asfaltos, museos i cursos públicos de enseñanza, carece sin embargo, de ciertas comodidades, de que por mas tiempo no puede sin mengua privarse la ciudad cosmopólita. Por ménos de nada véndese la risa en el *Palais Royal*, suficiente para hacer reventar a un ingles si se deja ir a la tentacion de reirse; el que quiere llorar se dirije a la *Porte San Martín*, premuniéndose por precaucion de pañuelos, porque las lágrimas corren allí a mares. Dánse gratis las mas profundas lucubraciones del espíritu humano; i tal es la conviccion del parisiense de que en Paris está reunido todo lo que Dios i el hombre han creado, que pidiendo Balzac en un restaurant *comme faut*, una ala de salamandra, el mozo le contestó sin turbarse *V'là, M'sieu*, volviendo inmediatamente de la repostería anunciarle que en aquel momento acababa de acabarse. Bien pues, apesar de todo esto Paris carecia, segun Gozlan, de una de las primeras comodidades de la vida, de un establecimiento donde se vendiese sueño, para los dramatistas que hacia *fiasco*, para los ajiotistas que jugaban a la alta, los amantes desairados, etc., e iba al efecto a construirse un dormitorio modelo cerca de la Bolsa, para evitar suicidios. Murallas colchonadas debian interceptar los ruidos de la ciudad torbellino, i hacer el silencio como la máquina neumática hace el vacio. Un padre de familia que ha especulado sobre los bonos españoles se presenta a la puerta pidiendo dos horas de sueño; un portero mudo lo introduce de recinto en recinto, de salon en salon, hasta dejarlo en una cámara donde hai sofaes i cojines de pluma. Sus cascos están para volar, aguarda el sueño que deben servirle, i cuando en su ignorancia de los procederes, espera oir una música dulce, calmante, eólica desde una ventana oye a un doméstico que lee bostezando Noticias del... del... Riooo... ¡ahh! del... del Riooo... ¡ahhh! de la ¡Pla plaaaaaa tahh! el Je.. ne... er... er... al Madari...   ia... ga ha de... rrro... rrreo... ¡ohh!... ¡derro... rro... rro... rrohhh! Nuestro enfermo se impacienta, tira el cordon para llamar i nadie responde, grita i él mismo no se oye su voz, absorvida por la muralla i los aparatos antiacústicos. El infeliz que se siente asesinado esconde la cabeza entre los cojines, i el implacable lector sigue: el Jene... jene... ¡¡jenehh!!! hasta que al fin se duerme el paciente, ronca profundamente, i dos horas despues lo despiertan por no haber pedido mas que dos horas de sueño. Así con veinte francos que paga a la puerta, su cabeza se ha descargado i el pensamiento del suicidio desanidádose de su corazon.

Este es, mi querido doctor, el lugar que en la opinion pública ocupan nuestros asuntos del Plata. Leon Gozlan tomaba para su récipe la noticia mas soporífera que encontró en el primer diario que vino a sus manos; i como estoi seguro de que Ud. no se duerme, doctor, cuando le hablan de las cosas arjentinas, voi a darle mas soporíferos pormenores. Por accidente oigo a Lasalle, editor del *Correo de Ultramar*, al redactor de la *Presse* al servicio de Rosas, i a M. Pichon, el ex-cónsul del Montevideo. ¡Que cinismo! El primero escribe segun él mismo, para que Rosas se suscriba por doscientos ejemplares; el segundo por contrata; i el tercero cuéntanos como ha escrito ya a Oribe, trasmitiéndole las propias palabras del rei «*N'ayez pas peur, M. Pichon*»,es el rei quien habla, es el rei quien habla, «*mes pantalons garance ne verrront jamais cette rivière de la Plata.* ¡Yo! destronar a ese M. Rosas que gobierna ya 14 años en esas repúblicas americanas, que ha fundado el órden, i sometido ¡a esos anarquistas, alborotadores, a esos unitarios! Dicen que es un bárbaro, sanguinario, *¿qu'est-ce que ça nous fait à nous?* Me dice cosas peores la oposicion. ¡Calumnias, contra los gobiernos moderados!».

Recuerda Ud. que Lamartine preguntaba a Varela ¿qué idioma hablábamos? Un redactor en jefe de diario conservador me ha pedido pormenores sobre nuestras luchas en América contra los mahometanos, disertando en seguida ¡con un aplomo admirable sobre la oposicion de creencias, de razas, etc.!

A mi llegada a Paris, Rosales me trasmite la órden de presentarme en el ministerio de Relaciones Esteriores, por órden de M. Guizot. El rei le ha preguntado qué clase de individuo soi yo, i Rosales ha debido decirle que soi un escelente sujeto. Mas tarde sé que el caballero de Saint Georges ha escrito a su gobierno que si desea saber algo sobre la cuestion del Rio de la Plata, oiga a un señor de mi nombre, hombre competente   para juzgar. Don Francisco Matta me guia al ministerio, i M. Dessage, jefe del departamento político, me recibe. Este funcionario es el ojo con que Guizot ve la cuestion del Plata. Todos los dias presenta el estracto de los diarios i de las noticias recibidas. «Rio de la Plata» artículo de oposicion, no se lee. «Denuncia el *National* el corte de los bosques» -Recoja Ud. datos. «Nota de Deffaudis pidiendo fuerzas»- No se mandan. Así se maneja el mundo, así se crea la historia. M. Dessage me interroga. Quiero yo establecer los verdaderos principios de la cuestion. Hai dos partidos, los hombres civilizados, i las masas semibárbaras. -El partido *moderado*, me corrije el Jefe del departamento político, esto es, el partido moderado que apoya a Luis Felipe, el mismo que apoya a Rosas.- No señor, son campecinos que llamamos gauchos. -¡Ah! los propietarios, la *petite propriété*, la bourgeoisie.- Los hombres que aman las instituciones... La oposicion, me rectifica el ojo i el oido de M. Guizot, la oposicion francesa i la oposicion a Rosas compuesta de esos que pretenden instituciones.... Me esfuerzo en hacerle comprender algo; pero ¡imposible! es griego para él todo lo que le hablo. Hai un partido tomado, i un gobierno no se deja persuadir a dos tirones aunque Deffaudis i Saint Georges, que están en el teatro de los sucesos, acrediten la competencia de la persona. En resúmen:

- Rosas = Luis Felipe.
- La mazorca = El partido moderado.
- Los gauchos = La petite propriété.
- Los unitarios = Lo oposicion del *National*.
- Paz, Varela, etc. = Thiers, Rollin, Barrot.

I como no es propio a un recien llegado echar a pasear un funcionario, doile respuestas sin sentido a todo lo que sobre los hechos me continúa preguntando, i tomo mi sombrero, despues de haber recibido la indicacion de hacerme presentar a Guizot, quien ya aleccionado por M. Dessage de que soi una especie de animalito raro, que vengo hablando, *rococo*, principios, libertad, instituciones, cuando el señor Rosales le dice que vengo de Montevideo, Guizot corrije, para evitar entrar en esplicaciones sobre este punto: el señor viene de Chile donde reside hace seis años, viene, etc., leccion que se da escrita al ministro para que la repita a la persona que se le presenta, a fin de hacerle sentir cuanto caso hace del presentado. A veces ocurre algo parecido a aquello de mujer de Talleyrand con Denon, que tomó el libro de Robinson   por el del viaje a Ejipto i le pedia noticias del indio Domingo, del loro i de la llama. M. Guizot me habla de educacion primaria, objeto de mi viaje, i me ofrece la cooperacion del gobierno en cuanto necesite para la realizacion de mi objeto. Me habla con interes de Chile, me interroga sobre varios puntos relativos a la enseñanza, etc.

Mi amigo el comandante Massin, compañero de viaje del Brasil a Europa, habia sido destinado al ministerio de la marina, i cada vez que nos veiamos me referia los progresos que hacia en un plan de operaciones emprendido con el baron Mackau, ministro del departamento. Cuando se habla del Rio de la Plata en el ministerio, me decia, yo suelto alguna frase de intelijencia, la discusion se traba i a lo mejor digo a mi ministro: no conozco a fondo este punto; pero ha venido conmigo un americano que le solveria a Ud. todo jénero de dudas. Le pico la curiosidad, i un dia de estos vengo a llevarlo para que tenga una entrevista. No se pasan en efecto cinco, ántes de que el comandante Massin se presente en mi habitacion, radioso del placer de haberse salido con la suya. Recíbeme Mackau con la amabilidad espansiva del hombre que se siente estúpido, i le han persuadido que su interlocutor es mas intelijente; porque el baron Mackau tiene una reputacion colosal en Paris de ser un animal en dos piés; en la Cámara no lo interrumpe la oposicion a fin de oirlo decir *platitudes*, i el centro se venga de su servidumbre, riendose de su jefe i amigo, hasta dejar correr las lágrimas, cuando él tiene la palabra. Hablo largamente de los acontecimientos del Plata; i como no es tan sabido como M. Dessage, no me corrije los conceptos, no me sostituye las *sanas* ideas en lugar de las mias. M. Mackau aprueba todo con un signo de cabeza i una sonrisa. Digo cuanto juzgo oportuno para edificacion del ministro; su benevolencia me anima, siento que mi confusion primera se disipa, mis ideas se aclaran; cito hechos, establezco principios, me escucho elocuente. Massin está contentísimo de su amigo el americano; lo leo en sus ojos animados. El almirante continúa siempre haciéndome reverentes signos de aprobacion; pero son tan metódicos, son tan mecánicos, que parece una palanca; mírole fijamente los ojos, i veo en ellos aquella fijeza sin mirada del hombre que no escucha, absorvido por algun pensamiento interno. Yo me detengo repentinamente en mi improvisacion, i el ministro faltando el ruido de las palabras, despierta, i no sabiendo que decirme porque no está en antecedentes, esplora, tartamudea, i no acaba; hai un momento   de silencio, trato de escabullirme, i Massin me aprieta la mano al salir, en signo de parabien, creyendo que he depositado alguna idea en aquel cerebro de estopa, ¡había sido tan animado mi discurso! A la puerta del salon del ministro encontramos un individuo que nos mira de piés a cabeza, con aire de empleado del *octroi*, rejistrando con los ojos al pasante por ver si lleva o trae algo de contrabando. -¿Conoce Ud. a este? -me dice Massin-. -Nó. -¿Es el conde Alley de Cyprey? -¿I quién es ese? -Es aquel empleado *oficioso*, que despues de la toma de Obligado fué a Buenos Aires de arte del rei, a asegurar a Rosas de la desaprobacion del gobierno por las hostilidades comenzadas. Este es el alma de Mackau, i está furioso conmigo porque lo he introducido a Ud.; es partidario acérrimo de Rosas.

Aquí tiene Ud. pues, íntegro el pensamiento *oficial* sobre la cuestion del Rio de la Plata, en el gabinete de las Tullerías, jarron dorado que contiene agua sucia. Dessage, Alley, tales como Ud. los ve, son los árbitros de nuestra suerte.

Va Ud. a buscar la opinion de los americanos mismos, i por todas partes encuentra la misma incapacidad de juzgar. San Martin es el ariete desmontado ya que sirvió a la destruccion de los españoles; hombre de una pieza; anciano batido i ajado por las revoluciones americanas, ve en Rosas el defensor de la independencia amenazada, i su ánimo noble se exalta i ofusca. Sarratea, el compañero de orjía de Jorje IV, ántes de ser rei de Inglaterra, viejo escéptico, Voltaire que no ha escrito, hoi todavía en Paris mismo modelo de finura, de gracia noble i de sencillez artística en el vestir, tiene con mas talento i ménos despilfarro la gastada conciencia de Olañeta. Rosales, el hombre mas amable, el cortesano de la monarquía, todo bondad para con todos, ha sido educado en este punto por Sarratea, su Mefistófeles, el cual lo lanza a las confidencias con Luis Felipe, a quien pone miedo con la indiganacion de la América. Esta es la cuerda del Napoleon de la Paz; nada de guerra, la Francia es demasiado grande para sufrir sin pestañear la afrenta; es una marquesa del faubourg Saint-Germain que puede permitirse un capricho con alguno de sus lacayos, sin desdorar los cuarteles de su escudo de armas. Esos melindres de honor se quedan para los estados de tercer órden, para la *bourgeoisie* de las naciones.

En fin, soi introducido a M. Thiers, que no puede dedicarme sino un cuarto de hora, porque está reconcentrándose para pronunciar en la cámara un discurso de cuatro horas.

Tan fastidiado estoi de los grandes hombres que he visto, que apénas siento entusiasmo al acercarme a este diarista, historiador, estadista, financista, orador. En la calle Nueva de Saint-Georges tiene su hotel rodeado de árboles frondosos, i separado de la calle por una verja de hierro que deja ver el verde cesped que alfombra el suelo. Esperábame en su jardin a la sombra de los árboles, a la orilla de un estanque lleno de pescadillos rojos que tenian el agua en continuo movimiento. Es M. Thiers un hombre chiquito, moreno, cara redonda como un boliviano; su metal de voz es poco sonoro, su palabra fácil, su *aproche* alentador. La conversacion se hubo entablado luego; no habia momento que perder. Al principio me aventuré con timidez, el chasco de Mackau me venia a la memoria; i luego esponer ideas a M. Thiers, es una tarea que se la doi, no digo a un americano, al mas pintado, a un escritor europeo. Pero habia tanta induljencia en su semblante, me detenia medroso, i él me decia: continúe Ud. El cuarto de hora pasó i quise levantarme. -Nó, todavía nó, me interesa, siga Ud.- I al fin de tantos sufrimientos tuve la dicha, tan cara para los hombres que comienzan i no tienen prestijio, de verse animados, aprobados, aplaudidos por una de las primeras intelijencias de la tierra.

¿Para qué he de decir a Ud. el tema de mi discurso? Conócelo Ud. i podria repetir las mismas palabras, los mismos pensamientos. Mr. Thiers, al oirme me decia: continúe Ud.; la cuestion toma otro aspecto que no le conocia; esto es grande, continúe Ud. I yo seguia, amigo; la palabra me venia fácil i neta en frances, como en aquellas horas de interminable charla con mis amigos. Decia todo mi pensamiento, i vi un momento la América toda i su porvenir desarrollarse ante mis ojos, claras todas las cuestiones, rodando sobre un punto céntrico, único, la falta de intereses industriales. -¿Rosas cuenta con la mayoría?- Sí, señor, sus enemigos verdaderos, de corazon, son los pocos que tienen por la rejeneracion de las ideas el sentimiento de la unidad de los pueblos cristianos. Mi introductor me punzaba para que no continuase en este mal camino. Despues me decia, ¡malo! dígale que la inmensa mayoria lo es hostil.

Preguntóme en seguida por Florencio Varela, i mi introductor se apresuró a decirle que por él le venia recomendado. Varela habia dejado una agradable impresion en su espíritu, i los elojios que en la cámara tributó a su nombre, los mas exajerados aun, que sobre su mérito i la fascinacion de su palabra   hizo el petate de Mackau, son sin duda timbres de que puede gloriarse un americano. Es Varela, en efecto, no el hombre mas instruido que tiene hoi la República Arjentina, sino la naturaleza mas culta, el alma mas depurada de todos los resabios americanos, es el europeo aclimatado en el Plata ya, como aquellas plantas exóticas que a tres o cuatro jeneraciones, i mediando la cultura esmerada, recobran al fin el perfume i el sabor que les eran orijinales. Varela ha dejado aquí amigos apasionados i entusiastas, es conocidamente el centro de la accion intelijente contra Rosas en Montevideo, i su contacto diario con todos los hombres notables que toman la jestion de aquellos negocios tan complicados, hace valer la influencia de sus modales tan cordialmente cultos, de su espíritu tan sensatamente elevado. Poniendo su nombre al frente de un diario, ha querido por respeto a sí mismo ponerse un freno para no ceder a la tentacion a que sucumbió Rivera Indarte de volver injuria por injuria, en aquella lucha en que contra el razonamiento i los principios se arrojan las pasiones groseras i la violencia. Sobre todo, lo que hace de Varela un hombre inestimable en las crisis en que tiene que figurar, es su posesion completa de los idiomas modernos, que hace de él un intermedio indispensable entre los enviados europeos i los americanos interesados en la lucha. Mr. Thiers lo habia favorecido con una distincion que rayaba en la amistad, i así nos lo espresó esta vez[1]. Al despedirnos, Mr. Thiers dijo, sin duda no con otro objeto que el de prodigar una de esas amables palabras con que e frances hace feliz al que se le acerca: hé oido con placer a este señor. Su modo de ver la cuestion es nuevo, fecundo, me interesa; no me pesa el tiempo que le he consagrado; hablaremos mas despacio despues; necesito mas datos. Llévelo a la cámara pasado mañana que hago una reseña jeneral de la política del ministerio; hablaré tres horas; no diga Ud. nada;   quiero caerles de improviso. Yo me retiré, como Ud. puede imajinarlo, satisfecho de mí mismo, radioso, inflado, i tiñendo de rosa mi porvenir de Paris.

Sígame a la cámara; voi a introducirlo a otro mundo. En la sala de los pasos perdidos, soi presentado a Armand Marrast, redactor de *El National*, i opositor a Rosas simplemente por desafeccion a Guizot. Hablamos, me escucha, me aprueba; pero me pide datos escritos para hacer con ellos artículos de oposicion. Pido que se escriba en el sentido de nuestros intereses

---

[1] Antes de que estas pájinas viesen la luz pública, Varela habia sucumbido como los antiguos padres conscriptos de Roma, asesinados por los bárbaros en sus sillas curules. Varela, el redactor de *El Comercio del Plata*, ha sido atravesado de una puñalada, para allanar un obstáculo al triunfo de su adversario, que ménos temia las fuertes trincheras de Montevideo que la influencia de ¡una hoja de papel! ¡Pobre Varela; tan pura gloria i sin brillo en América! En Europa solo ha ido a suscitar admiradores. ¡Un diarista *suprimido*! Quién se lo seguirá, ¿cual otro será inmolado despues? ¡Ciegos! que santificando a sus enemigos por el martirio, inmortalizan la víctima para que esté por siglos ¡mostrando el puñal i señalando al asesino! *El autor.*

americanos, i no en los de la oposicion, i me hace sentir que eso no le importa, si no hacer la oposicion.

Entremos a la cámara. La sesion comienza. Mr. Sauzot, la flor de los presidentes de cámaras presentes i futuros, ocupa el *fauteuil*; mango intelijente de campanilla, robinete que deja escapar el chorro de palabras que conviene de la boca de cada orador. La cámara es un semicírculo, la mitad de un reñidero de gallos de dimensiones colosales. No es por lo moral la afinidad. En el corte, en el diámetro, están la alegoría de la fuerza, contrapuesta a la de la prudencia; el órden público a la libertad; la justicia a la elocuencia. La fuerza, el órden público, i la justicia, están al lado de la izquierda; lenguaje mudo que la oposicion traduce así: la fuerza se llevará por delante al órden público para llegar a la justicia, i dar cuenta de la elocuencia, la libertad i la prudencia como las entienden el centro i la derecha. Los bancos de los diputados se estienden en círculos concéntricos en derredor de un pequeño hemiciclo, en que está la tribuna de los oradores, i a su espalda el presidente i *enturage*. Detras, a la izquierda, hai un gran cuadro del rei distribuyendo banderas a la guardia nacional; otro en que está recibiendo la carta, hácia la derecha. Hai tribunas para los diaristas, tribunas públicas, de los ajentes diplomáticos, de los antiguos diputados, de la casa real, etc., que forman el semicírculo de la circunferencia del hemiciclo.

Los semidiámetros que de todos los puntos converjen al centro, dividen los bancos en centro ministerial con los ministros al frente, centro derecho, centro izquierdo, costado derecho, costado izquierdo, estremo derecho, estremo izquierdo. Una vez conocido el mapa, mi amigo Lelong iba satisfaciendo mi curiosidad. Aquí tiene Ud. a Larochejaquelin, el vendeano, descendiente de los cruzados, *extreme droite*, lejitimista. ¿Dónde está M. Fulchiron que me hace mucha gracia?   -M. Fulchiron, *chose*, M... hélo ahí; Maugin centro izquierdo; Berryer centro derecho. Allí los ministros. Diviso a Mackau en el estremo, el último de los ministros, término en que la naturaleza ministerial pasa de un reino a otro, de roca a molusco, de ministro a ordenanza. ¡Oh! ¡me pagareis, imbécil, mi bello discurso, el mejor, el único que he hecho en mi vida, i que no tuvísteis el honor de oir! Siguiendo el frente de la columna de los bancos, en la estrema izquierda diviso a Odilon Barrot, a Arago el astrónomo; Cormenin, autor del *Timon*, i Ledru Rollin, están tres bancos atras. Lamartine, el vizconde, que tenia su asiento en la estrema derecha, va caminando hácia la izquierda; otro tanto sucede con Beaumont, Duvergier d'Hauranne; Emilio Girardin está en el *beau milieu* del centro, es ministerial. Cada diputado tiene por delante un bufete, i cuando la discusion comienza, un cuchillo de madera en la mano para hacer ruido. Léese la órden del dia, sube un orador a la tribuna, i el *chas, chas* de los papeles ajitados intencionalmente comienza; nuevos oradores i mas o ménos bulla segun el color a que pertenecen; un diputado jóven decía: pero, por Dios señores, ¡permítanme decir una sola palabra! ¡Hum! ¡qué ruido, qué risa! Al fin el orador desciende riéndose tambien. Yo que estoi a la altura de Paris, cosa que esperimentan otros ántes de llegar, no presto atencion a todas estas habladurías; estoi iniciado en el secreto; sé lo que pocos saben. M. Thiers sube a la tribuna. Grande movimiento en el centro izquierdo a que él pertenece; en el derecho, donde están sus adversarios. Se tose, se acomodan en el asiento, se escucha. M. Thiers deja asomar la mitad de su cuerpo sobre la tribuna como un corista en el púlpito. Lleva pantalon de mahon, un chaleco de color i levita oscuro. Saca un pañuelo blanco que lleva a la cara en via de ensayo, esplora con la vista los vasos de agua que hai a ambos estremos del mármol, mira hácia la cámara i aguarda que haya silencio. El silencio se produce; i su voz pequeña empieza a deslizarse, sin vehemencia, como una gotera de agua límpida que filtra de una roca; conversa, jesticula, acciona desembarazadamente, pero sin formas oratorias. No olvide Ud. que el gobierno tiene una inmensa mayoria i que esta mayoria va a oirse llamar en sus propias barbas, corrompida. Yo sigo el discurso por los efectos que causa; un sordo-mudo habria comprendido perfectamente el sentido de aquella improvisacion. Al principio, atencion profunda en todos los bancos; mas, a medida que avanza, la cámara   va ajitándose en diversos sentidos, aprobaciones en los estremos; descontento, malestar en los centros; los rumores van creciendo, son ruidos, son murmullos ya. La frase indica que va a soltar una palabra terrible, ofensiva, humillante, i en el momento de lanzarles sobre las cabezas este dardo, la cámara estalla en un grito de reprobacion. Thiers está parado, con las manos apoyadas en el mármol, el cuerpo lanzado hácia delante, esperando el silencio que no tarda en venir, i entónces les lanza la fatal palabra que habian querido cubrir con sus gritos, i con la que el astuto lidiador no habia hecho mas que amenazarlos; la reciben, pues, a boca de jarro, i hacen ruido miéntras toma él un sorbo de agua, se enjuga, i vuelve a tomar posiciones. El semblante de Guizot está sublime de cólera i de desden, las estremidades de sus labios naturalmente inclinados hácia abajo se contraen de una manera absoluta, dominante. De cuando en cuando sacude la cabeza como diciendo: ya esto es demasiado; pero Thiers apénas ha principiado. Ha pasado ya la revista de la política esterior, el Oriente, la Inglaterra, Pritchard, el Rio de la Plata, por todas partes la Francia humillada, decaida de su rol de gran nacion. Viene en seguida el sistema electoral, la disipacion de las rentas para corromper pueblos con el sebo de las obras públicas hechas en su beneficio, empeñado el crédito de la Francia, haciendo el bien no por el bien mismo, sino para obtener diputados para la cámara. Cuando el orador observa que los semblantes de los diputados están morados, i verdes de cólera los de los ministros, entónces hablando con volubilidad, les arroja repentinamente la mas amarga de sus frases, el reproche mas sangriento, i se retira al fondo de la tribuna, miéntras los centros se arrojan furiosos sobre la palabra que les daña, como los perros que muerden la piedra con que se les tira. Tiene cuidado de que no se reviente alguna arteria, i les deja desahogarse, soltándoles la brida que hasta entónces llevaba tirante. Si la cámara está fatigada de oirle, hace concesiones; reconoce algun mérito en los actos del gobierno, signos de aprobacion salen del centro; pero un *mais*..., acentuado, vibrante, detiene a media inclinacion una cabeza que iba asintiendo; i entónces no son ya palabras las que se suceden, son centellas, es una tempestad relámpago i de rayos, una lluvia de granizo, que los desmoraliza i oprime tanto mas cuanto que los habia distraido, desmontado, aflojádoles los nervios, i preparádolos para sentimientos blandos. Despues de una nueva pausa, en   pos de dos horas ya de discurso, de tormento, de azotes, la mayoría grita: ¡*assez*! ¡*assez*! Pero Thiers dice, con una gracia infinita, con tanta atencion, «una sola palabra», que la cámara consiente, i oye una hora sin poder interrumpir, porque son cálculos que se están ejecutando en el aire con la misma precision que sobre la pizarra, son consejos paternales, son palabras de amigo, previsiones de lo futuro, el interes personal de los mismos miembros. El rei se deja ir, el sistema se destruye, la autoridad personal reaparece, i las conquistas hechas a costa de tanta sangre, van a perderse; i todo esto moviéndose como una ardilla, ajitando las manos hácia la cámara, como si derramara sobre ella palabras a puñados, estirándose, para seguir las diversas inflexiones del discurso; entreteniendo a la cámara con el encanto de sus modales llanos, su palabra acentuada, popular, insinuante. La sesion se termina, en fin, sin que se le haya quedado al orador nada por decir, nada por echar en cara.

Al dia siguiente, medio Paris quiere escuchar la réplica de Guizot. Yo logro procurame dos entradas; pero las tribunas todas están ya ocupadas, i en vano rondamos de uno a otro vomitorio sin poder abrirnos paso. Al fin logramos meter la punta de la nariz por la puerta de la tribuna que ocupa Martinez de la Rosa, enviado español.... Guizot está ya en la tribuna. El silencio profundo de la cámara deja repercutirse su voz metálica, sonora, vibrante, por todos los ángulos del edificio. Su actitud es naturalmente insolente, tiene como en sus retratos, la cabeza echada hácia atras, la frente dominante, el corte de la boca encorvado para abajo. Sus maneras son las de un lord, su tono el de un ministro omnipotente; su acento el del antiguo catedrático de la Universidad. Hablando a la cámara, justificándose, mintiendo, manda, enseña, hace un curso de historia, de moral, de política, de filosofía; i si algo faltara al orador, daríaselo la aprobacion escrita, marchamada en la cara de la mayoría, el respeto, la gratitud pintada en los semblantes. En cuanto a los estremos, no existen para él, no los mira siquiera; a bien que tiene a Thiers frente a frente en el centro izquierdo, para aplastarlo con su lójica fulminante, su desden matador, su desprecio insoportable.

I luego, ¡es tan sencilla la defensa del gobierno! Comparad la situacion actual con la situacion de 1840, con lo que el funesto misterio de M. Thiers habia producido. Hoi dia el gran partido conservador está reconstituido, fortificado, disciplinado.   Hoi dia la Francia es respetada, influyente afuera, tranquila i próspera en el interior. La fortuna pública ha tomado un desarrollo al cual nunca se creyó posible llegar. ¡Qué rico espectáculo de trabajos públicos!¡caminos de hierro, rutas, canales, puertos, construcciones navales, fortificaciones de Paris i de todas nuestras plazas de guerra! ¡Qué homenajes, qué corona de gloria discernida a nuestro rei por las mas orgullosas naciones, en todos los paises del mundo! ¡Qué profunda seguridad, qué órden interior! ¡qué accion fácil i regular de las leyes! Al reproche de no hacer nada para mejorar las instituciones, Guizot responde: Este período de 16 años ha sido un verdadero *statu quo*, como era necesario para apaciguar tantas ajitaciones, para vigorizar los nervios i los músculos de la Francia. Con la lejislatura nueva vamos a entrar en una era de iniciativa, de desarrollos mas marcados, de progresos mas profundos; i esta iniciativa pertenece al partido conservador. La mayoría se ajita de placer i de entusiasmo al sentirse tan omnipotente. Los cuadros que Guizot traza ante sus ojos la fascinan; i las magnificencias de aquel lenguaje severo i ameno a la vez, turban a las minorías mismas. Mi compañero, que es enemigo irreconciliable de Guizot, electrizado por aquella elocuencia que aplasta a sus amigos, políticos, esclamaba por lo bajo *c'est beau! c'est beau!* Guizot desciende de la tribuna, triunfante, victorioso; corónalo con sus aplausos la mayoría tan ensalzada por él, tan incensada. En vano sube a la tribuna Odilon Barrot para replicar, apénas se puede hacer escuchar, lucha un momento i cede ante la impulsion dada a los espíritus.

Hai una fraseolojía parlamentaria que ejerce, en efecto, una fascinacion completa. Hai un pais legal, un pais electoral, una mayoría, ministros responsables; el rei repite en cada discurso del trono: la carta es una verdad. ¿Qué pueden reprocharle a este gobierno que tiene su mayoría parlamentaria? Pero vea Ud. algunas cifras. La Francia tiene 35000000 de habitantes i 270000 electores, elejidos segun lo que poseen i no segun lo que saben; el sabio que no paga impuestos no entra en el pais electoral. Hai en Francia entre ciudades, villas, aldeas i villorrios, treinta i seis mil poblaciones, i la cámara se compone de 550 diputados. Toca, pues, un diputado a cada 490 electores. Ya Ud. ve que 490 personas no es ganado tan arisco que no pueda amansársele or los dones, por los favores. La mayoría dispone de empleos, donaciones,   i colocaciones para los electores; cada diputado reparte estancos, percepturías, etc. *La Epoca*, diario ministerial, persigue a todo desertor de la mayoría, publicando de los rejistros oficiales la lista de los favores recibidos, con lo cual prueba el gobierno que nadie tiene derecho de tirar la piedra contra la corrupcion. Mrs. Beaumont (de la Somme), Corne, Havin, Duvois, La Doucette, cada uno de aquellos transfugas ha sido ensambenitado. Si quiere formarse idea de lo que este manejo importa, oiga Ud. Mr. Pieron acaba de pasar a los bancos de la izquierda. Para probarle que él es tan corrompido como los demas, *La Epoca* rejistró un documento, del cual resulta con todo el cinismo de los detalles que en resúmen, M. Pieron ha obtenido *trescientos cuatro* empleos o favores, de los cuales 42 son receptorías, 10 percepturías, 8 receptorías de contribuciones directas, 43 empleos de aduana, 20 estancos, 8 favores, i 173 servicios en el ministerio de la guerra.

He aquí el secreto del gobierno de M. Guizot, porque se observa que todas las listas principian en 1840. M. Pieron ha tenido el coraje de desertar; imajínese Ud. como será la cuenta corriente de los que quedan firmes en la mayoría. Los electores eran 490, i los dones repartidos son 304, estos van a los hijos, a los hermanos, a los allegados de los electores de campaña, aquellos buenos paisanotes, la *petite proprieté* de M. Dessage, aquellos sostenedores del órden, puesto que siembran patatas. La Francia ha caido en este horrible lazo, i en vano se ajita, lucha, protesta; ella no es el pais legal, ni el país electoral. Cuando se echa en cara a M. Guizot esta corrupcion del elector i del elejido, se dirije a la mayoría i la apostrofa en estos términos: ¿Os sentis corrompidos? No, grita la mayoría, con gran confusion de las pobres minorías que ven realmente que no hai corrupcion, puesto que cuatrocientos ajiotistas lo repiten. Cuando se denuncia en la tribuna un delito evidente como la luz, una dilapidacion escandalosa, probada, M. Guizot pide que la cámara decida si está o no satisfecha, i un movimiento en masa de la turba de cómplices, absuelve de toda culpabilidad al rei i al ministerio. ¡He ahí el país legal, he ahí los grandes hombres de la tierra!

Las minorías prontas a desaparecer, se han coaligado, i sus esfuerzos se dirijen a la fuente del mal, a la lei electoral, a deshacer si pueden esa gavilla de paniaguados, electores i diputados. El programa para las elecciones que acaban de tener lugar era de parte de la oposicion:

- La reforma electoral i parlamentaria;
- La reorganizacion de la guardia nacional;

- La revision de las leyes de setiembre;
- La derogación de la lei sobre anuncios judiciales;
- La repulsa de todo proyecto de dotacion para la familia real;
- Que la confeccion de las listas del jurado sea arrancada a la arbitrariedad de los prefectos;
- Que las rentas i todos los ramos del servicio público sean administrados con intelijencia, economia i honradez;
- Que un sistema mas digno del nombre i del poder de la Francia, regle sus relaciones con las otras naciones;
- I que en el interior, en fin, los poderes del estado se preocupen con una seria atencion de la educacion, i del bien estar de las clases trabajadoras.

¿Cuál le parece a Ud. que ha sido el resultado de las elecciones? El gobierno tuvo miedo, redobló sus esfuerzos, i sacó mas diputades *satisfechos* que los que hubiera deseado. Los cuatro quintos, los nueve décimos de la cámara nueva formarán la mayoría. El gobierno ha tenido vergüenza de su triunfo; jugó la máquina con mas actividad de lo que esperaba. ¡Pobre humanidad, qué va a ser de ella ahora!

El hecho viene apoyado en la doctrina. Guizot ha dicho en plena cámara que es necesario detener el progreso, que hai ya demasiado progreso; i estos doctrinarios, amigo mio, son los casuistas de la política. Se arroja una opinion reaccionaria, para irla convirtiendo en opinion probable poco a poco. No hai verdad ninguna reconocida. Los pueblos no marchan a un fin, la historia no tiene hilacion; hai hechos, *voila tout*; i el hecho consumado es la lei del jénero humano.

Cárlos X, Luis XVIII, ¡qué cuitados erais! nosotros hemos pasado ya de Luis XV, estamos en Luis XIV, le *grand roi*. El diario de los *Debates* llama al Jardin de las plantas, le *Jardin du roi*; el palacio *du roi*, la biblioteca *du roi*. Al rei ciudadano no le llaman sus palaciegos, Su Majestad, que eso seria ponerse en contacto con él, le llaman el Rei, al dirijirle la palabra: «el Rei se ha dignado mandarme llamar; el Rei me ha ordenado, etc». I sabe Ud. ¿quién es este rei? Juzgue por estos dos hechos. La lista civil, despues de las dotaciones, *apanages*, para cada hijo, para cada nietecito, se ha hecho acordar la corta de los bosques que produce cuatro millones anuales, calculando hacer una corta en cada siglo, sobre cada   uno de los lotes. Este año se han desflorado todos los bosques a un tiempo, escojiendo los árboles mas corpulentos, operacion que ha producido setenta i cinco millones. Interpelado el ministerio en la cámara, no supo que responder porque ignoraba, en efecto, tal depredacion; al dia siguiente, mejor informado, dijo con una adorable sencillez, que se habia adoptado el *sistema aleman*, con lo que la cámara quedó *satisfecha*, i el buen rei guardó setenta i cinco millones[2]. Hai en la lista civil una suma destinada para la reparacion, guarda i conservacion de los monumentos públicos. El personal de Saint-Cloud, Versailles, Fontainebleau, Vincennes, el Louvre, el Jardin de las Plantas, se compone de artesanos que deben tener dos oficios por lo ménos, hojalatero i vidriero, carpintero i albañil, alfarero i constructor de teja i ladrillo. Su sueldo se les paga de la lista civil, pero el

---

[2] Ahora, no ha mucho, al devolverle la Asamblea Nacional sus propiedades, le descontó cuarenta millones por la *coupe sombre*, entregándole el remanente (1848). *El autor.*

trabajo es una carga que les impone el rei. A la hora de funcion, revisten la casaca colorada, pasada la cual vuelve cada uno a su trabajo; i al año presenta el buen rei abultados gastos de reparacion, tantos miles en tejas, tanto en estucos, tanto en vidrios, que lo han fabricado *gratis* sus dependientes. Esto es rejio, ¿no le parece a Ud., digno de un rei de Francia?

Cambiemos de asunto, i dejando en paz a los que en paz realizan tan grandes cosas, volveré a lo que conmigo tiene relacion. Hago viajecitos a todos los alrededores célebres, i a Mainville, donde estudio el arte de cultivar la seda, bajo la direccion de M. Camilo Beauvais, por si un dia en América, en Mendoza, en Chile, piensan sobre el porvenir industrial de los paises templados de la América del sur, tan oscuro, tan inseguro. A una legua de Mainville, no léjos de la márjen del Sena, vive olvidado don José de San Martin, el primero i el mas noble de los emigrados que han abandonado su patria, su porvenir, huyendo de la ovacion que los pueblos americanos reservan para todos los que los sirven. Nuestro don Gregorio Gomez, el jeneral Las-Heras, i otros restos del mundo antiguo me habian recomendado con amor, con interes, i el jeneral Blanco díchole tan buenas cosas de mí, que me recibió el buen viejo sin aquella reserva que pone de ordinario para con los americanos en sus palabras cuando se trata de la América. Hai en el corazon de este hombre una llaga profunda   que oculta a las miradas estrañas, pero que no se escapa a la de los que se la escudriñan. ¡Tanta gloria i tanto olvido! ¡Tan grandes hechos i silencio tan profundo! Ha esperado sin murmurar cerca de treinta años la justicia de aquella posteridad a quien apelaba en sus últimos momentos de la vida pública, i tiene setenta i cinco hoi; las dolencias de la vejez i el legado de las campañas militares, le empujan hácia la tumba, i ¡espera todavía!

He pasado con él momentos sublimes que quedarán para siempre grabados en mi espíritu. Solos un dia entero, tocándole con maña ciertas cuerdas, reminiscencias suscitadas a la ventura, un retrato de Bolívar que veia por acaso. Entónces, animándose la conversacion, lo he visto transfigurarse, i desaparecer a mi vista el *campagnard* de Grandbourg i presentárseme el jeneral jóven, que asoma sobre las cúspides de los Andes, paseando sus miradas inquisitivas sobre el nuevo horizonte abierto a su gloria. Sus ojos pequeños i nublados ya por la vejez, se han abierto un momento, i mostrádome aquellos ojos dominantes, luminosos de que hablan todos los que le conocieron; su espalda encorvada por los años se habia enderezado, avanzando el pecho, ríjido como el de los soldados de línea de aquel tiempo; su cabeza se habia echado hácia atras, sus hombros bajádose por la dilatacion del cuello, i sus movimientos rápidos, decisivos, semejaban al del brioso corcel que sacude su ensortijada crin, tasca el freno i estropea la tierra. Entónces la reducida habitacion en que estábamos se habia dilatado, convirtiéndose en pais, en nacion; los españoles estaban allá, el cuartel jeneral aquí, tal ciudad acullá; tal hacienda, testigo de una escena, mostraba sus galpones, sus caserías i arboledas en derredor de nosotros...

¡Ilusion! Un momento después, toda aquella fantasmagoría habia desaparecido; San Martin era hombre i viejo, con debilidades terrenales, con enfermedades de espíritu adquiridas en la vejez; habiamos vuelto a la época presente i nombrado a Rosas i su sistema. Aquella intelijencia tan clara en otro tiempo, declina ahora; aquellos ojos tan penetrantes que de una mirada forjaban una pájina de la historia, estaban ahora turbios, i allá en la lejana tierra veian fantasmas de *estranjeros*, i todas sus ideas se confundian, los españoles i las potencias europeas, la patria, aquella patria antigua, i Rosas, la independencia i la restauracion de la colonia; i así fascinado, la estatua de piedra del antiguo héroe de la independencia,   parecia enderezarse sobre su sarcófago para defender la América amenazada.

De otras correrías es teatro Paris. Al despedirme de mi buen amigo el señor Montt, le decia yo con aquella modestia que me caracteriza; la llave de dos puertas llevo para penetrar en Paris, la recomendacion *oficial* del gobierno de Chile i el *Facundo*; tengo fe en este libro. Llego, pues, a Paris i pruebo la segunda llave. ¡Nada! ni para atras ni para adelante, no hace a ningun ojo. La desgracia habia querido que se perdiese un envío de algunos ejemplares hecho de Valparaiso. Tenia yo uno; pero ¿cómo deshacerme de él? ¿Como darlo a todos los diarios, a todas las revistas a un tiempo? Yo queria decir a cada escritor que encontraba, ¡io anco! pero mi libro estaba en mal español, i el español es una lengua desconocida en Paris, donde creen los sabios que solo se habló en tiempo de Lope de Vega o Calderon; despues ha dejenerado en dialecto inmanejable para la espresion de las ideas. Tengo, pues, que gastar cien francos para que algun orientalista me traduzca una parte. Tradúcela en efecto, i dóila a un amigo que debe recomendarla a las revistas. Ya han pasado dos meses entre traducir i leer, i nada me dice. -¿Qué hai de mi libro? -Estoi leyéndolo. -Mala espina me da esto. Vuelvo mas tarde, pido mi manuscrito i me dice: lo hallo... un poco difuso... hai novedad e interes, pero... La verdad era que no habia leido una palabra. ¿Quién lee lo que ha escrito uno a quien juzgamos inferior a nosotros mismos? El autor tiene un santo horror al manuscrito ajeno. Lo sé por esperiencia. Habíame dado tambien un manuscrito cierto amigo en América, díchole yo que lo estaba leyendo, como mi amigo de Paris, i llegó el caso de pedirme el suyo, como yo pedia el mio ahora. -¿Qué lo parece a Ud. la idea? me dice; i como yo no sabia de que trataba el manuscrito, en cuanto a la idea es escelente, le contesto; pero ¿cómo realizarla entre nosotros? -Ya lo digo; buscando dos personas en cada provincia. Esto no es en Chile, me digo para mí, debe ser en la otra banda; ¡bueno! pero ¿dónde están esas personas; ¿cómo se comunica uno con ellas? -Pero, por los medios indicados, por los signos convenidos. -(¡Ah ya caigo, esto es algo de lójias!) Hombre, le diré a Ud. francamente, en nuestro tiempo las lójias, las cosas como lójia, aunque no sean precisamente lójias, son impotentes; el carbonarismo ha caido, no es posible contar con la relijiosidad de aquellos tiempos de fe, como en la lójia de Lautaro. -Por eso   propongo las modificaciones que Ud. ha visto. -A ellas me refiero, i es lo único que puede hacerse en nuestra época; pero hombre...! -El proyecto es deshechado por unanimidad i el no leido manuscrito devuelto. La pago, pues, ahora. Quiero entenderme con un redactor de la *Revista de Ambos Mundos*, i otro amigo me dice: no haga Ud. tal; los redactores ganan en proporcion de los artículos que introducen por rotacion de rol; un artículo estraño pospone los suyos, i se ligarán entre sí para no dejarlo entrar, entiéndase con Mr. Buloz, director de *La Revista*. Mr. Buloz es un respetable tuerto, director de la Opera cómica i de *La Revista*, tan versado en la contaduría del uno como del otro establecimiento. Me presentan, i queda en la oficina de *La Revista* mi manuscrito, para pasar a comision que juzgue de su importancia, quedando citado yo para el otro juevés a la misma hora. Aquí principia aquella eterna historia de los autores que comienzan en Paris, i que lanzan su vuelo de una guardilla del quinto piso. De ahí salieron Thiers, Mignet, Michelet i tantos otros, me digo para alentarme; todos han aguardado a la puerta de alguna redaccion, el corazon endurecido de humillacion, ídose, vuelto. Vuelvo el juéves, golpeo tímidamente, i el terrible cíclope de *La Revista* saca su ojo en la punta de la cara, lo pasea, busca, véme, i me lanza cerrando la puerta, este empujon: «No se ha leido aun, hasta el otro juéves». De juéves en juéves, un dia, dia por siempre memorable en la biografía de todo garrapateador de papel, las puertas de la redaccion se me abren de par en par. ¡Qué transformacion! Mr. Buloz tiene dos ojos esta vez, el uno que mira dulce i respetuosamente, i el otro que no mira, pero que pestañea i agazaja, como perrito que menea la cola. Me habla con efusion, me introduce, me presenta a cuatro redactores que esperan para solemnizar la recepcion. Soi yo el autor del manuscrito (una reverencia), el americano (una reverencia), el estadista, el historiador... Me saludan, me hacen reverencias. Se habla del libro; hai un redactor encargado del *compte-rendu* de los libros españoles, que quiere ver la obra entera para estudiar el asunto. Mr. Buloz me suplica humildemente que me encargue de la redaccion de los artículos sobre América. *La Revista* ha faltado a su título de *Ambos Mundos* por falta de hombres competentes; podemos arreglarnos. Desgraciadamente el artículo sobre mi libro no puede aparecer sino en dos meses. Están tomadas las columnas para muchos mas; pero se hará una alteracion.

Esto me satisface; i ya han pasado cuatro semanas en idas i venidas hasta el momento en que escribo.

Pero aquel artículo me hace falta para presentarme ante los escritores. En Paris no hai otro título para el mundo intelijente, que ser autor, o rei. No he querido ser presentado a Michelet, Quinet, Luis Blanc, Lamartine, porque no quiero verlos como se ven los pájaros raros; quiero tener títulos para presentarme a ellos, sin que crean que satisfago una curiosidad de viajero. He visto ya a Jules Janin, a Ledru Rollin; éste en casa de San Martin, de quien es vecino; el otro en su escritorio adonde me condujo Tandonnet, que es su amigo. ¡Qué espiritual i qué consentido es en su trato familiar este folletinista!

Mr. Lasserre, aquel buen frances que reside en Chile, víctima antigua de sus ideas republicanas, i el liberal mas ardiente que anda errante entre nosotros, me habia dado preciosas recomendaciones para los Aragos i para Mme. Tastu, célebre poetiza que brilló en este ramo en su juventud i fué coronada por la Academia, i hoi está consagrada a la educacion maternal, para cuyo ausilio ha publicado preciosos tratados. Recibe los mártes, i allí en aquel círculo escojido, encuéntrase al anciano Tissot, de la Academia, unas veces, i a varias otras reputaciones literarias. Es la modesta habitacion de esta escritora, el reflejo de aquellos antiguos salones que ya van desapareciendo en presencia de los intereses industriales. El de Mme. Tastu ha recibido sucesivamente a Humboldt, Champollion, Ampère, el célebre matemático, i todas las ilustraciones de aquella época. Cormenin, Tissot, i varios viejos i jóvenes literatos frecuentan su tertulia, i todos se hallan a sus anchas en aquel reducido círculo en que el gusto i la simplicidad presiden a las *causeries*, conversaciones mas amenas i variadas. En esta sociedad, donde era siempre recibido con mas distincion que pudiera esperarlo, he podido entrar bien adentro la mano en las llagas actuales de la Francia. Mr. Tissot habia sido uno de los quince diaristas que habian derrocado la restauracion de los Borbones; desechando cuatrocientos mil francos que le ofreció Cárlos X, solo por que dejase de escribir, hoi vivia en la miseria, enseñando a la edad de setenta años, para subsistir; porque el nuevo rei, el rei ciudadano, habia tenido buen cuidado de oscurecer, de sepultar a todos aquellos enérjicos liberales, que despues de haber volteado un ídolo, no habian querido adorar al que se habia alzado en su lugar. Allí se oian tantos secretos de corte, ¡tantos detalles que la prensa no revela! Allí se hacian votos por un órden mejor, entre las manifestaciones mas nobles de indignacion por el abatimiento de la Francia, por el *escamotaje* de la libértad, por la degradacion de la nacion, por la ruindad i ¡el descaro de los manejos!

Omito otros detalles que no importan gran cosa en mi vida de Paris. Mis estudios sobre la educacion primaria me ponen en contacto con *savants*, empleados i hombres profesionales; pero hai aun otro costado de Paris que me ha llamado profundamente la atencion, i son los placeres públicos, i la influencia que ejercen sobre las costumbres de la nacion. Aquí donde la intelijencia humana ha llegado a sus últimos desenvolvimientos, donde todas las opiniones, todos los sistemas, las ciencias como las creencias, las artes como la imajinacion, marchan en líneas paralelas, sin atajarse las unas a las otras como sucede en otras naciones, sin descollar un ramo por la excesiva depresion de otros aun mas importantes; aquí donde el hombre marcha en la verdad como en el error sin tutela, sin trabas, la naturaleza humana se muestra a mi juicio en toda su verdad, i puede creerse que es realmente tal como ella se presenta, i que ha de presentarse así toda vez que se la deje seguir sus inclinaciones naturales. No hai que decir que el lujo corrompe la enerjía moral del hombre, ni ménos que el placer lo enerva, puesto que a cada momento vése a este pueblo dar síntomas de enerjía moral desconocida entre los pueblos mas frugales o mas sobrios. El frances de hoi es el guerrero mas audaz, el poeta mas ardiente, el sabio mas profundo, el elegante mas frívolo, el ciudadano mas celoso, el jóven mas dado a los placeres, el artista mas delicado, i el hombre mas blando en su trato con los otros. Sus ideas i sus modas, sus hombres i sus novelas, son hoi el modelo i la pauta de todas las otras naciones; i empiezo a creer que esto que nos seduce por todas partes, esto que creemos imitacion, no es sino aquella aspiracion de la índole humana a acercarse a un tipo de perfeccion, que está en ella misma i se desenvuelve mas o ménos, segun las circunstancias de cada pueblo. ¿No es, sin duda, bello i consolador imajinarse que un dia no mui lejano todos los pueblos cristianos no serán sino un mismo pueblo, unido por caminos de hierro o vapores, con una posta eslabonada de un estremo a otro de la tierra, con el mismo vestido, las mismas ideas, las mismas leyes i constituciones, los mismos libros, los mismos objetos de arte? Puede esto no ser mui próximo; pero ello marcha i llegará a su blanco, en despecho, no del carácter de los pueblos en que no creo, sino del diverso grado de cultura en que la especie se encuentra, en puntos dados de la tierra. I será siempre la gloria de Fourier haber llevado la intelijencia del hombre hasta hacerla capaz de mejorar el universo, de haber deificado en la criatura el poder del Criador, poetizando el trabajo i la intelijencia humana, en lugar de la fuerza destructora de héroes sanguinarios, que hacen hasta hoi el caudal de la poesía épica, como en los tiempos antiguos dioses inmorales, caprichosos e injustos.

Sujiérenme estas reflecciones tan sesudas los bailes públicos de Paris, adonde me asomo de vez en cuando, para curarme del mal de la patria que me incomoda. No tengo ni tiempo, ni gusto, ni dinero para engolfarme en las gustosas frivolidades cuyo goce envidio a otros. ¡Ah! si tuviera cuarenta mil pesos nada mas, ¡qué año me daba en Paris! ¡Qué pajina luminosa ponia en mis recuerdos para la vejez! Pero soi *sage*, i me contento con mirar, en lugar de *pilquinear*, como hacen otros.

Los bailes son en Paris establecimientos públicos que se siguen a los teatros, luchando con ellos en magnificencia, alumbrado i gusto. El *Rannelag* correspondiera a la ópera italiana por la clase de los concurrentes. Allí he visto a Balzac, Jorje Sand, Soulié i otras notabilidades literarias. El *Château-Rouge* enciende cada fin de mes ochenta mil luces; el *Bal Maville* ostenta las bailarinas mas afamadas: la *Chaumière* es el eden de los estudiantes i estudiantas del cuartel latino, i la ciudadela en cuya puerta deja su sable el municipal para penetrar. Un dia sí i otro nó hai en todos ellos baile en la semana, a que concurren millares de aficionados. Un dia pagan los varones a la entrada tres francos, dos otro, uno i medio el lúnes, i cinco al fin de cada mes que hai *grand festival*; las damas entran siempre *gratis*. Compónense éstas de todas las clases de la sociedad, mas o ménos ínfimas segun el dia; pues esto depende de sus relaciones con los que pagan, i éstos son de a un franco i medio o de a cinco, segun sus recursos. Damas mui *comme il faut* asisten como espectadores, i los jóvenes de todas las categorías son apasionados *habitués* de tal o cual baile. El local está adornado con gusto primoroso; jarrones i estátuas descuellan sobre masas de verdura, terraplenes de flores raras i embalsamadas, i en medio de una atmósfera de fuego por la iluminacion   del gas, los lampiones i los vasos de color, se ajitan sobre avenidas de asfalto, cuadrillas de doscientas parejas, ejecutando polkas frenéticas, valses febriles. Allí descuellan reputaciones tan altas, tan europeas como la de Dumas, o la de la Rachel. Cuando la Rigolette se para con su compañero que no es Jerman, todos los asistentes se la señalan, la turba de espectadores se apiña en el estremo que ella ocupa, i lores ingleses, boyardos i príncipes rusos pagarian cien francos por estar en primera línea. La orquesta alemana comienza a hacer vibrar las fibras de aquel torbellino de seres humanos, a irritarlas, a crisparlas con las armonías en que domina la corneta-piston. El baile va tomando animacion, fuego, rapidez; entónces las naturalezas, los caractéres empiezan a diseñarse, el chiste en unos, la dulzura voluptuosa en otros, lo estrambótico, lo absurdo, lo furioso en los demas. La Rigolette váse ajitando, animándose, perdiendo el sentido i las formas humanas. Sus admiradores estrechan cada vez mas el círculo, la aguijonean con aplausos, la aturden con sus vivas, hasta que la pasion estalla, el estro poético se manifiesta, la inspiracion desciende a la pitoniza, en destellos del jénio, en cabriolas imposibles, en contorsiones de bacante. Es la fiebre, la convulsion del placer, la enajenacion del poseido, que ha dejado de presidir a los movimientos del cuerpo, i se abandona a otra alma que la suya que está haciendo cosas sobrehumanas, no soñadas. Entónces no pisa ya el suelo, es un torbellino o un huracan, va, remolinea, i al fin cae sobre los brazos de alguno, pálida, moribunda, llorando, jadeando, los ojos cerrados, i volviendo a la vida a fuerza de oir la tormenta de aplausos, los gritos de admiracion, los vivas delirantes que acompañan su nombre. Como la Rigolette, hubo ántes la

Reina Pomaré que murió, vive la Reina Margot, Marion i otras celebridades, bautizadas por el público segun el carácter de su poesía, salvaje, bulliciosa, o llena de fiereza. Al dia siguiente la Reina Margot es simplemente Adela Rimbaut, costurera de ropa blanca, u otra cosa peor; pero una hora al ménos ha sido reina por la aclamacion universal, sentídose grande, cubierta de gloria como Napoleon o Murat, i gozado de las fruiciones que le están al vulgo vedadas.

Esta es la parte dramática de los bailes públicos; la positiva es que la sociedad se *iguala*, las clases se pieden, la mujer de clase ínfima se pone en contacto con los jóvenes de alta alcurnia, los modales se afinan, i la unidad i homojeneidad del pueblo queda establecida; el público se constituye, i una miaja de gloria cae tambien a los piés de la mujer del bajo pueblo, entre los placeres con que aturde su miseria, o su vileza. La luz suministrada a torrentes, la música de los maestros puesta al alcance de la muchedumbre por una ejecucion artística i sábia, aquellos jarrones i estátuas que la habitúan a los primores de las artes, aquel lujo i aquel gusto en fin prodigado en el lugar que el roto o la hija del artesano de Paris llama suyo por un momento, concluye por ennoblecer su espíritu, iniciarlo en la civilizacion, i hacerle aspirar a una condicion mejor. La decencia reina en un círculo un poco ancho, trazado por la policía; pero las oscentricidades no están en las costumbres, ni en los modales, sino en la licencia poética del baile, en el delirio de la pasion que quiere sacudir todas las trabas. Me hicieron conocer a una *particular*, a quien dejándose arrastrar por los aplausos, el municipal vecino habia llamado al órden tres veces, i como insistiese hubo de llevarla al *violon*. Rabió, se resistió i concluyó como concluye toda historia con la autoridad, obedeciendo; pero estaba con su mejor vestido, i el esbirro era demasiado culto para no acompañarla a su casa a mudar de traje. Llegados al quinto piso, abrió la ventana para buscar lumbre, i de un salto se arrojó a la calle, a suicidarse, estrellándose sobre el empedrado, cayendo de treinta varas de alto. La infeliz habia, mediante una fractura sobrevivido a su deshonra; halláronla viva, merced a los vestidos que le habian servido de paracaidas. Paris es, por otra parte, poco ceremonioso en materia de costumbres privadas, i seria largo recorrer la escala que media entre la prostituta i la mujer casada, entre cuyos estremos se encuentran gradaciones del matrimonio, admitidas por la sociedad, justificadas por las diversas condiciones, i por tanto respetadas. De aquí nace a mi juicio la cultura de las mujeres de Francia, la gracia infinita de la parisiense, i el vestir igual, en su caprichosa variedad, de todas las clases de la sociedad. De aquí viene tambien aquella injerencia de la mujer en todos los grandes acontecimientos de la historia de esta nacion, desde Eloisa, dos veces célebre, la doncella de Orleans, Agnes Sorel, hasta Mme. Roland, Carlota Corday, Mme. de Staël, Jorje Sand, la Rachel, la Reina Margot, diversas manifestaciones de aquella habilitacion de la mujer, de aquel olvido de las debilidades inherentes a su sexo, que cuenta por poco en la clasificacion de las clases, reinando en lo público siempre un tierno respeto por la mujer, que se muestra en dilijencias, omnibus i ferrocarriles. ¿Se acuerda Ud. de las chinganas de Chile? Este recuerdo me ha hecho mirar con interes los bailes públicos de Paris. ¡Qué poderoso instrumento puesto en manos hábiles!

Hai otro espectáculo aun mas adaptable a nuestra manera de ser, civilizador por el costado mismo que tenemos del bárbaro, por la destreza i la posesion popular del caballo. El hipódromo es una creacion nueva del espíritu parisiense, que se incorporará bien pronto en el catálogo de diversiones públicas de todas las naciones europeas, i que debiera ser trasportado incontinenti a América, en donde echaria raices profundas, como todo lo que es eminentemente popular. Es el hipódromo un inmenso circo de caballos, en cuyo rededor, como en nuestras antiguas plazas de toros, caben diez o doce mil espectadores. El pueblo gusta de la luz del sol, del espacio i de la libertad de hablar en voz alta que no encuentra en el teatro; en el hipódromo, ademas, nuestro pueblo de ambos lados de los Andes seria juez supremo, el artista por escelencia, el digno apreciador de los pasos de destreza i osadía de los equitadores. Juéganse cañas i cabezas en el hipódromo por cuadrillas de hombres i de mujeres, que cabalgan admirablemente, i visten con todo el primor elegante del gusto inglés. A esta esposicion jeneral se sigue el gran drama, que hace el objeto de la fiesta, tal como *la Cruz de Berny, o el Campo de la Bandera de Oro*, terminando la funcion por una carrera de cuádrigas romanas, la exhibicion de un carruaje cuyos tiros se desprenden cuando los caballos se desbocan, la carrera de una corsa, Roberto Macaire con su cuadrilla de monos a caballo, i juegos de equitacion de una osadía i perfeccion asombrosa.

El hipódromo, pues, presenta todas las aptitudes del caballo, i cuanto hai de noble i de artístico en el hombre para dominarlo i dirijirlo. Nuestros gauchos i nuestros guasos son insignes equitadores, i veinte veces nos hemos dicho los americanos en el hipódromo, si una cuadrilla de chilenos o de arjentinos mostrase su lazo o sus bolas aquí, i cojiese un toro, o domase un caballo salvaje, se quedarian pasmados estos parisienses, i los que introdujesen aquella nueva variedad del arte de equitacion harian su fortuna. Pero fáltanos a nosotros arte, esto es, el arte antiguo, las posiciones nobles de la estatuaria, el estudio de las fuerzas, i la gracia i jentileza de las clases cultas. Con nuestro poder de guasos sobre el caballo i el arte europeo, el hipódromo seria en América una diversion   popular i una alta escuela de cultura. Todos los juegos de la equitacion inglesa, desde la cerca de seis piés que salvan, hasta la zanja de veinte que saltan, se incorporarían en nuestros usos del caballo americano, defectuoso en esta parte; i luego, los espectáculos del antiguo arte ecuestre, la carrera de los carros, tirados por cuatro caballos, el manejo frances, i las *poses* artísticas, cuya falta desagracia tanto nuestras esterioridades, irian a mejorar nuestras costumbres, anudando, por la representacion de dramas magníficos como la entrevista de Francisco I con el rei de Inglaterra, el hilo de la historia de los pueblos, roto para el *roto* americano, que no sabe lo que es edad media, ni torneos, ni caballeros, ni mundo anterior a su poncho i a su lazo. Pero en Chile empiezan a creer hombres mui serios, que el chileno es chileno, i no europeo, sin acordarse que Quiroga, Rosas, Lopez sostenian lo mismo con respecto a los arjentinos, i han dado los espectáculos de que hemos sido víctimas i testigos. Tengo cosas sin fin que decirle, ópera, teatros, libros; pero me parece esta dosis ya mas que doblada para paciencia ménos ejercitada que la suya. ¿Lee Ud. todavía todo un cuerpo de autos para poner un traslado? ¡Yo no leeria ni el último escrito para sentenciar, con costas, contra el que haga escritos mas fastidiosos, que es la pena del que escribe! En mi vida he leido libro malo, por cuya razon conozco tan poco los autores españoles.

Necesito educarme en Italia i en España para hablar de bellas artes i de teatros. A mi vuelta de aquellos paises, volveré a hablarle de Paris.

Adios mi querido Doctor.

Madrid

Señor don Victorino Lastarria.

Noviembre 15 de 1846.

Se me antoja, escribiros, ¡oh Lastarria! cuando aspiro el aire de Madrid, a vos que fuisteis el escritor rayano en cuanto   a las ideas entre español i frances, si bien en materia de palabras i de frase castiza, os preciais de haber metido mui adentro la mano en la *saccocia* del Diccionario. Esta *Aspaña* que tantos malos ratos me ha dado, téngola por fin en el anfiteatro, bajo la mano; la palpo ahora, le estiro las arrugas, i si por fortuna me toca andarle con los dedos sobre una llaga a fuer de médico, aprieto maliciosamente la mano para que le duela, como aquellos escribanos de los tribunales revolucionarios o de la inquisicion de antaño, que de las inocentes palabras del declarante sacaban por una inflexion de la frase el medio de mandarlo a la guillotina o a las llamas. Preguntado, cuál es su nombre, etc., i no respondiendo, el escribano pone: «se obstina en ocultar su nombre». Interrogado de nuevo, dice que es sordo; entónces escribe «el acusado confiesa que conspira sordamente». I luego aquellos benditos padres, con su hábito chorreado de polvillo sevillano, con su voz gangosa, condolida i meliflua: «¡hermano! abandonaos a la misericordia infinita del Santo Tribunal...» ¡Infeliz! si os callais, sois condenado como hereje contumaz, endurecido; si hablais una palabra, sereis sospechado de leve, de grave, de gravísimo, de relapso, de todo, ménos de que sois hombre, de que teneis razon, de que sois inocente, porque esa sospecha no pasó nunca por aquellas almas devotas.

Poned, pues, entera fe en la severidad e imparcialidad de mis juicios, que nada tienen de prevenidos. He venido a España con el santo propósito de levantarla el proceso verbal, para fundar una acusacion, que, como fiscal reconocido ya, tengo de hacerla ante el tribunal de la opinion en América; a bien que no son jueces tachables por parentesco ni complicidad los que han de oir mi alegato. Traíame, ademas, el objeto de estudiar los métodos de lectura, la ortografía, pronunciacion i cuanto a la lengua dice relacion. De lo primero he hecho una pobre cosecha, i del resto encontrado secretos que a su tiempo verán la luz. Imajinaos a estos buenos godos hablando conmigo de cosas varias, i yo anotando: -no existe la pronunciacion áspera de la *v*; la *h* fué aspirada, fué *j*, cuando no fué *f*; el frances los invade; no sabe lo que se dice este académico, ignoran el griego; traducen, i traducen mal lo malo. A propósito, una noche hablabamos de ortografía con Ventura de la Vega i otros, i la sonrisa del desden andaba de boca en boca rizando las estremidades de los labios. Pobres diablos de criollos, parecian disimular, ¡quién los mete a ellos en cosas tan académicas! I como yo pusiese   en juego baterías de grueso calibre para defender nuestras posiciones universitarias, alguien me hizo observar que, dado caso que tuviésemos razon, aquella desviacion de la ortografía usual establecia una separacion embarazosa entre la España i sus colonias. Este no es un grave inconveniente, repuse yo con la mayor compostura i suavidad; como allá no leemos libros españoles; como Uds. no tienen autores, ni escritores, ni sabios ni economistas, ni políticos, ni historiadores, ni cosa que lo valga; como Uds. aquí i nosotros allá traducimos, nos es absolutamente indiferente que Uds. escriban de un modo lo traducido i nosotros de otro. No hemos visto allá mas libro español que uno que no es libro, los artículos de periódico de Larra; o no sé si Uds. pretenden que los escritos de Martinez de la Rosa ¡son tambien libros! Allá pasan solo por compilaciones, por estractos, pudiendo citarse la pájina de Blair, Boileau, Guizot, i veinte mas, de donde ha sacado tal concepto, o la idea madre que le ha sujerido otro desenvolvimiento. Lo que daba mas realce a esta peroracion era que, a cada nueva indicacion, yo afectaba apoyarme en el asentimiento unánime de mis oyentes. Como Uds. saben... decia yo, como Uds. no lo ignoran... ¡Oh! estuve admirable, i no habia concluido cuando todos me habian dado las buenas noches.

Otro objeto me traia desalado aun, i era la espedicion de Flores al Ecuador; pero en este punto he sido miserablemente *volé*, defraudado. Esperaba que la prensa española, ministerial o progresista, poco me importa, hubiera sostenido la oportunidad de la tentativa. ¡Ai! ¡qué polvareda se habria levantado si tal sucede i encuentro una prensa a mi disposicion! Habrian salido todos los cueritos al sol, desde Pizarro i Valverde, hasta don Antonio de Ulloa, el Jeneral Morillo, don Juan Manuel Rosas; ¡desde la Inquisicion i Felipe II, ¡hasta la España de hoi que es la misma de entónces! Hubiérais visto el inventario hecho por actuacion de escribano de su estado actual, gobierno, industria, civilizacion, bellas artes, instruccion pública, comercio, para ver lo que nos iban a llevar estos caballeros con su espedicion conquistadora; pero por desgracia, la prensa mostró esta vez mas sentido comun que el que yo le hubiera concedido, i me he quedado con todos mis cohetes chingados. Tan solo don J. J. de Mora prestaba por lo bajo su cooperacion, pero sin desmandarse, por el *Heraldo*, en razonamientos justificativos.

Mas es preciso que os introduzca a España por dos caminos.   Hai dos caminos en España para dilijencia. Hai dilijencias. ¿No lo creeis? Verdad de Dios, i en prueba de ello que se mandaron hacer a Francia las que viajan por la carrera de Bayona a Madrid, que son las únicas que tienen forma i comodidades humanas. Hai en ideas, como en cosas usuales en los pueblos, ciertos puntos que han pasado ya a la conciencia, al sentido comun, i que no pueden alterarse sin causar escándalo, subversion en los ánimos. Por ejemplo, el arnés de las bestias de tiro en Inglaterra, Francia, Alemania o Estados Unidos, es una de esas cosas invariables; compónese de correas negras, lustradas, con hevillas amarillas, afectando cuando mas en cada pais diferencias insignificantes. Se entiende, pues, que la dilijencia ha de ser tirada por dos, cuatro, cinco caballos manejados del pescante; que el conductor ha de llevar bota granadera, sombrero de hule i largo chicote para animar sus caballos. Salis de Bayona hácia Irun i Vitoria, i el frances, o el europeo caen, al pasar una colina, en un mundo nuevo. La dilijencia es tirada por ocho pares de mulas puestas el tiro de dos en dos, a veces por diez pares en donde el devoto repasándolas con la vista podria rezar su rosario; negras todas, lustrosas, tusadas, rapadas, taraceadas, con grandes plumeros carmesí sobre los moños, i testeras coloradas, i rapacejos i redes i borlas que se sacuden al son de cien campanillas i cascabeles; animado este estraño drama por el cochero, que en traje andaluz i con chamarra árabe, las alienta con una retahila de blasfemias a hacer reventar en sangre otros oidos que los españoles; con aquello de ¡arre p... *marche la Zumalacarregui, anda... de la Vírjen, ahí está el carlista... p... Cristina janda, jandaaa*! i Dios, los santos del cielo i las potestades del infierno entran *péle-méle* en aquella tormenta de zurriagazos, pedradas, gritos i obsenidades horribles. Triste cosa por cierto, que en los dos paises esclusivamente católicos de Europa, en Italia i España, el pueblo veje, injurie, escucha a cada momento todos los objetos de su adoracion, de manera de hacer temblar un ateo. Leed aquellas reyertas de los gondoleros de Venecia, descritas por Jorje Sand, en que el uno echa en cara al otro para injuriarlo las sodomías, bestialidades i torpezas de su Madona.

El estranjero que no entiende aquella granizada de palabras incoherentes, se cree en un pais encantado, abobado con tanta borlita i zarandaja, tanta bulla i tanto campanilleo, i declara a la España el pais mas romanesco, mas sideral, mas   poético, mas extra-mundanal que pudo soñarse jamas. Entónces pregunta donde está don Quijote, i se desespera por ver aparecer los bandidos que han de detener la dilijencia i alijerarlo del peso de los francos, fruicion que codicia cada uno, para ponerla en lugar mui prominente en sus recuerdos de viajes. M. Girardet, pintor delegado por la *Ilustration* de Paris para tomar bosquejos de las fiestas reales del próximo enlace de Montpensier, i que habia viajado por Ejipto, Siria, Nubia i Abisinia, me decia encantado, esto es mas bello que los asnos del Cairo; ¿qué es lo que dice el cochero... p... c...? Afortunadamente M. Blanchard, enviado por Luis Felipe para bosquejar los grandes actos del drama de Madrid para las Galerías de Versalles, conocia mejor que yo, i gustaba mas que yo de aquella lengua, de que le daba detalles i muestras encantadoras. M. Blanchard, grande admirador de la España, habia residido muchos años, ajente secreto para la compra de cuadros de la escuela española, viajado con muleteros seis meses en los puntos mas salvajes de la España, sido desnudado, aporreado i saqueado cinco veces, grande taurómaco, podia darnos mil detalles picantes de las costumbres españolas que no están escritas en libro alguno. Viajábamos los tres en la *imperial*, aunque en lo mas crudo del invierno, i no cupieran en un grueso volúmen las pláticas que sobre artes, viajes, historia, anécdotas, tuvimos en cinco dias con sus noches, salvo alguna cabeceada para reparar las fuerzas.

Alejandro Dumas nos decia ayer, hablando de la España «Poco me importa la civilizacion de un pais; lo que yo busco es la poesía, la naturaleza, las costumbres». El creador de las *Impresiones de Viaje*, que han hecho imposible escribir verdaderos viajes que interesen al lector, i el autor de los cuentos inimitables que entretienen los ocios de todos los pueblos civilizados, reconocia sin duda en el brillo de esta atmósfera meridional, cuyos violados tintes se agrupan en el horizonte i en las ondulaciones de este suelo desnudo, algunos paisajes que ha descrito admirablemente, sin haberlos visto, en sus *Quince dias* en el monte Sinai.

El aspecto físico de la España trae en efecto a la fantasía la idea del Africa o de las planicies asiáticas. La Castilla vieja es todavía una pradera inmensa en la que pacen numerosos rebaños, de ovejas sobre todo. La aldea miserable que el ojo del viajero encuentra, se muestra a lo léjos terrosa i triste; árbol alguno abriga bajo su sombra aquellas murallas medio   destruidas, i en torno de las habitaciones, la flor mas indiferente no alza su tallo, para amenizar con sus colores escojidos la vista desapacible que ofrecen llanuras descoloridas, arbustillos espinosos, encinas enanas, i en lontananza montañas descarnadas i perfiles adustos. En cuanto a pintoresco i poesía, la España posee sin embargo grandes riquezas, aunque por desgracia cada dia va perdiendo algo de su orijinalidad primitiva. Ya hace por ejemplo cuatro años a que la dilijencia no es detenida por los bandidos con aquellas largas carabinas que aun llevan consigo hasta hoi los muleteros, razgo que caracteriza a todas las sociedades primitivas, como los árabes, los esclavones, los españoles. Dos artistas franceses acaban en estos dias de recorrer las montañas de la Ronda atravesando en mula el reino de Murcia, i continuando a pié su escursion, desde Sevilla a Madrid, sin haber tenido la felicidad de ser atacados por los bandidos como se lo habian prometido, a fin de descargar las carabinas de que se habian provisto, o tomar las de Villadiego, segun lo aconsejase la gravedad del caso. En cambio, la pobre España ha adquirido el municipal, bicho raro esportado de estranjis, i cuyo bulto eminentemente prosaico i civilizador, recorre los caminos en traje de parada, disipando con su presencia toda cavilacion un poco poética. ¿Como pensar en efecto en el Cid, los godos, o los moros cuyas tiendas cubrian en otro tiempo estas llanuras, cuando ve uno al jendarme o al guardia municipal con su banderola amarilla, i su sombrero galoneado?

La jendarmería española tendrá la gloria de conquistar aquellas famosas provincias vascongadas que en tiempos remotos poblaron los fenicios, i que sucesivamente, ni romanos, ni godos, ni árabes, pudieron nunca someter en veinte siglos de tentativas inútiles. A la sombra de los jendarmes, la constitucion i la aduana, las dos plagas temidas por la jente vasca, vendrán bien pronto a plantar su bandera sobre los picos mas elevados de los Pirineos. Los defensores del comercio libre podrian hacer aplicacion de la frase de M. de Stael sobre el despotismo i la libertad, i decir con la misma certidumbre: «el comercio libre es tan viejo como el mundo; la aduana data de ayer». Las provincias vascas no han conocido nunca la aduana, i fieles los vascos sobre este punto a las teorías de Adan, de quien sin duda ninguna descienden, han defendido heróicamente sus *fueros*, los cuales pueden, formulados a la manera inglesa, resumirse en esta frase negativa: *no aduanas*.

Hoi dia los vascos, empero, comienzan a ceder, obedeciendo en esto al destino estraño que parece haber rejido en todos tiempos a la España, que no consiste en andar a remolque de las otras naciones, sino a destiempo, dando las doce cuando todos los relojes marcan las cinco, i viceversa. En efecto, cuando todas las naciones de la Europa estaban encorvadas bajo el yugo del despotismo, los españoles tenían en el Aragon sus célebres cortes, donde decian al rei sin quitarse el sombrero en su presencia: «nosotros que valemos tanto como vos, os instituimos nuestro rei i señor»; pero cuando la Europa se ajitó para obtener un poco de libertad, la España inventó con un admirable apropósito las instituciones inquisitoriales. Ahora que el comercio libre hace prosélitos por todas partes, fuerza a la Vizcaya, que habia conservado intacta la tradicion adámica, a admitir la aduana en su territorio.

Cuando el cigarro i los cigarritos suben hasta el trono frances i embalsaman los salones de Paris, los vascos no se atreven ya, como en otro tiempo, a dar una batalla, a organizar sus terribles guerrillas para resistir al *estanco* que los amenaza con un impuesto inícuo sobre la primera necesidad del hombre, sobre e único uso que hace hermanos a todos los pueblos de la tierra; pues el tabaco, en trescientos años que median entre su glorioso descubrimiento i nuestro ilustrado siglo, ha conquistado mas prosélitos que los que el cristianismo ha logrado en veinte siglos, i sin derramar para ello una gota de sangre, i sin otras lágrimas que las que arranca de los ojos de los neófitos la primera columna de humo que al fumar se levanta. ¡Oh vosotros fumadores que frecuentais el Boulevard de Gand, apresuraos a visitar Irun, Tolosa, i aquella Vergara, teatro del pérfido abrazo de cristinos i carlistas! La civilizacion española lo invade todo, i en lugar de habanos lejítimos, largos de seis pulgadas, que se dan a puñados por una peseta en aquella tierra privilejiada, ¡sereis envenenados como en Paris por la falsificacion de cuenta del rei!

Las provincias vascongadas serian asunto digno de los estudios de un Thierry, si bien como todos los pueblos primitivos, parecen sustraerse al exámen histórico por la simplicidad misma de la vida desnuda de acontecimientos importantes. Los vascos actuales descienden en línea recta i sin mezcla de romanos, godos, o árabes, de los vascos que habitaban los Pirineos ahora tres mil años; he aquí el principal hecho histórico.   Los jefes de familia de cada villorrio se reunen para jugar a la pelota o tirar la barra, tratando en el intertanto de los intereses públicos: *voilà* todas sus instituciones políticas. Era preciso que el siglo XIX viniese a alumbrar lo profundo de estos valles, para que los habitantes pudiesen comprender que, para ser libres i civilizados, se necesita tener aduanas, jendarmes, estanco i constitucion, que es lo que importa la supresion de los *fueros*.

Pero el viajero que va arrastrado por la dilijencia no detiene por lo jeneral su pensamiento ni sobre lo pasado ni sobre el porvenir de este pais. Apénas si observa una poblacion pasablemente atrasada que coje castañas en los bosques, siembra maiz i patatas, i vive tranquila en sus montañas sin placeres como sin penas. De tiempo en tiempo se avistan las tostadas ruinas de alguna aldea, saqueada, quemada i arrasada durante la guerra de los carlistas. ¡Qué horrores revelan estos vestijios! ¡qué de crueldades inauditas han sido cometidas en estos lugares! Hace años que en América conversaba con un niño, hijo de un jefe carlista i enviado a América para librarlo de las represalias. Este niño me contaba lo que hacian él i una veintena mas que seguian los ejércitos carlistas; «una vez, decia, nos pusieron a cuidar como doscientos prisioneros cristianos. Les amarramos los brazos i nos divertiamos en sacarles los ojos i abrirles el pecho para verles palpitar el corazon. Despues, los fusilábamos, apoyándoles en la frente la boca del cañon de las carabinas!».

Andando mas adelante i saliendo de la Vizcaya, la vista se reposa sobre el cuadro pintoresco que presenta Burgos, capital de Castilla la Vieja. Por un acaso, feliz sin duda, la dilijencia no llega a la ciudad, sino a una hora avanzada de la noche que oculta al viajero el desaseo de la poblacion. Burgos con su catedral gótica, se levanta cual sombra de los tiempos heróicos, como el alma en pena de la caballería española. M. Girardet i un jóven Manzano, de Concepcion, me acompañaron para visitar la ciudad silenciosa. Era ya media noche, i los pálidos rayos de la luna, que de tiempo en tiempo atravesaban las nubes, se colaban por entre la blonda transparente de las flechas de la catedral. El color parduzco de aquella piedra, que ha recibido el baño galvánico de los siglos, i la luz incierta del fondo sobre el cual se diseñaban las numerosas agujas, torres, i pináculos que decoran la masa del edificio, daban al conjunto un aspecto fantástico que me traian a la memoria aquellos efectos de luna representados   en las decoraciones de ópera. Mis miradas se aguzaban en vano por distinguir en la masa opaca los adornos de detalle que cubren de un bordado imperecedero la superficie de la construccion, i cuya invencion, variada al infinito, con minuciosa prolijidad de ejecucion, hacia la gloria del arquitecto de la edad media. Girardet i yo nos acercábamos a tientas a los pórticos que la luna no alumbraba para palpar las estatuas de apóstoles i santos que guardan la entrada como mudos fantasmas.

Los serenos que guardan el reposo de los vecinos, debieron alarmarse al ver dos bultos negros i silenciosos detenerse de distancia en distancia como si temieran avanzar i rondando en torno de la iglesia a hora tan escusada. Uno de ellos se dirijió hácia nosotros, bañándonos el rostro, para reconocernos, con los rayos reconcentrados de su linterna de reverbero; despues, habiéndose apercibido por algunas esclamaciones de entusiasmo que se nos escapaban, de que èramos simples viajeros, se ofreció comedidamente a servirnos de guia para hacernos ver los otros monumentos de la ciudad.

A la luz de su linterna ascendimos una altura en donde se encuentra un arco de triunfo erijido a la memoria de Fernando Gonzalez, aquel valiente caudillo que sin hacerse rei, fundó la independencia de la Castilla. Un poco mas léjos aparece un trofeo levantado, segun es fama, sobre el lugar mismo en que estaba situado el salon feudal, en el cual el Cid solia recibir a los príncipes i reyes que solicitaban el potente ausilio de su brazo. El sereno elevando la linterna a la punta de su lanza, nos alumbraba las armas del Cid esculpidas en la piedra, i la inscripcion casi borrada que recuerda sus hazañas. El monumento está rodeado de postes o linderos de piedra, los cuales, vistos a la luz indecisa de la luna, semejan piedras druídicas; i al lado de la derruida muralla, que en otro tiempo guardaba la ciudad, se enseñan las ruinas de la habitacion particular del Cid. Existe un fragmento de la cadena que los nobles castellanos colgaban sobre sus puertas en señal de vasallaje, i una barra de fierro incrustada horizontalmente en el muro indica la brazada del Cid. Girardet i yo la medimos con nuestros brazos sin alcanzar a sus estremidades. Otro frances de talla ordinaria, pero ancho de espaldas, ensayó sus brazos igualmente i se aproximó un tanto a la medida, lo que nos hizo concluir que el Cid Campeador debió ser uno de esos hombres robustos i cuadrados,   como Bayardo, que parecen haber sido creados espresamente para mangos de una temible espada toledana.

En seguida nos asomamos a las almenas de la muralla en la parte que el tiempo no ha destruido, i desde allí dejábamos vagar nuestras miradas por entre los intersticios, sobre la silenciosa e indefinible campaña, amedrentándonos maquinalmente con el silencio de la noche, como si temiéramos ver aparecer a lo léjos los grupos de enemigos, las tiendas de la morisma, o los reales de los caballeros feudales. Continuando nuestra peregrinacion nocturna, que turbaban solamente los ladridos plañideros i prolongados de los perros, llegamos a una capilla de construccion romana, i cuya arquitectura sin carácter deja ver su estrema antigüedad; al lado de la puerta se muestra una cruz que la tradicion ha llamado la cruz del juramento de vasallaje i fidelidad del Cid, el cual no sabiendo firmar, hubo de trazar con la punta de su terrible espada aquella estraña marca. Yo no recuerdo escursion alguna que me haya llenado, como la de aquella noche, de tan vivas emociones. Es verdad que la oscuridad de la noche, envolviendo en su sombra los edificios particulares, presta a los antiguos monumentos algo de vago i misterioso que añade un nuevo encanto a las epopeyas cuyos recuerdos consagran. Burgos de noche es la vieja Burgos de las tradiciones castellanas, la morada del Cid, la catedral gótica mas bella que se conoce. De dia es un pobre monton de ruinas vivas i habitadas por un pueblo cuyo aspecto es todo lo que se quiera, ménos poético, ni culto, dos modos de ser que se suplen uno a otro.

Pero al paso que van las cosas en España, toda poesía i todo pintoresco habrá desaparecido bien pronto. Ya no se ven aquellos monjes blancos, pardos, chocolates, negros overos, calzados i descalzos, que hicieron la gloria del paisaje español hasta 1830, cuando una Saint-Bartelemy imprevista vino a pedirles cuenta de los autos de fe de la Inquisicion. Apénas se encuentran al dia en los caminos seis u ocho clérigos, hechizos del fraile que está suprimido, i envueltos en sus anchos manteos, resguardándose de los rayos del sol i de la lluvia, ellos i el manteo, bajo la sombra del sombrero de teja que caracteriza al clero español i a los jesuitas de Roma. El viajero que busca el color local no reconoce la España sino cuando apercibe los mendigos apostados sobre cada uno de los rápidos ascensos, en que una larga série de yuntas de bueyes se agrega, como una locomotiva auxiliar,   a las doce mulas que de ordinario vienen tirando la dilijencia; i ¡signo infalible de la decadencia de la época! no se les ve ya a estos mendigos dejenerados deponer su sombrero abollado en medio del camino, i ocultos ellos tras de los vecinos matorrales, con la escopeta apuntada hácia los viajeros, para conmover mas sus almas caritativas, pedir con voz condolida, *una bendita limosna por el amor de Dios i de su madre la Vírjen Santísima,* segun se practicaba en los buenos tiempos de Jil Blas de Santillana. El mendigo español es un tipo que el arte debe esforzarse en conservar, en despecho de las ordenanzas reales que comienzan a perseguirle. El paisano trabaja en España, miéntras sus fuerzas se lo permiten; cuando el peso de los años va agobiándolo demasiado, deja el arado por el baston de mendigo, i escoje un punto del camino como teatro de su nueva industria, i los productos de su profesion, entran en comun con el del trabajo de los jóvenes para proveer al mantenimiento de toda la familia, sin que nadie le haga un reproche por la humildad de su nuevo oficio. Los ciegos en España forman una clase social, con fueros i ocupacion peculiar. El ciego no anda solo, sino que aunados varios en una asociacion industrial i artística a la vez, forman una ópera ambulante que canta i acompaña con guitarra i bandurria las letrillas que ellos mismos componen o que les proveen poetas de ciegos, último escalon de la jerarquía poética de la España, que comienza de lo alto, no sé donde, pues en España todo individuo es poeta, desde el ministro de finanzas, hasta el actor del teatro, i la primera recomendacion que aventura un español en favor de un amigo oscuro, es que hace mui buenos versos, lo que no prueba, sin embargo, que Byron, ni Hugo hayan nacido por aquellos alrededores. El paisano español posee, ademas, todas las cualidades necesarias para ejercitar con éxito la profesion de mendigo. Un aire grave, una memoria recargada de oraciones piadosas i de versos populares, i un vestido remendado. El paño burdo de que el pueblo español viste, es de color i consistencia calculados para resistir a la accion de los siglos, verdadera muralla tras de la cual el cuerpo está al abrigo del sol, del aire i del agua, con la que está toda su vida peleado irreconciliablemente. Cuando alguna brecha se abre por un codo o una rodilla, bastiones avanzados de aquella fortificacion, una pieza de nuevo paño la cierra inmediatamente, i si los diversos ministerios que han desgobernado la España en estos últimos tiempos,   hubiesen hecho obligatorios sus colores, los vestidos del pueblo español serian hoi un cuadro fiel de los movimientos políticos de los últimos veinte años trascurridos. El sistema de remiendos se aplica igualmente en España a las reformas políticas i sociales; sobre un fondo antiguo i raido, se aplica un remiendo colocado que quiere decir *constitucion*; otro verde que quiere decir *libertad*; otro amarillo, en fin, que podria significar *civilizacion*. En lo moral o en lo físico no conozco pueblo mas remendado, sin contar todos los agujeros que aun le quedan por tapar. Esto es quizas lo que induce a algunos espíritus descontentadizos a considerar como un remiendo mas el doble matrimonio que ocupa en este momento la atencion pública i me ha traido a Madrid, como el momento mas bien escojido para ver este pueblo al reflejo de los esplendores de la corona i los festejos rejios que han de solemnizar el casamiento de la inocente Isabel II.

La prensa española, con motivo del enlace del duque de Montpensier, está mostrando los progresos admirables que las costumbres constitucionales hacen en este pais. Nada ha quedado por decirse entre la oposicion i los ministeriales, escepto la verdad. Segun los primeros, la nacion en masa i con ella el empedrado de las calles de Madrid, han estado al sublevarse para protestar contra el fatal casamiento, i si ha de darse crédito a los otros, no ha conocido límite el entusiasmo de la mui noble i leal ciudad. La verdad, a lo que yo he podido observar, es que el pueblo se ha mostrado pasablemente indiferente, sin embargo de que una alianza con un estranjero, i sobre todo con un frances, choque con la preocupacion mas fuerte, mas constante, i mas profundamente arraigada del pueblo español.

La entrada solemne del duque de Montpensier ha sido una escena imponente. La arquitectura de Madrid revela el gusto nacional por los espectáculos i el largo i tradicional hábito de paradas, cortejos i procesiones. Los balcones que resguardan las ventanas se avanzan lo bastante sobre la calle para dominarla en toda su estension en línea recta. Desde estas ventanas, el madrileño veia en otro tiempo desfilar el pomposo acompañamiento de un auto de fe, las procesiones solemnes de los santos, los condenados a muerte conducidos al suplicio con imponente aparato, las pompas i las galas, en fin, de la corte mas fastuosa de la Europa. Todos estos espectáculos han perdido hoi de su brillo antiguo, pero la arquitectura   ha quedado, i a falta de galas i autos de fe, las madrileñas se contentan con ver desde los balcones los *pronunciamientos* populares, i ahora la entrada de Montpensier. La calle de Alcalá es una de las mas bellas i espaciosas de la Europa, i el punto frecuentado de preferencia por el pueblo i los elegantes. Allí está el cerebro de Madrid; la plaza de Toros, la Aduana, el Correo, las Dilijencias, todos los centros de movimiento están en contacto con la calle de Alcalá i la Puerta del Sol, que es el corazon de la villa, a cuya aorta refluye la sangre por segundos, i a donde pueden contarse las pulsaciones del ánimo del pueblo, pues allí se manifiestan sus pasiones, sus goces o su descontento, con una vivacidad de que no hai ejemplo en otras partes.

Por esta calle i desde este punto, partieron la municipalidad i el estado mayor para salir al encuentro de los príncipes franceses i tributarles los honores de la recepcion solemne ántes de penetrar en el recinto de la Villa. M. Blanchard, pintor de historia i que habia venido desde Paris para reproducir estas escenas, ha sacado en sus bosquejos admirable partido de las vestimentas antiguas de terciopelo rojo que llevaban los maseros, i de los trajes de ceremonia de los diversos personajes góticos, por no decir mitolójicos, que figuraban en esta escena.

Durante la marcha del cortejo en las calles, el numeroso jentío que las flanqueaba en espesas líneas, guardó el mas profundo silencio, sin que la circunspecta gravedad castellana se desmintiese un solo momento. El gobierno no habia organizado una *claque*, como en los teatros de Paris, para aplaudir en los momentos favorables. Pero si los aplausos populares anduvieron escasos, no se notó tampoco signo alguno de descontento, ni manifestacion incivil, quizá por cumplir con las leyes de la hospitalidad. Quizá tambien desdeña por pudor aplaudir lo mismo que aprueba el pueblo que, en tiempo no mui lejano, se ponia de rodillas en presencia de los manjares que debian servirse a la mesa de sus reyes. Si este silencio era, no obstante, signo de desaprobacion real, pueblo alguno la manifestó jamas de una manera mas noble.

Si esta escena preparatoria ha carecido de animacion, no ha sucedido así con las fiestas reales que han precedido i seguido los casamientos. Madrid estaba entónces en su elemento, espectáculos, iluminaciones, cabalgatas i procesiones, toros sobre todo, i toros reales que no se ven sino de veinte en   veinte años. De todos los puntos de la España habia acudido una inmensa multitud a engrosar la poblacion en movimiento de la real villa, la cual durante tres dias ha vivido literalmente en la calle de Alcalá, la Puerta del Sol i el Prado. Nada es posible imajinarse de mas pintoresco que esta muchedumbre así aglomerada. Las altas i nobles damas, como las humildes fregonas, llevan aun la tradicional mantilla negra i trasparente, que con aire misterioso cae sobre las espaldas i el rostro, ocultando a medias los encantos femeninos. De tarde en tarde en el Prado un sombrero frances protesta contra la uniformidad de este traje de oríjen relijioso que llevan siempre las españolas, i con preferencia en sus galanterías, como si la inquisicion que se las impuso, existiese todavía.

Los hombres de la clase culta siguen en todo la moda europea, i el paletó i el chaleco se resisten, como todos saben, a la descripcion; pero el pueblo, es decir lo que aun es en España jenuino español, es digno siempre del pincel. La capa es de rigoroso uso desde el mendigo, el pastor de ovejas i e muletero, hasta el comerciante de menudeo inclusive. El sombrero calañéz del sevillano, de dos pulgadas de alto i con grandes borlas en el costado, da ademas al español un aspecto tan peculiar que bastara por sí solo, a no haber tantas otras singularidades, para colocarlo fuera de la familia europea, como aquellos *subjéneros* que descubren en plantas i animales los naturalistas. Los *maragatos* de las provincias del norte llevan aun aquel traje orijinal con que en los grabados antiguos se representa a Sancho Panza, algo parecido al vestido que se usaba en Inglaterra por los tiempos de Cromwell; el calesero ostenta su chamarra con coderas i adornos de paños de colores diversos, como el traje de los moriscos; i el andaluz despliega, bajo el estrecho vestido de Fígaro, todas las gracias el majo español. Esta diversidad de trajes, mui pintoresca, sin duda, revela sin embargo una de las llagas mas profundas de la España, la falta de fusion en el estado. Las provincias españolas son pequeñas naciones diferentes, i no partes integrantes de un solo estado. El barcelonés dice: soi catalan, cuando se le pregunta si es español; i los vascos, llaman castellanos a los que quieren designar como enemigos de su raza i de sus fueros. Pero lo que mas atrae la atencion en España, son los rastros profundos que la dominacion árabe ha dejado en las costumbres; podria creerse que los moros están aun allí; encuéntraseles en los   vestidos, en los edificios. En los bailes públicos, organizados para diversion del pueblo durante las fiestas, al lado de valencianos, aragoneses i gallegos, veíase figurar cuadrillas de moros, como si fuesen considerados todavía como parte de los pueblos españoles.

Las familias de Madrid conservan relijiosamente decoraciones de balcones que consisten en tapices i colgaduras cuyos variados colores dan a las calles el aspecto mas singular. Las colgaduras de terciopelo bordado de realce que conservan algunas antiguas casas ducales, ostentando en grandes escudos las armas de la familia, no convendrian hoi sino a príncipes i soberanos. Cuando los nobles novios se dirijieron a Nuestra Señora de Atocha para recibir la bendicion nupcial, el real cortejo ocupaba toda la estension de la calle de Alcalá, decorada toda ella como un teatro. Tiros de caballos que pocas cortes europeas podrian ostentar tan bellos i en tan grande número, carrozas incrustadas de nácar, libreas i penachos de un brillo estraordinario, traian a la fantasía los bellos tiempos de la monarquía española, la cual, en su abatimiento presente, se adorna con sus antiguas joyas, como aquellas viejas duquesas, que disimulan, bajo el brillo de los diamantes, las enojosas arrugas que los años han impreso a sus semblantes.

La iluminacion de palacios i calles tenia alguna cosa de fantástico i de grandioso. Innumerables antorchas de cera esparcian una severa i solemne claridad sobre las tapicerías franjeadas de oro i plata, al mismo tiempo que algunas imitaciones de edificios góticos, diseñaban a la distancia sus torrecillas i ojivas por medio de innumerables luces de color. Los teatros, como los fuegos de artificio, como los retratos de los reyes espuestos a la adoracion popular sobre la mayor parte de los edificios públicos, se subdividian las masas populares que, de todas las estremidades de la ciudad, se precipitaban a torrentes hácia la Puerta del Sol.

El besamano, aquella ceremonia de los tiempos feudales, conserva aun en España toda su antigua majestad i su pomposo aparato; pero el pueblo que se apiñaba en vano en las puertas del palacio, no pudiendo gozar de estas solemnidades interiores de la corte, se contentaba con admirar las carrozas reales i las de los grandes de España, cuyos caballos llenos de ardor, ajitaban en el aire sus penachos verdes o colorados, recuerdo de los tiempos feudales en que cada caballero i cada familia noble adoptaba sus colores distintivos.

El pueblo español, entretenido pero no satisfecho con esta sucesion de galas i fiestas, aguardaba con impaciencia otro espectáculo, cuyo oríjen anterior a los moros i a los godos, remonta a los tiempos de Sertorius, en que la España se habia hecho la provincia mas romana por su civilizacion i por la adopcion de las costumbres del pueblo rei. Por todas partes se encuentran en Europa ruinas imponentes de los circos romanos. En España solo se ha conservado el espectáculo mismo del circo, aunque los antiguos circos hayan cedido a la accion del tiempo. ¡Cosa estraña i poco notada! Por sus costumbres i su espíritu, el pueblo español es el pueblo mas romano que existe hoi dia. Todos sus males le vienen de ahí; enemigo del trabajo, guerrero, heróico, tenaz, sobrio, i apasionado por los espectáculos, todavía pido *panen et circenses* para vivir feliz en medio de su caida. Los sangrientos combates de bestias feroces han luchado veinte siglos con el cristianismo i han triunfado de él, como los toreadores lo hacen de los mas temibles bichos. Sobre la plaza de toros el pueblo español es grande i sublime; es pueblo soberano, pueblo rei tambien. Allí se resarce, con emociones mas vivas que las del juego, de las privaciones a que su pobreza lo condena, i si esta diversion puede ser acusada de barbarie i de crueldad, es preciso convenir, sin embargo, que no envilece al individuo como la borrachera, que es el innoble placer de todos los pueblos del norte. El español es sobrio, i lo prueba la capa que lleva sobre sus hombros, pues que un hombre borracho no podria tenerse parado llevando capa.

Lo que hai de verdaderamente romano en las corridas de toros, es que aquel espectáculo es no solamente público i autorizado por el gobierno, sino que tiene lugar oficialmente i bajo la direccion inmediata de la autoridad. El gobernador de Madrid en circunstancias ordinarias, i el rei en persona en las grandes solemnidades, presiden i dirijen todos sus movimientos. Un alguacil viene a pedir permiso para comenzar la funcion; este empleado público anuncia en alta voz el color del toro que va a jugarse, la señal particular con que está marcado i la célebre torada a que tiene el honor de pertenecer, él abre, en fin, oficialmente la puerta del toril, cuya llave ha recibido de manos de rei. Cuando los picadores han atormentado por mucho tiempo a la fiera a fin de debilitar su empuje, el rei hace una seña, i los banderilleros aparecen; a otro signo ceden estos su puesto al matador que se presenta con espada en mano. Aquella fiesta popular, celebrada con   todas las formas legales, aquel rei rodeado de su pueblo abandonado al delirio, i tomando parte en sus emociones, tienen, sin duda, un carácter homérico que no presenta ya pueblo alguno moderno. Este mismo carácter existia en el teatro cuando las representaciones dramáticas eran todavía un espectáculo nacional, salido de las entrañas del pueblo, con toda su rudeza, su jenio i sus preocupaciones; cuando Lope de Vega producia dos mil comedias, i Calderón de la Barca hacia representar ochocientos autos sacramentales. Dumas ni Scribe han alcanzado todavía a esta estupenda fecundidad, porque aun no se ha hecho el drama moderno tan popular como lo fué en otro tiempo el teatro romántico en España. Mas tarde el jénero clásico atravesó los Pirineos i vino a aristocratizar el teatro en España, i no pudiendo comprender el pueblo llano las bellezas de las tres unidades, la moral académica, ni la enfática dignidad del lenguaje, abandonó poco a poco un espectáculo estranjero ya para él, i se contentó con los combates de toros, donde no podian al ménos perseguirlo las tres unidades, i donde él comprende bellezas que se escapan a los ojos de los clásicos. Un español os diria, en efecto, a la simple aparicion del toro en la arena, cómo va a conducirse i lo que hai que prometerse de él: fisonomista profundo, sorprende en el acto el carácter del animal i puede revelarlo con mas certidumbre que no lo harian las ciencias de Lavater i Gall para con los hombres. Este es desconfiado i astuto, aquel otro audaz i frenético. El toro intrépido es aplaudido i escitado con bravos entusiásticos; pero ¡ai! de aquel que no mata al ménos ¡dos caballos! Entónces estalla en el inmenso circo la recia tormenta de silbos, maldiciones i sarcasmos; despues, ¡los gritos de fuego! ¡fuego! esto es, banderillas, que asegurando su dardo en las carnes, le

110

quemen e irriten las heridas. La mayor infamia por la que puede hacerse pasar a un toro indigno, es entregarlo a los perros, que en jauría hambrienta de sangre i matanza, se echa sobre él cuando no ha sabido contentar al público, i lo desgarra sin misericordia.

Cuando la arena está cubierta de caballos destripados, cuando la sangre hace fango sobre el suelo, entónces el pueblo de todas clases i sexos no puede contener su entusiasmo, se pone de pié para aplaudir a los vencedores, ya sean toros u hombres, para ver hundirse la espada del matador en el corazon del toro furioso, para sorprender el último jemido de la víctima i deleitarse con su agonía. La noche halla a los espectadores ajitándose sobre sus bancos, i pidiendo a voces   nuevas carnicerías i nuevos combates. Id, pues, a hablar a estos hombres de caminos de hierro, de industria o de ¡debates constitucionales!

Despues de todo, los combates de toros no tienen a mi juicio sino un accidente profundamente chocante i es la muerte cierta o innoble de los caballos. El malaventurado animal, traspasado de heridas, arrastrando las tripas por el suelo, debe, miéntras le queda un resto de vida i pueda tenerse de pié, hacer frente al toro, pues que así lo exijen las leyes inviolables del combate i la voluntad del público. La víspera de la llegada del duque de Montpensier, dieziocho caballos espiraron en el circo, ocho de entre ellos muertos por un solo toro, i esta circunstancia mereció a aquella corrida los honores de la aprobacion popular. En cuanto a los hombres que luchan cuerpo a cuerpo, por decirlo así, con la fiera, tal habilidad muestran en aquella peligrosa lucha, que su desenvoltura i lijereza hacen olvidar que están realmente en peligro. I luego, hai ¡tanto arte, i tanta gracia en su actitud i en sus movimientos! ¡tanto esmero i tanta sutileza en prestar oportuno ausilio a aquel de entre ellos que se encuentra accidentalmente espuesto! Una escena de las corridas reales me daba una muestra de la cólera de los romanos, cuando un gladiador no sabia caer i morir con artística desenvoltura. Un toreador al salvar su cuerpo del asta del toro, quiso quedar envuelto en la capa, la cual sea por torpeza, sea por accidente inevitable, se envolvió sobre sus espaldas sin formar los pliegues que la estatuaria habria requerido, i un grito universal de desaprobacion cayó sobre él como un rayo, para castigar su falta de destreza. Ni el toro está libre de aquella justicia suprema. No hace dos años que en un circo un toro herido, segun todas las reglas del arte, yacía muerto a los piés del matador, que saludaba al público agradeciendo los aplausos con que recompensaba su destreza, cuando el toro, por una de aquellas convulsiones de la vida nerviosa, se endereza repentinamente i traspasa con las astas al matador que cae a su turno exánime. El pueblo se arrojó en masa sobre el traidor, mil puñales cebaron su saña en su cuerpo, i ni vestijios del animal quedaron en un abrir i cerrrar de ojos, pues su cadáver fué dividido en menudas trizas. Lo contrario sucedia otra vez en otro punto donde, habiendo el toro alzado en las astas a un capeador inhábil, el público persiguió con sus sarcasmos i sus aplausos el cadáver del infeliz que permaneció ensartado en las astas del animal.

Por compensacion, el pueblo español festeja dignamente a sus artistas favoritos. El picador que cae debajo de su caballo se levanta tan lijeramente como puede hacerlo, con la ayuda de los chulos que acuden a desembarazarlo; la sangre sale a veces a borbotones de su boca; a veces queda tan aturdido con la caida, que largo rato lo tienen parado sin conocimiento. Pero apénas la vida comienza a reanimarse, escitado por los gritos entusiastas del público, se hace montar pesadamente sobre su caballo herido i moribundo, i muriendo ambos, lo lleva de nuevo al puesto fatal a donde la saña del toro ha de venir a buscarlo. Cuando este caballo es ultimado, el picador pasa sucesivamente a otros que tienen el mismo fin, i solo en caso de muerte o de herida grave, el picador desaparece de la escena ántes de haber terminado su terrible papel. Es horrible, ciertamente, ver a estos hombres afectar alegría i placer cuando se les ha visto caer bajo el caballo repetidas ocasiones, vomitar sangre, desmayarse i revivir con dificultad. El hospital i el sangrador los aguardan a la puerta, i estos infelices bajan sucesivamente de la cama para montar sobre el caballo i viceversa.

Las corridas reales son un espectáculo tan espléndido i sorprendente, que creo leereis con gusto una descripcion, aunque suscinta, de las que acaban de tener lugar con motivo del doble enlace. Como su nombre lo indica, la Plaza Mayor es la mayor en estension que se encuentra en Madrid, i la que durante dos siglos estuvo consagrada a los autos de fe, que eran las corridas de toros que a su modo daba la inquisicion. La plaza asemeja a un gran claustro i las calles que de ella parten, arrancan por debajo de arcos triunfales que conservan la continuidad de los edificios que la circundan, ocupando uno de sus costados un palacio de arquitectura del renacimiento, recargado de adornos, torrecillas i pináculos. El ámbito de esta plaza servia esta vez de digna arena para los toros reales. Los balcones de las casas habian sido convertidos en palcos para las familias acomodadas, i un inmenso tendido, construiso de madera, para recibir la muchedumbre. Una colgadura carmesí, con franja de oro de una tercia, daba vuelta toda la plaza hasta la altura del primer piso; otra amarilla con franja de plata adornaba el segundo, i otra azul celeste el tercero. Cuarenta mil espectadores colocados en los balcones, ventanas i tendidos, describian entre las colgaduras una línea oscura, variada como un tapiz por los colores diversos de los vestidos de señoras, las plumas de algunos sombreros   i el continuo ajitar de los abanicos; i para que el efecto artístico del golpe de vista fuese completo, desde el tendido inferior hasta la altura de los techados, se elevaba en las cuatro esquinas de la plaza, una gradería de asientos que formaba en cada estremo una enorme pirámide de seres humanos. Era este un espectáculo verdaderamente imponente cuyo brillo realzaban los rayos del sol, reflejándose sobre las anchas franjas de oro i plata, i las superficies que en grandes masas presentaba el raso de las colgaduras. El Hipódromo de Paris, al lado de este circo colosal, habria parecido un juguete de carton, bueno solo para divertir a los niños.

En los balcones del palacio que ocupa uno de los frentes i bajo una profusion de tapices i colgaduras de un lujo sorprendente, debia colocarse la reina, que habia de presidir los juegos, los príncipes franceses, la familia real, la servidumbre de palacio, i una hecatombe de jenerales cubiertos de cruces i de medallas, i cuajados de bordados desde los piés a la cabeza. Los alabarderos reales se colocaron en línea bajo el balcon rejio, sin otro parapeto que sus armas para defenderse contra los ataques de las fieras. Dos toros furiosos se echaron sucesivamente sobre esta muralla de fieles servidores, i las dos veces fueron rechazados, sin que la línea se conmoviese, i sin que el semblante marcial del soldado diese señal alguna de turbacion en presencia

112

del peligro. Así se simboliza en estas fiestas nacionales el valor i la abnegacion del guerrero i del vasallo.

Seis alguaciles en traje de ceremonia permanecen a caballo a algunos pasos al frente del balcon real, para ejecutar las órdenes de la reina; estos pacíficos ministriles no tienen mas defensa que la fuga, cuando la saña del toro quiere cebarse en ellos. Su vida, segun la tradicion monárquica, pertenece a su rei señor, i deben estar dispuestos a morir por el servicio i el placer real. En estas corridas un toro alcanzó e hirió el caballo de un alguacil en medio de las ruidosas esclamaciones i las risadas i las burlas de la muchedumbre que conserva, desde los tiempos despóticos de la España, un odio tradicional contra los empleados subalternos de la corona. Aquella dispersion de los alguaciles, i su terror pánico cuando se ven atacados por el toro, forman la parte cómica del espectaculo, i no es raro que un toreador malicioso atraiga esprofeso al toro sobre ellos a fin de hacer reir al público.

Cuando la familia real se presentó en el balcon, un movimiento jeneral de sombreros, pañuelos i abanicos, respondió   a las salutaciones de la reina, fijándose en seguida la atencion jeneral sobre los jóvenes príncipes franceses, con muestras inequívocas de satisfaccion i benevolencia. El interes que los toros inspiran al duque de Aumale, bastaria por sí solo para conciliarle las simpatías del pueblo que se complacia ya en recordar el magnífico presente que un año ántes habia hecho de dos espadas a Montes, i la buena gracia con que el célebre toreador habia correspondido, mandándole a Paris un suntuoso traje completo de majo, i un sastre intelijente para que lo adaptase a su persona. La atencion pública fué atraida en seguida por el espectáculo mas pintoresco i mas solemne que para ojos españoles puede ofrecerse.

A una banda de música marcial, seguian ocho heraldos vestidos con el traje hermosísimo que en la edad media caracterizaba su empleo. Precedian éstos la carroza del duque de Osuna, tirada por seis caballos enjaezados magníficamente i seguida a su vez por siete caballos ensillados, conducido cada uno por un palafrenero con librea del color adoptado en tiros, penachos i arneses por el noble duque. Cerraba la comitiva el matador Jimenez a la cabeza de su cuadrilla de picadores, chulos i banderilleros. La carroza del duque fué a colocarse frente al trono de la reina, a fin de que el *caballero en plaza* que él apadrinaba, la rindiese homenaje, i de rodillas solicitase a S. M. el alto honor de hacer alarde de su destreza. Eran en otro tiempo los *caballeros en plaza* nobles de distincion que, para mayor gala de las fiestas reales, tomaban parte en la lucha combatiendo en presencia del rei a caballo con el toro. Desde que las justas i los torneos han caido en desuso i con ellos la caballería de la media edad, aquel papel peligroso es desempeñado por jóvenes aspirantes, a los cuales ha de darse en recompensa una suma de dinero, i empleo en las caballerizas reales.

Concluida la ceremonia i andando el cortejo, avanzaron para ocupar el mismo lugar, el duque de Abrantes con igual aparato de heraldos, palafreneros, caballos, i seguido por la cuadrilla del Chiclanero. Venia en pos de él, el duque de Medina Celi, i Juan Leon con su cuadrilla. La cuarta i última carroza ocupábala, en fin, el duque de N... seguido de la guardia vieja de los toreadores, la cuadrilla de Montes, el cual goza de largo tiempo de una brillante reputacion ante la cual se inclinan todos los toreadores de España. Cerca de doscientas personas vestidas con trajes fantásticos i brillantes, formaban este estraordinario cortejo realzado por el esplendor   de las carrozas, la encumbrada nobleza de los títulos que decoraban a sus dueños, la fama de los toreadores, verdaderos grandes de España por la reputacion peninsular de que gozan, el brillo de los jaeces de los caballos, que ajitaban sus penachos sorprendidos del bullicio, o impacientes por tomar parte mas activa en el espectáculo.

Solo el nombre de Napoleon ha penetrado mas hondamente que el de Montes en las capas populares. Un murmullo jeneral de aprobacion lo recibe donde quiera que se presenta, i la noticia de su arribo a cualquiera ciudad de España, pone en movimiento a toda la poblacion. En la plaza de toros, teatro de su gloria, los vivas frenéticos del público muestran el placer con que siempre es acojido. Allí Montes es verdaderamente tan artista como Federico Lemaitre en su teatro, o Dumas en sus novelas. Las larguezas del público le han creado una gran fortuna, i ya está un poco entrado en años. Herido dos veces en diversos combates, tiene ya agotadas todas las temeridades que el arrojo puede ensayar con los toros; i los aplausos del público, siempre entusiasta admirador de su bizarría, habrian colmado ya cualquiera otra ambicion de gloria que no fuese la suya. Sin embargo, Montes, arrastrado por el amor del arte se presenta aun a lidiar. El peligro es el pábulo que le da vida, i él se injenia para renovarle, variándolo al infinito. Los cuernos aguzados del toro ejercen sobre él una atraccion májica, irresistible, i el público, conocedor de los infinitos percances de la lucha, le tiene predicho que en los cuernos del toro ha de morir.

Cuando Montes se presenta en la arena a capear un toro, la multitud inmensa de espectadores permanece inmóvil i silenciosa, a fin de no perder ninguno de los imperceptibles pases que hace con el bicho, i cuando el animal furioso se lanza sobre él, Montes aparta el cuerpo lo suficiente para que el asta mortal le desgarre el vestido entre el brazo derecho i la tetilla; segunda vez embiste, i entónces el cuerno pasa entre el pecho i el brazo izquierdo; tercera, i Montes queda volviéndole la espalda i envuelto en los pliegues de su capa, tan garbosamente como podria hacerlo al pararse en la Puerta del Sol.

A estos primeros pases se siguen diez diversos, cual variaciones de un tema único que es la muerte, i cuyas melodías se componen de coraje, actitudes artísticas, destreza i sangre fria. El público español mudo, estático hasta entónces, no por efecto del miedo, que no conoce, sino por la profunda   emocion que le inspira el sentimiento del arte, prorrumpe en pos de aquellas brillantes *fioríturas*, en gritos apasionados que conmueven los edificios de la plaza; diez mil sombreros se ajitan en el aire; diez mil pañuelos i otros tantos abanicos se cruzan, i las mantillas que no cubren ya los ojos negros brillantes de las españolas, dejan ver al artista célebre que las damas de hoi dia, como la de los torneos de la edad media, saben apreciar el valor i medir la profundidad de las heridas. En España, en efecto, las mujeres de todas las clases están iniciadas en los secretos del arte de los combates, i aplauden los buenos golpes o reprueban al poco diestro. «Se le dice a Ud., señor banderillero, decia con desden en alta voz cerca de mí una interesante señorita, al ver un par de banderillas mal puestas, se le dice a Ud. que ese golpe no vale nada».

El Chiclanero es otra aran reputacion nueva, por la destreza estraordinaria i la audacia de su espada. Todo su empeño es dejar muerto instantáneamente a toro, para lo que apunta siempre a cierto punto que no tiene mas diámetro que el de un peso fuerte i donde el cerebro está mal resguardado. El toro que el Chiclanero mató en las corridas reales, al caer delante de sí, vino a poner la cabeza a sus piés, completando el matador con la espada alzada en el aire i en la actitud de una estatua o de un grupo, aquel digno del cincel de Canova. Despues del Chiclanero cuenta Cúchares, i en pos de él siguen otras grandes ilustraciones de la tauromaquia.

Todos estos detalles me alejan empero de la principiada descripcion de las corridas reales, que me propongo continuar. Cuando llegaba la carroza, que traia a cada *caballero en plaza* al frente del trono, descendia aquel, como llevo dicho, i poniendo una rodilla en tierra, ofrecia para divertimiento de la reina el tributo de su vida. El color i los cabos de su vestido a la antigua española, daba el tono a todo lo que a él pertenecia, caballos, cuadrilla, etc. Un color era verde con bordado de plata; otro azul bordado de lo mismo; otro castaño bordado de oro; i el cuarto encarnado i plata. Los siete caballos enjaezados que seguian a cada caballero, debian servirle sucesivamente en la lid, a medida que fuesen inutilizados o despachados por los toros. De los cuatro caballeros, uno solo permaneció en la arena; pero tan brillantemente se condujo, que en esta sola corrida hizo olvidar toda la gloria de que habrian podido cubrirse hasta entónces los picadores de profesion. Cuatro toros cayeron sucesivamente muertos bajo su frájil rejoncillo; uno de ellos, en una primera   embestida, habia ensartado en las astas su caballo, i levantando i sacudiendo en el aire caballo i caballero, echólos a rodar por el suelo. Pero el intrépido aficionado haciendo poner de pié su caballo, sin perder un instante la silla, esperó, por segunda vez al toro, i atravesándole el corazon de un rejonazo, lo hizo caer muerto a los piés de su montura, como para que diese condigna reparacion de la pasada ofensa. Todas estas escenas tan irritantes, tan preñadas de emociones, pasaban en un abrir i cerrar de ojos, i a un minuto de silencio glacial, en que podian contarse las palpitaciones del corazon, sucedia el grito instantáneo, el trueno de aplausos de cuarenta mil espectadores, para caer de improviso en el mismo silencio de muerte, como aquella noche lúgubre que hace la tormenta iluminando el rayo súbitamente la naturaleza, para dejarla en pos sumida en la oscuridad. El *caballero en plaza* habia satisfecho con usura las exijencias del público, i la reina, radiosa de aquel placer que solo saben manifestar las jentes meridionales, hízole seña para que se retirase, sobrecargado de aprobaciones, perseguido por los estrepitosos vivas populares; i cuando desde uno de los balcones miraba envanecido las hazañas de los toreadores, de repente un grito universal, una ajitacion de pañuelos i sombreros, lo saludaba todavía, como si a un mismo tiempo viniese a la mente de aquella inmensa masa, el recuerdo eléctrico de las recientes proezas.

He visto los toros, i sentido todo su sublime atractivo. Espectáculo bárbaro, terrible, sanguinario, i sin embargo, lleno de seduccion i de estímulo. ¡Imposible apartar un momento los ojos de aquella fiera, que con movimientos peristálticos de la cabeza, está estudiando el medio de alzar en sus cuernos afilados al elegante toreador que tiene por delante! ¡Imposible hacer andar la sangre que se aglomera en el corazon del estranjero novicio, miéntras que con rostro pálido, boca contraida i reseca, i ojos estáticos, está esperando el desenlace de la lucha para respirar, con aquel jemido que arrancan las torturas del espíritu! ¡Está Ud. como una cera, decia yo a un amigo frances que me acompañaba! ¡I Ud. está verde, me replicaba, levantando la vista a mirarme, cuando el lance se habia terminado i no ántes! ¡Oh! ¡las emociones del corazon! ¡la necesidad de emociones que el hombre siente, i que satisfacen los toros, como no satisface el teatro, ni espectáculo alguno civilizado! La exasperacion de las batallas para los veteranos solo puede comparárseles; i despues de haber visto   los toros en España, he lamentado que hayan pasado para nosotros los tiempos en que se quemaban hombres vivos, para ir al cabo del mundo a presenciar sus tormentos, a verlos torcerse, jemir, maldecir a sus verdugos, o escoger para morir posiciones nobles, académicas, o reconocer la autoridad de los caníbales que habian ordenado, su suplicio como aquellos gladiadores romanos que saludaban a César al tiempo de morir; porque tan imbécil como todo eso es la especie humana. El ajusticiado se preocupa de no mostrar miedo en el último trance, porque no lo apellide la multitud cobarde; el reo político o relijioso, el mártir, en fin, no quiere implorar gracia, a fin de que no se infiera de ello que duda de sus convicciones; i el pueblo que presencia estos espectáculos, no pierde un solo movimiento del paciente, una palabra, un suspiro, para vanagloriarse de haber visto i oido tales cosas, i gozarse en el súbito temblor de las carnes que le acomete, cada vez que a su espíritu vuelve la imájen de la lúgubre ejecucion. Cuando la inquisicion existia, i mandaba a esta misma plaza mayor sus ensambenitadas víctimas, las autoridades debian sentir la necesidad de refrescar las escenas de sangre i de llamas, para acariciar i entretener al pueblo, i éste denunciar al primero que veia leyendo un libro, a fin de poner de su parte los medios de divertirse con la pompa, aparato i emociones de la horrible ejecucion. La conversacion del dia seria como de costumbre, sobre lo ocurrido en la mañana, i las comadres al saludarse repetirian todos los detalles del acontecimiento; si el hereje habia querido hablar, si blasfemó para su mas segura condenacion, si era contumaz, esto es, si sintiéndose injusta i bárbaramente asesinado, tuvo el coraje de pasear, desde lo alto del poste, miradas de soberano desprecio sobre la muchedumbre estúpida que se gozaba en su suplicio, i la turba de fanáticos que lo mandaba a las llamas, acaso porque sabia lo que ellos ignoraban. Porque en España los *autos de fe* i los toros anduvieron siempre juntos; i el pueblo pasaba de la plaza Mayor de ver quemar vivo a un hereje, a la plaza de Toros, a ver destripar caballos, ensartar i sacudir toreadores en las astas, o morir veintenas de toros i caballos, entre charcos de sangre, i de escrementos derramados de los rotos intestinos. Yo he visto en una tarde morir dieziocho caballos i siete toros, i dejo a cualquiera que calcule la cantidad de sangre que a chorros ha debido salir de veinticinco cuadrúpedos. Este pueblo así educado, es el mismo que se ha abandonado a las espantosas   crueldades de la guerra de cristinos i carlistas en España, el mismo que a orillas del Plata, se ha degollado entre sí con una barbaridad, con un placer, diré mas bien, que sobrevive hoi en la raza española; porque no ha de conservarse un espectáculo bárbaro, sin que todas las ideas bárbaras de las bárbaras épocas en que tuvieron oríjen vivan en el ánimo del pueblo. Es para mí el hombre un animal antropófago de nacimiento que la civilizacion está domesticando, amansando, de cuatro o cinco mil años a esta parte; i ponerle sangre a la vista, es solo para despertar sus viejos i adormecidos instintos. Los espectáculos patibularios suscitan criminales en lugar de servir de escarmiento, i el dia que no se fusile un bandido, habrá por lo ménos tantos bandidos en el mundo, como cuando se les mataba como a perros rabiosos, i no mas. El hombre, ademas, tiene tantos instintos malos como buenos, i un sistema de creencias i de espectáculos, esto es, de ideas i de manifestaciones, puede formar irrevocablemente el carácter de un pueblo. No es otro el secreto de los gobiernos corruptores; la sociedad los apoya, aplaude i ayuda; en ella misma encuentran sus instrumentos que son todos los hombres, porque todos tienen su lado malo.

He caido sin quererlo en estas tristes reflexiones morales, quizá por reaccion contra las tentaciones de crueldad que el espetáculo habia revivido en mí, i no me siento ya dispuesto a continuar la comenzada descripcion de los toros reales, que no terminaron sino cuando las tinieblas de la noche hacian imposible la continuacion de los combates, i despues que Cúchares, el Chiclanero i Montes habian ostentado su habilidad, matando sucesivamente diez toros que a su vez habian destripado una media hecatombe de caballos, estropeado seis picadores, dos alabarderos i un alguacil, con infinito contentamiento del inmenso pueblo, que entre larga hilera de carrozas reales, bandas de música, i escuadrones de coraceros, se apiñaba, se estendia, como olas que van i vienen, se revuelven, i rompen, saliendo por los vomitorios de la plaza Mayor i siguiendo por las calles como por el cauce un torrente que desciende hinchado de peñascos i árboles arrastrados de las montañas. Una hora despues, aun no se habia serenado aquel rumor jigantesco, el fragor de aquel pueblo en delirio, sobrescitado, rumiando sus emociones pasadas, diciéndolas en alta voz, comentándolas i saboreándolas de nuevo. Otro dia de toros, i la misma novedad, la misma escitacion que el primero   i el tercero, como que eran los primeros toros reales, vistos desde los tiempos de la Jura de Femando VII el deseado.

A las paradas, revistas, besamanos, velorio en Santa María de Atocha, se sucedian las representaciones teatrales, la *Pata de Cabra* en el Teatro de la Cruz, óperas italianas en el Circo, comedias antiguas de Moreto i Lope de Vega en el Príncipe, teatro real de Madrid, un edificio de innoble esterior, o mas bien sin muestra esterior alguna que revele su existencia; pero elegantemente decorado en el interior, i como los teatros italianos, mui superior, en cuanto a efecto, a las grandes i suntuosas pocilgas de Paris. Se dan en el teatro del Príncipe comedias de Lope de Vega, románticas, por la misma razon que en Francia se dan, en la Comedia francesa, trajedias de Racine i Corneille, clásicas, esto es para que los españoles anden siempre i sin saberlo con los frenos cambiados. El teatro del Príncipe, ademas, sirve de Puerta de San Martin a los compositores modernos; de *vaudeville*, a Breton de los Herreros, para sus comedias de costumbres; de Palais Royal, a los autores de sainetes, verdadero pandemonio, donde se ve todo lo que en materias teatrales ha de verse en España. La reina favoreció con su presencia las reales representaciones. Dióse por primera vez *El Desden con el Desden* de Moreto, sin pasar la esponja por los crasísimos donaires del truan que mantiene el enredo de la pieza, i dichas a las mil maravillas por Guzman, el gracioso mas al paladar de Madrid.

Necesito establecer algunos antecedentes, para esplicar las sensaciones que el teatro español me ha producido. Desde luego, yo no acepto la distincion mui recibida de literaturas i civilizaciones distintas en los pueblos civilizados de hoi, ni aun para la España, que es la nacion que ménos puede pretender a nada suyo propio en materia de trabajos de la inteligencia; porque el atraso no es una civilizacion, ni produce una literatura. El espíritu humano ha llegado a cierta altura en nuestro siglo, i es preciso que para ser aceptado un producto literario, esté a esa altura. Ahora, basta seguir el rumbo que ha tomado la novela, el folletin, verdaras epopeyas de nuestro siglo, para comprender cual ha de ser el teatro. Accion complicada, multiplicidad de personajes, espresion de sentimientos en imitacion de la vida, de la realidad, tanto mas perfecta, cuanto mas a lo vivo pintan la manera habitual que conocemos a esos sentimientos. De aquí viene la revolucion que esperimenta el teatro en Francia, en Paris, donde este espectáculo ha tocado a su apojeo. Cada   teatro tiene su especialidad, cada pieza su actor que la desempeñe; i al reves de ahora cincuenta años, en que la comedia escrita era la obra maestra, lo que iba a esponerse i representarse, ahora es el actor, ya sea Lemaitre, o Rose Cheri, o la Rachel a quien le venian bien las trajedias antiguas. Dado el actor i sus habilidades conocidas, vienen las palabras, el libreto para su jénero de música, el tono para su voz, i despues el traje que realiza al personaje i la época que finje, las decoraciones que traen al teatro el lugar de la escena. Esta comedia o este drama, no puede ser en verso; porque el verso nunca puede espresar las pasiones con su verdadero lenguaje, sin estudio, sin aliños visibles, como son los asonantes i consonantes; i contra las reglas conocidas, la comedia o el drama moderno, *es una accion, un suceso en prosa*. Víctor Hugo, obedeciendo a esta nueva inversion de las reglas, el primer poeta de la época, ha escrito sus mejores dramas en prosa, como Dumas, como todos, porque no pueden evitarlo, aunque de vez en cuando aparezcan composiciones en verso. Esto supuesto, el teatro español viene arrastrándose todavía, veinte o treinta años atras del arte actual. ¿Qué decir de una poesía de ocho sílabas, que mas lijero que una péndula, está martillando al oido, su eterno *alumbra, encumbra, deslumba, errumbra*, i todos los consonantes que puede dar un idioma? ¿Qué puede hacer un actor que tiene que repetir estas majaderías, una por segundo? Es preciso tener mui viciado el juicio para asustarse de ver a un marido que quiere asesinar a su mujer, apostrofándola en verso. ¡Mentira! no la ha de matar; i de seguro que el puñal que tiene en la mano ha de ser de carton, o de hoja de lata. El que mata no habla así; las frases son largas o cortas, entrecortadas, principiadas i no acabadas, i todo completado por la accion, por gritos, por el asirla de un brazo i echarla por tierra, o hacerla arrastrarse sobre sus rodillas. Pero versos octosílabos, una o dos horas en este necio campanilleo, formado de frases de relleno, vacias de sentido casi siempre, hinchadas o estemporáneas las mas veces, i nunca naturales, porque se han traido por los cabellos para hacer con ellas ocho sílabas para el autor i no para el actor, que no sabe como alargar o acortar sus dichos, segun que la pasion lo pedia. Los españoles creen que les es peculiar el octosílabo, porque los *cieguitos* componen en ese metro, que es el *abece* de la composicion métrica. I cierto, que cuando leo octavas, aunque sean escritas por Zorrilla, me parece que   estoi oyendo a los *cieguitos* de Madrid, tan sin objeto son estos millares de versos i de versificadores que produce la España, entre los cuales jamas se vió ni un Byron, ni Goëte, ni Lamartine, ni Beranger, ni nombre alguno que salga de la península, si no es el de Espronceda que nadie conoce i que mereciera ser conocido. Luego, basta conocer un poco a Madrid, para medir el alcance del drama español. Madrid, aunque real i mui noble, es siempre la *villa* de Madrid. Ejemplos: en el teatro del Príncipe hai un chirivitil donde recibe Romea, el primero i el único actor dramático de la España. Allí, en aquella tertulia, ve el estranjero en ocho dias, conoce i tutea si quiere, a todas las ilustraciones literarias de la España; poco queda fuera de este círculo. Mas allá i en la misma calle, está el Casino, en donde se reunen todas las reputaciones políticas de Madrid, diputados, banqueros i literatos políticos que han principiado por ser versificadores, esto es *cieguitos* con los ojos claros, i han concluido por ser jefes políticos, diputados o secretarios de la reina. Hai un café, ántes el del Príncipe, hoi el de los Suizos, a donde el estranjero puede ver si aun le queda algun hombre notable de Madrid. Cuando estaba en boga escribir *Misterios* de Lóndres, de Rusia o de Paris, uno que emprendió los de Madrid, tan buena maña se dió, que la policía hubo de entender en ello, porque a cada entrega salia a bailar, con sus pelos i señales, una familia, un individuo, la duquesa tal, que nadie podia equivocarla. Esta estrechez del círculo en que el autor vive, aquella simplicidad de los elementos que componen la sociedad, estorba la aparicion de la novela en España, lo mismo que en América, porque la imajinacion no tiene para coordinar, exagerar i embellecer, esa multitud de acontecimientos de las grandes i populosas ciudades, donde la especie humana aglomerada, oprimida, despedazada, deja oir a cada momento gritos tan terribles de desesperacion, de dolor; ni ver escenas tan estrañas, ni manifestarse pasiones tan destructoras, ni afecciones, ni odios tan fuertes. Se necesita ademas para el drama moderno, tal como ha de presentarse a hombres llegados a la virilidad de espíritu de nuestra época, que el alma del público esté nutrida de ideas, de recuerdos históricos i tradicionales en que prenda la alusion; que tenga el corazon aguzado para sentir impresiones suaves, ténues, a fin de poder desenvolver ante él una multitud de pequeños sentimientos, que son como los trinos, arpejios, i florituras de la música, que no forman el fondo de la composicion,   pero que a tal punto se incrustan i adaptan a las grandes superficies, que estas quedarian como despojadas, si se les quitasen aquellos adornos. Digo la verdad, un *vaudeville* me causa mayores sensaciones que todo el repertorio español antiguo i moderno; i ya quisiera darles en diez a los cieguitos, que hagan un drama en prosa, para ver si tienen algo que decir. I esto no por falta de talento, que es comun en España como lo es en todas partes donde nacen niños con cráneo bien desenvuelto, sino por falta de espectáculo real en la sociedad en que viven, rudimental aun, simple en sus virtudes, como en sus crímenes i en sus vicios. Esta simplicidad de la vida en la real villa, va hasta ligar al público con su actor i su actriz, i hacerle tomar parte en sus desavenencias domésticas. Romea es un jóven, poeta como debe serlo todo español que pretenda saber hacer versos, i actor irreprochable, porque a maneras distinguidas i trato de sociedad, reune una instruccion rara por lo comun entre nuestra jente de teatro. Los españoles lo creen un digno rival de Lemaitre, o de *qui que ce soit*. La verdad es que es un hombre mui bien educado, i si le falta jenio, sóbrale talento verdadero i estudio completo. Acaso la bondad de su carácter le perjudica para la propia espresion de las pasiones terribles u odiosas, que hacen la fama de un actor. La Torre, que vi en don Pedro el *justiciero*, me pareció por momentos serle superior en esto. Por lo demas, no confío mucho en mi juicio, porque todas las piezas en que lo ví, eran en octosílabos, i necesitara ántes verlo enojado como su perro, para saber si puede espresar o no la cólera. Romea, pues, para llegar al cuento, se casó, por amor del arte, con Matilde Diez, la Rose Cheri del teatro español, dama apuesta i cumplida, i en nada inferior en talentos dramáticos a su dramático consorte. La boda fue sancionada por el público aplauso; la luna de miel hubo de escurrirse plácida i dulce como siempre; el menaje rebozó de dicha i contento por algunos años, como el teatro de coronas i bravos; cuando héteme aquí que contra la regla ordinaria, el marido, el primer galan, resulta a no dudarlo, infiel a la fe jurada ante los altares. La Matilde se queja, i Romea se le rie en sus hocicos; protesta, i ni por esas; visto lo cual, i sin omitir intimaciones, amenazas, ruegos, i todo lo usual en casos iguales, mi Matilde toma un amante, con grande aprobacion del público, que desde el principio de la querella matrimonial, habia tomado parte activa en favor de la Matilde, no dejando a Romea, sino una corta cábala de   amigos que lo aplaudiesen; i tan parcial se mostró en todo este desaguisado el público, que el marido infiel de abandonar las tablas. Un incidente raro dió a estos enredos nuevo interes todavía. Una noche de representacion introdújose al Príncipe un cierto perro, sin amo, i de esos que corren las calles de las ciudades. La representacion comienza, i nuestro aficionado va a colocarse cerca de la orquesta en lugar aparente; aplaude el público a Matilde Diez i el mastin o sabuezo menea la cola, lleno de complacencia. Todas las noches vésele aparecer, colocarse en el mismo punto, i seguir a su actriz favorita en todos sus movimientos. Un dia de beneficio el contento público llega a su colmo, hai tormenta de aplausos, i el perro no se contenta ya con menear la cola desde un punto, sino que sube a las tablas, cumplimenta a su modo a la célebre actriz i la acompaña hasta su casa con la turba de entusiastas. Desde entónces es admitido miembro de la familia, i vive en la mejor intelijencia con Romea, hasta el dia en que el matrimonio se turba, que entónces corta toda relacion con el marido culpable, separándose con la otra mitad del menaje; i si despues los niños van a visitar a su padre, el perro los acompaña hasta la puerta, i los aguarda en la calle para volverlos a llevar a casa de su amiga. Ahora que Romea i Matilde viven mal entre ambos, a lo que se dice, no sé si el entusiasta perro hace la vista gorda, como debe hacerlo todo buen criado; puesto que entre sus atribuciones no entra la de enseñar moral a sus amos, que colocados en las altas rejiones del arte, obedecen a otras leyes que las que rijen a los pobres mortales.

Hai, ademas, en Madrid varios otros teatros subalternos, que a decir verdad, no merecen ser mencionados. En ellos sin embargo ví en aquellos dias de escitacion, una manifestacion del espíritu nacional, que por ser constante, i mui en conformidad con los antecedentes históricos, llamó mui particularmente mi atencion. La mas leve alusion a los *estranjeros* en las piezas de teatro suscitaba tormentas de aplausos, bien entendido que la alusion debia serles desfavorable. Este pueblo está enfermo de orgullo quebrantado, i se desahoga maldiciendo a los estraños. Afortunadamente para el español no hai mas habitantes del mundo que el frances i el inglés. Cree en la existencia del ruso; el aleman es ya algo problemático; pero eso de suecos o dinamarqueses, son mitos, fábulas, invenciones de los escritores que de ellos hablan. El frances basta por sí solo para llenar todas las cavidades hondas   del corazon español. ¡Qué odio! pero ¡qué digo!, ¡qué desprecio tan soberano! Un frances debe ser una especie de saltimbanqui, peluquero de profesion, bailarin por carácter, o cuando ménos, pastelero. Hombre con seso no hubo jamas en Francia, si bien tienen la manía de escribir librotes, sin son ni ton, dotados como están de aquella superficialidad característica al frances. Su industria es perfumería i papel pintado; i sus glorias, las que ellos mismos se dan, porque, eso sí, para ponderar i alabarse i exagerar i mentir, ¡ahí está el frances! I sin embargo, frances es en Madrid el pastelero donde se pueden tomar confituras aseadas; frances, el fondista o dueño de café, donde la jente elegante come o se reune; frances el cochero i el mueblista; frances el que vende efectos nuevos, que son *nouveautés* francesas; frances el que construye guantes; frances el partido *moderado* porque así lo inventó Luis Felipe; el *progresista*, porque en Francia no está de moda el nombre estropeado de liberal; el sistema tributario de Mon es traduccion del plan de rentas de Human; Martinez de la Rosa trae de Paris su reputacion de sabio, como Narvaez la de jefe político, sin contar a Rianzares, duque i par de Francia, para tener a Cristina en los intereses de la corte de Versailles; i en cuanto a literatura, Gonzalo Moron ha hecho un ensayo titulado *Historia de la civilizacion de España*, que huele de léjos a la *Historia de la civilizacion* de Guizot, pero que de cerca sabe a tocino i chorizo, esto es al mal gusto nacional de violentar la historia para darse aires de ser algo, porque en la edad media fueron mucho. Juzgad por esto si tengo razon de creer que allí el pensamiento está muerto. En los dias de mi residencia en Madrid so publicaba la historia de Cárlos V, traducida del inglés de Robertson, que escribió a mediados del siglo pasado; la de los Reyes Católicos por Prescott, norteamericano; las de las conquistas de Méjico i Perú por el mismo autor; la historia de la literatura española por Sismondi, italiano; por Viardot, frances, que ha hecho la estadística de la España; por no sé qué otro autor aleman; por todo el que intente decir lo que es o fue la literatura española, escepto por un español, sino es Martinez de la Rosa, que ha producido un adefesio de poética de Boileau en el momento en que el drama se transformaba, las unidades pasaban a mito, i la novela tomaba la delantera a todos los otros jéneros de composicion poética. El lenguaje mismo se resiente de esta influencia, aunque no sea sino por las resistencias que opone a ella. Leeréis libros que no sabríais a   qué siglo de la literatura española atribuirlos, tanta frase anticuada, tanto vocablo vetusto i apolillado encontrareis en ellos, que el arcaismo no podria caracterizar suficientemente; i estas buenas jentes que de puristas se precian, por huir del galicismo, acabarán por hacer un idioma de convencion que solo ellos se lo entiendan, cosa que, a decir verdad, no ha de traer grave daño al mundo intelectual.

I como no ha de andar la palabra escrita sin que en signos esteriores se manifieste el uso i consumo que de ella se hace, os contaré algunos detalles domésticos que ilustrarán abundantemente la materia. Es conocido de todos en América el nombre de nuestro amigo don Manuel Rivadeneira, creador de la prensa en Chile i el primero, por no decir el único, impresor de España. Cuando las fiestas reales, hubo de publicarse varios folletos que por ser para el uso de la corte i haber de verlos los príncipes franceses, requerian una edicion de lujo i presentable. Rivadeneira, como el único capaz de hacerlo, fue encargado de la edicion. La imprenta del *Español* quiso dar un croquis de la colocacion de los personajes en Nuestra Señora de Atocha en el acto solemne de los desposorios, i Rivadeneira fué encargado de realizarlo con signos tipográficos para mandar la forma en seguida a que fuese tirada en la imprenta del *Español*. Ultimamente, recorriendo los datos estadísticos publicados en Santiago por la imprenta del estado, Rivadeneira, sin reconocer perfeccion del trabajo, me dijo, «en Madrid no hai impresor capaz de hacer esto». Hai un Buis i un Madoz que tienen grandes establecimientos, con máquinas venidas de estranjis, pero que no andan por faltarle a la una un tornillo que nadie sabe reparar; no haber quien entienda la otra; i todas por no formar parte de un conjunto ordenado de aparatos. La imprenta de Rivadeneira ha publicado i estereotipado una magnífica coleccion de todos los antiguos autores españoles, i arruinádose medianamente por falta de compradores de obra tan importante. La ciudad de Córdova no daba colocacion a dieziseis ejemplares. Mas negocio hacia la imprenta del *Heraldo*, publicando traducciones francesas e inglesas, *Misterios de Paris Judío Errante, Matilde*, i todo el catálogo obligado de novelas en boga. Ultimamente, se proyectaba i ponia en planta una asociacion de librería, fundicion, imprenta i estereotipía, con 40000000 de reales por acciones i confiada a la direccion de Rivadeneira, que tenia por objeto esplotar en España i América este ramo de industria, i es probable que el   éxito corresponda a la espectacion de los especuladores. Rivadeneira salia a colectar en Alemania, Francia e Inglaterra las máquinas i aparatos necesarios para la provechosa ejecucion de plan tan vasto.

He aquí, pues, la España intelectual, industrial i política, tal como he podido comprenderla a vista de pájaro; que por mas que digan, si no pueden de este modo verse los detalles, vénse los grandes monumentos, que es la armazon de un estado. Doscientos treinta i seis ministros han dirijido sucesivamente en una docena de años los negocios públicos, sin que entre ellos haya dos, cuyos nombres hayan sobrevivido a los dias de su efímera exaltacion.

En los alrededores de Madrid, como en los de Paris, hai algunos sitios reales, el Pardo, Aranjuez, el Escorial, Versalles español con su tipo nacional. Una llanura despoblada, un puente sobre el Manzanares donde se ven dos de las rarísimas estatuas que hai en monumentos públicos en España, casas destruidas durante la guerra, i que hoi sirven de parapeto a rateros que no merecen el nombre de bandidos, lomadas sin fin como oleadas de piedra, descarnadas, amarillentas, hé aquí el camino en que una dilijencia sucia i estrecha conduce cada dos dias a los viajeros que quieren visitar el Escorial. Esta escena de desolacion, aquella pampa salvaje intermediaria entre una capital i un monumento, preparan el espíritu, deprimiéndolo i entristeciéndolo, para acercarse al panteon de Felipe II. Despues un valle sin agua i sin árboles, una montaña elevada que cubre el horizonte, i a su base la cúpula i torreones del edificio sacerdotal, levantándose como pigmeos humanos en presencia de las obras de la naturaleza. Al llegar a aquel páramo os enseñan un peñasco desnudo en donde Felipe II hizo ahorcar a los trabajadores que no querian conformarse con el escaso estipendio que les habia asignado, medio seguro de resolver la cuestion del salario. Una fondita tenida por mujeres, un sacristan ciego, que enseña a tientas i con precision los cuadros, son las tristes novedades que allí se ofrecen. Habreis oido decir que el Escorial está construido en forma de parrilla en honor de San Lorenzo i de la batalla de San Quintin; todo esto puede ser, pero ningun mal hace a la arquitectura este sombrío i bárbaro plan. Es la montaña vecina quien aplasta i anonada el monumento, dándole una alma oprimida, helada, torba. Por la mañana no está el sol allí para creerse uno libre; el frio, que bajo aquellas bóvedas sepulcrales penetra   hasta los huesos, tiene no sé qué de calabozo, de subterráneo que os hace procurar involuntariamente las puertas, mirar las ventanas, buscando como las plantas la luz del cielo.

Un recuerdo me venia sin cesar al espíritu al contemplar este estraño i espantable edificio. Veníame al espíritu que todas las civilizaciones han levantado al morir un grande monumento, como la tumba en que debian quedar sepultadas. El panteon de Aténas, el coliseo de Roma, enterraron la democracia allá, el patriciado aquí. El poder temporal del papado se sepultó en San Pedro de la Roma moderna. Las anatas, las induljencias i las bulas de la Santa Cruzada, con cuyos productos se construyó, dieron al mundo el protestantismo; el protestantismo, hijo de la libertad de exámen, enjendró la educacion pública i la discusion; i de estos padres nacieron mas tarde la libertad política i la democracia moderna, la química i la mecánica, el vapor i las ciencias. Versailles habia sepultado el poder absoluto de los reyes, empobrecido a la Francia, i convocados los estados jenerales para remediar la espantosa deuda, enjendrado la revolucion de 1789 que ha rejenerado el mundo. Pero Versailles como San Pedro, eran la glorificacion de las artes i las ciencias antiguas, i cada piedra asentada hacia surjir una nueva idea, suscitando un hombre, un recuerdo. En San Pedro, Miguel Anjel i el antiguo Panteon, la Roma de los césares i la de los papas; en Francia el gran rei, i todos los grandes hombres que brillaron en el siglo de Luis XIV. Así estos dos monumentos han quedado vivos, aunque hayan muerto los instrumentos que sirvieron a su construccion. Versailles necesita dos caminos de hierro para proveer al movimiento de atraccion que causa. La Europa entera remolinea en derredor de aquellas artísticas i esplendorosas ruinas, al paso que el Escorial no tiene veinte visitantes en la semana. Si es un cadáver, es un cadáver fresco aun, que hiede e inspira disgusto. No hace veinte años que el alma abandonó a aquel cuerpo. El Escorial no fué la pirámide elevada al último representante de una forma de civilizacion, era el trono para los que iban a heredar el poder de Felipe II i de la Inquisicion. El Escorial fué construido con el sudor de la España i el botin de la guerra, convento de monjes. Hé aquí lo que Felipe II quiso honrar, perpetuar, un coro de doscientos frailes que cantasen el miserere a la libertad de pensar que habia él asesinado. Las bóvedas del convento de San Lorenzo se abajan en formas planas sobre el coro, para repercutir aquellas roncas   plegarias de los dominadores de la España. Todo iba a morir, poder de la España en Europa, escuadras, colonias, letras, bellas artes, ciencia, porque todo habia sido desangrado, chupado, cortado, talado, arrasado, para levantar el convento normal, monumental, rejio, inquisitorial. Felipe II murió i la España entera se hizo fraile; en cada familia noble o plebeya hubo uno, i al nacer un niño, los padres lo destinaban ya para monja, si era mujer; para sacerdote, si era hombre. Hubo momento en que la España contuvo doscientos sesenta mil monjes, la flor como la hez de la nacion, porque todos los caminos abiertos a la actividad humana venian a parar a la puerta de un convento. Allí se daba la sopa a los pobres que dejaba en todas partes la absorcion de aquel monstruoso vampiro con medio millon de cabezas, de aquel pólipo que crecia en el seno de la España; i cuando ésta, moribunda, quiso hacer el último esfuerzo para vivir, encontró que los tres cuartos del territorio de la península eran temporalidades, i tres millones de españoles dependian para vivir de la chirle sopa distribuida en la puerta de los conventos. ¡Oh, Escorial! aquí, bajo tus bóvedas sombrías está toda la historia de esta pobre enferma, cuyo hondo mal médico alguno ha estudiado todavía.

El ex-clérigo o fraile que os enseña las raras curiosidades de aquel vasto sepulcro, las urnas de los reyes, la silla de baqueta en que se sentaba Felipe II, i el banquillo manchado en que ponia su pierna enferma, mil tradiciones de sucesos sin consecuencias, parecíame uno de aquellos sacerdotes del Ejipto que a Thales o a Herodoto esplicaban los jeroglíficos de las pirámides, revelándoles la historia secreta del pasado de que ellos solos eran intérpretes, porque era la obra de ellos solos. El espíritu del antiguo convento anda por aquí todavía rondando, pronto a reconquistar su prosa al menor vaiven político, i es ya fama que el gobierno quiera hacer del Escorial un Hotel de Inválidos de la Iglesia, reuniendo allí un nuevo coro que cante letanías, porque todos sienten que el Escorial ha sido construido para hacer retemblar bóvedas i claustros con los cánticos solemnes del culto católico. Entónces la montaña triste i descarnada que sombrea i humilla el monumento: entónces el frio glacial de aquellas paredes húmedas; entónces la desolacion de aquel valle estéril i pedregoso; entónces la pobreza cerril de aquellos pocos habitantes que pastorean sus ovejas en el atrio del convento, toman su verdadero significado, la muerte de la   España, su despoblacion, su ignorancia i su ociosidad. Entónces el miserere de doscientas voces puede helar la sangre i hacer hincarse de rodillas al español de nuevo, i pedir a gritos misericordia por los males i la degradacion que lo agobian.

El Escorial encierra preciosos monumentos de ciencia i arte. Están cautivos allí los manuscritos árabes; i todavía despues de tres siglos de incomunicacion, aquellos ilustres presos no han sido interrogados; nadie sabe sus nombres, ni entienden las escusas que pueden hacer en favor de la civilizacion morisca. La antigua lejislacion contra herejes e infieles está vijente para ellos, la prision perpetua, la incomunicacion i la denegacion de audiencia. Pero, en fin, no han sido quemados vivos los manuscritos árabes, i aun esperan que se les haga justicia. Varios cuadros de la escuela italiana han pedido i obtenido que se les pase al museo de Madrid, por ver jente, por gozar un poco del sol. Los franceses se llevaron otros.

El Museo de pintura de Madrid es uno de los mas ricos i desiertos de la Europa. La escuela española tiene allí sus mejores representantes, ¿Cómo ha sucedido que la pintura haya muerto en España; pero muerto a punto de desaparecer completamente, como si jamas hubiese existido? La escuela española en pintura, es como la escuela romántica en letras. Lope de Vega i Rivera, Calderon i Velazquez son los pintores de la España que se petrificó en el Escorial; de ahí en adelante no dió una sola gota de jugo el arte para nada, para nadie. Los cuadros españoles muestran el mismo fenómeno que las comedias i los autos sacramentales; un arte que nace de sí mismo, que crece, se agranda, sin padre i sin hijos. Los orijinales de las vírjenes de Murillo se encuentran a cada paso en las manolas sevillanas; San Jerónimo en los mendigos desnudos; i en el cuadro de los borrachos de Velazquez, vése que ni la fisonomía, ni el vestido de este tipo ha cambiado un ápice en tres siglos. El arte italiano se educó primero en las estatuas de Roma i Grecia; como Boileau en Quintiliano, Horacio i Aristóteles. En España nunca so estudió nada de lo pasado, i las bellezas de sus dos artes fueron produccion orijinal del suelo. Así

124

Lope de Vega, Calderon, Murillo, Cervantes, pueden solo compararse a Pitágoras, Sófocles, Arquímedes, Euclides, cada uno creador de un ramo del arte o de la ciencia. La diferencia solo está en que los españoles no pudieron legar nada a su nacion, que cambiaba de faz en aquel momento. La novela creada por Cervantes fué a reproducirse en Francia; el pincel de Rivera en los Paises Bajos.

La orijinalidad del arte español es aun mas sensible en el asunto de la composicion; siempre mendigos, frailes i carnicerías, sino es Murillo, que inspirado por el cielo de la Andalucía, cultivó los sentimientos tiernos de la familia. Lo terrible forma siempre el sublime de la pintura española; santos desollados, estudiado el asunto sobre el natural, porque solo viendo palpitar la carne puede la pintura llevarse a un grado tan espantoso de verdad; monjes en contemplacion, apénas discernibles sus adustas formas bajo la capucha i bajo las sombras del claustro; mendigos que os hacen rascaros involuntariamente por la comezon que causa la contemplacion de aquellos sucios harapos que la imajinacion puebla de sus naturales habitantes, i los ojos creen verlos hirviendo i hormigueando.

Pero todo aquel arte es un mito ya, una fábula. La España moderna no tiene ni pintura sagrada ni profana. Solo un ensayo que se muestra en el Museo de Madrid ha querido representar una virtud heróica, i solo ha logrado pintar a la España. El asunto de la composicion es el hambre, la pobreza i el orgullo. Un moribundo rodeado de muertos rechaza con indignacion el pan que le ofrece el *frances*, miéntras devora un troncho de col. Un mote escrito abajo esplica los sentimientos que animaban al pueblo durante la guerra de Napoleon: «¡la muerte, sin Fernando!» Lo único que hai digno i noble es la figura simpática de los oficiales franceses que distribuyen víveres; todo lo demas es vil de formas, innoble de sentimiento, asqueroso de aspecto i de decoracion. ¿Cómo no han sentido los españoles el oprobio que este cuadro hace a su pais?

Está allí la Perla de Rafael i la Vírjen del pescado, italianas, i mas que italianas, griegas, ideales de formas, como el arte romano educado por la tradicion antigua conservada en las estatuas.

No hai estatuas en España ni antiguas ni modernas. La estatua para existir necesita una atmósfera de gloria, que para elevar el alma suple a la libertad. En los gobiernos absolutos la gloria la representa el soberano; él da las batallas, él concibe los planes, él solo se ilustra aunque sus jenerales lo hagan todo, aunque sus ministros sean los únicos artífices de la historia; en los gobiernos sacerdotales el hombre desaparece en presencia del santo, o del sumo sacerdote; i la España era sacerdotal i despótica a la vez para levantar una sola estatua a las glorias mundanas. Hai mas todavía, la España hizo su santo de barro, de palo, embadurnado de pintura i revestido de trapos; i ni aun la estatua del santo existe sitio son algunas admirables cabezas de yeso con ojos de vidrio. La procesion de los santos es solo posible en los paises españoles por esta peculiaridad de su estatuaria. En Roma hai procesiones porque no puede trasportarse un santo de piedra.

Dos meses he parado en Madrid i no he conocido sino mui pocas familias. Los americanos i franceses que han penetrado en la sociedad, cualquiera que su rango sea, alaban la cordialidad i la franqueza de las costumbres, i cierto aire de la hospitalidad americana que hace del estranjero a la tercera visita el miembro de la familia. En los círculos de literatos que he frecuentado, he encontrado el mismo espíritu, la misma llaneza, que haria amar al español por aquellos mismos que, como yo, detestan todos sus antecedentes históricos i simbolizan en la España la tradicion del envejecido mal de América.

Parto de Madrid para la Andalucía i os iré contando lo que merezca ser referido.

La Mancha

La dilijencia pasa por Aranjuez a donde no he querido detenerme. A poco andar reaparece el desierto, el secadal, la Mancha, la venta de don Quijote, i los molinos de viento que sujirieron a Cervantes aquel estraño combate de su héroe. La venta de Puerto Lápice está intacta aun; muleteros la aturden con sus reniegos; las mulas la infestan con sus orines; los ciegos la alegran con sus serenatas; el humo de las lámparas da su rebote por el olfato, al gusto nauseabundo de huevos i viandas preparados en aceite verde i rancio, que los españoles prefieren al claro aceite obtenido por las prensas hidráulicas. Aquí, como en todo lo que de la España he visto, nada se ha cambiado despues de tres siglos; Cervantes o Lesage escribirian hoi lo mismo, salvo lo de la Inquisicion i de la Santa Hermandad.

Empiezan a aparecer los olivares, raros, enfermizos, enanos,   pero productivos. El olivo es el asno de la agricultura, se mantiene de los desechos de la tierra, vive de peñascos, de declives, i de pedregales, como el otro de troncos, de espinas, i de malezas.

En Manzanares, el postillon de la dilijencia que debia reemplazar al nuestro, estaba tendido i envuelto en vendas i ligaduras. Acababa con la otra dilijencia de ser derrengado a palos por una banda de ladrones, i desbalijados los pasajeros, dejándoles en cambio algunas contusiones. El antiguo bandido ¡existe pues! yo lo habia echado a cuento. Venian conmigo en la dilijencia un capitan de una corbeta de vapor, un coronel retirado, dos comandantes de milicias i dos o tres estudiantes sevillanos. En la noche no parecia la dilijencia opuesta, i largas horas pasamos en una posada, inquietos, escuchando el menor ruido, temerosos de un nuevo ataque. El capitan de corbeta fué el primero en sacar su dinerillo i acomodárselo en la corbata en torno del cuello. Los demas siguieron su ejemplo, i me invitaron amigablemente a hacer otro tanto. ¡Pero qué! decia yo, ¡somos doce! -¡Ah! ¡cómo se conoce que es Ud. estranjero! Matariamos tres, dejariamos seis de entre nosotros, i el resto, estropeado a palos, tendria que entregar su dinero. Reserve una pequeña cantidad en el bolsillo para contentarlos, i no se haga ilusiones, la resistencia es inútil. Era invierno, i rodeados de un brasero, cada uno contaba los sucesos ocurridos en los alrededores, como sucede siempre cuando tenemos miedo, para subir de punto el espanto. Al fin estábamos todos aterrados. Uno de los estudiantes, con otros muchos, habia dado una batalla hacia seis meses a los ladrones, yendo de Sevilla a Granada; se habian cruzado cuarenta balazos con las carabinas, muerto un ladron i herido un colejial. Desde ese momento abandoné la idea de ver la Alhambra, yendo a mula por el camino de Sevilla. Otro contó cómo habia pocos meses ántes descubiértose la guarida de una banda que tomaba a los ricos de los alrededores, los mantenia presos en un sótano, hasta que por cartas enviadas a sus deudos por medios misteriosos, los hacian rescatar pagando una contribucion impuesta. En fin, otro llegó de afuera asustado, aterrado. ¿Saben Uds. lo que ha sucedido en Moral ahora poco? ¡Cosa horrible! Hai una familia compuesta de la madre i dos hijas; la una casada vive en un paraje no distante, i un hermano que salió niño para América volvia con una buena fortuna en doblones. Llega a casa de la hermana casada, se hace reconocer, i le cuenta la buena   nueva, anunciándola que va a casa de su madre de quien no se hará reconocer por darle un chasco. Al dia siguiente la hermana va a la casa paterna, i signo ninguno esterior le indica la presencia de su hermano. ¿I el viajero? pregunta. - ¿Qué viajero? le contestan madre e hija despavoridas. -El viajero que vino a alojarse. -No ha venido nadie, contesta la madre pálida. -Se fué esta mañana, contesta al mismo tiempo la hija. -Pero, madre, era Antonio que venia de América rico. ¡-Antonio! ¡mi hijo! ¡mi hermano! esclaman mezándose los cabellos, ¡i el corazon no me habia dicho nada!... Madre i hermana lo habian asesinado en la noche, por apoderase del saco de onzas!!!...

La compañía que estaba en torno del brasero se quedó pasmada, i yo veia parárseles a todos de horror los cabellos, escepto a mí, que dije, con tono autoritativo, es falso, señores, eso es un cuento. Todos se volvieron hácia mí, mirándome de hito en hito por la estrañeza de la afirmacion, pues sabian que yo no conocia los lugares ni las personas. Este cuento lo he oido en América hace doce años; la escena tenia lugar, en la campaña de Córdova, el mozo volvia de Buenos Aires, i lo mataron como aquí madre i hermana con el ojo del hacha, de donde deduzco que ni entónces ni ahora ha ocurrido tal cosa. Son ciertos cuentos antiguos que corren entre los pueblos. Ya he sorprendido unas cincuenta anécdotas ocurridas en España, en Chile, en Francia, en Buenos Aires, i contando algunas de ellas, logré distraer los ánimos, porque la verdad sea dicha, ya nos moriamos de miedo. El ruido de la dilijencia de Sevilla nos volvió la alegría i a la una de la noche nos pusimos de nuevo en movimiento.

Una montaña separa la Mancha de la Andalucía. Este era el límite entre el gobierno del ejército romano i el del Senado. Aquí principian las antiguas repúblicas de la Bética; los pastores feroces del lado de las Castillas, los labradores alegres de esta parte; Roma i los bárbaros; las colonias latinas, i la Lusitania i la Iberia. Aquí se encuentran las colonias suizas de Cárlos III, la Carolina. En tiempo de aquel rei sucedió en España una cosa estupenda; en poco estuvo que la España se hiciese europea; todos los monumentos de utilidad pública en España llevan el nombre de Cárlos III, ántes ni despues de él se han construido otros. Olavide pensó en colonizar la España, poblarla i hacerla cambiar de vida, i al efecto se introdujeron colonias agrícolas que murieron luego. Olavide tuvo que vérselas con la inquisicion moribunda pero   terrible aun. Otro ministro hizo el detalle de los males financieros de las Españas, presentando el ominoso cuadro en un libro titulado: *Puertas abiertas i Puertas cerradas* que hace presentir el *comercio* libre de nuestra época. Despues de estos sublimes esfuerzos de intelijencia, la España volvió a quedarse dormida hasta 1808.

Córdova

La mas desamparada de las ciudades que han sido i no son nada. La patria de Séneca, el último asilo de los pompeyanos, la corte de los muslimes, llora todos los dias ¡tanta gloria i abatimiento tanto! Su puente romano, sus murallas moriscas, su mezquita árabe, sus columnas miliarias, el nombre del cónsul Marcelo escrito en sus calles, todos aquellos recuerdos históricos se unen a la belleza del paisaje, al desecado Guadalquivir, para protestar contra la decadencia actual. ¡Qué triste es una ciudad muerta, que fué reina i la vemos mendiga i cubierta de harapos i de lepra!

No creais nada de cuanto dicen Chateaubriand i otros de las bellezas de la mezquita de Córdova. Habia en la Bética desparramadas por todas partes columnas de los palacios i templos romanos; los árabes reunieron unas dos mil de todas dimensiones; acortaron las que estaban largas, i sobre una columna dórica pusieron un capitel corintio. De ellas hicieron los sustentáculos de un galpon grande como la plaza de la Independencia; la capilla del Zancarron tan solo es una joya de la arquitectura árabe que no tiene pareja en parte alguna del mundo donde su raza ha existido; las gracias de la arquitectura griega, la seriedad de la romana, la blonda de la gótica, todo ha sido reunido aquí i sobrepasado.

Me fastidia describir monumentos que podeis ver mejor en una litografía. Aquí no hai nada; nada hai en Sevilla donde continúo esta carta, escepto el archivo de Simancas i el de Sevilla reunidos, que contienen los documentos de la colonizacion de la América; pero es preciso pedir a la reina en Madrid, por un memorial, permiso para visitar sus estantes i nada he podido verificar de ciertos hechos que me interesan. Aquí está el Alcázar como sabeis, la Giralda, i la famosa Catedral gótica. Algunos cuadros de Alonso Cano i de Murillo, las ruinas de Itálica, que no conservan resto alguno noble de   la arquitectura romana; esto que veis, ¡oh Fabio! son olivares, paredones sin forma, ¡nada mas!

En fin, un vapor inglés me recibe a su bordo en Sevilla i por el Guadalquivir me lleva a Cádiz.

De Cádiz un vapor frances me conduce a Jibraltar; de Jibraltar a Valencia, en donde me hospedo en el hotel del Cid, de que habló Minvielle en su *Ernesto*, i en donde por la primera vez he comido bien i sin asco, en fondas, ventas i posadas en España. ¿Qué os importa a vos, miembro de la Universidad, lo que en materia de cultivo de la seda ví en la famosa Huerta de Valencia, pais bien cultivado como ninguno en España, e irrigado como lo enseñaron los moros? No os contaré nada de eso, por ser indigno de vuestras borlas doctorales. En Valencia el pueblo viste de listados de lana, hechizos como los del Maule; lleva sombrero de lana ordinario, como los mendocinos; i manta al hombro de otro tejido que se fabrica en la Córdova arjentina, i llevada exactamente como llevan el poncho los cuyanos. Os creeríais en Cuyo al ver a los paisanos de Minvielle, que nos queria hacer pasar a los españoles por jente, como don Bartolo a Fígaro a los ojos de Rosina. No le creais una palabra, son como... como nosotros, atrasados, sin ciencia i sin artes.

En Valencia concluye el pais moruno que principia en Cádiz, i por Málaga i Granada penetra hasta Sevilla, sobre el suelo romano de Pompeyo, Sertorio, Séneca i Trajano. Por todas partes vénse los restos de aquella célebre raza; en Córdova el primer empedrado de las calles hecho en Europa; en la Mezquita colgaduras de terciopelo de la seda que se cultivaba en los alrededores, i que millares de fábricas tejian. Ni una morera, ni un telar hai ahora, los bárbaros cristianos lo destruyeron todo. En Córdova i Sevilla aquella arquitectura de mimbres bordada de arabescos, lo mas risueño que con estuco han podido hacer los hombres; en la Andalucía los olivares; en Valencia, la Huerta irrigada por canales i con una lejislacion democrática, sumaria, a la luz del sol, que recuerda todavía el estrado, el divan, la puerta de calle en que los árabes administraban justicia. I luego, las mujeres andaluzas, graciosas como *bayaderas*, locas por el placer como las orientales, i aquel pueblo que canta todo el dia, rie, riñe i miente con un aplomo que asombra. ¡Oh! las hipérboles andaluzas dejarian atónitos a los mas hiperbólicos asiáticos. ¡Qué imajinacion, qué riquezas de espíritu! ¡Qué feliz es la alegre Andalucía!

Al salir de España, siento que toda ella se reasume en mi espíritu en estos raros aforismos.

Tiempos primitivos

Los campos de ambas Castillas i la Mancha fueron despojados de la vejetacion por los aboríjenes, i no ha sido hasta hoi restablecida.

Los pueblos primitivos van siempre armados. La sociedad no respondiendo de la seguridad individual, el bárbaro lleva consigo sus flechas, su espada o su carabina. Los muleteros i labradores llevan armas de fuego en España, con autorizacion de la policía.

En los pueblos primitivos no se toma posesion definitiva de la tierra. Nómades, cambian de lugar con sus ganados; agricultores, dejan un terreno para abrir otro. En España un tercio del terreno pertenece aun a la municipalidad, i vendido bastaria a garantir las deudas españolas.

En España hai paises ignotos aun, valles en las montañas que no han sido esplorados.

Las producciones de la España son los productos de los pueblos primitivos, lanas, cereales i aceite.

La escoba es una invencion moderna. En Córdova i otros no se ha inventado el *mango* aun, barriendo con escobita de palma, doblando el espinazo para alcanzar el suelo. Los Estados Unidos se hacen notar por la perfeccion de su escoba que esportan a todo el mundo. La escoba, pues, es signo de cultura, como que la limpieza es el distintivo de la civilizacion.

Tiempos romanos

Los romanos dividian la España en dos rejiones. La Bética era el pais civilizado, agrícola; el resto el pais bárbaro; la misma division subsiste aun en el aspecto del suelo. Donde cultivan árboles era la España Senatorial, donde se contentan con derramar semillas, la España Imperial.

Tenian los romanos una palabra compuesta e imitativa *tintinnabulum*, cencerro, tin-tin-ambulo, campanilla que va   sonando a medida que el animal que la lleva, marcha. Las mulas españolas cubiertas de cascabeles, plumas i zarandajas vienen desde los romanos; el correaje no ha podido vencer a Roma.

La lámpara romana, en bronce i alimentada con aceite, existe hoi esclusivamente en España como en tiempo de las colonias latinas, como existe en Roma misma.

El arado romano es el único implemento de agricultura conocido.

El manto romano lo llevan aun pastores i labriegos.

El circo romano con sus combates de fieras subsiste solamente en España. Presídelos el rei o la municipalidad, como en Roma el emperador o el senado romano. Solo las monjas no ocupan ya el lugar de las antiguas vestales.

La municipalidad es en España, como en Roma, la única autoridad arraigada en el suelo, aunque los reyes, como los emperadores, tengan cuidado de cortarla de cuando en cuando al ras de la tierra.

En España, las procesiones de los santos conservan las apoteósis i el aparato de las ovaciones i triunfos romanos. No habiendo sino en España santos de palo, las procesiones son imposibles en otras partes.

Tiempos árabes

El español de hoi es el árabe de ayer, frugal, desenvuelto, gracioso en la Andalucía, poeta i ocioso por todas partes; goza del sol, se emborracha poco, i pasa su tiempo en las esquinas, figones i plazas. Las mujeres llevan velo sobre la cara, la mantilla, como las mujeres árabes. Se sientan en el suelo en las iglesias, sobre un tapiz o alfombra con las piernas cruzadas a la manera oriental. En todo el mundo cristiano lo hacen en sillas, en Roma incluso. Los hombres llevan la faja colorada de los moriscos; los andaluces la chamarra; los valencianos la manta i las babuchas; los picadores conservan los estribos; i el gobierno los capitanes jenerales, cadíes absolutos de las provincias que se entrometen en hacer justicia a la manera de Aroun-al-Raschild.

Rézanse tres oraciones al dia, en contraposicion a las tres plegarias anunciadas por el Muhezzin.

El tejido de esteras, la *espartería*, industria primitiva i oriental, brilla en España.

Tiempos inquisitoriales

Las mujeres usan un traje especial para ir a la iglesia, cosa esclusiva de la España. La industria de labrar velas de cera es única en España, por los arabescos que las cubren.

No se estudian las ciencias naturales.

Ningun español ha hecho estudios jeolójicos sobre el suelo de la España.

No se estudia el griego, porque el clero no tenia aficion a este idioma, que introdujeron los laicos en Francia e Inglaterra.

Tiempos modernos

Madrid se embellece i se agranda.

Cádiz contiene la mitad de poblacion que ántes.

Palos ha desaparecido.

Cien ciudades interiores, Toledo, Burgos, son montones de ruinas. Córdova tiene un centésimo de la poblacion que sus murallas encerraban en tiempo de los árabes, i un décimo de la que contaba cuando era romana.

Ninguna ciudad nueva se ha levantado; ninguna villa se ha hecho ciudad.

Ninguna industria se ha introducido en tres siglos, salvo la fabricacion de malísimas pajuelas fosfóricas.

No hai marina nacional.

No hai caminos sino dos grandes vías.

Sus carruajes son *sui jeneris*.

No hai educacion popular. No hai colonias.

La imprenta i el grabado han decaido como las ciudades; hoi se imprime peor en España que dos siglos atras. No hai grabadores.

La España Pintoresca i Monumental son grabadas o litografiadas en Paris para venderlas en España.

La venta, tal como la describe Don Quijote, existe inmaculada de toda mejora.

Los estudiantes se conchavan de criados en las casas de Madrid, como en los tiempos de Jil Blas de Santillana. Puedo decirlo porque un diario español de estos dias ha convenido en el hecho.

El odio a los estranjeros hoi, es el mismo que espulsó a los judíos i a los árabes.

Si yo hubiera viajado en España en el siglo XVI, mis ojos no habrian visto otra cosa que lo que ahora ven; lo conozco en el color de la piedra de los edificios, en la clase de ocupaciones del pueblo, en el vestido eterno i peleado con el agua que lleva, en la falta de todo accidente que indique el menor cambio debido a los progresos de las artes o las ciencias modernas. Opino porque se colonice la España; i ya lo han propuesto compañías belgas. Los españoles emigran a América i a Africa. La despoblacion continúa.

Barcelona

Estoi, por fin, fuera de la España; como sabeis, nosotros somos americanos i los barceloneses catalanes; podemos, pues, murmurar a nuestras anchas de los que están allí en Montjuí, con sus cañones apuntados sobre la ciudad. ¿Os acordais del buen godo Rivadeneira, con aquella boca de estremo a estremo, aquellas cejas negras que sombrean ojos centellantes de actividad i de intelijencia, pequeño de cuerpo, brazos largos, i empaquetado, enjuto i nervioso? Así son todos los catalanes; otra sangre, otra estirpe, otro idioma. No se hablan con los de Castilla sino por las troneras de los castillos.

El aspecto de la ciudad es enteramente europeo; su Rambla asemeja a un boulevard, sus marinos inundan las calles como en el Havre o Burdeos, i el humo de las fábricas da al cielo aquel tinte especial, que nos hace sentir que el hombre máquina está debajo. La poblacion es activa, industrial por instinto i fabricante por conveniencia. Aquí hai ómnibus, gas, vapor, seguros, tejidos, imprenta, humo i ruido; hai, pues, un pueblo europeo.

No sé qué cosa de grandioso i atrevido hai en esta raza, a quien tuvieron los reyes de España con el cuchillo que servia en la mesa pendiente de una cadena para que no pudiesen armarse. Todas las empresas respiran grandeza. Están   edificando un teatro, que pretende ser el mas bello i el mas grande de la Europa i del mundo por tanto; i su escuela de artes es acaso uno de los establecimientos mas ricamente dotados, mas completo en sus ramos de enseñanza gratuita, i mas cuidado i asistido. La industria barcelonesa se resiente, empero, del medio ambiente en que se desenvuelve. Favorecida por derechos protectores, la fábrica tiene una puerta que da hácia la España i otra hácia la frontera de Francia o el mar; i si fuera pan lo que fabrican, harian vulgar el milagro de los cinco mil, porque de un quintal de lana ellos sacan quinientas piezas de paño. Es verdad que las cuentas de la aduana de Francia traen esta entrada todos los años... tantos millones, producto del contrabando de España. El barcelonés está, en conciencia libre de todo cargo; hace con efecto la guerra a sus enemigos; el contrabando es lícito, como el robo entre los espartanos, si se perpetra impunemente. La aduana española ha adoptado el vapor como medio de persecucion, cual Rosas la prensa.

A propósito de proteccion, he tenido aquí la felicidad de ser presentado a Cobden, el grande ajitador inglés, i os aseguro que despues de Napoleon, hombre alguno hubiera deseado ver de preferencia. Conoceis la larga lucha de la Liga contra los cereales en Inglaterra, lucha gloriosa del raciocinio, la discusion, la palabra i la voluntad, que ha derrocado a la aristocracia inglesa, zapando su poder en la base, en la tierra que posee por derecho de primojenitura, i dejándola viva, para que se desangre poco a poco, se haga pueblo i ceda sin violencia el poder, cuando sus manos debilitadas no pueden manejarlo. Desde los tiempos de Jesucristo no se habia puesto en práctica este sencillo método de propagar una doctrina, por el solo uso de la palabra. Los católicos posteriores continuaron predicando, es verdad; pero quemaban de cuando en cuando a sus oponentes, i las guerras de relijion han inundado de sangre la tierra. Los principios de libertad no habian salido hasta hoi de ese triste terreno, la libertad i la guillotina, la emancipacion de los pueblos i la conquista. Cobden ha rehabilitado la predicacion antigua, el apostolado sin el martirio. Algunos millones de libras esterlinas reunidas por suscricion alimentaron durante ocho años aquella guerra de palabras. Nuevo millones de opúsculos arrojaron, solo en 1843, aquellas baterías de lójica i de convencimiento; i unos dos mil meetings, cual combates parciales, i diez i seis meetings monstruos, batallas campales que oscurecen, por   el brillo de los resultados, las inútiles del Jena, Austerlitz i Marengo, concluyeron por entregar a Cobden las llaves del parlamento inglés, dictando desde aquel Kremlin a la aristocracia la capitulacion que le permitia permanecer con bagajes, pertrechos, banderas i posiciones, a trueque de que dejase entrar en Inglaterra tanto trigo como el pueblo necesitase para hartarse de pan.

Desde Cobden principia una nueva éra para el mundo; la palabra, el verbo, vuelve a hacerse carne, produciendo por sí solo los mas grandes hechos; i en adelante cuando los hombres quieran saber si es posible destruir un abuso protejido por el poder, defendido por la riqueza, por el rango, por la corrupcion; cuando se pregunten si hai esperanza de echar abajo semejante abuso por medio de esfuerzos perseverantes i de sacrificios, se les recordará el nombre de Cobden, i emprenderán la obra.

En Barcelona encontréme con Juan Thompson, uno de esos pobres emigrados arjentinos que en cada punto de la tierra se encuentran en mayor o menor número, como aquellos griegos de Constantinopla cuando los turcos se apoderaron de ella. El *Facundo* habia caido en manos de Merimée, el académico frances, que estaba allí; la *Revista de Ambos Mundos* acaba de hacer su complaciente *compte-rendu* del librote, i héme aquí que sabiendo mi llegada a Barcelona, Mr. Lesseps, el célebre cónsul jeneral que se habia ilustrado al resplandor de los bombardeos de aquella ciudad, andaba a caza del bicho raro que tan raro libro habia escrito. Amigos a las dos horas de conocernos, Cobden, que a la sazon estaba en Barcelona, tuvo los honores de un té, durante el cual debia serle yo presentado. ¿Os imajinais a Cobden un O'Connell vivo, cáustico, entusiasta, ardiente en la polémica, rápido, inesperado en la réplica? ¡Cuánto os engañais, mi pobre Victorino! Es un papanatas, fastidiado como un inglés, reposado como un axioma, frio, vulgar, si es posible decirlo, como las grandes verdades. Hablamos casi los dos solos toda la noche; contóme algunas de sus aventuras, de sus luchas; mostróme sus medios de accion, la estratejia de su palabra, los cuentecillos con que era preciso entretener al pueblo para que no se durmiera escuchando. Lamentóse de la casi insuperable dificultad que oponian las masas, por su incapacidad de comprender, por sus preocupaciones; dióme una tarjeta por si alcanzaba él a estar de regreso en Manchester a mi paso por aquella ciudad, i no nos separamos sino en la puerta de mi hotel, quedando yo abrumado de dicha, abismado de tanta grandeza i tanta simplicidad; contemplando medios tan nobles i resultados tan jigantescos. No dormí esa noche, tenia fiebre; parecíame que la guerra iba a caer en ridículo, cuando jeneralizándose aquel sistema de agregacion de voluntades, de justaposicion de masas, fuese puesto en práctica para destruir abusos, gobiernos, leyes, instituciones. ¡Qué cosa mas sencilla! Hoi somos dos, mañana cuatro, al año siguiente mil, reunidos públicamente en un mismo propósito. ¿Resiste el gobierno? Es que aun no somos muchos, es que quedan en favor del abuso muchos mas. Sigue la predicacion, i los folletos, i los diarios, i la asociacion, la Liga. El gobierno o las cámaras saben el dia i la hora en que están vencidos, i ceden. ¡Id a poner en planta tan bello sistema en América!

Cobden habia destruido o atacado, ántes de comenzar su obra, todos los grandes principios en que reposaba la ciencia gubernativa. El *equilibrio europeo* lo declaró manía de entrometerse en asuntos ajenos por desaburrirse los ministros. Las *colonias* eran solo el medio de proporcionar empleo a los hijos menores de los lores. La *balanza comercial*, el resúmen de la ignorancia en economía. La *política* con todas sus pretensiones de ciencia, el charlatanismo de bobos i de pillos. La *proteccion* a las industrias nacionales, un medio inocente de robar dinero al vuelo, arruinando al consumidor, i dejando en la calle al fabricante protejido. En cambio de todas estas verdades fundamentales, él sostituia el buen sentido, el sentido comun de todos los hombres, mas apto para juzgar que la ciencia interesada de lores i ministros.

Ahora parto para Africa. Llevo cartas para el mariscal Bugeaud, i una casi órden al cónsul de Mallorca, para que me haga conducir a Arjel por el primer vapor de guerra que se presente.

Dios os tenga en su santa guarda.

Africa

Señor don Juan Thompson.
Oran, enero 2 de 1847.

El Mediterráneo, mi viejo de ayer, segun su feliz espresion, ha perdido en estos diez últimos años los restos que aun conservara de su antigua poesía. Los vapores que en líneas rectas lo cruzan, cual si quisieran formar de él un campo divisible en figuras rectilíneas, han contribuido, mas que el arte romántico, o el filosofismo, no solo a destronar a Eolo, i mofarse de las Seyrtes, Scylla i Caribdis, sino que suprimiendo los piratas berberiscos, i por tanto los cautivos cristianos i las pavorosas mazmorras, han dejado ociosa la caridad de los padres mercedarios, ocupados en otro tiempo en llenar de duros sin tasa aquella cántara de las Danaides. Pero no es esto lo peor aun, sino que los modernos Ulises, que como Dumas i comitiva andan hoi sobre sus olas, a caza de sirenas, islas encantadas i Calipsos que los detengan i embauquen, no sabrán de qué manera injeniarse para dar principio a la patética narracion de sus aventuras. «Negra i densa nube de humo hediondo», dirán, pongo por caso, «se escapaba de la parda i encadenada chimenea, revolviéndose en contorsiones delirantes; mujidos estraños lanzaban entre vaporosa espuma aquellas como narices de la caldera; temblaba el barnizado leño cual corcel fogoso, que tasca impaciente el freno. En fin, al prolongado silbido del nauta impertérrito, el desalado buque parte... i... llega a su destino, sin un minuto de retardo». Ya ve Ud. que el final de este período es insoportable como estilo, i pálido i trunco como descripcion. Decididamente los vapores con sus doradas cámaras, son los vehículos mas fastidiosos que el *comfort* ha inventado; i ahora que estoi en tierra me huelgo de haber salido de los caminos reales del Mediterráneo i preferido para visitar el Africa, la no frecuentada ruta de Mallorca.

No bien atracaba al muelle de Palma el *Mallorquin* que en Barcelona me sustrajo a las distraidas miradas de mis amigos, un temporal se desencadenó sobre la isla, haciéndome   guardar la habitacion ocho dias consecutivos; i eso que en las Baleares, las fondas i posadas son una pasable traduccion, de las *ventas i ventorrillos* españoles de angustiada recordacion. Gracias si haciendo frente a la lluvia del cielo i al fango de la tierra, podia de vez en cuando asomar las narices a la deliciosa campiña adyacente, cubierta hasta donde la vista puede alcanzar, de plantíos de almendros, moreras i olivos; o bien guarecerme bajo las bóvedas de la catedral gótica, con restauraciones modernas estúpidamente bárbaras, i en cuyas capillas reposan las cenizas del marqués de la Romana, no léjos de las de don Jaime II de Aragon, rei de Mallorca, allá por los años de 1387, segun lo indica la inscripcion.

Cuando el sol consintió, al fin, en dejarse ver por entre los claros que formaban las inquietas nubes, los *faluchos* clásicos del Mediterráneo empezaron a ajitarse en el puerto, disponiéndose a tender sus velas latinas a merced de cualquier viento que quisiese sacarlos de tan prolongada inaccion. Aconsejado por el fastidio, yo hice contratar mi pasaje para Arjel en un *laut* que se anunciaba como el mas velero de las islas, contrabandista de nacimiento, i retirado a mejor vida, despues que los argos humeantes de la aduana guardan la costa de Barcelona. Una travesía en un *laut* debia tener sus encantos para el viajero que de luengas tierras viene recargado de nociones históricas, a buscar en Europa como poesía los rastros de la vida antigua. El *laut* es sin duda la embarcacion romana; las velas están acusando su oríjen; i como ninguna novedad ha introducido en su construccion inmejorable la moderna arquitectura naval, hoi es lo que ayer fué, i ayer lo que muchos siglos atras. El momento de la partida llega i me presento a bordo. ¡Dios mio! ¿qué es lo que veo? Una lancha de diez varas de largo i tan recargada, que los marineros lavaban utensilios inclinándose desde a bordo hácia el mar. Cuento los pasajeros; treinta cerdos ocupan los dos tercios de la cubierta, i en el espacio restante, sobre una pirámide de fardos, pipas i envoltorios, deben acomodarse tres mujeres, cuatro marineros, cinco pasajeros de bodega, dos perros que no piden permiso para acomodarse en las faldas del primero que se ofrece, amen de pavos i gallinas diez docenas. Compadeciéndome de estos infelices, pregunto yo por mi camarote. ¿Camarote? me repite el patron sonriéndose respetuosamente, aquí no hai camarotes. -I ¿dónde he de acomodarme? -Donde Ud. guste, señalándome las gradas que   describian ¡las barricas i mercancías! -Pero, i ¿para pasar la noche, si llueve? -¡Una noche, señor!... -Pero ¿habrá cama? -¡Si Ud. no trae!

¡Oh! ¡Es imposible describir lo que sufrí en aquel momento! ¡Estaba pálido como una cera! Permanecer quince dias quizá en Palma, era insoportable. Pero, ¡otra vez pasar a la luna de Valencia dos noches toledanas por lo ménos, en el mar, en el mes de diciembre, en medio de las tempestades, sin cama, sin espacio suficiente para cambiar de postura, rodeado de objetos nauseabundos!...

Me embarqué i fuí a servir de capitel a una barrica de aceite que quedaba sin coronacion. Allí sepultado bajo los pliegues de mi capa, la mano en la mejilla, he meditado dia i noche sobre la inconsistencia i visicitudes de las cosas humanas; i si como Rousseau hubiese escrito una memoria sobre el tema propuesto por la Academia de Dijon, no se habria él llevado el premio a buen seguro, ni quedado probado que la civilizacion i las comodidades de la vida han corrompido la naturaleza humana.

De cuando en cuando era interrumpido por el berreo de la cerdosa turba que, agrupada en un costado de la frájil barquilla, ya sea por espíritu de asociacion, ya por garantirse contra los ataques del frio, segun aquel axioma, la union constituye la fuerza, protestaba altamente contra la violencia que la férula del poder le hacia, a fin de que se dispersase sobre cubierta. I, en efecto, sin esta medida contra las reuniones o *atropamientos*, corria, al menor soplo de la brisa, riesgo de zozobrar la sociedad entera. Pero ¡qué alboroto en las filas de aquella oposicion! ¡No parecia sino que la opinion pública alzaba su clamor contra el doble enlace español o la supresion de Cracovia!

Cuando la efervescencia de los espíritus se apaciguaba restableciéndose la tranquilidad en nuestra flotante república, los marineros contaban historias de la vida de contrabandistas que habian llevado, a las cuales, por no quedarse atras, algunos de los pasajeros correspondian con otras no ménos picantes i novedosas de cuando ellos habian sido presidarios en Ceuta. Debo decir, sin embargo, en desagravio de mis compañeros, que en lo cariacontecido i mohino de mi figura reconocieron pronto que era algun alto personaje, siendo por tanto el objeto de la asiduidad i atencion de aquellas buenas jentes.

No le contaré cuanto he sufrido en estos tres dias, que   tres i largos fueron. Rascábame, sin que nada visible escitase la comezon; i durante dos dias, pude resistir el hambre, tal era la sensacion de aseo que se habia apoderado de mí.

Hai horrores que pueden describirse,
pero mis sentimientos i congojas
ni escucharlas jamas podreis vosotros,
ni espresarlas jamas podrá mi boca.

Por fin, la tercera noche entrarnos en la bahía de Arjel, demasiado tarde para desembarcar, pero a tiempo que el temporal se desataba. El viento agudísimo, los saltos que el laut daba en torno de su anclote, la lluvia i el granizo, todo se esmeró para hacerme adorables al dia siguiente los primeros albores de la mañana, i encantado el singular aspecto de la ciudad que se presenta a la vista como un manto blanco estendido, a guisa de albornoz árabe, de alto abajo en la rápida pendiente de una colina.

Estaba, pues, en Arjel, que desde Chile formaba parte mui notable de mi programa de viaje, i a medida que ascendia los escalones que forman las calles, la variedad de trajes, la multiplicidad de los idiomas, i la mezcla de pueblos i de razas humanas escitando la curiosidad, me hacian olvidar todas las tribulaciones que hasta entónces tenia esperimentadas. Arjel basta, con efecto, para darnos una idea de las costumbres i modos de ser orientales; que en cuanto al Oriente, que tantos prestijios tiene para el europeo, sus antigüedades i tradiciones son letra muerta para el americano, hijo menor de la familia cristiana. Nuestro Oriente es la Europa, i si alguna luz brilla mas allá, nuestros Ojos no están preparados para recibirla, sino al través del prisma europeo. Los moros en Arjel, los arabes, los turcos i los judíos, cada uno de estos pueblos conserva aun su tipo orijinal, i la mezcla de franceses, españoles o italianos, sirve, léjos de confundirlos, para hacer mas notables sus diferencias de raza i vestiduras. Las mujeres judías, por ejemplo, visten un gaban, exactamente como el de nuestros clérigos, con mangas de telas diáfanas como las del sobrepelliz, i un magnífico pectoral recamado de oro, acaso análogo al del gran sacerdote hebreo. Las moriscas atraviesan las calles envueltas de piés a cabeza, en una nube de velos blancos i trasparentes, lo bastante para dejarse ver unos a otros, sin que nada de humano revelaran estos fantasmas ambulantes si una estrecha abertura horizontal en la   frente no permitiese ver dos ojos negros, brillantes, grandes i hermosos, para probar que no sin razon los poetas orientales han comparado los ojos de sus mujeres con los de la gacela del desierto. En fin, entre la variada mezcla de uniformes militares, trajes moriscos i europeos, que atraen las miradas, el color local se conserva, formando el fondo de este estraño cuadro, en el albornoz blanquizco, sucio i desgarrado que cubre al árabe, no dejando a la vista sino el tostado i mústio semblante de los que lo llevan.

Pasadas estas primeras impresiones, la ilusion empieza a desvanerse, empero, i en lugar de las numerosas mezquitas i minaretes, que el viajero espera encontrar entre los compatriotas del Profeta, al subir a la plaza de Orleans, cuyo artificial pavimento sostienen dos órdenes de bóvedas superpuestas, la Europa se presenta de golpe en el plantel del futuro Paris africano, con sus magníficos hoteles, perfumerías i restaurantes, sus calles flanqueadas de galerías cubiertas como las que avecinan al jardin de las Tullerías, las murallas por todas partes tapizadas de carteles, que en letrones monstruos i con todo el charlatanismo del *affiche*, anuncian los objetos de moda, los libros nuevos, las funciones teatrales, i los decretos del gobernador jeneral. Centenares de carretelas i doscientos ómnibus cambian sin cesar su depósito de transeuntes, sin que las dilijencias de seis caballos escaseen, llevando o trayendo colonias de viajeros para los distintos puntos de la Arjelia, con visible pavor de los tímidos camellos, a quienes sorprende i detiene en el camino su enorme mole.

Solo remontando a los barrios mas oscuros de la ciudad, puede observarse la vida i construccion árabes, en las hileras de tiendas en que sus inquilinos hilan sentados en el suelo, o fuman en silencio su larga pipa a lo largo de los pasadizos sombríos i húmedos que forman tortuosas calles de una vara de ancho. Por todas partes en el litoral se observa la misma transformacion i movimiento; i al paso que van las cosas, dentro de poco podrá sin impropiedad llamarse este pais la Francia africana.

Las bellísimas colinas que forman las costas estendiéndose al interior como onduloso mar de verdura, se cubren de villas construidas por el ejército frances a golpe de tambor; muchas de ellas están como cuerpo sin alma esperando los moradores que han de darles animacion i vida.

Traslomando aquel macizo de colinas, salpicadas de casillas blancas i quintas sombreadas de olivos seculares, por las anchas   carreteras abiertas sobre las trazas que a cada paso se descubren de las antiguas vias romanas, el horizonte empieza a despejarse, i al volver de una eminencia la vista descubre de golpe la hermosa cuanto célebre llanura de la Mitidja, terminada al lado opuesto por la primera cadena del clásico Atlas, que se eleva majestuoso i solemne como la mampara que oculta los misterios del África central. Esta llanura se estiende treinta leguas hácia el interior, i en su centro como en sus costados, blanquean a lo léjos las villas antiguas o modernas en que se reconcentra su escasa poblacion. Hácia el lado de las colinas, se divisa el Colleah, o la ciudad santa, desde donde el famoso Sidi-Embarek disputó a los franceses largos años la posesion de la Mitidja. Al centro se encuentra Bufarik, el mercado del ganado, a cuyo recinto acuden los lúnes de todos los puntos de la llanura i de los declives del vecino Atlas, los pastores árabes con sus camellos, cabras i bueyes. Mas adelante, i tomando desde allí el camino una direccion recta hácia el lado opuesto de la llanura, se llega a la colonia militar de Beni-El-Merrch, notable por la hermosa columna elevada a la memoria de treinta i dos soldados que se defendieron allí contra cuatro mil árabes. El padre del sarjento que mandaba este heroico destacamento, vino de Francia hace tres meses a derramar lágrimas de ternura sobre la tumba gloriosa de su malogrado hijo, a quien la tropa mandada en su ausilio, halló traspasado de balas, pero reteniendo aun en su yerta mano las comunicaciones de que era portador. En fin, la rectitud del camino macadamizado, i la celeridad de las dilijencias hacen que, no obstante la distancia de seis leguas, ancho de la llanura, se deje apercibir bien pronto la ciudad de Blidah o de los deleites, i los encantados jardines de naranjos i granados que la rodean, justificando con su frescor i verdura nombre tan poético. La cadena del Atlas se interrumpe allí para dar paso a los raudales cristalinos que descienden de sus entrañas, dejando ver en su seno quebradas blandas i ricas de vejetacion, por cuyas sinuosidades trepa la cultura esmaltando de huertos i de alquerías sus declives hasta una considerable altura. Blidah era el Tívoli árabe, el lugar de los deleites, como lo dice su nombre, i no era grande i poderoso señor de la Mitidja, el agah o kadi que no encerraba en sus muros un harem ricamente dotado. Hoi es una villa francesa, acantonamiento de los rejimientos de Spahis, caballería árabe, i apénas notable por lo esquisito de sus frutas i su regalada mesa, cuyo lujo   entretienen los curiosos que van a recorrer la vecina llanura.

La Mitidja, que hace solo cuatro años doce mil hombres no podian recorrer sin peligro, está hoi atravesada en todas direcciones por rutas macadamizadas que conducen, sin otra escolta que el postillon, a Aumale, Joinville, la Casa-Cuadrada, Medeah, Milianah, etc. Pero si la conquista militar de esta bella estension de pais está terminada, mucho falta para que la poblacion europea pueda volverle el esplendor que alcanzó en tiempo de los romanos, de cuyos trabajos colosales aun queda entre otras ruinas, resistiendo de pié al embate de los siglos i de los torrentes, un sólido puente hácia la parte del mar. A lo largo de la llanura se estiende una faja de vejetacion amarillenta, que está denunciando la existencia de un ciénago, receptáculo de las lluvias de invierno, el cual fermentado en el estío por los rayos del sol africano, exhala en miasmas pestilentes la muerte que se arrastra siguiendo la direccion de los vientos, i va a introducir la desolacion en el seno de las circunvecinas poblaciones. No há dos meses que una villa de ochocientos habitantes se sintió anegada a deshora por una avenida repentina; las aguas ascendieron en unas pocas horas hasta la altura de los techos adonde se habian refujiado los moradores, hasta que habitantes i habitaciones desaparecieron para siempre.

Así, la llanura de la Mitidja empieza a esparcir sombras indecisas sobre esta colonizacion francesa, que a primera vista parece irrevocablemente terminada. Entre las bellas construcciones que nos hacen soñarnos en medio de la Europa; bajo las magníficas rutas que parecen una restauracion romana, el foco de la peste se esconde como el aspid entre las flores; i los torrentes que descienden súbitamente del Atlas dan cuenta en una hora del trabajo de muchos años. Otro tanto i peor sucede en lo moral; en despecho del ejército i del aparente aluvion europeo, el embozado albornoz árabe está ahí siempre, i bajo sus anchos pliegues, un pueblo orijinal, un idioma primitivo, i una relijion intolerante i feroz por su esencia, que no acepta, sin la perdicion eterna, el trato siquiera con los cristianos. La tristeza habitual del grave semblante árabe, está revelando, en su humildad aparente, la resignacion que no desespera, la enerjía que no se somete, sino que aplaza para dias mejores la venganza, la rehabilitacion i el triunfo.

Los franceses se habian dejado fascinar tambien por aquella   apariencia ordinariamente tranquila de los hombres i de la naturaleza en Africa. Torrentes de sangre de sus soldados habian bautizado europea a esta tierra indómita; la táctica del pueblo mas guerrero el mundo, introducia por do quier el espanto i la turbacion, en medio de las masas de jinetes árabes; cuantos caudillos habia suscitado el amor a la independencia, o el fanatismo relijioso, habian a mordido el polvo; Abd-El-Kader, el mas poderoso de todos, estaba en su impotencia, relegado a algun oásis ignorado del Sahara; las columnas volantes del ejército se preparaban, faltas de ocupacion, a escalar las inaccesibles Kabylas, i no quedaba tribu por apartada, ni agah por empecinado, que no pagase mal e su grado el tributo. Catorce años de triunfos dejaban al fin tiempo i reposo suficiente para emprender un vasto sistema de colonizacion, cuando de repente, i sin que el menor indicio hubiese traicionado la proximidad de la borrasca, el Africa, desde las puertas de Arjel, se alza como un solo hombre; diez árabes no quedan sumisos al gobierno frances, i ciento veinte mil soldados bastan apenas a apagar con sangre este vasto incendio, que parece haber estallado intuitiva i simultáneamente en cada punto de la Arjelia, atizado en el hogar de cada tienda, por el soplo de cada hombre que lleva albornoz.

Despues de sometidas de nuevo a la coyunda las vencidas tribus, los vencedores han querido penetrar en el misterio que encubren estas conmociones eléctricas que nada al aparecer justifica, i envainando la espada, para tomar la pluma que ordena los datos recojidos i las ideas que el espectáculo de las cosas despierta, han podido trazar la biografía moral de este pueblo, ora escuchando los cantos de sus trovadores, ora echando una mirada furtiva sobre el libro que en piadoso recojimiento recorre horas enteras el *tolba* o doctor, ora en fin, rondando por las mezquitas i asechando las veces que el devoto besa el suelo, o repasa las cuentas de su rosario. Todas estas bagatelas han dado, por fin, la solucion de un gran problema, i mostrado la sima cavada bajo las plantas europeas en Africa; inmenso cráter de un volcan cuyas erupciones pueden interrumpirse, pero cuyo foco existe, vivo, ardiente e inestinguible. Los franceses no se hacen ya ilusion i saben que por un siglo al ménos, cien mil hombres habrán de montar guardia por toda la estension de la Arjelia para espiar desde las alturas la ajitacion que puede renacer en el pardusco grupo de tiendas clavadas en la llanura; traducir   las imperceptibles emociones que hayan de pintarse en el inmutable semblante del árabe, o levantar la punta del albornoz del transeunte, que puede encubrir el puñal del fanático, o el rosario del santon que anda convocando a la guerra santa.

No sé qué sentimiento mezclado de pavor i admiracion, me causa la vista de este pueblo árabe, sobre cuyo cerebro granítico no han podido hacer mella cuarenta siglos; el mismo hoi que cuando Jacob separaba sus tiendas i sus rebaños para ir a formar una nacion aparte; pueblo anterior a los tiempos históricos, i que no obstante los grandes acontecimientos en que se ha mezclado, las naciones poderosas que ha destruido, las civilizaciones que ha acarreado de un lugar a otro, conserva hoi el vestido talar de los patriarcas, la organizacion primitiva de la tribu, la vida nómade de la tienda, i el espíritu eminentemente relijioso que ha debido caracterizar las primeras sociedades humanas, cuyos abuelos habian presenciado el diluvio, o sido testigos de alguna grande manifestacion de la presencia de Dios sobre la tierra aun despoblada. Porque para comprender los acontecimientos actuales del Africa, no basta, a mi juicio, abrir el Koran, que no daria sino una imperfecta idea del carácter, creencias i preocupaciones árabes. En la Biblia solo puede encontrarse el tipo imperecedero de esta imperecedera raza patriarcal. Arabe era Abraham i por mas que los descendientes de Ismael odien i desprecien a sus primos los judíos, una es la fuente de donde parten estos dos raudales relijiosos que han trastornado la faz del mundo; del mismo tronco ha salido el Evanjelio i el Koran; el primero preparando los progresos de la especie humana, i continuando las puras tradiciones primitivas; el segundo, como una protesta de las razas pastoras, inmovilizando la intelijencia i estereotipando las costumbres bárbaras de las primeras edades del mundo. Los árabes i los hebreos se parecen en que todas sus instituciones son relijiosas; sus guerreros, como sus oradores, sus conquistas, como sus servidumbres. Recuerde usted sino la formacion de la monarquía hebrea por la intervencion de un sacerdote, el alzamiento de David, la influencia de los profetas sobre la opinion pública, i los acontecimientos contemporáneos; i al fin, sesenta años despues de Jesucristo, los enviados de Dios que sublevaban la poblacion contra los romanos, el sitio de Jerusalen por Tito, i la dispersion del pueblo, que ya no tenia papel que representar en la historia   del mundo. Pues sucesos análogos, resortes idénticos i creencias iguales, estorban hoi en Arjel o retardan la pacificacion del pais. Los árabes están en este momento esperando un Mesías, cortado por el padron de Mahoma, que debe rescatarlos de la servidumbre francesa, el terrible *Mule-Saa* o el *hombre del momento* que todas las profecías tienen anunciado; de manera que el mas leve susurro que ajita las yerbas secas del desierto, el rumor lejano de pisadas de caballos, basta para alarmar el espíritu inquieto, crédulo e irreflexivo del árabe i precipitarlo en la rebelion.

No vaya Ud. a tomar este asunto con la lijereza incrédula del cristiano de nuestra época. La palabra incredulidad no existe todavía entre los árabes, i Abd-El-Kader no fuera tan grande guerrero, si no creyera i esperara firmemente. Por otra parte, las profecías son tan claras i terminantes, la época de su realizacion tan distintamente señalada, que solo un perro infiel, es decir un cristiano, puede dudar de su autenticidad; de manera que el tolba, teólogo, apénas necesita hacer uso de su ciencia de interpretacion, para esplicar algunos accidentes accesorios al testo, al parecer discordantes con los hechos actuales.

Voi a reunir en cierto órden para su edificacion, lo sustancial de los testos sagrados de los profetas árabes, i cuyo sentido basta para esplicar la situacion moral de los espíritus.

«Publíca, o pregonero», dice una de estas profecías, «lo que he visto ayer en sueños». «La calamidad que sobrevendrá es un mal superior a todos los males imajinables».

«Vendrá un rei sometido a los cristianos; su corazon será duro».

«Publíca i dice: tranquilizaos. *El que ha llegado* los dispersará. Los cristianos han abandonado a Oran».

«En el año 70 del siglo XIII, (año de 1856 de la era cristiana), dice otro profeta, un hombre llamado Mahommed-Ben-Abd-Allá, saldrá del pais de Sus-El-Aksi».

«Irá hasta Oran que destruirá. De allí marchará sobre el pais de la Cal, que es Arjel; acampará en la Mitidja, a donde permanecerá cuatro meses; en seguida destruirá a Arjel».

Otra profecía esplica que se llamará como el Profeta, en nombre de quien habla.

«Un hombre vendrá despues de mí. Su nombre será semejante al mio; el de su padre semejante al nombre de mi padre; i el nombre de su madre semejante al de la mia. Se   me asemejará por el carácter, mas no por la figura; llenará la tierra de equidad i de justicia».

Oiga Ud. todavía algo de mas esplícito i terminante.

«Su llegada es cierta en el 1.º del 90». (este noventa misterioso no han podido esplicarlo todos los comentadores árabes).

«Las huestes de los cristianos vendrán de todas partes; infantes i *caballeros* atravesarán la mar. En verdad, todo el pais de Francia vendrá.

»Entrarán por su muralla oriental.

»I verás a los cristianos venir en sus naves.

»Las iglesias de los cristianos se levantarán, la cosa es cierta.

»I los verás predicar sus doctrinas.

»Despues de ellos aparecerá el *Poderoso de la Montaña de Oro*».

En otra profecía se encuentra esta sorprendente frase.

«Un sherif de la raza de Hassun vendrá; se levantará del otro lado del rio, i matará a los soldados *franceses* con los soldados del *Dhara*».

I bien, mi querido amigo, ¿qué tiene Ud. que objetar a este cúmulo de vaticinios, la mitad de los cuales se han cumplido ya al pié de la letra?

Arjel fué envestida por los franceses por la muralla oriental; la caballería francesa vino en barcos chatos, desde el puerto de Tolon; las iglesias cristianas se han levantado en Arjel, i la doctrina de los *infieles* se ha predicado impunemente. ¿Cómo quiere que los musulmanes se tranquilicen hasta no ver cumplida la segunda parte? Los franceses dieran algo mui precioso porque las profecías les permitiesen permanecer en el país; pero ¡está escrito! que su dominacion será efímera como las huellas que el camello imprime sobre la movible arena del Sahara. Tranquilizaos, ha dicho el Profeta: «el que ha llegado despues de ellos los dispersará». Despues de ellos, ha dicho otro, aparecerá el Poderoso de la montaña de Oro». El sherif de la raza de Hassun matará los soldados franceses con los soldados del Dhara. ¿Qué espíritu ha dictado estas profecías, escritas las unas de muchos siglos atras, o perpetuadas las otras por constante i popular tradicion? ¿No serán estos libros sagrados la verdadera constitucion política de los pueblos relijiosos, en cuyas misteriosas divagaciones están echados, sin embargo, los cimientos   para oponer vallas insuperables a la futura, pero posible dominacion cristiana, i diciendo un sherif se levantará contra ella, no hace otra cosa que hacer que cuando el caso previsto llegue, se levante en efecto un sherif, en nombre de Dios, de la relijion i de la raza para encabezar i dirijir las resistencias nacionales? Ya ve Ud. que en despecho mio hago uso del filosofismo cristiano contra la verdad de las profecías árabes, lo que no es permitido en buena interpretacion histórica. Sea de ello lo que fuere, no olvide Ud. para la intelijencia de los sucesos contemporáneos de la Arjelia a que me propongo conducirlo, que los soldados del Dhara, han de matar a los soldados franceses, i que el Mulé-Saa ha de llamarse Mahamud-Ben-Abd-Alla.

Estas profecías, como que están en vía de realizacion en este momento, hacen el asunto favorito de la conversacion en las largas horas de reposo de la tienda árabe, el tema de las sabias disertaciones i controversias de los tolbas; el sujeto de los cantos de los poetas populares, i el coco, en fin, con que las madres ponen miedo a sus chicuelos para que callen. La poblacion toda, que no puede resistir la dominacion francesa a mano armada, se complace en secreto al ver a los *rumi*, cristianos, tan confiados en su poder, ignorando lo que les aguarda; i el miserable que trabaja en la quinta del colono, está ya dentro de sí apropiándosela, para tomar posesion de ella el dia que los franceses en masa abandonen las playas africanas para siempre.

A fin de completar la idea que de la situacion del pais me propongo darle, es preciso entrar mas adentro en la organizacion relijiosa; porque para el árabe todo es relijioso, desde la venganza que ejerce, hasta el pillaje que forma el fondo de la industria nacional. Nuestros mas fervientes devotos se avergonzarian de su tibieza al ver a estos santurrones en cuyo concepto no hai hora del dia ni lugar incompetente para entregarse a la oracion. He visto en Máscara un derkaua que vivia todo el dia sentado en un rincon de la mezquita en santa i beata contemplacion; otro que por un jóven se hacia recitar una letanía escrita en un tablero, repitiéndola con la volubilidad de un papagallo, miéntras que el devoto desgranaba una a una las cuentas de su rosario. En los marabuts diseminados en las campañas, hai siempre fieles que hacen sus oraciones, parándose, hincándose i besando el suelo, levantando los brazos i repitiendo sus plegarias; i es frecuente ver una carabana entera que al divisar de léjos aquellos   santuarios aislados, se detiene en medio del camino para entregarse al furor de rezar que los domina.

De distancia en distancia, por toda la estension de los paises musulmanes, se encuentran unos establecimientos públicos que solo pueden compararse entre nosotros con lo que debieron ser los conventos en la edad media, cuando en la quietud de sus silenciosos claustros se elaboraba la luz que mas tarde habia de rejenerar la Europa, sirviendo al mismo tiempo de amparo i refujio contra las violencias del mundo esterior. La *Sauia* es un edificio relijioso construido por alguna poderosa familia, servir de cementerio a los suyos, i ámpliamente dotado de temporalidades i de dependencias, a fin de sostener los diversos ramos de beneficencia pública a que está destinada. Desde luego hai en ella una mezquita, en donde las tribus circunvecinas se reunen a hacer en comun sus oraciones; una escuela para los niños, i un seminario para *talebs* (estudiantes) en que se cursa historia, derecho, teolojía, majia i alquimia. Los empleados de la casa llevan rejistro de los acontecimientos contemporáneos, i una biblioteca conserva las crónicas de los tiempos pasados. Los caminantes encuentran en la Sauia albergue; abrigo i sustento los mendigos; los enfermos remedios i asistencia; i los criminales i los perseguidos asilo sagrado e inviolable. La Sauia es ademas un punto de reunion en que se tienen concilios i conferencias, i a donde concurren los desocupados a dar i recibir noticias o entretenerse acerca de los asuntos públicos.

Estos establecimientos son, como fácilmente lo observará Ud., un poderoso instrumento para propagar doctrinas, mantener viva la fe, dirijir la opinion pública, i obrar sobre las masas, esplotando el rencor musulman contra los cristianos, a quienes les está mandado esterminar sin piedad.

Pero la Sauia es solo el laboratorio en que se prepara el alimento espiritual; hai ademas otros sistemas relijiosos que como los nervios del cuerpo humano, trasmiten las sensaciones, i a una impulsion dada, determinan una accion unánime en un momento preciso. Nuestras beatas se sentirán un poco mortificadas al saber que entre los árabes existen *cofradías* relijiosas con sus devociones particulares, i no circunscritas como las nuestras a un convento o una ciudad, sino ramificadas por todos los paises musulmanes, i sometidas cada una de ellas a un jeneralísimo de la órden respectiva a quien obedecen ciegamente. Solo los jesuitas han tenido entre nosotros la admirable i fecunda inspiracion de reunir en un   solo cuerpo i bajo una misma jerarquía este grande elemento de accion sobre los pueblos. Lo mas singular es que entre las seis grandes cofradías musulmanas hai una literalmente llamada jesuitas de *Aisana*, (Jesus) nombre del santo fundador, si bien es verdad que estos jesuitas son unos saltimbanquis, inofensivos i sin influencia, tres calidades diametralmente opuestas a las que distinguen a nuestros jesuitas cristianos.

La Orden de Muley Taieb, la mas poderosa de todas, i en la que están *asentados* los personajes mas influyentes de las grandes tribus árabes, ha tenido oríjen en Marruecos, donde reside el jeneral de la Orden, santo Marabut de la estirpe del Profeta, i verdadero sumo pontífice, ante cuyo prestijio i autoridad se inclina el poderoso emperador moro que es simple cofrade de la hermandad.

El devoto de San Muley Taieb, porque santo i mui milagroso fué el fundador de la Orden, debe repetir doscientas veces al dia con el rosario en la mano, esta piadosa oracion: «¡Oh Dios! La oracion i la salud sobre nuestro

142

señor Mahoma; i sobre él i sus compañeros, salud». Esta órden es no solo temible por el inmenso número de sus afiliados, sino porque abraza a un mismo tiempo Marruecos i la Arjelia, estándole, ademas, prometido en sus profecías particulares arrebatar a los franceses la dominacion temporal del segundo de aquellos dos paises. La batalla de Isly, en que el mariscal Bugeaud batió 60000 árabes, se dio ya a la intencion, aunque a honra i gloria no fuese, de Muley Taieb, pues sus cofrades fueron los principales motores de la guerra de Marruecos; de manera que la política francesa, a fin de conjurar las tormentas que pueden a su salvo condensarse en Marruecos para venir a descargar sobre la Arjelia, debe consagrarse de hoi mas a tener, si no contento, cohechado o intimidado al jeneralísimo de aquella órden, pues que el emperador mismo para serlo, necesita de su exequatur.

La Orden de Sidi Hamet Tsidjani, orijinaria del centro de Sahara i ménos jeneralizada, prescribe repetir cien veces seguidas: «Dios perdona», verdad nunca demasiado repetida para satisfaccion de salteadores tan insignes como son los del Sahara. En seguida cien veces: «¡Oh Dios! la oracion sobre nuestro señor Mahoma, que ha abierto lo que estaba cerrado i puesto el sello a lo que ha precedido, haciendo triunfar el derecho por el derecho. El conduce por una via recta i elevada; su prepotencia i su poder están basados en el derecho.   Amen». ¿No halla Ud. como yo, sublime el descaro de atribuir a Mahoma, el mas insigne de los sableadores, la gloria de haber hecho triunfar el derecho por el derecho? En seguida cien veces el credo musulman: «no hai otro Dios, sino Dios, i Mahoma es su profeta».

Otra cofradía debe repetir tres mil veces al dia su oracion particular, i otra, mui parecida a los mendicantes nuestros por el desaliño de sus vestidos que deben componerse de andrajos, profesa ademas principios políticos de un carácter singular. Los *derkauar*, que así se llaman, hacen voto de resistir a todo gobierno, sea cristiano, árabe, o turco, llevando a tal punto la oposicion sistemática, *quand même*, que al recitar el credo dicen en voz alta no hai otro Dios sino Dios, reservándose *in petto* lo de Mahoma es su profeta, porque proclamar profeta al mismo Mahoma, seria, dicen, reconocer en principio el oríjen de una autoridad terrestre. ¡Quién sabe si los eternos trastornos i las rapiñas a que por tantos siglos ha estado condenada esta parte de África, no han dado oríjen a esta especie de carbonarismo entre las poblaciones atropelladas i pisoteadas, a fin de resistir a la violencia! Omito a vida del santo fundador de estas i las otras órdenes, i los millares de millares de milagros obrados por su intercesion. ¡Oh amigo! si Ud. quiere ver milagros, véngase al África i se hartará su curiosidad hasta no dar un ardite por ver otros nuevos. I no es cosa de resucitar muertos, ni curar la tiña con solo el contacto de sus santos; todas esas son paparruchas i el abecé del arte taumatúrjico. El caballo de Bou-Maza arrojaba el año pasado, no mas, corrientes de balas contra los franceses, con otras mil bellaquerías de este jaez. Desgraciadamente Ud. vendrá con toda su poca fe de cristiano, i teniendo ojos no verá, por lo que le aconsejo que se deje estar donde está ahora. Quédame tan solo contarle una verídica historia que sirva de moraleja a todos los datos que voi hacinando. En 1845, en la apartada tribu de los Cheurfa, en la humilde tienda de una pobre viuda, un santo varon, venido no se sabe de dónde, pasaba sus dias consagrado a la meditacion i a la plegaria. Acompañábale i no faltó quien le viese en coloquios misteriosos con ella. La fama de su santidad empezó a difundirse por las tribus vecinas, i las limosnas de los devotos tornaron bien pronto en abundancia, la miseria i escasez de la viuda, cuya morada se convirtió en un santuario a donde venian en peregrinacion los personajes mas venerables. Un día el santo contemplativo anunció a su huésped que eran llegados los tiempos en que debia desempeñar la árdua mision que le estaba confiada, i que en breve llegaria a sus oidos la fama del poderoso sultan de los creyentes, con lo que partió de aquel lugar sin decir a donde se dirijia. Poco despues, en efecto, en la tribu de los Su-Halia, se anunció la aparicion del sultan Mohammed-Ben-Abd-Allá, enviado por Dios para espulsar a los franceses, el Mulé-Saa que bajo aquel mismo nombre tenian de antemano anunciado las profecías. Una *diffa* relijiosa tuvo lugar tan luego como la novedad del acontecimiento atrajo algunos creyentes, i el Mulé-Saa hizo su primera predicacion, anunciando abiertamente su mision divina, ofreciendo el perdon de los pecados, la invulnerabilidad en la guerra santa, para los que creyesen firmemente; los goces del paraiso para aquellos que a causa de su poca fe recibiesen la muerte; para todos el saqueo de las ciudades i la satisfaccion de todos los apetitos, promesa que desde Mahoma hasta Bou-Maza, han hecho, i por desgracia de los pueblos, cumplido casi siempre a los árabes sus relijiosos caudillos. La fama las predicaciones del divino sultan se estendió por montes i valles, los festines relijiosos se sucedieron, el proselitismo cundia por todas las tribus; la esperanza se reanimaba con la narracion de los milagros obrados por el profeta, hasta que sintiendo bien templado el fanatismo musulman, henchido su tesoro de duros, i viendo desfilar las bandas de forajidos del Sahara, que acudian a alistarse en sus banderas, Bou-Maza, o el hombre de la cabra, proclamó la guerra santa contra los franceses, i escitó aquella famosa insurreccion del Dahra que apénas acaba de ser sofocada. Ya vé Ud. si convenia que no olvidase que Mohammed-Ben-Abd-Allá habia de llamarse el Mulé-Saa prometido i que los soldados de Dahra habian de matar a los soldados franceses. La verdad es que hasta hoi se ignora el verdadero nombre del de la cabra, que por poco no realiza en todas sus parte las profecías. Tan profunda i ciega era la fe de todos en el sultan, que Abd-El-Kader mismo mandó una comision de teólogos a verificar en la persona de Bou-Maza la filiacion que las profecías daban del Mulé-Saa, pues segun una de ellas, debe tener en la frente un signo natural; una berruga le habria bastado; pero faltándole este requisito, Abd-El-Ktder se creyó, sin incurrir en la tacha de impío, autorizado para no creer en él.

I miéntras tanto, ¿cuál es la moralidad de estos pueblos que viven en presencia de Dios, i cuyos jefes se llaman el *Serridor del Clemente*, que eso quiero decir Abd-El-Kader, o el *Servidor del Fuerte*, traduccion de Ab-El-Ramen? Es imposible imajinarse depravacion moral mas profunda, ni hábitos de crímen mas arraigados. La historia no presenta nada de comparable, sino en sus épocas mas tenebrosas. El agah vive de las espoliaciones que ejerce sobre su propia tribu; una tribu emprende *razziaz* (los malones de nuestros indios) sobre las otras para arrebatarles el ganado, i el jefe que los acaudilla corta con su propia mano la cabeza al infeliz kadi o agah a quien despoja de los bienes i de la vida. En Máscara, en los momentos de mi llegada, una tribu del Tell, mandaba solicitar permiso de la autoridad francesa para emprender una *razzia* sobre otra del Sahara; i esto porque ya se la habia impuesto una fuerte multa por un acto igual consumado de motu propio. Las venganzas de familia se transmiten de una a otra jeneracion, i no pocas veces el ejército frances ha levantado el bloqueo, puesto a los restos de una tribu condenada al esterminio por las otras, i que se habia asilado para salvarse en alguna hondonada inaccesible del Atlas. La recta administracion de justicia de los tribunales franceses, léjos de dejar satisfechos los ánimos, no sirve sino para exasperarlos mas, pues tan habituados están al asesinato i al pillaje, que atribuyen a intento siniestro de acabar con los árabes la ejecucion de los delincuentes. En Arjel habian fusilado, un dia ántes de mi arribo, cuatro árabes de entre ocho que habian concurrido al asesinato del guarda de un telégrafo i dos europeos mas, la mujer i la hija del primero, con una alevosía i premeditacion horribles. Mujeres árabes se babian consagrado de meses ántes a conciliarse el afecto de la familia a fin de poder entrar i salir sin escitar desconfianzas. Una noche se introdujeron ocho árabes miéntras los huéspedes comian; se sentaron en torno de la mesa; comieron de pan que se les brindó, i de repente, como banda de hienas, se echaron sobre ellos, i los cosieron a puñaladas. Pues bien; el pueblo se arrodillaba en el lugar del suplicio, para besar la sangre de los mártires de su relijion, que tales reputa a los que matan cristianos, no importa por qué medios. Los diarios de Bona referian otro caso igualmente singular. Una banda de árabes habia asesinado en Orleansville dos europeos, i la justicia, habiendo capturado alguno de los criminales, condena a tres a la última pena Las familias de los ajusticiados se reunieron para deliberar entre sí, i oiga Ud. la singular decision moral que siguió   fallo: «Tres árabes nos han tomado, se dijeron, por dos cristianos, nos falta uno», i dos individuos, con autorizacion de los suyos, se encargaron de asechar al patron de los dos europeos muertos, para saldar con su vida el déficit de este balance de sangre humana. Un año, sin faltar un solo dia, han rondado estos dos hombres con la tenacidad de chacales los alrededores de Orleansville, ¡hasta que la víctima condenada a morir por fallo tan inicuo, cayó con el corazon atravesado de un balazo!

¡Oh, nó! Dejemos a un lado todas esas mezquindades de nacion a nacion, i pidamos a Dios que afiance la dominacion europea en esta tierra de bandidos devotos. Que la Francia les aplique a ellos la máxima musulmana. La tierra pertenece al que mejor sabe fecundarla. ¿Por qué ha de haber prescripcion en favor de la barbarie, i la civilizacion no ha de poder en todo tiempo reclamar las hermosas comarcas segregadas algunos siglos ántes, por el derecho del sable, de la escasa porcion culta de la tierra? Ella debe pedirles cuenta de aquella brillante Africa romana, cuyos vestijios se ven por todas partes aun, i la comunidad cristiana; nunca debe olvidar el concilio tenido por San Agustin, al que concurrieron trescientos ochenta obispos africanos, que tantas eran las ciudades que embellecian esta tierra, granero del mundo entónces, i que hoi no produce suficientes abrojos i espinos para alimentar algunos rebaños de camellos i de cabras. Es imposible imajinarse barbarie mas destructora que la de este pueblo; los rios que descienden de las montañas, léjos de fertilizar las llanuras, solo sirven para convertirlas en ciénagos infectos; el árabe no toma, posesion de la tierra, i gracias si en la vecindad de Oran, arroja algunos puñados de trigo sobre la tierra mas bien rasguñada que arada, i dejando crecer con la simiente los matorrales i plantas tuberculosas de que ha descuidado limpiar el suelo. Las enfermedades cutáneas roen a este pueblo, como la mugre carcome sus vestidos, i en medio de la miseria física en que se revuelca i la degradacion moral de su espíritu, abriga un sublime desprecio i un odio inestinguible contra los europeos. Jamas la barbarie i el fanatismo han logrado penetrar mas hondamente en el corazon de un pueblo, i petrificarlo para que resista a toda mejora. Entre los europeos i los árabes en Africa, no hai ahora ni nunca habrá amalgama ni asimilacion posible; el uno o el otro pueblo tendrá que desaparecer, retirarse o disolverse; i amo demasiado la civilizacion para   no desear desde ahora el triunfo definitivo en Africa de los pueblos civilizados. Durante los doce primeros años de la guerra, los árabes han sido, mas bien que reprimidos, animados a la rebelion, por la dulzura misma de los medios que se empleaban para someterlos; mas, despues de la insurreccion de Dahra, la administracion ha sido montada segun las prácticas de gobierno i las propias tradiciones árabes. Todas las tribus sublevadas han sido condenadas a pagar una multa por tienda, la tribu prófuga perdido el derecho del terreno que ocupa, las lejanas asoladas por *razzias* continuas, los rebaños despojados de sus ganados; i en los primeros tiempos de este sistema, el jeneral Royer, cuando tenia noticia del asesinato de un europeo, acudia a la tribu mas cercana al lugar de la catástrofe, i pedia el delincuente, o ¡cien cabezas de árabes en espiacion!

El mariscal Bugeaud, duque de Isly, me hizo el honor de esplicarme detalladamente su sistema de guerra i administracion. Desde1830 hasta 1840, la guerra habia sido no solo onerosa, sino estéril; el ejército frances en masa con su artillería, bagajes i trenes, se avanzaba lentamente, hácia el interior, tiroteado de dia i de noche por las montoneras árabes que lo circundaban. El ejército volvia a Arjel al aproximarse el invierno i los árabes a ocupar los mismos puntos que ántes. El mariscal Bugeaud, para remediar la nulidad de este sistema, desembarazó en primer lugar al ejército de la artillería, furgones i bagajes; dividiólo en columnas separadas, pero que debian prestarse mútuo apoyo, de manera que una comprometida en el interior, encontrase dos a su retaguardia en escalones, i éstas, cuatro, hasta formar con el ejército un inmenso triángulo, o falanje macedonia, cuya ancha base estaba en dos puntos ocupados en la costa. Este modo de avanzar se llama hacer *una punta*, término que se aplica en Africa jenéricamente a todas las espediciones. Dado el impulso, los jenerales subalternos mejoraron el sistema dividiendo las columnas espedicionarias en dos; una alijerada de todo peso i acompañada de la caballería, i otra que marcha en su apoyo con los víveres, enfermos i bagajes. Así se han hecho *razzias* aun en el Sahara, con grande espanto de los beduinos, que se creian allí fuera del alcance de la infantería francesa. Cuando una montonera árabe se propone hacer frente, la infantería marcha en línea hácia ellos, hasta que, en un pais tan quebrado como este, un accidente del terreno, la proximidad de un desfiladero, o la interposicion de un   torrente, fuerza a los árabes a agruparse en un solo punto. Entónces la caballería francesa que viene a retaguardia, se echa sobre ellos, introduce la confusion i la derrota. El mariscal llama a éstas *batallas ambulantes*, i desenvolviendo sus ideas sobre la nulidad de la caballería árabe, me indicó el pensamiento en que estaba de montar infantería a mula, para perseguirla hasta el desierto; mostrándose mui maravillado i complacido cuando le aseguré que en América teníamos infantería montada, en los paises que como en las pampas, las montoneras vagaban a su salvo, sin que los ejércitos regulares pudiesen darles alcance. Lo mas notable es que en la Arjelia, como en la República Arjentina, no han faltado jenerales, que seducidos por la aparente ventaja que en su movilidad ofrecen las masas de caballería, propusiesen adoptar el sistema árabe, resolviendo en caballería todo el ejército. Pero el mariscal comprendió mui bien que los franceses, parodiarían a los *gauchos* árabes, i que para vencer a un pueblo bárbaro, es preciso conservarse civilizado, esto es, adaptar a las localidades los medios de guerra que la ciencia de los pueblos cultos ha desenvuelto. Gracias a este sistema, el Mulé-Saa, en despecho de las profecías, anda hoi errante en el desierto, mendigando la escasa *diffa* que no pueden negarle las tribus, i el poder de la Francia es suficientemente insolente para mandar imponer a la poderosa tribu de los Uled-Nails, que prestó hospitalidad a Bou-Maza, una multa de 200000 francos, sin temor de mostrarse un impotente para ir al Sahara a castigar la desobediencia que pudiera orijinar pretension tan abultada.

Muchos datos preciosos he atesorado en Africa sobre colonizacion, lo que reservo para un trabajo especial. El mariscal tuvo la complacencia de darme un ejemplar de un trabajo suyo sobre la materia; pues el ser mariscal i viejo soldado del Imperio, no estorba que tenga una intelijencia despejadísima i una diccion animada i lucida. Sus maneras participan de la llaneza militar i de la afabilidad francesa, i la espresiva recomendacion con que me favoreció M. Lesseps, cónsul jeneral de Francia en Barcelona, fue atendida como lo merecia la distinguida reputacion del filántropo que con tanta justicia i a porfía han decorado todos los soberanos de Europa. Debo a la jenerosa oficiosidad de M. de Lesseps, no solo haber sido presentado a M. Cobden, el famoso ajitador del libre cambio, i al mariscal Bugeaud, el primer guerrero en actividad que tiene hoi la Europa, sino, lo que ménos podia   prometerme, la satisfaccion, para mi vanidad literaria, de haber sido reconocido literato i publicista americano por los mas poderosos agahs i kadies de las tribus árabes. Es el caso que sabiendo el mariscal que deseaba aproximarme a las tribus, a cuyo efecto me proponia penetrar en el interior por Oran, hasta Tlemcen o Máscara, a fin de verlas en su estado normal, llevó su oficiosidad hasta darme no solo cartas para el jeneral Lamoriciere, gobernador de Oran, i para que se me facilitasen los medios de llevar a cabo mi designio, sino tambien circulares a las autoridades árabes, a fin de que fuese escoltado en el interior i recibido en las tribus, como un recomendado en el carácter de literato del alto, temido i poderoso gobernador jeneral de la Arjelia. Imajínese si he debido gozar en esta escursion, cuyos detalles me anticipo a comunicarle.

El vapor del estado que hace la travesía de Arjel a Oran, toca a su paso en Cherchel, Tunez, Mostaganem, Arzew, establecimientos franceses en la costa, llenos de movimiento i animacion. Desde Mers-El-Kebir, última estacion, las dilijencias conducen a Oran a los viajeros por un camino escavado en la roca viva, entra el mar i la montaña que circunda la bahía. Oran es una segunda edicion del Arjel, con variantes de colinas i valles, pero la misma fisonomía, igual movimiento de construccion, igual mezcla de moros i franceses, de judíos i españoles, de negros i árabes, por lo que me abstendré de entrar en otros pormenores, indicando de paso tan solo que en lo ancho de las calles i el aspecto de los edificios públicos, se deja traslucir todavía la pasada dominacion española. Dos dias despues de mi arribo, sabiendo que el jeneral Lamoriciere estaba ausente, presenté las cartas del duque d'Isly al jefe del *bureau* árabe, quien anticipándose a toda solicitud de mi parte, me ofreció caballos, guía, escolta, i las órdenes necesarias para ser recibido de los jefes de las tribus, indicándome ademas la direccion de Máscara como la mas conducente al logro de mi objeto. A las ocho de la mañana del dia siguiente todo estaba dispuesto para la partida. Un *shauss*, empleado civil árabe, conducia dos órdenes escritas en arábigo, por las que se prevenia a los jefes del duar me ofreciesen la *diffa* correspondiente a un amigo del mariscal. La *diffa* es una comida que el duar subminista a los empleados del gobierno, i un *duar*, una reunion de veinticinco tiendas; varios duares forman una seccion de tribu, i cinco secciones forman la tribu, mandada por un agah i un kadi,   cada uno de los cuales tiene un kalifa o teniente. Acompañábanme, ademas, dos jinetes árabes, mi sirviente que hablaba español, frances i árabe, i mas adelante se me reunió un oficial de Spahis, condecorado con la lejion de honor i turco de raza.

No estrañe Ud. que no le describa el pais que atravesábamos, jeneralmente accidentado de colinas i variado por el aspecto de algunas villas nacientes; el placer de verme a caballo en campo abierto e inculto i con la dorada perspectiva de galopar a mis anchas, me distraia de prestar atencion a los objetos que me rodeaban. Los instintos gauchos que duermen en nosotros miéntras no podemos disponer de otro vehículo que carruajes, trenes o vapores, se habian despertado de golpe al estrépito de las pisadas de una partida de caballos, i desde que salimos de Oran, como el instrumentista que recorre el teclado ántes de aventurarse en la ejecucion de unas variaciones dificiles, yo aplicaba al caballo las espuelas haciéndolo corcobear, a fin de descubrirle el *juego*, es decir, toda su ajilidad i destreza. En seguida, deseando darme aire de un agah o un tolba árabe, estudiaba a hurtadillas en mis compañeros la manera de llevar el bornoz, de que me habia provisto para solemnizar con sus anchos i pomposos pliegues la gravedad de mi posicion oficial, que hacian mas encumbrada que el *salam* del *bureau*, lo corto de los estribos árabes, cuya forma aun conservan en España los picadores, i lo alto del espaldar carmesí de la silla, especie de poltrona en que el jinete va punto ménos que en cuclillas, i cuya postura aunque insufrible físicamente hablando, es el *chic* de la gracia árabe i el mas poético matiz del color local.

Una hora hacia, sin embargo, que marchábamos al trote con mucha mortificacion mia, que iba, para usar de la enérjica figura del pueblo en América, saliéndome de la vaina por probar la tan ponderada lijereza de los caballos árabes, cuando el *shauss* me observó que si seguíamos a aquel paso, llegaríamos a deshora al Sig, donde habíamos de pasar la noche. Por el muslo del Profeta, hube de esclamar yo, indignado al oir tan fea como no merecida reconvencion. ¡Protesto, que si el caballo no revienta, puedo sin fatigarme ir a tirar la rienda al último oasis del Sahara!... Tan ortodojo juramento como la hipérbole que lo acompañaba, oriental por el fondo i la forma, debieron de ser mui del agrado de mi comitiva, pues no bien habia acabado de hablar, a un grito de uno de los jinetes, los caballos partieron a todo escape,   sin que me fuese posible contener el mio, que parecia obedecer a órden superior, dando al traste arranque tan imprevisto, con mi afectada gravedad árabe, i haciendo flotar al aire a guisa de velas latinas las puntas del blanco bornoz. Despues he tenido ocasion de observar otras habilidades de los caballos árabes, tales como distribuir mordiscos i coces a derecha e izquierda por indicacion i órden del jinete; no ví ninguno, sin embargo, que como el de Bou-Maza lanzase balas, ni hiciese otra demostracion prodijiosa. Cuando hube logrado reponerme en la posicion perpendicular i colocado debidamente mis arreos, reivindicando por una descarga de azotes a mano airada la comprometida reputacion de jinete, saborié, con la inefable beatitud de los colejiales, el indecible placer de galopar horas enteras por montes i valles, salvando una sanja aquí, arremetiendo con un espeso matorral acullá, i aspirando a torrentes el aire recargado de las exhalaciones húmedas de la vejetacion i del polvo que las pisadas de los caballos suscitaban. I para que las reminiscencias de la vida americana fuesen mas vivas, a poco andar abandonamos el camino, i *cortando el campo*, la comitiva se dirijió a unas lomadas que a lo léjos se divisaban, i en cuyos recuestos estaba acampado el duar que debia suministrarnos la *diffa*, de la mañana. Como Ud. ve, en Africa, bien así como en nuestras pampas americanas, la línea mas recta es el camino mas corto para llegar de un punto a otro, mal que les pese a los propietarios de los sembradíos, de los que atravesamos ocho por lo ménos, sin que la comitiva se desviase un ápice de su direccion.

Al fin satisfechos los pulmones, i cuando los caballos empezaban de suyo a aflojar el paso, cambiamos de aire sin hacernos violencia, ya para que los árabes encendiesen sus largas pipas, ya para dar tiempo a preparar la *diffa* en el no distante duar, a donde se habia adelantado un jinete portador del salan supremo que la ordenaba. Una especie de encojimiento se apoderó de mí cuando nos acercábamos al círculo que forman las tiendas del duar, i el espíritu distraido hasta entónces por la agradable ajitacion de los sentidos, empezó a recojerse de suyo i entregarse a reflexiones serias. Americano de las faldas remotas de los Andes, iba a ver aquellas tribus árabes, herederas de las costumbres patriarcales de las primeras edades del mundo, a ser el huésped de la antigua hospitalidad, a contemplar de cerca los detalles domésticos de la vida nómade. Las grandes figuras de al   Biblia se agrupaban en la imajinacion, como si Rebeca o Yaule, sus hijos i las mujeres de sus hijos, fuesen a presentárseme vivos aun en el dintel de las tiendas a que me aproximaba. Hubiera querido detenerme un momento para dejar pasar esta especie de vértigo; pero tocábamos ya el circuito de espinos que rodea el duar; los ladridos de los perros llenaban el aire, los árabes se dirijian lentamente hácia nosotros, precedidos por el jefe que se adelantaba a tenerme el estribo al descender del caballo, como una cortesía digna de un recomendado del gobierno. No sabiendo qué decir le alargué la mano, que sin tomarla tocó él con la punta de los dedos, los cuales besó rápidamente, haciéndome seña en seguida de entrar en la tienda cuya tela solevantaba otro árabe, a fin de que no me inclinase demasiado. Otro traia un tapiz sobre el cual se me invitó a sentarme, lo que hice con la mayor compostura, cruzando las piernas a la manera oriental, i arreglando artísticamente en torno de mi persona los pliegues del bornoz. El silencio que me imponian mi ignorancia de los usos i del idioma árabe i lo nuevo de la situacion, me tenia turbado e inquieto, a lo que se añadía, la violencia de la postura que creia de rigor i que me causaba, calambres en los músculos de las piernas; pero una mirada echada en torno de mí, bastó para darme confianza i holgura; algunos de mis huéspedes se habian tendido de bruces, tal estaba mas cómodo de espaldas, cual de medio lado i cual otro en cuclillas, lo que me hizo conjeturar que habia tambien entre los árabes cierto *sans gêne* agradable; por cuya razon me creí autorizado a levantar una rodilla a la altura de la cara, i apoyarme en ella, abrazándola con ámbos brazos, como lo hacen nuestros gauchos; postura comodísima i admitida sin duda desde hoi por el ritual de la buena crianza oriental.

Desde que hube recobrado el desembarazo del cuerpo, necesario para que el alma funcionase sin tropiezo, la tienda i demas objetos cayeron bajo el escalpelo de la crítica. ¡Tate! me dije para mí, yo conozco todo esto, i las tiendas patriarcales de los descendientes de Abraham, no están mas avanzadas que los toldos de nuestros salvajes de las pampas. Igual i aun mayor desaseo, humedad i escasez de todas las comodidades de la vida; las tiendas de tela grosera de lana parduzca sostenidas sobre palillos nudosos i endebles; los perros saltando por entre los hombres; una hilera de corderillos recien nacidos, enlazados a una cuerda para retenerlos dentro de la tienda-sala-de-recepcion; una turba de muchachos   sucios i cubiertos de harapos, alargando desde la puerta los tostados cuellos para ver al rumi (cristiano). ¡Dios mio! ¡Dios mio! cuántas ilusiones disipadas de un golpe, cuánta poesía, cuántos recuerdos históricos, i sobre todo, ¡cuántas descripciones de escritos echadas a perder por la realidad mas prosáica i miserable que se palpó jamás! Algunas preguntas hechas de tarde en tarde por medio de mi intérprete, me ayudaron a disminuir el fastidio que me causaba la larga espectacion de la diffa, la cual se hacia esperar demasiado; i eso es que yo no abrigaba ilusion ya sobre su importancia en vista de tan significativos antecedentes, a mas que mi oficial frances, gran conocedor en la materia, me habia aconsejado llevar conmigo un perro a quien pasarle por lo bajo los mejores bocados, si queria evitar un pronunciamiento en el reino estomacal. Pero yo me disponia a gustar la diffa, como el médico prueba a veces los remedios que administra; que a tanta costa debe el viajero comprar el privilejio de ser el héroe de su propia novela. La diffa se anunció al fin; precedíala un plato de madera lleno de tortas fritas, colocadas simétricamente para dar lugar i apoyo a una docena de huevos durísimos que formaban una pirámide hácia el centro. Un árabe se lavó solo la punta de los dedos en una sucia i abollada vasija de cobre, en la cual se nos sirvió en seguida agua para beber, mas tarde leche de oveja, i luego agua de nuevo. A cada ronda que la malhadada vasija hacia,. seguíanla mis ojos de mano en mano para llevar cuenta de los puntos del borde donde los árabes ponian sus lábios. ¡Esfuerzo inútil! Al fin descubrí una abolladura inaccesible que me reservé desde entónces para mi uso personal. El árabe que se habia lavado dos dedos lo suficiente para alcanzarse a discernir de léjos la costa firme que descubria la parte *vírjen* de la mano, me descascaró dos huevos que engullí casi enteros, a fin de que pasase cuanto ántes aquel cáliz de mi boca.

Tenga Ud. paciencia, mi querido amigo, ya ve que cumplo con la promesa que a peticion suya le hice de describirle las costumbres árabes. Las tortillas fritas vinieron en seguida, i aunque crasas i espirituosas en fuerza de lo rancio de la mantequilla, yo sostuvo como un héroe mi posicion, sin pestañear, sin titubear un momento, sin echar mano siquiera de uno de tantos subterfujios i engañifas de que en iguales casos se habria servido un gastrónomo vulgar. Mas hice todavía. Habiéndome revelado algunos que aquel lago fangoso que se divisaba en el fondo del plato i que yo habia   respetado, tomándolo por sebuno depósito de la fritanga, era miel de abejas, descendí hasta él con los pedazos de las tortillas, alzando una buena porcion en cada revuelco. Hasta aquí todo marchaba en el mejor órden; pero aun faltaba lo mas peliagudo de la empresa, i nada se habia hecho, si no lograba hacer pasar el *cuscussú*, verdadero *quis vel quid* para estómagos europeos de la regalada gastronomía del desierto. Es el *cuscussú* una arenilla confeccionada a mano, hecha con harina frita sin sal i anegada despues en leche. Confieso que cuando se presentó el enorme plato que lo contenia, el cuerpo me temblaba de piés a cabeza, no obstante que nunca he tenido miedo a manjar ninguno; un sudor helado corria por mis sienes, i el estómago, no que el corazon, me latia cual jime el niño a quien el pedagogo manda al rincon. Lo peor del caso era que yo debia principiar, como el héroe de la fiesta, sin lo cual nadie era osado de hundir su cuchara de palo en la movible arena farinácea. Repentinamente, como el que al bañarse en el mar se precipita de cabeza despues de haber vacilado largo tiempo presintiendo la impresion del frio, yo enterré mi cuchara hasta el mango, i sacándola llena de *cuscussú* i leche la sepulté en la boca. Lo que pasó dentro de mí en este momento resiste a toda descripcion. Cuando abrí los ojos, me pareció hallarme en un mundo nuevo; todos mis tendones contraidos por el sublime esfuerzo de voluntad que acababa de hacer, se fueron estirando poco a poco, i dispersándose con la alegría de soldados que abandonan la formacion despues de disipada la alarma hija de alguna noticia falsa. De todo ello he concluido que, o el *cuscussú* no es abominablemente ingrato; o que Dios es grande i sus obras maravillosas, o en fin, que no se ha inventado todavía el potaje que me ha de hacer volver la cara. Despues del *cuscussú* a quien juré, por la Meca, acometer donde quiera que se me presentase, se apersonó ante mí un corderito asado a la manera de nuestros asados de campo en América. Si la diffa hubiera principiado por este capítulo, Ud. se habria visto defraudado de toda la enojosa descripcion que acabo de hacerle de la hospitalaria mesa árabe, sin que pueda Ud. creer que en otros duares o en otras tribus sea mejor condimentada. He recibido la diffa en cuatro duares de tribus diversas, i mas o ménos rancia la mantequilla; un jarro de lata con la impresion de los dedos de tres jeneraciones, en lugar de la vasija de cobre, algunos   cardos silvestres, o un puñado de dátiles por añadidura, en todas partes la diffa es siempre la misma.

Ya conoce Ud., pues, lo visible de la vida de la tienda, i no se empeñe en penetrar en lo doméstico que debe ser tal para cual. Las mujeres no se presentan a la vista de los estraños, aunque se pueda, desde la tienda de recepcion, oir sus voces guturales eu una subdivision contigua. Por un accidente singular, sin embargo tuve ocasion de contemplar el bello, aunque desaseado, sexo del duar de Abd-el-Bach, el jefe que he visto mas interesante por la belleza típica de su semblante i la dignidad afable de sus modales. Al terminarse la diffa, me llamó la atencion un rumor estraño de voces humanas, con cierta cadencia acompasada que me traia a la memoria la reminiscencia de algo parecido que habia debido oir no sé donde. Despues, refleccionando, he recordado que era el canto plañidero con que las recuas de negros en el Brasil se acompañan i animan al trabajo. Volviendo la vista hácia el lugar de donde me parecia venian las voces, descubrí a lo léjos un círculo de mujeres que hacian con las manos rapidísimos movimientos, cruzando i descruzando los brazos, i tocando repetidas veces el rostro. Fijando en este grupo grotesco mi anteojo de bolsillo, pude discernir dos bellísimos ojos llevados al cielo de una niña de quince años, que se entregaba a aquel estraño ejercicio con cierta gracia que la hacia interesante, a pesar del desaliño de sus vertiduras flotantes. Pregunte, sin dejar de mirar, lo que aquello significaba, i me dijeron que era una familia que lloraba la pérdida de uno de los suyos, preso por los franceses aquella misma mañana para mandarlo a Francia; el murmullo cadencioso de las voces eran oraciones recitadas en coro, i el movimiento de las manos lo hacian. para rasguñarse la cara i los brazos en señal de desesperacion. Tan estraña escena cambió para mí, desde entónces, de ridícula en solemne i respetable, asombrándome de ver hasta qué punto pueden la relijion i las fórmulas tradicionales avasallar la naturaleza humana. En lugar de llantos descompasados, se oia el canto lúgubre de oraciones recitadas cadenciosamente, i en lugar de lágrimas, se empeñaban las dolientes en hacer vertir sangre de sus mejillas. En medio de estas prácticas, para nosotros estravagantes, pude, sin embargo, reconocer con el anteojo, a la madre del que lloraban perdido, en la verdad i pasion que se descubria en todos sus movimientos i contorciones. Con efecto, cualesquiera que los usos sean, qué dolor   hai que se parezca al dolor de las madres, cada una de las cuales puede repetir con la misma verdad el sublime ¡*venite et videte* del evanjelio! Como me fuese imposible apartar la vista de aquel curioso cuan tierno espectáculo, pregunté al *shauss* si los árabes llevaban a mal que los estraños mirasen a sus mujeres; lo cual entendido por el jefe, me hizo decir que si deseaba acercarme a ellas, él me acompañaria. Fuimos, en efecto, i a una indicacion suya, el movimiento se paralizó i cesaron los cánticos, i la madre que yo habia comprendido de léjos, vino hácia mí, i con movimientos de cabeza convulsivos i señalándome el cielo, parecia preguntarme si hallaba justo lo que los franceses hacian con ella. Llamé a mi intérprete para hacerla decir que en Francia no le harian mal a su hijo, que su cautiverio no seria largo, i todos esos consuelos vulgares, que se prodigan para dolores que no quieren ser consolados. En el entretanto, las muchachas mas ariscas se iban aproximando con disimulo, i ya contemplaba las no indiferentes gracias de la de los ojos negros, cuando una vieja bruja, vino con improperios a decirlas que estaban perdiendo el tiempo que debian emplear en rezar, retahila comun a las dueñas de todas partes, musulmanas o cristianas, con lo que fué, pues, preciso retirarse. Cuando van a las ciudades, las mujeres árabes como las moras, se envuelven en mantos i velos blancos sin mas diferencia que la de no descubrir aquellas ni los ojos siquiera. El adorno principal son unos grilletes de plata en los tobillos, tan gruesos como los de hierro de nuestras prisiones, sobre todo si la persona es de calidad. En Máscara me paseaba en el camino en circunstancias que una comitiva de mujeres se acercaba, i que al verme se cubrieron todas completamente el rostro. La que venia a la cabeza descubria, por el garbo de su talle, finura i limpieza de sus envoltorios, lo maciso de los grilletes i cierta coquetería en el talante, que era una dama de distincion; pero ¿cómo verle el velado semblante? ¡Hé aquí la injeniatura! Al acercarse al lugar que yo ocupaba díle la espalda i mirando con distraccion el suelo, repentinamente fijo la atencion en un punto; tócolo con el pié retirándolo inmediamente como cuando se quiere mover con los dedos una brasa ardiendo; repito segunda vez i cuando creí haber producido el efecto, vuelvola cara bruscamente hácia atras, i sorprendo a mi beldad árabe que se habia detenido a observar mis movimientos i descubriéndose la cara dejándome ver unos lindos ojos, unas cejas unidas entre sí por un tatuaje   azul i un carrillo teñido de colorete subido como la mancha de una manzana. ¡Oh! mujeres, mujeres, parecia decirle al mirarla sonriéndome, sois las mismas en todas partes, ¡curiosas! Esto es todo cuanto he podido descubrir de los encantos i existencia de las mujeres árabes, por lo que, i volviendo a la terminada diffa, continuaré la narracion de mis aventuras de viaje.

Desde el duar partimos hasta entrar de nuevo en el camino público, de que nos habíamos separado por la mañana, sin que hubiese cosa digna de mencion, si no es la pintoresca fisonomía de los caminos africanos en jeneral. Preséntanse con frecuencia caravanas de camellos marchando a paso lento, sin que el menor ruido de pisadas anuncie su proximidad, i todos invariablemente con los ojos al parecer fijos en el cielo; síguesele una récua de borriquitos enanos, no mas altos que un mastin. Viene en pos otra de vacas i toros cargados de fardos, i con sus albardas i arreos como las demas bestias de carga i disputándoselas a camellos i borricos, los cuales marchan mas despacio i reciben en cambio i con mayor calma los palos i zurriagazos de los árabes. Un poco mas allá viene o va una larga fila de furgones del ejército cargados de víveres o árboles en almácigos, mas léjos resaltan los pantalones *garance* de una compañía de soldados que marcha a discrecion a su nuevo acantonamiento; aquí dos o tres mujeres sentadas en un estrado elevado sobre el lomo de los borricos; allí diez árabes haciendo oracion.

En medio de este movimiento, i despues de ascender una serie de colinas, el shauss me señaló en el camino los montoncillos de piedras, reunidas aquí i allí sobre una larga estension del camino. Eran, segun me dijo, las señales de los depósitos de cadáveres sepultados despues de la sangrienta batalla de Muley-Ismail, dada entre Abd-el-Kader i el jeneral Trezel, poco tiempo despues de la ocupacion de Oran, i desde cuyo punto el ejército frances tuvo que retroceder, temiendo las consecuencias de aventurarse en un terreno cubierto de bosque espeso. I efectivamente, en todas direcciones i hasta donde la vista puede alcanzar por la llanura i la lomadas circunvecinas, descúbrese un bosque continuo de olivos silvestres, dejenerados vástagos de los olivares que en otro tiempo hacian la riqueza de la poblacion de los alrededores. Al ver esta estension que abraza veinte, si no treinta leguas cuadradas, cree uno hallarse en medio de la Andalucía, i aun fijando la atencion donde los olivos son mas añosos,   se pueden discernir las líneas rectas del plantío primitivo. Los árabes, esterminando al pueblo que los cultivó, han dejado esterilizarse tan pingüe fuente de riqueza, i si la vista de esta vejetacion desolada, frondosa en despecho del abandono, no basta para lastimar el corazon, léjos de alegrarlo, al salir del bosque la vista descubre de improviso la hermosa llanura del Sig, atravesada por el rio que le presta su nombre i sin embargo inculta, apénas habitada i malsana a causa de la estagnacion de las aguas. A lo léjos se divisan cual garzas, inmóviles i solitarios, siete u ocho marabuts o sepulcros, monumentos de la piedad árabe, i únicos vestijios humanos en estension tan dilatada. I sin embargo, andando mas adelante hácia la villa del Sig, que en un costado construyen los franceses, el viajero tropieza con las escavaciones recientes de donde los colonos sacan a discrecion piedra labrada de una grande ciudad romana, que la barbárie ha muerto i sepultado, haciendo olvidar el nombre con que fué conocida en sus tiempos de prosperidad. ¡Estraño destino de las cosas humanas! ¿Cómo ha podido suceder que la ciudad que cual reina dominaba aquella llanura, haya desaparecido del todo, resistiendo mas bien la naturaleza en los olivares, que no pudieron los fuertes muros, los palacios i la inmensa poblacion que encerraban? Encuéntranse en medio de sus escombros monedas romanas de las que conservo algunas, instrumentos de cobre i de hierro, varias inscripciones; pero nada que revele hasta hoi el nombre de la desdichada ciudad anónima, cuyas piedras viene a poner de pié nuevamente la civilizacion, para resucitar el antiguo esplendor de estas comarcas. Solo viendo de cerca la malograda estension de sus llanuras, puede comprenderse cómo en tiempo de los Gracos la Mauritania Tangitania, esto que hoi se llama Arjelia, era el granero de Roma, i los terrores pánicos de la monstruosa ciudad cuando los contrarios vientos impedian que las naves africanas cargadas de trigo llegasen a Ostia del Tiber.

Al contemplar, apoyado sobre un fragmento de columna, estas humildes ruinas que nada dicen a los sentidos, he esperimentado la congoja tan inimitablemente espresada por Volney al ver las magníficas columnatas de Palmira. Estas llanuras tambien estaban cubiertas de una, poblacion activa, ilustrada i rica; i ¡ahora nada!... ni el sitio de las ciudades, ni el pueblo inmenso de labradores que habitaba sus deliciosas campiñas. Pero ¡adónde, Dios mio, se han ido tantos   millones de hombres!... Preguntádselo a la cimitarra i al Koran. ¡Oh! ¡Mahoma, Mahoma! de cuántos estragos puede ser causa un solo hombre cuando apoya i desenvuelve los instintos perversos de la especie humana, o bien cuando encuentra masas brutales que *creen* porque no son ¡*capaces de pensar*!

La villa del Sig que se construye, rehabilitará bien pronto la perdida ciudad romana, i una numerosa poblacion europea afirmará, Dios quiera que para siempre, otro dominio que el de estos feroces pastores, que han vuelto a la tierra, donde quiera que han elevado sus tiendas, su esterilidad primitiva. Acaso la llanura del Sig está destinada a obrar una de aquellas grandes revoluciones morales que de tarde en tarde trastornan la faz del mundo, curando alguna llaga especial de la especie humana. A corta distancia de la villa moderna, se está preparando el terreno necesario para la formacion de un Falansterio. Ud. conoce sin duda las doctrinas de Fourier, i las estrañas locuras con que ha mezclado la enunciacion de las verdades mas luminosas. Faltábale a este jenio singular, lo que sobra a los espíritus vulgares, lo que es la herencia del pueblo; faltábale sentido comun. Pero nadie como él ha presentado los conflictos de las sociedades civilizadas, las coaliciones de los pobres que solo piden pan a los ricos, la nulidad de las teorías políticas para asegurar la vida i el goce de los bienes a todos los miembros de la sociedad. Dejemos a un lado su apocalipsis i sus doctrinas antimorales, pues que son la negacion de la moral humana. Pero su idea práctica de reunir una villa en una sola familia bajo un techo i un hogar comun, como los grandes hoteles que con tanta ventaja esplotan hoi la industria; criar los niños en una sola sala de asilo; educarlos en un colejio comun; asociar el trabajo personal, el talento i el capital, en una grande esplotacion, i asegurar a cada uno, sin hacer comunes los bienes, su parte de provechos que hoi solo recoje el rico; responder de la subsistencia del anciano inválido, i cuidar de la mujer desvalida; hacer en una palabra que cada uno tenga su proporcionada parte de felicidad, sin que a unos toque como hasta hoi la opulencia i los goces, miéntras que al mayor número solo caben en suerte veinte horas de trabajo, i con ellas la desnudez, la ignorancia i los vicios; conseguir todo esto o algo de ello, merece sin duda la pena de que se haga, como cosa perdida, el ensayo de un falansterio, para ver hasta dónde el loco era cuerdo, esperimentado el visionario, e inspirado el profeta   No perdamos, pues, devista el naciente plantel del Sig que puede llegar a ser un árbol frondoso cuya semilla sea posible transportar a América. La doctrina de Fourier, como la de M. Cobden, tiene por fundamento la asociacion, i el uno tomando las sociedades por las raices, i el otro por los frutos, aspiran al mismo fin, la mayor ventaja del gran número. Desde el Sig, donde pasé la noche, hasta Máscara, el país se va levantando en una serie de colinas i montañas, hasta que en la última elevacion se perciben las higueras, viñas i granados que rodean la ciudad, centro en otro tiempo de la efímera dominacion de Abd-El-Kader, i hoi punto avanzado de la dominacion francesa en el Tell. Mi sirviente que habia frecuentado esta ciudad árabe en distintas épocas, se asombraba de no reconocerla despues de un año; i en efecto, apénas queda en pié resto alguno de la construccion indíjena, dominando aquí como en las demas partes el furor de edificar. Las casernas de la tropa son verdaderos palacios, i las numerosas obras públicas como las casas particulares en construccion, no impiden que se vayan escalonando algunas villas hácia la llanura de Eghrees, que se estiende semicircularmente al pié de la eminencia que ocupa Máscara.

Sin duda que esta sucesiva aparicion de llanuras i montañas habrá llamado la atencion de Ud. Es aquella, en efecto, la faccion jeneral de esta parte del África, lo que se esplica con facilidad teniendo presente que el Atlas no es una serie de montañas como jeneralmente se ha creido, sino los cantos i elevaciones que sostienen las gradas parciales en que va elevándose el terreno hasta llegar a la gran meseta central del Africa por esta parte, o el Sahara arjelino, páramo llano i estéril, verdadera pampa elevada en que pacen millares de rebaños. De esta configuracion nace que al ascender una serie de colinas se encuentra una llanura, i así de esta a otra mas elevada, hasta llegar a la última mas estensa que se llama Sahara o el desierto, por oposicion a las gradas inferiores que se denominan el Tell, o el país de los cereales.

Manda la subdivision de Máscara el jeneral Arnault, jóven de treita i ocho años, i como el jeneral Lamoricière, verdadero jeneral africano, pues ambos han pisado las playas arjelinas con el grado de subteniente. Haciendo *razzias* sorprendentes en el Sahara, aturdiendo a los árabes por la fabulosa rapidez de sus marchas, i venciendo dificultades al paracer superiores al esfuerzo humano, estos dos bravos jóvenes han alcanzado las paletas de jenerales i las cruces que los condecoran.   El jeneral Arnault me prodigó todas aquellas atenciones que, parecen jeniales a los franceses. Una comitiva de oficiales me acompañó por invitacion suya a correr a caballo la llanura de Eghrees, en la que me proponia hacer una razzia sobre algunas malaventuradas aves acuáticas para disecar como recuerdo de mi paseo en el interior de África.

En aquella llanura está la casa paterna de Abd-El-Kader, hijo de un gran marabut, a quien en una peregrinacion a la Meka le fueron revelados en sueños los altos destinos que estaban reservados a su hijo. Mas tarde en aquella misma llanura cinco mil jinetes árabes se reunieron para proclamar emir a Abd-El-Kader, que largo tiempo soñó con formar de la Arjelia arrebatada a los franceses, un estado soberano para él; pero el Dios de las batallas ha dispuesto sin duda otra cosa, i en despecho de los vaticinios, i de aquella proclamacion a caballo, a la manera de la del Dario Histapes de los persas, ha concluido el ex-emir con asilarse en Salara o Marruecos. Hoi no pudiendo mantener el corto número de jinetes que le han permanecido fieles, los ha echado diseminados sobre Arjelia i Oran para que cometan asesinatos i robos en los caminos, a fin de mantener la alarma i el malestar entre los colonizadores. A este sistema el gobierno frances ha correspondido con otro que no carece de orijinalidad. Los merodeadores sorprendidos o un individuo de una tribu sospechosa, son enviados a Francia, medida que hiela de horror a los árabes, los cuales acostumbrados a cometer todo jénero de crueldades con los prisioneros, se imajinan que en Francia van a ser entregados a suplicios inauditos. De la aplicacion de estas represalias se lamentaba aquella pobre madre de que hablé ántes.

De regreso de nuestra partida de caza, lo que hice sin *galoparme* toda la llanura, en un hermosísimo caballo azabache que por ostentacion del tipo árabe me habia proporcionado el jeneral, i despues de recorrer con un edecan los trabajos emprendidos, volví a la casa del jeneral Arnault, donde me aguardaba una escojida reunion de oficiales superiores invitados a comer. El jeneral, ántes de ponernos a la mesa, mostrándome un número de la *Revista de Ambos Mundos*, me dijo: «Vea Ud. cómo aun en el centro del África, estamos al corriente de lo que pasa en el mundo» señalándome con el dedo el título «*Civilizacion i Barbarie*» del libro cuya análisis ha publicado aquella *Revista*. La satisfaccion de la negra honrilla literaria debe ser tan estimulante como el mucho   ejercicio, pues que con cumplido tan lisonjero me sentí dotado de un apetito a la altura de la situacion. Durante la comida, la conversacion rodó naturalmente sobre las aventuras de aquella guerra singular, el porvenir del país, i ya inferirá Ud. que debia ser interesante i animada. El Jeneral Arnault es el jefe frances que ha penetrado mas *tierra adentro* en el Sahara, contándome esta vez las dificultades de su empresa i los medios raros de que se habia valido para burlar la vijilancia de los árabes i darles caza. Entre otras cosas los *baqueanos* árabes me llamaron la atencion por la singular identidad con los nuestros de la pampa. Como estos, huelen la tierra para orientarse, gustan las raices de las yerbas, reconocen los senderos, i están atentos a los menores incidentes del suelo, las rocas, o la vejetacion. Pero los árabe dejan mui atras a nuestros gauchos en la asombrosa agudeza de sus sentidos. Un árabe, por ejemplo, conversa con otro en el Sahara, mediando entre los interlocutores una distancia de dos leguas; los espías husmean la proximidad del ganado a tres leguas de distancia, i como sabuesos siguen por el olfato la direccion de los duares enemigos.

Yo ponderé a mi turno la vista de nuestros *rastreadores* i los conocimientos omnitopográficos de nuestros *baqueanos*, a fin de sostener la gloria de los árabes de por allá, a punto de ser eclipsada por el olfatear el ganado i conversar de un estremo a otro del Sahara, de los gauchos de por acá. Al terminarse la *soirée*, el jeneral Arnault quiso añadir a mi modesta coleccion de objetos africanos, la punta de un ala i un huevo de avestruz; ofrecimiento que motivó el de la piel de un pajarillo pintado, de parte del coronel del 56.

Cargado de estos trofeos, i de la gratitud que tanta civilidad merecia, me retiré para disponer mi regreso, pues que mas allá de Máscara, la vida europea cesa, presentándose la babarie i el desierto, límites naturales de mi viaje en derredor del mundo civilizado.

De regreso a Oran, nuestra marcha era lenta i tranquila, pues que para precipitarla, nada ignorado como de ida, ocultaban a la vista las colinas i montañas que de nuevo veniamos atravesando; i la conversacion que de ordinario ahuyenta el tedio de las largas marchas, se estinguia apénas iniciada por haberse agotado ya el caudal de conocimientos locales del shauss que la daba ántes pábulo. Las distancias entre los silenciosos jinetes fueron por tanto prolongándose insensiblemente, quedándose mi caballo abandonado a sí mismo,   mui rezagado de la comitiva. Las ténues gasas con que la naturaleza se cubre durante el reposo nocturno, flotaban ya desgarradas en masas de vapores, en tanto que el sol de la mañana bañando el rostro con sus tibios rayos de invierno, traia a los sentidos aquel dulce adormecimiento, que haciendo cesar la vista esterior, deja que la imajinacion huelgue con los recuerdos i con las impresiones esperimentadas, cual niño triscon con cuantos objetos encuentra a su alcance. El pensamiento ademas tiene sus actos espontáneos, i todas las sensaciones trasmitidas al cerebro por los sentidos, saliendo sin la participacion de nuestra voluntad del caos confuso en que están hacinadas, propenden en los momentos de reposo, a agruparse segun su afinidad, clasificándose de suyo en el órden que les conviene, hasta presentarse en serie de ideas íntima i lójicamente ordenadas; verdadera rumiacion del espíritu semejante a la que ejecutan los camellos en los momentos de descanso con el tosco alimento que han acumulado ántes en sus anchos estómagos. No de otro modo las intelijencias mui ejercitadas, cuando una idea fundamental las ha absorbido largo tiempo, deponen sobre el papel i sin esfuerzo alguno, un libro entero de una pieza, como la hebra dorada que hila el gusano de seda.

No sé si por efecto análogo, o solamente por hallarme abstraido de toda perturbacion esterior, a medida que el sol iba calentando, i la maquinal accion de marchar al paso natural del caballo entorpecía los miembros, todo cuanto habia visto, oido o pensado durante mis diversas aunque rápidas escursiones en Africa, se iba presentando al espíritu como una ordenada procesion de hechos, revestido cada uno de ellos de formas i colores correspondientes a su tiempo i lugar; i haciéndose palpable e inmediato, aun aquello que no existe, real lo que no es, pero que lo será indefectiblemente; i presente lo próximamente futuro, la colonizacion de la Arjelia se me figuró como de largo tiempo consumada. Por todas partes bullía la poblacion europea entregada a las múltiples operaciones de la vida civilizada; las llanuras hoi desiertas, las ví tapizadas de alquerías, de jardines i de mieses doradas; i aquellos lagos, que desde lo alto de las montañas se divisan brillando aquí i allí, como los fragmentos dispersos de un espejo, habia tomado formas regulares en la Mitidja, Mascara i Eghress, aprisionadas sus aguas en canalizaciones ordenadas, abiertas en el centro de las llanuras, segun lo habian hecho en otro tiempo los romanos. Los planteles de villas i   ciudades que solo trazadas habia visto, multiplicándose al infinito, se alzaron de golpe, erizando llanuras i montañas con sus teatros, templos i palacios; i aun parecíame divisar en lugar de los blanquecinos marabuts que la vista descubre por doquier, los futuros *falansterios*, colmenas de hombres que en tribus de a mil, participará cada uno de los bienes por todos acumulados, el uno como diez, i el otro como ciento,

157

segun su capacidad, capital o trabajo. ¡Quién sabe, venia yo pensando, si las grandes doctrinas necesitan como ciertos árboles, que se trasplante para dar frutos sazonados, pudiendo aplicarse a la tierra que las produjo primero, el sentido *sic vos non vobis* de Virjilio! El cristianismo sembrado en el Oriente, donde se secó bien pronto, vino a arraigarse en los pueblos mas distantes del Occidente, i la democracia, por tantos siglos regada con sangre en Europa sin provecho, solo se ha ostentado pura i lozana en las praderas del Mississipi i en las márjenes del Potomac.

Hácia la arte del mar, en todos los puertos, las inquietas olas del Mediterráneo estaban ya ceñidas dentro de estupendas calzadas como la que asombra en Arjel a los injenieros que vienen a visitarla; montaña elevada en el fondo del mar con rocas de dieziocho varas cúbicas, de creacion apócrifa, producto de la ciencia humana, que mas afortunada que Prometeo, ha podido robar impunemente a la naturaleza sus secretos, i desafiarla en seguida a destruir o conmover siquiera su remedo de rocas. Por la parte del interior, en la línea que divide el Tell del Sahara, estaban como valla insuperable contra la barbarie, los acantonamientos del ejército de cien mil hombres que guarda la Arjelia, i que ya ha recibido órdenes de internarse, abandonando las tranquilas i sumisas costas a la colonizacion civil; allí, aquellas miriadas de guerreros prolongaban en todas direcciones la red de caminos públicos que ya empieza a cubrir el Africa, realizando por fin el gran pensamiento de Napoleon, de emplear como los romanos los ocios del ejército en la construccion de colosales obras públicas, como aquellas que han perpetuado hasta nosotros las huellas del pueblo rei. Todavía mas allá del Sahara me pareció divisar al comercio afanado, disputándose los ricos productos que el Africa central encierra, i el desierto atravesado por no interrumpida fila de caravanas de camellos cargados de oro en polvo, marfil, bálsamos, gomas i resinas que enviara el misterioso emporio de Tomboctú a trocar por telas preciosas, sal, armas i objetos de ardorno. Este   comercio del desierto tan antiguo como el mundo, i cuyas rutas describió ya Herodoto, echó los sólidos cimientos de destruido poder de Cartago, dá esplendor aun a la bárbara Túnez, su heredera, i al fanático Marruecos, siendo seguro que el Africa francesa, resucitando la brillante Mauritania Tangitania, se avance bien pronto hasta las puertas del desierto, a prestar mano armada a las caravanas, contra la rapacidad de los Tuarec i demas piratas que infestan aquel inconmensurable mar de arena. I como si esta prolongacion de la civilizacion, esta *punta* de la Europa en Africa no pudiera existir sin irradiarse en torno suyo, el Bei de Túnez se me presentaba al Occidente ensayando sus fuerzas para remedar la prosperidad que ha visto en su viaje a Francia, i el santo emperador de Marruecos recibiendo por la primera vez con respeto i benevolencia, los embajadores cristianos que han osado penetrar hasta su misteriosa corte.

I de improviso con la abrupta petulancia de la imajinacion para trasportarse de un lugar a otro sin transicion racional, acaso guiada solo por la análoga fisonomía esterior del Sahara i de la Pampa, yo me encontré en América, de este lado de los Andes, donde Ud. i yo hemos nacido, en medio de aquellas planicies sin límites, en las cuales nace i se pone el sol, sin que una habitacion humana se interponga entre el ojo del viajero i el límite lejano del horizonte. ¡I bien! reflexionaba yo, va para cuatro siglos que un pueblo cristiano posee sin disputa este rico suelo, igual en estension i superior en fertilidad a la Europa entera, i no cuenta sin embargo un millon de habitantes; i eso que las fiebres endémicas no diezman como en África la poblacion; i eso que en su seno no encierra un aspid, como aquella indomable raza árabe que forcejea sin descanso por desasirse de la robusta garra que la tiene sujeta. Ni una relijion brutal, ni un idioma rebelde, estorba allí la accion civilizadora, i sin embargo, helos aquí a estos pobres pueblos, dejenerados cristianos i europeos, desgarrándose entre sí por palabras que les arrojan como un hueso a hambrienta jauría de perros; hélos ahí, sumiéndose de mas en mas en la impotencia i barbarie, bien así como el caballo que se ajita en el fango movedizo i líquido de nuestros *guadules*; hélos ahí dando vueltas en fin en un solo lugar, creyendo que marchan en línea recta, ¡cual los míseros caminantes a quienes sorprende la caida de las nieves en nuestras cordilleras! ¡Qué maldicion pesa, Dios mio, sobre aquella malhadada raza española en la América del Sud, que   sin el consolador espectáculo de la sajona del Norte, el republicano moderno se quitaria la vida como Casio, desesperando ya para siempre de la libertad como de una quimera, renegando de la virtud como de una sombra vana!

Todos los grandes raudales que desembocan en el Plata se presentaron a mis ojos como ondulosas líneas de esmalte, cual si pudiera contemplarlos a vista de pájaro, dominando las inmensas manchas de bosques, verdinegros, i los oasis floridos de las praderas, sin que la actividad humana ni las creaciones de la civilizacion, diesen vida a aquellos edenes, cuyas puertas ningun ánjel esterminador guarda; i miéntras tanto que solo las aves del cielo, o las alimañas de la tierra se huelgan en estensiones tan prodijiosas, cuatro millones de seres humanos están agonizando de hambre en Irlanda; mendigos a quienes ninguna enfermedad aqueja, asaltan en bandadas las campiñas de la Béljica i de la Holanda; la caridad inglesa se agota para alimentar sus millones de pobres; i millares de artesanos en Francia se amotinan todos los dias, porque su salario no alcanza a apacignar el hambre de sus hijos; mil prusianos han desembarcado en estos dias en África, para recibir del gobierno la tierra que iban a buscar en Norte América; veinte mil españoles se han establecido en Oran o Arjel, a punto de parecer la Arjelia mas que de Francia, colonia de España. Cien mil europeos reunidos en África, en despecho de los estragos de la fiebre que mata uno de cada tres que llegan i trazándose el plan para hacer venir dos millones en seis años mas. La prosperidad, en fin, brillando ya sobre la sangre con que está salpicado el suelo, i cien millones de mercaderías introducidas en 1846, derramando por todas partes la riqueza con los provechos del comercio.

¿Por qué la corriente del Atlántico, que desde Europa acarrea hácia el Norte la poblacion, no puede inclinarse hácia el Sur de la América, i por qué no veremos Ud. i yo en nuestra lejana patria, surjir villas i ciudades del haz de la tierra, por una impulsion poderosa de la sociedad i del gobierno; i penetrar las poblaciones escalonándose para prestarse mutuo apoyo, desde el Plata a los Andes; o bien siguiendo la márjen de los grandes rios, llegar con la civilizacion i la industria hasta el borde de los incógnitos Saharas que bajo la zona tórrida esconde la América?

Cuando la serie de mis ideas hubo llegado a este punto, sacudí la cabeza para asegurarme de que estaba despierto, i poniendo espuelas al caballo, cual si quisiera dejar atrás   el mal jenio que me atormentaba, llegué bien pronto a incorporarme con mis jentes, detenidas en torno de alguno que referia los detalles de un desastre. Los árabes acababan de dejar por muerto a los conductores de un carruaje, i en otro punto vecino yacia cubierto de heridas i exánime el cadáver de un colono asesinado. He aquí, me dije, ¡la realidad de las cosas! ¡Ahora puedo por lo ménos estar seguro de que no sueño! ¡Hai sangre i crímenes! ¡He aquí lo único posible i hacedero!

A mi llegada a Oran, he trazado a la lijera estas líneas, que ántes de dirijirme para Italia, haré que lleguen a sus manos. En Roma hai un papa, que enjuga las lágrimas de su pueblo, en Venecia el cadáver insepulto de una república, i en Nápoles, el cráter del Vesuvio, i las mómias de Herculano i Pompeya, que deseo contemplar de cerca.

Guárdenos Dios, mi buen amigo, para tiempos mejores, i... etc.

Roma

Illmo. Señor Obispo de Cuyo.
Roma, abril 6 de 1847.

Cuando desde el centro del mundo cristiano vuelvo hácia América las miradas, su Señoría Ilustrísima mi digno tio, se me presenta como el corresponsal obligado, a quien debo de preferencia transmitir, así lo deseo, las impresiones que me causa el espectáculo de esta ciudad eternamente célebre por su pasada gloria i los vínculos que hoi la ligan con el orbe católico. La iglesia domina sobre las siete colinas, como el ánjel de bronce sobre la tumba de Adriano, i ruinas, basílicas, bellas artes, costumbres o instituciones, todo en Roma se agrupa en torno del elevado pedestal desde donde el sucesor de San Pedro bendice la ciudad i el mundo; por lo que, no pudiendo subdividir mi asunto, si me sucediese hablar a su S.S. de cosas que se apartan de su sagrado ministerio, disimúlelo con el mismo espíritu de caridad que el jefe de los fieles tolera las locuras mundanas del carnaval, pues pudiera acontecer que algunas veces estas mismas cosas oculten un interes relijioso, a la manera que aquí se encuentran con frecuencia   el fronton e inscripciones de un templo pagano, sirviendo de fachada a una iglesia cristiana.

De cualquier punto que el viajero se dirija a Roma, siente desde luego que transita por los caminos de la iglesia, i en las dilijenciias, i en los vapores, halla por compañeros de viaje sacerdotes que de luengas tierras vienen buscando la fuente de los dones espirituales. Un obispo de la India occidental, un misionero de la Oceanía, un cura de las remotas plantaciones norteamericanas, i algunos abates franceses, han sido por algunos dias mis amigables comensales; pues la intimidad, momentánea al ménos, se establece con facilidad entre hombres que gozan o sufren juntos. Así empezaba con anticipacion a prepararme para visitar a Roma con el mismo espíritu que preside a sus destinos. Durante las monótonas horas del mar, la conversacion rodaba sobre asuntos relijiosos, i cual contaba sus adversidades entre los bárbaros, cual las dificultades que a su ministerio oponian los mismos cristianos. Muchas nociones útiles he recojido de estas pláticas, i no pocas esplicaciones de cosas que no habia comprendido hasta entonces, por ser algunos de entre estos eclesiásticos verdaderamente doctos e ilustrados, sin que faltase de vez en cuando alguna escena curiosa que diese animacion a aquellos serios coloquios. Hablábase una vez, por ejemplo, de cierto tratado teolójico que con aplauso acaba de aparecer en Francia, abundando todos en encomiar sus ventajas, cuando un laico regordete i de aspecto atrabiliario, tachó de incompleto el libro, por pasar mui de lijero sobre el capítulo de sortilejios, majia i endemoniados. «Puede ser que yo haya caido en el error, le repuso con modestia un abate, pero no creo en la existencia de tal comercio entre el hombre i los espíritus infernales». El de los sortilejios, escandalizado de la incredulidad que venia de donde ménos la esperaba, tomó el asunto a lo serio, i con gran copia de testos i doctrinas de téologos respetables, desenvolvió en largo discurso todos los casos que se referian a las ciencias ocultas, incluso los fenómenos eléctricos, i el magnetismo animal. I ¡cosa estraña! este hombre se habia leido los Santos Padres, los doctores de la Iglesia, canonistas i vidas de santos, para atesorar datos sobre este punto esclusivo de sus estudios de muchos años, siendo tan profunda su conviccion, que a juzgar por los hechos que citaba, en Francia no habia otra cosa, que encantos i brujerías, asegurando haber visto él con su propios ojos una endemoniada a quien un incubo incestuoso, bajo la forma del difunto padre de la   infeliz, le hacia dar a luz monstruos deformes i espantables. Todos estábamos maravillados de oirlo, deplorando para mi ciencia i estudios tan mal empleados. En el caso de la endemoniada, me decia quedo el abate, yo habria consultado un médico con preferencia a un libro de teolojía. A este orijinal, añadia yo, le ha sucedido lo que le aconteció a don Quijote, que a fuerza de leer libros de caballería perdió el seso en punto a encantamientos i paladines errantes, conservándolo ileso en lo demas.

Uno de aquellos abates franceses con quien habia trabado amistad, me introdujo en Roma en una posada tenida por un santo varon, el cual, con la ayuda de la órden de los jesuitas, la ha fundado para asilo de peregrinos. Todo respira en ella el espíritu relijioso de sus moradores; las escalas, el comedor, las galerías, están tapizadas de cuadros de santos; en lugar de enseña o título hácia la calle tiene una devota imájen de la Vírjen; sobre cada habitacion está escrito, a falta de número, el nombre de un santo, i sobre la puerta de la mia léese este lema: «María ha sido concebida sin pecado». A la mesa comun nos sentamos obispos, abates, clérigos i diáconos, i algunos seculares que como yo, han sido introducidos por sacerdotes. Recita cada uno su *benedicite* ántes de comer, i da gracias al fin, sin que en el intermedio deje el posadero de anunciar en que iglesia dice misa Su Santidad al dia siguiente, cual orador célebre predica en tal convento, i en que basílica se celebran por entónces las cuarenta horas perpetuas. En fin, los sábados pasamos a una capilla donde cantamos en coro las letanías; i aunque o haya sido poco dado a las prácticas del culto, i se observe en esta casa la cuaresma con mas severidad que en otras, lo que no es un atractivo, sobre todo en Roma donde la cocina es tan mala, he permanecido voluntariamente en ella, encontrando cierta satisfaccion, que no hubiera esperado, en el desempeño de deberes a la verdad poco costosos, los cuales me traen a la memoria recuerdos gratos de aquella primera edad de la vida, que al lado de Su Señoría he pasado en la intimidad de las cosas relijiosas.

Anticipo estas indicaciones a fin de mostrar a Su Señoría que nada he omitido para conocer a Roma por el costado que a Su Señoría interesa, i si algo pudiera faltarme en este sentido, lo completará la inagotable bondad del R. P. O'Brien su corresponsal, i el mas recto, sencillo i candoroso varon que viste el hábito domínico. Por él las puertas de la Cámara pontificia me han sido abiertas, i Su Santidad dignándose   hablarme de los negocios de América; por él, en fin, mi camino ha sido desembarazado de tropiezos que a otros cierran el paso no pocas veces.

Esto dicho volveré atras en la narrativa de mi viaje, que no seguiré siempre en el órden natural de las fechas por temor de hacer dormir a los que esta carta leyeren. Los vapores del Mediterráneo navegan con mucho desahogo del pasajero. De dia se detienen en las ciudades de la costa haciendo en la noche las distancias intermediarias. Así el 8 de febrero con los primeros rayos del sol naciente, se presentaba a nuestra vista el puerto de Civitavechia, escavado por Trajano, i reparado por los Papas Urbano IV i Benito VIII, despues de haber sido arruinado por Tótila. El objeto mas curioso que esta ciudad encierrra es un célebre bandido al cual desafió largo tiempo la autoridad pontificia, i despues de haberse hartado de crímenes i asesinatos, terminó su carrera por una capitulacion que le garantió la vida. Los estranjeros procuran permiso para verlo en la prision, donde el famoso criminal los recibe con toda la sastisfaccion del amor propio linsonjeado. Los bandidos son una planta natural del suelo montañoso de la Italia, la cual despliega las dimensiones colosales del héroe o del guerrero, cuando la enerjía, romana o samnita reaparece en algunas organizaciones escojidas. En otro punto de los Estados pontificios, el cicerone, muestra con una especie de veneracion, la casa de Fra Diabolo, insigne i horrible jefe de bandas que por largos años fatigó en vano los ejércitos de Austria, Nápoles i Roma, coaligados para darle caza. Pero lo que mas llama la atencion del viajero en Civitavechia, son las maravillosas invenciones de los moradores para apoderarse del dinero de los transeuntes, mercadería abundantísima al aproximarse la cuaresma: *un paulo* (moneda romana) por el desembarco de la persona i otro por cada objeto de bagaje; otro tanto por llevar este a la aduana; un paulo por moverlos, otro por emplomarlos; un paulo por mirarlos; un paulo por dejarlos quietos; un paulo por sacarlos a la puerta; un paulo por subirlos a la dilijencia; i si el viajero quiere dar *cualche cosa*, al faquin, al cochero, al mendigo, al empleado, a las mujeres, a los muchachos, i a los edificios si pudieran tender la mano...!

Acibaradas con este suplicio todas las ilusiones, el viajero parte en fin con direccion a Roma, objeto i término ansiado del viaje. En su tránsito la vista no encuentra por largo tiempo objeto alguno digno de fijar la atencion; el desierto por   todas partes, la tierra triste i despoblada, sin árboles, i cenagosa donde no se alzan colinas, sin las cuales el americano se creeria en la pampa, por la multitud de ganado salvaje que pace en aquellos eriales. De tarde en tarde se deja ver algun pastor rudo, vestidas las piernas de cueros de cabra, trayendo a la memoria la imájen de los fábulosos sátiros a quienes sirvieron probablemente de tipo sus antepasados. El sol se oculta tras las vecinas montañas, i la noche desciende bien pronto para añadir sus tristezas a la monotonía del paisaje. Un accidente que sobrevino en nuestro viaje dará, mas que las palabras, una idea de la desolacion de los alrededores de Roma. Cansados de dar dinero a cuantos lo pedian, algunos pasajeros tuvieron un altercado con el postillon, el cual, sea impericia, sea conato de venganza como nos lo persuadimos todos, al pasar por el puente echado sobre una hondonada, estrelló la dilijencia contra un poste de piedra, haciendo mil pedazos una rueda. La dilijencia con catorce pasajeros quedaba balanceándose sobre el parapeto, con dos ruedas en el aire i uno de los

162

caballos caido i oprimido por la lanza haciendo esfuerzos por ponerse de pié; el menor movimiento falso podia acabar de volcar la dilijencia i precipitarla en el oscuro abismo que teniamos debajo, por lo que, con el jesus en la boca, empezamos a descender uno a uno, hasta hallarnos en salvo en suficiente número, para asirnos de las ruedas esteriores i enderezar el vehículo. La posta vecina no tenia repuesto de ruedas ni carruaje disponible, sino es una mala carreta para los equipajes que en dos horas de trabajo i en medio del fango i de la lluvia habiamos descargado i apilado en el camino. Mui tarde de la noche se pudo procurar un carreton abandonado que solo podia contener ocho personas. Era, pues, preciso llevar tres restantes acomodadas sobre las rodillas de las ocho, con sufrimientos indecibles de unas i otras. Un misionero frances i yo nos resolvimos al fin a marchar a pié siguiendo el carro que conducia el resto de la comitiva, hundiéndonos en el invisible fango, perdiendo a veces de vista a los compañeros, no sin grave, aunque acaso infundado temor de ser asaltados por los bandidos, que ya no infestan como ántes los alrededores de la ciudad santa. Pero la imajinacion está siempre lista para crear fantasmas amedrentadores cuando las tinieblas i la intemperie agravan en localidades desconocidas, el malestar moral que los sufrimientos físicos producen. Así llegamos a Roma, que en aquella hora avanzada estaba sumida en la oscuridad mas profunda, hasta   descender en la aduana, a la cual sirve de entrada el bellísimo fronton del templo de Antonino Pio. Allí nos aguardaba todavia una segunda edicion de las indignas estorsiones de Civitavecchia, con la adicion del centinela que estendia la mano para pedir *qualche cosa*. ¡Oh! descendientes del pueblo rei, ¡cuán indignos os mostrais de vuestros antepasados! Eran en esto las cinco de la mañana, i al entrar a nuestra posada en la plaza de Araceli, los primeros albores del nuevo dia ofrecian por fin término a las angustias de aquella enojosa noche.

Es la curiosidad el mejor de los confortativos contra la fatiga corporal, i ántes de tomar descanso, quise echar una mirada a la calle para ver esta Roma, cuyo nombre gravan las madres católicas en el corazon de sus hijos, i mas tarde realzan i rodean de prestijios colosales los estudios históricos. ¡Tantos sufrimientos debian tener su recompensa! Al abrir la puerta mis miradas caen sobre la subida al Capitolio, a cuyo pié habia venido sin saberlo a alojarme. Dos leones recumbentes de granito i escultura ejipcia terminan las balaustradas del ascenso. Mas arriba se alzan las estatuas de Castor i Polux sujetando caballos colosales; a los costados los trofeos de Mario i la estatua de Constante i Constancio, hijos de Constantino; en el centro de la plaza la ecuestre de Antonino Pio en bronce dorado; i al frente opuesto los rios Nilo i Tiber que acompañan una estatua de Minerva sentada sobre una fuente. Todos estos objetos del arte i el culto antiguo presentándose tan de improviso a mis miradas, me hacian olvidar los siglos i las visicitudes que de aquellos tiempos nos separan; i por entónces hallábame en espíritu en la Roma patria de los grandes varones que ilustraron los tiempos gloriosos de la República; estaba parado sobre el monte Capitolio, i no léjos del lugar donde Cina, Casio i Bruto mataron a Cesar, sin salvar por eso las instituciones patricias, minadas ya por la avenida de pueblos i de hombres nuevos que pedian su parte en el gobierno de la tierra conquistada. La plaza del Capitolio me era estrecha en medio de estas emociones, i tomando el primer descenso que al lado opuesto se ofrece, pude abarcar el cúmulo de ruinas imponentes que en torno del antiguo foro romano se presentan de golpe a la vista. Tres columnas solitarias muestran aun el lugar que ocupó el templo de Júpiter Tonante; nueve mas allá el de la Fortuna; tres de la Grecosthasis; otra elevada en tiempos posteriores a la memoria de Focas; i al frente del espectador, el arco triunfal   de Septimio Severo, elevado sobre la Via-Sacra, cuyo antiguo pavimento se reconoce, i por donde los triunfadores subian al Templo de Júpiter Capitolino, hoi Santa María de Araceli. Mas allá i siguiendo el desierto foro, vése el bello fronton i columnas de mármol cipollin del templo de Antonino i Faustina; el pórtico colosal de la basílica de Constantino, restos de los templos de Rómulo i Roma, i de Vénus i Roma; i continuando por la Via-Sacra, el arco triunfal de Tito, que en bajos relieves mutilados conserva la imájen del candelabro de siete luces, la mesa de la propiciacion, trompas de plata i los vasos sagrados que trajo de Jerusalen despues de no haber dejado piedra sobre piedra en el templo, segun estaba escrito.

La perspectiva que termina este cuadro es digna de las nobles figuras que están en primer plan. El coloseo de Vespasiano alza al cielo las crestas de sus aterradoras ruinas, como los Andes sus pináculos de granito; la falda del monte Palatino enseña por todas partes oscuras cavernas, bóvedas colosales en otro tiempo el *Palatium* de los Césares, sobre cuyas espaldas cultiva hoi el jardinero romano hortalizas i árboles frutales; todavía mas a lo léjos se levantan, cual montañas, las parduscas Termas de Caracalla. En esta parte de Roma, hoi desierta o convertida en viñedos, asoma por todas partes la osamenta jigantesca del imperio romano, i por poco que se ascienda al Aventino o al monte Celio, la vista domina las prolongadas líneas, si bien aquí i allí interrumpidas, de los antiguos acueductos, a guisa de vértebras de algun monstruo de la creacion antidiluviana. Cuando este monstruo cayó a los golpes del hacha de los bárbaros, cuando su cadáver fué profanado i desfigurado, los habitantes de la vieja Roma debieron alejarse despavoridos de los montones pútridos de escombros i cenizas que cubrian la superficie del suelo, i replegarse sobre el Campo de Marte, destinado a los ejercicios militares del pueblo que profesaba la guerra como única industria nacional, i suficientemente capaz, por tanto, para contener a la nueva Roma, que mas tarde habia de presidir a la civilizacion moderna.

Ni la primitiva forma de las célebres colinas puede hoi determinarse, ni hieren la imajinacion, a causa de la posterior elevacion del suelo, las dimensiones estupendas de los antiguos monumentos. De la cumbre de las primeras han rodado i acumuládose en sus flancos, fragmentos de palacios, templos i termas, que eran estensos como ciudades, i altos   como montañas; todas las ruinas existentes están muchas varas bajo el nivel del suelo actual, i entre esta costra de fragmentos de columnas i frisos, masas de tuf, ladrillo i mármoles destrozados que forma la Roma subterránea, la azada del arquitecto ha tropezado con los bustos de los emperadores, el grupo del Laocoon, estatuas de bronce i obeliscos de granito. Así ha podido salir de nuevo a la luz, mas o ménos ultrajada por el tiempo, la Roma de piedra o de mármol, i Júpiter presidir la asamblea de los dioses, i la estatua de César reunirse a la de Augusto, a quien legó el imperio romano.

Despues de esta escursion a la antigua Roma, que examinada despacio i con el ausilio de la Guía, pierde el encanto que con la primera impresion la imajinacion le presta, volví los pasos hácia la ciudad actual que se presenta, no sé por qué, desapacible i triste, en despecho de las trescientas sesenta iglesias i basílicas que la decoran, en despecho de sus suntuosos palacios, cuya arquitectura grandiosa i clásica está mostrando el teatro de la primitiva resurreccion de las bellas artes. Tres mil años de gloria i miserias agobian demasiado ya los hombros de esta ciudad, sobre la cual se arrastra pesadamente el dia sin el estrépito de las artes, la locomocion i el bullicio de las otras capitales; i la noche está asechando la desaparicion del crepúsculo para echarla encima su manto de plomo que la paraliza repentinamente, dejándola desierta i oscura. El pueblo, tan dramático de ordinario, permanece mudo e inactivo aquí, i si despliega los labios, es solo para pedir limosna, recitando con voz dolorida plegarias a la madona. La limosna es una bella i santa accion sin duda; pero era preciso entrar el mendigo ni honrar la mendicidad como sucede en Roma, donde cardenales i príncipes, bajo el saco i la máscara, tienden la mano a los pasantes para recojer oblaciones destinadas a objetos piadosos. Hai, sin embargo, una época del año en la que durante algunas horas del dia la vida que disimula este pueblo, estalla a borbotones para ocultarse de nuevo, como el agua de las fuentes intermitentes. El dia de mi llegada a Roma la campana del Capitolio empezó a tañer a golpes redoblados pasado medio dia, i un murmullo jeneral respondió de todos los ángulos de la inmensa ciudad a esta señal impacientemente esperada, como la voz del anjel del placer que llama a los muertos a una vida febril. Era la apertura del carnaval. ¡Oh! Entónces se oye palpitar el corazon de la ciudad que hasta poco dormitaba; mil carruajes   embarazan con su movimiento el tránsito de las calles; gritos confusos de alegría hiendenel aire, i ¡ecco fiori! ¡ecco confetti! ¡ecco siguiri! tales son las letanías que en coro universal cantan en todos los tonos. La muchedumbre afanada i radiante marcha en una sola direccion, i siguiendo sus oleadas matizadas fuertemente como un cuadro del Correggio, el curioso desemboca a la calle del Corso, la mas ancha, la mas rica en palacios, i que desde la Plaza del Pópolo, digna de la antigua Roma por sus estatuas, templos, obeliscos i fuentes, se dirije en línea recta hasta cerca de la Columna Trajana i la base del Capitolio, siguiendo por espacio de media legua la antigua via Flaminia. Todas las puertas, almacenes, balcones i ventanas hasta los quintos pisos, están ya decorados de tapices i colgaduras, carmesí, amarillas i de colores entremezclados, pareciendo cobrar vida i ajitarse las murallas así engalanadas, con la animacion de las cien mil personas que ocupan aquellos palcos improvisados. Un espeso friso de seres humanos llena las veredas de ambos lados, i dos líneas de carruajes van i vienen sin interrumpirse de un estremo al otro de aquel inmenso circo, miéntras que en el espacio restante de la calle, entre los intervalos de uno i otro vehículo, no diré se mueve, hierve en torbellinos la alegre masa popular, condensándose o rarificándose segun que encuentra mas o ménos espacio. En la plaza del Popolo al pié de la Columna Antonina i a lo largo del Corso, estacionan de distancia en distancia músicas militares aguzando con su arjentino estrépito la rabia de placer que de todos se ha apoderado; i si algunos destacamentos de tropas se muestran aquí i allí, mas que de poner órden en aquel animado desórden, sirven para añadir nuevo brillo con sus penachos, yelmos i corazas, al golpe de vista sorprendente que ofrece el espectáculo; porque en el Corso i durante el carnaval, desaparecen todas las pequeñeces prosaicas de la vida ordinaria, inclusos los andrajos populares i la distincion de clases i jerarquías. Todos los tiempos históricos, todos los pueblos de la tierra, aun los caprichos de la imajinacion, tienen sus representantes en el carnaval, como si esta fiesta hubiese sido instituida para reunir por los trajes todas las naciones que en diversos siglos la señora del mundo dominó.

El juego comienza, i un combate jeneral se traba en una arena de una legua, de balcones a carruajes, de éstos a balcones i veredas, i en jeneral de individuo a individuo desde el quinto piso hasta la superficie de la tierra. Oscurecen el aire   los ramilletes de flores que se cruzan en todas direcciones, i forman nublados blancos los puñados de confites que van a escarmentar alguna máscara descuidada; porque todo este frenesí popular se desahoga lanzando flores i confites, i nunca es mas dichoso el romano que cuando ha logrado que el ramillete emisario sea recibido en propia mano por la persona a quien iba dirijido. Este espectáculo es único en el mundo, i el pueblo romano se alza a la altura de la noble tradicion de Grecia i Roma por la cultura, decencia i urbanidad que muestra en los dias de carnaval. En medio de aquella bataola en que se hallan confundidos i hacinados los nueve décimos de los habitantes, gran parte de los alrededores, i los millares de estranjeros que de toda la Europa acuden, jamas ocurre un tumulto, nunca se oye una espresion descompuesta, i si algunos se esceden, son los estraños, ménos conocedores que los romanos de ciertas reglas tácitas i tradicionales que contienen los arranques de pasion en límites decorosos. Distínguense entre aquellos, sobre todos, los lores ingleses, los cuales juegan el carnaval como hacen el comercio, es decir en grande i por asociaciones, con un capital de dos mil ramilletes, cuatro quintales de confites de yeso, i dos arrobas de verdaderos confites de azucar, haciendo imposible toda concurrencia i arruinando a sus adversarios a quienes sepultan bajo erupciones de flores i yeso. Con esta sola escepcion, el carnaval de Roma es el único placer que aquí abajo no venga mezclado de sinsabores, rico i pródigo de emociones igualmente para el príncipe i para el plebeyo confundidos bajo el difráz.

Dos cañonazos del castillo Sant-Angelo repetidos desde el Capitolio dan la señal de desembarazar el Corso de los millares de carruajes que lo cubren; i para la turba que prolonga el eco por medio de deseargas cerradas de aclamaciones, nuevo incentivo para activar el combate hasta haber apurado hasta el último ramillete. Una vistosa cabalgata de granaderos recorre en seguida todo el Corso, abriendo en el centro un espacio, que no bien pasa, se cierra de nuevo, como si la masa humana que cubre el pavimento tuviese la propiedad de los líquidos. A nuevos cañonazos responden nuevas aclamaciones, i el grito que viene repitiéndose i avanzando como una avalancha, ¡eccogli! ¡eccogli! precede i anuncia la proximidad de los treinta caballos que partiendo de la plaza del Pópolo, i agüijoneados de espuellillas que les azotan los hijares,   banderolas de oropel, i los clamores de la multitud, se disputan sin jinetes la gloria del vencimiento.

Algunos minutos despues el Corso está punto ménos que desierto; la algazara popular ha ido estinguiéndose poco a poco; aquellos semblantes animados con la embriaguez del contento, recobrando su seriedad habitual, i los grupos de arlequines, griegos, pierrots i polichinelas, colúmbranse marchando silenciosamente por las oscuras calles de atravieso, como si las sombras evocadas por Roberto el Diablo para entregarse a una orjía infernal, hubiesen sido sorprendidas por los demonios i llevadas de nuevo al reposo eterno de la tumba, de donde no debieron de haberse escapado. Esta escena se renueva durante quince dias desde las doce a las cinco de la tarde con la misma animacion i con mayor delirio, si cabe, cada nuevo dia; i si la imajinacion pudiera concebir un espectáculo mas animado que el del Corso, se quedaria mui atras de la realidad al quererse dar idea del último dia del carnaval. Los senadores romanos precedidos de alabarderos, heraldos, trompetas i timbales, atraviesan lentamente el Corso en carrozas doradas i seguidos de tropas numerosas como para anunciar con su oficial presencia que la vida festiva va a tener término i volver el duro remar de la existencia ordinaria. Concluida la carrera de los caballos, i a medida que la oscuridad de la noche aumenta, empiezan a aparecer lucecillas llamadas *moceo, moccheti, moccoletti*; las ventanas i balcones se iluminan, comunícase el incendio a veredas i carruajes, i a la masa inmensa de seres humanos que bulle por todas partes. Tantas almas hai reunidas, i estas pasan de trescientas mil, tantas luces arden, ajitándose en círculos o en espirales, subiendo i bajando como fuegos fatuos que vagan a merced del viento. El Corso presenta entónces un aspecto único, fantástico, inconcebible como las alucinaciones del espíritu durante el delirio de la fiebre. Los gritos *senza moccoletti*, repetidos sin descanso por tantas voces, forman un rumor estraño en el aire, que llenaria de pavor al que cerrase los ojos para no ver miéntras oye, i el estampido de un cañonazo pasaria plaza de bostezo al incoporarse en este sonido de una legua de largo, que toma la masa de aire a cada pié de distancia para imprimirle una vibracion nueva. I ¡qué decir del placer que centellea en todo semblante! ¡Qué de los millares de pañuelos que cual lechuzas nocturnas revoletean en torno de las luces para estinguirlas! ¡Qué de la perspectiva de la calle entera vista desde algun balcon, cuando   las luces lejanas i las próximas caen bajo el mismo punto visual, formando lagos de fuego en el fondo oscuro del espacio! Vénse estas candelillas sin las manos que las sostienen agrupándose en un punto como atraidas por un encanto invisible, dispersándose como despavoridas, saltando, bailando, entrechocándose i desapareciendo...!!!

I miéntras tanto, ¡el carnaval es tan antiguo como Roma misma! Destinado en otro culto a solemnizar la tradicion de la edad primera bajo el nombre de Saturno, la austeridad del cristianismo se ha quebrantado en su presencia, i cansado de luchar contra su tenacidad verdaderamente saturnal, ha sonreido al fin a la vista de sus inocentes locuras, las ha aceptado i dirijido. Los *moccoletti* fueron instituidos en conmemoracion de Proserpina robada por Pluton, i de la desolacion de las mujeres que la buscaban en la oscuridad de la noche con antorchas encendidas. Fácil era, empero, apartar al pueblo romano del culto de sus antiguos dioses, cuando una nueva relijion mas moral, mas consoladora, mostraba la nulidad e insuficiencia de las creencias antiguas. Pero ¿cómo arrebatar al pobre pueblo tan infeliz cuando era jentil, como despues de que fué cristiano, estos pocos momentos de dicha en los cuales, a merced de un disfraz, el mendigo se finje rei, i el poderoso sacude el fastidio que se pega a los artesones dorados de su palacio, como la telaraña a los rincones de la choza del pobre? I por otra parte, ¡las tradiciones populares son tan persistentes! ¿No conoce Su Señoría, allá en la remota América, jentes a quienes todavía amedrenta el que un perro o un gato negro se les atraviese por delante, no obstante ser cristianos, i aquel insignificante incidente haber sido indicado como de mal agüero por los antiguos augures romanos? La iglesia de Santa María del Popolo fué edificada en Roma para apaciguar los terrores pánicos del pueblo que creia ver errantes en aquellos alrededores fantasmas de Neron muerto muchos siglos ántes, pero vivo aun i terrible en la tradicion popular que sobrevivía a todos los acontecimientos. No por otra razon la calle que conducia en Roma a las termas de Claudio, llámase hoi via de San Claudio, i sobre las ruinas del templo de Apolo fué colocada la iglesia de San Apolinario, nombre que pudiera traducirse el santo o la iglesia apolinaria o de Apolo; tanto cuesta cambiar un nombre o un hábito popular, que ¡vale mas santificarlo! El dia que el gran historiador Niebuhr anunció con diezisiete años de estudio de las localidades i costumbres romanas, que el pueblo   hoi era el mismo de ahora dos mil años, se rasgó en dos ese dia el velo que ofuscaba la intelijencia de las cosas antiguas; porque lo presente sirvió para esplicar lo pasado, i el estudio de lo pasado daba el por qué de lo presente. Yo aplicaria esta sencilla cuanto luminosa interpretacion a muchas cosas nuevas, que con la inspeccion de los lugares i la presencia del pueblo, se me hacen sensibles i evidentes ahora; pero me fijaré tan solo en una, por ser del resorte de Su Señoría, i por haberme suministrado aquí materia de amigable discusion con algunos sacerdotes. Contemplábamos en Santa María la Mayor un antiguo mosaico que representa a la Vírjen coronada por Jesucristo, cuya circunstancia dió motivo a recordar que esta pintura habia sido citada en uno de los concilios de Nicea (sig IV) contra los iconoclastas, como una prueba de la antigüedad del culto de María i por tanto de las imájenes de la Vírjen que se muestran en Roma, Jénova i otros puntos de Italia, atribuidas a San Lúcas el evanjelista. Yo me permití tachar de apócrifa aquella tradicion, i para hacer frente a las réplicas víme forzado a apoyar mi disentimiento. Noté que las imájenes en cuestion i que yo habia visto, representaban jóven a la Vírjen, no obstante que en la época de la muerte de Jesus, debia tener por lo ménos cincuenta años, lo que era ya un indicio de falsedad. Pero aun sin hacer uso de esta induccion, bastaba tener presente que San Lúcas era judío, i como tal debia por educacion, por conciencia nacional, mirar como una profanacion la representacion de los objetos venerandos; pues que la lei de Moises lo prohibe terminantemente por un precepto del Decálogo, i Jesucristo no habia dicho nada para derogar este precepto i formar una nueva conciencia entre los primitivos cristianos. Los pocos años que mediaban entre la muerte de Jesus i la de María, no bastaban, en mi concepto, para debilitar una preocupacion relijiosa profundamente arraigada entre los judíos i sancionada por el Decálogo. En los Hechos de los Apóstoles con motivo de ciertas disputas entre San Pedro i San Pablo, vése una muestra de la persistencia de las doctrinas judaicas. El primero, hombre del pueblo, no quiere alejarse de las tradiciones i prácticas relijiosas del hebraismo, miéntras que San Pablo, aunque judío, ciudadano romano, hombre de mundo, filósofo, erudito i capaz de apoyar la nueva doctrina en la tradicion ateniense sobre el *dios ignoto*, ve las cuestiones relijiosas del cristianismo desde un punto mas elevado, no ya   en relacion al oscuro pueblo judaico, sino al mundo, a Roma, a Atenas, centro del poder o de la filosofía.

Siguiendo esta induccion, el culto de las imájenes debió principiar a fortificarse cuando sacado el cristianismo de la atmósfera hebrera, vino a levantar sus altares en Roma i echar por tierra las estatuas de los falsos dioses; aquí encontraba un pueblo educado por las bellas artes que ya habian alcanzado su último grado de perfeccion. La escultura, la pintura, el mosaico, entraban hondamente en los usos públicos i domésticos de la nacion; i el dia que Constantino proclamaba el cristianismo como relijion del Estado, abiertos estaban los talleres de mil estatuarios, los fresquistas tenian el pincel en la mano, i las canteras de mármol i piedras preciosas estaban en actividad subministrando a los artífices su materia primera. Podia en buena hora cambiarse el asunto de la representacion; pero no podia estinguirse por un decreto el gusto i el cultivo de las bellas artes, que entre los romanos han sobrevivido a todos los desastres de la barbarie i a dieziocho siglos de vicisitudes; i si en tiempos ménos remotos, el protestantismo iconoclasta hubiese podido penetrar en Roma, habria fracasado contra este invencible espíritu romano, i aquella conciencia popular de la idoneidad de las bellas artes para consagrar en imájenes el recuerdo de las cosas santas; a diferencia en esto de los cristianos de Oriente que habian sido educados en otras ideas por la relijion hebrea, testigo el mahometismo que ha perpetuado la proscripcion fulminada por el Decálogo contra las imájenes. Tan poco artista era el pueblo judío que Salomon hubo de pedir a Tiro arquitectos jentiles para levantar a Dios un templo. Los iconoclastas, pues, se apoyaban en un testo terminante del Decálogo, miéntras que los cristianos romanos i griegos, es decir artistas, a falta de preceptos en contra, apelaban al consentimiento de la iglesia i a hechos existentes, por lo que no es estraño que citasen en su abono el mosaico de Santa María la Mayor; siendo esta cuestion de las imájenes tan fuerte escollo para los cristianos, atendida solo la letra de la escritura, que el protestantismo moderno vino a renovar el disentimiento antiguo de los cristianos de Oriente i de Occidente, la disputa entre San Pedro judío, i San Pablo ciudadano romano.

Si los iconoclastas hubiesen triunfado, empero, en los tiempos primitivos, el mundo estaria hoi sumido en la barbarie, i el cristianismo como la relijion de Mahoma, hubiera sido el   azote de la civilización en lugar de ser su guía i si antorcha. Aceptando las bellas artes, i enriqueciéndolas de tipos mas morales, mas espirituales que aquellos que el politeismo habia podido suministrale, el cristianismo continuó el trabajo antiguo antiguo del injenio humano conservando sin cortarse el único hilo visible que liga a los pueblos modernos a los pueblos antiguos; porque si bien la tradicion de las bellas artes se ha debilitado alguna vez en Roma, jamas pudo, gracias al culto interrumpirse del todo. A las iglesias de Santa María de Araceli, San Estévan el Redondo i otras, construidas sobre columnas sacadas de los templos jentílicicos, siguióse un arte cristiano, i a las estatuas de los dioses, las de la vírjen i de los santos. Despues de las devastaciones de los bárbaros, los artistas se hallaron sin modelos, i casi condenados a crear de nuevo las bellas artes, haciéndolas pasar por la larga i penosa infancia de los siglos que precede a su virilidad. Pero el grupo del Laocoon fué desenterrado de entre las ruinas, reapareció la Vénus capitolina, el Apolo de Belvedere volvió a ponerse en pié, i entónces las bellas artes encontraron la casi borrada huella del arte antiguo; i cuando Rafael descubrió las ruinas de la *Domus aurea* de Nerón, halló en ella el modelo de los famosos rafaelescos que hoi se admiran en el Vaticano ¡Gloria, pues, al culto redentor de las imájenes! A ellas se debe la salvación del mundo artístico; porque no es solo la representación material para obrar sobre los sentidos del pueblo lo que justifica el culto de las imájenes, sino el desenvolvimiento de una de las facultades mas preciosas del espíritu humano, la facultad de sobreponerse a la materia, concibiendo i realizando en formas palpables, algo que sale de los límites de la naturaleza creada, para entrar en los dominios de Dios creador, porque como Él amasa el barro i le inspira soplo de vida. I en efecto, es preciso venir a Roma para alcanzar a comprender toda la importancia civilizadora del culto de las imájenes. Nuestros santos españoles en América, con sus caras pintadas, i sus arreos de jergon i brocato, esponen a los espíritus elevados a caer en el error de los iconoclastas. No sucede así en Roma en cuyas miriadas de altares se esponen a la veneracion pública, tan solo estatuas de bronce o de mármol, o cuadros ejecutados por los mas grandes artistas; de este modo la relijion se muestra grande por sus símbolos, i si el santo reverenciado fué un dechado de todas las virtudes, la imájen que lo representa es el último i mas acabado esfuerzo del injenio humano. En la Basílica de San   Pedro no solo se veneran todas las piadosas glorias del cristianismo, sino tambien a los maestros de las bellas artes, i los nombres de Bernini, de Miguel Anjel, Rafael, Ticiano, Dominiquino, Thornwaldsen, Canova, se confunden en el mismo himno que el mármol i el bronce están cantando a la gloria de Dios, que hizo al hombre a su imájen i semejanza creador. Ante esta sublime asociacion de las grandezas del cielo i de la tierra, no hai impiedad que ose manifestarse, i el prostestante que pasea sus miradas atónitas sobre las maravillas de San Pedro, se inclina ante las concepciones del jenio, avergonzándose de la esterilidad de la protestacion que escluye del culto las creaciones artísticas, quitando a Dios lo que es de Dios.

Ni las bellas artes se han circunscrito en los templos de Roma a la representacion de los santos. Las estatuas de los papas, los bustos de los personajes notables, i las virtudes simbólicas, tienen en ellos derecho de ciudadanía. Pio VI ejecutado por Canova está de rodillas delante de la confesion de San Pedro; el Moises de Miguel Anjel medita sentado a los piés de Julio II; i en uno de los mausoleos elevados en San Pedro a diversos papas, tan imprudentemente desnuda yacia la Prudencia, que el Bernini hubo de arrojarla un velo de bronce para que disimulase un poco sus seductoras gracias. ¡Oh! Roma, que fuistes i que eres aun la cabeza del mundo, ¡yo te saludo tambien como Byron! Los siglos, despues de haber hecho su curso sobre la tierra, vienen a reposarse sobre lo alto de algun monumento de la ciudad eterna. En las plazas se alzan obeliscos de granito elevados en Menfis i Tebas en las primitivas edades del mundo; ¡el tiempo ha cernido en vano sus alas sobre ellos! César, Pont. Max. lo erijió una vez en honor del pueblo romano; Paulo, Pont. Max. lo levantó otra despues de caido, segun se lee en la doble inscripcion. Los nombres de Fidias i Praxiteles forman un mismo catálogo con los de Canova i Thornwaldsen; millares de columnas de pórfido i de granito i de alabastro oriental, andan hace cuatro mil años poniendo su hombro, adornado de capiteles varios, a los santuarios de las artes; ¡i tal columna que hoi decora la basílica de San Pedro, ha presenciado ántes los festines de los palacio cesáreos, despues de haber sido sucesivamente salpicada por la sangre de las victimas en los templos de Roma i Ejipto donde fué primitivamente erijida! Así el material artístico del culto cristiano en Roma, se compone de los restos grandiosos de todas las creencias que han fecundado el espíritu humano,   ejercitándose el arte moderno sobre este caudal de estatuas, bajo-relieves, mosaicos i capiteles. Los cultos antiguos deificando las formas, legaban aquella belleza típica, en la cual debia encarnarse para complemento del arte, la belleza moral del cristianismo; por lo que no hai, a mi juicio, profanacion mayor de las cosas santas que la de una imájen cristiana cuyas formas innobles o absurdas están desmintiendo la belleza perfecta i como sobrehumana que debieran representar. Entónces el culto se vuelve material, i el cristianismo se degrada descendiendo hasta el fetiquismo, aquel culto de los pueblos bárbaros que adoran la serpiente del desierto, i los monstruos Gog, i Magog, precisamente porque infunden terror a la muchedumbre brutal i supersticiosa. La artística Roma se cubriria la cara de vergüenza, si viera erejidos en alto algunos de nuestros crucifijos, con sus formas bastardas que rebajan la dignidad del Hombre dios, i aquel su semblante airado a veces, como si quisiera maldecir de sus sufrimientos, en lugar de pedir perdon por sus verdugos, entre los cuales ha de contarse tambien al que tan deslealmente lo ha representado. Asi en Roma la Madona de yeso que el devoto tiene a su cabecera está modelada sobre alguna obra maestra del jenio.

Lleno de este sentimiento del arte he vivido en Roma familiarizando mi ruda naturaleza americana con las sublimes concepciones artísticas; i despues de haber recorrido basílicas, museos, ruinas i catacumbas, en busca de obras maestras, recuerdos históricos o tradiciones cristianas, solia ir a reposarme cerca del *Moises* en el vecino San Pedro *In Vincoli*, o ante la *Transfiguracion* de Rafael, o la *Comunion* del Dominiquino en el Vaticano. I nosotros, he dicho para mí en aquellos momentos de embriaguez producida por la contemplacion de tantas bellezas, ¿por qué estamos en América condenados a la privacion absoluta el bello artístico, que en sus primeros ensayos muestra el límite que separa al salvaje del hombre civilizado, i en su apojeo es el complemento i la manifestacion mas elevada de la humana perfectibilidad? ¡Pueblos *nuevos* aquellos, repite la vanidad americana que no obstante encontrarse en esto sorprendida en flagrante delito de barbarie, no consiente en que se la llame bárbara! ¡Pueblos decrépitos diria yo, vástagos podridos de viejo i podrido tronco! Tampoco en España viven hoi las bellas artes; la relijion no piden ya la imájen de sus vírjenes a los talleres que, muertos los Velaquez, Murillos i Riveras, quedaron desiertos i abandonados.   Por otra parte, reyes que encadenaron a Colon i abandonaron en el olvido a Hernan Cortez, nunca alzaron estatuas a los grandes hombres. Así murió aquella robusta escuela española que en siglo XVI intentó rivalizar con la italiana, i cuyas producciones adornan hoi museos estranjeros; así murió Colon sin que su retrato siquiera nos quedara; así Cervantes ha esperado tres siglos que su patria levantase un pedestal a su fama europea, mas que española. La América fué conquistada cuando la España habia contraido aquel mal de consuncion que la ha minado durante tres centurias, i nuestras sociedades al nacer traian ya el virus. Algunos ensayos de Murillo, aprendiz de pintura entónces, he aquí todo lo que conociamos en América como bellezas artísticas ántes de la revolucion, que sin discernimientos echó a los muladares cuantos cuadros adornaban nuestras antiguas casas. I no se cite a los americanos del Norte, en corroboracion de que las bellas artes no tienen cabida en los pueblos nuevos. Norteamérica a su vez nació *iconoclasta*, he aquí la causa i la diferencia. A ser pueblos nuevos, debiéramos nacer con los instintos de nuestro padre, el siglo en que vivimos, herederos de todas sus adquisiciones; i en esto el Norte i no el Sud de América justifica solo la denominacion; pues que tenia aquel mui desde temprano, mas caminos de hierro que la Europa entera, mas vapores que la propia Inglaterra.

Jénova ha elevado a Colon un monumento, i Florencia una estatua a Américo, miéntras que en los paises descubiertos por el uno, i que llevan el nombre del otro, la gratitud de los que pudieran llamarse sus hijos, no se ha traslucido hasta ahora por ninguna señal visible para honrar su memoria.¡I que suerte ha cabido a nuestros hombres de 1810! Washington i Franklin viven en el Capitolio, pero la losa sepulcral que cayó sobre los nuestros, pesará eternamente sobre sus cenizas.

Felizmente para honra de la América, en el taller de Tenerani, el primer escultor de Roma, vése el modelo de la estatua en bronce que a Bolívar ha mandado elevar un particular de Bogotá en Nueva Granada; i otra en mármol pedida por el gobierno de Méjico. Grecia i Roma sembraban mármoles tallados para cosechar corazones magnánimos, i en Jénova, donde el espíritu de la república que animaba a sus patricios ha fundado todos los establecimientos de beneficencia que existen, cuéntanse mas estatuas de benefactores en un hospital, que no las hai elevadas a los santos del cielo en toda la América. Recientemente se han inaugurado dos en el hospicio   de incurables, en honor de dos ciudadanos que legaron para su sosten dos millones el uno, i tres el otro. Así se cambia piedra por oro, ¡egoismo por nobles i grandes virtudes! América, empero, créense superfluidades los frutos eternos de las artes, que a su vez eternizan al hombre; i cuando en Chile insistia una vez porque se consagrase un monumento a la piadosa memoria del presbítero Balmaceda, jentes mas piadosas que yo no sabian cómo caracterizar proposicion tan peregrina. Un dia llegará, sin embargo, en que entremos en el buen camino de que vamos tan estraviados, haciendo que se irradie hasta nosotros el arte europeo; pues que no teniendo que desenvolver un arte nuestro, todos los artistas debieran tener entre nosotros derecho de ciudadanía. ¿Necesitamos una estatua? Encomendáramosla a Canova, si Canova viviera aún; porque es solo la posesion del objeto artístico lo que debe hacer nuestra gloria cosmopolita en ésto, sin curarnos de saber dónde quedaron los despojos del mármol desbastado. Otro tanto sucede en Roma, donde los papas protectores de las artes, nunca han inquirido de dónde les vienen los Miguel Anjel, Thornwaldsen, Gibsons, Canova, i tantos otros estranjeros que han dado a las artes de Roma el cetro que conservan.

Preocupado de esta idea he recorrido los talleres romanos, modestos asilos a que no desdeñan descender papas i soberanos, i donde el jenio paciente del artista está laboriosamente tramando nuevas bellezas para gloria de la presente i futura edad. La jenerosa oficiosidad del maestro Cárlos de Paris me ha guiado en esta esploracion quo no considero inútil, i sus luces en la materia han suplido mi insuficiencia para apreciar el mérito de los objeto de arte que se ofrecian a mi admiracion. En América se construyen templos, aunque no siempre puedan los que los dirijen, engreirse de la perfeccion i estilo de su arquitectura; alguna vez los gobiernos desearán elevar una estatua; tal persona piadosa querria enriquecer un altar con un bello cuadro, i en todo caso la opulencia puede tributar homenaje a las bellas artes, darles asilo en sus salones, para honrarse con lo esclarecido de los huéspedes. He creido, pues, oportuno servir a estos intereses nacientes o por nacer, consignando en esta carta algunas indicaciones sobre los artistas actuales, escojiendo entre los que he conocido, aquellos que ya empiezan a figurar en América, o que por el jénero especial de su talento, merecen de preferencia que sean cuanto ántes conocidos.

Entre los pintores que descuellan hoi en Roma cuéntase a   Coghetti, bergamese, pintor de historia sagrada, i que por la correccion clásica de su diseño i su estilo grandioso, pertenece a la escuela de Rafael. Entre una multitud de obras que han contribuido a formar su reputacion, distínguese la *Ascencion de Jesucristo*, trabajo colosal, en el cual por la composicion i la elevacion mística del asunto, parece aspirar, ya que no rivalice, a acercarse al ménos a la tan celebrada *Transfiguracion*. En casi todos los altares de Roma un gran cuadro ocupa la parte central; i Coghetti ha sido encargado por el Papa de la composicion del *Martirio de Sa n Lorenzo* i de la *del de San Estevan* para sus altares en la basílica de San Pablo, actualmente en construccion. El gobierno de Méjico le ha encomendado igualmente un cuadro que pudiese servir de modelo de pintura a los jóvenes estudiantes. El artista, para corresponder al fin indicado, ha escojido el momento en que el Eterno maldice a Adan i Eva por la violacion de sus mandatos, con lo que reunia en un grupo sencillo academias de hombres i de mujeres, ropajes en el Padre Eterno, i elevacion relijiosa en el concepto. El terror que la cólera celeste infunde, la vergüenza de la desnudez i la conciencia de la propia culpa, están sublimemente representados en la madre del hombre; miéntras que Adan, sin dejarse abatir por la desgracia, sin maldecir de la mujer querida, aunque causa primera de tantos males, parece disculpar si lijereza, i, cubriéndola con un brazo, escuchar con la cabeza inclinada la enumeracion de las penas que le aguardan.

Me apresuro a hacer mencion de M. Chatelain, aunque no aspira como el anterior a ocupar un lugar en las pájinas variadas de la pintura; pero que no es ménos importante con relacion a la América. Su ambicion se limita a reproducir con fidelidad nunca desmentida, las obras de los grandes maestros, para satisfacer la demanda que de todas partes hai de estos modelos. Su taller está lleno de copias de Ticiano, Rafael, Rivera, i cuantos grandes artistas han recibido ya sancion universal. Los soberanos para palacios i museos, los jefes de la Iglesia para capillas i altares, dan activa ocupacion a su pincel, teniendo actualmente pedidos de Boston i de puntos remotos del mundo por el retrato del papa actual. Como la falta de modelos en América es uno de los grandes obstáculos que el cultivo de las bellas artes encuentra, fácilmente se comprenderá de cuánta ventaja puede ser la adquisicion de copias calcadas sobre las obras maestras de Roma, i casi puede decirse pasadas de una tela a otra, por la habilidad profesional   del artista. De Paris, es otro artista que hoi brilla solo en un jénero de composicion, que él ha resucitado por decirlo así (por haberlo cultivado Poussin en su tiempo), enriqueciéndolo De Paris con competentes estudios en la especialidad. Este artista, despues de haberse consagrado algun tiempo al jénero histórico, hizo una larga residencia en Méjico, i en medio de los esplendores de aquella naturaleza tropical, grandiosa, variada i a veces sublime, familiarizó su pincel con las iluminaciones tórridas, i las escenas naturales mas sorprendentes. Vuelto a Roma, rico de imájenes nuevas, se consagró al paisaje histórico, el cual ostentando en el fondo todos los primores de la creacion, se ennoblece por la colocacion en segundo término de alguna escena histórica. Este jénero se adapta admirablemente a las necesidades de la sociedad actual, por la mediana proporcion de las telas que convienen a la decoracion de salones i gabinetes. Su *Paso del Mar Rojo* es sublime como composicion i brillante de luz i de accidentes naturales. El sol poniente prolonga sus irradiaciones sobre la atmósfera polvorosa del desierto. La marea viene estrellándose contra las rocas de la costa, e iluminadas las ondas oblicuamente por los rayos del sol, dejan ver la escena desastrosa de un ejército sorprendido por la vuelta de las aguas, miéntras que Moises, vestido de blanco segun el uso inmemorial de los árabes, domina desde lo alto de las rocas al pueblo que ha salvado, i a los enemigos que aniega bajo las olas, cuyo furor incita con la vara milagrosa que tiene alzada en alto, al mismo tiempo que grupos de hebreos sobrecojidos por el prodijio que presencian, parecen entonar el famoso himno del desierto. Las montañas secas i escarpadas, el mar alborotado, la atmósfera turbia, el lujo oriental de carruajes, caballos i jefes ejipcios que se aniegan a la luz del sol que ilumina de frente estos objetos, prolongando sus sombras como a la caida de la tarde, dan a este cuadro una riqueza de colorido que aumenta la solemnidad del asunto.

No es ménos importante su *Monte Calvario*. El pintor ha puesto la escena en lo alto del Gólgota, i los espectadores reunidos a millares a causa de la fiestas de la próxima pascua, agrupados en diversos planos segun que los accidentes del terreno permiten ver la escena. El primero i segundo término ocúpanlo los curiosos vestidos con toda la gala oriental; pero en tercer plano hai un grupo que da a la composicion el interes dramático que inspira. María, la pobre madre del ajusticiado, ha venido acercándose al lugar fatal en el momento   en que sostenida por cordeles empieza la cruz a enderezarse. El grito de la mujer herida en la parte mas sensible de su existencia, herida en el amor maternal, parece resonar aun por entre las concavidades de las peñas, segun es de aflijente la espresion de la Vírjen i segun son los esfuerzos que por consolarla hacen San Juan i la mujeres que la acompañan. El rayo i el huracan que se desencadena al anuncio de la muerte del Redentor, iluminan i dan movimiento fantástico a todo aquel conjunto. De Paris, hermano del viscónsul de Méjico, en relacion con los artista de Roma, i mui entusiasta por la América, que ha conocido en Méjico i de donde hizo venir jóvenes a estudiar la bellas artes a Roma, puede ademas servir de intermediario entre los americanos aficionados i los artistas romanos, poniendo a los primeros a cubierto de errores de dinero o de mérito en las adquisiciones artísticas que deseen hacer.

Distínguense, ademas, como pintores Podesti, cuyo cuadro del *Juicio de Salomon* ha merecido aceptacion jeneral; Consoni, Chierici, Galofre, español, i otros muchos. Entre los escultores descuellan Tenerani i otros, de entre los cuales por convenir al objeto con que hago estas indicaciones, solo citaré algunos. Barba, encargado actualmente del sepulcro que a la madre del banquero Torlonia ha de erijirse dentro de San Juan de Latran, i que se compone de un bellísimo grupo de estatuas mas grandes que el natural; pero la obra mas importante de su cincel es un grupo de José i la mujer de Putifar, que los intelijentes colocan entre los primeros trabajos del momento presente. Benzoni, es otro escultor que goza de celebridad en los grupos de niños sobre todo, de los cuales son los principales una pequeña niña que arranca a un

174

perro una espina de la pata; i la misma niña dormida, miéntras el perro la salva de una vívora que amenazaba morderla. Estos graciosísimos grupos han sido reproducidos varias veces, con variaciones mas o ménos sustanciales. Este escultor es ademas autor de un bello grupo del Amor i Siquea, en el que ha ostentado toda la gracia que el asunto requeria. Galli, digno discípulo de Thornwaldsen, i sin rival hoi en el diseño i ordenacion de bajorelieves, es un escultor de mérito igual en asuntos sagrados i profanos, por su estilo que imita la correccion i gracia de los antiguos. Trabaja actualmente estatuas colosales para San Pedro, i adornos para la Capilla Torlonia. Agneni, fresquista profundamente versado en la teoría i en la práctica de todos los ramos de su arte, es acaso el único jóven   de mérito, que con aptitudes iguales, se halle en circunstancia de ponerse en América a la cabeza de un establecimiento público de enseñanza de las bellas artes, en caso de ser solicitado. Ultimamente, si hubiese de designar un arquitecto para complemento de la anotacion, ninguno llenaria a mi juicio las comisiones que se le confiaran, mejor que el señor Cippolla, pensionado en Roma del gobierno de Nápoles, jóven de talentos estraordinarios, i que ha hecho estudios tan profundo sobre el arte antiguo, que examinando las bases da la série de monumentos que constituian el santuario de Prenesto, el San Pedro de los antiguos romanos, i estudiando los estucos fragmentos de cornizas, i capiteles encontrados entre sus ruinas, ha emprendido con éxito restaurar el plan jeneral del edificio, con todos sus detalles, i el carácter i jénero de arquitectura de cada pieza separada, segun la época a que pertenecieron, trabajo colosal, como se ve, i que revela una erudicion no comun, al mismo tiempo que de su buen gusto dan muestra irrecusable algunos planos de altares, palacios, i villas de que ha sido encargado.

Su Señoría Ilustrísima perdonará en obsequio del buen deseo, lo minucioso de estos detalles, al parecer fuera de propósito en esta carta. Pero como la barbarie hace por algunos puntos de América admirables progresos, de lo que la Capilla de Nuestra Señora de los Desamparados es una prueba en su diócesis, no considero por demas indicar los arquitectos i artistas que pueden, llegando el caso, decorar dignamente un templo u otro monumento público. Hablaréle ahora de lo que mui desde el principio debiera haberle hablado, de Su Santidad Pio IX, el jefe actual de la Iglesia, que tan profundo interes exita hoi en el mundo.

Pio IX, a mas de su alta posicion como jefe de la Iglesia, tiene para nosotros la circunstancia, sin antecedente hasta hoi, de haber recorrido la América del Sud, i dejado amigos i simpatías en Montevideo, Buenos Aires, Santiago de Chile i Valparaiso; por lo que millares de americanos pueden vanagloriarse de haber visto de cerca al que hoi se les anuncia revestido de los prestijios casi divinos del Sumo Pontificado. Tiene ademas para mí, el mas encumbrado de todos los títulos a la veneracion de los pueblos cristianos, cual es el que le viene de haber quitado a la arbitrariedad de los gobiernos la sancion de la relijion, como que la libertad no es mas que la realizacion mas pura de la caridad cristiana, dejando a cada uno el libre arbitrio en que todo el dogma se funda; haciendo   desaparecer de los actos públicos la violencia i la sangre, contra las cuales la mansedumbre cristiana ha protestado en vano cerca de veinte siglos.

Con tales antecedentes sobre el espíritu e ideas del nuevo Papa, puede imajinarse Su Señoría con cuánto placer recibiria el billete del camarero de palacio que fijaba la hora de mi recepcion en el Quirinal, i si debí cumplir de buena voluntad con el ceremonial que prescribe hacer tres jenuflexiones hasta besar el pié de Su Santidad, quien no bien hube terminado mis reverencias, «señor Sarmiento, me dijo, con bondad i en buen español, de qué punto de la América del Sud es Ud.? -De San Juan en la República Arjentina, Santo Padre. -Ya estoi; San Juan de Cuyo, al Norte de Mendoza, como... tres o cuatro dias de camino. -Dos cuando mas. -Si (sonriéndose) pero Uds. viven a caballo, i corren en lugar de caminar. Yo he andado por esos paises, i conozco a Mendoza, Buenos Aires, Chile... -Lo sabemos, Santo Padre, i los pueblos de América que tuvieron la felicidad de hospedarle, habrán recibido con entusiasmo la noticia de la exaltacion de Su Santidad al Sumo Pontificado. Es el primer Soberano Pontífice que haya visitado la América -Si, es verdad... Dígame Ud... ¡Rivadavia!... el Jeneral Pinto, ¿que es de ellos? Su voz tomó repentinamente un acento grave al hacerme estas preguntas, cuya solucion le interesaba tanto mas, cuanto que era yo el primer americano con quien hablaba despues de su exaltacion. -El primero ha muerto no ha mucho, le contesté, en Cádiz, desterrado i en la miseria; su administracion cayó en 1827 a causa de las resistencias que suscitaron sus reformas políticas i relijiosas, i sus partidarios han sido espulsados o esterminados. -¡Oh! esclamó con un acento profundo de disgusto, al parecer mezclado de compasion i horror. -El segundo, continué, por causas análogas dejó el gobierno en 1830, i mas feliz que Rivadavia, pudo retirarse a la vida privada donde permanece respetado i tranquilo. -Pero los gobiernos actuales, ¿cómo son? Está siempre a la cabeza de los negocios aquel partido...(el Papa buscaba una palabra)... ¿ultrarepublicano? -Yo veia venir esta pregunta, i presumí que por la conciencia de su propio pecadillo, no queria, apellidarlo *liberal*, aunque con el epíteto de ultra, que tanto desmejora la droga. Hícele, pues, una breve reseña de los cambios políticos obrados en aquella parte de América despues de 1830, por lo que respecta a Chile; pues por lo que hace a nuestro pais, era yo demasiado feliz en aquel momento para suscitar recuerdos   dolorosos, i que tanto humillan a nuestra pobre patria. Mostróse Su Santidad mui satisfecho de los sentimientos de moderacion que animaban al gobierno de Chile, no obstante su ultrarepublicanismo, puesto que traté de hacerle comprender cómo la idea de la monarquía repugnaba a nuestros hábitos, i cuánta sangre, crímenes i barbarie habia traido el gobierno absoluto de uno solo en algunos puntos de la América del Sud. Observóme que aquellos gobiernos no tenian consistencia, a cuya objecion satisfice lo mejor que pude, alegando en mi apoyo, los diez i seis años de paz de que Chile habia disfrutado sin cadalsos i sin despotismo.

En seguida me hizo mil preguntas sobre personas que habia conocido en América; un señor Donoso, otro Tagle, de Santiago; un Palazuelos de quien le dije que era muerto, cuya noticia le causó una vivísima impresion; observándome que a la fecha debia tener 43 años, inferí, rectificando el error, que hablaba de don Pedro, i haciendo yo un movimiento involuntario de hombros i de manos para caracterizar la espresiva mímica del individuo; ¡ese es! me respondió rebozando de alegría con la seguridad de que aun estaba vivo. Preguntóme por el señor Eyzaguirre; recordó la memoria de nuestro deudo el Obispo Oro, i me pidió noticias de Su Señoría. En fin, despues de otros varios detalles, quiso informarse del objeto de mi viaje i del tiempo que permaneceria en Roma diciéndome que me veria con gusto a mi regreso de Nápoles con lo que me retiré despues le haberle besado la mano que me tendia para evitar que me postrase segunda vez. Bien deseaba yo tener esta segunda entrevista, para premunirlo contra las intrigas que andaban anudándose en la Curia, contra mi digno amigo el señor Donoso, obispo electo de Ancud, i a quien desfavorecian informes siniestros de algunos enemigos suyos en Chile. No habiendo por la rapidez de mi viaje podido realizarla, me contenté con informar de ello a mis amigos en América i al señor Irarrázaval, que venia en camino para Roma.

No puedo abandonar este asunto, sin detenerme un poco sobre los antecedentes de este fausto advenimiento de Pio IX, que tan alto lugar ha de ocupar en la historia de los pueblos cristianos.

Gregorio XVI, el antecesor de Pio IX, acababa de fallecer, i el cónclave de cardenales se reunia para la eleccion de un nuevo papa, bajo la influencia de todo jénero de alarmas e incertidumbres. Del acierto de la eleccion dependian la tranquilidad   de Roma, las vidas de centenares, i acaso la existencia misma del papado, en cuanto gobierno político. La efervescencia de los espíritus habia llegado a su apojeo durante los últimos años del reinado de Gregorio XVI; la revolucion de la Romania acababa de ser sofocada; las prisiones de estado rebosaban con presos por causas políticas, i la sangre habia corrido en los cadalsos, i aun en matanzas desordenadas. La muerte del anciano Gregorio XVI ponia en nuevo conflicto al gobierno papal, i tal punto habian llegado las cosas, que, o debia armarse de todos los rigores de los gobiernos terroristas, llenar de patíbulos todo el estado pontificio, enlutar familias enteras i recordar a los romanos los tiempos de Neron o de Cómodo; o bien cambiar súbitamente de política, hacer concesiones a la opinion pública, i otorgar a sus súbditos los derechos que hoi dia pertenecen a todos los pueblos civilizados. Porque es preciso decirlo, el gobierno pontificio no habia esperimentado ninguna de aquellas saludables reformas que, a costa de tantos trastornos, han obtenido los pueblos modernos en estos últimos tiempos. Existe en Roma un patriciado rico e ilustrado, que goza de un gran prestijio entre el pueblo i la clase media, por el cultivo de las bellas artes que tanto eleva el espíritu, por las tradiciones históricas que tan poderosa influencia ejercen sobre las naciones; i posee aquel sentimiento de la propia dignidad, que hace al hombre sobrellevar con impaciencia la arbitrariedad de los gobiernos. A esta circunstancia se añadia en el pontificado la singularidad de ser sacerdotes los empleados públicos, los jueces, gobernadores de provincia, i algunas veces hasta los jenerales de los ejércitos, gravitando, ademas, sobre los laicos el peso de abusos inveterados, el monopolio del pan i de la carne, la venalidad de algunos empleos, la arbitrariedad de los tribunales de justicia, las comisiones permanentes para las causas políticas, i las persecuciones por opiniones, por parentesco, amistad i simpatías, mezclándose la relijion i la política, para castigar con actos reconocidamente malos, ideas, acciones i juicios reconocidamente buenos. «En esos tribunales, dice un escritor contemporáneo, verdaderos corta-cabezas, los mismos hombres son a la vez acusadores i jueces; no hai libertad en la defensa; ni aun en la eleccion del defensor, que el mismo tribunal impone, elijiéndolo de entre sus paniaguados:

177

procesos oscuros, ocultos, redactados en el sentido de la acusacion, e indefinida i arbitraria la clasificacion de la culpa, por la   cual se castigan como delitos de lesa majestad, las opiniones, los pensamientos, i aun las afecciones del corazon».

Nada de exajerado pedian los revolucionarios de la Romania, sino la simple reforma de los abusos que mas gravitaban sobre el pueblo romano. «Pedimos que conceda el gobierno, decia Pietro Renzi en su manifiesto, plena i jeneral amnistía a todos los reos políticos desde el año 1821 hasta el presente (1845);

»Que dé códigos civiles i criminales, modelados sobre los de los demas pueblos civilizados, i que consagren la publicidad de los debates, la institucion del jurado, la abolicion de las confiscaciones i la pena de muerte por delitos políticos;

»Que el Tribunal de Santo Oficio (la inquisicion existe en Roma) no tenga jurisdiccion sobre los laicos;

»Que las causas políticas sean secruidas i sentenciadas por los tribunales i segun las leyes ordinarias;

»Que los empleos i dignidades civiles i militares sean desempeñados por los seglares;

»Que la educacion pública sea sustraida de la sujecion a los obispos;

»Que la censura previa de la prensa sea limitada a prevenir las injurias contra la Divinidad, la Relijion, el Soberano, i la vida privada de los ciudadanos;

»Que las tropas estranjeras (los suizos) sean licenciadas;

»Que se instituya una guardia nacional;

»Que, finalmente, éntre el gobierno en el camino de todas las mejoras sociales, que vienen apuntadas por el espíritu del siglo. &c., &c., &».

A todos estos clamores tan moderados, sin embargo, se habia mostrado sordo el gobierno pontificio, persistiendo i obstinándose en agravarlos con actos de persecucion del todo injustificables. Como en los tiempos antiguos, el pueblo romano se retiraba al monte sacro, para protestar contra las injusticias de los patricios; en Faenza los ciudadanos se habian visto forzados a reunirse armados en la plaza pública, para pedir satisfaccion i garantías contra los indignos ultrajes, que diariamente recibian en sus casas i personas, de una cuadrilla de campecinos estúpidos, que obraban o bajo la influencia del gobierno, o animados por su tolerancia; instrumentos brutales de una política aborrecida, de que no han faltado ejemplos en América.

En medio de todos estos desórdenes, las ideas del público eran, sin embargo, claras i fijas; la conciencia pública estaba   perfectamente formada, i la desaprobacion universal que la marcha del gobierno encontraba, habia dividido el Estado romano en dos sociedades distintas; una que gobernaba, apoyada en cinco mil soldados alemanes i suizos, que por lo jeneral ignoraban el idioma italiano, i otra de nobles, de artistas i de ciudadanos pacíficos; una, en fin, de verdugos, i otra de víctimas.

Como este estado violento era comun a toda la Italia de muchos años atras, los escritores italianos, Mazzini, Péllico, Renzi, Galletti, el Abate Gioberti, todos, en fin, cuantos se sentian dotados del don de la palabra, al mismo tiempo que atacaban las pequeñas i rastreras tiranías italianas, inculcaban en los ánimos la idea de la nacionalidad itálica, i la necesidad de reunirse bajo un gobierno central que, dejando a los príncipes italianos la plenitud de su independencia, bajo formas moderadas i regulares de gobierno, constituyese de toda la Italia, tan deprimida hoi en la balanza política de Europa, una nacion respetable, con una marina comun, representándose los diversos soberanos por ajentes en un congreso italiano. El Abate Gioberti, sobre todo, habia inculcado esta idea en una voluminosa obra que tiene por título: *Del primato civile e morale degli Italiani*, en la cual, exajerándose la importancia de su nacion en los destinos humanos, hasta dar el epíteto de *bárbaros* a los franceses, ingleses i alemanes de hoi, inculca la idea de aquella sentida comunidad italiana, hallando en el papado mismo, un centro natural, forzoso i conveniente para el establecimiento de una representacion italiana bajo la éjida de la tiara, que no puede alarmar las susceptibilidades de los príncipes cuya soberanía tiene hoi subdividida la nacion. Todo esto, bien entendido, en el supuesto de que la política del gobierno pontificio entrase en el espíritu e interes de los pueblos, i abandonase el sistema de opresion i de oscurantismo que la influencia austriaca le habia impreso. Cito esta obra, publicada en Paris en 1844, porque en ella se encuentran contenidas muchas, si no todas las ideas que actualmente ajitan a la Italia, bastando para juzgar de la aceptacion con que ha sido recibida, el saber que estuvo prohibida durante el anterior papado, i que en Venecia i Milan jemian aun en 1847 en los calabozos, aquellos a quienes la policía austriaca habia encontrado en posesion de algun ejemplar de ella.

En los momentos, pues, de la muerte de Gregorio XVI, millares de presos políticos reenchian las cárceles i los castillos;   las guardias se hacian con bala en boca; toda la Italia estaba llena de emigrados romanos, i el odio público excitado por los recientes sucesos de la insurreccion sofocada de la Romania, se habia cambiado en aquella inquieta espectacion que acompaña a las grandes. crísis. El cónclave de los cardenales se reunia bajo estos siniestros auspicios. ¿Iba a continuarse la política del papa difunto? ¿Qué se hacia con los presos políticos? ¿Qué concesiones se hacia a la opinion pública, o qué nuevos rigores se habian de ensayar para dominarla, i aterrarla? Hé aquí las únicas cuestiones que habia que ventilar para la eleccion de un sucesor de S. Pedro, del representante de Jesucristo en la tierra.

Para la completa intelijencia de estos acontecimientos, es preciso recordar que los gobiernos civiles de Europa ejercen una grande influencia en la eleccion de los papas. En los tiempos de la grandeza i preponderancia española, durante los reinados de Cárlos V i Felipe II, la España exaltaba al pontificado a sus protejidos i protectores; en seguida ejerció esta influencia la Francia, hasta que últimamente, despues de la revolucion francesa, i la decadencia española, quedó el Austria esclusiva influencia política directora de las maniobras del escrutinio. El Austria habia aconsejado, mandado, la eleccion de los papas precedentes. Su inspiracion guiaba todos los actos del gobierno romano, i esta vez era de temer que prevaleciendo en el cónclave la influencia austriaca, las cosas continuasen el mismo camino que los antecedentes les tenian trazados. Por fortuna la Providencia habia preparado las cosas de otro modo. M. Rossi, emigrado largo tiempo en Francia, actor en la revolucion de 1830, profesor en la Universidad de Paris, vuelto a Roma, habia sido nombrado embajador de Francia por Luis Felipe; i ya fuese sujestion de su gobierno comitente, para arrebatar al Austria la importante direccion de los negocios del papado, ya fuese inspiracion personal nacida de su propio convencimiento, el enviado de la Francia, italiano i romano de oríjen, perfectamente conocedor del personal del cónclave cardenalicio, puso mano a la obra de sacar al papado del mal camino en que una política peor aconsejada lo habia echado, i salvar a sus compatriotas de los males que los amenazaban. M. Rossi conocia íntimamente al cardenal Mastai, poco influyente hasta entónces en los negocios públicos, i alejado naturalmente de un sistema que tanto debia repugnar a sus convicciones i a la nobleza de su corazon. Seria empresa temeraria buscar los antecedentes que han motivado   en Pio IX, aquel completo antagonismo de ideas que desde entónces lo separaban tan diametralmente de la mayoría de sus colegas. El jóven conde de Mastai habia mostrado, desde sus primeros pasos en la carrera eclesiástica, un espíritu conciliante, una intelijencia e instruccion aventajadas, i en prueba de ello, tan jóven como era en 1823 (treinta i tres años) i tan humilde en la jerarquía sacerdotal, simple canónigo, habia sido elejido consejero privado del primer nuncio apostólico que se enviaba a América. Este viaje mismo no ha debido contribuir en poco al libre desenvolvimiento de sus ideas. Nada perpetúa, el atraso de las naciones tanto como el aislamiento. Matan a la España i a la Italia su forma peninsular i los Pirineos i los Alpes. Las preocupaciones locales parecen arrastrarse en un punto dado, cuando las montañas estrechan el horizonte, o la falta de contacto con otros pueblos priva al espíritu del espectáculo de otras preocupaciones, que comparándose entre sí se destruyen recíprocamente. Mastai hala visitado a Buenos Aires i Santiago de Chile, en los momentos en que estos pueblos se entregaban a todas las ilusiones de un porvenir que juzgaban con envanecimiento, grandioso i fecundo en bienes. Acababan de derrocar un gobierno absoluto, i se preparaban a fundar uno nuevo, sobres las bases del derecho, la igualdad, i la justicia; i si bien el sacerdote, el enviado, tuvo en la persona de Mastai ocasion de no quedar satisfecho de la conducta de los gobiernos americanos; el individuo, el jóven entusiasta por lo que es esencialmente bueno, el pensador, ¡cuánto no debió gozarse a la vista de estos pueblos nuevos, preludiando en la carrera política, llenos de esperanzas i de fe en el porvenir! Vése en la narracion de su viaje, cómo simpatiza su intérprete, segun lo que él mismo ha debido sentir, con los chilenos que por su propio esfuerzo habian sacudido un yugo ominoso. ¿A su vuelta a Italia, entre sus sueños de ambicion, si alguna vez pasaron por su mente, no entraria la idea de conceder a los italianos sus compatriotas, esa misma libertad porque estaban allí tambien inútilmente luchando? ¿No era mejor i mas fácil obrar así, que ensangrentar la plazas con ejecuciones diarias, rodearse para gobernar de esbirros aborrecidos, i hacer de la mision apostólica del papado una sucursal de las torpezas de la Rusia? Así al ménos lo indica al contemplar con la mente la catástrofe de Santa Helena.

Sea de ello lo que fuere, la verdad es que M. Rossi, conociendo los sentimientos e ideas del cardenal Mastai, lo propuso   al cónclave como candidato al papado, en oposicion a Lambruschini, el indicado por el Austria, i que el cónclave, aterrado por la gravedad de la circunstancia, deseoso de lavarse las manos de les crímenes i persecuciones que la continuacion de la política pasada traia aparejados, el cónclave, digo, sin echar mano esta vez de las demoras, intrigas i supercherías de otras veces, el diez i seis de junio de 1846, nombró en pocas horas i por una mayoría competente, soberano

Pontífice al cardenal Mastai, el cual al recibirse adoptó el significativo nombre de *Pio*, que encerraba en sí el programa entero de su administracion.

I en efecto, apénas el cañon de Sant Angelo anunció a la inquieta Roma su exaltacion, el jubilo estalló por todas partes, por aquella secreta revelacion que el pueblo tiene casi siempre de las cosas que le interesan. El primer acto de su pontificado fué al mismo tiempo el mayor acto de clemencia, la manifestacion mas noble de una alma comprimida por largo tiempo, i que se desahoga, acumulando bondad sobre bondad, alentando a los que dudan, haciéndose el escudo de los perseguidos. El acta del diez i seis de julio de 1846 con que se inició el pontificado de Pio IX, es no solo un monumento político, único en su jénero por la amplitud i liberalidad del perdon, sino tambien un monumento literario, por la ternura de los sentimientos espresados, i por la especie de dilatacion del corazon que se deja ver en casa uno de sus artículos, estendiendo las concesiones del primero por las disposiciones del segundo, amplificadas éstas en el tercero, i así sucesivamente hasta el fin.

A la publicacion de ese estraordinario i nunca esperado decreto, se siguió la apertura de las cárceles de Estado, i los castillos de Civita-vechia quedaron en una hora desiertos de los centenares de tristes huéspedes; que por largos años habian habitado sus oscuros calabosos. Roma es acaso la ciudad del mundo que mas calamidades ha sufrido. La historia recuerda el vértigo que a la muerte de Neron se apoderó de los ciudadanos, los cuales salian a las calles con el gorro encarnado de los libertos, a abrazarse sin conocerse, a llorar del placer de encontrarse vivos, a olvidarse con la esperanza de mejores tiempos, de los horrores de que habian sido testigos. Otro tanto sucedia entre los primitivos cristianos, al proclamar Constantino al cristianismo relijion del Estado. Los mutilados que habian sobrevivido al martirio, salian de las oscuras Catacumbas, donde vivian ocultos, para gozar en las calles   de Roma del aire libre i de los rayos del sol, de que se habian visto privados; el pueblo se hincala de rodillas ante ellos para adorarlos, como a confesores de la fe hasta entónces perseguida a muerte; i los cristianos corrian a los templos, subian a las alturas o descendian a las capillas secretas de las Catacumbas, a desahogar en oraciones e himnos de gracias, el gozo de que se sentian abrumados. La amnistía del nuevo Papa renovaba para Roma el recuerdo de aquellas peripecias súbitas de su historia. La ciudad entera se lanzó a las calles, sin saber a qué, sintiendo estrecho para sus emociones el hogar doméstico. Millares de presos, desconocidos, envejecidos en la prision, medio desnudos, con el pelo desmelenado i la barba entera, corrian de un monumento a otro, estasiándose a la vista de aquellos enválidos de la antigua gloria de la patria, embriagándose con las emociones que en un corazon italiano produce el espectáculo de lo bello, de lo artístico; interrumpidos en fin, en sus correrías de locos, por una familia que queria reconocerlos, por una madre que pedia noticias de su hijo, preso muchos años, sin acertar a dar señas que conviniesen al cambio esperimentado por la edad. I luego, aquella muchedumbre romana que llenaba las plazas i el Corso, abrazándose, i riendo con las lágrimas en las mejillas, se la veia dirijirse hácia el Capitolio, i allí ante la estatua ecuestre de Antonino Pio, las de Castor i Polux, la Minerva, i el palacio fabricado por Miguel Anjel, el inmenso *Pópulo* romano como en los tiempos antiguos, entonaba himnos en coro universal en alabanza del nuevo para, del nuevo emperador, del Marco Aurelio moderno. La ciudad se iluminaba espontáneamente, i del Capitolio el pueblo descendia en procesion para subir al monte Cavallo, i hacer llegar en el Quirinal hasta los oidos de Pio IX, el clamor unísono de cien mil voces humanas que lo aclamaban, Pio, Grande, i Salvador de la Italia; pidiéndole que desde el balcon echase sobre ellos i sobre la tierra, la bendicion papal, tan grata para los romanos cuando les viene de un príncipe amado.

Un cura de campaña, testigo de estas manifestaciones de regocijo, describe al obispo de su diócesis las fiestas romanas, con aquel colorido de las sensaciones esperimentadas, que no puede imitarse; por lo que prefiero insertar la parte narrativa de su carta. Estas fiestas ademas tienen el sello artístico i popular que caracteriza todos los actos públicos del jenio italiano. «Escribo, dice, mas bien bajo la influencia de la conmocion que del entusiasmo; escribo, porque mi alma siente la necesidad   de comunicar a los otros, los efectos esperimentados al ser partícipe de cosas grandes. De mi parroquia, en cuyo ministerio me siento casi envejecido, me trasladé a Roma, i conmigo casi todos mis feligreses; no quedando en casa sino los ancianos i los niños, i aun de éstos no todos. Por todas partes resuena el grito de la bondad de Pio IX, de aquella virtud que es el patrimonio de la grandeza, por lo que yo no podia resistir al deseo de ver a este hombre raro. Tardaba para mí el momento de verle levantar la diestra i bendecirme. En el vapor, que se encuentra en el puente Felice, nos embarcamos cerca de cuatrocientos.

»No bien hube llegado a Roma i despues de haber pasado el ménos tiempo posible en la hospedería, estuve pronto para ver lo que de grande i de bello presentaba la ciudad de las siete colinas. Mi pobre pluma, acostumbrada a escribir homilías i catecismos para mis feligreses, no puede describir con propiedad lo que he visto en Roma en esta circunstancia. Hai ademas cosas que no pueden describirse; porque el entusiasmo, la admiracion, el gozo se sienten sin alcanzar a pintarlos. Su Señoría conoce el Corso de Roma. Dos filas de altas columnas fueron plantadas sobre la orilla de las veredas, i sobre cada una ondeaban dos banderas cruzadas, blanco i amarillo, con el escudo del Pontífice, i el mote que resuena en los labios de todos; ¡Viva Pio IX! Eran en todos mil ochocientas banderas; sin contar con las innumerables hechas para llevar en la mano, de las cuales tenia una cada jóven de uno i otro sexo. En el fondo del Corso, tras de las dos iglesias de Santa María dei Miracoli, i la Madonna di Monte Santo, se eleva un majestuoso arco de triunfo de noventa palmos de alto i mas de ciento de ancho, imitando el de Constantino, por el arquitecto Felice Cicconetti. Adornábanlo ocho majestuosas columnas, con capiteles corintios, i ejecutadas con toda la perfeccion del arte. Sobre estas columnas se elevaban otras tantas pilastras, que sostenian los pedestales de los jenios de las provincias romanas ejecutados en plástica; seis bajo relieves adornaban esta majestuosa mole. Los dos que miraban hácia el Corso representaban: *Jesucristo que da las llaves a San Pedro; Los apóstoles con la Vírjen en el cenáculo en el momento que desciende sobre ellos el Espíritu Santo*; otros dos, *el Pontífice dando la paz; dando audiencia pública.*
Descollaba sobre el arco un grupo colosal de tres estatuas. El Pontífice con la de la Paz a la izquierda teniendo un ramo de olivo i una corona,   i la Justicia con el leon reclinado a la diestra; bellísimo pensamiento que espresa el *justitia et pax osculatoe sunt.*

»El alba de la mañana del ocho apareció serena como los votos i los deseos del pueblo romano, que mil veces rogó a la Vírjen a fin de que ni lluvia ni mal tiempo turbase aquel dia para él tan solemne. Todo el Corso estaba adornado de gala; paños, rasos, damascos, guirnaldas, colgaban de las ventanas i balcones. El palacio Rúspoli, donde está aquel famoso café iluminado con gas, no presentaba en el primer piso sino una majestuosa galería por direccion i a espensas del Señor Rissi. Leíanse inscripciones en el hospital de San Giacomo, en el casino del palacio Costa, sobre el arco triunfal, i sobre las telas pintadas que adornaban el semi anfiteatro erijido al pié *del Obelisco del Pópolo*; inscripciones en muchas ventanas, almacenes i balcones, muchas de ellas bíblicas.

»Mas he aquí que el alegre resonar del bronce anuncia el arribo del Sumo Pontífice; la via del Corso se cubre de pueblo que en grata ajitacion anhela por ver a Pio IX. El noble cortejo procedia lentamente, i era precedido no de guerreros, sino de un escuadron de jóvenes, que con un ramo de olivo elevado en alto i una bandera en medio, venian cantando el hosanna. Sobre su pasaje se esparcian flores i ramos de olivo; flores derramadas por manos delicadas llovian desde los balcones sobre las carrozas. Por todas partes se ajitaban banderas i pañuelos al grito incesante de ¡*viva*! dando a estas escenas mayor movimiento el ahinco de cada uno para ver al paso al objeto de tanta felicidad, de donde resultaba el continuo ondear del pueblo. Mi primer deseo fué en este dia satisfecho: vílo i derramé lágrimas de placer, porque la dicha tiene tambien sus lágrimas que nada puede contener.

»El cortejo se detuvo cerca del Arco, por indicacion del Pontífice que quiso ver la obra de la gratitud i de la admiracion de sus compatriotas. ¡Cómo podré yó, oh Monseñor, describir el espectáculo que presentó en aquel momento la ¡*Piazza del Pópolo*! Cómo describir aquel agrupamiento de jente, ondeando como el mar; aquel contento que se manifestaba en todos los semblantes, aquel panorama que presentaban los palcos adornados con variedad, i sobre los cuales tremolaban banderas i ¡cien otros emblemas! Sobre la pendiente del monte Pincio, hombres i niños se trepaban sobre las estatuas de mármol que por aquel lado se levantan; i de todas partes al ajitar de los pañuelos, los vítores universales sofocaban el sonido de las bandas militares. Pio IX ¡vió aquel espectáculo,   vió aquel pueblo, i lo bendijo! ¡Cuán ajitado ha debido sentir su corazon en aquel sublime momento, i cuán inescrutables son los secretos de Dios! Hé aquí un hombre que, misionero i enviado apostólico a Chile, cinco o seis lustros há; despues sacerdote de celo i de caridad en Roma, recibe ahora los homenajes mas puros i cordiales, que pueda un pueblo tributar a un mortal.

»Concluida la ceremonia, cuando el Pontífice regresaba a su palacio del Quirinal, crecia la multitud, i con ella el entusiasmo, acompañándolo el pueblo hasta Monte Cavallo en medio del mismo movimiento, i bajo la lluvia de flores, arrojadas desde los balcones del tránsito, tan ricamente adornados como los del Corso. Apénas Pio IX subió las escalas de su palacio, se dirijió al gran balcon para bendecir de nuevo al pueblo, que verlo aparecer prorrumpió en clamorosos vivas. Mas cuando con una señal de su mano reclamó el silencio, cesó de improviso el rumor, no oyéndose sino el ruido que al caer hace el agua de la vecina fuente. Cada uno escuchaba en el mas profundo recojimiento la oracion que precede a la bendicon solemne; no cesando aquel reverente silencio, sino cuando el Supremo Jerarca hubo dado la bendicion, repitiendo el pueblo, *amen*.

»Ni terminaron con este acto solemne las fiestas del ocho de setiembre. Al caer la noche el Corso estaba enteramente iluminado, unas casas con hachones de cera, otras con candelabros de colores, produciendo esta variedad un espectáculo encantador. Una tea brillaba sobre cada una de las columnas, i el pueblo en densa masa recorria la via del Corso, gritando ¡viva Pio IX! Era imposible dar ingreso a los coches, i aunque hubiese habido posibilidad para entrar, ninguno se presentó; i no obstante la apretura de las jentes, jamas vióse concordia mas grande; ningun desórden, ningun inconveniente entre estos millares de personas venidas de todas las ciudades i provincias vecinas, sin que la presencia de tropas fuese necesaria para producir efecto tan raro, hijo del contento universal.

»Una inmensa multitud de pueblo se habia reunido en la plaza del Pópolo, donde se cantaba un himno en honor del Papa, ejecutado por centenares de jóvenes; himno puesto en música por el maestro Moncada, con breves palabras del jóven escritor; haciéndole eco el coro de Moroni, hecho sobre las palabras del poeta María Geva. ¡Qué espectáculo tan sorprendente! La armonía repetia las alabanzas de Pio IX, i creia yo al oirlas que el viento las llevaria en sus alas a las cuatro   partes del mundo. Mas tarde en el silencio de la noche, oíanse por toda la ciudad estos coros repetidos por cuadrillas de jóvenes que los habian retenido de memoria.

»He ahí un paso en la civilizacion: la música debe hacerse popular. Llevo conmigo estos dos coros a mi pobre parroquia, i con ellos una coleccion de poesías bellísimas que haré leer a mis feligreses, que son mis hijos en el Señor. Pero, ¡buen Dios! me contrista la idea de que pocos saben leer: fáltame una escuela; pero ahora que conozco cuán útil es tener un pueblo instruido, quiero abrir una escuela, a fin de que todos participen de sus ventajas; yo mismo seré el maestro; porque es mui necesario que aun el pueblo de la campaña sea instruido. Pio IX me ha inspirado; la circular de su secretario de Estado recomienda la instruccion civil i relijiosa de la clase baja; i no teniendo maestro municipal, quiero suplir personalmente esta falta. Pio IX ha fijado con su reino una época nueva, llena de dificultades; pero nosotros los sacerdotes debemos ayudarlo. Si todos recordamos el santo ministerio que Dios i la sociedad nos han impuesto, no faltaremos a nuestro deber. el porvenir será glorioso, i nosotros, ministros del santuario, recojeremos las bendiciones en esta i en la otra vida. Todos los sacerdotes debemos tener presente que la civilizacion está en nuestras manos! ¡Ai de aquellos que en vez de propagarla, la sofoquen!».

Rossini ha compuesto, despues, un himno para el pueblo romano, el cual fué ensayado en las termas de Tito que están sobre la Casa Aurea de Neron, el dia de la fundacion de la ciudad por Rómulus, que aun continúan celebrando los romanos; i con la sorprendente e innata aptitud artística de los italianos, vióse a la muchedumbre reproducir con inaudita espresion, al segundo versículo, la música del primer maestro de la época. ¡Oh! si la aprobacion de un pueblo intelijente i eminentemente artista, es la única recompensa que los hombres de conciencia i de corazon pueden apetecer, Pio IX ha gozado momentos de felicidad que a pocos hombres ha concedido Dios tan puros en la tierra; i las sencillas i cordiales ovaciones i triunfos que sus compatriotas le han prodigado, han debido darle fuerzas suficientes, para despreciar soberanamente en lo profundo de su corazon, el temido poder del Austria, i la política tortuosa de la Francia.

El advenimiento de Pio IX fué la señal de alarma para los gobiernos despóticos, como lo fué de júbilo i de esperanza para los pueblos i los hombres intelijentes, que se interesan   en el progreso de la especie humana. Al mismo tiempo que la prensa de todas las naciones civilizadas i libres se estasiaba contemplando el raro vuelco que hacia el presente i el porvenir de la Italia, i del mundo cristiano, el sombrío gobierno austriaco amenazaba al Papa bondadoso que habia probado en dos horas que los presos políticos, los cadalsos, i el descontento público que se quiere ahogar en sangre i en violencia, son la obra esclusiva de los malos gobiernos. Las reformas que ya se traslucian provocaban otras tantas protestas fulminantes, como si el nombre de libertad, pronunciado fulminantes, como si el nombre de libertad, pronunciado libremente en Roma, fuese la condenacion i el anuncio de la caida de los despotismos italianos, i de la férrea dominacion austriaca en la Lombardía. El gobierno frances por su parte andaba parco en la manifestacion de sus simpatías; el rei de las dos Sicilias se llenaba de espanto; i toda la Italia, en fin, en medio de las aclamaciones populares, que la policía no era parte a estorbar, esperaba con ansia el resultado de estos preparativos de oposicion de los gobiernos, al simple deseo que el Papa habia mostrado de manifestarse justo.

Estas complicaciones esteriores tienen eco i forma en el interior tambien. El colejio de cardenales está compuesto por los mismos individuos que habian participado, aconsejado i dirijido la política del papado anterior. Las oficinas, la Curia, la Propaganda, están de antemano organizadas, i los escribientes i secretarios del papa eran sus espías, i aun sus delatores ante el Austria, que por este medio se ponia al corriente del pensamiento mismo del soberano Pontífice, aun ántes de haber sido formulado en actos públicos. Hacian aun mas difícil la situacion de Pio IX, las esperanzas o prematuras o irreflexivas de los mismos a quienes queria favorecer. Es el papado, como el imperio romano, un gobierno electivo en su esencia; pero una vez elejido el príncipe, la dictadura o el *motu-propio* es completo, absoluto, i no se cambia de un solo golpe una organizacion tan profundamente arraigada. A mas de que el papado ejerce, por otra parte, la soberanía de las conciencias, i por tanto no puede abandonar al pueblo, sin desmentirse, la libre discusion de las ideas. Oponíanle, pues, resistencias de inercia la mayor parte de los funcionarios, la traicion oculta i disimulada muchos de los que lo rodeaban, al mismo tiempo que el pueblo se impacientaba, exijiendo reformas que no era dado al gobierno conceder, sin amenguar su autoridad. Situacion espinosa que habria arredrado a cualquiera otro hombre que no fuese Pio IX,   plenamente convencido de sus ideas, resuelto a ponerlas en ejecucion, en despecho de las resistencias, i solo hasta donde se lo permitiesen los deberes augustos de Sumo Pontífice. «Animo Pio IX», le gritaba el pueblo reunido delante del balcon del Quirinal; «¡Animo Pio IX, i guardaos del veneno!» «Estais solo», le decian otras veces, al recorrer la via papal, pero nos teneis a nosotros. «Mandad i sereis obedecido», i un inmenso clamoreo de «sí, sí, aquí estamos para morir en vuestra defensa», le iba siguiendo, a medida que avanzaba el cortejo. Estas manifestaciones populares son mas frecuentes e inevitables en Roma que en parte alguna, i vienen apoyadas en las tradiciones antiguas i en las prácticas mismas el papado; así es que las relaciones entre el Papa i el pueblo, son íntimas, i el gobierno puede contar diariamente las pulsaciones populares, i leer en los semblantes el espíritu que anima a las masas. Cuando el pueblo se siente animado de alguna pasion, acude instintivamente al Monte Cavallo i se agrupa en frente de las puertas del Quirinal, para pedir la vista del Papa, que tiene por costumbre presentarse al balcon, que para este efecto tiene el edificio, i desde donde da al pueblo la bendicion particular, a diferencia de la solemne *Urbi et orbi* que solo se administra desde el balcon de la Basílica de San Pedro. Cuando el Soberano Pontífice se dispone a visitar de ceremonia una basílica, o una iglesia particular, las calles por donde ha de atravesar el cortejo, se cubren de una capa de arena amarilla, a fin de hacer mas blando el movimiento de los carruajes. Este tránsito de antemano conocido, se llama la via papal, i el pueblo se agrupa en hileras, a lo largo de ella, para ver de paso al Pontífice, que recibe en cambio de su bendicion, las aclamaciones de gratitud i afecto cuando es querido, o el silencio indiferente, si no goza del aura popular. De este modo la opinion pública está patente a los ojos pontificios, i el pueblo puede ejercer su parte de influencia en el ánimo de los que gobiernan, a no ser que estos cierren sus ojos i endurezcan su corazon, para no ver ni sentir las necesidades ni los deseos de las masas. Pio IX mismo no ha estado libre de presenciar la desaprobacion romana, manifestada del modo mas noble i digno que puede hacerlo un pueblo. La prensa en Roma está sujeta a censura; i esta censura desempeñada por un solo individuo, era arbitraria, absoluta, sin responsabilidad, i sin limitarse a materias relijiosas o políticas. Una idea que sobre bellas artes no agradase al censor, por ser contraria a las suyas propias,   no podia ver la luz pública, porque el censor la rechazaba. Así continúa gobernándose el Austria, la Rusia y todos los paises despotizados. Pio XI queria reformar este abuso embrutecedor, pero en los límites que la mision relijiosa i la organizacion del papado lo permiten; i al efecto nombró una comision de censores, limitando a materias especiales la censura, i escojiendo para ejercerla personas competentes. Hai sin embargo una conciencia pública de derecho que es comun hoi a todos los pueblos cristianos, la misma en Inglaterra que en Roma, en Francia que en Rusia, entre los que han cultivado su intelijencia; i la reserva papal, tan fundada en necesidades de su ministerio, chocaba con esta conviccion comun a todos los pueblos cristianos, de que la manifestacion del pensamiento escrito debe ser tan libre como la palabra, no pudiendo castigarse con justicia el delito de palabra o por escrito cometido, sino despues de emitido i publicado. El *motu-propio* papal, como todos los decretos, llevaba las armas de la familia de Mastai, distintivo de su reinado, i cuando el edicto que creaba la nueva censura fué fijado en los parajes públicos, el descontento no tardó en manifestarse, pero de una manera tan artística, que valia la pena de perdonarlo. Al dia siguiente aparecieron todos los carteles con las armas de Gregorio XVI, que los descontentos habian pegado sobre las de Mastai, para indicarle que en aquella medida al ménos, continuaba el espíritu de la administracion anterior; epígrama mudo pero elocuente como el cadáver de Cesar presentado al pueblo romano por Marco Antonio, i que entristeció profundamente a Pio XI. Mas tarde, con motivo de otra medida impopular, el pueblo se reunia a lo largo de la via papal, i un silencio sepulcral acojia, en lugar de los acostumbrados vítores i aplausos, al silencioso i triste cortejo, que parecia mas bien llevar al Papa a un duelo que a las ordinarias funciones de su ministerio.

Estas pequeñas contrariedades no han estorbado que Roma, como la Italia, como el mundo cristiano, haga plena justicia a la pureza de sus intenciones, i a la decision conque ha emprendido la reforma de los envejecidos abusos del papado. Visitaba a principios de 1847 el convento de *Santa Croce in Jerusalem*; i los monjes que lo habitaban le enseñaban en la carta, la Italia, con su forma conocida de una bota; i Su Santidad con tono indicativo replicaba: «¡Bella! pero le falta a la bota una espuela». Cuatro dias despues en la célebre biblioteca Casanatense que está en Santa María Supra Minervam   alguno pedia la vida de Julio II. «Fué un gran Papa», observó Pio XI; «pero tenia en su favor el colejio de cardenales, i todo le era lícito emprender». -«Tambien tuvo enemigos, le hizo presente el cardenal que de oficio estaba en su compañia. -Pero los pulvorizó», contestó Pio XI con voz breve i acentuada que impuso silencio a su interlocutor.

Estos dichos del Papa i sus acciones, aun las que él deseara tener secretas, entretienen con largos comentarios la ávida curiosidad de los romanos. Una señora que lo habia conocido en otro tiempo, hallándose en la miseria, imploró su beneficencia por un memorial. El cardenal que recibe estos escritos no prestó atencion a la súplica, o no la creyó fundada. Un segundo memorial indujo a Pio XI a desear conocer por sí mismo el asunto, para cuyo fin, vestido de clérigo particular, acompañado de un solo familiar, se presentó en casa del cura vecino a la residencia del suplicante para hacerse conducir. Introducido a la familia, el Papa pudo juzgar a vista de ojo, de la angustiada situacion de aquellos que en otro tiempo habia visto en la opulencia, i hubiera terminado su vista sin ser reconocido, si un niño de siete años no se hubiese acercado a la madre, diciéndole despavorido i señalándolo: ¡Mamá! ¡el Papa!» Echarse a sus piés la familia i recibir seguridades de proteccion i amparo por siempre, fué el desenlace de esta escena, que valió al cardenal una reprimenda i a la señora una pension.

Uno de sus camaradas de colejio volvia del destierro i pidió una entrevista al Papa, quien sabiendo su estado de penuria, abriendo un escritorio i dándole dos escudos que en él halló: «Hé aquí, le dijo, todo el caudal de que puede disponer Pio XI en este momento; pero el tiempo nos pertenece a ambos, i él vendrá en nuestro socorro». Pietro Renzi, el célebre abogado, caudillo del levantamiento de la Ramañola, admitido a la presencia del Soberano Pontífice, prorrumpió en sollozos al verlo; el Papa conmovido lo estrechó entre sus brazos llorando, i nada pudieron decirse de las escusas que el uno debia hacer, o de la reiteracion del perdon públicamente acordado por el otro. Sajani era uno de los escritores emigrados de muchos años establecido en Malta, autor de la *Speranza*, periódico revolucionario, i que volvia a Roma aprovechando de la amnistía. Obtuvo sin dificultad una audiencia de Su Santidad, de cuyos pormenores dió cuenta la prensa contemporánea. Citaré algunas palabras de Su Santidad, que tienen relacion con los primeros actos de su gobierno.   «En nuestros paises meridionales, decia el Papa, los hombres son un poco perezosos; no es como en los paises frios, donde casi por fuerza reina una grande actividad, aunque no fuese por otra cosa que por librarse del frio. Pero yo espero que se promoverán las buenas industrias.... ¡Se hará, se hará todo lo que se pueda! ¡pero hai tanto que hacer....! ¡i cuánto!

Esto requiere tiempo, no son cosas del momento». Continuó hablando, dice Sajani, sobre la industria, con las doctrinas de un verdadero economista; habló de caminos de hierro, de códigos, de la guardia cívica de Bolonia, i finalmente la preguntó de qué se ocupaba en Malta. Entrando en asuntos de imprentas, pidióle permiso de hablarle con toda libertad, esponiéndole, cuando lo hubo obtenido ilimitado, algunos de los pensamientos publicados en la *Speranza* con respecto a la situacion de Italia. Pidióle Su Santidad en seguida detalles sobre un periódico protestante, *L'Indicatore*, que se imprimia en Malta, inquiriendo quiénes eran los redactores. Sejani satisfaciéndole, añadió que todos los diarios protestantes se habian mostrado entusiasmados con su exaltacion, a lo que Su Santidad respondió que habia leido muchos artículos, sobre todo los del *Times*, i despues de vario discurrir concluyó diciendo «yo debo hacer tambien mi parte de obispo: Acordaos de los asuntos relijiosos, hijo; si los habes descuidado, volved a ocuparos de ellos» con lo que lo dió la bendicion para sí, su mujer i su hija, a quien conocia i estimaba mucho.

Otro emigrado habia vuelto de Inglaterra donde se habia casado con una dama protestante. La Curia se ensayó en persecuciones contra los esposos, i el emigrado a punto de abandonar de nuevo su patria, quiso a fin esplicar su embarazosa situacion al Papa. «Esposo, le dijo este, poniéndole una mano sobre la cabeza i alzando la otra al cielo, estais unido ante Dios a tu esposa; ciudadano romano, vuestro deber es permanecer donde la patria necesita de sus hijos. Yo arreglaré este asunto». La inglesa, que oia estas palabras, se precipitó a los piés de Su Santidad, esclamando: ¡católica! ¡católica! ¡quiero ser católica! Pero el Papa levantándola del suelo, la dijo «-¡No! No se convence el espíritu por los movimientos del corazon, i no han de abandonarse las creencias en que se nos ha educado, en un momento de emocion. Vaya V. señora, i si un dia, serena i tranquila, se siente llamada a entrar en el seno de la Iglesia, yo le abriré de par en par las puertas, yo le administraré el bautismo». Un devoto iluso habia dejado   una gran fortuna al sacerdote que le dijese la primera misa despues de muerto; medio de salvar el obstáculo opuesto en Roma a los legados en favor de órdenes relijiosas. Apénas lo supo el Pasa, dijo una misa a la intencion del finado, se declaró heredero universal, segun el tenor del testamento, i convocando a los deudos, perjudicados por aquella disposicion, les recomendó proceder a las particiones, segun los trámites ordinarios.

El Agro Romano es un yermo desierto, cenagoso, estéril i enfermizo, a causa del abandono en que la agricultura yace a los alrededores de Roma. La esperanza de mejores tiempos imprime en Roma a los espíritus una actividad hasta ahora desconocida, i gran número de patricios, propietarios de grandes eriales, se constituyeron en Sociedad Agrícola, con el objeto de vender terrenos, i emprender trabajos de desecacion, a fin de mejorar la agricultura i dar ocupacional pueblo. Pio IX se presentó en la sala de las sesiones, se inscribió miembro de la sociedad, decretó en su favor una suma considerable, declarándose protector del instituto. Los mendigos que infestan a Roma llamaron desde luego su atencion, espulsando del estado romano los de otros estados, i prohibiendo en muchas categorías de empleados subalternos, prácticas envejecidas, que saben de léjos a mendicidad. El proyecto de establecer caminos de hierro mereció a Su Santidad decretos que los favorecian. La educacion popular, tan vergonzosamente atrasada en el estado romano, llamó desde luego su atencion; siendo digna de citarse la declaracion con que principia el decreto siguiente. Dice así:

«Roma, Agosto de 1846. -Los delitos, i entre ellos las riñas i los hurtos, que con demasiada frecuencia ocurren de algun tiempo en algunas provincias del Estado Pontificio, han inducido al gobierno a proveer, como lo hace, no solo con los medios correspondientes a la necesidad urgente del momento, sino con sabias medidas para prevenirlos, que destruyan la causa, o disminuyan por lo ménos su perniciosa influencia.

»La primera de ellas, no puede ménos de reconocerlo, es el ocio, al cual se abandona una parte de la junventud artesana o campesina, i de allí viene la necesidad de procurarle útil ocupacion, i sobre todo vijilar la buena educacion de los niños, que abandonados a sí mismos, harian temer por un porvenir aun peor.

»Penetrada la Santidad de nuestro Señor, de la grande importancia de esta verdad, ha ordenado llamar la atencion de   los jefes de provincia, a fin de que, de concierto con los majistrados locales, retraigan del ocio a la juventud, aplicándola a trabajos de utilidad pública; i aprovechando del socorro de los colosos ministros del santuario, de los nobles i de los ciudadanos probos, como ya ocurre en todas partes, pongan mano a la obra de estender en cada localidad la educacion civil i relijiosa de la ínfima clase del pueblo».

En estas como en las subsiguientes medidas, podia quedar completamente satisfecho el deseo espresado por los que en las luchas de la Romañola, pedian «que el gobierno pontificio entrase en el camino de todas las mejoras sociales que vienen apuntadas por el espíritu del siglo».

Siento que me he estendido demasiado sobre este interesante punto, por lo que, i para no fatigar la atencion de Su Señoría, entraré en algunos pormenores de viaje que distraigan el espíritu de preocupaciones tan graves. El espacio de tiempo que media entre el carnaval i la Semana Santa, es demasiado largo a haberlo de pasar en Roma, i yo estaba devorado por el deseo de visitar las ruinas de Pompeya i el Vesubio, para retardar por mas tiempo mi escursion hácia aquellos sitios tan celebrados en todas las épocas. I ahora que nombro Pompeya, quiero encargar a Su Señoría de hacer en San Juan una ejemplar justicia; cojiendo de una oreja a nuestro primo *** i haciéndole leer en esta mi carta, Ruinas de Pompeya. Es esta condigna reparacion de una antigua ofensa, que debo referir para justificar mi demanda. Era mi cabeza desde pequeñuelo, allá en nuestra remota i poco erudita provincia, un cajon de sastre lleno de retazos de historia, viajes, vidas de santos, cuentos de brujas i aparecidos, i otras mil zarandajas que por brevedad no inventarío. Fué Su Señoría Ilustrísima quien siendo cura del lugar me puso la cartilla en la mano, como dicen, i no habrá olvidado, porque no lo he olvidado yo, que a la edad de cuatro años me habia labrado la reputacion del lector mas petulante i griton que se habia hasta entónces visto. Las truncas nociones que sin proponérmelo, adquiria con la frecuencia de leer, vagaban largo tiempo en mi espíritu, como las nubes en el espacio, cuando no encuentran punto de apoyo para aglomerarse, hasta que un librote que el acaso ponia en mis manos llenaba un vacío; otro mas tarde venia a esplicar un pasaje no bien comprendido. Así adquirí muchas nociones históricas en la edad, en que el comun de los niños solo piensa en sus pasatiempos, i ahora que he visitado a Roma, he podido reconocer a   primera vista los monumentos por la imájen que de ellos conservaba grabada en la memoria desde la primera infancia en que pasaba horas enteras, recorriendo una *Guia romana* impresa dos siglos há, i que fué mi primera adquisicion en libros.

No sé cómo ni cuándo hube de leer una relacion del descubrimiento de Pompeya, i héme aquí que no pudiendo contener el asombro i la novedad dentro de mí mismo, salgo al atajo a los pasantes para narrarles la portentosa historia, con lo del aceite i pan encontrados; cuéntaosela a M.*** i en lugar de quedarse boquiabierto como yo me lo habia prometido, se me rie en los hocicos de buenas a primeras; i cada vez que hai jente reunida me hace contar en cuento de Pompeya, para diversion jeneral.

He visto, pues, aquella Pompeya que me traia preocupado en mi infancia, i me hace ahora recordar la incredulidad de M.*** Dos dias despues de mi llegada a Nápoles, iba alargando el cuello por sobre los montones de cenizas volcánicas, para descubrir cuanto ántes sus calles solitarias; i como si fuese posible olvidar que se entra en una ciudad de muertos, el cicerone introduce al viajero por la Via de los Sepulcros, de los que ya lloraba como tales aquel pueblo sofocado en una hora, i cuyos nombres lee de paso como en nuestros actuales cementerios. Al penetrar en la ciudad por la puerta misma que daba entrada i salida a los habitantes, el cúmulo de ruinas se presenta de golpe a la vista, i es lástima que no pueda aplicarse a las ciudades muertas por sofocacion, como a los seres animados, el galvanismo, para hacer la tentativa de volver a la vida este cadáver guardado diez i siete siglos. El empedrado de las calles conserva las huellas de los carruajes, las fuentes están intactas, i un canal antiguo lleva hoi como ántes el mismo caudal de agua. En las bodegas continúan puestas en hilera las ánforas que contenian el vino; i en un estremo del mostrador de los cafées, o ventas de bebidas calientes, se conserva la hornilla que servia para prepararlas. La casa-quinta de Diómedes, un rico comerciante, adornada con esquisito gusto, encierra mas comodidades que nuestras casas modernas, recordando por su distribucion interior, las de Sevilla en España o las de Montevideo en América. Los árabes, como se sabe, han conservado la arquitectura doméstica de los romanos, i nosotros los españoles la hemos heredado de ellos. Un zaguan conduce al primer patio, rodeado de habitaciones i con un aljibe en medio, i un segundo patio   con corredores precede a un pequeño jardin. Si el viajero quiere saber qué fue de Diómedes i demas moradores, el *ciccerone* lo conducirá a la bodega, para mostrarle en uno de sus estremos, la estampa de un grupo de seres humanos clara i preceptible sobre la muralla. Allí se hallaron entre los huesos de los esqueletos reunidos, brazaletes de oro, anillos i pendientes de las jóvenes de la familia; i en el Museo de Nápoles se guardan algunos fragmentos de ceniza endurecida que conservan formas de seno de mujer. Los infelices habian ganado la bodega como en el último asilo donde aun podia respirarse aire sin mezcla de cenizas abrasadas.

Hánse descubierto varias calles, nueve templos, dos plazas o foros que debieron estar rodeados de pórticos i estatuas, una basílica, dos teatros, termas públicas, un anfiteatro i el cuartel de los veteranos. Setenta i tres esqueletos reunidos en sus cuadras han dejado comprender que la severidad de la disciplina romana habia retenido la guardia en su puesto hasta morir sofocada. Pasan de treinta mil los objetos de bronce de uso doméstico encontrados en las ciudades sepultadas, i los brazaletes, anillos, collares, camafeos, i piedras preciosas reunidos, bastarian a fundar la riqueza de un banquero. Guárdase igualmente en el Museo de Nápoles, harina, pan carbonizado, miel i aceite endurecidos, guisantes i menestras petrificadas; ropa amontonada en la arteza, i entre pomadas i peines el consabido colorete que nunca hizo falta donde viven hijas de Eva.

Lo que mas sorprende, recorriendo la silenciosa ciudad, es la vulgarizacion del buen gusto, a todas las clases de la sociedad. Todas las habitaciones, galerías i aun las cocinas están adornadas de pinturas al fresco, i arabescos de un gusto esquisito, i los pavimentos cubiertos de mosaicos, muchos de ellos como el de la batalla de Alejandro i Darío, obras maestras, de inestimable valor. Un jardinillo, o macetas de flores por los ménos, han decorado el interior de cada casa; i por todas partes vénse fuentes decoradas con una profusion i gusto que llena de admiracion.

En estas ciudades risueñas aun despues de muertas, la miseria de nuestras clases pobres parece no haber tenido representantes, pudiendo suceder que la distribucion de esclavos hecha por el gobierno a los ciudadanos romanos, impidiese la aparicion de la indijencia; puede ser tambien que las filas del ejército, las colonias lejanas, recojiesen en su seno los individuos i las familias que no podian vivir con comodidad   necesaria. Obsérvase ademas que no hai casa, por reducida que sea, que no tenga su pequeño oratorio, de entre cuyas ruinas se han entresacado los lares de la devocion particular de cada familia: una calle se llama de Mercurio, a causa de un templo que hai en ella consagrado a este dios; otra de las Vestales, como de las Capuchinas entre nosotros.

Herculano es ménos curioso, aunque no ménos rico en la pequeña parte descubierta, por no permitir la dureza de la lava, i la seguridad de la ciudad de Resina que está sobre él, la continuacion de las escavaciones. Del magnífico teatro descubierto, se han sacado las estatuas de la familia entera de los Balbos, padre, madre, hijo i dos niñas, suficientemente feas las de éstas dos últimas para no creerlas copias favorecidas de los orijinales. El hallazgo de estas ruinas ha servido mas a la intelijencia de la historia que todos los libros i los monumentos romanos; pues la distribucion de los habitantes, los utensilios encontrados, los anuncios i carteles escritos en las murallas anunciando funciones i es espectáculos, en fin la multitud de bronces, frescos i adornos, han hecho adivinar los gustos, ocupaciones, ideas i manera de ser de los hombres que habitaban aquellas ciudades.

Bastan estos detalles, hoi de todos conocidos, para dar a Su Señoría una idea abreviada de aquellas ruinas, sobre cuyos tesoros se han escrito libros profundísimos. Escusaré asimismo, porque no lo hice en tiempo i lugar, por llegar mas pronto a Pompeya, el trazar un bosquejo del panorama de Nápoles, i los sitios encantadores que la rodean como guirnaldas de flores, ni las riquezas artísticas que encierran sus museos en nada inferiores a los de Roma. Cuando ya habia visto espirante, en la *Grotta del Cane*, el perro que introducen en el gas carbónico, i aspirando yo mismo el gas amoníaco en otra vecina; visitado la solfatara, costeado el lago Averno, entrada sombría del infierno de Virjilio, i échome introducir en hombros a la oscura gruta, en que pronunciaba sus oráculos la inflexible Sibila de Cumas, tomé con una caravana de viajeros el difícil camino del Vesubio, peregrinacion que sin mengua no puede escusarse de hacer quien visita a Nápoles, tanto mas cuanto que la vista de aquel terrible laboratorio, en cuyas entrañas se fraguan los mas terribles fenómenos de la naturaleza, recompensa con usura de las fatigas del penoso ascenso.

El Vesubio se compone hoi de tres partes distintas. Forma su base el gran cráter que al tiempo de su primera erupcion,   en 79, sepultó bajo lavas o cenizas a Herculano, Pompeya i Stabia, el cual se alza hácia un lado como las ruinas de un anfiteatro colosal. De su centro, i formando el costado opuesto, arranca el cono del volcan moderno, elevándose a una considerable altura i surcado por todos lados por las corrientes de lavas que han descendido en las grandes erupciones de 1822 34 i 39. Ultimamente despues de haber ascendido a su cima con fatiga indecible, se presenta, entre los escombros de lava humeante aun, otro pequeño cono, de cuya base brotan torrentes de materia derretida, que circulando en torno de él como una culebra de fuego que se enroscara sobre sí misma, van a enfriarse a la distancia i engrosar la cúspide del gran cono. Cuando este último respiradero se ha elevado mucho por el sucesivo acrecentamiento de materias, el volcan sintiéndose oprimido, hincha su enorme espalda i arroja léjos de sí el cono demasiado estrecho ya, para abrirse una nueva boca, sin cuidarse mucho de sepultar dos o tres ciudades vecinas, o cubrir de lava negra i estéril la fértil campiña que produce el célebre *lácrima-cristi*.

La columna de humo que desde abajo se divisa este año, elevándose permanentemente en el aire, cubre, mirada desde lo alto del segundo cono, toda la parte superior del cielo, i el cono superior regado de intervalo en intervalo por los fragmentos de lava que arroja el volcan, presenta por momentos el aspecto de un inmenso incensario sembrado de espirales de humo. De momento en momento el volcan hace un pequeño bufido, el humo se ilumina, como al dispararse el tiro e un cañon, i la erupcion de materias enrojecidas sube en línea recta, hasta que disminuyendo la fuerza de impulsion, cada fragmento describe un arco de círculo, viniendo a caer a mas o ménos distancia del cono. ¡No hai placer como el de tener mucho miedo, cuando esto no degrada, i es solicitado espontáneamente, ni sensaciones que ajiten mas profundamente el corazon que las del terror! ¡Oh! Yo me he hartado en el Vesubio con estos raros goces, i despues que de regreso en Nápoles dormia con aquel sueño letárjico que repara las fuerzas estenuadas por las fatigas del dia, veia en sueños venir hácia mí en derechura los fragmentos de lava, sin que me fuese posible moverme una línea, retenido por una fuerza incontrastable. Es el caso que sin haber hecho nada para merecer tanta distincion, hube de ser aplastado i asado con mas prontitud que un *beefteak* a la parrilla por la presion de un enorme pedazo de lava. Habíamos diez o doce curiosos acercándonos,   cual mas cual ménos, sin accidente alguno hasta los lugares en que de ordinario cae la lava, despues de lo cual un guia i yo nos desviamos hácia un torrente próximo para incrustar monedas en la materia derretida, segun es práctica de los viajeros. De repente, i cuando mas engolfado estaba en mi novedosa ocupacion, el volcan hace un bufido i una lluvia de piedras enormes oscurece el cielo. El guia se endereza súbitamente repitiendo ¡*le pietre*!...¡*le pietre*! ajitando con intencion una mano hácia mí, i mirando fijamente al cielo. Hice otro tanto yo, pudiendo ver desde luego doce por lo ménos que venian con rumbo hácia nosotros; pero falto de pericia para calcular la direccion precisa de cada fragmento, faltóme la presencia de ánimo, i hé aquí el raro espediente que para salvar, no pudiendo correr, me sujirió el miedo: bajé la cabeza, encorvé las espaldas, saqué los codos hácia atras i haciendo con la boca aquel jesto i contraccion que hacemos cuando vamos a recibir un golpe inevitable, aguardé que las piedras cayesen. Una masa como de seis quintales de lava vino a engastarse a distancia de una vara de mí, i no mas de dos piés del guia que la habia visto venir sin pestañear ni moverse, cayendo cuatro o cinco fragmentos a pequeñas distancias en tolos sentidos. Nos miramos uno a otro, yo con la boca i los ojos mas abiertos que de costumbre; él, taimado con la risa de la indiferencia en los labios, continuando su ocupacion en el torrente, i yo por encontrar un poco insulso el gusto de incrustar monedas, yendo a incorporarme a los demas, que se hallaban a mas prudente distancia.

Este incidente me daba a los ojos de los otros, cierta posicion respetable, por lo que un jóven inglés, bello como un Adonis i atolondrado i alegre como un frances, se dirije a mí de preferencia para proponerme subir al cono superior i asomar las narices al cráter mismo del volcan. ¡Convenido! Un guia pide tantos carlines por conducirme, i cuanto mas i cuanto ménos, el trato queda definitivamente cerrado, porque no es posible ir mas de dos personas juntas por temor de ¡*le pietre*! Desde luego hacemos un rodeo penoso por sobre las púas de las escorias para alejarnos del costado en que las lavas caen con mas frecuencia, hasta llegar a la orilla de un terreno caliente, sulfúrico, i cubierto de una densa niebla de humo. Otro guia nos grita de léjos que nos detengamos, i el mio sin consultarme me toma de un brazo i desaparece conmigo en medio de la humareda. Era un valle humeante que   no vieron sin duda ni Virjilio ni el Dante, que a haberlo visto hubieran hecho de él la digna antecámara del infierno. El vapor del azufre me entraba hasta los pulmones, i la tos convulsiva estaba a punto de sofocarme, cuando el guia arrancándome un pañuelo me atacó con él la boca, como si tratara de tapar un agujero, asegurándome, miéntras yo iba cayendo i levantando, que ya estábamos ascendiendo el cono. Las voces del otro guia en el entretanto se oian cada vez mas distintas, cosa que estimulaba la prisa del mio, léjos de detenerlo; el humo era ménos denso, i ya estábamos a dos varas del borde, cuando el que nos seguia a marchas forzadas nos dió alcance, nos pasó i se puso a la parte de arriba. La fatiga i la cólera lo traian enteramente demudado, principiando mui luego un furioso altercado en el dialecto napolitano, del cual no me fué posible comprender nada, hasta que el advenedizo desnudó el puñal i con mano temblorosa lo afirmó en el pecho del otro, amenazando hundírselo por momentos. En mi vida he tenido susto igual; i no obstante hallarme medio sepultado en la arena i cenizas, respirando con dificultad i los ojos arrasados de lágrimas a causa del vapor del azufre, dí en la cara con mi baston al del puñal, a fin de hacerlo volver en sí, al momento mismo que el volcan hacia a nuestra espalda una erupcion. Ambos guias por un movimiento instintivo, levantaron los ojos hácia el cielo, el puñal del uno fuese lentamente alejando del otro hasta quedar el brazo que lo sustentaba estendido en el aire; miéntras que mi guia con una mano avanzada hácia adelante en actitud de rechazar un objeto próximo, me tenia fuertemente asido con la otra, preparándose segun los sacudimientos que me imprimia, a tras portar mi mole de un lugar a otro para salvarme del contacto de las piedras, formando entre todos el *tableau vivant* mas espresivo i artístico que pueda imajinarse. Cuando la crísis hubo pasado, i con ella serenádose los espíritus, pude saber la causa de tanto enojo; el guia que me habia subido pertenecia a otra compañía distinta de aquella que desde Resina se habia contratado con nosotros, i por tanto el dinero que yo le pagaba era un robo hecho al lejítimo propietario de mi bolsa i persona que era el que nos venia siguiendo; i el napolitano apela en todo caso litijioso a la soberana desicion del puñal con mas frecuencia que un manolo andaluz o un gaucho arjentino, siendo la *vendetta* italiana, aquí tan terrible por su rapidez irreflexiva, como lo es en Córcega por su duracion que la hace un legado de familia.

Dos pasos mas, i ya estábamos en el borde del cráter del volcan, desde donde pude ver.... ¡Oh horror!... ¡lo que vió Tito en el Sanctum Sanctorum.... nada! Hai otro cráter subterráneo, i a causa de la configuracion interna del esterior i las lavas incandescentes que lo rodean, no es posible allegarse demasiado a él. Esto no obstante las rodillas flanquean, i tiemblan las carnes al ver pasar a diez pasos delante de sí la gruesa columna de fuego, piedras i lavas encendidas, al mismo tiempo que a cada pequeña, erupcion el cono se mueve, causando en los piés aquella sensacion que esperimentamos cuando un cuerpo vivo se ajita debajo de la almohada u otro objeto blando. El guia, satisfecha la curiosidad por este lado, me señaló el opuesto para que contemplase el panorama que punto tan elevado domina, i cierto, que la montaña desde donde el Espíritu de las tinieblas mostraba a su Señor los reinos de la tierra para tentarlo, no debia estar mas ventajosamente colocada. El cielo de lapislázuli de la Italia estaba en aquel momento iluminado por los rayos dorados del sol poniente; al frente dilatábase una tasa de mar tranquilo i terso, si bien decorado aquí i allí de blancas barquillas de pescadores como los adornos de un espejo veneciano; abajo, las faldas del Vesubio cubiertas de viñedos i jardines, sobre cuyo fondo resaltan como cosas blancas derramadas sobre una alfombra, mil casillas de campaña; i siguiendo la costa de la bahía mas pintoresca del mundo, divisábase Resina, la cual se liga por un hilo de edificios a Nápoles, estendida sobre la playa i subiendo a las colinas, hasta besar las plantas del Santelmo que hace centinela en las alturas. Puzzoles mas allá como un palomar; i detras de Puzzoles, Baies i los Campos Eliseos, paraiso terrenal que los romanos habian erizado de palacios, i Lúculo, Mario, Sila, Adriano, Julio César i otros mil habitaron. Todavía detras del Cabo Miseno desde donde partió Plinio para morir abrasado por el Vesubio, vénse escondiéndose una tras otra con coquetería, Ischia, i Prócida, cuyas mujeres llevan aun el vestido de las estatuas griegas. Hácia el centro de la bahía parece bañarse en las aguas como las náyades de su célebre gruta de azul, la solitaria Capri, i hácia el lado opuesto, siguiendo el arco de círculo de que el volcan forma el eje, déjase ver Sorrento con su *piano*, cubierto de naranjales, mirtos i granados; Castelmare, Nocera Nola, i Pompeya, sacudiendo ésta de sus vestidos de frescos i mosaicos las cenizas que los habian ensuciado. Los nevados Abruzos, en fin, hácia el interior dibujan una orla blanca al manto del cielo   azul, i allí cerca a dos varas de distancia del espectador, óyese mujiendo el volcan, i debajo de las plantas temblando el cráter como el caldero de una máquina de vapor. ¡Dios mio! ¡cómo pueden vivir juntas cosas tan opuesta! Monumentos del poder humano, vejetacion esplendorosa, volcanes en actividad, populosas ciudades, ruinas antiguas i estragos recientes, todo está amontonado aquí en unas cuantas leguas; i el hombre, alegre o indiferente, luchando con la naturaleza para arrancarle hoi un pedazo de terreno que mañana ha de reclamar, sepultando terreno, ciudades i hombres a un tiempo. -No hace cuatro siglos que una villa estaba al lado del lago Lucrino, en la noche se alzó el Monte Nuevo donde estaba la villa, la villa rodó sobre el lago; i las aguas de éste fueron a serenarse sobre campiñas cultivadas a cierta distancia.

Todo esto que tan pesadamente describo, fué, sin embargo, la impresion de un minuto, por no ser el cráter de un volcan el local mas a propósito para detenerse a apreciar los mas menudos detalles del paisaje. Algunos momentos despues hallábame de nuevo entre los de la comitiva que me confundian a preguntas por saber las cosas estupendas que debia haber visto. He visto, decíales yo, todo lo que hai que ver i lo que Udes. no han visto; empezando repuesta tan evasiva i misteriosa a fundir en los ánimos poco a poco la sospecha que yo no habia visto nada absolutamente. I vea, Su Señoría, ¡lo que es la malicia humana! Alguien sujirió la idea, i luego en todos los círculos fué opinion jeneral, hecho averiguado, cosa consentida i no apelada, que el inglés ni yo habíamos subido al cráter. Estábamos, pues, convecidos de jactancia i superchería. En situacion tan espinosa, el espíritu de exámen de los ingleses i el hábito del jurado, nos ayudaron a recobrar empero la eclipsada gloria. «Interroguen separadamente al señor, dijo el inglés con mucha seriedad, i confronten su deposicion con la que yo daré despues». Un círculo de jueces mal intencionados, como comision militar, oyó mi declaracion, i en seguida volviendo la espalda al círculo, fuéme permitido escuchar la de mi cómplice en el delito mayor que puede cometerse ante el vulgo, que es ser mejor que él, o hacer algo que él no es capaz de hacer. Lo peor del caso era que nuestras deposiciones discrepaban de cabo a rabo; bien que encontrase en ellas el desapasionado, cierto fondo idéntico, que abonaba su verdad. Nos careamos en seguida, las discrepancias de detalles se esplicaron, i la amotinada turba volviónos mal de su grado nuestros títulos a la atencion universal.

En comer huevos asados en la lava i devorar naranjas, vendidas a peso de oro en aquellas alturas, hubimos de pasar la tarde para ver el Vesubio entrada ya la noche. El espectáculo cambia entónces de imponente i grandioso, en sublime i aterrador. La lava tibia i opaca que durante el dia nos habia servido de pavimento, deja ver por entre las grietas el fuego que esconde en sus entrañas, los torrentes se iluminan i despiden llamas como el metal que corre en los hornos de fundicion, i el cráter negro con la oscuridad de la noche, se corona de tiempo en tiempo de un ramillete de fuego, esmaltado de globos rojos, amarillos, punzó, segun la calidad e incandescencia de las materias que arroja, bañándose despues, de brasas que semejan rubíes colosales. Cuando este inmenso fanal se enciende, los círculos de las lavas enfriadas se presentan a la vista con sus crestonos erizados de púas como lomos de caimanes, i enseñando unos a otros los grupos de espectadores, iluminados los semblantes como a la luz de fuegos de Bengala. La oscuridad sobreviene súbitamente, las estrellas reaparecen blancas como hostias, derramadas sobre un cielo azul terciopelo, hasta que una nueva erupcion las eclipsa, sostituyéndoles las formas estravagantes, con patas a veces como zapos, de la lava derretida que describe arcos de círculo en el espacio.

El descenso de la montaña no es ménos fecundo en impresiones vivísimas. A poco andar el volcan desaparece, i la oscuridad mas profunda forma un piélago sin fondo en el que parece fuera uno a resbalar al menor descuido. A lo lejos se divisa una franja pálida i fosforescente que diseña el golfo de Nápoles con la iluminacion de la ciudad i sus alrededores hasta Resina. Las diversas comitivas descienden alumbradas por enormes antorchas de cáñamo, cuya luz se pierde en el espacio a falta de objetos que la reflejen. Delante de los ojos vése la masa de tiniebla oscura, i bajo los piés se siente desmoronarse la arena negra i apénas visible, ocasionando caidas, gritos i terrores pánicos en los unos, miéntras que los demas, tomando las cosas por su costado ridículo, rien, cantan, dan voces que van a perderse sin ecos, entre las rendijas de las lavas. Llegados a la base del cono con aquella prontitud admirable con que se desciende de un ministerio, allí es Troya para apoderarse del rocin o rocinante apestado, que ha de trasportar a cada uno hasta Resina.

Aquí tiene Su Señoría Ilustrísima, lo mas prominente i novedoso de mi escursion en Nápoles, pues seria empeño vano   querer dar una idea de cuanto hai de bello en esta escojida porcion de la tierra; que en cuanto a costumbres, gobierno i tantas otras cosas dignas de observacion que presentan estos pueblos, lo dejo todo en aquel mi cajon de retazos, para irlos sacando poco a poco, segun que la oportunidad en América vaya enseñando su conveniente uso. Habia de regresar a Roma atravesando por Capua, vecina de aquella Capua de Anibal, la tercera ciudad el mundo entónces, i hoi una hermosa campaña cubierta de viñedos, cuya cultura singular dejaria asombrados a nuestros sanjuaninos. En chopos, álamos, u otros árboles elevados, colocados en líneas bastante separadas, trepan parras de uva que cubren con su follaje el árbol amigo que les presta su apoyo. De unos a otros árboles, el podador napolitano anuda los sarmientos, de manera que formen guirnaldas i festones, los cuales balancean al aire sus flecos de racimos. El suelo está miéntras tanto cubierto de trigo; i no habiendo cercas, ningun accidente del terreno impide penetrar con la vista en aquellos bosques de enredaderas, que forman de toda la campiña una sola propiedad, alzando, de distancia, algunos pinos seculares sus copas verdinegras para contrastar con el verde amarillo de las parras o la esmeralda continua de los sembradíos. La poda es una novena en que pululan las mujeres, vestidas a la manera rara i pintoresca del pais, i la vendimia una fiesta, una bacanal, tradicion no interrumpida de los tiempos de la grande Grecia.

Despues de la campiña de Nápoles vienen los lagos pontinos, en que emperadores i papas han luchado sucesivamente con la naturaleza, para curar de la peste esta tierra enferma e infecta. En fin, la dilijencia rueda sobre la via Appia, decorada de trecho en trecho por los restos de sepulcros de los ciudadanos romanos, que no se resignaban a morir del todo, gustando de ir a habitar a la orilla de los grandes caminos en el silencio de la tumba i del desierto, cuando habian muerto ya para la vida ajitada del foro. La tradicion concede ¡un sepulcro a Ascanio, otro a los Horacios, otro a Ciceron! Dos nombres históricos hai sin embargo, que desde Nápoles a Roma, repite sin cesar el pueblo, enseñando monumentos que han debido pertenecer a los que llevaron aquellos nombres que han sobrevivido a todas las vicisitudes, acaso por las profundas impresiones que ambos hubieron de dejar en el espíritu popular. I, en efecto, que ambos a dos son dignos de la imperecedera fama de que gozan. Este representa uno de los mas bellos tipos, que ha producido la raza humana;   divino por el poder de la palabra, *porque la palabra es Dios*, segun la misteriosa espresion de San Juan; aquel otro es la perversidad humana que va mas allá todavía del límite donde la imajinacion se detiene espantada, por lo que el sentimiento moral de los que no han visto estos excesos, los niega aun contra la evidencia de los testimonios. Neron, ¡es este! Ciceron el primero. Muéstrase la casa dorada de Neron, los baños de Neron, las prisiones de Neron, el lecho de piedra en que se reposaba Neron en la gruta de la Sibila de Cumas, Neron está en todas partes, si bien, no mata ya, no incendia para divertirse. El conjuro de Santa Maria del Pópolo aplacó, en efecto, sus manes. Ciceron empero no es ménos rico que su negro rival en monumentos. La tumba se la elevaron sus esclavos agradecidos; tiene su casa de campo cerca de Gaeta, donde el cicerone muestra el camino de atravieso que habia tomado para embarcarse, i donde fué asesinado por el populacho de Roma, que habia aprendido en su degradacion a gritar ¡viva Cesar! ¡viva Octavio! en lugar de loar la república. En Pompeya hai una casa de Ciceron, i por todas partes este blando nombre se muestra, como para protestar todavía contra las violencias i espoliaciones de los Verres, para denunciar los Catilinas, primera e impura espuma que precede al herbor de los pueblos próximos a descomponerse. ¿I este *cicerone* italiano, el pobre diablo que muestra las ruinas i repite la tradicion, que les da un significado histórico, no se reviste, pues, del nombre de Ciceron, es decir el que sabe, el que esplica, el que enseña lo que las cosas significan?

¡Mas vale que así sea! que haberse conservado el nombre de Neron solo, seria lícito dudar de la justicia de Dios en la tierra, aquella justicia lenta como la marcha de las lavas volcánicas, pero que nada desvia de su rumbo, cuando el fallo ha caido; ¡la justicia de la posteridad! ¿No es un espectáculo instructivo, por otra parte, aquella lucha de dos nombres que representan los medios de gobierno i de influencia que dominan a los pueblos: la palabra que persuade, que dirije la razon i las conciencias; la fuerza, que arrastra, huella o menosprecia toda voluntad? ¿El hombre que dice la verdad, muere asesinado por ello, como Sócrates, como Ciceron, como Jesus mismo, i el déspota que abre su camino por entre las entrañas de los hombres, i no pudiendo influir sobre los corazones con la conviccion, los despedaza con el puñal, como Neron, i tantos otros? ¿por qué es larga cuanto odiosa la lista de estos?... Pero ¡Dios mio! he caido largo a largo en el terreno   de la declamacion con motivo de aquellos nombres que a cada paso se oyen repetir en estos lugares. Pido de ello mil perdones a Su Señoría, proponiéndome pasar en silencio por todo lo que pudiera ser ocasion inmediata de caer en nuevo desliz, hasta llegar a las solemnidades de la Semana Santa, única cosa que me hacia volver de nuevo a Roma. Pero con mucho sentimiento debo decirle a Su Señoría que aquellas ceremonias, que a lo léjos nos representamos como imponentes i augustas, pierden vistas de cerca toda importancia relijiosa. Gusto mas del recuerdo de nuestra Semana Santa de provincia, cantada por una docena escasa de presbíteros, i acompañadas las lamentaciones de Jeremías en las tinieblas, por el órgano, cuyas flautas no son suficientemente poderosas para evitar que el *Jerusalem convertete ad dominum Deum tuum* llegue hasta el corazon como una punzada para deshacer su endurecimiento. El Viérnes

Santo es tan relijioso en los pueblos de América, que cuando niño estaba yo firmemente persuadido que el sol de la tarde se mostraba mas apagado que de ordinario en aquel dia. Las estaciones del Juéves Santo entre nosotros son el único momento en que un pueblo entero esté, sin distraccion de cosas mundanas, entregado a un pensamiento relijioso; i la muchedumbre que de las campañas acude entónces a las ciudades, da a esta fiesta las proporciones del jubileo de los hebreos, en que la nacion reunida parecia pasar revista ante su Dios. La luna llena, tradicional compañera de la Semana Santa i de la contemplacion, baña con su luz triste la masa popular que ora en las calles i plazas, enviando a los léjos rumores prolongados que excitan el ahullar lúgubre de los perros. Los niños no rien durante estas horas de oracion pública, i el jóven indiferente por las cosas relijiosas, baja el tono de la voz en sus conversaciones profanas, a fin de no lastimar los oidos ajenos. Pero en Roma es otra cosa. Desde luego la Basílica de San Pedro, que parecia construida para reunir bajo sus bóvedas todos los fieles de la ciudad santa, parece en estos dias desierta, sirviendo tan solo de atrio a las diversas capillas donde tienen lugar las ceremonias, por lo que diez mil protestantes, principales espectadores de este drama, andan agrupándose aquí i allí en la vasta estension de la Basílica, cuya nave del centro no bastaron a llenar veinte i cuatro mil austriacos, formados en una masa para recibir la bendicion papal. Aquel movimiento continuo, aquella mayoría de curiosos que vienen en busca de pasatiempos, aquellos palcos elevados en el templo para comodidad   de los espectadores, bastan i sobran para alejar todo pensamiento relijioso. Por mejor intencionado que uno sea, la idea del teatro se viene a despecho suyo a la imajinacion, i si algo falta para confundir cosas tan opuestas, el *Miserere* de la Capilla Sistina, ejecutado por cuarenta voces, dulces como flautas de órgano, trae invenciblemente aquella disposicion de espíritu que se lleva a todos los espectáculos. La Semana Santa en Roma es grandiosa, digna de verse, pero no relijiosa, no solemne. Es verdad que Su Santidad lava los piés a los Apóstoles, i sirve la mesa de los pobres; pero en los momentos de la adoracion del Sacramento, las mujeres protestantes conservan su silla, i leen el guia para saber lo que aquello significa, i los lores i turistas estrechan el agolpamiento de curiosos. Desde el Juéves Santo permanecen abiertos todos los museos del Vaticano, de manera que el público pase el día distraido, principiando por las ceremonias, pasando a examinar las bellezas artísticas del culto jentílico en los salones de los museos, hasta hacer tiempo que se cante el Miserere. El domingo de Pascua hai grande iluminacion de San Pedro, i el lúnes fuegos de artificio en el castillo de Sant-Anjelo, todo lo cual es mui divertido, curioso i completo; pero yo estoi mas por nuestra simplicidad de provincia, por ser mas relijiosa.

Hai sin embargo entre estas pompas demasiado grandes para la limitacion humana, una en la que el inmenso concurso, léjos de dañar, solo sirve para realzar el esplendor solemne que la caracteriza. Concluida la misa pontifical de Pascua, el Soberano Pontífice sube en silla jestatoria al balcon central de la fachada del templo. Toda la poblacion de Roma llena en densa masa el atrio, grande como una plaza i la plaza contigua de San Pedro. Es una nacion entera la que allí se agrupa, para recibir la bendicion papal. Despues de cantar el Sumo Pontífice algunas oraciones, se pone de pié i elevando las manos i los ojos al cielo para implorar la asistencia divina, derrama sobre el pueblo i el mundo, *urbi et orbe*, las gracias de la bendicion papal. Las músicas militares, las campanas de San Pedro i el cañon del castillo de Sant-Anjelo, prestan sus ecos a las aclamaciones con que el pueblo vietorea al papa Pio IX, objeto hoi dia de su adoracion i entusiasmo. La mole estupenda de la Basílica, las estatuas colosales de San Pedro i San Pablo recientemente inauguradas, el jentío inmenso reunido, i la presencia del Sumo Pontífice en solio tan elevado, llenan en efecto el espíritu de ideas relijiosas,   como si se aguardara algun signo estraordinario que marcase el camino que recorre la bendicion espiritual, desde el cielo a las manos del Santo Padre, para que él la derrame en seguida sobre el pueblo.

Otros detalles sobre Roma prolongarian demasiado esta carta que sin eso ha traspasado todos los límites posibles. Un dia vendrá en que cerca de Su Señoría Ilustrísima, tenga todavía ocasion de abandonarme al placer de narrar, que domina a los que han viajado i visto muchas cosas.

Hasta entónces téngame en su afeccion paternal.

Florencia, Venecia, Milan

Sr. Don J. M. Gutierrez.
Milan, mayo 6 de 1847.

Me interné por fin, mi querido amigo, en esta bella Italia que Ud. conoce ya, i que habia costeado yo por sus mares adyacentes. Despedíme de Roma despues que hubieron apagado la última antorcha de las que iluminan sus trescientos sesenta templos en la Pascua de Resurreccion. Cuando ya las ilusiones de aquel esplendente drama se han disipado, queda en el espíritu cierto resabio como el sabor áspero i repulsivo que dejan en la boca, despues de comidas, ciertas frutas gustosas. Paréceme que el cristianismo pidiera limosna al mundo en estos dias para velar el cadáver de una ciudad que sirve de panteon a tantos siglos, a tantas glorias i a tanta miserias.

El camino de Florencia sale por la puerta del Pópolo al puente Molle, o Milvio o Emilius, que es solo un núcleo endurecido por los siglos i que las aguas no han podido arrastrar del todo, ni destruir la zapa de los enemigos que han venido sucesivamente a Roma. ¡Todavía por esta parte persigue al viajero una tumba de Neron! ¡Qué miseria i qué abandono! ¿Por qué no trabaja este pueblo? ¿Por qué sus habitaciones son tan ruines, tan descuidada la cultura, i tan desaliñados los vestidos de los habitantes? Recuerdo que el P. O'Brien me decia una vez que descendiamos por la tarde del Monte Pincio: «¡qué silencio en la ciudad que ve Ud. ahí! ¡Qué vida   tan quieta, tan tranquila se pasa aquí!» Yo echaba involuntariamente por toda contestacion una mirada triste i prolongada sobre los alrededores de Roma, desolados, yermos, salvajes. ¡Qué contestarle a aquel bendito padre, que vivia contento con la escasa limosna del Hospicio domínico de Santa María *supra Minervam*! ¡El convento sobre el orgullo de los antiguos dominadores de la tierra!

Aquella vieja Roma estaba fundada sobre un pedazo de tierra moderno, de ayer. Los volcanes han trastornado la tierra, los lagos son cráteres, los arroyos ruedan espesos de azufre i de betun, i en la oscuridad de la noche despiertan al viajero los vapores sulfurosos i tibios que penetran por las ventanillas de la dilijencia. Todas las montañas circunvecinas son montones de lavas, i mas allá de Monterosi, vése todavía un torrente de esta materia endurecida, tal como quedó el año de.... ayer, ántes de la fundacion de Roma, anterior a los monumentos etruscos que se ven sobre el *mons Erosus*, de donde viene el nombre moderno; i sin embargo, entre estos escombros de mundos rotos, i mal soldados aun, entro aquellas *maremmas* i lagos pontinos no bien salidos todavía del fondo del mar, o hundidos despues de alguna fractura obrada por los volcanes en otra parte de la península, ha estado dos veces ya el centro intelijente de la tierra; de aquí han partido dos grandes mareas humanas, que han sacudido i nivelado a los diversos pueblos; la Roma guerrera i lejislativa; la Roma cristiana i artística.

De estas materias terrestres humeantes i convulsas, salia hasta los tiempos de Honorio IV, el espíritu romano, destructor de naciones i de pueblos. Desde entónces acá la destruccion ha venido invadiendo a Roma. El *agro* romano muestra por todas partes las aretas de los antiguos palacios hundidos entre el fango que produce la *malaria*. Tivolí, con su bella cascada, solo ahuyenta hoi el silencio de un anfiteatro de palacios i de templos. De Tusculun no pregunte Ud. apénas se sabe donde estuvo; los acueductos rotos vienen desde las montañas de la Sabinia mostrando las arterias desecadas de la antigua ciudad, e ignoro si los arqueólogos han comparado el volúmen de agua del acueducto Félice que alimenta a Roma, con el de los destruidos acueductos, para calcular la antigua poblacion de Roma por el agua que consumia. Allá a lo léjos divísase una villita tostada, i encaramada sobre la cúspide de un cono. Debieron fundarla los campesinos huyendo de los bárbaros, i retiénelos ahí la *malaria* que ha   tomado posesion de los campos. ¿Siente Ud. la tristeza que deben inspirar campos plantados de cañas amarillosas, raquíticas i que sirven en lugar de leña que es escasa en Roma? En Baccano nos indicaron que era el último punto desde donde se divisaba la cúpula de San Pedro, i todos los viajeros procuramos decirla adios en el momento en que se sumerjiera entre las ondulaciones de la tierra. La obra de Miguel Anjel ausente, diga Ud. que está en la Mitidja de Arjel, ménos su cintura de naranjales i de granados. Diga Ud. que está entre las mas agrestes soledades americanas, en medio de un pueblo semi-bárbaro, rodeado a veces de rebaños de búfalos mas salvajes aun que los toros de la pampa.

Todos los viajeros en Italia se procuran siempre un compañero. Como el objeto es sentir por el espectáculo de los monumentos i de la naturaleza, vive mártir aquel que no puede descargarse en coloquios del exceso de ideas i de las emociones que se esperimentan. Cuando fuí a Nápoles, me acompañé con un jóven frances de veinte i dos años, de la Vendée, conde, ignorante, e inocente como no ví jamas hombre de su edad tan negado. Habia sido educado en el odio de la república, del imperio i de todas las glorias de la Francia, por un ayo sacerdote. Llevaba en un prendedor la efijie de Enrique V, i en un anillo las armas de su casa, de cuyo esplendor antiguo no quedaban sino algunas tierras incultas, un *manoir* o castillo en ruinas, restos de una biblioteca, algunos de los retratos de sus antepasados, i en el corazon de los descendientes, el odio contra la revolucion francesa, contra Napoleon, Luis Felipe, i cuanto progreso ha hecho la intelijencia humana i la libertad de medio siglo a esta parte. Era pues, un pedazo de la Francia feudal no me habia caido en las manos, sin degradacion i sin descolorirse. ¡Cuantas tristezas me hizo este jóven esperimentar, bello como un Adonis, noble de oríjen, pasablemente acomodado, frances, e ignorante como un niño americano! Habian muerto por la educacion su intelijencia, helado su corazon por los odios políticos, i desnacionalizádolo por decirlo así, a fuerza de apegarlo a tradiciones muertas i maldecidas por la jeneracion actual. Dos grandes ideas lo guiaban en su viaje, ver a Enrique V, que se hallaba en Viena, i visitar ¡la Santa Casa de Loreto! La idea política i la idea relijiosa materializadas, ¡reducidas a un hombre i a una cosa! ¡Cómo hablaba del ídolo que lo habian enseñado a adorar! ¡Besaba el retrato del pretendiente lejítimista, i con trasportes convulsivos me juraba que estaba pronto a hacer   la guerra, la revuelta en su nombre, i arrostrarlo todo por su causa; que lloraria de dicha cuando tuviera el placer de hincarse de rodillas en su presencia!

Nuestros coloquios eran eternos, nuestras disputas interminables. Como carecia de instruccion i no podia coordinar dos ideas, los tiros de la lójica caian sobre aquella alma desguarnecida, i lo confundian. Entónces se enfurecia i me insultaba; dos veces llegó hasta provocarme a un desafio; pero yo tenia la caridad de un ministro del evajelio por esta alma perdida, i queria convertirla; i con paciencia, con arte, con blandura, excitando su patriotismo adormecido, mostrándome mas frances que él, no se si he logrado depositar en aquella alma, dura como una piedra, alguna semilla fecunda. Servíale yo de *cicerone*, esplicábale los monumentos, hablábale, de Roma i de sus instituciones, de Grecia i de sus libertades, i me parece que al fin habia logrado aclarar, porque disipar era imposible, aquella nube de preocupaciones inicuas en que habia sido criado. Nos habiamos habituado a vivir juntos, i mi mayor pericia de viajero le era útil pecuniariamente hablando; veia con mis ojos, i aun yo me esforzaba, como una madre con su hijo, a enseñarle a sentir, a estasiarse, a admirar, con lo que habia adquirido sobre él cierto predominio. Separámonos en Roma de regreso de Nápoles, i el dia que hubimos de hacerlo, subidos a la cúspide del Coliseo de Vespesiano, dominando a toda Roma, cuyas cúpulas, obeliscos i torres, se veian pardear como fantasmas indecisos a la claridad apacible de la luna. Volvimos a hablar de la libertad, i de la marcha fatal de los siglos. No se qué cuadro le compuse con aquellos monumentos que veiamos a lo léjos, el Foro romano, que teniamos a nuestros piés, el Capitolio, que estaba en frente, porque yo tambien habia perdido la cabeza; i cuando lo sentia impresionado, mudo, palpitante, escuchándome absorto, parándome en frente de él, le dije: i bien, mi amigo, yo soi americano, proscristo de una república por un tirano, i aislado en otra. Vuelvo a la América; i hasta este momento no sé a qué punto dirijirme. I sin embargo... ¡Como Ud. no es el conde lejítimista, no le daré la segunda edicion de mi imprecacion a todos los tiranuelos presentes i futuros, en alta, aunque para otros que mi interlocutor, inaudible voz, pues que estabamos a cien varas del haz de la tierra, accionando sin rebozo sobre aquella eminencia a la luz de la luna. El hecho es que mi amigo, cuando volviamos silenciosos a nuestra posada, me hacia preguntas sobre las repúblicas americanas, parecia haber comprendido   que era yo algun Mazzini republicano que lo habia llevado a la cumbre del alto monumento, para tentarlo, a él, ¡lejitimista empecinado!

A mi salida de Roma iba yo solo, en medio de aquellos doce viajeros, aprensados conmigo como sardinas en la estrecha dilijencia; i si hai algo en la vida difícil para mí, es entablar relaciones con los desconocidos. Así durante un dia pasé lo mas del tiempo con la cabeza fuera de la portañuela viendo pasar terrenos rotos i trabajados por las convulsiones de los volcanes, divisando ciudades i villas anidadas en las cumbres de los montículos, i atravesando aldeas sucias i descoloridas. Cuando paraba la dilijencia, descendiamos, i la mano de todos los viajeros acudia al bolsillo en busca del cigarro, este amigo que tantas penas entretiene, i que nos recompensa de la soledad i hace amable el silencio. Dos o tres veces encontré fuego en poder de dos jóvenes franceses, compañeros de viaje. Algunas raras palabras cruzadas de tarde en tarde entre nosotros, un objeto señalado a la distancia, una esplicacion dada o recibida, un intercurso de ideas, mas frecuente a medida que pasaba el tiempo, mas allá de Siena éramos ya conocidos. En Bolonia hicimos nuestra escursiones juntos; nos habiamos hecho inseparables despues, i en Florencia tomamos posada juntos, hicimos bolsa comun para nuestros gastillos de viaje, i discutimos i adoptamos un plan de campaña para visitar monumentos, bibliotecas i museos. Eramos amigos ya; i con uno de ellos debiamos serlo eternamente. Iban estos dos jóvenes de paso por Venecia, Trieste i Viena, desde donde, descendiendo el Danubio por la Hungria, pensaban pasar a Constantinopla i a Jerusalen. El jóven Emilio E, lo era en estremo, hijo de un banquero, lo que le daba sin duda tal fisonomía inglesa, que los viajeros de esta nacion le dirijian palabras de reconocimiento en inglés las cuales caian en su oido, sin hacerle mella, pues no entendia jota de aquel idioma. Esta insensibilidad desdeñosa lo hacia parecer mas inglés aun, deduciendo sus pretendidos nacionales que debia ser un lord del parlamento por lo descortes. Aunque parisiense, su alma vibraba poco por el lado de las ideas, pues apénas habia dejado el colejio. Acompañábale el otro, a guisa de mentor, por su mayor edad i esperiencia; i a medida que entrábamos mas en intimidad éste i yo, nos congratulábamos recíprocamente de la buena estrella que nos habia reunido. Era un republicano frances, *rara avis* en Europa; republicano de estirpe nobiliaria; salido del mismo tronco que aquel jóven vandeano,   i labrado por las ideas, a fuerza de resistirlas, como las piedras angulosas que el choque de las aguas pule i redondea. M. Ange Champgobert habia nacido en las ideas lejitimistas, aspirado hasta la edad madura aquella atmósfera de recuerdos de lo pasado, de odio por lo presente, i de esperanzas en un porvenir que traiga otra vez lo que ya pasó, que se conservan bajo el techo de la nobleza del viejo cuño. Habia resistido largos años a la brisa libre de su época; habia estudiado entónces, i sucedídole lo que a algunos creyentes, que a fuerza querer dar base histórica a sus sentimientos, concluyen por abjurar la creencia misma. Champgobert era, pues, republicano por el estudio, por la conviccion profunda, razonada, en despecho de su familia, i del círculo en que vivia. Podiamos hablar largamente, trasmitirnos nuestras ideas, rectificarlas, completarlas. Gozábase él de encontrar un amigo en aquel desierto de ideas, que es la Italia, i gozábase mas aun de que viniera de una república militante, aunque el momento presente le fuese aciago.

En Bolonia termina el Estado romano, i el alma respira al fin saliendo de aquellas soledades, sembradas de cúpulas de templos i de conos volcánicos. Hai en Bolonia, dicen, 70000 habitantes i doscientas iglesias, en cada una de las cuales se ostenta alguna obra célebre del arte. No le hablaré a Ud. de sus torres inclinadas ni de las leyendas que sobre su oríjen se cuentan. Mas me han llamado la atencion los portales o pórticos corridos que abrigan del sol a los pasantes por todas las calles de la ciudad, construccion que debiera adoptarse en los paises cálidos como los nuestros.

Atravesando algunas colinas del pié de los Apeninos, pasando de valle en valle, dilatando la vista sobre viñedos i olivares tendidos al sol en los faldeos, i apartando la vista de un volcancito que tiene la impertinencia de arder en plena paz i sin hacer mal a nadie, entra la dilijencia en la Toscana, aquella Etruria que era todo cuando Roma no era nada. Florencia es otra Nápoles sin ruinas, sin bahía, sin lazzaroni i sin Vesuvio. Mas azul el cielo, mas limitado i fijo el horizonte entre pámpanos i festones de verdura húmeda, i exhalando aromas, vénse las grandes cúpulas de Santa-Croce, Santa-Maria-dei-Fiori, dominadas por aquella estraña arquitectura gótica de la torre del *Palacio Becchio* i el *Campanile*, la maravilla del arte florentino, aquella esbelta torrecilla cuadrangular revestida de mármol rojo, negro i blanco, con sus cien varas de alto, léjos de todo apoyo, a guisa de un álamo   solitario. *Bella come il Campanile*, dicen los florentinos de una muchacha graciosa, i nunca lo señalan al viajero sin muestra del interior regocijo de ser sus compatriotas. ¡Como respira uno en esta bella Florencia cual si despues de larga tempestad ganase el deseado puerto, porque Roma admira i aflije, i su campaña emponzoña i oprime. Llegando a Florencia, créese salir de la mansion de los muertos a un rico oasis de verdura. Los paisanos de la Toscana revelan a la simple vista el contento, cierta cultura de modales i de espíritu; i lo que los semblantes no dijeran, diríalo el vestido aseado, las casillas de campo graciosas i la cultura de la morera, que con su copa a manera de candelabros, sirve de sustentáculo a una parra que la entreteje de pámpanos i racimos. Como las cepas i las moreras, combínanse en la poblacion trabajadora la industria i la holganza. Por las calles sombreadas de árboles de los alrededores, por los jardines públicos i los caminos, encuéntranse grupos de muchachas de quince a veinte años, encendidos los semblantes de reir i de caminar, con grandes sombreros se paja inclinados al lado con aire maton o picaresco, cantando o charlando sin tregua, miéntras que sus manos entretejen la trenza de paja de Florencia, que las fábricas preparan i espera la Europa i el mundo elegante, para hacer sombrerillos de mujeres. El pensamiento corre libre miéntras los dedos hacen su obra maquinal, sueltan las trabajadoras la lengua, i echan a andar por esos mundos, a recorrer el gran ducado, libres como bandada de pajarillos, bulliciosas como cotorras. ¿Puede imajinarse vida mas festiva, mas aireada que la de estas muchachas de Florencia?

Tienen eso de peculiar las bellas artes, que prolongan la vida de los pueblos i de los hombres que las cultivaron. Hai en Italia un pueblo entero de estatuarios, pintores i arquitectos que viven, no ya en la tradicion popular, sino mezclados a la existencia actual, i cuyos nombres, fisonomías i acciones son de todos mas conocidos que los principales personajes vivientes. Recuerdan los aguadores un dicho de Rafael en alabanza del *Campanile*; mostrábanos un niño la losa de mármol que señala el lugar donde solia sentarse el Dante enfrente del bautisterio. ¿Dónde está Galileo, preguntábamos a otro? -In Santa-Croce. En las pilastras de la galería de *gli Ufflici*, o las oficinas, están de pié en mármol i mas grandes que el natural espuestos a las miradas del pueblo i a los rayos del sol, Américo Vespucci, el atrevido navegante que siguió la huella de Colon i logró tomarle la vuelta en   el descubrimiento del continente; Miguel Anjel Buonarotti, el mas grande de los artistas modernos, i el primer hombre de su época. Guerrero, arquitecto, pintor, escultor, su nombre está entretejido con la existencia de Florencia; él levantó las murallas que la circundan, él defendió la república largos años; suyas son las mejores estatuas que decoran las plazas, palacios i templos; conócelo el pueblo como a sus manos, i créelo vivo porque no sabe cuando ha muerto, si es que mueren realmente tales hombres.

En la iglesia de Santa-Croce reposan sus cenizas, bajo un suntuoso mausoleo. Es esta iglesia el panteon de los grandes hombres florentinos. Al lado de aquel i de otro Buonarotti, anticuario, está el sepulcro de Alfieri, el gran poeta, ejecutado por Cánova, el digno rival de Miguel Anjel. Mas adelante tropiezan las miradas con el monumento erijido a Maquiavelo, cuyo nombre ha servido en todas las lenguas a crear un sustantivo para espresar el cálculo helado que produce el crímen por ecuaciones, el *maquiavelismo* en fin de los medios para llegar a un resultado conocido, el poder. Mal hacen los que quisieran vindicar a Maquiavelo de haber reducido a gramática la inmoralidad i el crímen; peor todavía los que le imputan la invencion ni la justificacion de las reglas que da. Tengo para mí que la moral en sus aplicaciones al gobierno de las sociedades humanas, no pertenece a las verdades reveladas, sino a las conquistadas por la civilizacion. Al principio de todos los pueblos el gobierno i el sacerdocio son antropófagos. Los sacrificios antiguos, la tradicion, i lo que se encontró en América, lo prueban hasta la evidencia. Despues, cuando las leyes de la humanidad, de la moral i de la justicia están reconocidas por los individuos, pasan muchos siglos ántes que las sociedades las reconozcan para su gobierno. Ejemplo: la caridad no reza con el *enemigo*, con el *estranjero*. Cualquiera que haya sido la relijion de un pueblo, se ha podido sin cargo de conciencia, talar los campos del estranjero, arrasar las ciudades, degollar, o esclavizar la poblacion. La justicia no es de observancia contra los enemigos del estado o de la relijion.

Sobrevivió el tormento en cosas de estado, i en achaques de relijion el uso del fuego, i las mas esquisitas crueldades han estado en práctica hasta ayer no mas. De nuestro siglo es la abolicion de la esclavitud, del tormento, i de la pena de muerte por causas políticas o relijiosas, porque recien de nuestro siglo data la idea de que no hai autoridad política   emanada de Dios, ni encargados en la tierra de hacer justicia en su nombre.

El pobre Maquiavelo escribió en el *Príncipe* lo que creian i practicaban los hombres mas justificados de la tierra entónces, desde el papa hasta el último juez de paz; desde el inquisidor mayor en España, hasta Pizarro i Balverde en el Perú. La moral i la justicia aplicada a la política es de pura invencion moderna, i debemos de ello holgarnos sobre manera, aunque queden todavía por acá i por allá ramplones atrasados, que hacen el príncipe de Maquiavelo con un candor digno de todo elojio.

Mas allá, en un oscuro rincon de Santa-Croce, está otro de nuestros conocidos, Galileo, a quien tuvieron por siglo i medio enterrado en una plaza por ser ménos digno que Maquiavelo de reposar en lugar sagrado; ¡*Il poverino*! que habia tenido la audacia de poner al sol en su lugar, i quitarles la tentacion a los don Juan de Austria antiguos i modernos de andarlo parando, a cada triqui traca, para darse tiempo a concluir alguna matanza de hombres para mayor gloria de Dios. Un siglo despues de su muerte los ejecutores testamentarios de Viviani, su discípulo, consiguieron a duras penas, que sus huesos fuesen depositados en lugar sagrado ¡*E pur si muove*! decian tambien de grado o por fuerza entónces tambien sus adversarios, de donde resultaba que el sol se habia estado quietito siempre, presenciando sin reirse los disparates que hacemos en la tierra.

Improba tarea seria dar cuenta de las preciosidades de arte antiguo i moderno que encierra esta ciudad, que es ella misma un verdadero museo: 170 estatuas colocadas en parajes públicos, tantos museos como iglesias cuenta, a mas de los *palazzi Vecchio, Pitti*, i otros que están consagrados a esto esclusivo objeto: cinco bibliotecas con 290 volúmenes impresos, entre ellos los primeros ensayos de la prensa en el siglo XV, i catorce mil manuscritos entre los que figura un Virjilio del siglo III, esto es del tiempo de los romanos.

Hai un pequeño espacio que resume toda la gloria de las artes de todos los siglos. Hasta aquella altura ha llegado tres veces el jenio creador del hombre, i ha retrocedido para comenzar de nuevo. En la tribuna del *Palazzio Vecchio* está aquella Vénus de los Médicis, el último esfuerzo del arte griego; el Apollino, modelo del estilo gracioso, como el Apolo de Belvedere lo es del sublime; el Amolador, cuya copia se ve en bronce en las Tullerías; los Luchadores, i el Fauno   atribuido a Praxíteles, ocupan el centro del salon. Estos representantes de un culto proscrito han ido a reunirse allí, i encontrarse iguales por la belleza sublime con la Santa Vírjen i el niño de Alfaní, las dos Vénus del Ticiano, completamente desnudas, la Sacra-Familia de Miguel Anjel, la Magdalena del Parmesano, la Circuncision, la Adoracion, i otros cuadros cristianos o jentiles, púdicos, o de tal manera desnudos que harian volver la vista a las damas, si fuese de buen tono hacerlo en presencia de las mas desamparadas desnudeces artísticas.

Los salones de pintura, los mosaicos i las estatuas, fatigan la paciencia del espectador poco artístico. La Vírjen de la *Chiesola* de Rafael, la querida del Ticiano, son estrellas luminosas en aquel firmamento de las artes. Entre las estatuas hai algo que me ha conmovido profundamente. ¿Se acuerda Ud. de aquella historia de Niobe, la madre orgullosa de tener ocho hijos, i que tuvo la indiscrecion de reirse de Juno, la reina del cielo que no tenia ninguno? Como todos los fatuos que mandan i están roidos por la envidia, Juno tomó los rayos de Júpiter para vengarse matándole a sus hijos. ¡Ah! ¡qué sublime es la protesta de la madre castigada por valer mas que su tirano i despreciarlo! ¡Cómo tiende las manos hácia el cielo para cojer si puede los rayos asesinos i despedazarlos! ¡Cómo se agranda i ensancha para cubrir con su cuerpo mas espacio i salvar mas hijos! ¡Cómo luchan en su semblante las angustias maternales, la cólera, el temor, i el soberano desden por su verdugo! Me parecia oir de su boca entreabierta el grito, ¡diosa despreciable! ¡mujer estéril! los rayos de la cólera no han creado nada!

Las pinturas forman la historia del arte desde sus principios, i se subdividen en escuelas romana, florentina, veneciana, española, holandesa, francesa, etc. Las obras de todos los grandes maestros están allí hacinadas. Hai una coleccion mas completa que en Roma de los bustos de los emperadores romanos, i otra única en su jénero de retratos de los grandes artistas italianos.

Cada una de estas ciudades italianas ha tenido su rol importante en la larga tarea de crear al mundo moderno, jigante como Gargantua, que ha ocupado cien nodrizas a la vez para nutrirse en la cuna. Florencia es la que le enseñó a leer sus autores antiguos, i la historia no presenta empresa mas noble ni mas devotamente seguida. Los libros de Grecia i de Roma se habian perdido casi todos, i apénas se conservaba el recuerdo   de lo pasado en la memoria de algunos eruditos. Bocaccio, Petrarca i el Dante pasaron su vida en desempolvar pergaminos o papiros, de entre trastones i antiguallas abandonadas en los conventos. Una vez señalado aquel camino, la ciudad de Florencia, sus sabios, sus Médicis i sus comerciantes, se lanzaron por el mundo en busca de manuscritos. Asombra aquel movimiento apasionado de un pueblo entero para reunir el tesoro, desde tantos siglos disperso, del saber antiguo. El hallazgo de las cartas de Ciceron o de un Quintiliano completo, causaba mas emociones en el público que un poco mas tarde el descubrimiento de un nuevo archipiélago en América. Un ejemplar de Homero fué recibido con trasportes de alegría. Corríanse rumores falsos de haberse hallado la segunda década de Tito Livio, i la poblacion se ajitaba entre el temor i la esperanza. Los Médicis se hicieron perdonar fácilmente su usurpacion, poniéndose al frente de este espíritu de esploracion i conquista de libros. Por las citas de los autores ya conocidos se buscaban los otros ignorados; emprendíanse viajes, enviábanse embajadas solemnes a Grecia, España, Francia e Inglaterra en busca de un tomo; i Alfonso de Aragon dió a uno de los Médicis un Tito Livio, en cambio de una ciudad o una fortaleza disputada. Uno de sus bibliotecarios fué papa i llevó a Roma el santo furor de descubrir los libros latinos i griegos. Comunicóse la manía bibliográfica a todas las ciudades italianas i a las semi-barbaras monarquías europeas. En el saqueo de las ciudades los libros eran objeto de codicia para el soldado, i el mas glorioso trofeo que de la conquista de Nápoles, Milan o Florencia llevaban a España o a Francia, eran pergaminos roidos i manuscritos por descifrar.

Todavía duraba esta efervescencia de los ánimos, i a causa de ella, cuando empezó a correrse la voz por todas partes, de que se habia hallado un arte májico de reproducir libros sin obra de mano, a centenares de ejemplares, todos iguales i tan bellos como las mejores copias. Ha habido un momento en que la Europa estuvo atónita, dudando, temiendo no fuese cierta tanta maravilla, ni posible adquisición tan grande. Al fin apareció la imprenta en medio del alborozo universal, i Leon X, florentino i Médicis por la sangre i por la empresa, empezó a derramar torrentes de libros, i a apurar los prensas en Roma, de miedo todavía de que se perdieran los libros a tanta costa reunidos, con tanta dilijencia buscados. ¿Se imajina lo que ha debido ser una época i una ciudad donde de   han sucedido casi sin interrupcion ¿el Dante, Bocaccio, Petrarca, Savonarola, los Médicis, Calandrino (Nicolas V), Strozzio, Galileo, Rafael, Miguel Anjel, Leonardo da Vinci, i Américo Vespucci? ¿No le sorprende esta rehabilitacion de la pasada i casi perdida ciencia ligándose a la a aparicion de Galileo, la víspera de partir Colon i Américo Vespucci en busca de mundos nuevos? Es el resúmen de la historia humana para principiar un nuevo capítulo. Mundo antiguo correjido por Galileo; mundo moderno abierto por Colon.

Dos escursiones fuera de Florencia i de sus teatros, bibliotecas, museos i monumentos, suplirán los detalles en que no puedo entrar. Dábase a la sazon un baile por suscricion en favor de los irlandeses menesterosos, en casa del Conde Demidoff, proscrito ruso ligado a la familia de los Bonaparte. El me procuró un billete de entrada, i Champgobert me acompañó a aquella tertulia rejia. Encontrábanse toda la familia de Poniatowski, el gran duque de Toscana, doscientos lores i ladies ingleses, i cuanto de ilustre en viajeros i vecinos contaba Florencia. Computábanse en cuarenta millones los diamantes que servian de adorno a las señoras, i el lujo i magnificencia del palacio Demidoff daba a aquella reunion un realce deslumbrador. La estatua imperial de Napoleon, la de madama Leticia por Cánova, una batalla de Horacio Vernet, i los retratos de José Bonaparte i otros miembros de la familia, componian lo que llamaré la galería imperial, miéntras que otros salones ostentaban gran riqueza de objetos de arte. Demidoff posee en Rusia la única mina de pórfiro verde que existe en el mundo, i sus fragmentos se ostentan en su palacio en vasos i mesas de rara belleza.

Echado en aquel torbellino de jentes que recorrian los salones, tuve la desgracia de llamar la atencion sobre mí, por una especie de embobamiento ridículo. Tanta era la apretura una vez, que habiendo sentido hacerse un claro, me lancé al medio, i me esforzaba, atravesándolo, a abrirme paso por el lado opuesto. Todos me miraban con estrañeza, i la persona que tenia por delante a media vara, con una dulzura induljente que mostraba que me perdonaba una falta. Era el anciano gran duque de Toscana ante quien se venia abriendo aquel espacio de que yo habia querido aprovecharme.

Fuimos a Fiezzole, situado sobre una inmediata eminencia, aldea miserable hoi, i ántes la capital etrusca, de que queda aun un anfiteatro de construccion ciclópea, sobre el cual crecen las moreras vivas de la Toscana, cultivadas con   todo el espacio que prescriben las reglas, i combinándose con una parra que sostienen i entrelazan con gracia entre sus ramas. Champgobert i yo sacamos copias que yo necesitaba para mis estudios sobre el cultivo de esta planta.

Desde las alturas de Fiezzole, como desde el campanile, siéntese, echando la vista sobre la capital i la campiña toscana, la verdad de los versos del Ariosto:

«A veder pien di tante ville e colli
par che il terren verle germogli, come
vermene germogliar suole e rampolli;
se dentro a un mur sotto un medesmo nome
fusser raccolti i tuoi palaggi sparsi,
con te sarian de pareggiar due Rome».

De Florencia, terminadas las carreras que los lores ingleses habian preparado en los alrededores, i en las cuales murió uno a mi vista haciendo de jockey, tomamos el camino de Padua, en busca de Venecia.

La Italia es desde la Romania hasta la Lombardía un jardin delicioso. Los Apeninos van desapareciendo poco a poco, i dejando ver un pais inmenso, una llanura sin límites, sembrada de ciudades, de villas, i cubierta de árboles i de verdura. Es la pampa inmensa, pero cultivada, pero interceptada de rios navegables que van a desembocar en el Adriático, formando de paso las célebres lagunas venecianas.

Sabe Ud. que no he cruzado la pampa hasta Buenos Aires, habiendo obtenido la descripción de ella de los arrieros sanjuaninos que la atraviesan todos los años, de los poetas como Echeverría, i de los militares de la guerra civil. Quiérola sin embargo, i la miro como cosa mia. Imajínomela yerma en el invierno, calva i polvorosa en el verano, interrumpida su desnudez por bandas de cardales i de viznagas Pero volviendo a poco el kaleidoscopio, la pueblo de bosques, tal como con mas desventajas se ha realizado en las Landas de Francia, i en las desnudas montañas de las Ardenas. ¿Por qué la pampa no ha de ser, en lugar de un yermo, un jardin como las llanuras de la Lombardía, entre cuyo verdinegro manto de vejetacion, la civilizacion ha salpicado a la ventura puñados de ciudades, de villas i de aldeas que lo matizan i animan? ¿Por qué? Diréselo a Ud. al oido, a fé de provinciano agricultor, porque el pueblo de Buenos Aires con todas sus ventajas, es el mas bárbaro que existe en América; pastores rudos,   a la manera de los kalmucos, no han tomado aun posesion de la tierra; i en la pampa hai que completar por el arte la obra de Dios. Dada la tela, se necesita la paleta i los tintes que han de matizarla.

En Padua está el salon mas grande que han construido los hombres; una cámara techada para reunir a una ciudad entera a deliberar sobre los asuntos públicos, en los tiempos en que las repúblicas italianas eran la gloria i el albor de la rehabilitacion de los derechos del hombre. El pais que media hasta la orilla de las lagunas, es un paisaje ideal, fabuloso, imposible, tan bello es. Un ferrocarril lleva a Venecia, i un puente colosal lo hace entrar por sobre las lagunas a la ciudad señora del Adriático, como aquella calzada que conducia a Méjico i donde Hernan Cortés se batia en retirada en la noche triste. ¡Venecia! ¡Pobre esqueleto de república! ¡Tus lagos, centro en otro tiempo del comercio del mundo, infestan hoi con su aliento nauseabundo; los palacios de tus nobles sirven de posada para el estranjero, como las ruinas de los templos del Ejipto de aprisco a los ganados! Tus maravillas están ahí de pié aun, como cadáveres petrificados. El Leon de San Márcos ve los gallardetes austriacos ajitarse sobre los mástiles en que ondeaba en otro tiempo el pabellon de la república. Tus plazas están desiertas, por el pavor que inspira la guardia tudesca, montada con cañones asestados a las calles. ¡Venecia! ¡Venecia! ¿Dónde están tus patricios? ¿dónde tus flotas? ¿dónde tu orgullo indomable? ¡Ai! ¡Los crímenes de los gobiernos los pagan caro los pueblos, i es fortuna que nada quede impune! Habias ofendido la moral con vuestras horribles leyes, i fuiste suprimida, pisada como un monstruo que sobrevivia del mundo antiguo.

La tristeza de Venecia no excita a la melancolía; es una opresion que abruma el corazon; la atmósfera húmeda pesa sobre los pulmones, i quisiera a cada momento escaparse el viajero para ir a respirar a otra parte. El célebre Gran Canal, en que tenian sus residencias los antiguos patricios, yace hoi desierto, i de noche descúbrese por la falta de luces en sus ventanas, la ausencia de habitantes. Los proscritos de las monarquías europeas acuden a poblar estos palacios abandonados, que obtienen en arriendo a vil precio; véndense los cimientos de muchos de ellos para el estranjero, i cada mes se anuncia la venta en pública subasta del museo de pinturas del último descendiente de una familia noble, que se deshace de ellas para vivir del último vestijio de la pasada   opulencia. Las góndolas, cubiertas de un manto de bayeta negra, de ordinario descolorida, añaden nuevas tristezas por sus formas funerales a este cuadro, i el uso de esconderse los transeuntes bajo sus cortinas, parece calculado para disimular la vida como un oprobio o un delito en aquella estraña ciudad, donde no se ven caballos, ni bueyes, ni perros.

Todo ha muerto en Venecia, menos la policía inquisitorial que la continúa el Austria. ¡Cuántos sustos hemos pasado al entrar en aquella prision, aquella penitenciaria subdividida por canales! En Florencia nos habia sorprendido el grito de la república francesa, que daba señales de vida con la aparicion del primer tomo le los *Jirondinos* que acaba de publicar Lamartine, el primero de la *República* por Michelet, el otro de Luis Blanc. Yo habia comprado la obra de Gioberti *Del primato degli Italiani*. Estos cuatro libros eran nuestro pasto, devorado con ansia en las horas que nos dejaban libres las correrías. Al llegar a la aduana de Venecia, en el ferrocarril mismo leia yo aquellas valientes pájinas del abate italiano, que despertaba el sentimiento latino, como un vínculo i como una corriente galvánica para volver a la vida la Italia adormecida. Un veneciano hubo de ver lo que leia, i con muestras de pavor indecibles: *ma, ¡il Gioberti!* me decia; Ud. va derecho a una cárcel; hace seis meses que Marucini está incomunicado por habérsele encontrado este libro. - Pero yo soi estranjero, le observaba, soi americano. *¡Perduto! ¡olvidatto!* esclamaba con dolor; ¡quién ha de reclamaros!

Tuvimos con Emilio i Champgobert una sesion secreta. Cada uno tenia su pecado i su cabeza de proceso. Por lo pronto dispusimos arrojar los libros a las lagunas; pero el miedo nos inspiró i los libros fueron salvados. En Italia el viajero lleva siempre el guia en las manos. Tomando cada uno de nosotros debajo del brazo un volúmen de los prohibidos, nos presentamos impávidamente en el resguardo para el rejistro de los equipajes; andábamos los tres juntos, listos para pasarnos de uno a otro el libro; i gracias a este ardid, Gioberti, Lamartine, Michelet i Luis Blanc hicieron su entrada triunfal en Venecia.

Alojamos en un palacio en el Gran Canal enfrente de la aduana de mar, sobre cuya cúpula sirve de veleta una estatua de bronce de la Fortuna, la cual ajita su velo a merced del viento, mostrando, segun el lado de donde sopla, sus graciosas i desnudas formas, de frente, de costado o por la espalda. Esta es la situacion mas bella de Venecia; allí termina el   Gran Canal, ensanchándose i despejando la perspectiva. A lo léjos se divisan las islas, i el Lido, interrumpiendo solo la tersura quieta de las lagunas, las estacas que marcaban ántes los canales practicables, i las negras góndolas que se dirijen a la plaza de San Márcos, cuyo embarcadero está a poca distancia.

Traia Emilio el nombre de un gondolero que habia servido a su familia un año ántes, i debíamos tomarlo por la temporada. Un gondolero es un guia, un cicerone, un cochero, un amigo, i un mandadero, corredor i cuanto se desee, si se le encuentra bueno. Pietro Traro estaba desde por la mañana a nuestra puerta con su góndola, nos compraba los mejores cigarros, i era nuestro consejero. En las espediciones que hacíamos en la ciudad, él nos mostraba los lugares célebres, contándonos aventuras, trajedias i anécdotas que no trae el guia. Una noche de luna debíamos ir al Lido a ver el Adriático. Dos remeros diestros en el canto de barcarolas habian de acompañarnos. Una señora descendiente de Alejo Comneno era de la partida, i para hacerla mas picante yo llevaba mi albornoz i la pipa árabe. La góndola empezó a deslizarse silenciosa sobre el agua en que rielaba la luna como una corriente de oro, ajitada por el golpe acompasado de los remos. Las barcarolas se sucedian yendo a estinguirse sin ecos en las sinuosidades de la ciudad que desfilaba a nuestro costado. Estábamos ya léjos de la plaza, i solos en el centro de las lagunas; los remeros habian dejado de cantar, i las emociones plácidas de aquella escena, alumbrada por la suave luz de la luna, habian agotado las observaciones que entretienen i animan la conversacion. Champgobert me insinuó entónces la idea de sondear a Pietro, sobre la dominacion austriaca, i comenzó por interrogarlo a este respecto. Pietro dejó el puesto que ocupaba, i colocándose entre nosotros tendió la cabeza por sobre el borde de la góndola para inspeccionar en todas direcciones la superficie de las lagunas i asegurarse de que ninguna otra estaba cerca de la nuestra. Estamos seguros, dijo, de los *tedesqui*. ¡Oh! ¡Asesinos, ladrones! ¡Sí! ¡un dia llegará para Venecia! Yo conocí a Napoleon, i serví en sus tropas cuando mui jóven. Los nobles lo traicionaron i nos entregaron al Austria. Sabeis ¿cómo gobiernan los austriacos a Venecia? Yo soi un pobre gondolero, tengo tres hijos i mi mujer que viven de mi trabajo. Hai épocas en que las góndolas escasean como ahora por la afluencia de estranjeros; hai semanas buenas, pero hai meses en que en las lagunas   no se mueve un remo. Entónces nuestro alimento único es un pedazo de *polenta*, i hai dias en que la polenta no está a nuestro alcance porque falta en la bolsa un cobre ara comprarla. Los *tedesqui* han impuesto un derecho de un peso por semana sobre las góndolas, i cuando no pagamos al recaudador, nos las venden en pública subasta. Dos me han vendido ya, porque no habia trabajo ni polenta para *i fanciuli*. ¡Ah! esclamó Pietro, poniéndose de pié i dirijiendo hácia Venecia sus dos robustos puños cerrados: si algun dia se os llega la hora, tedesqui, si álguien nos ayuda, uno solo no queda vivo; vuestros cadáveres han de embarazar los reinos de las góndolas en los canales, vuestra sangre ha de teñir de rojo las lagunas... I sintiéndose embarazado por el italiano que hablaba para hacerse entender, prosiguió en el dialecto venociano, con un despeñadero de palabras ininteIijibles para nosotros, acentuadas por el despecho, temblorosas de emocion i de dolor, hasta que mesándose horriblemente los cabellos, cayó de súbito sobre un banco, i escondió por largo tiempo su cara pálida entre ambas manos; poniéndonos con su silencio, mudos a nosotros i pesarosos de haber hecho vibrar por curiosidad indiscreta aquella cuerda del patriotismo veneciano.

Llegamos en poco al Lido, atravesamos casi sin hablar la estrecha lengua de tierra que separa las lagunas del Adriático, i contemplamos un rato aquel mar desierto, aquel vasallo que lame aun los piés a su reina cautiva; i el eterno murmullo de las olas que vienen a quebrarse en la ribera estable, me pareció todavía la impotente protesta de los pueblos oprimidos, el eco de las imprecaciones de Pietro, que el viento llevó consigo, quedando Venecia tranquila, ¡inmóvil bajo la salvaguardia de los cañones de la plaza de San Marcos!

I este odio contra sus dominadores no solo bulle en el pecho tosco del gondolero veneciano. De camino para Milan, la dilijencia atravesaba por entre bandas de conscritos húngaros que venian a engrosar la guarnicion. Un jóven lombardo los veia desfilar; i como yo le hiciese notar la estrema juventud de la mayor parte de ellos; ¡i *barbarí!* me decia con desden, mendigos que vienen a comer pan, i vivir en palacios en Italia. Mantenemos ciento cincuenta mil perros hambrientos que nos guardan. En Milan un banquero me decia, cerrando la puerta para no ser escuchado, trescientos sesenta millones por año arrancan a la Lombardía los austriacos. Esas campiñas de que Ud. habla se cultivan para ellos; nosotros somos inquilinos que tomamos nuestras propiedades en arriendo; a fuerza de trabajos logramos guardar algo para nosotros.

En Venecia habiamos concluido por cansarnos de ver cuadros de los célebres maestros. Cuando atracábamos al atrio de una iglesia, Champgobert preguntaba al solícito sacristan: ¿hai cuadros de Pablo Veronese? -*Si, signore...* ¡I como comenzase el eterno catálogo de los cuadros, basta, Pietro, lo decíamos! a otra iglesia, adonde no haya ¡Ticianos, ni Veronese, ni Perrugini! Para qué he de mentarle la iglesia de San Márcos, brillante al sol de mosaicos sobre oro i lapislázuli, erizada de minaretes, como una mezquita turca, i coronado su fróntis con los caballos de bronce tan celebrados, viajeros eternos que han echado de camino dos mil años desde Corinto a Atenas, Roma, Constantinopla, Venecia, Paris, i sentido su crin de bronce acariciada sucesivamente por Pericles, Neron, Trajano, Constantino i Napoleon. La arquitectura oriental de esta catedral es única en su jénero en Europa, con sus mosaicos bizantinos. Hemos recorrido el palacio del Dux, el Puente de los Suspiros, la cárcel de los, Plomos. Las maravillas del arte no pueden describirse sin entrar en los mas mínimos detalles, resucitando el cielo azul que las cubre, evocando la historia que las dió vida. Cómo describirle por otra parte aquella sala del consejo, vasta plaza pública techada, con artesones dorados i medallones de arabescos que contienen telas del Ticiano suficientes a cubrir el cielo de nuestros mas grandes salones. Allí está la galería de los Dux de Venecia, i aun se conserva vacío el hueco que debió ocupar el retrato de Marino Faliero, que quiso curar hace tantos siglos, el mal que la conquista i el siglo XIX han estirpado en Venecia: la nobleza, ociosa, corrompida i avara.

Una cosa me sorprende en la historia de este pueblo, historia única en la tierra. El pueblo itálico-romano envilecido por los emperadores, dispersado por los bárbaros, se asiló en os lagos de Venecia llevando consigo las distinciones de clases. Daru i otros han buscado el oríjen del patriciado veneciano en una especie de convenio hecho al fundar la república, por el cual unos consentian en ser plebeyos, *populani*, i los otros amos i nobles. Pero los italianos que escapaban del esterminio de los bárbaros, venian ya nobles de orijen, o plebeyos de raza; i se necesitan grandes progresos de intelijencia, han sido necesarios veinte siglos para que los hombres refundan sus ideas sobre este punto; i aun así la nobleza inglesa sobrevive a la rehabilitacion del hombre en cuanto a hombre. La república veneciana venia, pues, continuando la república romana de Tácito, siguiendo la aspiracion de los pueblos caidos que tratan siempre de realizar el tipo de perfeccion que su gloria pasada le presenta siempre.

Si añadimos los catorce siglos de Venecia a los doce de Roma, tendremos una república que ha durado veinticuatro siglos sin interrupcion, porque no ha de llamarse tal, el que una ciudad o un pueblo transmigre con sus ideas de gobierno de un punto del suelo a otro. Mataron esta república Colon i Bonaparte, dignos instrumentos para destruir el último resto de Roma, que habia iniciado por las artes, la navegacion i la industria, el mundo moderno, basado esclusivamente en el trabajo i en la ciencia que lo dirije i ensancha.

Los horrores del despotismo de esta república con dos mil tiranos, no eran tampoco inherentes a la esencia misma de su gobierno. La inquisicion católica autorizada en las ideas de la inquisicion política, i falseando la conciencia i el sentimiento moral en las cosas de Dios, los antiguos pueblos católicos han estado dispuestos siempre a admitir la jeneralizacion del principio a las cosas del gobierno. Si ha de asesinarse a los herejes, quemarlos, esterminarlos, negarles justicia, violar para con ellos todas las formas, ¿por qué no ha de hacerse lo mismo con los que perturban el reposo público i atacan al Estado? Por eso es que los pueblos protestantes fueron los primeros en apagar la inquisicion i en negar a la causa llamada de Dios, el derecho de violar las leyes de la justicia conquistadas a tanta costa. Los gobiernos cruentos han estado siempre calentándose en torno de aquella hoguera. Lo demas Ud. lo sabe, una usurpacion de poder cometida por unos nobles con esclusion de otros, trajo la revolucion; la revolucion lejítima sofocada trajo el Consejo de los Diez por un mes; el Consejo se prorogó por el terror, i seiscientos años de crímenes no bastaron para remediar el error cometido entónces. Ud. presiente sin duda que estoi haciendo aplicaciones a mi pais. ¿Pero cómo cerrar los ojos a la vista de esta semejanza tan notable, que hace que se repita en América el mismo hecho, por las mismas causas que en Venecia? Lo armaron con el poder absoluto, con el poder de cometer crímenes espantosos, sin acordarse que no es cosa fácil arrancar despues el arma fatal de las manos de un necio furibundo.

Este pensamiento me ha asediado durante mi permanencia en Venecia, i sea efecto de la mísera condicion humana que nos hace engrandecer nuestras desgracias para justificar la abyeccion en que hemos caido, todavía mas minuciosas comparaciones históricas hacia a mi amigo Champgobert, que escuchaba con gusto la narracion de las dolorosas enfermedades a que están espuestas las repúblicas; porque el espectáculo de Venecia encadenaba en su prision de lagos; los recuerdos de Roma i de Florencia frescos aun en nuestra memoria; nuestras convicciones políticas alentadas ahora por aquel estallido del pensamiento en Francia, i que venian a sorprendernos en el corazon de la Italia i a darnos esperanzas; todo contribuia a tenernos en un estado de excitacion i de insomnio, leyendo, comentando, comparando lo presente con lo pasado, augurando sobre un porvenir mejor, i haciendo de nuestra peregrinacion en Venecia, el curso de política mas apasionado, mas erudito i mas dramático.

Nuestros derroteros eran opuestos i debiamos separarnos. Los buenos jóvenes franceses me acompañaron hasta Vicenza, i de allí hasta Milan caí de nuevo en la soledad i el aislamiento de que tan felizmente me habia salvado, durante un mes de asociacion. Milan es la ciudad fronteriza de la Italia, la barrera opuesta a los pueblos del norte, el término en que han venido a espirar los movimientos de la civilizacion que traspasan los Alpes. El arte gótico por ejemplo, partido del fondo de la Alemania, llegó hasta allí i dejó el Duomo de Milan, que no es mas que la vieja catedral gótica, bañada por luz italiana, embellecida por una prodijiosa superfectacion de estatuas, verdaderas plantas parásitas que fecundan sobre el mármol un arte pródigo de bellezas. En Milan se han dado rudas batallas las influencias trasalpinas que llegan batiéndose hasta la frontera italiana. El arco triunfal erijido por Napoleon ha sido decorado de trofeos por la mano de los que lo vencieron; el estranjero italiano está allí ensambenitado por los austriacos. A pocos pasos Monza, la capital lombarda, enseña a los viajeros la célebre corona de hierro que tantos conquistadores han puesto sobre su cabeza. Tocóme hacerme de relaciones con un abate frances, i gracias a su oficiosidad obtuve el raro favor de ver aquella reliquia, mediante una órden del gobierno austriaco. En una iglesia gótica del siglo XII guárdase la cruz en cuyo centro está el relicario que la conserva. Un sacerdote revestido de ropas sacerdotales, i acompañado de cirios e incensarios, trae una   de las tres llaves que guardan el sagrario. Hincados los circunstantes de rodillas, sube el sacerdote i hace con ritualidades minuciosas el descenso de la cruz. La corona que ofrece a la adoracion en medio de nubes de incienso, es de oro macizo con una docena de rubíes i esmeraldas engastadas. En los brazos de la cruz hai varios relicarios que contienen los objetos siguientes: dos espinas de la corona de Jesu-Cristo; un pedazo de la esponja que le pasaron con vinagre, «*et noluit bibere*», sublime palabra, que encierra el mas noble de los preceptos de dignidad dado a las víctimas contra los verdugos. Nuestro animal se hubiera domesticado, si no hubiese hallado en Buenos Aires i al principio de su carrera espantosa, veinte jenerales i ciudadanos que consintieron en ponerse bigotes pintados con corcho, para complacerle. A esos les pasaron vinagre, i *bebieron*.

Por la parte interior de la corona corre un círculo de hierro de ménos de un dedo de ancho, formado de un clavo de los que sirvieron para la crucifixion de Nuestro Señor Jesu-Cristo; i como acertara a encontrarme en Milan el 3 de Mayo, en que se celebra la Invencion de la cruz, tuve todavía el gusto de ver otro clavo de la pasion que el arzobispo paseaba bajo las bóvedas de la célebre catedral gótica. Añádense a las curiosidades de Monza otras mil obras de arte moderno i antiguo, estatuas de plata, bustos, candelabros i otras obras de arte, el abanico i el peine de la primera reina lombarda que vivió a principios del siglo XII, i que muestran que las artes del buen gusto estaban por entónces tan cultivadas como hoi.

Siente Ud. sin duda que voi en mi narracion mui de prisa. Tráenme fatigado en efecto, tantas escursionos i correrías. La vista se deslumbra al fin en medio de tantas maravillas, fatigan estas bellas artes italianas, prodigadas por todas partes en millares de objetos, i que sin embargo, a nada se ligan. Restos eternos de glorias pasadas, proyectan su sombra sobre pueblos que no tienen ni vida propia, ni existencia política. Matan a la Italia sus recuerdos mismos, i en cada estremo de la península, en Nápoles o Milan, en Florencia o Roma, en Jénova o Venecia, hai un centro italiano, con su pasado glorioso i su desesperante presente, que neutraliza, cruzando las atracciones, el sentimiento de la nacionalidad, que aguzan la jóven Italia, i Pio IX, Mazzini i Gioberti, cada uno a su modo.

No ha entrado tampoco en mi idea describir todas las cosas que veo. Un cuadro impone el deber de describir los otros, i   son diez mil; la arquitectura de una basílica ha de distinguirse claramente en la narracion de las otras ciento, tan dignas unas como otras de exámen i de mencion. Las escenas naturales varian al infinito, las ciudades se multiplican a cada paso, los recuerdos de tres historias están aquí entremezclados, romanos, repúblicas italianas i Napoleon; i el papel i la paciencia para tanto escasean. La *Guia del viajero en Italia* señala de paso todas las curiosidades, Dumas a descrito el Lago Maggiore, la estatua de Borromeo i el Duomo de Milan, i yo huyo de arrostrar las comparaciones.

Suiza, Munich, Berlin

Sr. D. Manuel Montt.
Gotinga, Junio 5 de 1847.

Su última de Ud. me pone en camino, para satisfacer a su contenido, de referirle mi peregrinacion al traves de la Suiza i de la Alemania, principales focos de la emigracion de que con tanto interes me habla. Despedíme no há mucho, en la Catedral de Milan, de aquella Italia madre afortunada de tan altas concepciones humanas; i para reposarme de la fatiga de admirar bellezas artísticas, o de evocar la historia para buscar el hilo que liga los presentes a los pasados tiempos, resolví dirijir mi itinerario hácia los Alpes, uno de los mas bellos monumentos del Jenio Supremo que inspira las perecederas artes de imitacion. ¡Cuán bellos son los Alpes, aquellos hijos primojénitos de la tierra, porque decididamente son mucho mas viejos que nuestros ajigantados Andes! La vejetacion de ellos disimula por todas partes las rugosas cicatrices de los siglos, i un bosque espeso de pinabetos seculares se obstinan en decorar las nevadas cúspides, cual si quisieran figurar negra barba i cabellera de la montaña en toda la fuerza de la edad. Arroyos i torrentes por millares varian al infinito la sublime rudeza del paisaje, i si el bullicio de las poblaciones se amortigua a la distancia, sobran   cascadas que con su murmullo den voz eterna a las soledades. Tersa i brillante como depósitos de azogue muestran su superficie tranquila los bellísimos lagos, sombreados al rededor por musgosas o arboladas montañas, que sirven como de labrado marco a aquellos prolongados espejos de agua. Lo que mas embellece el aspecto de los Alpes es la presencia del hombre aun en sus mas escabrosas sinuosidades. La cultura, las villas i alquerías hacen domésticas aquellas agrestes bellezas, sin que el viajero acierte a comprender si las nieves han descendido accidentalmente hasta las habitaciones humanas, o bien si las nevadas rejiones sirven tambien al hombre de hospedable morada.

Mui conocido de todos es el lago *Maggiore* por su Isola Bella, i el coloso de bronce de San Cárlos Borromeo. En direccion opuesta se estiende el ménos frecuentado de Como, aunque no ceda a aquel en bellezas naturales. Un vapor lo atraviesa diariamente en toda su lonjitud, permitiendo examinar una a una las faces diversas que asume a cada nuevo accidente de las montañas que lo circundan. Mas allá del Promontorio de Torno, vése la célebre Pliniana, fuente intermitente que ya fué descrita por Plinio, i en cuya conmemoracion ha sido bautizada con su nombre. Ambos Plinios son los dioses tutelares de la ciudad de Como, i sus estatuas sedentes a uno i otro lado de la puerta de la gótica catedral, parece que aguardara allí un segundo advenimiento, para entrar en el número de los escojidos. En los alrededores del lago comienzan ya las bellezas agrestes de la Suiza, si bien la presencia de la Italia se deja sentir todavía por las hermosas *villas* i palacios, derramados sobre ambas orillas, i en cuyos museos se ostentan, entre variada coleccion de producciones artísticas, algunos mármoles animados por Thornwaldsen i Cánova.

Desde la estremidad interior del Lago, pasando por Cólico i Chiavenna, el camino continúa hácia la cordillera del Splüguen, uno de los pasajes mas célebres de los Alpes, a causa del aterrador aspecto del paisaje, i no ménos digno de noticia por la via que facilita el tránsito aun en medio del invierno, i que encierra cincuenta revueltas, otros tantos puentes, cinco galerías cubiertas, las cuales miden juntas diez cuadras de largo; siendo tan espantosos los abismos que el camino salva, que uno de sus puntos conserva aun el pavoroso nombre de *Pasaje de la Muerte*. Todas estas obras colosales que han absorvido veinte años de trabajo i millones de capitales, inútiles para el tránsito de la artillería como las del Simplon, tienen por humilde objeto facilitar el comercio entre la Lombardía i algunos pobres cantones suizos. Al verlas he debido recordar nuestros pasos de los Andes, que tampoco honor hacen a la solicitud de los pueblos, cuyas relaciones comerciales están llamados a activar. No sé si aun prevalecen por allá (¡oh! no haya miedo que sí prevalecerán) las ideas económicas que hacen creer a muchos de poca monta la existencia de un tráfico de tierra, sin reflexionar que el comercio es como el oro, a saber, que no hai oro ni comercio malo, i que un grande emporio comercial, no se forma sino por el intercambio del mayor número de productos posibles, lucrando en ello el lugar donde la feria se tiene, llámese Lóndres o Valparaiso. Así los economistas europeos no alcanzan a comprender qué especie de vértigo domina a ciertos gobiernos americanos para cerrar el tránsito a las mercaderías. Hablando de materias análogas, Cobden, el célebre inglés ajitador del libre cambio, me decia en Barcelona: «asombra, en efecto, ver la persistencia de las preocupaciones que dominan a los pueblos, con las cuales, i a merced de una palabra, se les hace obstinarse por siglos en su propio daño. En Inglaterra nuestros propietarios se llaman *protectores*, i el pueblo a quien hacen morir de hambre con sus leyes prohibitivas, se cree sin embargo por ellos *protejido*, yendo a estrellarse contra equívoco semejante todos mis esfuerzos para propagar mejores doctrinas». A consecuencia de errores parecidos, el camino que ilustró el nombre del primero de los O'Higgins, conserva apénas en algunas ruinas de casuchas, rastros de poder humano, no pareciendo sino que la naturaleza salvaje sola hubiese aprovechado de la independencia americana, recobrando su dominio en todos los puntos en que el gobierno español la habia sometido, para asegurar la comunicacion entre sus colonias. ¡Cuán diferente es el espíritu que ha aconsejado la construccion del camino del Splüguen! Aquí la dilijencia tirada por caballos, llega sin esfuerzo hasta el pié de las montañas nevadas; un viaducto salva aquí un precipicio espantoso; mas allá el vehículo se sepulta en una lóbrega galería que resguarda al viajero contra la caida de las avalanchas, haciéndolas rodar sobre su ancha espalda; entre la ruda fragosidad de las quebradas, por sobre arroyos i barrancos se desenvuelve en mil contorsiones una calzada de granito de seis varas de ancho, i parapetada hácia el lado de los precipicios por un baluarte continuo de madera. Así, pues, obstáculos mayores acaso que los que presentan nuestras cordilleras, han sido allanalos i sometidos por el poder intelijente de los gobiernos limítrofes.

No es menor nuestra falta de medios para luchar con ventaja contra las dificultades que oponen las nieves durante el invierno, tomando en los Alpes un interes especial el viaje, cuando el pesado vehículo ha remontado a las altas rejiones. Allí están prontos los trineos tirados por un solo caballo, los cuales de a dos en dos han de arrastrar a los viajeros sobre la ancha superficie nevada, desviándose del camino artificial sepultado en invierno, i cuya direccion señalan altos postes de madera. El trineo sube con facilidad las alturas, desciéndelas con rapidez alarmante, i a veces deslizándose sobre pendientes rapidísimas, toma direccion tan oblicua, que el asustado transeunte toca la nieve con la cara, o traza en ella surcos con los hombros, sin serle dado tratar, en estos vuelcos frecuentes, de ayudarse con las manos o saltar del vehículo, por temor de las heridas que puede hacerse en las puntas i filos de las escarchas. El tránsito de las mercaderías se hace igualmente a cordillera cerrada, en trineos arrastrados por un solo caballo, conduciendo cada uno tres sacos de granos, por ejemplo, mayores que los que cargan de a dos nuestras mulas. En los Alpes, pues, el invierno, en cuanto a obstáculo para el tráfico, ha sido por todas partes abolido; en cambio en los Andes corria riesgo de quedar suprimido aun el estío. Ya se ve, somos tan ricos de ambos lados, que les ha de parecer, desatino el intento de los que en otro punto de los Alpes están hoi taladrando el granito por medio de máquinas monstruos, para hacer atravesar un camino de hierro.

En las cumbres del Splüguen hai a conveniente distancia uno de otro dos palacios, no que casuchas, destinado uno al abrigo de los viajeros sorprendidos por los temporales, i el otro dispuesto para contener la sañuda turba de los argos de la aduana austriaca. La frontera suiza comienza allí, i el viajero saluda cordialmente al vecino canton de los grisones, porque allí concluye el martirio de los visas del pasaporte, i el continuo hacer i deshacer de la mala que lo trae ya impacientado. El pasaporte en los paises gobernados por el buen querer de los reyes, es un mandato de prision que el estranjero lleva consigo; la soga con que está atado al palenque de la policía. Al llegar a las puertas de una ciudad, recibe en cambio del pasaporte una boleta en la cual, con la mayor cortesía, se le previene «de no tener que culparse sino a sí   mismo *de lo que pueda sucederle* si no se presenta a la policía en el término de veinte i cuatro horas». ¿Quién será aquel tan injusto i desavisado que vaya a culpar al despotismo de lo que le suceda, cuando se tiene mas a mano a sí mismo para echarse la culpa de todo? I como por otra parte Silvio Pellico ha dado tanta celebridad a las prisiones de Spielberg, el viajero se apresura a corresponder a la mayor brevedad a la civil invitacion. ¿De dónde viene? ¿A qué viene? ¿A quién conoce? ¿Quién es su banquero? ¿Cuántos dias piensa Ud. permanecer? ¿Qué libros trae?- hé aquí los puntos ordinarios de la conversacion del jefe de la policía, acaso por variar aquella machaca del calor i del frio con que comienza entre jentes vulgares. Olvido prevenir para instruccion de futuros viajeros, que para entrar en los estados austriacos ha de traerse el *exequatur* de un nuncio del imperio desde Roma, Turin, Marsella o Paris, sin cuyo requisito se le hace volver desde la frontera. En honor de los gobiernos paternales, debo añadir que la práctica omite buena parte de las vejaciones prescritas por reglamento i tarifa; porque en Italia es una mercadería el estranjero, i en Austria efecto estancado.

Dejando, pues, los estados austriacos en la espina dorsal de los Alpes, el camino, no bien desciende a la Suiza, se hunde en los abismos de la *Via Mala*, trecho de pais montañoso, o mas bien larga hendidura de las rocas, que apénas dejan ver en lo alto una angosta faja de cielo. El camino se sepulta en las entrañas de un peñasco, i entónces se llama el *Paso perdido*, para pasar en seguida un otro *Puente del Diablo*, echado sobre el Rhin posterior, que se ajita a cuatrocientos noventa piés mas abajo. Aquí la naturaleza alpina asume un carácter tan terrífico que hace helar la sangre en las venas. Mosca parece la dilijencia, moviéndose sobre paredones de rocas dentelladas que se elevan en masas verticales a miles de piés de altura. El Rhin, que a poco andar comienza a ser navegable, vése allá abajo como una cinta blanca, inmóvil al parecer i como detenido entre las rocas, las cuales se cruzan i enroscan sobre él como si quisieran ahogarlo. ¡Qué combate, qué torbellinos revolviéndose sobre sí mismos! I sin embargo, ni un solo jemido del líquido atormentado llega hasta la altura donde el puente está suspendido sobre el abismo, i desde el cual contemplábamos aterrados aquella   muda batalla que, entre las rocas i las aguas, se está dando ¡desde la creacion del mundo acaso!

Un poco mas adelante i al salir de la Via Mala, que ¡así es ella! se avanza sobre el victorioso Rhin, como la reserva de la materia inerte que cede mal de su grado el paso, un enorme peñon, en cuya cima, i mui cerca del cénit, se diseñan contra el claro azul de los cielos, los pardos torreones de un castillo gótico, guarida en otro tiempo, segun es fama, de un señor feudal que ponia a contribucion el vecino valle, hasta que levantándose los paisanos a la voz de Guillermo Tell, el castillo fue embestido i tomado por asalto, i el castellano, defendiéndose i cediendo el terreno palmo a palmo, se despeñó al fin con su caballo, sepultando con su persona en las turbias ondas del Rhin, el último vástago de su antigua familia señorial. Mas adelante, i cuando el horizonte empieza ya a dilatarse, encuéntrase la pequeña aldea en cuyo humilde recinto no hace cincuenta años un proscrito frances enseñaba los primeros rudimentos del saber. Este maestro de escuela es hoi pasablemente conocido bajo el nombre de Luis Felipe I, rei de los franceses.

La Suiza es en bellezas naturales, Ud. lo sabe, lo que en las artísticas es la Italia; aquí Dios directamente, allá el jenio del hombre, arroban el espíritu, lo elevan i sacuden con emociones a cada paso renovadas. Pero en Suiza, lo que no sucede en Italia, se esperimenta una grata sensacion de vida, un llacer íntimo que imprime al semblante un sonreir continuo. Las montañas asumen formas caprichosamente variadas, cortando el horizonte en figuras fantásticas; los arroyos no descienden a los valles sin haberse entretenido largo tiempo jugueteando por entre las rocas, esponiendo a los rayos del sol en mil cascadas las guedejas de sus cristalinas aguas; i los rios que al fin forman reunidos, no se lanzan al mar, sin haberse entretenido un poco en el camino a formar lagos que reflejen en sentido inverso las circunvecinas montañas. De todos estos adornos con que la naturaleza se engalana, la industria de los suizos ha hecho objetos de utilidad, i los lagos de Wallen i Surick, ligados entre sí por un canal, ofrecen larga cuanto entretenida travesía de vapor entre Coira i Surick. En los alrededores del lago del mismo nombre, las bellezas naturales se combinan con las bellezas de creacion humana, de tal manera que los sentidos, el corazon i el espíritu, gozan a porfía contemplándolas. A lo léjos vése terminando el horizonte la blanca muralla de los Alpes inhabitables;   en segundo plano las lomadas i declives recargados de mieses, cuya esmeralda contrasta singularmente con las sombrías manchas de los pinales; i cerca del espectador por ambos lados del terso lago, se agrupan i confunden, desfilando al parecer ante él, villitas coquetas dominadas por el agudo campanario de la iglesia, i por usinas que serian tomadas por palacios, si la enorme chimenea no revelara la oculta actividad del fuego de los motores, i en rededor de las elegantes casillas en caprichoso desórden diseminadas, jardines artísticamente distribuidos i manzanos en flor como macetas colosales para variar el verde tapiz que cubre la tierra. Traíame triste i desencantado hasta entrar en Suiza el repugnante espectáculo de la miseria i atraso de la gran mayoría de las naciones. En España habia visto en ambas Castillas i la Mancha, un pueblo feroz, andrajoso i endurecido en la ignorancia i la ociosidad: los árabes en Africa, me habrian tornado fanático hasta el esterminio; i los italianos en Nápoles mostrádome el último grado a que puede descender la dignidad humana bajo de cero. ¡Qué importan los monumentos del jenio en Italia, si al apartar de ellos los ojos que los contemplan, caen sobre el pueblo mendigo que tiende la mano, i no recuerda el nombre de la Madona, sino para mostrar toda la profundidad del abismo de miseria de cuerpo i de alma en que se revuelca! La Suiza, empero, me ha rehabilitado para el amor i el respeto del pueblo, bendiciendo en ella, aunque humilde i pobre, la república que tanto sabe ennoblecer al hombre. Para mí el mayor número de verdades conocidas constituye solo la ciencia de una época; pero la civilizacion de un pueblo solo pueden caracterizarla la mas estensa apropiacion de todos los productos de la tierra, el uso de todos los poderes intelijentes, i de todas las fuerzas materiales, a la comodidad, placer i elevacion moral del mayor número de individuos. Los mismos brazos que cultivan la tierra en Suiza, fabrican relojes i telas de seda: cada casa posee una industria, i cada villa lanza al aire la columna de humo de su USINA. No tiene rival en Europa la aislada casita suiza, pintada, blanqueada, frotada, i barnizada diariamente, i en la cual viven diversas familias, pobres pero industriosas como una colmena de abejas, bastándoles una renta o salario de trescientos francos anuales por lo comun para entretener aquel lujo de bienestar i de aseo. Surick es una ciudad populosa, que no contiene, sin embargo, sino reducidas calles de casas unidas entro sí; el resto se compone de la aglomeracion   de casitas cuadradas, acribilladas de pisos i ventanas, i rodeadas de jardinillos esmerados, lo cual hace de ella un paseo continuo i tan variado no el aguijon de la curiosidad induce a estraviarse en aquel laberinto de flores i de arbustos.

Desgraciadamente la Suiza como estado, es ménos que una república, una olla podrida en que entran los elementos mas contradictorios. Desde luego hai en ella cantones, medios cantones, cantones primitivos i cantones de segunda data, con derechos diversos; tradiciones feudales mas en pie que sus castillejos, i espíritu eminentemente democrático, pero estrecho como sus valles, local, hasta hacer del patriotismo un apego a la aldea en que cada uno ha nacido. Hai cantones católicos, cantones protestantes, i cantones mistos en los cuales las malquerencias de vecinos son estimuladas por los odios relijiosos. Háblase en unas partes una cosa como frances, cabo desde donde tira la Francia; en otras algo que se asemeja a aleman, desde donde a su turno tira para su raya el Austria, amen de cuatro o cinco dialectos, merced a los cuales, los habitantes de una villa no pueden entenderse con los de la vecina aldea. El único vínculo que une todos estos elementos heterojéneos, es la lucha de los dos grandes partidos que con diversas demostraciones, ajitan hoi el mundo cristiano, tan bien representados en el Gran-Consejo federal hasta ahora poco, que teniendo cada uno número igual de sostenedores, no ha podido en un año tomar disposicion alguna, porque la votacion estaba en empate permanente. Sacáronlo de este atolladero las elecciones del canton misto de San Gall que tuvieron lugar en los momentos de mi tránsito por los lugares. En las publicaciones cotidianas ambos partidos, jesuitas i liberal segun los unos; moderado i protestante segun los otros, proclamaban en sendas arengas al dicho canton para que inclinase la balanza de este o el otro lado. I

218

vea Ud. una muestra concluyente de la homojénea táctica de partido en todas partes. «Habitantes de San Gall, decia un diario, ¡de vosotros depende la salvacion de la Suiza! que todos los hombres de bien reunan sus votos para nombrar candidatos moderados; el triunfo de los protestantes va a sumir el pais en todos los horrores de la guerra civil».

«Habitantes de San Gall». decia otro diario, rival del primero: «¡de vosotros depende la salvacion de la Suiza! que todos los hombres de bien reunan sus votos para nombrar candidatos *liberales*; el triunfo de los jesuitas va a sumir el   pais en todos los horrores de la guerra civil». ¡Ni una tilde de mas ni de ménos entre los dos fragmentos que cito!

Pero jesuitas o no, mui poco afortunados han andado este año los de su pelo en Suiza, pues el canton de San Gall, sordo a sus consejos, dió en definitiva al Gran Consejo una inmensa mayoría de cuatro votos liberales, o protestantes, que tanto vale cuando se está en el candelero.

En despecho de la república i de la libertad aldeana de Suiza, la exhuberancia de habitantes, dos millones en todo, i la exigüidad del terreno, ponen en grande aprieto a los lejisladores suizos, que en cierto canton, para proporcionar sin duda el contenido con el continente, acaban de dictar una lei por la cual se prohibe a los varones casarse ántes de los veinte i dos años, mandando a las mozuelas no dejarse tentar ántes de los veinte, medida que suscitaba entre estas últimas una formidable oposicion, protestando dejar burladas de un modo o de otro las intenciones del lejislador.

Como el gusto monumental se aviene mal con la sencillez campestre de los suizos, nada hai que detenga al viajero en Surick, despues de haber aspirado dos dias el ambiente perfumado de sus alrededores. A corta distancia está Shaffausse, centro del movimiento literario i artístico de la Suiza alemana i a media legua de esta ciudad, el Rhin, poderoso ya, se precipita en toda su enorme masa formando a cascada mayor que puede verso en Europa. El golpe de vista es bellísimo, por el paisaje que rodea la catarata, i el castillo feudal que corona la eminencia, a cuya base viene a estrellarse la masa de aguas, permitiendo la galería practicada por el propietario, acercase basta el perfil de la caida, i gozar una débil impresion de terror. La cascada que forma el Arno en Tívoli, si bien ménos poderosa, tiene algo de mas sublime, a causa de la elevacion de la caida que deja ver en alguna parte un iris permanente, las ruinas del templo de la Sibila que la dominan, el nombre de Tiberio que se liga a los recuerdos del lugar, i los pavores que despierta la vecina gruta de Neptuno.

Desde Shaffausse puede descenderse ya el Rhin, por medio de vapores, pasar en revista un panorama delicioso, entre cuyos accidentes figura la casita de la desgraciada reina Hortensia, entrar en el gran lago de Baden, visitar de paso Constanza, i siguiendo el litoral suizo hasta Rosbach, cruzar a la ribera opuesta i desembarcar en Lindau, donde principia la buena Alemania, el cultivo del oblon, el consumo sin tasa de la cerveza, i el uso de la pipa larga. Como yo tengo la   manía de andar a caza del por qué de las cosas, he creido, hallar en el uso de la pipa el oríjen de la mística metafísica de los alemanes. Un filósofo, me he dicho, que pasa horas enteras en la beata contemplacion del humo, que en columnas i espirales se revuelve delante de sus ojos, disipándose, reuniéndose en formas indefinibles, fantásticas, inapreciables, eclipsando por momentos la realidad, lo visible i terreno; aquel filósofo, digo para mí, debe ser caviloso, *rêveur*, místico, vaporoso, metafísico, incomprensible. Esta teoría tan plausible i que arrojaria una gran luz sobre los misterios de la filosofía alemana, no ha sido aceptada sin embargo por los sabios de Gotinga a quienes la sometí humildemente. Los alemanes sostienen, por el contrario, que a causa de la predisposicion innata de la nacion a la cavilacion, al adoptar el uso del tabaco, lo han sometido a las exijencias del carácter propio.

De las ciudades alemanas poco tendré que decir que entre en los gustos de Ud. La naturaleza tranquila i poco accidentada del suelo, lo sombrío de los bosques que coronan las alturas, i la quietud que reina en las poblaciones que duermen a la caida del sol, como nuestros padres ántes de la revolucion, están ya revelando el carácter pacífico, la vida puramente interna de los alemanes. En Munich, i en casi todas las grandes ciudades, un bosque a las puertas de la ciudad, ofrece bajo la sombra de sus tortuosas alamedas, espacio suficiente para hacer paseos solitarios, durante horas enteras; o bien, si el aleman quiere cavilar en compañía, o gozar de un moderado bullicio, allí en lugares bien conocidos, están diseminadas millares de mesas, ostentando con su estañada cubierta piramidales vasos de cerveza. El pueblo de ambos sexos i de todas condiciones apura allí en complacido silencio su brevaje favorito; las señoras hacen calceta miéntras los hombres fuman la pipa, i los jóvenes que necesitan movimiento mas activo, desaparecen danzando el wals aleman, embriagados por los torrentes de armonías de las músicas de viento, inspiradas por Strauss. He tenido la incomparable dicha de ver en su pais natal, en la cuna, digámoslo así, aquella invencion de ánjeles, que hace hoi la felicidad suprema de tantos i tantas criaturas en todos los puntos del globo. Bailada por fregonas i mozos de cordel he visto... ¡la polka! cuyos progresos habia venido contemplando desde Chile, donde a mi salida se anunciaba ya radiante i fecunda en esperanzas de un inmenso porvenir. En Montevideo encontréla   sitiada pero alegre, turbulenta i bailando sobre cadáveres, al rimbombar de los cañonazos. El tórrido ambiente de Rio Janeiro la recomendaba como el medio infalible de evaporarse, de reducir a gases toda la máquina. En Paris, en fin, era ya de mui antigua propiedad popular en Mabille, Château-Rouge, la Chaumière, etc. ¡Oh! ¡si las buenas ideas pudieran hacer las leguas que ha hecho en un año la polka!

Al ver estas danzantes reuniones de pueblo, tan pacíficas i honestas, tan sin reproche aun para la conciencia de los jendarmes de policía tan ríjida como se sabe, me he acordado de nuestras *chinganas*, i holgándome de haber levantado mi débil voz alguna vez, contra los *puritanos* que querian suprimirlas, porque ellos tienen sus teatros, sus diarios i sus conciertos, i el pobre pueblo se emborracha un poco mas de lo que convendria, como si porque el aire fuese reconocido malsano, conviniese privar de él a los que respiran. No sé qué príncipe aleman, a quien aconsejaban suprimir la lotería: «i bien, contestaba, dadme algo en cambio, que sirva para alimentar la imajinacion del pueblo; otra base para fraguarse castillos en el aire; algun tema nuevo que inspire su poesía, sacándolo de aquella triste prosa de un salario medido con mano avara, eternamente el mismo, si no disminuye. El pueblo paga en la lotería los goces del bienestar, comprando en sueños dorados casas i carruajes, si llega a sacarse un cuaterno, lo que es mui probable». Si la *chingana* fuese aseada, confortable, embellecida, danzante, diletante, cuántas penas calmaria, i cuántas horas de entorpecimiento quitaria de las que forman el difícil i nudoso tejido de la vida de los pobres. Estos jardines en Europa i las distracciones a precio ínfimo, sino grátis, que encuentra el pueblo en el esplendor de las capitales, son otras tantas compensaciones de que el miserable carece en América.

En Munich, capital de la Baviera, brillan hoi con esplendor inusitado en Alemania las bellas artes. El rei actual ha embellecido la ciudad con cuanto puede darla lustre, en museos, columnas, estatuas, jardines i palacios. Un panteon edificado en los límites de la monarquía, esto es, fuera de la capital, encierra en su seno las estatuas de los grandes hombres alemanes, pensamiento colosal, que anda rodando desde la revolucion francesa, sin que esté léjos el dia en que aplicado a todos los grandes hombres que han servido a los progresos de la especie humana, se forme el martirolojio de los pueblos civilizados. ¿Por qué no honraríamos nosotros a Colon i a Cook, a Sócrates i a Franklin, a Gutenberg, a Buffon, a Cuvier? ¿No nos pertenecen de derecho como a todos los que han aprovechado de sus trabajos?

La estatuaria en bronce, sobre todo, está en grande honor en Munich, no desdeñando el gobierno para modelarla ocurrir a Italia, a fin de obtener diseños dignos de la eternidad a que están destinadas las obras del arte. Fúndese en este momento una estatua alegórica de la Baviera, de cincuenta i seis piés de alto, coloso a que el arte moderno puede oponer contados rivales, i cuyo padron se encuentra solo en algunos fragmentos de piés i de manos, conservados en el capitolio de Roma.

Pero el amor a lo bello tiene por desgracia su lado flaco, por lo que el rei, artista i poeta, viendo a la Lola Montes resucitar las gracias griegas o las danzarinas de Pompeya, ha creido oportuno para inmortalizarla, colocar su retrato en la galería de las mujeres bellas de la Baviera, i lo que es mas espresivo, su persona cerca de la habitacion real, bajo el título de Condesa de no sé cuántos, todo ello con grande acompañamiento del murmurar de la rancia nobleza i las zumbas de la prensa. El espíritu de constitucionalismo que forma por todas partes la conciencia pública, acabará por hacer insoportable de puro fastidioso el ya enojoso oficio de rei. No sé qué padre de familia, sorprendiendo uno de estos dias al rejente presunto de Francia en coloquios sospechosos con su hija, se ha tomado la libertad de molerle sus reales lomos a palos, a punto de ser necesario que los lacayos llevasen al real Foblas cargado hasta su carruaje. ¡Pero escenas de este jénero no pueden repetirse impunemente sin desdoro de la monarquía de julio! ¡Ai de los pueblos si el rei ha de principiar por ahí su aprendizaje! Una lei será presentada a las cámaras en alguna próxima sesion para reglamentar la materia, dejando incólume la prerogativa real.

Me apresuro a llegar a Berlin, pasando por alto a Dresde, con su riquísimo museo, en el cual entre abundante coleccion de Murillos, Españoletos, Velasquez, i los grandes maestros de las escuelas italianas, descuella la sin par Madona de San-Sixto, la mas bella concepcion de mujer, de reina i de madre que jamas se envaneció de serlo de un hijo divino. Leipzig, camino de Berlin, siguiendo el ferrocarril, es como se sabe el local de la gran feria anual i el centro de la librería alemana. Berlin es la ciudad mas moderna por la amplitud i rectitud de sus calles de treinta varas de ancho que la asemejan a una ciudad norteamericana; proporcionando, sin embargo, mas emociones los inmensos bosques o jardines ingleses de que está rodeada, que no inspiran sus helados monumentos, sus museos nacientes, i sus templos protestantes, rebeldes a toda artística influencia.

El sistema de instruccion pública de la Prusia es el bello ideal que pretenden realizar otros pueblos, i juzgarlo a vista de ojo, el objeto de mi incursion a las latitudes septentrionales. He recojido sobre este punto datos preciosísimos cuya lectura, a enumerarlos en esta, lo haria a Ud. quedarse profundamente dormido, tan erudita seria mi esposicion; por lo que los reservo con otros muchos para un tratado especial, el cual enderezaré a la Facultad de Humanidades, que se ha dignado favorecer con la manifestacion oficial de su aprobacion, el informe sobre la Escuela Normal de Versalles, que tuvo el honor de remitirle.

Baste por ahora decir a Ud. que M. Eikhorn, ministro de la instruccion pública, me ha prodigado todo jénero de atenciones, a fin de honrar debidamente al pais de donde venia, pues el nombre de Chile es respetado i querido por todos los gobiernos europeos, i está mui altamente colocado en la opinion pública, estendiéndose con complacencia el buen ministro en la apreciacion del buen espíritu que habia preservado a aquel pais de la anarquía jeneral en América, o de los despotismos sanguinarios, considerando a Chile como un óasis de civilizacion i órden en aquel desierto que principia en Méjico i acaba en Buenos Aires. Tanto bien me dijo de Chile que yo me guardé mucho de dejar traslucir que solo era chileno de adopcion, i eso mui al pesar de los hijos lejítimos que protestan en términos que nada tienen de hermanables contra la inmerecida intrusion.

La convocacion de la dieta prusiana traia preocupados los espíritus con la espectacion de los grandes resultados que el pueblo espera de acontecimiento tan fecundo. Por mas que el gobierno arbitrario exista en la forma en Europa (sea dicho esto con el debido respeto a la Rusia), la conciencia pública está de tal manera formada, que los soberanos absolutos, mas bien por la negra honrilla que por conservar un poder ilusorio ya, no se someten a formas regulares. El de Prusia, obedeciendo a este sentimiento, queria, sin embargo, salvar el principio del absolutismo en las monarquías, por una amalgama caprichosa con las instituciones representativas. Entendia el buen rei, que tomando una doble dósis de   poder discrecional, i un poco de voluntad nacional, habia de salir de la mezcolanza una cosa como despotismo aceptado. El resultado ha probado lo erróneo del supuesto, dando pura subordinacion del arbitrio real a los consejos de la representacion, bien así como mezclando verde sulfato de fierro i algalias de levante que son amarillas, resulta tinta negra de escribir.

Los gobiernos paternales de Europa están a la vista de desaparecer, so pena de un conflicto. La Italia se ajita profundamente, i cuando Pio IX quiere detenerse o retroceder, el pueblo con su significativo silencio, le indica que es preciso ir adelante. La dieta de Prusia, con la flema alemana i la dignidad de hombres que se respetan a sí mismos, ha hecho comprender al rei que sus ideas de organizacion política tienen cuando mas el mérito de ser las opiniones de un mal publicista, pero controvertibles i sujetas al criterio de la intelijencia nacional. Por lo demas, la Prusia, gracias a su intelijente sistema de educacion, está mas preparada que la Francia misma para la vida política, i el voto universal no seria una exajeracion, donde todas las clases de la sociedad tienen *uso* de la razon, porque la tienen cultivada.

De otro asunto mas interesante para nosotros me ocupé largamente en Berlin, habiéndose interesado M. Dieterice, jefe de la oficina de estadística i autor de un opúsculo sobre emigracion, en que el ministro del interior me escuchase sobre este último punto, a cuyo fin solicitó para mí una audiencia. El ministro no gustaba mucho de aquella espatriacion de sus súbditos, i la lejislacion vijente pone entre los delitos de seduccion el solicitar directamente emigrantes, lo que no estorba que en Prusia, como en el resto de la Alemania, la emigracion a América sea la preocupacion que atormenta los espíritus, aun de aquellos a quienes la necesidad no aqueja sensiblemente. Por desgracia la América para el pueblo aleman está solo al Norte del trópico de Cáncer; la América del Sur, no es la América remedio de los males presentes, aquel mito popular de un Eden terrestre, que conocen los alemanes desde niños, i da pábulo a una esperanza para los que desesperarian a no tenerla. Lo único que de la América del Sur saben los entendidos, es que hai en ella fiebre amarilla, calor sofocante, alimañas ponzoñosas, guerra interminable; i sobre todo este cúmulo de bendiciones, reinando no sé que jigante espantable que como el rei Busiris, mata o persigue sin tregua a los estranjeros que abordan a sus playas. Así, pues, la América del Sur es en la creencia popular, el mito del mal, el reino de las tinieblas i de la muerte.

Los alemanes forman el fondo de esos enjambres de emigrantes que van todos los años a engrosar la poblacion de los Estados Unidos del Norte. Mas que la necesidad los impulsa un instinto de raza, que se despierta activo e imperioso de tiempo en tiempo. Viene este pueblo hace siglos emigrando desde la India, de donde se le creo oriundo, i en los primeros años de la era cristiana, César pudo observarlo ya en la frontera del imperio, minándola, comiéndosela, como suele el mar con los terrenos bajos, hasta que en la edad media la irrupcion se hizo irresistible, i la Europa entera fué inundada por esta avenida humana. Desde entónces parecia haberse aquietado el turbion, i entrado aquel rio histórico en su cauce natural definitivamente. Hoi, empero, la raza alemana se pone de nuevo en movimiento, un invencible conato de cambiar de lugar anubla los tranquilos domésticos, i familias que poseen medios de subsistencia, abandonan el hogar paterno, para trasportarse a climas desconocidos, al occidente siempre, porque al occidente está la estrella que guia a estos magos orientales en sus misteriosas emigraciones. ¡I cuántos resultados para el pais que la pacífica corriente invade! Las cifras están ahí para evitar todo razonamiento. En 1790 los terrenos del noroeste no pertenecian aun a los Estados Unidos; en 1800, contenian ya cincuenta mil habitantes; en 1810, cerca de 300000; en 1820, 859000; en 1830, 1210473; en 1840, 4432777... En 1817 el comercio de la Nueva Orleans empleaba sobre el Mississipi veinte barcos con dos mil toneladas; en 1842, el movimiento del rio contaba 450 vapores con 90000 toneladas, i 4000 barcas de todo jénero, con 300000. Los productos esportados subian a 120 millones, ¡i a cien millones la importacion!!!... Si esta perspectiva palpable no fuese parte a desvanecer, como los rayos del sol, la neblina de preocupaciones inactivas que mantiene a las repúblicas de Sur América en la estagnacion i en la oscuridad, añadiré otros datos estadísticos no ménos significativos. Desde 1833 hasta 1839, habian emigrado diez i ocho mil bávaros, llevando consigo en valores veinte i cinco millones de francos, segun los estados de la aduana de Baviera. Cincuenta i dos familias asociadas de Hesse llevaban millon i medio, i los cuadros estadísticos de Nueva York solamente acreditan que la parte de emigrados desembarcados en aquel puerto desde 1831 a 1842 inclusive, hablan introducido mas de ciento quince millones de francos. Hace apénas tres meses que la prensa anunciaba el arribo a Rotterdam de ochocientos emigrantes, notables entre todos por la elegancia de sus mujeres, la gracia i adorno de los vestidos de los niños, lo que mostraba a mas de medios de existencia, cultura en los modales i cierta posicion social adquirida.

Esta escojida clase de emigrantes son los que primero podrán llegar hasta Chile; pues que los millones de proletarios que desearian espatriarse de Europa, no aspiran largo tiempo a doblar el Cabo, rodeado para ellos de prestijios terríficos; i puesto que Ud. me indica «la posibilidad de que en las Cámaras próximas se dé alguna lei que favorezca de un modo mas amplio la emigracion estranjera», no estará demas que le trasmita para su conocimiento, las observaciones que me han hecho personas competentes sobre la lei ya promulgada, autorizando al presidente para la enajenacion de los *terrenos baldíos* del sur, bien que ella no sea mas que un comienzo de obra, base de trabajos ulteriores.

Como habia indicado a Ud. en otra ocasion, a mi llegada a Paris me puse en contacto con algunos escritores alemanes que se ocupan de la cuestion de la emigracion. Entre otros el Dr. Wappäus, profesor de jeografía i estadísta en la Universidad de Gottinga, consagra un estudio especial a la historia de las repúblicas de Sudamérica, apénas conocidas de nombre en Alemania. Una historia de Venezuela ha visto ya la luz pública, i la de Chile le seguirá tan pronto cuanto haya terminado la verificacion de sus datos. Ud. comprende que yo he debido hacer cuanto mi débil esfuerzo me permitia en obsequio del propósito, como asimismo para la continuacion de sus trabajos sobre la emigracion, suministrándole datos locales i prácticos que ayuden a esclarecer sus datos escritos. Estos trabajos, de los cuales ya ha aparecido uno, *Emigracion i colonizacion alemana*, tienen por objeto desviar la corriente de emigracion que se precipita ciegamente sobre las costas de Norteamérica, no obstante las dificultades del clima, i el pauperismo que aparece ya alarmante en las costas, a causa de la falta de direccion i de injerencia del estado, en un asunto como el de la aglomeracion de masas de hombres en que la vida i el porvenir de millares de seres humanos se ligan estrechamente con la hijiene i el órden público. Los escritores alemanes, reconociendo como un hecho inevitablemente fatal la emigracion de sus compatriotas, se proponen, a mas de ilustrar las masas sobre las ventajas que este o el otro pais pueden ofrecerles, inducir a los gobiernos alemanes a dirijir convenientemente este movimiento, poniéndose para ello de acuerdo con los de los paises que reciben los emigrados, a fin de que la prevision i el órden ahorren una parte de las desgracias i contrariedades a que esta mercadería humana está sujeta.

La lei de las cámaras chilenas será bien pronto conocida del público emigrante en una nueva obra en prensa sobre Chile i el Rio de la Plata. Esta lei es ya un paso inmenso por sí misma; pero ¿dónde están ubicados aquellos terrenos baldíos del sur? ¿En qué puerto han de desembarcar los emigrantes? ¿Cómo han de proveer estos a sus necesidades, miéntras se establecen, lo que no es cosa del momento? Hé aquí algunas de las muchas cuestiones que me han dirijido aquellos mismos que se sentirian dispuestos a aprovechar de las concesiones de la lei, interesándoles ménos la donacion gratuita de terrenos, que lo que les inquietan o intimidan las dificultades del establecimiento. Desde luego, para ir a Chile les es preciso pagar cuatro veces el flete de Norteamérica; un buque debe partir desde Rotterdam, Havre o Hamburgo, con direccion al puerto próximo a la destinacion de los emigrantes, sin lo cual perderian su poco de dinero en gastos de trasbordes, residencias, etc. De donde resulta, a mi juicio, que para hacer efectiva la lei en cuestion, seria indispensable completarla con trabajos preparatorios, sin los cuales la emigracion europea tardará muchos años sin frecuentar las costas del Pacífico. Las masas no deliberan, sino que una vez dado un impulso lo siguen, i para que aquella corriente nueva se establezca, es preciso imprimir artificialmente el primer movimiento.

Convendria, pues, tener en los focos de la emigracion, un *ajente* que enganche familias emigrantes bajo las condiciones de idoneidad requeridas; se inquiera de los gastos de trasporte, i tratamiento racional a bordo, dando aviso oportuno de los envíos. Antes de todo ha de determinarse en Chile el terreno esplotable de una sola vez, subdividiéndolo en lotes, preparando los canales de irrigacion necesarios, i haciendo todos los trabajos jenerales que no son del resorte de los individuos. Determinado i conocido el punto de desembarco para los colonos, ha de haber una casería i una administracion   de subsistencias que provea a sus necesidades en los primeros dias; i como todos estos items exijen desembolsos, yo me atreveria a aconsejar otra cosa que distribuir grátis los terrenos baldíos, los cuales cultivados valdrán diez veces lo que valen hoi. ¿Por qué tanta prodigalidad? ¿No seria mas fructuoso para el estado hacer las convenientes anticipaciones que indico, como un capital puesto a granjería? Yo cargaria en cuenta de los colonos: 1.º la parte o el total del transporte que el estado habrá pagado a los armadores; 2.º lo suministrado a los colonos en subsistencias e instrumentos de trabajo; 3.º el valor del terreno libremente aceptado; pues que las proporciones asignadas por la lei son excesivas i obligarian al colono a desempeñar un trabajo forzado; i 4.º el interes o utilidad *crecida* que el estado ha de prometerse del capital invertido, en proporcion de la comodidad de los plazos dados para el reembolso, pues en los primeros años deben quedar libres los colonos de toda carga ¿No es este sistema mas realizable que todas esas larguezas inconsideradas, que no crean derechos para exijir su cumplimiento? El estado, ademas, ¿no tendria siempre como hipoteca el terreno mismo, mejorado con el mas lijero trabajo de parte del ocupante? Este modo de proceder, en los principios al ménos, pondria al estado con todos sus medios de prevision al frente de la poblacion del país, i bonificacion del terreno inculto, alejando el espíritu mercantil de las empresas particulares, que se cuida poco, con tal que halle utilidad en ello, de subir sin tasa los valores.

Entre muchas publicaciones que he leido sobre colonizacion, hai un informe de persona entendida, solicitado por el emperador del Brasil, cuyos conceptos merecen ser conocidos. El informante supone como base de toda empresa de este jénero la estabilidad del órden, i la idoneidad de las instituciones para asegurar la libertad de las conciencias, de las acciones, i sobre todo, el producto del trabajo, poniendo en primera línea el buen crédito del gobierno i la próspera administracion de las rentas para poder hacer las anticipaciones necesarias. Dados estos antecedentes que por fortuna existen en Chile, el informante, sin desconocer la ventaja de fomentar i dirijir la colonizacion europea, como medio eficacísimo de adelanto moral e industrial, recomienda la colonizacion brasilera, tomando para ello de las provincias ya pobladas, aquellas familias que no poseyendo propiedad territorial encontrarian ventaja en la traslacion. Este concepto   me trae a la memoria mis objeciones a la empresa de *Industria i Poblacion*, la cual, a mas de recargar el valor del terreno con el lucro ilimitado a que aspira naturalmente toda especulacion, cerraba a mi entender las puertas a la poblacion chilena que no puede en las provincias del centro aspirar a la posesion del terreno ya ocupado, todo lo cual, con sus consecuencias remotas pero apreciables desde ahora, ha de tenerse en cuenta en un buen sistema de colonizacion. Todavía hoi se presentan a mi espíritu de pié muchas de las razones en que me apoyé entónces, i creo que no seria escusado que hombres como Ud. meditasen sobre la importancia de abrir el camino del sur a las masas chilenas de labradores sin tierra, i aun impulsarlos a la esplotacion de los terrenos vírjenes, que puede enriquecer al estado con millares de propietarios laboriosos.

De todo lo dicho una cosa me parece fuera de cuestion, i es que es preciso ántes de todo, determinar, mensurar i subdividir el terreno que ha de servir de tela para bordar sobre él con los colores que se quiera.

Concluiré, para salir del mal terreno en que me he echado, con lo poco que de mi viaje en Alemania merece aun ser referido. Llenado el objeto de mi escursion a Berlin i despues de una corta visita a Postdam, residencia del baron de Humboldt, el decano de los viajeros, hube de dirijirme por Brunswick i Hannover hácia Gotinga, donde debiamos con mi amigo Wappäus i otros, ponernos de acuerdo para trabajar de consuno en Alemania i América sobre el asunto de la emigracion. ¡Cuán tranquilos se han deslizado estos quietos dias que he pasado en Gotinga! ¡Porque se hace a fin triste i congojoso andar meses i años cambiando de lugar, con el corazon cerrado a todas las afecciones, flotando desconocido entre un mar de seres humanos, que pasan o se quedan miéntras uno es el que pasa, como aquellas visiones estrañas que se nos presentan en confusa masa durante una pesadilla! ¡Oh! ¡Berlin, Berlin! ¡Cómo he sufrido allí de este mal secreto del corazon!

Es Gotinga una villa que solo parece existir para contener la famosa Universidad que le da renombre europeo. Las bandadas de estudiantes con gorras carmesí, verdes, blancas o amarillas, segun las lojias a que pertenecen, dánle animacion durante el dia, i los cantos en coro de las bellas canciones alemanas, ecos gratos a la caida de la tarde. La quietud de la ciudad que reposa en silencio no bien la noche ha tendido su   manto de sombras, parece calculada para no distraer a catedráticos i alumnos de las arduas tareas de la ciencia, i la belleza de la adyacente campiña, dispuesta como exprofeso para respirar el aire vivificante de la vejetacion en las horas de solaz.

Luego de mi llegada fuí rodeado por una escojida, aunque poco numerosa sociedad de profesores, verdaderos sabios alemanes, con los cuales la conversacion asumia un carácter serio a la par que ameno o instructivo. Un americano venido de tan luengas tierras debia ser hasta cierto punto objeto de curiosidad, i la jeografía de aquellos remotos paises, sus vicisitudes políticas, sus costumbres i producciones, daban vida a nuestras frecuentes reuniones. Léjos del bullicio de las grandes ciudades i sin el aguijon del lujo, estos profesores viven enteramente consagrados a las laboriosas vijilias que enjendran las grandes obras del espíritu. Las virtudes del claustro, sin sus privaciones forzadas, i la consagracion del sabio antiguo a un objeto único, revisten a estos maestros de los prestijios de un sacerdocio científico.

Por las tardes salíamos a pasearnos en los alrededores, i un montículo que domina todo el vecino panorama, o la casa particular de alguno de los catedráticos, servia de término a nuestras lentas escursiones, o de concilio para la discusion de alguna cuestion en que poco a poco nos habiamos venido enredando. La última noche la hemos pasado en la habitacion del pastor de Geinsmarien, sujeto de estimables prendas i gran fondo de saber. Un jardinillo cultivado con esmero sirve de florido atrio a la sencilla morada de su familia; al lado opuesto está la escuela que él mismo preside, i que frecuentan ciento veinte alumnos de ambos sexos, sobre mil habitantes que encierra la aldea; a algunos pasos mas allá, el templecillo campestre con su campanario piramidal, anuncia a lo léjos donde está el corazon de aquella reducida sociedad cristiana, reconcentrando así el pastor que la dirije, sus deberes i sus afecciones en el corto recinto doméstico.

Como una curiosidad que nosotros llamaríamos reliquia, enseñáronme una biblia con la firma de Martin Lutero, al pié de algunos versículos escritos tambien de su propia mano. Una cena sencilla estaba dispuesta para nosotros; precediéronla frecuentes libaciones de cerveza; i excelentes i mejores cigarros diéronla cabo i buen fin. El placer de respirar el ambiente perfumado de las flores llevónos poco a poco a pasearnos en las veredillas del adyacente jardin. El largo crepúsculo   de los climas septentrionales se iba debilitando lo suficiente para dejar aparecer las grandes estrellas que presiden a la inmensa hueste de los cielos; miéntras que entre la sombría oscuridad de los grupos de vejetacion, alcanzaban a discernirse camelias blancas i tulipas, vivaces i radiosas como estrellas de la tierra que las flores son. La conversacion, despues de divagar como tiene de costumbre sobre materias diversas, hubo de pararse sobre el erizado zarzal de la filosofía trascendente tan del gusto de los alemanes; i ya fuese a causa del autógrafo de Lutero que nos habia ocupado ántes, ya porque entre los interlocutores habia dos teólogos, el gran cisma relijioso cayó como de suyo bajo el martillo de la amigable discusion. Pero sucede en las ideas lo que en los tipos de las diversas razas humanas, que cualesquiera que sean las trasformaciones porque pasan, siempre conservan sus rasgos característicos. Tratando las cuestiones bajo el punto de vista puramente histórico i filosófico, yo me mostraba sin advertirlo, profundamente católico en mi manera de apreciar la unidad de las creencias, i la necesidad de una verdad comun a todos los pueblos civilizados. Mis adversarios, por el contrario, partiendo de la libre interpretacion que llevan hasta San Pablo, establecian diferencias entre la doctrina, el dogma i el culto, haciendo de la primera una verdad o un conjunto de verdades, eterno, inmutable, anterior a la conciencia humana i su propia esencia, siempre el mismo en todas las relijiones i en todos los siglos, verdadera revelacion que el hombre encuentra dentro de sí mismo i que la revelacion divina depuró i completó. Los otros dos eran, segun ellos, fórmulas i esterioridad visible de aquella esencia invisible, sujeta por tanto a la interpretacion arquitectónica de las distintas naciones, agrandándose i perfeccionándose a medida que la intelijencia humana, que las concebia, adquiria al traves de los siglos mas completas nociones sobre el bien absoluto.

Mis objeciones al ontolojismo, suscitaban nuevos i mas profundos razonamientos, haciendo desfilar misteriosamente ante mis ojos para mejor convencerme, las razas semíticas que producen siempre i renuevan de tiempo en tiempo las creencias i las formas relijiosas que la humanidad entera parece obligada a aceptar; luego la raza jafética o indojermánica modificándolas incesantemente por sus propensiones filosóficas; el budismo que enjendra todas las antiguas herejías, i la lucha eterna entre el oriente i el occidente. El silencio de la noche en la pacífica quietud de una aldea; el perfume   de las flores que anima con su exceso de hidrójeno las facultades vitales; aquella evocacion de pueblos que van a perderse en el sombrío misterio de los siglos primitivos; i no sé si la firma de Lutero que me lo hacia presente como por poder entre nosotros, daban a estos coloquios un carácter profundamente relijioso que me traía impresionado i absorto, haciéndome levantar involuntariamente los ojos hácia la negra bóveda tachonada de estrellas, i esos pueblos los mas antiguos del universo, cual si quisiera que me revelaran aquella verdad que ¡Alguien sabe! i ¡que la mente humana inquieta i atormentada trata en vano de sondear!

En memoria de aquella noche i cuando la seria discusion hubo descendido a cosas ménos graves, convinieron mis amigos, aludiendo a la América de donde venia, en escribir en una hoja de album de viaje, aquella profecía de Séneca:

Veniens annis saecula seris
Quibus Oceanus vincula rerum
Laxet, et ingens pateat tellus
Thetysque novos detegat Orbes
Nec sit terris ultima Thule.

Suscribiéndola Dr. Wappäus, profesor de Jeografía i Estadística Dr. E. Bather, profesor de filosofía; licenciado L. Duncker, profesor de teolojía, Ph. Sardet, pastor de Geinsmarien.

Al dia siguiente la Universidad se reunia en claustro pleno para distribuir los premios académicos del año escolar, i yo estaba por el rector invitado a asistir a aquella solemnidad. Los miembros revestidos de anchas togas dobladas de terciopelo de color diverso, segun la facultad a que pertenecian, entraron en larga procesion al local de las sesiones, vasta rotonda, rodeada de columnas dóricas, las cuales sostienen una espaciosa galería para contener el concurso de espectadores. Un sillon me estaba reservado entre los miembros de la facultad de humanidades, como una muestra sin duda de la hermanable acojida que la hospitalidad de las letras ofrecia a un miembro de igual corporación en Chile. Por mi parte creo haber representado dignamente a mi cuerpo, en aquella solemne asamblea de sabios, sino por la profundidad no bien sondeada de mis conocimientos profesionales, al ménos por la seriedad i aplomo imperturbable, con que escuché de cabo a rabo i sin quedarme dormido, un erudito discurso   en latin, en que el secretario daba larga cuenta de los trabajos universitarios del año, con enfático encomio de las obras i profesores premiados.

Aquí termina mi viaje en Alemania. Partiré luego por el Rhin, Holanda i Béljica, a París, desde donde mui en breve confiaré a los mares mi destino humilde asaz, para que las olas quieran turbarlo. Cuando haya tocado las playas americanas, tendrá Ud., mi noble amigo, noticias nuevas de su afectísimo servidor.

Estados Unidos

Sr. don Valentin-Alsina.
Noviembre 12 de 1847.

Salgo de los Estados Unidos, mi estimado amigo, en aquel estado de excitacion que causa el espectáculo de un drama nuevo, lleno de peripecias, sin plan sin unidad, erizado de crímenes que alumbran con su luz siniestra actos de heroismo i abnegacion, en medio de los esplendores fabulosos de decoraciones que remedan bosques seculares, praderas floridas, montañas sañudas, o habitaciones humanas en cuyo pacífico recinto reinan la virtud i la inocencia. Quiero decirle que salgo triste, pensativo, complacido i abismado; la mitad e mis ilusiones rotas o ajadas, miéntras que otras luchan con el raciocinio para decorar de nuevo aquel panorama imajinario en quo encerramos siempre las ideas cuando se refieren a objetos que no hemos visto, como damos una fisonomía i un metal de voz al amigo que solo por cartas conocemos. Los Estados Unidos son una cosa sin modelo anterior, una especie de disparate que choca a la primera vista, i frustra la espectacion pugnando contra las ideas recibidas, i no obstante este disparate inconcebible es grande i noble, sublime a veces, regular siempre; i con tales muestras de permanencia i de fuerza orgánica se presenta, que el ridículo se deslizarla sobre su superficie como la impotente bala sobre las duras escamas del caiman. No es aquel cuerpo social un ser deforme, monstruo de las especies conocidas, sino como un animal nuevo producido por la creacion política, estraño como aquellos   megaterios cuyos huesos se presentan aun sobre la superficie de la tierra. De manera que para aprender a contemplarlo, es preciso ántes educar el juicio propio, disimulando sus aparentes faltas orgánicas, a fin de apreciarlo en su propia índole, no sin riesgo de, vencida la primera estrañeza, apasionarse por él, hallarlo bello, i proclamar un nuevo criterio de las cosas humanas, como lo hizo el romanticismo para hacerse perdonar sus monstruosidades al derrocar al viejo ídolo de la poética romano-francesa.

Educados Ud. I yo, mi buen amigo, bajo la vara de hierro del mas sublime de los tiranos, combatiéndolo sin cesar en nombre del derecho, de la justicia, en nombre de la república, en fin, como realizacion de las conclusiones a que la conciencia i la intelijencia humana han llegado, Ud. i yo, como tantos otros nos hemos envanecido i alentado al divisar en medio de la noche de plomo que pesa sobre la América del sur, la aureola de luz con que se alumbra el norte. Por fin, nos hemos dicho para endurecernos contra los males presentes: la república existe, fuerte, invencible; la luz se hace; un dia llegará para la justicia, la igualdad, el derecho; la luz se irradiará hasta nosotros cuando el sud refleje al norte. ¡I cierto, la república es! Solo que al contemplarla de cerca, se halla que bajo muchos respectos no corresponde a la idea abstracta que de ella teníamos. Al mismo tiempo que en Norteamérica han desaparecido las mas feas úlceras de la especie humana, se presentan algunas cicatrizadas ya aun entre los pueblos europeos, i que aquí se convierten en cáncer, al paso que se orijinan. dolencias nuevas para las que aun no se busca ni conoce remedio. Así, pues, nuestra república, libertad i fuerza, intelijencia i belleza; aquella república de nuestros sueños para cuando el malaconsejado tirano cayera, i sobre cuya organizacion discutíamos candorosamente entre nosotros en el destierro, i bajo el duro aguijon de las necesidades del momento; aquella república, mi querido amigo, es un desideratum todavía, posible en la tierra si hai un Dios que para bien dirije lo los lentos destinos humanos, si la justicia es un sentimiento inherente a nuestra naturaleza, su lei orgánica i el fin de su larga preparacion.

Si no temiera, pues, que la citacion diese lugar a un concepto equivocado, diria al darle cuenta de mis impresiones en los Estados Unidos, lo que Voltaire hace decir a Bruto:

Et je cherche ici Rome, et ne la trouve plus!

Como en Roma o en Venecia existió el patriciado, aquí existe la democracia; la República, la cosa pública vendrá mas tarde. Consuélenos, empero, la idea de que estos demócratas son hoi en la tierra los que mas en camino van de hallar la incógnita que dará la solucion política que buscan a oscuras los pueblos cristianos, tropezando en la monarquía como en Europa, o atajados por el despotismo brutal como en nuestra pobre patria.

No espere que dé a Ud. una descripcion ordenada de los Estados Unidos, no obstante que he visitado todas sus grandes ciudades, i atravesado o seguido los límites de veinte i uno de sus mas ricos Estados. Quiero seguir otro camino. A la altura de civilizacion a que ha llegado la parte mas noble de la especie humana, para que una nacion sea eminentemente poderosa o susceptible de serlo, se requieren condiciones territoriales que nada puede suplir permanentemente. Si Dios me encargara de formar una gran república, nuestra república *a nous* por ejemplo, no admitiria tan serio encargo, sino a condicion o que me diese estas bases por lo ménos: espacio sin límites conocidos para que se huelguen un dia en él doscientos millones de habitantes; ancha esposicion a los mares, costas acribilladas de golfos i bahías; superficie variada sin que oponga dificultades a los caminos de hierro i canales que habrán de cruzar el estado en todas direcciones; i como no consentiré jamas en suprimir lo de los ferrocarriles, ha de haber tanto carbon de piedra i tanto hierro, que el año de gracia cuatro mil setecientos cincuenta i uno se estén aun esplotando las minas como el primer dia. La estrema abundancia de madera de construccion seria el único obstáculo que soportaria para el fácil descuajo de la tierra; encargándome yo personalmente de dar direccion oportuna a los rios navegabes que habrian de atravesar el pais en todas direcciones, convertirse en lagos donde la perspectiva lo requiriese, desembocar en todos los mares, ligar entre sí todos los climas, a fin de que las producciones de los polos viniesen en via recta a los paises tropicales i viceversa. Luego para mis miras futuras pediria abundancia por doquier de mármoles, granitos, porfiros i otras piedras de cantería, sin las cuales las naciones no pueden imprimir a la tierra olvidadiza el rastro eterno de sus plantas.

¡Pais de Cucaña! diria un frances. ¡La ínsula Barataria! apuntaria un español. ¡Imbéciles! Son los Estados Unidos, tal cual los ha formado Dios, i jurara que al crear este pedazo   de mundo, se sabia mui bien él, que allá por el siglo XIX, los desechos de su pobre humanidad pisoteada en otras partes, esclavizada, o muriéndose de hambre a fin de que huelguen los pocos, vendrian a reunirse aquí, desenvolverse sin obstáculo, engrandecerse, i vengar con su ejemplo a la especie humana de tantos siglos de tutela leonina i de sufrimientos. ¿Por qué no descubrieron los romanos aquella tierra eminentemente adaptada para la industria que ellos no ejercitaron, para la invasion pacífica del colono, i tan pródiga de bienestar para el individuo? ¿Por qué la raza sajona tropezó con este pedazo de mundo que tan bien cuadraba con sus instintos industriales, i por qué a la raza española lo cupo en suerte la América del sur donde habia minas de plata i de oro, e indios mansos i abyectos, que venian de perlas a su pereza de amo, a su atraso e ineptitud industrial? ¿No hai órden i premeditacion en todos estos acasos? ¿No hai providencia? ¡Oh! amigo, Dios es la mas fácil solucion de todas estas dificultades.

Olvidé pedir pan mi república, i lo hago aquí para que conste, que se me dé por vecinos pueblos de la estirpe española, Méjico por ejemplo, i allá en el horizonte, Cuba, un istmo, etc.

No soi yo el primero que ha sido sorprendido por éste a propósito de la naturaleza en los Estados Unidos. Un compañero de viaje escribia a uno de sus amigos de Europa:

«No tengo noticia de lugar alguno donde Dios se haya sobrepasado a sí mismo como aquí. Estaba mui de bien humor sin duda, cuando bosquejaba estos grados 0° i 6° de lonjitud, este i oeste de Washington. ¡Esto es bello i trazado con soltura! Cada rico tiene seis millas de ancho, cada lago cuatrocientas por lo ménos de circunferencia; por todas partes bosques inmensos de árboles en perfecta armonía con el paisaje. Ni una sola colina, ni una sola isla árida; vejetacion por todas partes como allá en sus montañas de los Pirineos».

En cuanto a la ordenacion jeneral de este pais, daré a Ud: algunas lijeras nociones. Supóngase un espacio cuadrado de tierra que mida dos millones i medio de millas cuadradas, bañado por mares diversos hácia el sur, oriente i occidente. Al norte un rio, salido de una cadena de lagos tan capaces como el mar Caspio, sirviéndole de límite, i proporcionándole una línea de navegación desde lo más recóndito del interior hasta las costas del Atlántico. Mas como la boca del San Lorenzo,   que es aquel rio término, cae fuera de los límites de los estados, a la altura de Montreal, se dirije hácia el sur no mas ancho que un rio, el lago Champlain, hasta tocar casi con las fuentes del Hudson, que por este medio ofrece al emporio de Nueva York, comunicacion acuática con los lagos i el alto i bajo Canadá.

Como el cuadrado que nos hemos trazado es poco ménos grande que la Europa, necesitaba en teoría una arteria interior, por donde hubiese de circular i penetrar la vida. Para llenar este requisito, desde las inmediaciones del lago Erie, se desprende hácia el sur el Mississipi, el mas caudaloso de los rios de la tierra, i corriendo en seguida navegable por mil quinientas millas, incorpora en su caudal las aguas del Ohio; el Arkansas, el Illinois, el Missouri, el Tenessee, el Awash i muchos otros que de oriente i occidente, vienen alternativamente arrastrando sobre sus turbias ondas los productos de las plantaciones mas remotas, hasta el Golfo de Méjico. Porque hai esto de notable en la distribucion de las aguas de Norteamérica, que las unas se reunen en un inmenso receptáculo i marchan al oriente reunidas en el San Lorenzo: las otras se dirijen hácia el sur i se aglomeran en el Mississipi, no quedando independientes de aquellos dos grandes sistemas de desagüe, sino el Hudson, el Potomack i el Susquehuanah.

Mui bisoños se habrían mostrado los yankees, si no hubiesen completado por canales el conocido plan de la providencia, de manera que las mercaderías del Canadá tengan camino acuático a New York o a Orleans indistintamente, recorriendo para ello una línea de navegacion interna, mayor que la que media entro América i Europa. Por otra parte, como un estado americano ha de vivir necesariamente de la esportacion de sus materias primeras, sus cereales i peleterías, su esposicion debe ser de preferencia al Atlántico; i su necesidad primera, que de todos los puntos converjan i concurran sus vias de comunicacion a las bocas i orificios de aquel inmenso pólipo, cuya simple estructura no ofrece sino tubo intestinal i bocas. Pero supóngase que el estado larva ha de pasar por diversas trasformaciones, hasta entrar en la familia de los animales mas perfectos, i dotados de diversos sistemas, sanguíneo, nervioso, dijestivo, etc.; entónces la vida se hace mas complicada, i el animal no existe ya para la boca, sino la boca para el animal. La vida interna haciéndose mas complicada exije vasos secretorios, donde se preparen mejor los   alimentos; lo que equivale a decir, porque ya la alegoría fastidia, que con el exceso de la poblacion i el desarrollo de la riqueza, nace una industria nacional, i el estado sin disminuir su movimiento de esportacion e importacion, adquiere al fin una vida interna que necesita satisfacer por sí mismo i para sí mismo. La China en Asia, la Alemania i la Francia en Europa, dan un ejemplo de esta vida interior, que da pábulo a industrias poderosas, i mayor acumulacion de riquezas. Cuando este caso llegue para los Estados Unidos, se concibe que las ciudades del litoral no serán los únicos focos de riqueza, pues para promediar las distancias habrá en el centro del estado nuevos focos industriales que derramen e irradien a los estremos los productos del trabajo nacional. Ahora, busque Ud. en el mapa de los Estados Unidos un punto a propósito para esta secrecion interna, reuniendo ademas las condiciones de viabilidad i abundancia de elementos de fabricacion, hierro, maderas, carbon, etc. Si Ud. no lo encuentra tan pronto, yo se lo indicaré. Hácia lo interior de la Pensilvania los rios Ohio, Alleghany i Monontgahella se reunen para dirijirse al Mississipi, la grande arteria que distribuye i concreta como hemos visto el movimiento interior.

En la confluencia de estos ríos está situada Pittsburg, que por canales artificiales i ferrocarriles comunica con Baltimore en la Bahia de Chesapeake, Filadelfia, New York, Boston al norte. Removiendo un poco la superficie de la tierra sobre que está fundada Pittsburg, se encuentra un manto de carbon de piedra, el cual se estiende unas catorce mil millas cuadradas, esto es, un espacio un poco menor que la Inglaterra entera. Por todo el pais circunvecino i a orillas de los ríos, los propietarios pueden bajo el hogar doméstico abrir una boca mina, para estraer esta sustancia, alimenticia de fábricas; i en Marieta hemos descendido del vapor, i atravesando dos calles de la ciudad, entrádonos sin mas rodeos en una mina de carbon bituminoso que del interior de una colina sacaban en carretillas de mano, para hacerlo derramarse en seguida hasta sobre la cubierta de los buques que atracan a la orilla del río a recibirlo. De allí en caravanas de angadas informes que sin velas ni remos se abandonan a merced de la corriente de los rios, va el carbon hasta Nueva

Orleans, a hacer concurrencia ventajosa a la leña ne se corta en los inmediatos bosques, i cuyo precio se regla por el salario diario del leñador. Esto por lo que hace al carbon, que en cuanto al hierro se le encuentra en igual abundancia por todas partes, i gracias a estas envidiables ventajas de posicion, Pittsburg se alza hoi en medio de las selvas americanas, envuelta en su denso manto de humo hediondo i espeso, que la hace llamar ya el Birminghan yankee, i será el Londres futuro, por la multitud de sus fábricas, sus algodones, que remontan desde Nueva Orleans, para ser allí pintados o tejidos, por mecanismos que avanzan en perfeccion casi siempre, a los inventos europeos. Como una muestra de lo que puede ser Pittsburg, recordaré que a fines del siglo pasado el territorio adyacente estaba aun en poder de los salvajes: en 1800 contenía ya 45000 habitantes, i en 1845 montaba la poblacion a dos millones.

Como la poblacion de los Estados Unidos avanza hácia el Pacífico setecientas millas de frente por año, mas tarde será necesario un foco industrial todavía mas adentro, a cuyo fin se ha dispuesto que donde el Misouri, que corro unas 1200 millas, se echa en el Mississipi, i no léjos del punto en que de la parte opuesta desemboca el Ohio, haya otro depósito de carbon de piedra que, a lo que ha podido averiguarse hasta ahora, ocupa una área de cosa ¡de 60000 millas cuadradas!

Yo no quiero hacer cómplice a la providencia de todas las usurpaciones norteamericanas, ni de su mal ejemplo que en un período mas o ménos remoto, puede atraerle, unirle políticamente o anexarle, como ellos llaman, el Canadá Méjico, etc. Entónces, la union de los hombres libres principiará en el Polo del norte, para venir a terminar por falta de tierra en el Istmo de Panamá.

Para entónces estarán los lagos en el centro de la union jigante, i para entónces tambien el estado de Michigan, envuelto como una península por el lago del mismo nombre, el Huron, el Saint Clair, i la base del Erie podrá dar fructuosa ocupación al enorme depósito de carbon que contiene en su centro. En espectacion de aquel suceso, i por aquel infalible instinto con que el yankee husmea los lugares que han de ser fecundos en riqueza, a orillas del último de aquellos mares de agua dulce, empieza ya a surjir del haz de la tierra, Buffalo, ciudad que sin haber sido aldea siquiera, contaba hace un año 30000 habitantes, i contará hoi 50000, segun los términos de la progresion yankee. Un camino de hierro, que desde Albany atraviesa sin pretension alguna cinco grados de lonjitud, derrama, en sus calles todos los dias, una avenida de hombres, que desde Europa i remontando el Hudson, vienen a escojerse, entre los bosques intermediarios, algun pedazo de tierra donde fijar una nueva familia, como aquellas razas de Sem i de Jafet, que partian desde la Babel antigua a repartirse entre sí la tierra despoblada. Igual confusion de lenguas entre los que llegan, si bien la tierra les imprime la suya a poco andar, i como el agua frotando las superficies angulosas de diversas piedras conforma los guijarros cual si fueran una familia de hermanos, así reuniéndose, mezclándose entre sí estas avenidas de fragmentos de sociedades antiguas, se forma la nueva, la mas jóven i osada república, del mundo. ¡Oh! Cuánta verdad tanjible hai en los misterios morales de nuestra raza; ¡cuántas relaciones íntimas, inevitables, muestran las cosas físicas! La libertad emigrada al norte da al hombre que llega alas para volar; ruedan torrentes humanos por entre las selvas primitivas, i la palabra pasa muda por sobre sus cabezas en hilos de hierro, para ir a activar a lo léjos aquella invasion del hombre sobre el suelo que le estaba reservado; del espíritu envejecido i esperto sobre la materia inculta aun, i esperando desde abinicio, que se la dé forma. Franklin, como Ud. sabe, fue el primero que tomó en sus manos el terrible rayo, i lo esplicó a mundo asombrado. Partiendo del descubrimiento de Franklin (hablo en el sentido práctico del pararayos, con que él dotó a la humanidad), Volta, Oersted, Alexander, Ampere, Arago, habian escrito i tentado mucho sobre la telegrafía eléctrica, cuando Morse, norteamericano hizo sus ensayos mediante los 30,000 pesos que el congreso de los Estados Unidos dió para costearlos. ¿No es singular que haya cabido a los Estados Unidos la gloria de haber inventado el pararayos i el eter sulfúrico para ahorrar dos grandes males a la humanidad, e impreso a los movimientos del hombre rapideces planetarias, con la aplicacion del vapor hecha por Fulton, i en la telegrafía eléctrica por Morse? En Francia dejé líneas de telégrafos de este jénero en via de ensayo, de Ruan a Paris, de Paris a Lille, i esto para el servicio del gobierno. En los Estados Unidos habia en los momentos de mi salida: de Nueva York un círculo que liga en Washington, Baltimore, Filadelfia, i vuelve a Nueva York, 455 millas; otro anillo que liga a Nueva York, New Haven, Hasford, Springfield, Boston, i vuelve a Nueva York, 452 millas. Una línea a Albany que parte desde el mismo centro, 150, i de allí estiende un brazo a Buffalo, 250 millas. Otra a Rochester, 252; otra a Monreal, 205. La dilijencia que lleva diariamente la correspondencia por toda la Union recorre 142,295 millas, i 853 millas describen los canales artificiales.   Rodean los estados 3600 millas de mar i 1200 de lagos. Nueva York sirve de puerto a una navegacion interna de rios, canales i lagos de 3000 millas; Nueva Orleans a otra de 20000, subdividida en rios navegables, i que uniéndose por el Mississipi, con los lagos i el San Lorenzo, puede producir la mas pasmosa línea de circunnavegacion interior i fluvial.

La naturaleza habia ejecutado las grandes facciones del territorio de la Union; pero sin la profunda ciencia de la riqueza pública que poseen los norteamericanos, la obra habia quedado incompleta. Desde Filadelfia a San Luis, como de Buenos Aires a Mendoza, atraviesa el estado una gran ruta nacional, porque en este sentido el pais no es viable por canales, pues los declives de las aguas se inclinan al sud o al este. Pero del lago Erie, desciende un canal navegable que uniéndose al Ohio entre Cancaneado i Pittsburg, trae con fletes ínfimos los productos del estremos norte del lago superior i del Canadá hasta la Nueva Orleans. Del estremos este del mismo lago Erie parte otro canal, que, después de haberse puesto en contacto por una ramificacion con el lago Ontario, a la altura de Troya desemboca en el Hudson, i liga por agua a Chicago, que está 14 grados de distancia al occidente, con Nueva York i Quebec. Desde Pittsburg parte un canal faldeando los montes Alleghanies, que pone en contacto acuático a Filadelfia en el Atlántico, con Nueva Orleans en el Golfo de Méjico, describiendo una ruta a traves del continente, de mas de mil leguas. Inútil seria detenerse en las líneas de caminos de hierro, que completan en parte las de lagos, o se cruzan con ellas, facilitando a cada estado, a cada ciudad i a cada aldea, las comunicaciones baratas, rápidas, diarias, fáciles, al alcance de todas las fortunas, apropiadas a todas las mercaderías. Tocqueville ha dicho que los caminos de hierro bajaron de un cuarto los costos de trasporte. Los canales han abolido casi el flete, pues apénas es sensible; i sin embargo, tal es la afluencia de productos, que estas obras producen al estado millones de renta anual.

Del aspecto jeneral del pais, o de su arquitectura como distribucion de los medios de accion puestos por Dios i utilizados i completados por el hombre, pasaré sin transicion a la aldea, centro de la vida política, como la familia lo es de la vida doméstica. Los Estados Unidos están en ella con todos sus accidentes, cosa que no puedo decirse de nacion alguna. La aldea francesa o chilena es la negacion de la Francia o de Chile, i nadie quisiera aceptar ni sus costumbres,　ni sus vestidos, ni sus ideas, como manifestacion de la civilizacion nacional. La aldea norteamericana es ya todo el estado, en su gobierno civil, su prensa, sus escuelas, sus bancos, su municipalidad, su censo, su espíritu i su apariencia. Del seno de un bosque primitivo, la dilijencia o los wagones salen a un pequeño espacio desmontado en cuyo centro se alzan diez o doce casas. Estas son de ladrillo, construido con el auxilio de máquinas, lo que da a sus costados la tersura de figuras matemáticas, uniéndolos entre sí argamaza en filetes finísimos y restos. Levántanse aquellas en dos pisos cubiertos de techumbres de madera pintada. Puertas i ventanas pintadas de blanco, sujetan i cierran cerraduras de patente; i stores verdes animan i varian la regularidad de la distribucion. Fíjome en estos detalles porque ellos solos bastan a caracterizar a un pueblo i suscitan un cúmulo de reflexiones. La primera que me ha embargado al presenciar esta ostentacion de riqueza i de bienestar, es la que suministra la comparacion de las fuerzas productivas de las naciones. Chile, por ejemplo, i lo que es aplicable a Chile lo es a toda la América española, Chile tiene millon i medio de habitantes. ¿En qué proporcion están las casas, que de tales merezcan el nombre, con las familias que lo habitan? Pues en los Estados Unidos todos los hombres viven en casas, tales como las que he delineado al principio, rodeados de todos los instrumentos mas adelantados de la civilizacion, salvo los *pioneers* que habitan aun los bosques, salvo los transeuntes que se albergan en inmensos hoteles. De aquí resulta un fenómeno económico que apuntaré lijeramente. Supongo que veinte millones de norteamericanos habiten un millon de casas. ¿Cuánto capital invertido en satisfacer esta sola necesidad? Fabricantes de ladrillos a la mecánica han hecho con sus productos fortunas colosales; fábricas de cerrajerías de patente venden sus obras por cantidades cien veces mayores que en cualquiera otra parte del mundo, para servir a menor número de hombres. Las estufas de hierro colado que se aplican al uso doméstico en todas las aldeas, bastarian a dar movimiento i ocupacion a las fábricas de Lóndres; i el avalúo de las casas que habitan los norteamericanos en las aldeas, no diré mas pobres, porque el término es impropio, equivaldria a la riqueza territorial e inmueble de cualquiera de nuestros estados.

La cocina mas o ménos espaciosa, segun el número de individuos de la familia, consta de un aparato económico de hierro fundido, formando parte de él un servicio completo　de cacerolas i de utensilios culinarios, todo obra de alguna fábrica que se ocupa de este ramo. En algun departamento interior se guardan arados del autor frances que los inventó, i el instrumento de agricultura mas poderoso que se conoce: su reja abre un surco de media vara de ancho; una cuchilla movible va rozando las yerbas, i el menor esfuerzo del labrador lo aparta del encuentro del tronco de un árbol. Su lijera obra de madera está constantemente pintada de colorado, i los arneses de los caballos que lo tiran son de obra de talabartería, lustrosa siempre i con hebillas amarillas i adornos en bronce para ajustarlos. Las hachas de la casa son tambien de patente i de la construccion mas aventajada que se conoce; pues el hacha es la trompa de elefante del yankee, su mondadientes i su dedo, como entre nosotros es el cuchillo, o la navaja entre los españoles. Una carretela de cuatro ruedas, lijeras como las patas de un escarabajo, siempre barnizada i lustrosa como recien sacada de la fábrica, con arneses brillantes, completos i tales como no los llevan iguales los fiacres de Paris, facilitan la locomocion de los habitantes. Una máquina sirve para desgranar el maiz; otra para limpiar el trigo; i cada operacion agrícola o doméstica, llama en su ayuda el talento inventivo de los fabricantes. El terreno adyacente a la casa i que sirve de jardin de horticultura, está separado de la calle o camino público por una balaustrada de madera, pintada de blanco en toda su estension i de la forma mas artística. No so olvide Ud. que estoi describiéndole una pobre aldea que aun no cuenta doce casas, rodeada todavía de bosques no descuajados i apartada por centenares de leguas de las grandes ciudades. Mi aldea, pues, tiene varios establecimientos públicos, alguna fábrica de cerveza, una panadería, varios bodegones o figonerías, todos con el anuncio en letras de oro, perfectamente ejecutadas por algun fabricante de letras. Este es un punto capital. Los anuncios en los Estados Unidos son por toda la Union una obra de arte, i la muestra mas inequívoca del adelanto del pais. Me he divertido en España i en toda la América del sud, examinando aquellos letreros donde los hai, hechos con caractéres raquíticos i jorobados i ostentando en errores de ortografía la ignorancia supina del artesano o aficionado que los formó.

El norteamericano es un literato clásico en materia de anuncios, i una letra chueca o gorda, o un error ortográfico espondria al locatario a ver desierto su mostrador. Dos hoteles   ha de haber por lo ménos en la aldea para alojamiento de los pasajeros; una imprenta para un diario diminutivo, un banco i una capilla. La oficina de la posta recibe diariamente los diarios de la vecindad, o de las grandes ciudades, a que están suscritos los aldeanos; i cartas, paquetes i transeuntes han de llegar i salir por ella diariamente; pues el trasporte de la mala, aun a los puntos mas distantes, se hace en vehículos de cuatro ruedas i con comodidades para pasajeros. Las calles, que se van delineando a medida que la poblacion crece, tienen como las de las grandes ciudades, treinta varas de ancho, inclusas las aceras de seis varas que deben quedar de cada costado, sombreadas por líneas de árboles que desde luego se plantan. El centro de la calle es, miéntras no hai medios de empedrarlo, un ciénago en que osan todos los cerdos de la aldea, los cuales ocupan tan encumbrado lugar en la economía doméstica, que sus productos en toda la Union corren parejas con los del cultivo del trigo.

I como es regla que segun el nido ha de ser el pájaro, diré una palabra sobre el villano. Si es bodegonero, almacenero o de otra profesion sedentaria, su traje diario se compone de las piezas siguientes: botas charoladas, pantalon i frac de paño negro, chaleco de raso idem, corbata de gro, un pequeño casquete o gorrita de paño; i pendiente de un cordon negro un chisme de oro que representa un lápiz o una llave. En la punta de este cordon i mui sumido en el bolsillo se está la pieza mas curiosa del traje del yankee. Si Ud. quiere estudiar las trasformaciones que el reloj ha esperimentado desde su invencion hasta nuestros dias, pida Ud. la hora a cuanto yankee encuentre. Verá Ud.

relojes fósiles, relojes mastodontes, relojes fantasmas, relojes guarida de sabandijas, relojes de tres pisos, inflados, con puente levadizo i escalera secreta, para descender con linterna a darles cuerda. El padron del reloj de Dulcamara, en el elixir de amor, emigró con los primeros puritanos, i sus descendientes gozan del derecho de ciudadanía i están alistados en el partido temible de los *nativistas*, que profesan las doctrinas del *americanismo* mas exaltado. Cada buque que llega de Europa trae centenares de estos emigrantes los cuales, vendidos a la mejor postura en Nueva York, Boston, Nueva Orleans i Baltimore, desde el precio de doce reales para arriba, proveen a esta demanda nacional popular de relojes. Tiene el yankee una cartera en el bolsillo, i al acostarse en la cama, traza a la lijera jeroglíficos que indican el camino que tiene trazado a sus acciones   del dia siguiente. No se crea que hai exajeracion en esta comun distribucion de los medios civilizados a las aldeas como a las ciudades, i a los hombres de todas clases. Tomo a la ventura las villitas mas pequeñas, cuya descripcion me cae a la mano. Bennington contiene un consistorio, una iglesia, dos academias (colejios), un banco i cerca de 300 habitantes.

Norwich, en la orilla derecha del Connecticut, contiene varias iglesias, un banco i 700 habitantes.

Haverhill tiene un consistorio, un banco, una iglesia, una academia i sesenta casas, etc.

Hácia el oeste, donde la civilizacion declina, i en el *Farwest*, donde casi se estingue, por el desparramo de la poblacion en las campañas, el aspecto cambia sin duda, el bienestar se reduce a lo estrictamente necesario, i la casa se convierte en el *log-house*, construido en veinte i cuatro horas, de palos superpuestos i cruzándose en las esquinas por medio de muescas; pero aun en estas remotas plantaciones, hai igualdad perfecta de aspecto en la poblacion, en el vestido, en los modales, i aun en la intelijencia; el comerciante, el doctor, el sheriff, el cultivador, todos tienen el mismo aspecto. El campesino es padre de familia, es propietario de doscientos acres de tierra o de dos mil, no importa para el caso. Sus instrumentos aratorios, sus *engines* son los mismos, es decir, los mejores conocidos; i si acierta a darse en la vecindad un meeting relijioso, de lo profundo de los bosques, descendiendo de las montañas, asomándose por todos los caminos, veráse los campesinos a caballo en grandes cabalgatas, con su pantalon i su frac negro, i las niñas con los vestidos de los jéneros mas frescos i las formas mas graciosas. A bordo de un vapor en una larga navegacion, habíame tocado de vez en cuando acercarme a un sujeto perfectamente vestido i que se hacia notar por el cortés desembarazo de los modales. Una mañana, al acercarnos a una ciudad, lo ví, no sin sorpresa, sacar de un camarote una caja, templarla i comenzar a tocar la llamada, invitando al enganche a los jóvenes del lugar. ¡Era tambor! A veces la cadena del reloj caia sobre el parche i embarazaba momentáneamente el juego de los palillos. La igualdad es, pues, absoluta en las costumbres i en las formas. Los grados de civilizacion o de riqueza no están espresados como entre nosotros por cortes especiales de vestido. No hai chaqueta, ni poncho, sino un vestido comun i hasta una rudeza comun de modales que mantiene las apariencias de igualdad en la educacion.

Pero aun no es ésta la parte mas característica de aquel pueblo: es su aptitud para apropiarse, jeneralizar, *vulgarizar* conservar i perfeccionar todos los usos, instrumentos, procederes i auxilios que la mas adelantada civilizacion ha puesto en manos de los hombres. En esto los Estados Unidos son únicos en la tierra. No hai rutina invencible que demore por siglos la adopcion de una mejora conocida; hai por el contrario una predisposicion a adoptar todo. El anuncio hecho por un diario de una modificacion en el arado, por ejemplo, lo trascriben en un dia todos los periódicos de la Union. Al dia siguiente se habla de ello en todas las plantaciones, i los herreros i fabricantes han ensayado en doscientos puntos de la Union a un tiempo la realizacion del modelo, i tienen espuestas en venta las nuevas máquinas. Un año despues, en toda la Union está en práctica. Id a hacer o a esperar cosa semejante en un siglo en España, Francia o nuestra América.

El diccionario de Salvá, porque el de la Academia no hace fe hoi, dice, definiendo la palabra civilizacion, que es «aquel grado de cultura que adquieren pueblos i personas, cuando de la rudeza natura pasan al primor, elegancia i dulzura de voces i costumbres propio de jente culta». Yo llamaría a esto civilidad; pues las voces mui relamidas, ni las costumbres en estremo muelles, representan la perfeccion moral i física, ni las fuerzas que el hombre civilizado desarrolla para someter a su uso la naturaleza.

Después de las aldeas de los Estados Unidos, llama de preferencia la atencion del viajero el movimiento de los caminos que las unen entre sí, ya sean carriles, macadamizados, ferrocarriles o rios navegables. Si Dios llamara repentinamente a cuentas al mundo, sorprenderia en marcha, como a las hormigas, a los dos tercios de la poblacion norteamericana, de donde resulta lo mismo que he dicho de los edificios; pues viajando todos, no hai empresa imposible ni improductiva en materia de viabilidad. Ciento veinte leguas de camino de hierro se hacen en veinte i cuatro horas desde Albany hasta Buffalo por doce pesos; i por quince, inclusas cuatro opíparas i suculentas comidas diarias, dos mil doscientas millas de navegacion de vapor en diez dias desde Cincinnati hasta Nueva Orleans, por los rios Ohio i Mississipi. El vapor o el convoi del ferrocarril atraviesan bosques primitivos, entre cuyas enramadas oscuras i solitarias tome el viajero meditabundo ver aparecer el último resto de las tribus salvajes que   no hace diez años llamaban a aquellos parajes las cacerías de sus padres.

La concurrencia de pasajeros permite la baratura del pasaje; i la baratura del pasaje tienta a viajar a los que no tienen objeto preciso para ello; el yankee sale de su casa a respirar un poco de aire, a tomar un paseo, i hace de ida i vuelta cincuenta leguas en un vapor o un convoi, i vuelve a continuar sus ocupaciones. Cuando el ojo certero de la industria descubre un trayecto de ferrocarril, una asociacion lo abre lo suficiente para indicar la via; de los árboles volteados se hacen las líneas del futuro ferrocarril, poniéndoles sobrepuestas planchuelas delgadas de hierro. El convoi se lanza con tiento al principio, equilibrándose, aquí caigo, allí levanto sobre esta peligrosa via; los pasajeros llueven de todas partes, i con los productos que dejan, se construye entónces el verdadero camino, nunca seguro, por no hacerlo costoso, lo que no aumenta en mucho el número de desgracias. El convoi es siempre cómodo, espacioso, i si sus cojines no son tan muelles como los de la primera clase en Francia, no son tampoco tan estúpidamente duros como los de segunda en Inglaterra; pues en los Estados Unidos, no habiendo sino una clase en la sociedad, la cual la forma *el hombre*, no hai tres i aun cuatro clases de wagones, como sucede en Europa. Pero donde el lujo i la grandeza norteamericanas se ostentan sin rival en la tierra, es en los vapores de los rios del norte. ¡Cloacas o cáscaras de nuez parecerian a su lado los que navegan en el Mediterráneo! Son palacios flotantes de tres pisos, con galerías i azoteas para pasearse. Brilla el oro en los capiteles i arquitrabes de las mil columnas que, como en el *Isaac Newton*, flanquean cámaras monstruos, capaces de contener en su seno al senado i cámara de diputados. Colgaduras de damasco artísticamente prendidas disimulan camarotes para quinientos pasajeros, comedores colosos con mesa sin fin de caoba bruñida, i servicio de porcelana i plata para mil comensales. Puede este buque recibir dos mil pasajeros; tiene 750 lechos, 200 cámaras independientes; mide 341 piés de largo, 85 de ancho, i carga ademas 1450 toneladas.

El vapor *Hendrick* mide 341 piés de largo i 72 de ancho; tiene 150 cámaras independientes, 600 camarotes con colchones de plumas, dando *acomodations* en jeneral para dos mil pasajeros, todo por un dollar, corriendo la distancia de 144 millas. Un habitante de Nueva York va a Troya o Albany en la noche; habla por la mañana del dia siguiente   con su corresponsal, i en la tarde está en Nueva York de regreso, a vacar de las ocupaciones del dia, habiendo hecho en a interrupcion de diez o doce horas de tiempo hábil, cien leguas de camino. El sudamericano que acaba de desembarcar de Europa, donde se ha estasiado admirando los progresos de la industria i el poder del hombre, se pregunta atónito al ver aquellas colosales construcciones americanas, ¡aquellas facilidades de locomocion, si realmente la Europa está a la cabeza de la civilizacion del mundo! Marinos franceses, ingleses i sardos, he visto espresar sin disimulo su asombro de encontrarse tan pequeños, tan atras de este pueblo jigantesco.

Hai en aquellos buques del Hudson un *sancta sanctorum*, en cuyo recinto no penetra el ojo del profano, una morada misteriosa, de cuyas delicias puede cuando mas tenerse sospechas por las bocanadas de perfumes que se escapan al abrirse momentáneamente la puerta. Los norteamericanos se han creado costumbres que no tienen ejemplo ni antecedente en la tierra. La mujer soltera, o el hombre de sexo femenino, es libre como las mariposas hasta el momento de encerrarse en el capullo doméstico, para llenar con el matrimonio sus funciones sociales. Antes de esta época viaja sola, vaga por las calles de las ciudades i mantiene amoríos castos a la par que desenvueltos a la luz del público, bajo el ojo indiferente de sus padres. Recibe visitas de personas que no se han presentado a su familia, i a las dos de la mañana vuelve de un baile a su casa acompañada de aquél con quien ha valsado o polkado esclusivamente toda la noche. Los buenos puritanos de sus padres la hacen broma a veces con el tal, de cuyos amores han sido instruidos por la voz pública, i la taimada se complace en derrotar las conjeturas, desmintiendo la evidencia.

Después de dos o tres años de *flitear*, este es el verbo norteamericano, bailes, paseos, viajes i coqueterías, la niña de la historia, en el almuerzo i como quien no quiere la cosa, pregunta a sus padres si conocen a un jóven alto, rubio, maquinista de profesion, que suele venir a verla, de vez en cuando, todos los dias. Hacia un año que estaban esperando esta introduccion. El desenlace es que hai en la familia un enlace convenido, de que se da parte a los padres la víspera, los cuales ya lo sabian por todas las comadres de la vecindad. Celebrado el desposorio, los novios toman en el acto el próximo camino de hierro, i salen a ostentar su felicidad por bosques, villas, ciudades i hoteles. En los wagones se les ve siempre a estas encantadoras parejas de jóvenes de veinte años, abrazados, reposándose el uno en el seno del otro, i prodigándose caricias tan espresivas que edifican a todos los circunstantes, haciéndoles formar el propósito de casarse inmediatamente, aun a los mas contumaces solterones. No puede hacerse en términos mas insinuantes que esta esposicion al aire libre de las embriagueces matrimoniales, la propaganda del casamiento. Debido a esto es que el yankee no llega nunca a la edad de veinte i cinco años sin tener ya una familia numerosa; i yo no me esplico de otro modo la asombrosa propagacion de la especie en aquel suelo afortunado. En 1790 la poblacion constaba de cerca de 4000000; 1800, 5000000; 1810, 7000000; 1820, 9000000; 1830, 12000000; 1840, 17000000; 1850, contará 23000000. La inmigracion influye en estas cifras; pero en proporciones limitadas. El inmigrante no es un animal prolífico, hasta que ha recibido el baño yankee.

Volviendo, pues, a los millares de novios que andan enardeciendo i vivificando la atmósfera con sus álitos de primavera, los vapores del Hudson i de otros rios clásicos les tienen preparados departamentos *ad hoc*. Llámase este recinto la ¡*cámara de la novia!* Vidrios de colores esmaltados imprimen a la discreta luz que penetra en ella, todos los suaves colores del íris; lámparas rosadas arden por la noche; i de noche i de dia el perfume de las flores, las aguas odoríferas i los aromas que se queman aguzan la sed de placer que consume a sus escojidos moradores. Las fábricas de Paris no han creado damascos ni muselinas suficientemente costosas, para envolver entre sus sueltos pliegues i bajo techumbres doradas las lejítimas saturnales de la *cámara de la novia*. Despues de haber visto la cascada del Niágara, bañádose en las fuentes termales de Saratoga, pasado en revista cien ciudades i hecho mil leguas de pais, los novios vuelven, despues de quince dias, estenuados, maravillados i contentos, a aburrirse santamente en el hogar doméstico. La mujer ha dicho adios para siempre al mundo de cuyos placeres gozó tanto tiempo con entera libertad; a las selvas frescas de verdura, testigos de sus amores; a la cascada, a los caminos i a los rios. En adelante, el cerrado asilo doméstico es su penitenciaria perpetua; el roastbeef su acusador eterno; el hormiguero de chiquillos rubios i retozones, su torcedor continuo; i un marido incivil, aunque *good natured*, sudon de dia i roncador de noche, su cómplice i su fantasma. Atribuyo a aquellos amores ambulantes en que termina el *flirteo* americano, la manía de viajar que distingue al yankee, de quien puede decirse que nace viajero. El furor de viajar crece en proporciones espantosas año por año. Los productos de todas las obras públicas, ferrocarriles, puentes i canales en los diversos estados, en 1844, comparados con los de 1843, mostraron un aumento de cuatro millones de dollars; lo que hizo subir en solo aquel año de ochenta millones el valor de los trabajos, computando el rédito al cinco por ciento. Sabe de memoria todas las distancias, i a la vista de una ciudad, en los wagones o en los vapores, hai un movimiento jeneral de echar mano a la faltriquera, desdoblar el mapa topográfico de los alrededores i señalar con el dedo el punto en cuestion. Una sola casa de Nueva York ha vendido en diez años millon i medio de atlas i mapas para el uso popular. Es seguro que en Paris no hai ninguna que haya hecho emision igual para proveer al mundo entero. Cada estado tiene su carta jeolójica, que muestra la composicion del suelo i los elementos esplotables que contiene; cada condado su carta topográfica en diez ediciones diversas de todos los tamaños i de todos los precios. Apénas se tiró el primer cañonazo en la frontera mejicana, al Union fué inundada por millones de mapas de Méjico, en los cuales el yankee traza los movimientos del ejército, dá batallas, avanza, toma a la capital i se estaciona allí, hasta que las nuevas noticias venidas por el telégrafo, lo orientan sobre la verdadera posicion de los ejércitos, para hacerlos marchar de nuevo, con el dedo puesto en el mapa i a fuerza de conjeturas i cálculos, lo pone *a la hora de ésta* dentro de la ciudad de Méjico. Los mejicanos pueden ir a recibir lecciones de los leñadores yankees sobre la topografía, producciones i ventajas del pais que sin conocer habitan.

Pero continuemos un poco describiendo la fisonomía de los caminos. En los lagos i en otros rios de mayor lonjitud que el Hudson, los vapores se acercan a los barrancos en puntos determinados, para renovar su provision de leña, operacion que se hace en ménos tiempo que el cambio de mulas en las postas españolas o la renovacion de pasajeros. Del centro de un bosque secular i por sendas apénas practicables, vése salir una familia de señoras en *toilette* de baile, acompañadas por caballeros vestidos del eterno frac negro, variado a veces por un paletó, i cuando mas un anciano con surtú de terciopelo a la puritana; cabellos blancos i largos hasta los hombros, a   la Franklin, i sombrero redondo de copa baja. El carruaje que los conduce es de la misma construccion i tan esmeradamente barnizado como los que circulan en las calles de Washington. Los caballos con arneses relucientes, pertenecen a la raza inglesa, que no ha perdido nada de su esbelta belleza ni de su árabe conformacion al emigrar al nuevo mundo; porque el norteamericano, lejos de barbarizar como nosotros los elementos que nos entregó al instalarnos colonos la civilizacion europea, trabaja por perfeccionarlos mas aun i hacerles dar un nuevo paso. El espectáculo de esta *decencia* uniforme, i de aquel bienestar jeneral, si bien satisface el corazon de los que gozan en contemplar a una porcion de la especie humana, dueña en proporciones comunes a todos, de los goces i ventajas de la asociacion, cansa al fin la vista por su monótona uniformidad; desluciendo el cuadro a veces, la aparicion de un campesino con vestidos desordenados, levita descolorida i sucia, o frac hecho harapos, lo que trae a la memoria del viajero el recuerdo de los mendigos españoles o sudamericanos, de tan ingrata apariencia. No hermosean el paisaje, por ejemplo, aquellos trajes romanescos de la campiña de Nápoles; el sombrero con pluma empinada de las aguadoras de Venecia; la mantilla de las manolas sevillanas; ni las vestiduras recamadas de oro de las judías de Arjel u Oran. La Francia misma que manda a todos los pueblos el despótico decreto de sus modas, entretiene al viajero con las cofias de las mujeres de campaña, invariables i características en cada provincia, llegando en las inmediaciones de Burdeos a asumir la aterrante altura de dos tercios de vara sobre la cabeza, como aquellas peinetas formadas de la concha de un galápago entero, ¡que llenas de orgullo llevaron en un tiempo las damas de Buenos Aires, analojía que unida a los pellones i espuelas chilenos, me ha hecho sospechar que el espíritu de provincia, de aldea, es por todas partes fecundo en cosas abultadas!

Una paisanota de los Estados Unidos se conoce apénas por lo sonrosado de sus mejillas, su cara redonda i regordete i el sonreir candoroso i *hebété* que la distingue de las jentes de las ciudades. Fuera de esto i un poco de peor gusto i ménos desenfado para llevar la cachemira o la manteleta, las mujeres norteamericanas pertenecen todas a una misma clase, con tipos de fisonomía que por lo jeneral honran a la especie humana.

En este viaje que con Ud., mi buen amigo, ando haciendo por todas partes en los Estados Unidos, ya sea que nos paseemos   en las galerías o sobre la cubierta de los vapores, ya sea que prefiramos el mas sedentario vehículo de los ferrocarriles, al fin hemos de llegar, no diré a las puertas de una ciudad, frase europea i que está indicando las prisiones de que están circundadas, sino al desembarcadero, desde donde, con trescientos pasajeros mas, iremos a *acuartelarnos* en uno de los magníficos hoteles cuyas carrozas con cuatro caballos i domésticos elegantes, si no queremos seguir a pié la procesion con nuestro saco de viaje bajo el brazo, nos aguardan a la puerta. Al acercarse el vapor en que descendia el Mississipi, volviendo una de las semicirculares curvas que describe aquella inmensa cuanto quieta mole de agua, nos señalaron en el horizonte, dominando masas escalonadas de bosques matizados por el otoño i a cuya base se estienden en líneas de esmeralda las dilatadas plantaciones de azúcar, la cúpula de San Cárlos, consoladora muestra, después de 700 leguas de agua i bosque, de la proximidad de Nueva Orleans; i aunque el aspecto del paisaje circunvecino no favorece la comparacion, la vista de aquella lejana cúpula me trajo a la memoria la de San Pedro en Roma, que se divisa desde todos los puntos del horizonte como si ella sola existiese allí; mostrándose tan colosal a veinte leguas, como no se la cree cuando es considerada de cerca. Por fin iba a ver en los Estados Unidos una basílica de arquitectura clásica i de dimensiones dignas del culto. Alguno nos preguntó si teníamos hotel para nuestro alojamiento, indicándonos el de San Cárlos, como el mas bien servido. Desde la cúpula, añadió, podrán Uds. tener al salir el sol el panorama mas vasto de la ciudad, el rio, el lago i las vecinas campiñas. El San Cárlos que alzaba su erguida cabeza sobre las colinas i bosques de los alrededores, el San Carlos que me habia traido la reminiscencia de San Pedro en Roma, no era mas ¡que una fonda!

Hé aquí el pueblo rei, que se construye palacios para reposar la cabeza una noche bajo sus bóvedas; hé aquí el culto tributado al hombre, en cuanto hombre, i los prodijios del arte empleados, prodigados para glorificar a las masas populares. Neron tuvo su Domus Aurea; los romanos, los plebeyos tenian sus catacumbas ¡tan solo para abrigarse!

Nuestra admiracion en nada disminuyó al acercarnos a la base del soberbio palacio que envidiaran muchos príncipes europeos, i que en los Estados Unidos, a escepcion del Capitolio de Washington, monumento alguno civil o relijioso le   es superior en dimensiones i buen gusto. Sobre una subconstruccion de granito, destinada a bodegas i almacenes, se alza un basamento de mármol blanco que sirve de base a doce columnas estriadas de órden compósito, i seis de las cuales avanzándose sobre el plan jeneral, sostienen un bellísimo fronton. El lienzo de las murallas que a ambos lados continúan el frontispicio, contiene entre la altura correspondiente a la que media entre el basamento i el arquitrabe de las columnas, cuatro órdenes de pisos, conservando sin embargo sus ventanas proporciones arquitectónicas. Debajo del pórtico formado por el fronton, está la estatua de Washington jupiterino que guarda la entrada, la cual conduce a una espaciosa rotunda, pavimentada de mármol, i que corresponde a la gran cúpula que reposa sobre ella. En este espacioso recinto están distribuidas mesas recargadas de colecciones de periódicos de toda la Union i los de Europa de quince dias anteriores.

Las oficinas de la contaduría de la casa ocupan el frente; escalas soberbias se enroscan en el aire sobre sí mismas, cual serpientes de bronce, para dar ascenso en todas direcciones a las habitaciones superiores, hasta la misma cúpula, rodeada de una galería de columnas corintias, en que termina el monumento. Profusa i ordenada turba de sirvientes están prontos a obedecer la menor indicacion del viajero; i una chimenea que puede contener una tonelada de carbon de piedra, le entretiene i conforta en el invierno, miéntras se rejistira su nombre en el gran libro, siempre abierto para este fin, i se le señalan habitaciones a donde trasportar su equipaje. Una iluminacion de gas poderosa distribuye por mil picos esparcidos en todo el ámbito del edificio torrentes de luz solar. A la izquierda se estiende hácia el fondo de la construccion el comedor, rodeado de columnas, alumbrado por arañas colosales de bronce, i suficientemente ancho para contener tres mesas de caoba que corren paralelas a lo largo del salon una distancia de algo ménos de media cuadra. Setecientos comensales se reunen en torno de estas mesas en el invierno, época de mayor actividad i concurrencia en Nueva Orleans. El interior del edificio corresponde en lujo a estas colosales esterioridades. Mi compañero de viaje, dominado por ideas sociales de un órden superior, se habia en conversaciones anteriores, mostrado punto ménos que indiferente sobre las ventajas de este o el otro sistema de gobierno. Pero al recorrer las calles internas que dan comunicacion a centenares de habitaciones, decoradas estas con todas las gradaciones de   lujo que puede exijir la condicion diversa de los húespedes, i que segun él, se estendian a distancias fabulosas, estoi convertido, me decia, por la intecesion de San Cárlos; ahora creo en la república, creo en la democracia, creo en todo; perdono a los puritanos, aun aquel que comia salsa de tomate crudo con la punta del cuchillo i ántes de la sopa. Todo debe perdonársele, sin embargo, al pueblo que levanta monumentos a la sala de comer, i ¡corona con una cúpula como ésta la cocina!

El San Cárlos, no obstante ser el San Pedro de los hoteles, no es por eso ni el mas espacioso ni el mas sólido de los palacios populares, si bien la costado 700000 duros su construccion. Cada gran ciudad de los Estados Unidos se evanece de poseer dos o tres hoteles monstruos, que luchan entre sí en lujo i *confort*, menudeado al pueblo a precios ínfimos. El *Astor Hotel* en Nueva York es una soberbia construccion en granito que ocupa con su mole un costado de la plaza de Washington; i en ninguno de los templos que abundan en aquella ciudad se han invertido mayores sumas. Despues que he visitado los Estados Unidos, i visto los resultados obtenidos allí espontáneamente, me he formado una rara preocupacion, i es que para saber si una máquina, un invento, o una doctrina social es útil i de aplicacion o desenvolvimiento futuro, se ha de poner a prueba en la piedra de toque de la espontánea aplicacion de los yankees. Los hoteles hacen hoi un papel primordial en la viada doméstica de las naciones. Los pueblos estacionarios, como la España i sus derivados, no necesitan hotel, bástales el hogar doméstico; en los pueblos activos, con vida actual, con porvenir, el hotel estará mas arriba que toda otra construccion pública. Hace cien años el hotel se conocia apenas en Paris, i no lo era en todo el resto de la Europa. Hace 40 años a que Fourier basaba su teoría social en cuanto a habitaciones, en el falansterio, o el hotel, capaz de contener dos mil personas, proporcionándoles comodidades que no puede obtener la familia aislada en el hogar doméstico. La prueba de que Fourier no andaba errado, es el hotel norteamericano, que siguiendo la simple impulsion de conveniencia, ha tomado ya la forma monumental i dimensiones punto ménos que falansterianas. Las iglesias cristianas subdivididas en sectas en los Estados Unidos, de catedrales que eran ántes, han descendido a capillas.

Las flechas del templo se bajan a medida que las creencias se subdividen, miéntras que el hotel hereda la cúpula del   tabernáculo antiguo, i toma las formas de las termas de los emperadores, donde la importancia del individuo ha llegado a la altura de la democracia norteamericana. La arquitectura relijiosa continúa secándose i marchitándose, al paso que la arquitectura popular se improvisa en los Estados Unidos, formas, dimensiones i ordenanza que acabarán por serle peculiares. El banco americano es una construccion sólida como la caja de hierro, con fróntis jónico, i si no es jónica la construccion, es ejipciaca. ¿Por qué caen los yankees en estos dos órdenes tan macizos, para encerrar la caja de hierro? Sobre todos los monumentos americanos se alza un pararrayos; i domina ya el uso arquitectónico de poner en la cúspide de las cúpulas, a guisa de pináculo, la estatua de Franklin, sosteniendo el pararrayos. Ya tenemos, pues, un Mercurio, encargado de guardar el asilo doméstico, o una Santa Bárbara ¡abogada contra rayos! Si los americanos no han creado, pues, un órden de arquitectura, tendrán por lo ménos aplicaciones nacionales, carácter i forma sujeridos por las instituciones políticas i sociales, como ha sucedido con todas las arquitecturas que nos ha legado la antigüedad. Una rara confusion reina hoi en Europa sobre la aplicacion de las bellas artes. El restablecimiento i reparacion de las catedrales góticas, ha seguido al movimiento de la literatura llamada romántica. El Panteon creado por la República francesa ha quedado acéfalo, como si esperara aun tiempos mejores para llenar su objeto. El templo de la gloria edificado por Napoleon, la construccion mas griega, mas olímpica que vieron nunca romanos o franceses, es hoi el templo de la Magdalena, cuya arquitectura risueña i plácida parece burlarse de las lágrimas de la arrepentida Loreta de Jerusalen; i las imájenes de la vírjen i de los santos han ido a confundirse en los museos, i tenerse hombro con hombro con las estatuas de los dioses paganos, o las desnudeces de la pintura profana, en Roma, Lóndres, Dresde, o Florencia. En los Estados Unidos las formas esteriores se apropian a los objetos del culto, perdóneme la espresion. El Banco es jónico, el hotel es corintio a veces, i monumental siempre, i el inventor del pararrayos tiene ya su puesto elevado i su funcion arquitectónica, i hasta el piñon de la arquitectura romana ha sido prolongado para hacer de él la imájen de la mazorca de maiz, símbolo de la agricultura americana.

En cuanto a la distribucion interior del grande hotel, nada de mas normal que la ordenanza comun a todos estos establecimientos.   A la entrada un pórtico, que contiene las oficinas de administracion. Un rejistro en que el huesped entrante inscribe su nombre, i a cuyo márjen el oficinista anota el número 560, o 227, que es el de la cámara que se lo destina, i cuya campanilla, como todas la de la casa, cae en cerradas hileras a la misma oficina. En el vestíbulo están fijados todos los carteles de la ciudad para conocimiento del viajero. La representacion teatral, el *meeting*, el sermon del dia, los vapores que parten, el movimiento de los caminos de hierro, etc. En un salon inmediato está el gabinete de lectura que contiene los principales diarios de la Union i las últimas fechas de Europa. Un salon de fumar, i cuatro o cinco salas de conversacion i de recibo, completan por esta parte las comodidades públicas de la casa. Baños termales están a toda hora a disposicion de los huéspedes. Las señoras tienen igualmente sus salones de recibo i de tertulia decorados con gracia i lujo. Dos o tres pianos entran en el material de estos establecimientos. A las 7 i media de la mañana la vibracion insoportable del hong hong chino, recorriendo todas las galerías de comunicacion, avisa a los habitantes que es llegada la hora de ponerse de pié. A las ocho nuevo i mas prolongado rumor anuncia estar el almuerzo servido. La turba multa de los conventuales acude, se precipita de cada una de las avenidas, hácia la entrada del inmenso refectorio. Aquí principia amostrarse la vida de esto pueblo tan serio cuando se rie como cuando come. Donde todos los hombres son iguales al último individuo de la sociedad, no hai proteccion para el débil, por la misma razon que no hai jerarquías que separen a los poderosos. ¡Ai de las mujeres en este acto solemne de la soberanía popular! si los reglamentos provisorios del hotel no viniesen en su ayuda:

«Art. 1.º Nadie podrá sentarse a la mesa comun, hasta que las damas, con sus consortes, o deudos, hayan ocupado la cabecera i costados contiguos de la mesa.

»Art. 2.º Se suplica al público que no fume ni masque tabaco en la mesa.

»Art. 2.º A un golpe de campanilla los varones se sentarán en los asientos que quedaren».

Sobre entendidas estas disposiciones, el pueblo gastrónomo se alínea detras de los asientos, con ambas manos puestas sobre el espaldar de la silla, i por derecha e izquierda vista al sirviente que ha de administrar el apetecido companillazo. Toma este el sonoro instrumento en mano, i la doble línea se   conmueve; al menor movimiento indicativo de la campana, los cuerpos describen ondulaciones como las espigas de trigo al mas lijero soplo de la brisa. Alzase la campanilla en actitud de sonar, i una descarga cerrada de sillas removidas con estrépito acompaña, si no precede al retintin chillon del cobre ajitado, e instantáneamente un fuego graneado de platos, cuchillos i tenedores que se chocan entre sí, se prolonga durante cinco minutos, pudiendo por el rumor tempestuoso que se difunde por el aire, saberse a media legua a la redonda que se come en un hotel. Imposible seguir con la vista las evoluciones que se suceden en aquella bataola, no obstante la actividad i destreza de cincuenta o de cien domésticos, que tratan de dar cierto órden acompasado al destapar de las viandas, o al verter té, o café. El norteamericano tiene destinados dos minutos para almorzar, cinco para comer, diez para fumar o mascar tabaco, i todos los momentos desocupados para echar una ojeada sobre el diario que Ud. está leyendo, único diario que le interesa puesto que otro está ya ocupado de él.

Almuerzo, lunch, o las once, comida i el té, son las cuatro colaciones de ordenanza de aquellas comunidades que se renuevan todos los dias, sin que la regla estorbe el que se administre el almuerzo a las cinco de la mañana, para los que han de partir en un vapor o convoi matinal, ni falte nunca una refaccion servida para todos los que llegan, no importa la hora del dia o de la noche. I luego, ¡qué incongruencias! ¡qué incestos! i ¡qué promiscuaciones en los manjares! El yankee *pur sang*, se sirve en un mismo plato, conjunta o sucesivamente, todas las viandas, postres i frutas. Hemos visto a uno del *Far West*, pais de dudosa situacion, como el Ophir de los fenicios, principiar la comida por salsa de tomates frescos, tomada en cantidad enorme, ¡sola i con la punta del cuchillo! ¡Patatas dulces con vinagre! Estábamos helados de horror, i mi compañero de viaje lleno de gastronómica indignacion al ver estas abominaciones: i no llueve fuego del cielo, esclamaba: ¡los pecados de Sodoma i Gomorra debieron ser menores que los que cometen a cada paso estos puritanos!

En los salones de lectura, cuatro o cinco moscones se le apoyarán pesadamente en los hombros para leer el mismo trozo de letra menudísima que está Ud. leyendo. Si baja Ud. una escala, o quiere introducirse por una puerta, por poca que sea la concurrencia, el que se le suceda lo empujará por apoyarse en algo. Si fuma Ud. tranquilamente su cigarro, un pasante se lo sacará de la boca para encender el suyo, i si Ud.   no anda listo para recibirlo, se encargará él en persona de metérselo de nuevo en la boca. Si tiene Ud. un libro en las manos, con tal que lo cierre un poco para mirar hácia otra parte, su vecino se apoderará de él para leerse dos capítulos de seguida. Si los botones de su paletó tienen relieve de cabezas de venado, caballos o javalíes, cuantos lo noten vendrán a recorrerlos uno a uno, haciendo jirar la persona de Ud. de derecha a izquierda, de izquierda a derecha, para mejor inspeccionar el museo ambulante. Ultimamente, si Ud. lleva barba completa en los paises del Norte, lo cual indica que es Ud. frances o polaco, a cada paso se encuentra encerrado en medio de un círculo de hombres que lo contemplan con curiosidad infantil, llamando a sus amigos o conocidos para que satisfagan de cuerpo presente su novedosa curiosidad.

Todas estas libertades, bien entendido, puede Ud. tomárselas con los otros a su vez, sin que nadie reclame de ello ni dé el mejor síntoma de serles desagradable. Pero donde el jenio i los instintos nacionales brillan en su verdadera luz, es en las actitudes yankees en sociedad. Esto merece algunas esplicaciones. En un pueblo que como éste avanza cien leguas de frontera por año, se improvisa un estado en seis meses, se transporta de un estremo a otro de la Union en algunas horas, i emigra al Oregon, deben gozar de tan alta estima los piés, como la cabeza entre los que piensan, o el pecho entre los que cantan. En Norteamérica verá Ud. muestras a cada paso del culto relijioso que la nacion tributa a sus nobles i dignos instrumentos de riqueza, los piés. Conversando con Ud. el yankee de educacion esmerada, levantará él un pié a la altura de la rodilla, sacarále el zapato para acariciarlo, i oir las quejas que contra el excesivo servicio puedan poner los dedos. Cuatro individuos sentados en torno de una mesa de mármol pondrán infaliblemente sus ocho piés sobre ella, a no ser que puedan procurarse un asiento forrado en terciopelo, que en cuanto a blandura prefieren los yankees el mármol. En el Fremonthotel, de Boston, he visto siete dandies yankees en discusion amigable, sentados como sigue: dos con los piés sobre la mesa; uno con los dichos sobre el cojin de una silla adyacente; otro con una pierna pasada sobre el brazo de la silla propia; otro con ambos talones apoyados en el borde del cojin de su propia silla, de manera de apoyar la barba entre las dos rodillas: otro abrazando, o empiernando el espaldar de la silla, de la misma manera que nosotros solemos apoyar el brazo. Esta postura imposible para los otros pueblos del mundo, la he ensayado sin suceso, i se la recomiendo a Ud. para administrarse unos calambres en castigo de alguna indiscrecion; otro en fin, si no están ya los siete, en alguna otra posicion absurda. No recuerdo si he visto norteamericanos sentados en la espalda de silla con los piés en el cojin: de lo que estoi seguro es que nunca vi uno que se preciase de cortes en la postura natural. El estar acostados es el fuerte de la elegancia, i los entendidos reservan este rasgo de buen gusto para cuando hai damas, o cuando un locófoco oye un *speech wigh*. El secretario de la legacion chilena, al llegar a Washington, tuvo necesidad de hablar a un diputado. Acude al Capitolio, se informa de su asiento durante la sesion, llega al fin hasta el punto donde Mr. N. roncaba profundamente acostado en su asiento con las piernas estendidas sobre el asiento de su vecino. Hubo de despertarlo, i una vez entendido sobre el asunto que lo traia, se acomodó del otro lado, esperando sin duda que concluyese el interminable discurso de algun orador de opinion contraria. Los americanos en política i relijion, profesan el admirable i conciliante principio de que no debe discutirse sino con los que son de su propia secta u opinion. Este sistema se funda en el pleno conocimiento de la naturaleza humana. El orador yankee se esfuerza en confirmar a los suyos en sus creencias, mas bien que en persuadir a los contrarios, que duermen en el entre tanto, o piensan en sus negocios. La conclusion de todo esto es que los yankees son los animalitos mas inciviles que llevan fraque o paletó debajo del sol. Así lo han declarado jueces tan competentes, como el capitán Marryat, Miss Trolopp i otros viajeros; bien es verdad que si en Francia, i en Inglaterra los carboneros, leñadores i figoneros se sentasen a la misma mesa, con los artistas, diputados, banqueros i propietarios, como sucede en los Estados Unidos, otra opinion formarian los europeos de su propia cultura. En los paises cultos, los buenos modales tienen su límite natural. El lord inglés es incivil por orgullo i por desprecio a sus inferiores, miéntras que la gran mayoría lo es por brutalidad e ignorancia. En los Estados Unidos la civilizacion se ejerce sobre una masa tan grande, que la depuracion se hace lentamente, reaccionando la influencia de la masa grosera sobre el individuo, i forzándole a adoptar los hábitos de la mayoría, i creando al fin una especie de gusto nacional que se convierte en orgullo i en preocupacion. Los europeos se burlan de estos hábitos de rudeza, mas aparente que real, i los yankees por espíritu de contradiccion se obstinan en ellos, i pretenden ponerlos bajo la éjida de la libertad i del espíritu americano. Sin favorecer estos hábitos, ni empeñarme en disculparlos, despues de haber recorrido las primeras i aciones del mundo cristiano, estoi convencido de que los norteamericanos son el único pueblo culto que existe en la tierra, el último resultado obtenido de la civilizacion moderna.

Los americanos en masa llevan reloj, en Francia no lo usa un décimo de la nacion. Los americanos en masa visten fraque i los otros vestidos complementarios, aseados i de buena calidad. En Francia viste blusa de nanquin los cuatro quintos de la nacion.

Usan los yankees, en masa, cocinas económicas, arado Durand i coche. Habitan casas cómodas, aseadas. El jornalero gana un duro al dia. Tienen caminos de hierro, canales artificiales i rios navegables, en mayor número i recorriendo mayores distancias que toda Europa junta. La estadística comparativa de los caminos de hierro era como sigue: En 1845: Inglaterra, 1800 millas; Alemania, 1339; Francia, 560, Estados Unidos, 4000; lo que equivale a 86 millas en Inglaterra por cada millon de habitantes; 16 en Francia, 222 en los Estados Unidos. Sus líneas de telégrafos eléctricos están hoi, únicas en el mundo, puestas a disposicion del pueblo, pudiendo en fracciones inapreciables de tiempo, enviar avisos i órdenes de un estremo a otro de la Union.

El único pueblo del mundo que lee en masa, que usa de la escritura para todas sus necesidades, donde 2000 periódicos satisfacen la curiosidad pública, son los Estados Unidos, i donde la educacion como el bienestar están por todas partes difundidos i al alcance de los que quieran obtenerlo. ¿Están uno i otro en igual caso en punto alguno de la tierra? La Francia tiene 270000 electores, esto es entre treinta i seis millones de individuos de la nacion mas antiguamente civilizada del mundo, los únicos que por la lei no están declarados bestias; puesto que no les reconoce razon para gobernarse.

En los Estados Unidos, todo hombre, por cuanto es hombre, está habilitado para tener juicio i voluntad en los negocios políticos, i lo tiene en efecto. En cambio la Francia, tiene un rei, cuatrocientos mil soldados, fortificaciones de París que han costado dos mil millones de francos, i un pueblo que se muere de hambre. Los norteamericanos viven sin gobierno, i su ejército permanente monta solo a nuevo mil hombres, siendo necesario hacer un viaje a puntos determinados para   ver el equipo i apariencia de los soldados norteamericanos; pues que hai familias i aldeas de la Union que jamas han visto un soldado. Muchos vicios de carácter tachan los europeos i aun los sudamericanos a los yankees. Por lo que a mí respecta, miro con veneracion esos mismos defectos, atribuyéndoselos a la especie humana, al siglo, a las preocupaciones heredadas, i a la imperfeccion de la intelijencia. Un pueblo compuesto de todos los pueblos del mundo, libre como la conciencia, como el aire, sin tutores, sin ejército, i sin bastillas, es la resultante de todos los antecedentes humanos, europeos i cristianos. Sus defectos deben, pues, ser los de la raza humana en un período dado de desenvolvimiento. Pero como nacion, los Estados Unidos son el último resultado de la lójica humana. No tienen reyes, ni nobles, ni clases privilejiadas, ni hombres nacidos para mandar, ni máquinas humanas nacidas para obedecer. ¿No es este resultado conforme a las ideas de justicia i de igualdad que la cristiandad acepta en teoría? El bienestar está distribuido con mas jeneralidad que en pueblo alguno; la poblacion se aumenta segun leyes desconocidas hasta hoi entre las otras naciones; la produccion sigue una progresion asombrosa. ¿No entrará, como pretenden los europeos, por nada de esto la libertad de accion, i la falta de gobierno? Dícese que la facilidad de ocupar nuevos terrenos, es la causa de tanta prosperidad. Pero, ¿por qué en la América del sud donde es igualmente fácil, i aun mas ocupar nuevas tierras, ni la poblacion ni la riqueza aumentan, i hai ciudades i aun capitales tan estacionarias, que no han edificado cien casas nuevas en diez años? Aun no se ha hecho en nacion alguna el censo de la capacidad intelijente de sus moradores. Cuéntase la poblacion por el número de habitantes, i de las cifras acumuladas deduce su fuerza i valimiento. Acaso para la guerra, mirado el hombre como máquina de destruccion, puede ser significativo este dato estadístico; mas una peculiaridad de los Estados Unidos hace que aun en este caso falle el cálculo. Un yankee para matar hombres equivale a muchos de otras naciones, de manera que la fuerza destructora de la nacion puede contarse en doscientos millones de habitantes. El rifle es el arma nacional, el tiro al blanco la diversion de los niños en los estados que tienen bosques, i cazar ardillas a bala en los árboles, tostándoles las patas para no lastimar la piel, la destreza asombrosa que adquieren todos.

La estadística de los Estados Unidos muestra el número   de hombres adultos que corresponden a veinte millones de habitantes, todos educados, leyendo, escribiendo, i gozando de derechos políticos con excepciones que no alcanzan a desnaturalizar el rigor de las deducciones: el hombre con hogar, o con la certidumbre de tenerlo; el hombre fuera del alcance de la garra del hambre i de la desesperacion; el hombre con esperanza de un porvenir tal como la imajinacion puede inventarlo; el hombre con sentimientos i necesidades políticas; el hombre en fin dueño de sí mismo, i elevado su espíritu por la educacion i el sentimiento de su dignidad. Dícese que el hombre es un ser racional, por cuanto es susceptible de llegar a la adquisicion i al ejercicio de la razon; i en este sentido pais ninguno de la tierra cuenta con mayor número de seres racionales, aunque le exceda diez veces en el de habitantes.

No es cosa fácil mostrar como obra la libertad para producir los prodijios de prosperidad que los Estados Unidos ostentan. ¿La libertad de cultos puede producir riquezas? Pero ¿cómo obra la facultad de ir a esta o a la otra capilla, de creer en este o en el otro dogma para desenvolver fuerzas productoras? Para cada secta relijiosa las otras son como si no existieran, i por tanto la libertad es nula en sus efectos para cada una separadamente. Los europeos lo atribuyen a las facilidades que ofrece un pais nuevo, con terrenos vírjenes i de fácil adquisicion, lo cual fuera esplicacion satisfactoria, si la América del sud, cuan grande es, no tuviera mayor estension de terrenos vírjenes, igual facilidad para obtenerlos, i sin embargo, atraso, pobreza o ignorancia mayor si cabe que la que muestran las masas europeas. Luego no basta la circunstancia de ser paises nuevos en cuya estension pueda dilatarse la esfera de accion.

Muchas veces me ocurrirá acudir a este censo moral e intelectual para tratar de esplicar los fenómenos sociales que sorprenden en América. Ahora solo estableceré un hecho, i es que la aptitud de la raza sajona no es tampoco esplicacion de la causa del gran desenvolvimiento norteamericano. Ingleses son los habitantes de ambas riberas del rio Niágara, i sin embargo, allí donde las colonias inglesas se tocan con las poblaciones norteamericanas, el ojo percibe que son dos pueblos distintos. Un viajero inglés despues de haber descrito varias muestras de industria i progreso del ladoamericano de la cascada, añade:

«Ahora estoi de nuevo bajo la jurisdiccion de las leyes i del gobierno inglés i por tanto ya no me creo estranjero.   Aunque los americanos en jeneral son civiles i afables, sin embargo un inglés, estranjero en medio de ellos, es importunado i disgustado por sus jactancias de proezas en la última guerra, i su superioridad sobre todas las otras naciones, asentando como un hecho incuestionable que los americanos sobrepasan a todas las otras naciones en virtud, saber, valor, libertad, gobierno i toda otra excelencia. No obstante, por mas que merezcan el ridículo por este flaco, yo no puedo ménos de admirar la enerjía i espíritu de empresa que muestran en todo, i deploro la apatía del gobierno inglés con respecto a la mejora de estas provincias. Una sola mirada echada sobre las riberas del Niágara basta para mostrar de qué lado está el gobierno mas efectivo. Del lado de los Estados Unidos se levantan grandes ciudades, numerosos puertos con muelles para protejerlos en las radas, o dilijencias corriendo a lo largo de los caminos; i la actividad del comercio mostrándose por wagones, carros, caballos i hombres, moviéndose en todas direcciones. En el lado del Canadá, aunque dividido por el canto de un rio, en un *antiguo establecimiento*, i al parecer con *mejor tierra*, hai solo dos o tres almacenes, una taberna o dos, un puerto tal como Dios lo hizo i sin obras que lo defiendan; uno o dos buquecitos anclados, i algun desembarcadero accidental».

Otro viajero, despues de describir varias muestras de la industria creciente del lado americano, añade «el pais que atravesábamos (del lado canadiense) estaba mui avanzado en las cosechas, sin que se viesen señales de intentar recojerlas. Donde quiera que nos deteniamos para mudar caballos, nos asaltaban bandas de chicuelos vendiendo manzanas, i por la primera vez vimos de este lado algunos *mendigos*». No hace mucho tiempo que una grande inmigracion venida del Canadá volvió a emigrar a los Estados Unidos. Los caminos de hierro, como medio de riqueza i civilizacion, son comunes a la Europa i a los Estados Unidos, i como en ambos paises datan de ayer solo, en ellos puede estudiarse el espíritu que preside a ambas sociedades. En Francia los trabajos de nivelacion, como todo lo que constituye el ferrocarril, son cuidadosamente examinados por los injenieros ántes de ser entregados a la circulacion; verjas de madera resguardan por ambos lados sus bordes; dobles líneas de rieles de hierro fundido facilitan el movimiento en opuestas direcciones; si un camino vecinal atraviesa el trayecto, fuertes puertas resguardan su entrada, cerrándose escrupulosamente un cuarto de hora   ántes que lleguen los wagones a fin de evitar accidentes. De distancia en distancia por toda la estension del camino, están apostados centinelas que descubren el espacio i anuncian con banderolas de diversos colores si hai peligro u obstáculos que detenga el convoi, que no parte del embarcadero sino cuatro minutos despues que una falanje de vijilantes se ha cerciorado de que todos los transeuntes ocupan sus lugares, las puertas están cerradas, i el camino espedito, i nadie cerca ni a una vara de distancia del paso del tren. Todo ha sido previsto, calculado, examinado, de manera de dormir tranquilo en aquella cárcel herméticamente cerrada. Veamos lo que se pasa en los Estados Unidos. El ferrocarril atraviesa leguas de bosques, primitivos, donde aun no se ha establecido morada humana. Como la empresa carece aun de fondos, los rieles son de madera, con una planchuela de fierro, que se desclava con frecuencia, i el ojo del maquinista escudriña incesantemente por temor de un desastre. Una sola línea basta para la ida i venida de los trenes, habiendo ojos de buei de distancia en distancia donde un tren de ida aguarda que pase por el costado opuesto el otro de vuelta. Una alma no hai que instruya de los accidentes ocurridos. El camino atraviesa las villas i los niños están en las puertas de sus casas o en medio del camino mismo atisbando el pasaje del tren para divertirse; el camino de hierro a mas de calle es camino vecinal, i el viajero puede ver las jentes que se apartan lo bastante para dejarlo pasar, i continuar en seguida su marcha. En lugar de puertas en los caminos vecinales que atraviesa el ferrocarril, hai simplemente una tabla escrita que dice *tengan cuidado con la campana cuando se acerque*, jeroglífico que previene al carretero que lo abrirá en dos si se ha metido imprudentemente de por medio en el momento del pasaje del tren, que parte lentamente del embarcadero, i miéntras va marchando saltan a bordo los pasajeros, descienden los vendedores de frutas i periódicos, i se pasean de un wagon a otro todos, por distraerse, por sentirse libres, aun en el rápido vuelo del vapor. Las vacas gustan de reposarse en el esplayado del camino, i la locomotiva norteamericana va precedida de una trompa triangular que tiene por caritativa mision arrojar a los costados a estas indiscretas criaturas que pueden ser molidas por las ruedas, i no es raro el caso de que algun muchacho dormido sea arrojado a cuatro varas por un trompazo de aquellos que salvándolo la vida le rompen o dislocan un miembro. Los resultados físicos i morales de ambos sistemas son demasiado   perceptibles. La Europa con su antigua ciencia i sus riquezas acumuladas de siglos, no ha podido abrir la mitad de los caminos de hierro que facilitan el movimiento en Norteamérica. El europeo es un menor que está bajo la tutela protectora del estado; su instinto de conservacion no es reputado suficiente preservativo; verjas, puertas, vijilantes, señales preventivas, inspeccion, seguros, todo se ha puesto en ejercicio para conservarle la vida; todo ménos su razon, su discernimiento, su arrojo, su libertad; todo, ménos su derecho de cuidarse a sí mismo, su intencion i su voluntad. El yankee se guarda a sí mismo, i si quiere matarse nadie se lo estorbará; si se viene siguiendo el tren, por alcanzarlo, i si se atreve a dar un salto i cojerse de una barra, salvando las ruedas, dueño es de hacerlo; si el pilluelo vendedor de diarios, llevado por el deseo de espender un número mas ha dejado que el tren tome toda su carrera i salta en tierra, todos le aplaudirán la destreza con que cae parado, i sigue a pié su camino. Hé aquí como se forma el carácter de las naciones i como se usa de la libertad. Acaso hai un poco mas de víctimas i de accidentes, pero hai en cambio hombres libres i no presos disciplinados, a quienes se les administra la vida. La palabra pasaporte es desconocida en los Estados, i el yankee que logra ver uno de estos protocolos europeos en que consta cada movimiento que ha hecho el viajero, lo muestra a los otros con señales de horror i de asco. El niño que quiere tomar el ferrocarril, el vapor o la barca del canal, la niña soltera que va a hacer una visita a doscientas leguas de distancia, no encontrarán jamas quien les pregunte con qué objeto, con qué permiso se alejan del hogar paterno. Usan de su libertad i de su derecho de moverse. De ahí nace que el niño yankee espanta al europeo por su desenvoltura, su prudencia cautelosa, su conocimiento de la vida a los diez años. ¿Cómo le va a Ud. en su negocio, le preguntaba Arcos, mi compañero de viaje, a un listo muchachuelo que nos hacia el inventario comentado de los libros, periódicos i panfletos que se empeñaba en hacernos comprar? Va bien; hace tres años que gano mi vida en él i tengo ya 300 pesos guardados. Este año reuniré los quinientos que necesito para hacer compañía con Williams i poner una librería, i esplotar todo el Estado. Este comerciante tenia de nueve a diez años. ¿Es Ud. propietario, preguntábamos a un moceton que viajaba al Far West? Sí; voi a comprar tierras; ¡tengo 600 pesos!

Al lado del trayecto del camino de hierro va el telégrafo   eléctrico, que por ahorrar camino a veces, se separa de la via ordinaria, se hunde en la espesura de los bosques i lleva a doscientas leguas las noticias mas interesantes. Cuando en 1847 se hacian en Francia entre Ruan i Paris los primeros ensayos, la prensa anunciaba la existencia de 1635 millas de telégrafos en los Estados Unidos; cuando yo llegué habia 3000 millas; i miéntras atravesé el pais que media entre Nueva York i Nueva Orleans, se formó una asociacion i se puso en actividad una línea entro la primera de aquellas ciudades i Montreal en el bajo Canadá, a donde habia estado yo quince dias ántes. Hoi habrá 10000 millas, i dentro de poquísimos años, medirán los telégrafos las mismas ochenta mil millas que recorre la posta. En Francia el telégrafo es para el uso del gobierno, es asunto de estado; en los Estados Unidos, es simple negocio de movimiento i actividad, i se le aceptarian correspondencias a la administracion tan solo porque paga el porte. ¿Puede llegar a mas alto punto el estravío de las ideas, que hace que los liberales, los republicanos, consientan en Francia en este monopolio, i en carecer de los medios de comunicacion mas espeditos? En Harrisburg, poblacion de 4500 almas, el telégrafo eléctrico tenia empleo diario para traer apurado al encargado de servirlo; miéntras que en Francia, aun no habia podido hacerse un miserable ensayo. Hago estas comparaciones para mostrar la diversa atmósfera en que se educa el pueblo i la enerjía moral i física que desenvuelve. En Francia hai tres categorías de wagones, en Inglaterra cuatro; la nobleza se mide por el dinero que puede pagar cada uno, i los empresarios para envilecer al hombre que paga poco, han acumulado comodidades i lujo en la 1ª clase, i dejado tablas rasas, estrechas i duras para los de 3.ª No sé por qué no han puesto púas en los asientos para mortificar al pobre. En los Estados Unidos el wagon es una sala de veinte varas de largo i espaciosa de ancho, con asientos de espalda movible, de manera de formar corrillo cuatro asientos, volviéndose dos a opuesto lado, con una callejuela de por medio para facilitar el movimiento, i abiertos los wagones por ambos lados, de manera que el curioso pueda trasladarse del primero al último, durante la marcha, i el aire penetre libremente por todas partes. Las comodidades i los cojines son excelentes e ilguales, i por tanto el precio del pasaje es el mismo para todos. Me han mostrado a mi lado el gobernador de un Estado, i las callosidades de las manos de mi otro vecino me revelaban en él un rudo leñador. Así se   educa el sentimiento de la igualdad, por el respeto al hombre. La aristocracia veneciana estableció la igualdad en la adusta pobreza de las góndolas por no herir la envidia de los nobles pobres; la democracia de Norteamérica ha distribuido el *confort* i el lujo igualmente en todos los wagones para alentar i honrar la pobreza. Estos solos hechos bastan para medir la libertad i el espíritu de ambas naciones. El *Times* decia una vez que si la Francia hubiese abolido el pasaporte, habria hecho mas progresos en la libertad que no los ha hecho con medio siglo de revoluciones i sus avanzadas teorías sociales, i en los Estados Unidos pueden estudiarse los efectos.

Hé aquí un débil cuadro del espectáculo de la libertad en Norteamérica. En medio de las ciudades el hombre se cria salvaje, si es posible decirlo; la mujer de cualquiera condicion que sea, vaga sola por las calles i los caminos desde la edad de doce años *flirtea* hasta los quince, se casa con quien quiere, viaja i se sepulta en el nuevo hogar a preparar la familia; el niño acude desde temprano a las escuelas, se familiariza con los libros i las ideas de los hombres; es el mismo hombre hecho a los quince años, i desde entónces toda tutela desaparece a su vista. No ha visto soldados, no conoce jendarmes; el motin de las calles lo divierte, lo exalta i lo educa; sus pasiones se desenvuelven en toda su lozanía i vigor; tiene una profesion i se casa a los veinte años, seguro de sí mismo i de su porvenir. El progreso jeneral de la Union lo arrastrará en despecho suyo i avanzará sus negocios propios. I entónces, ¡cuántos sueños grandiosos ajitan su mente, cuántos caminos se abren en todas direcciones para llegar a la fortuna! ¿Es artesano? Una grande asociacion, una fábrica para cubrir los estados con los productos de su arte, o bien un invento europeo aun no introducido en el pais, o una mejora sobre los aparatos conocidos o una invencion nueva, porque nada arredra hoi al yankee. Largo tiempo he creido que el patrimonio norteamericano era i seria por muchos años apropiarse, apoderarse de los progresos de la intelijencia humana. La ciencia europea inventa, i la práctica americana populariza la cocina económica, el arado Durand, la locomotiva, el telégrafo. Nada más natural, i sin embargo, nada hai ménos exacto. Los datos estadísticos colectados en estos últimos 10 años, muestran que una parte de los inventos i mejoras adoptados en Inglaterra son de oríjen norteamericano. Han modificado la máquina de vapor; mejorado la quilla del buque; perfeccionado el wagon, a punto de esportarse estos artículos   para la Europa misma, i preferirse en Rusia i otros puntos los empresarios i artífices americanos para todo lo que constituye la viabilidad. El puente yankee de madera, que a veces atraviesa doce cuadras en un rio i soporta los trenes cargados de productos agrícolas, sobre pedestales i armazon al parecer deleznables, es sin embargo, el fruto del mas profundo estudio de las leyes de la gravitacion, de la repercusion, elasticidad i equilibrio de las fuerzas combinadas. El artífice yankee posee ya el puente reducido a arte mecánica, i lo alza donde quiera a prueba de torrentes, huracanes i pesos enormes. La mitad de los aparatos de labranza son invencion de su injenio, i el molino de vapor como la barrica en que envasija las harinas son la obra de sus fábricas i de sus combinaciones para producir inmensos resultados con limitadísimos medios.

Pero donde mas brilla la capacidad de desenvolvimiento del norteamericano, es en la posesion de la tierra que va a ser el plantel de una nueva familia. En medio de la civilizacion mas avanzada, los hijos de Noé se reparten la tierra despoblada, o los Nemrod echan los fundamentos de una Babilonia. Dejo a un lado los que siguen el paso ordinario de las sociedades que se dilatan, agregando a la villa naciente una casa nueva, a la heredad labrada nuevos campos rozados.

El Estado es el depositario fiel del gran caudal de tierras que pertenecen a la federacion, i para administrar a cada uno su parte de propiedad, no consiente ni intermediarios especuladores, ni oscilaciones de precios que cierren la puerta de la adquisicion a las pequeñas fortunas. La tierra vale diez reales el acre; i este dato es el punto de partida para el futuro propietario. Hai un procedimiento en la distribucion de las tierras de cuya simétrica belleza solo Dios puede darse de antemano cuenta.

El Estado manda sus injenieros a delinear las tierras vendibles, tomando por base de la mensura un meridiano del cielo. Si a cien leguas de distancia al sur o al norte ha de medirse otra porcion de tierra, los injenieros buscarán el mismo meridiano, para que un dia, dentro de dos siglos quizá aparezcan, completas i sin interrupcion aquellas líneas que han venido dividiendo el continente en zonas, cual si fuera una pequeña heredad. Esta agrimensura rectilínea es privativa del jenio americano. La propiedad en la provincia de Buenos Aires, en aquella pampa lisa como la mesa del jeómetra,   fué forzada por el jenio de Rivadavia a cuadrarse en paralelógramos, triángulos i figuras de fácil conmensuracion, de manera que se reprodujesen sin esfuerzo en el mapa que daba el departamento topográfico cada diez años, pudiendo por la comparacion de las varias ediciones, estudiarse a vista de ojo el movimiento de la propiedad, buscando un término medio de estension, subdividiéndose por las particiones entre herederos las grandes propiedades, acumulándose las pequeñas, por la necesidad de apropiarlas a la cria del ganado.

El error fatal de la colonizacion española en la América del Sur, la llaga profunda que ha condenado a las jeneracionos actuales a la inmovilidad i al atraso, viene de la manera de distribuir las tierras. En Chile se hicieron concesiones de grandes lotes entre los conquistadores, medidos de cerro a cerro, i desde la márjen de un rio hasta la orilla de un arroyo. Se fundaron condados entre los capitanes, i a la sombra de sus techos improvisados, debieron asilarse los soldados, padres del inquilino, este labrador sin tieria, que crece i se multiplica sin aumentar el número de edificios. El prurito de ocupar tierras en nombre del rei hizo apoderarse de comarcas enteras, distanciándose los propietarios, que en tres siglos no han alcanzado a desmontar la tierra intermediaria. La ciudad por tanto quedaba en este vasto plan suprimida, i las pocas aldeas de nueva creacion despues de la conquista, han sido *decretadas* por los presidentes contándose cien por lo ménos en Chile de este oríjen oficial i facticio. Ved como procede el norteamericano recien llamado en el siglo XIX a conquistar su pedazo de mundo para vivir, porque el gobierno ha cuidado de dejar a todas las jeneraciones sucesivas su parte de tierra. La conscripcion de jóvenes aspirantes a la propiedad se apiña todos los años en torno martillo en que se venden las tierras públicas, i con su lote numerado parte a tomar posesion de su propiedad, esperando que los títulos en forma le vengan mas tarde de las oficinas de Washington. Los mas enérjicos yankees, los misántropos, los selváticos, los *quatters*, en fin, obran de una manera mas romanesca, mas poética o mas primitiva. Armados de su rifle se enmarañan en las soledades vírjenes; matan por pasatiempo ardillas que triscan con su movilidad incansable entre las ramas de los árboles; una bala certera vuela al firmamento a precipitar un águila que cernia sus alas majestuosamente sobre la verdinegra superficie que forman las copas de los árboles, el hacha, su compañera fiel, cuando no fuere mas que   por ejercitar las fuerzas, ha de echar cedros o robles al suelo. En estas correrías vagabundas, el plantador indisciplinado busca un terreno fértil, un punto de vista pintoresco, la márjen de un rio navegable, i cuando se ha decidido en su eleccion, como en las épocas primitivas del globo, dice esto es mio, i sin otra dilijencia toma posesion de la tierra en nombre del rei del mundo, que es el trabajo i la voluntad. Si algun dia llega hasta el límite que él ha trazado a su propiedad la mensura de las tierras del Estado, la venta en almoneda solo servirá para decirle lo que debe por lo que ha cultivado, segun el precio a que se vendan los adyacentes campos incultos; i no es raro que este carácter indómito, insocial, alcanzado por las poblaciones que vienen avanzando sobro el desierto, venda su quinta i se aleje con su familia, sus bueyes i caballos, buscando la apetecida soledad de los bosques. El yankee ha nacido irrevocablemente propietario; si nada posee ni poseyó jamás, no dice que es pobre, sino que está pobre; los negocios van mal; el pais va en decadencia; i entónces los bosques primitivos se presentan a su imajinacion oscuros, solitarios, apartados, i en el centro de ellos, a la orilla de algun rio desconocido, ve su futura mansion, el humo de las chimeneas, los bueyes que vuelven con tardo paso al caer de la tarde el redil, la dicha en fin, la propiedad que le pertenece. Desde entónces no habla ya de otra cosa que de ir a poblar, a ocupar tierras nuevas. Sus vijilias las pasa sobre la carta jeográfica, computando las jornadas, trazándose un camino para la carreta; i en el diario no busca sino el anuncio de venta de terrenos del Estado, o la ciudad nueva que se está construyendo en las orillas del lago Superior.

Alejandro el Grande destruyendo a Tiro, tenia que devolver al comercio del mundo un centro para reconcentrar las especies del Oriente, i desde donde se derramasen en seguida por las costas del Mediterráneo. La fundacion de Alejandría le ha valido su renombre como muestra de su perspicacia, no obstante que las vias comerciales eran conocidas i el istmo de Suez la feria indispensable entre los mares de la India i la Europa i el Africa de entónces. Esta obra la realizan todos los dias Alejandros norteamericanos que vagan en los desiertos buscando puntos que un estudio profundo del porvenir señala como centros futuros del comercio. El yankee, inventor de ciudades, profesa una ciencia especulativa, que de induccion en induccion, lo conduce a adivinar el sitio donde ha de florecer una ciudad futura. Con el mapa estendido a la sombra   de los bosques, su ojo profundo mide las distancias de tiempo i de lugar, traza por la fuerza del pensamiento el rumbo que han de llevar mas tarde los caminos públicos; i encuentra en su mapa las encrucijadas forzosas que han de hacer. Precede a la marcha invasora de la poblacion que se avanza sobre el desierto, i calcula el tiempo que empleará la del norte i el que necesita la del sur, para acercarse ambas al punto que estudia, que ha escojido en la confluencia de dos rios navegables. Entónces traza con mano segura el trayecto de los caminos de hierro que han de ligar el sistema comercial de los lagos con su presunta metrópoli, los canales que pueden alimentar los rios i arroyos que halla a mano, i los millares de leguas de navegacion fluvial que quedan en todas direcciones sometidas como radios del centro que imajina. Si despues de fijados estos puntos, halla un manto de carbon de piedra, o minas de hierro, levanta el plano de la ciudad, la da nombre i vuelve a las poblaciones a anunciar por los mil ecos del diarismo, el descubrimiento que ha hecho del local de una ciudad famosa en el porvenir, centro de cien vias comerciales. El público lee el anuncio, abre el mapa para verificar la exactitud de las inducciones, i si halla acertados los cálculos, acude en tropel a comprar lotes de terreno, cuál en los que han de ser tajamares i muelles, cuál en derredor de la plaza de Washington o de Franklin; i una Babel se levanta en un año, en medio de los bosques, afanados todos por estar en posesion el dia que lleguen a realizarse los grandes destinos predichos por la ciencia topográfica a la ciudad. Abrense en tanto caminos de comunicacion; el diario del lugar da cuenta de los progresos de la sociedad, la agricultura comienza, álzanse los templos, los hoteles, los muelles i los bancos; puéblase de naves el puerto, i la ciudad empieza en efecto a estender sus relaciones, i a hacer sentir la urjencia de ligarse por caminos de hierro o canales a los otros grandes centros de actividad. Cien ciudades en los lagos, en el Mississipi i en otros puntos remotos, tienen este sabio i calculado oríjen, i casi todas justifican por sus progresos asombrosos, la certeza i la profundidad de los estudios económicos i sociales que les sirvieron de oríjen.

Dos clases de seres humanos conozco, entro quienes sobrevive aun en medio de nuestra actual mesura de carácter moral, el antiguo espíritu heróico de las primeras edades de los pueblos. Los presidiarios de Tolon i de Bicetre, i los emigrantes norteamericanos; todo el resto de la especie humana ha caido en la atonía de la civilización. Las hazañas de Francisco Pizarro   o las de los Argonautas las reproduce a cada momento la audacia inaudita del presidario liberto; valor, constancia, sufrimiento, disimulo i violacion de toda lei moral, de todo principio de honor i de justicia; todo es igual, sin que esto escluya cierta grandeza de alma, cierta intelijencia profunda en los medios, que está revelando el jenio humano mal empleado, el Alejandro pervertido i ocupado en matar a unos pocos transeuntes en lugar de asolar naciones i metrallar a millares, lo que ya cambia la escena i los nombres, guerra, conquista, etc.

En los Estados Unidos aquellos caractéres acerados, que hai distribuidos al uno por ciento en todas partes, se entregan a sus instintos heróicos, sin nombre aun, para establecerse i multiplicarse. El espíritu yankee se siente aprisionado en las ciudades; necesita ver desde la puerta de su casa la dilatada i sombría columnata que forman las encinas seculares de los bosques.

Por qué se ha muerto el espíritu colonizador entre nosotros, ¿los descendientes de la colonizacion oficial? Desde Colon hasta una época no mui remota sin duda, la fundacion de una ciudad española era solo un escalon para apoyar la invasion de otros puntos apartados. La ocupacion del Perú traia aparejada la espedicion de Almagro: cuando Mendoza se defendia contra los araucanos en el sud, destacaba al oriente sesenta lanceros al mando del Capitan Jofré, para ir a asomarse al otro lado de los Andes, i fundar dos ciudades, San Juan i Mendoza, solitarias en medio de desiertos a la orilla de los dos rios que hallaron.

Contaré a Ud. el sistema entero de estas empresas que requieren Hércules para realizarlas, i verá Ud. si merecen desprecio por los motivos i por los medios, aquellas hazañas de nuestros conquistadores de Sudamérica. Sabe Ud. cuanta irritacion hubo, i cuanta necedad dijeron de una i otra parte en la cuestion de límites del Oregon. Todo quedó en paz despues que americanos e ingleses se hubieron racionalmente entendido, ménos el espíritu yankee, que como el cóndor la sangre, habia husmeado en la discusion, tierras labrables, rios, bosques, puertos. La discusion comienza de nuevo en los diarios sobre la posibilidad de sorberse el comercio de la China por el Oregon; sobre la facilidad de abrir un camino de hierro de ocho dias de marcha, desde el Pacífico al Atlántico, i la ventaja de tomar el pan caliente aun salido de Cincinnati, via Oregon, i otros mil tópicos, inverosímiles i absurdos para   otro que no sea el yankee, habituado a no creer imposible nada, desde que se puede concebir, él, que desde luego tiene adiestrada su mente a concebir proyectos.

Cuando la opinion está formada i designados los rumbos que deben seguirse para ir a aquel Dorado remoto, se indica la estacion oportuna para emigrar, i el punto de partida, i el dia designado por algunos emigrantes que invitan a todos los aventureros de la Union para acompañarlos en la gloriosa jornada. El dia del *rendez vous*, vénse de todos los puntos del horizonte llegar hileras de carros, cargados de mujeres, niños, gallinas, ollas, arados, hachas, sillas, i toda clase de objetos de menaje; acompáñanles arreas escasas de bueyes apestados i mulas i caballos rengos i mancos que forman parte mui trabajada de la espedicion, i sobre todo este conjunto, dominando las caras bronceadas, acentuadas i serias de los yankees vestidos de paltó o levita o fraque raido, con un rifle que le sirve de baston, i la mirada tranquila del puritano i del chacarero.

Si he de darle una idea exacta de estas emigraciones i del espíritu yankee, necesito desde este momento ajustarme al hecho, i seguir los incidentes diarios de una, entre ciento, de estas estupendas marchas por el desierto, sin soldados, ni guardia, ni empleado público, ni autoridad humana que les ligue a la Union que dejan sin pesar estos hijos de Noé.

En mayo de 1845 habian pasado por Independence, último término poblado del Estado de... varias tropas de carros, que de a treinta i ocho, que de a veinte i ocho, que de a ciento, dirijiéndose con cortos intervalos hácia el Oregon. El dia 13 varias de estas partidas reunidas en número de ciento setenta carros de la descripcion arriba dicha, viéronse ya rodeadas a la distancia de indios que rondaban por asaltar el ganado mayor que montaba a cosa de dos mil cabezas, lo que hizo pensar que era ya tiempo de organizar la colonia, i constituir el estado ambulante; puesto que los oficiales i empleados públicos hasta entónces en ejercicio, debian terminar sus funcionos en Big-Soldier. Los dos empleados que deben en primer lugar nombrarse son el piloto (baqueano) i el capitan. Todo el camino se ha venido tratando en las conversaciones de los carros i a la orilla del fuego en los alojamientos, de esta suprema cuestion, i las candidaturas rivales formando sus partidos. El 13 de mayo, cada carro lanza a la arena dos hombres por lo ménos, a reunirse en asamblea electiva. Dos candidatos para piloto se presentan; es el uno un tal Mr. Adams, que habia entrado tierra adentro hasta el fuerte Laramie,   poseia el derrotero (maning) de Gilpin, i tenia consigo un español que conocia el pais; Mr. Adams ademas, ha sido uno de los que mas han contribuido a excitar la *fiebre del Oregon*, esto es, el deseo de emigrar. Mr. Adams pide 500 pesos por servir de piloto si la honorable asamblea se digna elejirlo.

Mr. Meek es un viejo montañes del corte del Trampero de Cooper; ha pasado muchos años en los Montes Rocallosos como traficante i trampero, i ha propuesto como el otro, pilotarlos hasta el fuerte Vancouver, por 250 pesos, de los cuales solo pedia 30 pesos. Se hace mocion para postergrar hasta el dia siguiente la eleccion, cuando se ve al viejo Meek, venir a escape en su caballo, los ojos i la mano vueltos hácia el campo. Los indios se llevan el ganado, dice con precipitacion; la asamblea se disuelve, i cinco minutos despues estaba convertida en escuadron de caballería armado de rifle i daga, i marchando en buen órden sobre el enemigo. A distancia de dos millas divisa una aldea de indios; la soldadesca se echa sobre los *wigwams*, i los indios sobrecojidos de espanto, las mujeres llorando, los niños escondiéndose, no saben que imajinarse de aquel ataque de los caras pálidas. Los jefes indios se presentan a ofrecer la pipa de paz, i protestan enérjicamente contra la imputacion que pesa sobre ellos. Un desgaritado que venia llegando a la aldea es cojido i llevado preso. Nómbranse jueces, i el prisionero se presenta a la barra. Preguntado lisa i llanamente si es criminal o no, contesta con un gruñido de terror. Su causa se instruye en forma entónces; se oyen las deposiciones de los testigos, i no siendo suficiente la evidencia de los cargos alegados contra él, se le absuelve completamente, quedando probado por el contrario que ha sido una falsa alarma para posponer la eleccion. Serenados los espíritus, i depuestos los rifles, vuelve la sociedad a constituirse en asamblea electora, i se procede a votacion, de lo que resultan electos, el trampero Meek piloto, i Mr. Welch capitan, con todos los demas empleados necesarios para el buen gobierno, tales como tenientes, sarjentos, jueces, etc., etc. La marcha principia mayo 14. Cinco millas el 16. El 17 se separan 16 carros, i se reunen al cuerpo principal. El 17 alcanzan a un wigwam de los indios Caw, rateros insignes que se conducen honorablemente con la sociedad i la proveen de víveres en cambio de productos de la Union. El 19 la minoría vencida en las elecciones protesta contra la voluntad de la mayoría. Para satisfacer las ambiciones   burladas se conviene en dividir la masa en 3 cuerpos, cada uno de los cuales elejirá sus propios jefes i oficiales, no reconociéndose otra autoridad jeneral que la del piloto i la de Mr. Welch. Antes de separarse se convino en pagar el piloto, i para ello se nombra un *tesorero*, quien despues de dar las fianzas correspondientes, procede a colectar los fondos; algunos se niegan redondamente a pagar, i otros ex ciudadanos no tienen blanca. Despues de haber arreglado satisfactoriamente éstos i otros puntos, se procede al nombramiento de oficiales para cada uno de los tres grupos, haciéndose en cada uno reglamentos respecto al buen gobierno de la compañía, i la marcha continúa el 20. El 23 el piloto avisa que el punto donde se hallan es el último donde pueden procurarse repuestos para ejes, i pértigos para las carretas. -El camino se va midiendo con una cadena diariamente, i se lleva un diario de todo lo ocurrido, aspecto del pais, accidentes, pasto, leña, agua, maderas, rios, pasajes, búfalos, etc., torcazas, conejos, etc., etc. Junio 2: una compañía propone desligarse del compromiso en que están de aguardarse en las marchas. La mocion es rechazada.- 15. Alto. Una manada de búfalos cae a tiro de rifle, matan algunos i hacen charqui. La escena que el campo presenta en este momento está así descrita en el diario de viaje: «Los cazadores, volviendo con las reces, algunos erijiendo palizadas, otros secando carne. Las mujeres unas estaban lavando, aplanchando otras, muchas cosiendo. De dos tiendas, flautas hacian oir sus desusadas melodías en aquellas soledades; en otras se oia cantar; tal lee su biblia, tal otro recorre una novela. Un predicador Campbellista entona, por fin, un himno preparatorio para el oficio relijioso». -Junio 24: llegan al fuerte Laramie 630 millas distante de Independence.

Durante dos dias se ocupan en renovar las herraduras de los caballos, i reuniendo entre todos provisiones, azúcar, café, tabaco, dan un banquete a los indios Siomos precedido de un parlamento. «Hace tiempo, dijo el jefe indio que algunos jefes blancos pasaron Missouri arriba, diciendo que eran amigos de los hombres de piel roja. Este pais pertenece a los pieles rojas, pero sus hermanos blancos lo atraviesan cazando i dispersando los animales. De este modo los indios pierden sus únicos medios de subsistencia para sostener a sus mujeres e hijos. Los niños del hombre rojo piden alimento, i no hai alimento que darles. Era costumbre cuando los blancos pasaban, hacer presentes de pólvora i plomo a sus amigos   los indios. Su tribu es numerosa, pero la mayor parte de la jente ha ido a las montañas a cazar. Antes que los blancos viniesen, la caza era mansa i fácil de cojer; pero ahora los blancos la han espantado; i el hombre rojo necesita trepar a las montañas en su busca; el hombre rojo necesita largas carabinas ahora». Un yankee que para el paso hace de jefe blanco, se espresa en estos términos. «Nosotros vamos viajando a las grandes aguas del oeste. Nuestro gran padre poseía un estenso pais allí, i vamos yendo a establecernos en él. Con este fin traemos nuestras mujeres i nuestros hijos. Nos vemos forzados a atravesar por las tierras de los hombres rojos, pero lo hacemos como amigos i no como enemigos. Como amigos les damos una fiesta, les apretamos la mano i fumamos con ellos la pipa de paz. Ellos saben que venimos como amigos trayendo con nosotros nuestras mujeres e hijos. El hombre rojo lleva sus squaws al combate; ni las caras blancas tampoco. Pero amigos como somos, estamos prontos para volvernos enemigos; i si se nos molesta castigaremos a los agresores. Algunos de nosotros piensan volverse. Nuestros padres, hermanos e hijos, vienen en pos de nosotros, i esperamos que los hombres rojos los traten con bondad. Nosotros nos conducimos pacíficamente; dejadnos partir. No somos traficantes i no tenemos ni pólvora ni plomo que dar: ¡Vamos a arar i plantar la tierra!...

Setiembre 3. «Caminamos este dia quince millas hasta Malheur. En este lugar se abre el camino en dos, i es temible para los inmigrantes el tomar el mal camino. M. Meek, que habia sido contratado como nuestro piloto al Oregon, indujo a cerca de doscientas familias con sus wagones i ganado, a seguir por el camino de la izquierda, diez dias ántes de nuestra llegada a la encrucijada. Por largo trecho encontraron un camino excelente, con abundancia de pasto, leña i agua; en seguida dirijieron su marcha a unas montañas estériles donde por muchos dias carecieron de agua, i cuando la encontraban era tan mala que ni aun para el ganado era potable. Pero aun asi era fuerza hacer uso de ella. La fiebre que se llama de campamento estalló bien pronto.

»Al fin llegaron a un ciénago que intentaron en vano atravesar; i como viesen que se estendia mucho hácia el sur, no obstante el parecer baqueano Meek, enderezaron al norte, i despues de algunos dias de marcha llegaron al rio de las Caidas, que recorriendo para arriba i para abajo buscando vado que no se encontró en ninguna parte. Sus sufrimientos se   aumentaban de dia en dia, pues sus provisiones se iban concluyendo rápidamente, el ganado estaba exhausto, i muchos de los que formaban la carabana padecian enfermedades graves. Al fin Meek les informó que estaban a dos dias de distancia solamente de Dalles. Diez hombres salieron a caballo en busca de la estacion de los Metodistas con provisiones para dos dias.

Despues de haber caminado diez dias sin parar, llegaron a Dalles; en el camino un indio les dió un conejo i un pescado, i con este alimento hicieron los dos su jornada de diez dias. Cuando llegaron a Dalles, sus fuerzas estaban tan estenuadas, que sus miembros se habian empalado, i fué necesario desmontarlos del caballo. En este lugar encontraron un viejo montañes llamado el negro Harris, que se ofreció a conducirlos, saliendo con varios otros en busca de la compañía perdida, a la que hallaron reducida a la última estremidad, exhausta por las fatigas, i desesperando ya de salir a los establecimientos. Encontróse un lugar por donde el ganado podia atravesar a nado el rio, despues de lo cual era preciso hacerlo subir un ascenso casi perpendicular. Mayores dificultades habia para pasar los carros. Una larga cuerda fué echada a traves del rio, atando fuertemente sus puntas de ambos lados en las rocas. Un carro liviano fué suspendido con correderas en la cuerda, i con cuerdas para llevarlo a uno i otro lado del rio; esta especie de cuna (andarivel), servia para trasportar las familias de un lado a otro del rio con toda seguridad. El pasaje de este rio ocupó algunas semanas. La distancia a Dalles era de 35 millas, adonde llegaron del 13 al 14 de octubre. Como 20 habian percibido víctimas de las enfermedades, i otros murieron despues de haber llegado...

Setiembre 7. »Este dia viajamos cerca de doce millas. El camino es hoi mas aspero que ayer. A veces va por el fondo de un torrente, a veces por el faldeo de una montaña, tan rápido que se necesitan dos o tres hombres trabajando del lado de arriba para sostener el equilibrio de los carros. El torrente i camino están tan encajonados en montañas, que en varios puntos es casi imposible continuar. Vistas las montañas desde este punto, parecen murallas perpendiculares i por tanto lisas. Alegran de vez en cuando la vista algunos grupos de cedros macilentos; pero en el torrente es tal la espesura de las malezas espinosas, que es casi imposible pasar... pero sabiendo que los que nos han precedido han vencido estas dificultades, hacemos el último esfuerzo i pasamos.

Noviembre 1.º «Ahora estábamos en el lugar destinado en un período no distante, a ser un punto importante en la historia comercial de la Union como centro del comercio de la China i de la India. Atravesando el bosque que se estiende al este de la ciudad, vimos la ciudad de Oregon i las caidas de Villa Mate, al mismo tiempo. Tan llenos de gratitud nos sentiamos de haber llegado a los establecimientos de los blancos, i de admiracion a la vista del volúmen de las aguas de las cataratas, que la carabana hizo alto, i en este momento de felicidad repasamos con el pensamiento todos nuestros trabajos, con mas rapidez que lo que la lengua o la escritura pueden hacer. Desde Independence hasta el Fuerte Laramie, 692 millas; de allí al Fuerte Hall, 585; al Fuerte Rois, 281; a los Dalles, 305; de Dalles a la ciudad de Oregon, 160 millas, haciendo la total distancia de despoblado 1960 millas».

«Tanto tiempo habiamos permanecido entre los salvajes, que nuestra aparencia se asemejaba mucho a la de ellos; pero cuando hubimos cambiado de vestidos i afeitádonos al uso de los blancos, no nos podiamos reconocer unos a otros. Largo tiempo habiamos hecho vida comun, sufrido juntos privaciones i penas, i en los peligros contado con la ayuda comun. Los vínculos de los afectos se habian estrechado entre nosotros, i cuando hubimos de separarnos, cada uno sentia desgarrársele el corazon; pero como ya habiamos roto otros vínculos mas fuertes aun cada uno tomó su partido, i en algunas horas nuestra compañía se dispersó tomando cada una diferentes direcciones».

Cuando uno lee la narracion de aventuras como estas, se siente sin duda orgulloso de pertenecer a la raza humana. Ninguna de las grandes pasiones que han obrado los prodijios de la historia, está aquí en juego para fanatizar el espíritu. Ni la desesperacion de los restos del grande ejército, ni el amor a la patria de los 10000 espartanos echados entre los bárbaros, ni la sed de oro, de gloria i de sangre de los conquistadores españoles. Hombres de aquel temple tenian en los Estados tierras de propiedad pública para afincarse; familias que los ayudasen; ganados para auxiliarse en las rudas labores de la tierra. Atraviesan 600 leguas de desiertos para realizar una grande idea, ellos, el desecho del pueblo norteamericano, quieren que la Union ostente sus estrellas en el firmamento del Pacífico, que se realice el sueño dorado de acercar la India i la China, i arrebatar estos mercados a la Inglaterra. Se sacrifican, pues, a una idea de porvenir nacional, porque el yankee no ignora que la primera jeneracion de las nuevas plantaciones, abona solo la tierra con su sudor para que gocen las venideras; i cuando en el Oregon se han reunido algunos centenares de familias, los jefes, dejando a un lado el hacha con que destruyen lentamente los bosques para labrarse un campo, i crear su propiedad, se reunen en asamblea deliberante, «con el objeto de fijar los principios de libertad civil i relijiosa, como la base de todas las leyes i constituciones que puedan en adelante adoptarse», i estatuyen:

»Art. 1.º Ninguna persona que se conduzca de una manera regular i ordenada, será molestada a causa de su modo de adoracion o sus sentimientos relijiosos.

»2.º Los habitantes de dicho territorio gozarán siempre de los beneficios del escrito *habeas corpus*, del juicio por jurados, de una proporcionada representacion del pueblo en la lejislatura, i de procedimientos judiciales conformes a la secuela de las leyes ordinarias. Todas las personas podrán dar fianzas, excepto por delitos capitales i cuando las pruebas sean evidentes, i las presunciones graves. Ningun hombre será privado de su libertad sino por juicio de sus pares, o la lei de la tierra...

»3.º Siendo necesarias para el buen gobierno i felicidad de la especie humana, la relijion, moralidad e instruccion, serán fomentadas las escuelas siempre i todos los medios de educacion.

»5.º Ninguna persona será privada de llevar armas para su propia defensa; no se autorizan pesquizas ni rejistros sin motivo fundado; la libertad de la prensa no será restrinjida; ni el pueblo será privado del derecho de reunirse pacíficamente a discutir los asuntos que halle por conveniente.

»6.º Los poderes del gobierno serán divididos en tres distintos departamentos: el lejislativo, el ejecutivo i el judicial, etc., etc.».

Lei de tierras: «Toda persona que posea, o en adelante pretenda poseer tierra en este territorio, designará la estension de su propiedad por medio de límites naturales, o por mojones en las esquinas i sobre los costados del lote, i hará rejistrar la estension i límites del tal lote en la oficina del escribano del lugar, en un libro que será llevado para aquel objeto, en el término de veinte dias despues de hecho el pedido; proveyéndose, que los que están en posesion del territorio, tendrán doce meses contados desde la sancion de esta lei, para hacer la descripcion del lote de tierras en el libro de los rejistros; proveyéndose ademas que el dicho poseedor declarará el tamaño, forma i ubicacion del terreno.

«2.ª Todo poseedor en los seis primeros meses despues de rejistrado su lote, habrá hecho permanentes mejoras en el terreno, ya edificando o cercando, o bien ocupando el terreno en un año de la data del rejistro; o en caso de no ocuparlo, pagará en tesorería cinco pesos anuales, i en caso de no ocuparlo o no pagar la suma antedicha, el título será considerado como abandonado; proveyéndose que los no residentes en este pais no pueden aprovechar de esta lei; i proveyéndose ademas que los residentes en este territorio que se ausentasen por negocios particulares por dos años, podrán conservar la propiedad pagando cinco pesos anuales al tesoro.

»3.ª Ningun individuo podrá tomar posesion de mas de un cuarto de milla cuadrada, o 640 acres, en una forma cuadrada u oblonga. Ningun individuo podrá poseer dos lotes a un mismo tiempo.

»5.ª Las líneas de los límites de todos los lotes se conformarán tan aproximativamente cuanto sea posible con los puntos cardinales».

Este pueblo, lleva como Ud. ve en su cerebro orgánicamente, cual si fueran una conciencia política, ciertos principios constitutivos de la asociacion: la ciencia política pasada a sentimiento moral complementario del hombre, del pueblo, de la chusma; la municipalidad convertida en regla de asociacion espontánea; la libertad de conciencia i de pensamiento; el juicio por jurados. Si quiere Ud. medir el camino que ha andado aquel pueblo, reuna Ud. un grupo, no del vulgo de ingleses, franceses, chilenos o arjentinos, sino de las clases cultas, í pidales de improviso que se constituyan en asociacion, i no sabrán que se les pide, cuanto i mas fijar con precision, como aquellos aventureros del Oregon, las bases en que ha de reposar el gobierno de una sociedad que va a nacer, i que por la distancia i los desiertos que la dejan separada del resto de la Union, queda de hecho i de derecho desligada de la patria comun. Algunos años mas tarde de estos rudimentos   dispersos, surjirá un territorio; i del territorio un Estado para aumentar una nueva estrella en la constelacion de los Estados Norteamericanos, con sus mismas leyes, sus prácticas, sus instituciones civiles i políticas, i sobre todo con su carácter peculiar de nacionalidad, marcado con el sello enérjico de aquel coloso.

Hai un fenómeno que se realiza en los Estados Unidos, i que no obstante de referirse a principios fundamentales inherentes a la especie humana, no ha sido hasta hoi de una manera precisa establecido. Hasta de palabra adecuada carecen para indicarlo los idiomas. Pretender señalarlo en dos pájinas seria el índice o el plan de un gran libro. ¿Qué es la moral? El código de preceptos que ha dado en seis mil años el contacto de un hombre con otro, a fin de que vivan en paz sin hacerse mal, amándose, procurándose el bien. La moral que nos liga a Dios por nuestros padres, está despues de Confucio, Sócrates i Franklin, adivinada, encontrada. Si algo le falta para ser perfecta por el estudio humano i los sentimientos del corazon, la revelacion la completa en cuanto a la parte de los hombres mas desligada de nosotros mismos, que es el prójimo, el estranjero, el enemigo, clasificaciones que distinguen tres grados de separacion; por las leyes el prójimo es indiferente; el estranjero, la tela de que se hizo siempre el esclavo; para el enemigo, cesan todos los vínculos de la familia humana, la muerte está pronta para él, sin remordimiento, con gloria. Cuando el hombre se llame el enemigo, entónces deja de formar parte de nuestra especie; ni las leyes, ni relijion alguna han podido hasta hoi nada contra los efectos morales de esta clasificacion.

Pero la moral se refiere a las acciones de los individuos solamente. ¿Cómo se llama aquella otra parte de la vida del hombre, en cuanto miembro de un rebaño, de una colmena, o de una bandada, puesto que pertenece a la especie de los animales gregarios? Preguntádselo al ezar de Rusia, a un lord del parlamento, a Rousseau, a Rosas, a Franklin, i cada uno os dará un bellísimo sistema de política, esto es, de preceptos, de obligaciones, derechos i deberes que sirvan de regla a los individuos en relacion con la masa, con la sociedad. Los unos pretenderán que el *uno* que gobierna hará para el bien comun todo lo que lo dé la gana; otros sostendrán que los lores   son los que tienen el derecho de hacer su soberana voluntad, i no faltará quien sostenga que cada individuo tiene su parte de injerencia en los negocios de todos, bien que esto dependerá de la cantidad de bienes que haya acumulado, o bien del estado de su razon. La política humana, pues, no ha hecho tantos progresos como la moral, i puede ser todavía puesta aquella ciencia primordial en el número de las especulativas, no obstante de referirse al hecho mas antiguo, mas duradero, mas actual, que es la sociedad en que vivimos. A la especie humana en jeneral le falta un sentido, si es posible decirlo. A la *conciencia* que regla las acciones morales entre los hombres, falta añadir otra cosa que indique con la misma seguridad los deberes i derechos que constituyen la asociacion, la moral en grande, obrando sobre millones de hombres, entre familias, ciudades, estados i naciones, completada mas tarde por las leyes de la humanidad entera. La ciudad de Aténas parece que habia adquirido este sentimiento; mas tarde lo tuvieron los patricios romanos; pero aquéllo lo destruyeron éstos, hiriéndolo por la abertura que deja hasta hoi la moral, a saber, por la clasificacion del *enemigo*; i a los últimos los destruyó i dispersó la *plebe*, que adquiria a la sombra del patriciado el mismo sentimiento, i por los *estranjeros*, que de enemigos conquistados pasaron a sentir la gana de formar parte del senado romano.

Perdóneme Ud. esta tirada pedantesca, sin la cual no puedo esplicar mi idea. La poblacion en masa de los Estados Unidos ha adquirido este sentimiento, esta conciencia política, pues no sé qué nombre darle. El cómo lo ha adquirido lo barruntará Ud. en la historia de los Estados Unidos por Bancroft. Es un hecho que se ha venido preparando de cuatro siglos; es la práctica de doctrinas i partidos vencidos i rechazados en Europa, i que con los peregrinos, los puritanos, los kuáqueros, el habeas-corpus, el parlamento, el juri, la tierra despoblada, la distancia, el aislamiento, la naturaleza salvaje, la independencia, etc., se ha venido desenvolviendo, perfeccionando, arraigando. En la Inglaterra hai libertades políticas i relijiosas para los lores i los comerciantes; en Francia para los que escriben o gobiernan; el pueblo, la masa bruta, pobre, desheredada, no *siente* nada todavía sobre su posición como miembros de una sociedad; serán gobernados monárquicamente, aristocráticamente, teocráticamente, según lo quieran o no puedan resistirlo los propietarios, los abogados, los militares, los literatos.

En Norteamérica, el yankee será fatalmente republicano, por la perfeccion que adquiere su sentimiento político, que es ya tan claro i fijo como la conciencia moral; porque es de dogma que la moral es adquirida, sin lo cual la revelacion era inútil, i no se ha hecho revelacion alguna a los hombres para guiarse en sus relaciones con la masa. Si una parte de la Union defiende i mantiene la esclavitud, es porque en esa parte la conciencia moral en cuanto al estranjero de raza, aprisionado, cazado, débil, ignorante, está en la categoría del *enemigo*, i por tanto la moral no le favorece; pero en todos los demas Estados, en todas las clases, o mas bien, en la clase única que forma la sociedad, el sentimiento *político* que debe ser inherente al hombre como la razon i la conciencia, está completamente desenvuelto. De aquí naco que donde quiera que se reunan diez yankees, pobres, andrajosos, estúpidos, ántes de poner el hacha al pié de los árboles para construirse una morada, se reunen para arreglar las bases de la asociacion; un dia llegará en que no se escriba este pacto, porque estará sobreentendido siempre: i este pacto es como ha visto Ud. en la lei orgánica del Oregon, una serie de dogmas, un decálogo. Cada uno creerá lo que cree; cada uno nombrará quien haya de gobernarlo; cada uno dirá de palabra i por escrito su pensamiento; será juzgado por un jurado, i se le admitirá fianza de cárcel segura por todo delito que no merezca pena capital.

Pero esta parte es solo la que puede formularse, que hai otra que está en las ideas i en las adquisiciones hechas; i es la mas digna de estudiarse. Por ejemplo: un hombre no llega a la plenitud de su desenvolvimiento moral e intelijente sino por la educacion; luego la sociedad debe completar al padre en la crianza de su hijo. Las escuelas gratuitas son coetáneas i a veces anteriores a la fundacion de una villa. La sociedad necesita tener una voz suya, como cada individuo tiene la que le sirve para espresar sus sentimientos, opiniones i deseos; luego habrá meetings i cámara de representantes que *enacte* todos los quereres, i prensa diaria que se ocupe de los intereses, pasiones e ideas de grandes masas. Como la sociedad, aunque naciendo en el seno de los bosques, es hija i heredera de todas las adquisiciones de la civilizacion del mundo, aspirará a tener desde luego o lo mas pronto posta diaria, caminos, puertos, ferrocarriles, telégrafos, etc., i de pieza en pieza llega Ud. hasta el arado, el vestido, los utensilios de cocina perfeccionados, de patente, el último resultado de la ciencia humana para todos, para cada uno.

Estos detalles, que pueden parecer triviales, constituyen, sin embargo, un hecho único en la historia del mundo. Vengo de recorrer la Europa, de admirar sus monumentos, de prosternarme ante su ciencia, asombrado todavía de los prodijios de sus artes; pero he visto sus millones de campesinos, proletarios i artesanos viles, degradados, indignos e ser contados entre los hombres; la costra de mugre que cubre sus cuerpos, los harapos i andrajos de que visten, no revelan bastante las tinieblas de su espíritu; i en materia de política, de organizacion social, aquellas tinieblas alcanzan a oscurecer la mente de los sabios, de los banqueros i de los nobles. Imajínese Ud. veinte millones de hombres que saben lo bastante, leen diariamente lo necesario para tener en ejercicio su razon, sus pasiones; públicas o políticas; que tienen que comer i vestir, que en la pobreza mantienen esperanzas fundadas, realizables de un porvenir feliz, que alojan en sus viajes en un hotel cómodo i espacioso, que viajan sentados en cojines muelles, que llevan cartera i mapa jeográfico en su bolsillo, que vuelan por los aires en alas del vapor, que están diariamente al corriente de todo lo que pasa en el mundo, que discuten sin cesar sobre intereses públicos que los ajitan vivamente, que se sienten lejisladores i artífices de la prosperidad nacional; imajínese Ud. este cúmulo de actividad, de goces, de fuerzas, de progresos, obrando a un tiempo sobre los veinte millones, con rarísimas escepciones, i sentirá Ud. lo que he sentido yo, al ver esta sociedad sobre cuyos edificios i plazas parece que brilla con mas vivacidad el sol, i cuyos miembros muestran en sus proyectos, empresas i trabajos una virilidad que deja mui atras a la especie humana en jeneral. Los norteamericanos solo pueden ser comparados hoi a los romanos antiguos, sin otra diferencia que los primeros conquistan sobre la naturaleza ruda por el trabajo propio miéntras los otros se apoderaban por la guerra del fruto creado por el trabajo ajeno. La misma superioridad viril, la misma pertinacia, la misma estratejia, la misma preocupacion de un porvenir de poder i de grandeza.

Su buque es el mejor del mundo, el mas barato, el mas grande. Si en alta mar encontrais, en un dia de bolina una nave que cruza arrebatada por la borrasca cuyas bocanadas inflan a reventar las velas, juanetes, alas i arrastraderas, el capitan frances, español o inglés de vuestro buque que ha tomado rizos a la vela mayor, os dirá a qué nacion pertenece; os dirá rechinando los dientes de cólera que es yankee; lo conoce en el tamaño, en la audacia, i mas que todo en que pasa rozando su buque sin izar la bandera para saludarlo. En los puertos o en los docks europeos, vuestra vista tropezará con un departamento especial en que están reunidas fragatas colosales, que parecen pertenecer a otro mundo, a otros hombres; son los buques yankees que principiaron por agrandarse para contener mayor número de balas de algodon i han concluido por hacer un jénero en la construccion naval. Quince buques de vapor de los que hacen el servicio del Hudson, unidos por sus quillas i proas describen una calle de madera de una milla de largo. Si en un dia de tempestad veis en el Havre o en Liverpool un buque empeñado en tomar la mar, es un buque yankee que tenia anunciada para aquel dia su salida, i que el honor del pabellon, la gloria de las estrellas de su bandera le prohiben aguardar, como lo harán los buques de otras naciones a que el viento abonance, ¿Qué buques son los que persiguen las ballenas en los mares polares? Son casi esclusivamente los norteamericanos; i dentro de ese casco solitario, de aquel *squatter* de las aguas, encontrareis una tripulacion escasa que no bebe licores, porque pertenece a la sociedad de templanza, hombres endurecidos en las fatigas, que arrancan a los peligros i a la muerte un peculio para establecerse en los Estados cuando vuelvan, para tomar un lote de tierra i labrarse una propiedad i levantar una casa, i contar a sus hijos al rededor de a estufa de hierro colado sus aventuras de mar. El año pasado la reina Victoria se paseaba en su suntuoso yacht, acompañada del príncipe Alberto, por la bahia de Falmouth. Los buques todos estaban empavezados para honrar a las rejias visitas. Sobre el tope del palo mayor de una fragata norteamericana veíase un marinero yankee parado en un pié, balanceándose con el buque que se mecia sobre sus anclas i tendiendo al aire su sombrero en una mano en señal de saludo. Hé aquí la espresion jeroglífica de la marina yankee. La reina se enfermó a la vista de aquel espectáculo. Un marinero inglés hubo, picado de amor nacional, de repetir la prueba. La reina lo prohibió con sus señales de espanto. ¿Lo habria hecho? No lo hizo, i eso basta. Era una imitacion de la audacia ajena; el hombre es capaz de eso i mucho mas; pero solo el jenio de un pueblo inspira la idea i el coraje de ejecutarlo.

Me detengo en este puto de la marina norteamericana, porque el buque es para el yankee su medio internacional, la prolongacion de su nacion para ponerse en contacto con todas las otras de la tierra; i en esta época de movimiento universal, el pueblo que tenga buques mas lijeros, de construccion mas barata i por tanto de fletes ménos subidos, es el rei del universo. En el Mediterráneo, en los mares de la India i en el Pacífico, anulan, suprimen i alejan de dia en dia toda otra marina i todo otro comercio que el suyo. Oh, reyes de la tierra, que habeis insultado por tantos siglos a la especie humana, que habeis puesto el pié de vuestros esbirros sobre los progresos de la razon i del sentimiento político de los pueblos revolucionados; dentro de veinte años, el nombre de la república norteamericana será para vosotros como el de Roma para los reyes bárbaros. Las teorías, las utopías de vuestros filósofos, desacreditadas, ridiculizadas por la tradicion, la lejitimidad, el *hecho consumado*, bien entendido que apoyados en medio millon de bayonetas, para que el ridículo sea eficaz, encontrarán el hecho tambien luminoso i triunfante. Cuando los Estados de la Union se cuenten por centeres, i los habitantes por cientos de millones, educados, vestidos i hartos, ¿qué vais a oponer a la voluntad soberana de la gran república en los negocios del mundo? ¿Vuestros guardianes de pordioseros? Pero os olvidais de las naves americanas que os bloquearian en todos los mares, ¡en todos los puertos! Dios ha querido al fin que se hallen reunidos en un solo hecho, en una sola nacion, la tierra vírjen que permite a la sociedad dilatarse hasta el infinito, sin temor de la miseria; el hierro que completa las fuerzas humanas; el carbon de piedra que ajita las máquinas; los bosques que proveen de materiales a la arquitectura naval; la educacion popular, que desenvuelve por la instruccion jeneral la fuerza de produccion en todos los individuos de una nacion; la libertad relijiosa que atrae a los pueblos en masa a incorporarse en la poblacion; la libertad política que mira con horror el despotismo i las familias privilejiadas; la República, en fin, fuerte, ascendente como un astro nuevo en el cielo; i todos estos hechos se eslabonan entre sí, la libertad i la tierra abundante; el hierro i el jenio industrial; la democracia i la superioridad de los buques. Empeñados en desunirlos por las teorías i la especulacion; decid que la libertad, la educacion popular, no entran por nada en esta prosperidad inaudita que conduce fatalmente a una supremacía indisputable; el *hecho* será siempre el mismo, que en las monarquías europeas se han reunido la decrepitud, las revoluciones, la pobreza, la ignorancia, la barbarie i la degradacion del mayor número. Escupid   al cielo, i ponderadnos las ventajas de la monarquía. La tierra se os vuelve estéril bajo las plantas, i la república os lleva sus cereales para alimentaros; la ignorancia de la muchedumbre sirve de base a vuestros tronos, i la corona que orna vuestras sienes brilla cual flor sobre ruinas, medio millon de soldados guardan el equilibrio de los celos i de la envidia de unos soberanos con otros, miéntras la República, colocada por la providencia en terreno propicio, como colmena de abejas, ahorra esas sumas inmensas para convertirlas en medios de prosperidad que da su rédito en acrecentamiento de poder i de fuerza. Vuestra ciencia i vuestras vijilias sirven solo para aumentar el esplendor de aquélla. *Sic vos non vobis* inventais telégrafos eléctricos para que la union active sus comunicaciones; *sic vos non vobis* creásteis los rieles para que rodasen las producciones i el comercio norteamericano. Franklin tuvo la audacia de presentarse en la corte mas fastuosa del mundo con sus zapatos herrados de labriego i sus vestidos de paño burdo; vosotros tendreis un dia que esconder vuestros cetros, coronas i zarandajas doradas para presentaros anto la república, por temor de que no os ponga a la puerta, como a cómicos o truanes de carnestolendas.

¡Oh! me exalta, mi querido amigo, la idea de presentir el momento en que los sufrimientos de tantos siglos, de tantos millones de hombres, la violacion de tantos principios santos, por la fuerza material de los hechos, elevados a teoría, a ciencia, encontrarán tambien el *hecho* que los aplaste, los domine i desmoralice. ¡El dia del grande escándalo de la República fuerte, rica de centenares de millones, no está léjos! El progreso de la poblacion norteamericana lo está inclinando; ella aumenta como ciento, i las otras naciones solo como uno; las cifras van a equilibrarse i a cambiar en seguida las proporciones; i ¿estas cifras numéricas no espresarán lo que encierra en sí de fuerzas productoras i de enerjía física i moral el pueblo avezado a las prácticas de la libertad, del trabajo i de la asociacion?

Avaricia i mala fe

Tan fatigado lo considero de seguirme en estas escursiones que al rápido andar de las ideas hago por los estremos apartados   de la Union, tras de alguna manifestacion de la vida de este pueblo, que para su solaz quiero en adelante en via de puntos de descanso poner epígrafes a las materias que iré tratando. Ud. ha comprendido sin duda que el que precede anuncia que voi a hablar del carácter moral de esta nacion. En aquellas dos palabras se reasume en efecto el reproche que hacen, mas bien diré el tizne que afea el carácter moral yankee, i el entusiasmo por las instituciones democráticas se resfria al ver las brechas que a la moral individual hacen, i no hai pueblo medio civilizado que no se sienta superior a los yankees por este lado al ménos, al reves de las grandes naciones antiguas i modernas, de Roma i la Inglaterra, en que el Estado era un bandido famoso, miéntras los individuos que lo componian practicaban las virtudes mas austeras.

Los Estados Unidos como gobierno son irreprochables en sus actos públicos, miéntras que los individuos que lo forman adolecen de vicios repugnantes de que se creen ménos sujetas las demas naciones. ¿Dependerá esto de una peculiaridad de la raza sajona? ¿Vendrá de la amalgama de tantos pueblos diversos? ¿Será fruto ingrato de la libertad i de la democracia?

No se espante si muestro que a esta última causa mas que a otra ninguna atribuyo el mal moral que aqueja a aquellos pueblos. La avaricia es hija lejítima de la igualdad, como el fraude viene ¡cosa estraña al parecer! de la libertad misma. Es la especie humana que se muestra allí, sin disfraz alguno, tal como ella es, en el período de civilizacion que ha alcanzado, i tal como se mostrará aun durante algunos siglos mas, miéntras no se termine la profunda revolucion que se está obrando en los destinos humanos, cuya delantera llevan los Estados Unidos.

El mundo se trasforma, i la moral tambien. No se escandalice Ud. Como la aplicacion del vapor a la locomocion, como la electricidad a la trasmision de la palabra, los Estados Unidos han precedido a todos los demas pueblos en añadir un principio a la moral humana en relacion con la democracia. ¡Franklin! Todos los moralistas antiguos i modernos han seguido las huellas de una moral que, dando por sentada, por fatal i necesaria la existencia de una gran masa de sufrimientos, de pobreza i de abyecciones, localizaba el sentimiento moral, dando por atenuaciones la limosna del rico i la resignacion del pobre. Desde las castas inmóviles de indios   i ejipcios, hasta la esclavitud i el proletariado normal de la Europa, todos los sistemas de moral han flaqueado por ahí. Franklin ha sido el primero que ha dicho: bienestar i virtud; sed virtuosos para que podais adquirir; adquirid para poder ser virtuosos. Mucho se aproximaba Moises en sus doctrinas morales a estos principios, cuando decia: honrad a vuestros padres para que así vivais largo tiempo sobre la tierra prometida. Todas las leyes modernas están basadas en este principio nuevo de moral. Abrir a la sociedad en masa, de par en par las puertas al bienestar i a la riqueza.

Allá va el mundo en masa, i sabe Dios los dolores que va a costar habituar a los goces de la vida, despertar la intelijencia de esos millones de seres humanos que durante tantos miles de años han servido para abrigar con el calor de sus entrañas los piés de los nobles que volvian de la caza. ¿Qué es el capital? preguntan hoi los economistas. El capital es el representante del trabajo de las jeneraciones pasadas legado a las presentes; tienen capitales los que han heredado el fruto del trabajo de los siglos pasados, como las aristocracias, i los que lo han adquirido en este i el pasado siglo con los descubrimientos en las ciencias industriales i las especulaciones del comercio; es decir, poquísimos en proporcion de la masa pobre de las naciones. Hé aquí en mi humilde sentir el oríjen de la desenfrenada pasion norteamericana. Veinte millones de seres humanos, todos a un tiempo están haciendo capital, para ellos i para sus hijos; nacion que nació ayer en suelo vírjen i a quien los siglos pasados no le habian dejado en herencia sino bosques primitivos, rios inesplorados, tierras incultas. Despertad en Francia o en Inglaterra, por ejemplo, esos veinte millones de pobres que trabajando veinte horas diarias, se amotinan por conseguir solamente que el salario les baste para no morir de hambre, sin aspirar a un porvenir mejor, sin osar soñarlo siquiera, como pretensiones impropias de su esfera; poned a los rotos de Chile en la alta esfera de las especulaciones, con la idea fija de hacer pronto una fortuna de cincuenta mil pesos, i vereis mostrarse entónces las pasiones infernales que están aletargadas en el ánimo del pueblo. El roto os pide diez reales por el objeto que venderá por uno, si le ofrecen uno, i todavía os habrá engañado. Un chileno cree honrada a la masa de su nacion por serlo él i por desprecio al miserable roto, que sin embargo forma la gran mayoría. Tal es la esplicacion del fenómeno que llama la atencion en los Estados Unidos. Toda la enerjía del carácter   de la nacion en masa está aplicada a esta grande empresa de las jeneraciones actuales, acumular capital, apropiarse el mayor número de bienes para establecerse en la vida. La revolucion francesa vió por otro camino, aunque conduciendo al mismo fin, desenvolverse la enerjía moral de la nacion; la gloria militar puesta al alcance de quien supiera conquistarla, el baston de mariscal en la boca de los cañones del enemigo, i sabe Ud. los prodijios obrados por aquella nacion.

El norteamericano lucha con la naturaleza, se endurece contra las dificultades, por llegar al supremo bien que su posicion social le hace codiciar, bienestar; i si la moral se pone de por medio cuando él iba a tocar su bien, ¿qué estraño es que la aparte a un lado lo bastante para pasar, o la dé un empellon si persiste en interponerse? Porque el norteamericano es el pueblo, es la masa, es la humanidad no mui moralizada todavía, cubierta allí en todas sus graduaciones de desenvolvimiento bajo una apariencia comun. ¿Quién es este hombre? se preguntará Ud. en cualquiera parte del mundo; i su fisonomía esterior le responderá: es un roto, un labriego, un mendigo, un clérigo, un comerciante. En los Estados Unidos todos los hombres son a la vista un solo hombre, el norteamericano. Así, pues, la libertad i la igualdad producen aquellos defectos morales, que no existen tan aparentes en otras partes, porque el grueso de la nacion está inhabilitado para manifestarlos. ¡Qué escándalo dieran si llegasen de improviso a ser picados por la tarántula!

Contribuyen a hacerlo mas manifiesto las peculiaridades de la organizacion de aquel pais. Es tal el sentimiento de vida que se esperimenta en los Estados Unidos, tal la confianza en el porvenir, tal la fe que se tiene en los resultados del trabajo, i tan grande la esfera del movimiento, que el crédito reposa en la existencia del individuo mas bien que en la garantía de la propiedad. Un hombre trabajando adquirirá infaliblemente. La estadística de la progresion en que va la riqueza lo demuestra; luego todo hombre que trabaja tiene crédito. Ejemplo: un individuo remonta el Mississipi en un vapor i propone compra de 4000 barricas de harina. El vendedor dice su precio i queda aceptado, despues de preguntar quién es el banquero del comprador. El vendedor escribe a Nueva York al banquero indicado, pidiendo la solvabilidad del individuo, i con la respuesta posee 4000 pesos, crédito bueno, el mercado queda concluido a cuatro meses de plazo, a pagar en Lóndres, donde se venderá la harina, al banquero del vendedor.   Llegado el término del contrato el vendedor ve el precio corriente de las harinas en Lóndres, en la época en que ha debido efectuarse la venta i ya sabe a qué atenerse en cuanto a la solvabilidad de su deudor. ¡Cuántos tropezones ha dado un yankee para llegar a tener fortuna! Aquí llamamos quiebras; allá negocios frustrados solamente, que irritan la actividad en lugar de paralizarla.

Cuando el especulador es un Estado, el pícaro se presenta mas desfachatado. El Estado ajencia capitales en Inglaterra para abrir caminos de hierro, los obtiene i realiza su empresa; pero como es un Estado naciente del oeste, donde la poblacion i la riqueza no son grandes, los peajes no producen por largos años el interes del dinero, el estado deudor promete, aplaza de hoi a mañana el pago sinceramente, miente en seguida por necesidad, se enfada de que le estén exijiendo, i últimamente, un dia amanece de mal humor, pone a la puerta al acreedor importuno, i le declara en sus propias barbas i a la faz de todo el mundo que *repudia* la deuda, es decir, que no paga. ¿Demandarlo? ¿ante quién? Hé aquí el primer pícaro que se presenta en el mundo, que no conoce juez en la tierra; el pueblo soberano. El Presidente, el Congreso, el Juez supremo nada pueden contra esta clase de bellacos. El gobierno mismo del Estado nada puede; ni la clase culta i por tanto con vergüenza, porque emanando el poder del voto de la muchedumbre ignorante i bribona, no acepta esta contribucion nueva para pagar la deuda contraida. Asi se han conducido Mississipi, Illinois, Indiana, Michiuan, Arckanzas i algunos otros mas. ¡Qué bulla han metido los banqueros en Lóndres con aquella magnífica muestra de la mas insigne felonía! I ¿qué remedio?

Aquí principia el reverso de la medalla. Los diarios de Europa hacen llover como sobre Sodoma i Gomorra el fuego de la execracion universal, i los Estados alzados se rien con insolencia de tales bravatas. Mas en los Estados que no han participado del crímen, principia una reaccion en nombre de la dignidad nacional, del honor de la Union mancillado, i los delincuentes soberanos empiezan a ponerse serios. Una línea de circunvalacion se establece en torno de ellos, i desde allí la opinion pública los fulmina a mansalva. La clase ilustrada de los Estados que han *repudiado* las deudas siente la indignidad del procedimiento; pero ¿qué hacer contra la mayoría que lo sostiene? Un diario entra tímidamente en la cuestion; copia como por incidente algún artículo censorio. Desde luego reconoce que dadas las circunstancias en que el Estado se halló   i la insolencia de los ingleses, hizo perfectamente bien, i les ha dado una leccion severa, para que en adelante respeten mejor la dignidad de un Estado soberano (tramposo). Pero las circunstancias empiezan a cambiar felizmente; la prosperidad se desarrolla rápidamente. ¿No convendria *to reped* la *repudiacion*? Al ménos reconsiderar el asunto, arbitrar medios, etc.?

El pueblo soberano oye ya sin enojarse. Al dia siguiente le insinúan ideas de honor, sentimientos de jenerosidad, hasta que al fin la opinion pública se forma, la reprobacion excitada afuera halla ecos en el Estado, un sentimiento de vergüenza apunta en los semblantes; voces enérjicas se levantan en la minoría del Congreso, el movimiento se jeneraliza, i el Estado criminal vuelve sobre sus pasos, entabla negociaciones con los banqueros defraudados, i concluye por reconocer por lejítima la deuda del capital, i ofrece un 60 por ciento de los intereses. Otro Estado, no habiendo podido terminar el canal en que invirtió los capitales, pide que se le den las sumas necesarias para llevarlo a cabo, i pagará todo. Un Estado, en fin, permanece inerte en despecho del clamoreo universal, porque es mui pobre, mui apartado, i no se admire Ud., mui bruto:

Esto último requiere esplicaciones.

Jeografía moral

Habia pintado el plan iconográfico de la viabilidad de los Estados Unidos, que si no es la base de la prosperidad de aquel pais, es su instrumento, como los dedos del hombre son los fieles ejecutores de su pensamiento. Hai tambien una jeografía moral en aquel pais cuyas facciones principales necesito señalar. Conocido el suelo, verá Ud. las corrientes civilizadoras que llevan a todos los estremos de la Union la mejora, la luz i el progreso moral.

Conoce Ud. la historia i la colocacion de los trece Estados primitivos de la Union americana. Dos siglos habian depositado allí las grandes ideas políticas i relijiosas que la Inglaterra habia arrojado sucesivamente de su seno. Bancroft ha hecho el inventario de esas ideas, colocándolas cada una en la localidad que ocuparon desde su establecimiento, con los peregrinos en la Nueva Inglaterra, con los cuáqueros en la Pensilvania,   con los católicos en el Maryland. Aquella colonizacion fué ménos de hombres que se trasladaban de un pais a otro, que de ideas políticas i relijiosas que pedian aire i espacio para esplayarse. Sus frutos han sido la república americana, frutos mui anteriores a la revolucion francesa. La declaracion de los derechos del hombre hecha por el Congreso de los Estados Unidos en 1776, es la primera pájina de la historia del mundo moderno, i todas las revoluciones políticas que se seguirán en la tierra, un comentario de aquellos simples dogmas del sentido comun.

La declaracion de la independencia fué como aquel creced i multiplicaos de Dios a los hebreos. Desde entónces las ideas i los hombres se pusieron en marcha hácia el interior; la república empezó a parir *territorios* que se convertian luego en *Estados*, como un pólipo que echa al costado de su tronco nuevas ramas. Observe el movimiento de las repúblicas sudamericanas desde su independencia adelante, i verá cuán normal es la diferencia. Chile subdivide sus antiguas provincias, pero sin aumentar ni el territorio poblado, ni el número de sus ciudades. Las antiguas Provincias Unidas del Rio de la Plata ven desmembrarse su territorio, i de sus fragmentos constituirse estados raquíticos i absurdos, miéntras que las provincias que aun quedan llevando el nombre arjentino, se despueblan de dia en dia, estinguiéndose sus antiguos planteles de ciudades como luces que se apagan. Maine tenia, por ejemplo, en 1790, 96000 habitantes; 151000 en 1800; 228705 en 1810; 400,000 en 1830; 501793 en 1840. Nueva York tenia 340120 en 1790; 586766 en 1800; 959949 en 1810; 1372812 en 1820; 1918608 en 1830; 2428921 en 1840.

Pero a este movimiento de concentracion se añade otro de dilatacion. Mississipi aparece en 1800 con 8850 habitantes; en 1840, contaba ya 375651. Arkansas no suena hasta 1820, en que presenta una poblacion de 14273 habitantes; en 1840 tiene cerca de cien mil. Indiana contaba en 1810, 4762; treinta años despues, 685866. Ultimamente Ohio, que en 1800 rejistró una poblacion de 40365, contaba en 1840 un acrecentamiento de mas de millon i medio. Asómbrese Ud. de este diluvio de hombres que los primeros colonos en un desierto ven llegar i establecerse en los alrededores. Me han mostrado un hombre que no era viejo, el cual habla visto nacer, desenvolverse i crecer uno de aquellos grandes estados. ¿De dónde salen estos hombres, desde que ya no hai Deucaliones que los produzcan tirando piedras hácia atras? La inmigracion europea   figura en segundo plano en estas sucesivas inmigraciones, por mas que aparentemente sea su número mui considerable. Los Estados viejos o adultos enjendran a los que van apareciendo. El *indian hatter*, odiador del indio, va adelante, esparcidos los miembros de esta singular secta instintiva, que tiene por único dogma perseguir al salvaje, por único apetito el esterminio de las razas indíjenas. Nadie lo ha mandado; él va solo al bosque con su rifle i sus perros a dar caza a los salvajes, ahuyentarlos i hacerles abandonar las cacerías de sus padres. Detras vienen los *squatters*, misántropos que buscan la soledad por morada, el peligro por emociones, i el trabajo de desmontar por solaz. Siguen a distancia los *pioners* abriendo las selvas, sembrando la tierra i diseminándose en una grande esfera. Vienen en seguida los empresarios capitalistas con emigrantes por peones, i fundando ciudades i aldeas segun que los accidentes del terreno lo aconsejan. Sobre estos cuadros viene en seguida a colocarse la inmigracion propietaria, mecánica, industrial, jóven, que se desprende de los Estados antiguos a buscar i crear la fortuna.

En esta espansion de la poblacion norteamericana se muestran grados de civilizacion mui marcados, desapareciendo casi del todo en los estremos, al oeste por la diseminacion de los habitantes i la rudeza de las ocupaciones campestres, al sur por la presencia de los esclavos, i por las tradiciones españolas o francesas. Medio siglo bastaria para que la barbarie incurable de nuestras campañas arjentinas se mostrase en las estremidades de la Union, si los elementos vivos de rejeneracion que encierra aquel pais no constituyesen un flujo i reflujo que tiene en actividad toda la masa, i evita que las partes lejanas o aisladas se estagnen i dejeneren.

La inmigracion europea es allí un elemento de barbarie, ¡quién lo creyera! El europeo irlandes o aleman, frances o español, salvo las escepciones naturales, sale de las clases menesterosas de Europa, ignorante de ordinario, siempre no avezado a las prácticas republicanas de la tierra. ¿Cómo hacer que el inmigrante comprenda de un golpe aquel complicado mecanismo de instituciones municipales, provinciales i nacionales, i mas que todo, que se apasione como el yankee por cada una de ellas, i las crea ligadas con su existencia i como parte de su ser, de tal manera que se descuidara ocuparse de ellas i de los intereses a que se ligan, ¿temeria que su vida i su conciencia estaban a un tiempo en peligro? ¿Cómo habituarlo al meeting a que a cada instante recurro el pueblo para   espresar *his sentiment*; i una vez espresado, una vez votados una serie de *and to be further resolved*, sentir aquel desahogo i como descargo de un peso que esperimenta el norteamericano, como si hubiera producido un hecho, o desvanecido la opinion ¿que combate? Así es que los estranjeros son en los Estados Unidos la piedra de escándalo, i la levadura de corrupcion que se introduce anualmente en la masa de la sangre de aquella nacion tan antiguamente educada en las prácticas de la libertad. El partido whig, que es la parte mas nacional de la nacion, ha intentado muchas veces poner trabas a la inmigracion, i sobre todo prolongar por muchos años el aprendizaje, que requiere el uso de los derechos políticos. El partido nativista, hoi estinto, trató de crear una especie de fanatismo nacional, parecido, aunque por motivos contrarios, a nuestro *americanismo*; pero disipó luego el interes de cada Estado naciente los primeros nubarrones de preocupacion que empezaban a levantarse. Los Estados antiguos podian prescindir de los estranjeros, pues que ya estaban densamente poblados i ofrecen poco aliciente a los advenedizos. No así los estados del oeste que pusieron desde entónces en pública subasta la ciudadanía, bajando a porfía los años de residencia i escusando requisitos para obtenerla.

Contra esta relajacion de la disciplina de los mayores i la mas sensible que trae la diseminacion de la poblacion de las campañas, la organizacion social de aquel pais tiene medios eficacísimos i que ya hubieran producido sus resultados, si no fuese una obra interminable miéntras continúen llegando *i barbari* de Europa por centenas de miles, i hayan acres de bosques por descuajar por millares de millones. Estas fuerzas de atraccion, depuracion i pulimiento, son tan importantes que me permitirá Ud, irlas enumerando.

La posta diaria es la que mas sensiblemente obra. La posta sonará a las puertas de cada aldea lejana i depositará en ella, en algun papel público, un tópico de conversacion, i una noticia de las novedades de la Union. Usted concibe que es imposible barbarizarse donde la posta, como una gotera diaria, está disolviendo toda indiferencia nacida del aislamiento. No olvide que esta posta recorre 134000 millas, i que en partes tiene por ausiliar el telégrafo.

Paso por alto la influencia civilizadora o irritante de la prensa periódica.

El juicio por jurados llama a los hombres de las campañas a cada instante a reunirse, para juzgar causas criminales, i el   payo juez oye la acusacion i la defensa, pesa las razones, compulsa las leyes, se habitúa a su mecanismo i juzga en toda seguridad de conciencia. El hábito del jurado ha creado el crímen civil, impune, horrible, que se llama la *Lei de Lynch*. Como Jesus decía: «Donde quiera que estareis reunidos tres en mi nombre, yo estaré con vosotros» la *Linch's law* ha dicho al yankee de los bosques: «Donde quiera que os reunais siete en nombre de la voluntad del pueblo, la justicia será con vosotros». Guárdese Ud. en el Far West o en los Estados de esclavos de encontrarse con siete hombres reunidos i provocar sus pasiones. Será Ud. colgado por aquellos jueces, mas terribles i mas arbitrarios que los jueces invisibles de los tribunales secretos de la Alemania antigua. La lei lo permite, i aquellas conciencias torbas quedan exentas de todo remordimiento, ni mas ni ménos que el inquisidor español que veía arder la víctima que con sus ardides habia llevado a la hoguera; así la relijion i la democracia caen en el crímen cuando se exajeran sus principios i sus objetos.

No ejerce menor influencia civilizadora la eleccion de presidente. El norteamericano hace cincuenta elecciones al año. Derrotado en el consejo de instruccion pública, se echa con el mismo ardor en la de sacristan de su capilla; si pierde allí, espera con redoblado encarnizanimiento la de attorney, la de mayor, la de diputados para su Estado o la de gobernador. No lo exalta ménos la que requiere la renovacion de las cámaras, e incuba un año entero su ojeriza contra un candidato para la presidencia i su amor por otro. Entónces la Union se ajita por sus cimientos; los *squatters* salen de los bosques como sombras evocadas por un conjuro. La suerte de cada uno de aquellos galápagos está comprometida en el éxito; amenaza no sobrevivir al triunfo del candidato wigh, cual si dijéramos retrógrado; i si el escrutinio deja burlalas sus esperanzas, aprieta los *puños* i se aleja en direccion a su morada, jurando desquitarse en la eleccion de pastor de su doctrina.

La eleccion de presidente es pues el único vínculo que une entre sí a todos los estremos de la Union, la preocupacion nacional única que conmueve a un tiempo a todos los hombres i a todos los Estados. La lucha electoral es por tanto un despertador, una escuela i un estimulante que hace revivir la vida adormecida por las distancias i la rudeza del trabajo.

Pero el mayor de todos los reactivos constitúyelo el sentimiento relijioso. Pasma sin duda a un católico tibio que llega   de nuestros paises ver la escala grande i elevada en que la relijion obra, en medio de aquella estrema libertad. Desde luego la Biblia está en toda la Union, desde el *logehouse* del bosque hasta los hoteles de las grandes ciudades, obrando en bien i en mal, los efectos de su lectura diaria. Digo en mal, porque el apego a la letra del testo produce consecuencias desastrosas en los ánimos estrechos. Sábese que en la Nueva Inglaterra rijieron por mucho tiempo las leyes de Moises; tal era i es aun la idea de la perfeccion inmaculada de cada frase i de cada versículo de Biblia. A bordo de un buque se hablaba de las maravillas del cloroformo. Un médico aseguraba que podia aplicarse a los alumbramientos sin peligro. -¿I Ud. lo aplicaria a su mujer? preguntaba un puritano presente. -¿Por qué no?- Pues yo no lo haria, replicó seriamente el interlocutor. -Eso depende del grado de confianza de cada uno en su eficacia. -No, señor; el Jénesis dice: parirá la mujer con dolores; i Ud. contraría la voluntad de Dios. Como se ve, la cuestion del cloroformo era mirada por el lado de la conciencia, i medida su bondad en el cartabon de la Biblia.

El acento nasal de los yankees, mas pronunciado en el interior, viéneles de la lectura cotidiana de la Biblia; pero en despecho de estos pequeños inconvenientes, produce por otra parte resultados inmensos. La historia aunque trunca, los preceptos de la moral, la frases evanjélicas se pegan a la mente del lector; i la plática del pastor se refiere cual comentario a aquellos puntos que el oyente conoce i sobre cuya significacion su ruda mente pedia esclarecimientos. La lluvia de la palabra cae entónces sobre terreno abierto i sediento, i no como la de nuestros predicadores ordinarios, que la arrojan al viento en las plazas públicas, condimentándolas no pocas veces con groserías para que sirvan éstas de mordente al caer sobre las naturalezas brutas del pueblo. La polémica de las sectas da mas animacion i actualidad a estas lecturas, i la vida entera de un hombre no basta para penetrar en los misterios que encierra en inmenso catálogo su libro sagrado. Sesenta i siete colejios de teolojía difunden por toda la Union la ciencia relijiosa; miéntras que alcanzan apénas a diez los consagrados a las leyes, produciendo sin embargo un número de mas de veinte mil abogados. El número de obras orijinales sobre aquel punto es tres veces mayor en los Estados Unidos que el de otras consagradas a las investigaciones de la ciencia. Esta peculiaridad nacional hará de aquel pueblo una entidad aparte en el mundo moderno.

Para mantener el fuego sagrado, hai en viaje permanente por las campañas remotas, millares de pastores viajeros, que pasan toda su vida en mision; hombres rudos i enérjicos que llevan a todas partes la ajitacion, despiertan los ánimos, excitándoles a la contemplacion de las verdades eternas. Son éstos verdaderos ejercicios espirituales como los de los católicos; mas espirituales aun, pues sin amedrentarlos con las penas del infierno, el pastor o los pastores reunidos en un meeting relijioso, al aire libre o en algun galpon improvisado, sacuden las embotadas intelijencias de los campesinos, les presentan la imájen de Dios en formas grandiosas, inconcebibles; i cuando el estimulante ha producido su efecto, envían a las mujeres al bosque de un lado i a los hombres de otro, para que mediten a sus solas, se encuentren en presencia de sí mismos viendo su nada, su desamparo i sus defectos morales.

Los resultados de esta curacion moral son estraños e incsplicables. Las mujeres entran en delirio, se tuercen i revuelcan por el suelo, echando espumarajos; lloran los hombres i apretan los puños, hasta que al fin un himno relijioso entonado en coro empieza lentamente a dulcificar aquellas santas amarguras; la razon recobra su imperio, la conciencia se aquieta i tranquiliza, i una profunda melancolía se pinta en los semblantes, mezclada de síntomas de bondad moral, como si hubiese robustecídose el sentimiento de lo justo con aquel vomitivo aplicado al espíritu. Los profanos que han presenciado estas escenas en las campañas, atribuyen aquellos efectos singulares de la palabra a la excitacion que producen sobre el cerebro las ideas elevadas, en personas que por la monotonía de la vida aislada que llevan, pasan meses enteros sin esperimentar emocion alguna de placer ni de dolor. Es aquel un drama entre Dios i la criatura, cuyas peripecias tienen despierto al auditorio que es la parte mas activa de la representacion. Acaso el cerebro tiene movimientos i revoluciones como otros órganos del cuerpo humano tambien. Pero en todo caso el habitante de Far West en nada se parece al bárbaro pastor o labrador de nuestras campañas, pues que está abundantemente preparado para oir la palabra divina, por la lectura de la Biblia i por los comentarios teolójicos de los divinistas. Pero lo que de todo esto importa para mi objeto, es que mediante los ejercicios relijiosos, las disidencias teolójicas i los pastores ambulantes, aquella grande masa humana vive toda en fermentacion, i la intelijencia de los mas apartados   habitantes de los centros se conserva despierta, activa, i con sus poros abiertos para recibir toda clase de cultura. A semejanza de una cuba, que no importa la calidad del líquido que encierre, se mantiene ajustada i apta para servir; miéntras que si se le deja vacía, las duelas se tuercen, los arcos se aflojan i queda con la accion del tiempo i las fluctuaciones de la intemperie, inutilizada para siempre.

Pero abra Ud. paso todavía para un elemento civilizador, el mas activo que mantiene la vida en aquellos pueblos; relijioso, político industrial, lleno del espíritu antiguo de las colonias como asimismo accesible a todos los progresos de la intelijencia moderna, el descendiente de los viejos peregrinos, el heredero de sus tradiciones de resignación i de endurecimiento al trabajo manual, el elaborador de las grandes ideas sociales i morales que constituyen la nacionalidad norteamericana, el habitante, en fin, de los Estados de la Nueva Inglaterra, Maine, New Hamphire, Massachusetts, etc. Hé aquí la raza bramínica de los Estados Unidos. Como los bracmanes descendiendo de las montañas del Himalaya, los habitantes de aquellos antiguos Estados se diseminan hácia el oeste de la Union, educando con su ejemplo i sus prácticas a los pueblos nuevos que surjen sin pericia i sin ciencia sobre la haz de la tierra apénas desmontada. Recuerda Ud. que los peregrinos eran ciento i cincuenta sabios, pensadores, fanáticos, entusiastas, políticos, emigrados i probados por todas las calamidades que pueden caer sobre los hombres; recuerda Ud. sin duda que no quisieron que con ellos se embarcase un sirviente al alejarse de las costas de la Europa, resueltos como estaban a labrar la tierra con sus propias manos i no reconocer desigualdades sociales en la nueva patria que iban a buscar en la América; recuerda Ud. que se sentaron todos debajo de una encina donde hoi está Boston, i despues de dar gracias al Dios de Israel por su feliz arribo, discutieron las leyes que se darian para gloria de Jehová i su libertad personal; recuerda Ud., por fin, que esos hombres en aquella época establecieron escuelas públicas, obligando a cada padre, tutor o patron de niños, a darles educacion elemental para el espíritu i un oficio manual para el sustento del cuerpo. Pues bien, los hijos de aquella escojida porcion de la especie humana, son aun hoi los mentores i los directores de las nuevas jeneraciones. Créese que mas de un millon de familias descienden en toda la Union de aquella noble estirpe. Ellos han impreso a la fisonomía del yankee aquella plácida   bondad que se nota en la clase mas educada. Ellos llevan a toda la Union la aptitud manual que hace de un norteamericano una maestranza ambulante; la enerjía férrea para luchar con las dificultades i vencerlas; i la aptitud moral e intelectual que lo pone al nivel, si no en línea superior, a lo mejor de la especie humana. Estos emigrantes del norte disciplinan las poblaciones nuevas, les inyectan su espíritu en los meetings que presiden i provocan; en las escuelas, en los libros, en las elecciones i en la práctica de todas las instituciones norteamericanas. Las grandes empresas de colonizacion i ferrocarriles, los bancos i las sociedades, ellos las inician i llevan a cabo. Así es que la barbarie producida por el aislamiento de los bosques, i la relajacion de las prácticas republicanas introducidas por los emigrantes, encuentran en los descendientes de los puritanos i peregrinos un dique i un astrinjente. Hai, pues, flujo i reflujo entre estas dos fuerzas contrarias; i mas que fuera i mas rápida la dilatacion de la Union i la mezcla i justa posicion de los pueblos, ellos acabarian al fin por dar homojeneidad al todo i conservarle el tipo orijinal i nuevo, tradicional i progresivo que distingue a aquel pueblo. ¿Sucede cosa igual en el resto del mundo en formas tan perceptibles i constantes?

Acaso ¿creerá Ud. que aquellos instrumentos de pulimiento i purificacion nacional, a fuer de herederos de las antiguas creencias de los peregrinos, mantienen la inmovilidad de las ideas i constituyen una secta a parte? Bajo el aspecto relijioso, los Estados Unidos presentan el mismo espectáculo que las costumbres, i que la superficie de la tierra. En ninguna parte del mundo puede decirse con mas propiedad que Dios está hecho a imájen i semejanza de los hombres. Los norteamericanos tienen de Dios las ideas elevadas que de su esencia nos han trasmitido los hebreos por medio del cristianismo; pero las sectas relijiosas i las prácticas se adaptan allí a la intelijencia popular, descienden a una especie que llamaria fetiquismo si tuviese por símbolos ídolos o manitúes; i se eleva hasta la filosofía pura, el deismo, sin perder su carácter profundamente relijioso, i aun sin salir de las grandes fórmulas morales del cristianismo. Como en todos los pueblos eminentemente relijiosos, hai hoi en este momento en los Estados Unidos, santos, profetas, enviados de Dios, descension i ascension visible del Espíritu Santo, i comunion entre el cielo i la tierra. Hai relijiones nuevas que están naciendo i prometiendo absorber toda la tierra; los mormones son de   ayer, i sus inspirados i pontífices hacen milagros; testigo de ello que durante mi residencia en los Estados Unidos, un profano descubrió que la luz pálida que arrojaba el semblante i miembros del santo varon, procedia de una friccion que se habia dado con fósforo. El venerable Pontífice no se dió por vencido, diciendo que todos los milagros habian sido preparados así, ni sufrió en lo menor la fe i fervor de los creyentes, que hoi ascienden a mas de ciento cincuenta mil.

Hai relijiones dansantes, i los fieles, despues de haber oido la oracion del pastor, se lanzan a bailar hasta que el númen del baile se despierta, i el cuerpo se lanza a hacer cabriolas frenéticas e indescribibles. Entonces créese iluminado el paciente, que cae al fin estenuado i demente. Como yo he visto en el baile Mabille, de Paris, a la Reine Pomaré, la Rigolette, i otras celebridades hacer diabluras, no me dejo atrapar fácilmente por estas manifestaciones del Espíritu Santo. Sobre estas capas inferiores del culto en los Estados Unidos descuellan disidencias cristianas mas respetables, tales como baptistas, metodistas, presbiterianos congregacionalistas, cristianos, episcopalistas, luteranos, alemanes reformados, católicos romanos, amigos, universalistas, unitarios i otras sectas, entre las cuales yo incluiria los deistas puros; pues tal es el espíritu relijioso i tolerante de aquel pais, que la negacion de toda relijion, lo que nosotros llamamos la impiedad, forma una secta aparte contra quien nadie levanta la voz. Como una muestra de las proporciones que guardan estas divisiones, apuntaré que los baptistas tienen 1130 iglesias i 4907 pastores; los episcopalistas 950 iglesias, servidas por 849 pastores; los católicos 912 iglesias con 545 sacerdotes; los unitarios 200 iglesias con 174 pastores, guardando todos los demas una proporcion descendente segun su colocacion.

He dicho tolerante en el sentido jenuino que los americanos dan a esta palabra. Las sectas relijiosas forman en los Estados Unidos verdaderas cofradías i naciones relijiosas, no obstante estar entremezcladas en las ciudades i en los campos. El médico, el escribano, el proveedor de carne, el boticario de la casa, i aun el botero han de ser de la misma creencia de quien lo ocupa. Hai guerra sorda, proselitismo, en este sentido. Pero la tolerancia se muestra en la impasibilidad con que un metodista oirá contradecir sus dogmas por un católico i viceversa; porque en los Estado Unidos los católicos que profesan por dogma la intolerancia relijiosa, son como aquellos tigres sin uñas ni dientes que solemos crear en las casas.   No se ha oido hasta ahora que un católico haya mordido a nadie en Estados Unidos, donde hallan mui buena la libertad relijiosa de que disfrutan a sus anchas, no sin salvar almas todos los años de los engaños falaces del tentador.

Este caos relijioso, aquellas cien verdades contradictorias están a su vez sufriendo una elaboracion, lenta es verdad, pero segura, ascendente. Miéntras la barbarie mormónica hace sus progresos, la filosofía relijiosa de los descendientes de los peregrinos viene de alto abajo descendiendo hasta las profundidades de la sociedad, acercando las distancias que separan todas las disidencias, echando entre ellas blandas ligaduras que concluyen por estrecharlas, i que terminarán al fin en absorberlas en el unitarismo, secta nueva, panteista, en cuanto admite todas las disidencias i respeta todos los bautismos, por cuyo intermediario se ha trasmitido la gracia, i elevándose a rejiones mas encumbradas, desprendiéndose de toda interpretacion relijiosa, concluye por reunir en un solo abrazo a judíos, mahometanos i cristianos, prescindiendo de milagros i ministerios, como cosas que no cuadran con la forma orgánica que Dios ha dado al espíritu humano, i clasificándolos en el número de las figuras de la retórica. La moral del cristianismo como espresion i regla de la vida humana, como punto de reunion asequible i aceptable por todas las naciones, hé aquí el único dogma que admiten, como la virtud i la humanidad el único culto i la única práctica que prescriben a los creyentes.

Esta filosofía relijiosa se estiende con rapidez en los seis estados de la Nueva Inglaterra, tiene su centro en Boston, la Atenas norteamericana, i por propagadores a los hombres mas sabios de los Estados.

Como Ud. ve, el espíritu puritano ha estado en actividad durante dos siglos, i marcha a darse conclusiones pacíficas, conciliadoras, obrando siempre el progreso sin romper en guerra con los hechos existentes, trabajándolos sin destruirlos violentamente, como lo emprendió la filosofía nacida del catolicismo en el siglo XVIII, i que tan poco camino ha hecho. Si Ud. recuerda el espíritu relijioso que campea en los escritos de Franklin, notará que estas manifestaciones tienen antecedentes en la filosofía de buen sentido que inició aquel grande hombre práctico.

Concluyo de todo esto, mi buen amigo, en una cosa que hará pararse los pelos de horror a los buenos yankees, i es que marchan derecho a la unidad de creencia, i que un dia   no mui remoto la Union presentará al mundo el espectáculo de un pueblo católico devoto, sin forma relijiosa aparente, filósofo sin abjurar el cristianismo, exactamente como los chinos han concluido por tener una relijion sin culto, cuyo grande apóstol es Confucio, el moralista que con el auxilio de su razon dio con el axioma: No hagas lo que no quieras que te hagan a tí mismo, añadiéndole este sublime corolario «i sacrifícate la masa».

Si tal sucediera i debe suceder, cuán grande i fecundo habrá de ser para la humanidad el esperimento hecho en aquella porcion que dará por resultado la dignificacion del hombre por la igualdad de derechos; la elevacion moral por la desaparicion de las sectas relijiosas que hoi lo subdividen, enérjico por las facultades físicas, i eminentemente civilizado por la apropiacion a su existencia i bienestar de todos los progresos de la intelijencia humana. Norteamericano es el principio de la tolerancia relijiosa está inscrito en todas sus constituciones, i pasado a axioma vulgar; en Norteamérica fué por la primera vez pronunciada esta palabra que debia restañar la sangre que la humanidad ha derramado a torrentes, i venido destilando hasta nosotros desde los primeros tiempos del mundo. Católicos, puritanos, cuáqueros, calvinistas, todas estas variantes de una misma fe venian a las colonias norteamericanas, a justaponerse sin mezclarse, prevaleciendo los odios que habia enjendrado la lucha en Europa. Los padres peregrinos eran los mas celosos esclusivistas, porque habian atravesado el mundo, dice Bancroft, por gozar del privilejio de vivir para sí mismos. La guerra relijiosa, la persecucion habia ya estallado entre aquellos miserables restos de un naufrajio comun, despedazándose entre sí, en lugar de prestarse mutuo auxilio i amparo para resistir a la desgracia. Perseguian en Europa los anglicanos a los disidentes; los católicos a los herejes; quemaban a porfia la inquisicion i Calvino, papas i reyes, mahometanos i cristianos, de manera que Ud. no sabia adónde darse vuelta sin riesgo de que lo hiciesen biftec. En febrero de 1631 llegó a América un jóven ministro lleno del espíritu de Dios, i dotado de preciosos dones. Llamábase Rojerio Williams. Tenia entónces poco mas de treinta años; pero su alma habia madurado ya una doctrina que le aseguró la inmortalidad, al misino tiempo que su aplicacion ha dado paz relijiosa al mundo americano. Era puritano i venia huyendo de la persecucion de la Inglaterra; pero sus agravios personales no habian sido parte a oscurecer   su clara intelijencia. La profundidad de su espíritu le habia descubierto la naturaleza de la intolerancia, i él, i solo él, llegó al gran principio que es su único remedio efectivo. Anunció su principio bajo la simple proposicion de santidad de conciencia. El majistrado civil podia reprimir el crímen, pero jamas dar reglas a la opinion; castigar los delitos, pero nunca violar la libertad del alma. Esta nueva contenia en sí misma una reforma completa de la jurisprudencia teolójica; borrando del código de las leyes el delito de felonía por no conformidad; estinguiendo las hogueras que por tanto tiempo habia tenido encendidas la persecucion; derogando toda lei que hiciese obligatoria la observancia relijiosa; aboliendo los diezmos i toda contribucion forzosa para el sosten de la iglesia; dando igual proteccion en toda forma de fe relijiosa, sin permitir que la autoridad del gobierno civil se alistase contra la mezquita del musulman, contra el altar del adorador del fuego, la sinagoga judía, o la catedral romana.

Los principios de Rejer Williams lo pusieron en perpetua lucha con el clero i gobierno de Massachusetts. Williams no pactaba con la intolerancia, porque decia: la doctrina de la persecucion por causas de conciencia es evidente i lamentablemente contraria a la doctrina de Cristo Jesus.

Los majistrados insistian en exijir la presencia de todo hombre en el oficio divino; Williams reprobaba la lei, mirando como una abierta violacion de los derechos de un hombre compelerlo a unirse con aquellos de creencia diversa; arrastrar al templo a los incrédulos o mal querientes, era santificar la hipocresía. Una alma incrédula, añadia, está muerta en pecado, i forzar al indiferente en una creencia a entrar en otra, es como mudar de mortajas a un cadáver. Nadie debe ser obligado a adorar, por mantener una creencia, sin su propio consentimiento.

¡Qué! le contestaban los puritanos, ¿el trabajador no merece su salario? - Que se lo pague el que lo ocupa, replicaba el heresiarca de la tolerancia. Su perspicacia le hizo desde entónces prever la influencia de sus principios en el gobierno de las sociedades. En los últimos dias de su vida confirmó sus primeras ideas diciendo: «será un acto de misericordia i de justicia para las naciones esclavizadas romper el yugo de la opresion del alma, como es de fuerza obligatoria, hacer que todos i cada interes i conciencia preserven la libertad i la paz comunes».

¡I la luz fué! Desde Williams acá unos mas pronto, otros mas de mala gana i refunfuñando, han tenido que apagar sus tizoncitos i dejarse de esa bufonada de mal jénero que consiste en quemar hombres para mayor honra i gloria de Dios. No tengo cuando acabar cuando entro en el campo de la teolojía; me vuelvo yankee como Ud. ve, i hasta gangoso me pongo al leer estos razonamientos. Pero mal que le pese tengo aun que apuntar una de las fuerzas de rejeneracion, propaganda i auxilio al moroso que tienen en movimiento la intelijencia en Norteamérica i fuerzan a marchar adelante a los rezagados. Su oríjen i su forma es relijiosa, si bien sus efectos se hacen sentir en todos los aspectos sociales. Hablo del espíritu de asociación relijiosa i filantrópica, que pone en actividad millares de voluntades para la consecucion de un fin laudable i consagra caudales jigantescos a la prosecucion de su obra. En este punto el norteamericano se ha creado necesidades espirituales tan dispendiosas o imprescindibles como las del cuerpo mismo, i esta provision de necesidades del ánimo, aquel tiempo, trabajo i dinero empleado en dejar satisfecho un deseo, una preocupacion, muestra cuán activa es la vida moral de aquel pueblo. ¿Quién pudiera ser mas infatigable propagandista que el católico esclusivo para quien no hai salvacion fuera de la iglesia, i está en posesion de una verdad, de que ve a tantos millares de sus semejantes estraviados? Preguntadle al clero mas intolerante ¿cuánto dinero gasta de su bolsillo para proseguir la reduccion de los infieles, la moralizacion de las masas? Poquísimo por desgracia, i ese poco no es debido al sentimiento relijioso que lo anima, sino a las cualidades personales i a las predisposiciones de ánimo del que se consagra a las obras de propaganda i filantropía. ¿A quién le ha ocurrido en la América española intentar una cruzada contra la borrachera? En los Estados Unidos se cuentan por millares los propagandistas celosos de la templanza, i por cientos de miles los que han suscrito la obligacion de no probar licores, hasta que la raza humana se cure de esta enfermedad que desbarata economía i destruye toda moralidad.

El norteamericano satisface deberes, i llena necesidades de su corazon i de su espíritu con su dinero; i si hubiera de formar su presupuesto anual de gastos, diria 100 en comer i vestir, 20 en propagar las buenas ideas relijiosas, 10 para obras de filantropía, 50 para fines políticos, 30 para civilizacion de los bárbaros. Así distribuida la inversion del fruto del trabajo,   se permite la libertad de mostrarse egoista, duro e interesado.

La Sociedad americana de templanza data desde 1826, i ya en 1835 habia en el pais ocho mil sociedades, con millon i medio de miembros. La caridad por los borrachos no se limita a buenos ejemplos. Cuatro mil destiladores de aguardientes desmontaron sus alambiques, ocho mil comerciantes se abstuvieron de vender licores, i mil doscientos buques se hicieron a la vela sin provision de aguardiente. La lejislatura de Massachusetts prohibió la venta de líquidos alcohólicos por ménos de 15 galones. *Tre tract society*, que tiene por objeto moralizar las clases ambulantes, como los marineros i otros, publicó en 1835 cincuenta i tres millones de pájinas. *La Sociedad americana de escuelas dominicales*, formada en 1824, recolectaba diez años despues 136855 pesos en un año; habia hecho 600 publicaciones diversas: i estaba en contacto con 16000 escuelas, 115000 maestros, cerca de 800000 discípulos.

La *Sociedad bíblica americana* ha recibido desde su fundacion hasta ahora poco, dos millones i medio de pesos, i abandonado a la circulacion cosa de cuatro millones de ejemplares de la Biblia. Omito hablar a Ud. de las misiones en el occidente, en cuyos paises una sola de ellas mantiene 308 misioneros, 478 escuelas; 17 imprentas, 4 fundiciones de tipos para imprimir libros en idiomas ignorados aun de nombre en Europa. Los resultados de las misiones americanas en Sandwich los conocemos todos para que haya de detenerme sobre ellos; pues mi ánimo al recordar todas estas sociedades, es solo hacer sensible una de las muchas fuerzas civilizadoras que están en continua accion para mejorar moral, relijiosa i políticamente la condicion del pueblo. No es raro ver un banquero como Girard, que deja millon i medio de duros para que se funde un colejio en que se eduquen jóvenes bajo ciertas condiciones por él prescritas, i otros filántropos que, como Franklin, dejen un fondo para que dentro de dos siglos se disponga de los intereses capitalizados. En todo este enorme i complicado trabajo nacional, verá Ud. predominar una grande idea, la igualdad; un sentimiento, el relijioso, depurado de las formas esteriores; un medio, la asociacion, que es el alma i la base de toda la existencia nacional e individual de aquel pueblo.

Elecciones

Dos cosas me habian hecho desear inspeccionar personalmente los Estados Unidos. La colonizacion i la práctica del sistema electoral; el modo de poblar el desierto, i la manera de proveer al gobierno de la sociedad. Sobre lo primero mis deseos quedaron satisfechos, i pude ver claro, i darme cuenta de todo el mecanismo. Un hecho al parecer tan espontáneo, tan irregular, encierra, sin embargo, una teoría, una ciencia i un arte Hai un sistema de principios, de leyes i de reglas para colonizar prósperamente, de cuya infraccion u olvido han resultado todas las poblaciones raquíticas de nuestros paises. Rio Janeiro, Montevideo, Buenos Aires, Valparaiso, son ciudades posteriores a la formacion de las colonias españolas. Toda la ocupacion de la América del sud está montada en los errores mas garrafales en el arte de poblar, i la mitad de los desastres de nuestras repúblicas estaban ya preparados por el sistema de colonizacion española. Era esta una mina que debió reventar con el fuego de la independencia. Mis aserciones las justificaré en un trabajo especial, sobre los sistemas i medios de poblacion i ocupacion del territorio. Creo con esto haber llenado un vacío en nuestros conocimientos americanos.

No anduve tan feliz en materia de elecciones. Es cosa esta para vista; pues por lo que hace a principios jenerales, cada Estado, i la constitucion de los Estados Unidos en jeneral, dan idea suficiente. Durante mis rápidas escursiones en aquel pais, no me cupo en suerte ver elecciones sino una, en Baltimore, de mayor, autoridad equivalente a la de lord mayor de Lóndres, a lo que creo. Era preciso haber presenciado muchas elecciones, en distintos lugares i con diversos objetos, para penetrar en la práctica de las instituciones norteamericanas, el juego de las pasiones políticas, i las combinaciones de los partidos. ¿Puede haber materia de estudio político mas grande que la del medio preciso, exacto, de hacer llegar a los destinos públicos el hombre mas apto para desempeñarlos? Podemos estar seguros de haber confiado la ejecucion de un cuadro, de un palacio, de una nave al primer artista o constructor de la tierra; pero, ¿podremos acercarnos siquiera a la verdad cuando se trata en un Estado de confiar a un individuo,   diputado, presidente, o correjidor, el encargo de producir el mayor bien posible para toda una sociedad, i acaso para jeneraciones i para la humanidad entera? El sistema electoral es todavía un caos por desembrollar; un jérmen apénas fecundado, i solo en los Estados Unidos se ha desenvuelto lo bastante por una práctica comparativamente larga. El único incidente electoral que presencié, fué el empeño de los diarios demócratas de exaltar a los irlandeses emigrantes contra el candidato del partido whig, invitándolos a que se reuniesen a los demócratas en la eleccion. Este es espectáculo no era por cierto mui edificante. La chusma irlandesa, apénas llegada de Europa, es allá lo que en Chile son los rotos, i al juicio de uno i otros, echado en la balanza en cuanto conocimiento de la conveniencia pública, no le da Ud. sin duda mucha importancia.

No pudiendo de propia esperiencia trasmitirle mi juicio sobre lo que no vi en materia de elecciones, lo suplo estractando de los viajes del frenolojista Combe, cuanto a este respecto ha dejado escrito. Es un buen testigo, i su saber, el ser inglés, amar la república, i una imparcialidad i franqueza sincera, lo hacen un juez competente i una autoridad. Lo que sigue es una traduccion de este autor.

«A lo que he podido comprender, los candidatos para los empleos del Estado no van de puerta en puerta a solicitar votos en Massachusetts, como lo he visto en Escocia. Estamos en vísperas de una eleccion anual, i se han convocado meetings preparatorios por cada uno de los partidos de la ciudad. Estos elijen para representante delegados preparatorios de todas las asambleas, i preparan una lista de candidatos para ser propuestos a su partido, como personas competentes para llenar el empleo vacante. Llámanse estas listas *tickets*. El ticket whig i el ticket democrático se anuncian por los diarios de los respectivos partidos, siendo el uno sostenido, i atacado el otro con todos los hechos, argumentos, agudezas, i aun me temo que por todas las invenciones, falsedades, que el talento i la malicia de cada partido puedo aducir en sosten de sus propios candidatos i en desdoro de los contrarios. Debemos deplorar el olvido de la verdad, cortesanía i delicadeza que estas luchas traen en la prensa pública, sin embargo de que todos los que se han mezclado en la vida pública, saben que prácticas semejantes deshonran en una grande estension la prensa británica.

»Los votantes están rejistrados en un libro i la ciudad i   condados divididos en distritos de convenientes dimensiones, en cada uno de los cuales se establece una mesa i se anuncia públicamente. Los electores acuden a estas estaciones el dia de las elecciones; cada uno anuncia su nombre al empleado encargado del rejistro; i si está en efecto rejistrado, el votante pasa la urna i deposita en ella su lista impresa i se retira. Numerosos partidarios de cada bando asisten para impedir las tentativas de votar bajo un nombre falso. Ningun hombre puede votar dos veces, porque es borrado en el rejistro desde que aparece la primera vez. El voto no está firmado por el votante porque esto traicionaria el secreto de su voto; pero le miran prolijamente la mano, para que no introduzca dos o mas *tickets* en la urna. Al fin de la eleccion los tickets son examinados, i despues de una comprobacion de los votos hecha por empleados nombrados al efecto, quedan electos los candidatos que tienen mayoría absoluta sobre el número total de votantes. Si un individuo no está satisfecho con el ticket de su partido, puede borrar algunos nombres i sostituirlos con otros de su eleccion. Como por lo jeneral no hai concierto entre los que tales alteraciones hacen, rara vez ven electos a sus candidatos, no consiguiendo otra cosa que debilitar a su propio partido. Estos votes son mirados como separados, i técnicamente se les llama estraviados. Alguna vez acontece que haya dos o mas tickets, conteniendo cada uno de ellos listas de diferentes candidatos, i si cada una de estas listas se presenta en número igual, el resultado es que no hai eleccion. Cada lista puede ser sostenida por un tercio o ménos de votantes; i como por la lei es esencial para que haya eleccion una mayoría sobre todos los votantes, ningun candidato es electo. Entónces se señala dia para proceder a nueva eleccion. Me he asegurado de que la *intimidacion* en el sentido inglés de la palabra, es desconocida. Si se intentase causaria mucha alarma i seria resistida con buen suceso. El voto de cada hombre es conocido de su partido, i aunque cada individuo tiene en su poder medio de ocultarlo, pocos o nadie lo hacen. No hai conmocion ni excitacion hostil en las elecciones.

»He hecho repetidas investigaciones sobre el mecanismo interno puesto en operacion ántes de las elecciones, i me han informado que es siguiente: cada partido nombra comisiones en cada distrito para solicitar votantes. Conversan con ellos con respecto al mérito de los candidatos presentados en su ticket, a fin de persuadirlos a que vayan a votar por ellos. Los miembros ricos suscriben una suma de dinero para pagar   los gastos de discursos, impresos, avisos, salones ara los meetings, i aun carruajes para traer los enfermos a las mesas en cada eleccion. El número de votantes son la mitad o los dos tercios de todos los que tienen derecho de votar, a no ser en ciertas ocasiones de grande excitacion, en que casi todos toman parte. Los abogados toman una gran parte en las elecciones; pero el clero i los médicos casi no se ocupan de esto. Pueden algunos individuos de entre aquellas profesiones hacerlo, pero estas son excepciones de la regla jeneral. Los que conocen los movimientos del mecanismo político en Inglaterra, reconocerán a este respecto la semejanza entre uno i otro pais. Me han asegurado que en los Estados Unidos la urna no ofrece proteccion ninguna al votante. Sábese perfectamente por quien vota cada individuo; i no hai intimidacion, porque el hombre que amenazase a otro con las consecuencias de votar en tal sentido, seria deshonrado públicamente. Los políticos consideran que nosotros, los ingleses, damos mucha importancia a la urna en Inglaterra, i me aseguran que ella no proteje al votante como esperamos. Pero no conocen la condicion de abyecta dependencia de muchos de los votantes ingleses, ni la violencia que se practica sobre sus conciencias; no comprendiendo la induljencia con que son mirados en Inglaterra los intimidadores».

Eleccion en el Estado de Nueva York. Hoi llegó a Boston la noticia de las elecciones de los miembros de la lejislatura, gobernador, etc., de Nueva York.

«El partido whig sacó a la plaza dos piezas de artillería de bronce pertenecientes al Estado, e hicieron salvas. Con tanta simultaneidad i presteza fueron disparados ambos cañones, que por lo pronto creí que era todo un parque de artillería. Preguntando cómo los cañones del Estado podian ser prestados para celebrar un triunfo de partido, se me dijo que estaban igualmente al servicio del partido opuesto cuando tenia alguna victoria que celebrar.

»Hoi visitamos a Salem, una ciudad marítima a cosa de 14 millas de distancia de Boston, mas abajo de la bahia en la costa del norte. Era dia de elecciones en el Estado. Yo visité una de las mesas i encontré hombres a la puerta teniendo las listas de los candidatos rivales, i ofreciéndolas a cada votante en el acto de entrar. No sin dificultad pude persuadirles a que yo no era votante. El votante se presenta al secretario de la mesa i anuncia su nombre, i búscase este en el rejistro, se marca, echa el voto en la urna i se va. Todo estaba tranquilo,   i solo unos cuantos individuos estaban estacionados en el lugar de la votacion, conversando i calculando las probabilidades.

»Las elecciones de Boston han sido publicadas, i a consecuencia de una escision en el partido whig con motivo de la *licence-law*, aquel partido ha perdido por una gran diferencia. Por la lei, debe concurrir mayoría sobre el número de electores para que haya eleccion. Tres listas de candidatos se presentaron en las mesas. Una por los candidatos democráticos; otra por los whigs que eran contra la *licence-law* (lei prohibiendo vender aguardiente por ménos cantidad de quince galones) i otra por los whigs, sin espresion de opinion alguna sobre aquella cuestion. Solo aquellos individuos cuyos nombres se hallaban en ambas listas whigs tuvieron mayoría sobre el número de votantes i fueron electos. Debe haber una nueva eleccion para los que tenian ménos, i que no son electos por tanto.

»Espero con toda confianza que como el partido whig ha triunfado en el estado de Nueva York, propondrá i sancionará un bill para que se establezca un rejistro de votantes en aquel Estado, en donde actualmente no solo prevalece el sufrajio universal (escluyendo pobres de solemnidad i difamados), sino que la calificacion se hace en las mesas, circunstancia que ha conducido a las mas groseras falsificaciones, i dado lugar a prácticas vergonzosas en la última eleccion, particularmente en la ciudad de Nueva York».

»*Alborotos en Harrisburg*. Harrisburg, una villa a orillas del Susquehannah, cerca de ciento cinco millas de Filadelfia, es la capital política de la Pensilvania, en donde tiene sus sesiones la lejislatura del Estado. La lejislatura se reunó a principios de diciembre; pero a consecuencia de una disputa con respecto a un informe, dos speaker fueron elejidos, i se organizaron dos cámaras de diputados. Esto se hizo tranquilamente. Sin embargo, cuando comenzó la sesion anual del senado en la tarde del mismo dia, estaba reunido un atropamiento con el intento de imponer a aquel cuerpo la marcha que habia de seguir. El senado postergó sus sesiones, i el atropamiento organizó una *comisión de salvacion*, que dirijia sus procedimientos. El desórden reinó por algunos dias sin que ninguna de las dos cámaras de la lejislatura pudiese celebrar sesiones con regularidad. 'La cámara ejecutiva, i el departamento de estado fueron cerrados, dice el gobernador Ritner, i la confusion i la alarma prevalecieron en el asiento   del gobierno'. La milicia fué convocada, i obedeció a la intimacion. Su presencia sin derramar sangre, disipó todo lo que mostraba síntomas de violencia declarada, i bajo su proteccion los miembros de la lejislatura quedaron en libertad de arreglar a su modo sus propias diferencias.

»Grande era la excitacion, no solo en Harrisburg, pues el asunto despertó por toda la Union un vivísimo interes. Quien no esté habituado con el pueblo i las instituciones, se habria imajinado al recorrer los informes de los diarios, que habia comenzado en Pensilvania una nueva revolucion i una guerra civil; mas estas impresiones se desvanecen viendo las cosas de cerca. En cuanto me fué posible entenderlo, los motivos de la disputa eran los siguientes. Una enmienda importantísima a la Constitucion del Estado habia sido últimamente adoptada por el pueblo, la cual debia tener efecto el 1.º de enero de 1839. Debe tenerse presente que las recientes elecciones acababan de dar preponderancia al partido democrático en los tres ramos de la lejislatura; i cuando el gobernador democrático Porter entró en funciones en enero, hubo muchos cambios de empleados whigs para instalar en su lugar a sus oponentes. Los partidos, sin embargo, están de tal manera contrabalanceados, que la lucha por el poder es de vida o de muerte, i no hai resorte legal i político que no se toque por el partido whig para matenerse en los empleos, i por los demócratas para espulsarlos. La sala de representantes se compone de cien miembros. De estos hai electos sin disputa:

Miembros democráticos	48
Id. whig.	44
Miéntras hai ocho asientos del condado de Filadelfia disputados i pretendidos por ambos	8
	100

»El condado (sin la ciudad) está dividido en diez i siete distritos, i cada distrito nombra una persona, en todos diez i siete individuos, cuyo deber es hacer el escrutinio de los votos. Los diez i siete i jueces reunidos examinaron los votos, recibieron pruebas, oyeron consejos de ambas partes, i por una mayoría de diez votos contra siete desecharon los votos de las libertades del norte, i prefirieron los ocho candidatos democráticos. Pasaron al secretario de Estado estos miembros, como debidamente electos. Segun ellos, la forma legal de pasar el   informe estaba llenada; a saber, dieron certificado de que las personas nombradas tenian el mayor número de votos para sus respectivos oficios, i que ellos, los jueces, los declaraban estar debidamente electos. La minoría, sin embargo, era de opinion que conforme a la lei, la mayoría de los diez i siete jueces habia excedido sus poderes constitucionales, declarando quiénes eran los electos. Segun su interpretacion de la lei, los diez i siete eran meros oficiales ministeriales, cuyos deberes eran solo de escribanos, i consistian en sumar el total de votos sufragados por cada candidato en su distrito, e informar de ello a los oficiales correspondientes. La lei no les dá poder para desechar el voto de un distrito o de parte de un distrito. La minoría whig, por tanto, dió un certificado a los siete candidatos whig, en conformidad de su manera de ver la lei, i lo despacharon inmediatamente al Secretario de Estado, que era tambien whig. Este certificado llegó ántes del de los demócratas, i cuando el último llegó, se negó aquel a recibirlo alegando que ya habia recibido un informe, que era su deber presentara la Sala, dejándole a ésta la incumbencia de obrar segun lo creyese conveniente. Segun la lei, los individuos que traen certificado de los oficiales que estienden el informe, toman sus asientos i votan hasta que sean desposeidos por un voto de la Sala, a peticion de sus oponentes. Si estos siete whig hubiesen entrado en la Sala de representantes i votado, habrian dado a su propio partido tina mayoría temporal por lo ménos, i bajo su ascendiente nombrado un speaker (presidente), un secretario, i acaso un tesorero de Estado i un auditor, a mas de un senador del Estado de Pensilvania al congreso de los Estados Unidos.

»El partido democrático, considerándose en posesion bonafide de la mayoría de votos, i de haber hecho un informe legal, no queria someterse a ser desposeido de sus ventajas, por lo que él designaba como un fraude whig; miéntras que los whig, creyéndose tener certificados en regla, insistian por ocupar sus asientos hasta que sus oponentes obtuviesen una decision de la Sala rechazando sus pretensiones.

»Fácil es colejir la magnitud de los desórdenes que se siguieron a este conflicto. Los dos partidos estaban casi contrabalanceados, i sus temores i esperanzas excitados profundamente. El pueblo mismo es el poder dominante, i cuando está excitado, no teme responsabilidad alguna legal, sino que lleva a efecto sus deseos i convicciones en el modo que mejor cuadra a las exijencias del momento. Apelará a las leyes cuando el mal de que se queja no se hace irremediable con la demora; pero en el caso presente, si los demócratas hubiesen dejado a sus oponentes tomar posesion de sus asientos, el daño se habria perpetrado *ipso facto*, i recurrieron a un alboroto para impedirlo. En cualquier pais de Europa, (¿qué diremos del resto de la América?) un asalto tumultuoso sobre la lejislatura, si hubiese tenido efecto, habria sido el precursor de una revolucion; pero aquí es un suceso de importancia mui subalterna. En los Estados Unidos una revolucion no puede conducir a otra cosa que a la pérdida de la libertad. El sufrajio es punto ménos que universal, i el pueblo elije directa o indirectamente, no solamente la lejislatura, sino todos los empleados del Estado. Las imajinaciones mas desarregladas no pueden idear una forma mas democrática de gobierno; i como no hai una clase aristocrática que tenga intereses separados i sentimientos diversos de los del pueblos que pudiese usurpar el poder, una revolucion conduciria al depotismo. Los Estados están mui léjos de aquellas condiciones en que el depotismo se hace posible. No hai una multitud pobre, ignorante i sufriente, que un ambicioso pueda arrastrar a prestarle su fuerza física para echar por tierra las libertades de su pais. Una gran porcion de electores son dueños de fincas, miéntras que la mas humilde clase posee propiedad i algun grado de intelijencia. Todos han sido educados en el amor, no solo de la libertad, sino tambien del poder. No hai desórdenes sociales dignos de mencion, i los que existen no son de naturaleza de inducir a los ricos a desprenderse de su libertad, a trueque de asegurar la salvacion de sus vidas i propiedades. Jeneralmente hablando, la justicia de hombre a hombre es hecha bien i ejecutada vigorosamente. Solamente cuando el gobierno obra contra el pueblo, o el pueblo está poseido del frenesí de hacer mal por medio de los tumultos, se sienten débiles los poderes ejecutivo i judicial. Estas ocurrencias son raras i nacen de causas temporales i específicas. No hai descontento jeneral, reforzándose secretamente hasta que se halla en actitud de estallar por entre de las junturas que la lei deja, buscando desagravio en la anarquía i en el derramamiento de sangre. Toda injusticia es sentida, i proclamada por mil lenguas a guisa de trompetas, pintándola con las formas mas exajeradas; i como el pueblo domina absolutamente en la lejislatura i en el ejecutivo, no puede durar hasta hacerse verdaderamente formidable. Mirados a la distancia los gobiernos de los Estados particulares, pueden aparecer tan débiles que se crea a la sociedad constantemente espuesta a la anarquía; pero cuando se examina de cerca la condicion del pueblo, se ve que faltan los elementos de anarquía. Estos gobiernos apoyados en los intereses populares, en la intelijencia popular i la voluntad popular, tienen una base tan ancha, que en las presentes circunstancias de la nacion es imposible trastornarlos, i como el poder de reconstruccion está constantemente presente, aunque fuesen dislocados en algunas de sus partes, se reunen con una rapidez, i reaccionan con una actividad que muestra los mas fuertes indicios de salud i de vigor.

»Una democracia es un rudo instrumento de regla en el estado presente de las costumbres i de la educacion en los Estados Unidos, i no he encontrado aun un radical inglés que haya tenido el beneficio de cinco años de esperiencia, que no haya renunciado a su creencia, i cesado de admirar el sufrajio universal. Pero la grosería de la máquina i su eficacia son cosas diferentes. Es grosera porque la masa del pueblo, aunque intelijente en comparacion con las masas europeas, está aun mui imperfectamente instruida, cuando sus conocimientos i su cultura se miden con los poderes que tiene que manejar. Es eficaz sin embargo, es sólida en su estructura, i sus bases son fuertes.

»Leo sin alarma las relaciones de los tumultos de Harrisburg, i el llamamiento de las tropas de los Estados Unidos para reprimir la rebelion, como la llaman muchos diarios, i de la marcha de mil hombres de milicia al lugar de los disturbios. Yo sé que los tumultuarios tienen fincas, tiendas, mujeres, hijos i otras relaciones, i que tienen un gran cuidado de sus vidas e intereses; i de antemano calculaba que por grandes que sean los gritos i las amenazas, no habrá ni derramamiento de sangre, ni destruccion de propiedad. I así sucedió en efecto. Los tumultos han desaparecido; la lejislatura sigue sus deliberaciones en paz, i ya empieza todo el mundo a admirarse de que haya pasado toda aquella bulla».

«*Derecho de sufrajio de Pensilvania*. -Ultimamente ha sido adoptada una enmienda a la Constitucion por el pueblo de Pensilvania, por la cual se hace depender el derecho de sufrajio de una residencia de un año en el Estado, en lugar de *dos* que se necesitaban ántes, i de diez dias de residencia del votante en el distrito en que ha de votar, cosa que no se requeria, i en el pago de una contribucion del Estado o del condado. Requiérense ambas contribuciones, pero toca a la   lejislatura determinar la clase de pruebas por las cuales se han de acreditar aquellos requisitos i aquella residencia. Las personas de color residentes en el Estado, aunque libres i pagando contribuciones, son privadas del derecho de votar. Antes de la enmienda no habian palabras especiales para excluirlas; pero pocos se aventuraban a reclamar su privilejio, tan inveterada es la preocupacion contra ellos.

»El gobernador Ritner en su Mensaje, urje con fuerza sobre la necesidad de dictar leyes que regularicen las elecciones, para prevenir los fraudes que hasta ahora han prevalecido. Añade que otra razon exije ahora una lejislacion mas estricta i específica sobre ese asunto: «El número de empleados que deben ser elejidos por el pueblo dará a las elecciones mas interés, i a cada voto individual mayor valor presente i local que el que ántes tenia, i sujetará, en consecuencia, el poder del votante individual, que se ha hecho hasta hoi el poder directo, a mayor peligro de fraude i de malas prácticas que ántes, cuando su influencia era mas remota».

«*Apuestas sobre las elecciones.*- Ritner añade: «Yo recomiendo fuertemente la sancion de una lei mas efectiva contra las apuestas sobre elecciones, cuya práctica forma la mas perniciosa clase de juego. Las apuestas i el juego de otras clases solo perjudican a las partes mismas, miéntras que éste hace una herida a los derechos de todos, i destruye la confianza que cada ciudadano tendría en las decisiones de la urna».

«No solo es así, sino que tambien destruye la confianza de los hombres honrados en la naturaleza humana misma. Cuando la masa del pueblo a quien se le ha confiado el poder soberano, puede permitir a uno de sus propios miembros convertir el sagrado encargo de elejir gobernadores, majistrados i lejisladores en materia de juego, se muestra indigna de la libertad. La existencia de una práctica semejante en tal estension que requiera la interposicion lejislativa, representa una pintura humillante del ascendiente del espíritu de avaricia i de especulacion, sobre la moralidad i la razon, en una porcion al ménos del pueblo de este Estado. El mas violento calumniador no podria inventar cargo que afectase mas profundamente el carácter moral, i que mas poder tuviese para destruir la confianza de los estranjeros en las instituciones de Pensilvania, como esta reconocida bajeza. Un pueblo se está preparando para el despotismo cuando convierte las franquicias electorales en un mero asunto de especulacion pecuniaria. Pero el sentimiento público se sublevó en virtuosa   indignacion contra práctica tan deshonrosa, i, como tendré en adelante ocasion de observarlo, la suprimió bajo las penas mas severas».

«*Eleccion civil de Nueva York.*- La eleccion de Mayor i consejeros para la ciudad de Nueva York acaba de terminarse. El partido democrático ha quitado el poder a los whigs i anda ahora celebrando su triunfo.

»Es esta una revolucion en la opinion, que ha dejado a todo el mundo lleno de admiracion.

»La eleccion es el asunto universal de conversacion. Un periódico hace en estos términos la pintura de aquella escena: 'Los loco-focos andan triunfantes por todas partes, sonriendo con todas sus infernales bocas. Al concluir la eleccion del mártes pasado, viendo el diablo que él habia metido en ello la cola, empezó a alegrarse también, i atrajo una de esas tormentas nordeste que causan centenares de enfermedades de consuncion, i traen por millares el fastidio i los diablos azules. ¿Pero qué cuidado se los dá a los loco-focos de la lluvia, ni de mojarse? Cuando ellos ganen en otra rejion futura la caliente mansion que les aguarda, tendrán sobrado tiempo de secar sus andrajosos trapos, ante el fuego que nunca se estingue. Nunca se vió Tammany Hall i sus alrededores en tales éxtasis de contento. Las miriadas de los loco-focos, tan numerosas como las langostas de Ejipto, estaban ayer en completo éxtasis en toda la ciudad. Lluvia, golpes, harapos, ¿quién cuida de eso? decian. Hemos aporreado a los condenados whigs, i esto basta'.

»Créese jeneralmente que en el presente caso, han sido empleados medios deshonrosos por ambos partidos para ganar las elecciones. No hai rejistro de votantes en la ciudad, i el título de cada uno que pretende votar es determinado en la mesa. Ciudadanía i residencia son las principales calificaciones. Se dice que un gran número de estranjeros han sido admitidos a votar por una de las cortes de lei, sin que tuviesen los requisitos legales. Se ha asegurado que los inmigrantes gobiernan la ciudad, con esclusion de los nativos, i se pide una residencia mas larga i se desearia imponerla, como un título a la ciudadanía. Tambien se han cometido fraudes en la lei que requiere residencia en un *barrio*, como calificacion para votar. Cuando un partido habia obtenido una fuerza supernumeraria de votantes legales en un barrio, pero encontrádose débil en otro, habia trasladado una porcion de su número del barrio fuerte a dormir una sola noche en el barrio   débil: se habian presentado al dia siguiente en la mesa, i jurado que eran residentes en él, votado, i vuelto inmediatamente a sus casas. De este modo violaban el espíritu, pero no la letra de la lei. Llaman a esta operacion *colonizar*. Los hombres virtuosos de ambos partidos admiten que se debe poner término a todos estos fraudes, o la urna será una mera farsa; con este motivo dicen: 'el que mas maula hace, reune mas dinero, compra i coloniza mas, gana las elecciones'. Por esto se pide que haya una lei de rejistro.

»Estas contiendas conducen sin referencia a principios morales, a desmoralizar todas las clase, i hacen un duradero daño a una república que no tiene otra áncora de salvacion que la virtud de sus ciudadanos. Introducir la inmoralidad en las elecciones es hacer traicion a su país. Verdad es que esta es la única forma en que un americano pueda cometer aquel crímen.

»Al mismo tiempo que condeno aquellas inmoralidades republicanas, debo hacer justicia a las instituciones, pues ántes de la próxima eleccion se dictó una lei mui restrictiva para curar estos males, i ambos partidos admitian que habia producido sus deseados efectos. Una lei de rejistro habia pasado ántes de mi salida, de manera que la reproduccion de aquellos abusos era imposible. De este modo miéntras que lamentamos las aberraciones de los americanos, no debemos cerrar los ojos a su tendencia a rectificar sus propios errores, i correjir los estravíos en el sendero del deber».

«*Lei de elecciones*.- El 7 de mayo sancionó la lejislatura de Nueva York una lei para remediar los abusos que se perpetraba en las elecciones. Por ella se dispone que toda persona que jure falso en cuanto a su calificacion será criminal de perjurio, i las personas que indujeren a otros a jurar en falso, serán criminales de soborno de perjurio, i ambos castigados en conformidad.

»Las personas que tratasen de influir a un elector o apartarlo de votar, pagarán una multa que no baje de 500 pesos, o sufrirán una prision que no exceda de un año, o ambas penas a un tiempo. Las personas que voten u ofrezcan votar en un barrio que no sea el suyo propio, o mas de una vez en una eleccion, serán castigadas con prisión o multa o con ambas cosas. Los habitantes de otro estado que voten en éste serán criminales de felonía, i serán puestos en la prision de Estado por un término que no pase de un año».

«*Eleccion de Nueva York*. -El partido democrático ha   triunfado en la eleccion de los miembros para la lejislatura de la *ciudad* de Nueva York por una mayoría de mil quinientos. Los diarios de aquella ciudad de ambos partidos reconocen que la eleccion ha sido conducida con órden i decoro, i que el resultado espresa francamente la opinion de la mayoría. Esta eleccion tuvo lugar bajo la lei enmendada: las elecciones civiles del pasado abril habian sido señaladas por deshonrosa corrupcion en jeneral, i perjurios de ambos partidos.

»En el Estado de Nueva York, los whigs han elejido el gobernador i los electores de ambas cámaras de la lejislatura; de modo que los demócratas solo tienen ascendiente en la ciudad».

«*Eleccion de Boston*. -Hoi es el dia de hacer eleccion en Boston para gobernador i otros empleados del Estado, i para miembros de la lejislatura; i yo fuí a una mesa a observar los procedimientos. Habia órden i buen humor; pero la opinion está profundamente dividida sobre la lei que prohibe la venta de licores al menudeo, i estas diferencias van a obrar sobre la lejislatura por medio de la urna electoral. Ya he mencionado que por solo la ajitacion moral, la causa de la temperancia habia hecho tan grandes progresos en Massachusetts, que en 1838 la lejislatura sancionó una lei a la cual concurrieron whigs i demócratas, prohibiendo la venta de todo licor que contuviese alcohol, en ménos cantidad que quince galones, excepto con licencia especial; que muchos amigos de la temperancia se opusieron a ella desde el principio, porque llevaban las cosas demasiado adelante, i por ser errónea en principio. En la mesa de las votaciones encontré un ticket regular whig, conteniendo una lista de puros whigs; un tictek demócrata, con una lista de puros demócratas, ambos sin referencia a la cuestion de temperancia; un ticket *union liberal*, conteniendo puros candidatos whigs, pero una mitad partidarios i otra adversarios de la temperancia, o como decia con mucha gracia un amigo «un ticket compuesto de un vaso de ron i otro de agua alternativamente». Habia un ticket whig temperante, cuyos candidatos eran todos whigs i abogados de la temperancia; un ticket democrático temperante, en el cual todos eran demócratas partidarios de la temperancia. A mas de estos habia un ticket liberal whig, uno independiente democrático, otro union temperancia, i otro abolicion, no siéndome posible saber el significado preciso de muchos de ellos. El resultado de esta eleccion en todo el Estado fué que el gobernador   whig Eduardo Everett fué removido, i Mr. Marcus Morton, un juez demócrata, fué nombrado gobernador por una mayoría de *uno*; los whigs conservaron un ascendiente en el senado i en la sala de representantes solo por una diminuta mayoría, i cuando se reunió la sala, su primera acta fué abolir la lei sobre el menudeo de licores espirituosos casi a la unanimidad».

«*El presidente de los Estados Unidos*. -En marzo de 1839 debe espirar el primer término de oficio de M. Van-Buren, i una nueva eleccion de presidente tendrá lugar en 1840. Desde que llegamos a los Estados Unidos los diarios whigs habian opuesto a Mr. Clay como el candidato para la presidencia por parte de los whigs, a Van-Buren nombrado por los demócratas para ser reelecto. Los whigs han tenido una convencion de delegados de todos los Estados en Harrisburg, en Pensilvania, en la cual dejaron a un lado a Mr. Clay i nombraron al jeneral Harrison residente en North Rend en el Estado del Ohio como su candidato, i a Juan Tyler de Virjinia para la vicepresidencia. Mr. Clay ha escrito una hermosa carta renunciando a sus pretensiones i aconsejando unanimidad en las filas whigs en favor de Harrison i Tyler. Los delegados al regresar a sus estados respectivos convocan a los miembros de su partido a un meeting para esplicarles las razones que han guiado a la Convencion en la eleccion hecha. Reúnense entónces meetings de ciudad i de condados a los cuales se comunican estas esplicaciones. Por medio de este mecanismo los whigs de todo este vasto pais son invitados a comenzar las operaciones bajo este mismo espíritu para asegurar el éxito del objeto de esta eleccion. Los demócratas siguen una marcha semejante, pero como están en el poder, su conducta es mas bien defensiva que agresiva».

«La falta de un libro de rejistro de votantes es indudablemente un defecto en la lei de elecciones de Nueva York; pero si algun partido político propusiese tal arreglo, seria acusado por el otro de querer restrinjir los derechos populares, i hacer de ello capital político. En la *ciudad* de Nueva York, sin embargo, prevalecia el partido democrático en 1839, miéntras que el partido whig dominaba en la lejislatura del Estado. Los whigs se aprovecharon de la oportunidad suministrada por los groseros fraudes practicados en la eleccion municipal de Nueva York, para sancionar una lei mandando se llevase un rejistro de electores en aquella ciudad. No lo habrian hecho así para el Estado, porque el grito de derechos populares se habria levantado contra ellos con suceso, miéntras que nada perdian en la ciudad por pertenecer ya a sus oponentes. Por tanto, estableciendo un rejistro para aquella ciudad, hacian el bien que les era posible, esperando ocasion de hacer estensiva la lei a otros lugares».

«Para adquirir popularidad es preciso buscar la opinion pública por su lado flaco. Ya he descrito a la gran mayoría de los votantes americanos como jóvenes ardientes, llenos de impulso, activos i prácticos, pero deficientes de miras profundas i estensas, i tambien incapaces de proseguir un bien distante en medio de obstáculos i dificultades. Tambien dejo establecido que su educacion, en proporcion de los poderes que ejercen i de los deberes, es mui defectuosa. Para ganar el favor de un pueblo en esta condicion de ánimo, no basta por sí misma la actual capacidad para conducirse con honradez e independencia en el desempeño de los destinos públicos; debe ademas dirijirse a sus sentimientos predominantes, participar de sus aversiones i predilecciones capitales, i adherirse con ardor a la causa o al partido que sabe gozar de mas alto favor.

»El puede representar su propia capacidad para el empleo, i su certificado será recibido, con tal que bajo otros respectos su conducta i principios sean aprobados. Si en el desempeño de sus funciones se condujese mui mal, será depuesto del empleo al fin del término por el cual fué elejido; pero la mas sabia i concienzuda ejecucion no le asegurarán en lo jeneral su mantenimiento en el empleo, si aboga públicamente por opiniones impopulares, aunque no tengan relacion con su empleo, o si pertenece a un partido que haya perdido el favor público, o sido despojado del poder.

»El mejor remedio que puede proponerse para los males descritos, me parece que consiste en una educacion mas alta, i en dar mayor preparacion a los electores; si ellos hubiesen sido mas completamente instruidos en su juventud con respecto a las leyes que reglan la prosperidad de las naciones, como tambien en las cualidades del espíritu humano, i en la indispensable necesidad de que los empleados públicos tengan integridad i juicio para el recto manejo de los negocios, entonces exijirian de sus hombres públicos mas capacidad para captarse el favor popular, i de este modo se conservarian en posesion de los empleos hombres útiles i fieles».

«La excitacion del espíritu público durante la lucha por la presidencia es grande i universal; la lengua deja de espresar i los oidos de escuchar otras palabras que aquellas que se refieren a la eleccion; la prensa brama bajo el peso del asunto, i todas las funciones de la vida parecen estar consagradas a este objeto. La eleccion del presidente enjendra mucha borrachera i desórden, fraudes, mentiras, soborno, seduccion e intimidaciones, pero tambien produce mucho bien. Las medidas del gobierno son severamente examinadas por la razon, como tambien interpretadas por las pasiones; toda la Union es conmovida por un solo interes, i la impresion de que todos pertenecen a una nacion se ajita vivamente. Por un momento se olvidan los intereses locales i una sola pulsacion vibra desde el Maine al Mississipi. Mi temor es que sin la repeticion de estas elecciones, pueblo de los diversos Estados llegaria rápidamente a mirar a los otros como estranjeros, i llevádolo insensiblemente a aflojar los lazos que ligan a una gran nacion. Las elecciones de miembros para el congreso no producen este efecto; porque aunque aquella asamblea es nacional, cada uno de sus miembros representa una seccion del pais. Solo el presidente deriva del poder del pueblo de toda a Union».

«En la eleccion que tuvo lugar en noviembre de 1839, se trajo a las mesas del escrutinio en Nueva York la cuestion de la moneda corriente. Las divisas de los partidos eran por una parte bancos i papel-moneda, i por la otra metálico, i una lei que proveyese de tesoreros en cada Estado. Estas son cuestiones sobre las cuales Adams Smith, Ricardo, Mac Culloch, i los mas profundos economistas han diferido en opinion. ¿Vuestra educacion os habilita para entenderlas i decidirlas? ¡No! I sin embargo vuestro pueblo *obra*, entienda o no entienda. Vota en favor de los sostenedores del papel, i el papel florece. Si sucede lo contrario, llevan al poder a los partidarios del metálico, i el papel i el crédito desaparecen. Hace el pueblo esperimentos. Pero ¡qué esperimentos! ¡Cuántos millares de individuos i de familias son arruinados por la violencia de cada cambio!»

Incidentes de viaje

Nueva York

Mis aventuras de viaje en los Estados Unidos no merecen intercalarse entre las reflexiones que el espectáculo de aquel pais me ha sujerido, por lo que no referiré a Ud. sino algunas que creo pueden interesarle. Tomando balance a mi bolsa en Paris, hallé los últimos dias de julio que me quedaban escasos cosa de 600 duros. El viaje a traves del itsmo solo cuesta 700, i aun me quedaba por visitar la Inglaterra. Esta quiebra, que desfraudaba parte de mis esperanzas, aguzaba como sucede siempre los deseos. ¡No ver la Inglaterra, ni el Támesis, ni aquellas fábricas de Birminghan ni Manchester! ¡No entrar en aquel océano de casas de Lóndres, ni ver los bosques de mástiles de los docks de Liverpool!... ¡Maestro de escuela en viaje de esploracion por el mundo para examinar el estado de la enseñanza primaria, i regresar a América, sin haber inspeccionado las escuelas de Massachusetts, las mas adelantadas del mundo! A caza de datos sobre la emigracion, que habia querido estudiar en Africa ¿podria darme cuenta de ella, sin visitar los Estados Unidos, el pais adonde se dirijen todos los años doscientos mil emigrantes? Republicano en perspectiva i con la presciencia de la resurreccion de la república en Francia, ¿volveria sin haber visto la república única, grande i poderosa que existe hoi en la tierra?

Luego donde la realidad flaquea, la imajinacion continúa la obra. Si llegare a la Habana siquiera, allí me injeniaria, para pasar a Venezuela, donde por la prensa, la enseñanza, i otras trazas, me haria de recursos i de relaciones, para atravesar el continente hasta Bogotá, i de allí hasta Quito a asomar al fin la cabeza en Guayaquil, realizando por economía de medios, el viaje mas novedoso i sorprendente que haya hecho americano de nuestros dias. Los fenicios que circunavegaron el Africa, se detenian, al decir de Herodoto, de distancia en distancia a sembrar trigo i cosecharlo para continuar su viaje. ¿Por qué no me detendria yo en Caracas por ejemplo, a enseñar mis métodos de lectura, borrajear pájinas en la   prensa, abrir cursos pedagójicos, i cosechar unos cuantos pesos, para irme arrastrando poco a poco hácia los climas del sur, de donde había partido?

Por otra parte volver por el Cabo de Hornos a Chile, era tan prosaico, i tan desairado efecto hacia en la carta náutica que tenía abierta por delante, que cojiendo a dos manos mi valor de calavera por reflexion, i bien pesado el pro i el contra, resolví no solo visitar la Inglaterra, los Estados Unidos, el Canadá, i Méjico, i mas si en ello me venia la fantasía, a fin de completar la idea que de largo tiempo halagaba mi codicia, de hacer un viaje en derredor del mundo civilizado. ¿Qué podría objetarse a este plan? Marcharia con el reloj en una mano i la bolsa en la otra, i donde esta antorcha se me apagare... me quedaria a oscuras, i a tientas i con maña buscaria mi camino hasta Chile.

Tranquilizado con estas ideas, paseeme holgadamente en Lóndres, recorriendo despacio la línea de ferrocarriles, que por Birminghan, Manchester conduce a Liverpool, donde paré ocho días con un jóven arjentino emigrado D. N. de la Riestra i establecido de muchos años en una casa de comercio. Embarquéme en el *Montezuma*, buque de gran calado, paquete de vela, que hacia once millas a la menor brisa, i que llevaba cuatrocientos ochenta emigrantes irlandeses a Norteamérica. Mi poco ejercicio en el inglés me hizo tratar de cerca a una familia judía que hablaba el frances. Una vez al salir de la cámara, como no acertase a abrir la puerta un pasajero me dijo en español: tire Ud. que está abierta. Era Mr. Ward, de la casa de Huth Gruning de Valparaiso, i desde entónces pude creerme, gracias a sus deferencias, libre de perderme, desconocido en el nuevo mundo que iba a visitar. Un senador de los Estados Unidos regresaba de Europa, i conocia a Mr. Horace Mann, el célebre secretario del *Board* de Instruccion Pública de Massachusetts, i como llovida del cielo me venia una carta de introduccion para este eminente maestro, pudiendo en ella Mr. Ward responder que conocia la mision i la idoneidad del recomendado. Mi camino se aclaraba poco a poco, i todo temor, salvo el de flaquearme la bolsa, iba por grados desapareciendo.

La vida de mar es poco *contábile*. Por las tardes me acercaba a la cubierta, a donde salian como ratas de sus cuevas los infelices irlandeses, desnudos, macilentos, animada su existencia por la esperanza de ver en la tierra prometida, el término de sus miserias. Emigraban viejas sexajenarias, i un   ciego mendigo tocaba por las tardes la zampoña, para que bailasen damas mugrientas, chupadas i desmelenadas, con galopines en cueros o cubiertos de andrajos, lo que no estorbaba que se agrupase en torno de aquellas parejas con figuras de convalecientes de hospital, un público con trazas de turba de casas de correccion. Habíales entrado la gana de morirse i seis u ocho cadáveres se arrojaban al mar algunos días, sin que el baile de la tarde fuese por eso ménos concurrido.

Llegamos al fin a la rada de Nueva York, que por sus ensenadas i profundidad, como por la belleza del paisaje, recuerda, con colores mas suaves i formas ménos grandiosas, la de Rio Janeiro. La vista de esta naturaleza plácida despierta involuntariamente en el ánimo el recuerdo de los caractéres de Washington i de Franklin, prosaicos, comunes, sin brillo, pero grandes en su sencillez, *good-natured* sublimes a fuerza de buen sentido, de laboriosidad i honradez. Iba preparado al espectáculo, i no me sorprendieron ni las colinas hermosísimas cubiertas de bosques, ni las caletas, canales i ensenadas que rodean la ciudad, llenas de barcas i cruzadas por centenares de vapores. Nueva York es el centro de la actividad norteamericana, el desembarcadero de los emigrantes europeos, i por tanto la ciudad ménos americana en su fisonomía i costumbres de las que presenta la Union. Barrios enteros tienen calles estrechísimas i desaseadas, alineadas de casas de mezquina apariencia. Los cerdos son personajes obligados de las calles i escondrijos donde nadie les disputa sus derechos de ciudadanía. Ocupa el centro de la parte mas hermosa de la ciudad el Brod Way, la calle ancha que toca por un estremo en Garden Castle, i en su desenvolvimiento enseña Trinity Church, templo gótico de hermosa arquitectura i de cierta magnificencia, cosa rara en los Estados Unidos. Ha sido construido por acciones como todas las grandes empresas norteamericanas. Hai en el Broad Way hermosos edificios particulares, un bazar en mármol blanco que se cree no tiene rival en Europa, i un teatro en construccion para ópera italiana. En una hora conté en el Broad Way 480 carruajes entre ómnibus, carros i coches que pasaban frente a la ventana de mi Boarding-house. Por la noche dábase el *Hernani* en un teatro improvisado en Garden Castle, i allí nos reunimos seis sudamericanos. Osma del Perú; el jóven Alvear arjentino; el señor Carvallo i su secretario de legacion, mi amigo Astaburuaga; i un recien llegado que a poco se introdujo en la conversacion   preguntando, ¿conocen Uds. a un señor Sarmiento que debe haber llegado de Europa? Era D. Santiago Arcos, quien, reconociéndome por el tal, me dijo que venia desde Francia en mi seguimiento, que desde allí seríamos inseparables hasta Chile, i que éramos amigos, mui amigos de mucho tiempo, acompañando estas palabras con aquel reir de buena voluntad que tiene, i que haria desarmar la estrañeza mas quisquillosa.

La prima donna cantó por añadidura el jaleo, dirijiendo a nuestro grupo desde las tablas palabras en español que le fueron contestadas con una cuchufleta de manolo, de manera que estaba por decirlo así en pais de la lengua castellana i de relaciones antiguas, pues que al jóven Osma lo habia conocido en España, i vuéltolo a encontrar en Lóndres, si no me engaño. Hasta las antiguas glorias de la patria i sus actuales miserias encontraba allí representadas en el jeneral Alvear, con quien allanadas ciertas dificultades de etiqueta, i merced a reticencias convencionales, pasé tres dias oyéndolo hablarme de los pasados tiempos. El jeneral Flores, del Ecuador, habia tambien recalado por allí, asaz mohino i cariacontecido, de lo que nos divertíamos Osma i yo por los malos ratos que le habíamos dado en Madrid.

Nueva York es la capital del mas rico de los Estados americanos. Su municipalidad seria por su magnificencia comparable solo al senado romano, si no fuese ella misma compuesta de un senado i una cámara de diputados que lejislan sobre el bien de medio millon de ciudadanos. Solo la de Roma le ha precedido en la construccion de jigantescas obras de utilidad pública, si bien de los restos de los famosos acueductos que traian el agua a la ciudad eterna, ninguno ha vencido dificultades tan grandes, ni empleado medios mas adelantados. El acueducto de Croton ha costado a la ciudad de Nueva York trece millones de pesos; prodúcele una renta anual de seiscientos mil, i sus habitantes pueden en el cuarto piso de sus casas disponer de cuanta agua necesitan torciendo una llave.

El acueducto de Croton comienza en el rio Croton, que corre a cinco millas del Hudson en un condado vecino. El *dam* o depósito de agua, que de él se ha formado para dar igualdad a la masa de aguas, tiene 250 piés de largo, 70 de ancho en el fondo, 7 arriba, i 40 de alto, construido todo de piedra i cimento. Forma un lago dentro de estas paredes de granito, cuya área cubre cuatrocientos acres de terreno, conteniendo 500 millones de galones de agua. Desde este gran depósito   parte el acueducto perforando las montañas, o sostenido por arcadas sobre los valles como los acueductos romanos de Segovia i la Sabinia, dejando bajo puentes altísimos paso a los torrentes que atraviesa. Antes de llegar al rio Harlem, trae así recorridas treinta i tres millas. El acueducto es de piedra, ladrillo i cimento, abovedado por arriba i por abajo, con 6 piés 3 pulgadas de ancho abajo, i 7 piés 8 pulgadas en lo alto de las murallas del costado, i 8 piés 5 pulgadas de alto. Lleva desde 13 i media pulgadas por milla, i descarga 60 millones de galones de agua cada veinte i cuatro horas. Sobre el rio Harlem pasa en un magnífico puente de piedra de 1450 piés de largo con 14 pilares, ocho de los cuales sostienen arcos de ochenta piés de abertura, i otros de cincuenta, con superposiciones de 114 piés sobre el nivel del agua. El canal pasa aquí en tubos de hierro colado que dos hombres alcanzarán apénas a abrazar. El receptáculo que recibe las aguas en la calle 86, a 58 millas del de Croton, cubre 35 acres, i contiene 150 millones de galones. El depósito de distribucion sobre el monte Murrai, calle 40, cubre cuatro acres, es de piedra i de cimento i a cuarenta i cinco piés sobre el nivel de la calle, i contiene veinte millones de galones. Desde allí se distribuye el agua por toda la ciudad en tubos de hierro, colocados en la tierra a suficiente profundidad para que el agua no se hiele en el invierno. Los tubos de 6 a 36 pulgadas de diámetro miden 170 millas; el agua sube a los pisos de las casas, i hai otros tubos para volver a la tierra las aguas sucias. El derecho que la Municipalidad cobra sobre el agua basta para pagar el interes de 13 millones de capital invertido, los salarios de los empleados i dejar una utilidad anual de mas de medio millon, ahorrando a los vecinos los millones que gastaban ántes en proveerse de agua de calidad ménos esquisita que la de Croton.

Hacian mas gratas las emociones que el exámen de la grande obra del acueducto me causaba, los intelijentes comentarios, i las esplicaciones de incidentes prolijos que a medida que recorríamos los hermosos alrededores de Nueva York, me iba haciendo don Manuel Carvallo, enviado extraordinario de Chile en Washington. La solicitud de este amigo, pues desde entónces nos hemos dado este nombre, me sacaba de aquella especie de desamparo en que creia encontrarme entre los pueblos del norte de América i de lo que habia sufrido moralmente mucho en el norte de Europa. Con él visité el Saint James College de los Jesuitas, donde estudiaban varios jóvenes chilenos,   las fábricas de caoutchouc, donde se confeccionaban puentes militares impermeables i equipos completos de campaña, como asimismo todo aquello que en monumentos, construcciones i establecimientos merecia ser conocido del viajero.

Con su simpático secretario Astaburuaga emprendíamos las correrías de detalle, sazonadas por recuerdos de Chile, i animadas por la comunicativa *causerie* de dos amigos que vuelven a verse despues de algunos años. Llevóme a visitar el cementerio Greewdoa, separado de Nueva York por un canal.

Abraza el cementerio un espacio inmenso de terreno en el estado de naturaleza. Accidentado por lijeras ondulaciones, ofrece una variedad de aspecto que cambia a medida que se penetra en su solitario recinto. Bosques seculares sombrean los terrenos bajos i aun las aguas de las lluvias se depositan en lagunatos i zanjas. Un camino espacioso para carrnajes serpentea sin sujecion a merced de los accidentes del suelo; las yerbas del campo crecen a sus anchas en matorrales i arbustos, i en lo alto de las pequeñas colinas descuellan, ya aislados, ya en grupos, arbolillos graciosos de los que forman la variada fauna Norteamericana. Allí en el seno de la naturaleza reposan en sepulcros desparramados a discrecion por la vasta superficie, las cenizas de los que quisieron dejar algun rastro sobre la tierra de su efímero pasaje. A la sombra de una encina secular se abriga una tumba de estilo gótico; una linterna de Diójenes corona un montículo, i en el fondo de un vallecito, entre arbolillos vistosos, se muestra un templete griego, depositario de un sarcófago. ¿No es cierto que este sistema de cementerios a la rústica, verdadero campo de los muertos, infunde sentimientos de plácida melancolía, alijerada por la contemplacion de la naturaleza, volviéndole a ella los restos orgánicos de ella recibidos, para que disponga sin sujecion i a su arbitrio nuevas combinaciones i nuevas existencias? Al ménos esta impresion me cansaba la vista, desde alguna parte elevada del cementerio, apoyado en un sepulcro, de Nueva York coronada de humo, i Brooklyn su vecina, la Bahia hermosa con sus grupos de buques cual bosque de invierno, i los estrechos ajitados por la marca que levantan los poderosos vapores, terminando la perspectiva el océano, límite natural de cosas terrenas, frontera de lo infinito e imájen imperfecta de la inmensidad.

El santuario de mi peregrinacion era Boston, la reina de las escuelas de enseñanza primaria, si bien cuando objetos de estudio nos llevan a un punto, es permitido hacer un rodeo   en busca de sitios pintorescos. Para ir a Boston, pues, porque está al naciente del Hudson, dispuse mi derrotero por Búfalo que está exactamente al oeste. La cascada de Niágara i los célebres lagos estaban de por medio, i no habia que trepidar en mas o ménos dollars, no obstante el estado angustiado de la plaza, que no tenia víveres (hablo de mi bolsa) sino para contados dias. Embarquéme en Nueva York a las siete de la mañana para Albany (144 millas, un peso) adonde llegué a la tarde, pocos momentos ántes de la partida del tren de Búfalo (325 millas, doce pesos), en todo 469 millas en vapor o camino de hierro, i tres dias de marcha, con descansos de un cuarto de hora de distancia en distancia para comer i almorzar.

El Hudson es poética, histórica i comercialmente hablando, el centro de vida de los Estados Unidos. Camino de Boston, de Monreal, de Quebec, de Búfalo, del Niágara i de los lagos; arteria principal por donde fluyen los productos del Canadá, Vermon, Massachusetts, Jersey i el estado de Nueva York; sus aguas están de continuo literalmente cubiertas de naves, a punto de hacerse obstrucciones de la via, como en las calles de las grandes ciudades.

Los vapores se cruzan como exhalaciones meteóricas, i los remolques traen consigo una feria de buques amarrados a sus costados que levantan con sus quillas una verdadera marea a su frente. Catorce naves cargadas preceden i siguen al motor, ocupando una ancha superficie del rio. Los vapores de trasporte asumen en los rios norteamericanos la forma i la elevacion de casas flotantes de dos pisos, con azotea i corredores.

Dan nuevo realce al espectáculo, de suyo grandioso por las formas colosales de estos hoteles ambulantes, la apariencia culta, esmerada i aun ceremoniosa de los pasajeros, pues es práctica jeneral de hombres i de mujeres ponerse vestidos de fiesta para hacer espediciones por agua o ferrocarriles, si bien la fria reserva del carácter yankee, i su sociedad imprimen a estas grades reuniones cierta fisonomía uraña que en Europa seria tachada de aristocrática, siendo considerada en el lugar de la escena por testigos europeos, como selvática, cuando solo es en verdad reserva necesaria. Las damas ocupan la parte anterior de los grandes salones i son el objeto de atenciones oficiales. Dan todavía mas animacion a estos vapores la colocacion de los prácticos i timonel a la proa del buque, en lugar alto i aparente, i a veces debajo de un elegante kiosco dirijiendo, por cadenas que mueven un torno, el timon   del buque, desde donde pueden descubrir a cada instante su ruta, cual si fueran realmente la cabeza i el alma intelijente de aquella máquina. La campana suena a cada instante anunciando la proximidad de un lugar del tránsito para que se preparen a desembarcar los que se dirijen a él.

Desde lo alto de la azotea del buque, dominando ambas riberas, el viajero ve desfilar delante de sí, villas risueñas, montículos coronados por edificios i árboles, i a sus costados centenares de buques de todas formas i dimensiones que hacen su camino en sentido opuesto en aquella calle pública, inmensa, resplandeciente i tersa como un espejo. Así pasan revista, desde la salida de Nueva York, al océano, la bahía con su movible panorama de buques, i las pintorescas islas, estrechos i canales. La ciudad de Jersey, enfrente del embarcadero, la roca de Weehoowken, que sale exabrupto de entre las aguas i sirve de base a una *villa* edificada en su cumbre, pintoresco término avanzado a la entrada de las *Palizadas*, que son una muralla perpendicular de rocas acantiladas, que se alzan cuatrocientos i quinientos piés sobre la superficie de las aguas, i costea el rio por espacio de veinte millas. Este accidente de la naturaleza da al paisaje una grandiosidad indescribible, miéntras que por el otro lado, la ribera ostenta villas, ciudades, arboledas, colinas i bosques que mantienen la animacion i despiertan la curiosidad. Alguna ruina tambien corona alguna altura, i los nombres de Hamilton i Washington son recordados por algunas piedras subsistentes de fuertes tomados i destruidos durante la guerra de la independencia. Monumentos vivos son, empero, Westpoint, la academia militar en cuyo recinto 230 cadetes guardan permanentemente el fuego sagrado de las tradiciones i la ciencia de la guerra. El asilo de los huérfanos, el hospital de locos i otros edificios públicos prestan, desde las alturas, sus formas griegas a la decoracion del rio que se las disputa al Rhin en belleza, i que no tiene rival sino en la China en actividad i movimiento.

Al fin se presenta Albany, la capital política del estado de Nueva York, porque parece que los congresos yankees huyen del bullicio de las grandes ciudades. Los edificios públicos corresponden al título de capital, aun mas que a la estension de la ciudad la importancia de sus edificios particulares. El camino de hierro recorre desde allí 325 millas al oeste, pasando por Amsterdam, Jonda, Utica, Roma, Verona, Manlius, Siracusa, Camillus, Séneca, Itaca, Watterloo, Jénova, Viena, Víctor, Byron, Batavia, Alejandro, Attica i otras muchas   ciudades que reunen en una línea los nombres de ciudades, paises i hombres de diversos tiempos i lugares.

Búfalo, término del viaje, está en el estremo este del lago Erie, que lo es a su vez de la navegacion del Huron, el Michigan i el Superior. La emigracion alemana sobre todo ataca esta línea de navegacion por Chicago, que está al estremo oeste del Michigan i en contacto con a cabeceras del Mississipi; i por Búfalo, que sirve de centro a la navegacion del Ohio por el canal de Clavelard; i del Hudson por el canal del Erie. La vista de esta ciudad, estrecha para el número de habitantes que contiene, me hizo un efecto singular. Una turba de buques de vapor dejaba escapar de sus chimeneas la gruesa mole de humo del fuego que aun se está encendiendo. La descarga de pieles de búfalo, i otras producciones del comercio con los salvajes, contrariaba el movimiento de la procesion de pasajeros que se dirijen al puerto, miéntras que volviendo la vista a la ciudad, descubríanse sobre lo alto de los edificios centenares de hombres ocupados afanosamente en construir edificios nuevos, agrandándose la ciudad de improviso para satisfacer a las necesidades de una poblacion que cada año aumenta de veinte mil almas. Búfalo tiene a su alcance, como todos los centros predestinados de comercio futuro en la Union, un depósito de carbon en la península que forma el Michigan i el contiguo Huron.

De Búfalo adelante las obras humanas, ferrocarriles, villas nacientes i plantaciones nuevas, deslucen las sublimes obras de la naturaleza. Desde allí al norte principia el pedazo mas bello de la tierra. El rio Niágara sale del Erie manso i cristalino, reflejando en sus ondas rododendrones i encinas entremezcladas, formando a lo léjos lontananzas azuladas de selvas primitivas, bajo cuyas espesuras pueden aun verse los rastros miteriosos del mocasin del indio indómito. Ábrese en dos al formar la grande isla, i recoje luego sus aguas para prepararse al sublime juego de aguas que comienza en los *Rápidos*, i termina en la *Cascada*. El rumor lejano de este salto portentoso, la neblina que se alza en el cielo de partículas acuáticas, la excitacion que causa la proximidad de sensaciones de largo tiempo esperadas i presentidas, traen al viajero desasosegado i acusando de lentitud al tren que lo arrastra. Llégase por fin a *Niágara Fallas*, villa que alimenta la concurrencia de curiosos, desde donde el redoble pavoroso de la caida atruena los oidos, el torbellino de agua se hace mas visible, descollando blanquecino sobre las copas de los   árboles; i entre los claros que sus troncos dejan a medida que uno se acerca, divísase contrastando con la opacidad de la enramada sombría, algun pedazo de *rápidos*, como un fragmento de plata bruñida. Son estos rápidos cascadas subacuáticas en que la enorme masa del Niágara viene despeñándose, sobre un lecho de rocas escarpadas, que no se presentan a la vista, i que dan al agua un blanco marmóreo. Mil trájicas aventuras han ocurrido, desde el cazador indio que distraido un momento por el ardor de la persecucion sintióse llevado de la corriente en su frájil piragua, i despues de esfuerzos sobrehumanos para resistirla, apuró su calabaza de aguardiente, i de pié con los brazos cruzados se dejó llevar a la catarata, que ni los cadáveres entrega de sus víctimas, hasta los presidarios que apoderados de un vapor, no supieron gobernar i vieron descender la mal dirijida nave a los rápidos i la catarata, sepultándolos para siempre el abismo sin fondo que ha escavado la caida. Hablábase del reciente fin de un niño caido en los rápidos i que ya tenian de la mano en la isla de la Cabra, que promedia las dos caidas, i volvióseles a escapar de las manos.

Describir escena tan estupenda seria empeño vano. Lo colosal de las dimensiones atenúa la impresion de pavor, como la distancia de las estrellas nos las hace aparecer pequeñas. Cítanse con elojio los versos que el espectáculo inspiró a una señorita.

«Flow en for ever, in thy glorious robe
Of terror and beauty. God hath set
His rainbow on thy forehead; and the cloud
Mantled around thy feet. Awe he doth give
Thy voice of thunder, power to speak to Him
Eternally -bidding the lip of man
Keep silence; and upon thine altar pour
Incense of awe-struck praise».

Teníame por pasajero pasablemente erudito en punto a cascadas. Había visto la de Tivolí, tan bella, tan artística i   tan poéticamente acompañada de recuerdos históricos; la del Rhin, la mas grande que ocurre en Europa, i aquellas cien que alegran el paisaje suizo en los Alpes. La de Niágara, empero, sale de los términos de toda comparacion; es ella sola en la tierra el mas terrífico espectáculo. Sus dimensiones colosales, la enormidad de las masas de agua, i las líneas rectas que describe, le quitan empero toda belleza, inspirando solo sensaciones de terror, admiracion, i aquel deleite sublime que causa el espectáculo de los grandes conflictos. Imajinaos un rio cristalino como el Bio-Bio, descendiendo de golpe de un plano superior a otro inferior. Cortado el borde perpendicularmente, el agua describirá un ángulo recto al cambiar del plano horizontal al vertical, i desde allí, despues de revolverse sobre sí misma en torbellinos plateados, seguirá el nuevo plano inferior con la misma mansedumbre que ántes de caer. La belleza de la cascada la hacen las puntas de rocas salientes, que fuerzan el agua a retroceder, lanzarse en el aire, subdividirse en átomos e impregnarse de luz.

La vista de las otras cascadas me había hecho sonreir de placer; mas en la del Niágara sentia que las piernas me temblaban, i aquella sensacion fiebrosa que indica que la sangre se retira de la cara. Llegándose a ella por la isla de la Cabra que la subdivide en dos, el ánimo viene alegremente preparado por la escena ménos tumultuosa que presentan los rápidos, en que el Niágara desciende cincuenta piés en una milla. El bosque primitivo que cubre la isla i oculta tras su ramaje la vecina ciudad, la perspectiva rio arriba en que el rio viene caracoleando, presenta uno de esos golpes de vista risueños, virjinales, tan comunes en los Estados Unidos. La cascada inglesa tiene la forma de una herradura i cuatro cuadras de desenvolvimiento, sin accidente ni interrupcion alguna. La cascada del lado americano tiene doscientas yardas de ancho i esto la hace llamar la chica. En ambas cae el agua 165 piés; i el canal escavado en la roca que la recibe, tiene cien varas de profundidad i ciento treinta de ancho. Al ver escritas estas cifras averiguadas por mensuras, nótase la incompetencia del ojo humano para abrazar las grandes superficies. San Pedro, en Roma, aparece una estructura de dimensiones naturales, i la cascada del Niágara se achica a la simple vista para ponerse al nivel de nuestra pequeñez.

El espesor de la masa de agua es de 21 piés, de manera que no pudiendo atravesarla la luz, conserva su color verde en el centro de la caida. Este accidente, que revela a los ojos   la magnitud de la escena, aumenta el pavor que inspira. Vésela desde una linterna o garito construido en la isla de la Cabra; vésela mejor todavía porque se llega al borde de ella desde el lado inglés, desde donde el ojo puede perfilar la línea vertical de la caida i medir el abismo que gruñe como una tormenta de rayos, o un aguacero de cañonazos a sus piés. Vésela en todo su esplendor i magnificencia desde a bordo de un vapor que sube todos los días del lago Ontario, llega cagado de pasajeros hasta cien yardas de distancia de la caida, detiénese allí con su motor listo para contrariar la atracción de los remolinos, tirita el casco sobre aquella agua atormentada, i espumando como si estuviera en delirio, i vuelve atras con los pasajeros, satisfechos ya de emociones terríficas. Pero la cascasa no se siente, no se palpa, sino descendiendo al abismo que le sirve de base, envolviéndose para ello en capotes de goma elástica i dejándose conducir de la mano por un guia debajo de la caida misma, donde se ha practicado un camino en la roca, con pasamanos de fierro, que garantizan de las caidas ocasionadas por la presencia de centenares de anguilas mucosas i resbaladizas que se acojen entre las sinuosidades de la roca. Colocado en el fondo de esta singular galería, aturdido, anonadado por el ruido, recibiendo sobre su cuerpo la caida de gruesos chorros de agua, ve delante de sí una muralla de cristal, que creyera dura i estable si las filtraciones de goteras no acusaran la presencia del líquido elemento. Salido de aquel húmedo infierno, volviendo a ver de nuevo el sol i el cielo, puede decirse que el corazon ha apurado la sensación de lo sublime. Una batalla de doscientos mil combatientes no causará emociones mas profundas.

Del lado inglés hai un magnífico hotel i un museo, donde se muestran búfalos vivos i se venden esponjas de mar i coral petrificados que se despreden del suelo en que está la cascada. ¡Aquello fué fondo del mar en otro tiempo!

Distínguese esta caida de las otras del mundo en que está situada en el centro de una llanura, sin que a primera vista se descubra la causa de su existencia. Descendiendo, empero, hácia Ontario, el fenómeno se esplica fácilmente. El lago Erie está en el centro de una plataforma espaciosísima sin accidente alguno. Este llano es la superficie superior de una meseta, cuyo borde está cerca del Ontario, el cual está situado sobre otra meseta inferior. La diferencia de nivel entre uno i otro lago es de 300 piés; i la caida del rio Niágara que los une entre sí, debe hacerse necesariamente en el borde del banco   o meseta superior, que está no léjos de las márjenes del Ontario. Pero la caida se encuentra siete millas mas arriba, i la roca está estavada en un profundo zanjon de la altura de la caida La catarata ha ido, pues, cambiando de lugar, o mas propiamente hablando, va lentamente en marcha hácia el Erie, ¡adonde llegará un día! Bastaba fijar por medio de la observacion la distancia que avanza al año a catarata, derrumbando o carcomiendo la roca que le sirve de lecho para sacar una de la cronolojía del globo. Segun el jeólogo Lyell, admitiendo que solo un pié retroceda por año, ha necesitado 39000 años para llegar desde el bordo de la escarpa que está cerca de la ciudad Queenstown. Pero modifican este cálculo las diferencias de la altura de la caida en cada uno de los lugares de su estacion, i la diversa resistencia que han debido oponerle la mayor o menor adherencia de las rocas que va encontrando. La primera vez que un europeo ha descrito la cascada, ha sido en 1678, que lo fué por unos misioneros franceses que levantaron de ella un diseño. Otra descripcion hai de 1751; pero las observaciones jeolójicas no comienzan sino de una época mui reciente. Desde 1815 adelante las dos caidas han ido alterando su forma por el derrumbe de enormes trozos de roca, i desde 1840 la isla de la Cabra ha perdido algunos acres de terreno. Mr. Lyell descubrió hasta cuatro millas mas abajo del lugar de la caida, el lecho antiquísimo del rio sobre la superficie de la tierra i aun a mayor altura de la que hoi tiene el Niágara. Las conchillas fluviátiles que se encuentran en bancos de residuos en la isla de la Cabra, se hallan pertenecer a las mismas especies i épocas, en una línea hácia el Ontario que señala la direccion que llevaba el rio. Tenemos, dice este jeólogo, en el costado de los barrancos que va dejando el Niágara, un cronómetro que mide ruda, pero significativamente, la inmensa magnitud del intervalo de años que separa el tiempo presente de la época en que el Niágara corria por muchas millas mas al norte sobre la superficie de la plataforma. Este cronómetro nos muestra, cómo los dos sucesos que creemos coetáneos, la desaparicion de los mastodontes i la época de la primera poblacion de la tierra por el hombre, pueden estar a distancias infinitamente remotas una de otra. El jeólogo, añade, puede cavilar sobre estos acontecimientos hasta que lleno de espanto i de admiracion, olvida la presencia de la catarata misma, i deja de percibir el movimiento de sus aguas, ni oye su estampido al caer en el profundo abismo. Pero así que sus pensamientos   vuelven al momento presente el estado de su espíritu, las sensaciones despertadas en su corazon, se hallarán en perfecta armonía con la grandiosidad i belleza de la gloriosa escena que lo rodea.

Canadá

El ferrocarril que corre al costado del zanjon formado por la cascada hasta Queenstwon, cerca del Ontario, lleva los pasajeros que se dirjien hácia Quebec o el lago de Champlain. Despues de haber saboreado aquel magnífico espectáculo, iba yo en mi banco rumiando las emociones pasadas, i dejando escapar de vez en cuando alguna esclamacion de la admiracion que habia esperimentado. Un yankee que me escuchaba con la plácida frialdad que distingue a este tipo de hombre, me mostró la cascada bajo un punto de vista nuevo. ¡Beautiful! ¡Beautiful! decia, i para esplicarme su manera de sentir esta la belleza añadia: ¡esta cascada vale millones! Ya se han puesto algunas máquinas a lo largo de los rápidos, de donde por canales poco costosos se sacan caidas de agua para darles movimiento. Cuando la poblacion de los Estados se aglomere hácia este lado, el inmenso caudal de agua de la cascada americana puede ser subdividido, i desviándolo por canales que corran sobre el terreno superior, traerlos a descargarlos al cauce inferior del Niágara, a los puntos donde se hallen establecidas máquinas de tejidos i de otras industrias. ¡Se imajina Ud., me decia, que pueden usarse motores de agua de la fuerza de cuarenta mil caballos si se necesita? Entónces el Niágara será una calle flanqueada por ambos lados de siete millas de usinas, cada una con su caida de agua del tamaña que la necesito el motor. Los buques vendrán a atracar a la puerta i llevar por el San Lorenzo, el Champlain, o el canal de Oswego, ¡las mercaderías a Europa o a Nueva York! *¡Beautiful! ¡Beautiful!* añadia estasiado en la aplicacion útil de aquella mole enorme de agua que hoi solo sirve para mostrar el poder de la naturaleza. Yo creo que los yankees están celosos de las cascada i que la han de ocupar, como ocupan i pueblan los bosques.

Pasando de un ferrocarril a otro, en medio de bosques aun despoblados, atravesando villorrios apénas diseñados, sin poderse uno dar cuenta cómo pueden andar wagones por aquellas   soledades desamparadas, se pasa a uno de *Stages*, dilijencias que remiendan intervalos sin rieles, i en Queenstown va a alojarse a bordo del vapor que espera el tren para descender el Ontario, tocando en Oswego, boca del canal que liga este lago con el canal que une el Ontario con el Hudson. Van-Buren, el expresidente, promoviendo la abertura de este canal auxiliar, dió valor a unos terrenos que poseia en las inmedianes, sin que nadie haya criticado su procedimiento de egoista, pues el canal completaba realmente el estupendo sistema de comunicaciones acuáticas de que he hablado en otra parte.

El pais está aun despoblado por esta parte; el vapor del Ontario se acerca a los barrancos, a donde salen los paisanotes de fraque i las mozas envueltas en cachemiras a tomar pasaje. Divísanse a lo léjos aisladas en el bosque aquellas cabañas e troncos de árboles superpuestos, o de tablas descoloridas, que sirven de morada por los primeros años al plantador que recien está descuajando el bosque. El paisaje conserva toda la frescura virjinal que Cooper ha pintado en aquellos inimitables cuadros del *Ultimo Mohicano*. Ya he dicho a Ud. que desde Búffalo hácia esta parte está el pedazo mas bello de la tierra. Sin la petulante lozanía de los trópicos i sin la fria severidad de los bosques del norte de la Europa, mézclanse en la escena rios como lagos, lagos como mares, rodeados de una vejetacion primorosa, artística en sus combinaciones i grandiosa en su conjunto. Traiame arrobado de dos dias atras la contemplacion de la naturaleza, i a veces sorprendia en el fondo de mi corazon un sentimiento estraño, que no habia esperimentado ni en Paris. Era el deseo secreto de quedarme por ahí a vivir para siempre, hacerme yankee, i ver si podria arrimar a la cascada alguna pobre fábrica para vivir. Fábrica ¿de qué?... I aquí el deleite de tan bella vida se me tornaba en vergüenza, acordándome de aquellos ostentosos letreros chuecos que habia visto en algunas aldeas de España, Fábrica de Fósforos. I ¡qué fósforos! ¿Enseñar, o escribir qué? con este idioma ¡que nadie necesita saber! Para curarme de estas ilusiones i recuperar mi alegría, no necesitaba mas que tomarle el peso a mi descarnada bolsa, i echar una ojeada sobre mi contaduría en jeneral para no volver a pensar mas en ello.

Al vaciarse el Ontario en el rio San Lorenzo hai un punto que se llama *Thousand-Islands*, las mil islas, que no son ménos las que están aglomeradas en un corto espacio. La escena fluvial mas bella que la Europa presenta es el Rhin desde Maguncia i Colonia abajo. Yo lo habia recorrido hasta Harlem,   frontera de la Holanda, desde donde por Utrecht, va un camino de fierro hasta Amsterdam, i de allí por La Haya se desciende a Rotterdam para tomar el Escalda, que conduce a Amberes i a Bruselas. Embellecen el Rhin las tradiciones alemanas, los castillos feudales que aun coronan las alturas; las ciudades renanas que ostentan la estatua de Gutenberg i la catedral de Colonia. Fluye el rio silencioso por entre quebradas sañudas i oscuras, sale a esplayados que espacian la vista i enseñan las agujas de las iglesias de las aldeas, i los viñedos que se esparcen enanos i casi rastreros por los faldeos de las circunvecinas montañas. Mas allá, i aproximándose a la Holanda, el terreno baja, el rio se ensancha, los molinos de viento se suceden a los castillejos, i los ciénagos holandeses requiem los canales que surcan el pais en todas direcciones i los pasmosos diques que oponen su hombro al porfiado i ponderoso embate del océano, superior de nivel.

En él San Lorenzo la naturaleza, desnuda de todo atavío de arte humano, se presenta a luchar con toda comparacion posible. Aquí la escena se dilata hasta donde la vista alcanza, sin encontrar, sin embargo, objeto que introduzca la monotonía. El pasaje or entre las mil islas es un sueño de hadas. Era el otoño, i los árboles de la fauna americana estaban ya matizados de los colores de ópalo, amarillo i púrpura, que tanto codician los pintores para las escenas rústicas. Hai la encina norteamericana i otros árboles que se tiñen de rojo puro, i tan subido que de leguas atraen las miradas por su estrañeza. De este ropaje estaban vestidas las islas, grandes algunas como para contener una aldea, i tan pequeñas otras que parecian una canastilla de flores flotando sobre las aguas. El San Lorenzo vuelve a hacer rápidos de distancia en distancia, lo que da a sus aguas cristalinas un blanco esmaltado i sin espuma por estar a mucha profundidad las rocas que quiebran el agua. La corriente del rio se presenta entónces como un ancho reguero de plata, accidentado por aquellas cucas islas que traen al espectador alborotado, cambiando la escena a cada paso, agrupándose en formas i cadencias caprichosas, descubriendo nuevos horizontes a cada paso, hasta no entenderse en el laberinto que forman. Cuando el vapor va a entrar en los rápidos, el maquinista detiene el motor, la corriente de aquel canal de molino arrebata el buque, i el piloto con mano firme lo endilga por entre los escollos i remansos que se forman en aquella catarata continua. No sé si me han engañado; 60 millas hacemos, díjonos el piloto, mirando sin pestañar un pasaje   ¡difícil que teníamos por delante! El tren espreso entre Manchester i Liverpool hacia tambien 60 millas. Llégase a Kingston, ciudad del Alto Canadá, cómpranse manzanas por hacer alguna cosa, i la noche mediando, llegase a Montreal, la ciudad francesa de esta parte de las colonias británicas.

El hotel Donegana, grande como nuestros claustros i arreglado en todo como los grandes hoteles norteamericanos, acoje al pasajero desrengado i mal traido a merced de wagones, stages complementarios i vapores. El hong hong no falta para triturarle al infeliz los nervios si se obstina en dormir una hora mas.

¡Montreal! ¡qué joya para figurar en impresiones de viaja! ¡Dumas ignora el tesoro que hai allí sepultado a solo diez u once dias de vapor de Francia! Es la ciudad mas adelantada del mundo en cuanto a la aplicacion i jeneralizacion de los medios mas perfectos de construccion civil. Las casas son de piedra de cantería o ladrillo. Las techumbres están cubiertas de un manto de zinc, lo que da a la ciudad un aspecto reluciente. El pavimento de las calles todas es de palo a pique como el que se ha ensayado en Paris en frente la Opera Cómica, i construido bajo el mismo principio, i las veredas son de tablones atravesados i montados sobre barrotes que permiten al agua escurrirse por debajo. Bajo este respecto Montreal es la ciudad mas altamente civilizada que existe en el globo; pero hai un aspecto moral, por donde es una curiosidad fósil digna de observacion.

Sábese que el Alto i Bajo Canadá fué cedido a la Inglaterra por Luis XIV, al fin de una de las desastrosas guerras que amargaron el fin de sus dias i que le hicieron pagar caro a la Francia el orgullo de sus reyes i la arrogancia de sus ejércitos; triste i merecido fin que tienen esos triunfos con que la fortuna engalana los primeros pasos de la vida de los tiranos. La vejez trae sus arrugas, la conciencia sus remordimientos, i el cansancio i la estenuacion de los pueblos la debilidad que da reparacion a los ofendidos. Con Napoleon se repitió el mismo cuento, i con nuestro imbécil se reproducirá el mismo hecho, ¡mui a espensas nuestras!

¡Vuelvo siempre a mis carneros! La poblacion francesa de Montreal lloró, como Cartago condenada a la destruccion, el dia que se la anunció que habia sido trocada como mercancía, entregada cual vil rebaño a la odiada Inglaterra. Pero el llorar i el mezarse los cabellos en nada cambiaba la situacion que la madre-patria les hacia, i hubieron de resignarse a su   suerte desamparada. Desde entónces se rompió el vínculo que los ligaba a la madre-patria, i no oyeron hablar mas de la Francia. Sus revoluciones posteriores, la república, el imperio, la restauracion, i la casi restauracion, han pasado sin que el vulgo sepa de tan grandes sucesos, sino de oidas, aquello mas notable; pero sin sucesion, sin formar ya parte de la historia nacional.

Los libros franceses dejaron de penetrar en la colonia inglesa, i todo progreso en las ideas, toda novedad literaria o filosófica dejó para los infelices de ser continuacion i consecuencia de aquel movimiento de ideas que comenzó en el siglo de Luis XIV i continuó con Rousseau, Voltaire i el siglo XVIII. Para los franceses de Montreal, pues la Francia, la única Francia posible, es la Francia del gran rei con su corte de Versalles, su etiqueta i su lujo asiático; los únicos poetas Corneille i Racine, las únicas glorias militares las del gran Condé, Catinat, Willars i Turena. El canadense es ceremonioso como un cortesano antiguo, i tan quisquilloso en punto a hidalguía, que la jenealojía de las familias es allí espejo que no ha de empañar ni por el contacto mácula alguna. Viviendo bajo la dominacion inglesa de un siglo a esta parte, las madres no enseñan a sus hijas el inglés, para ponerlas en la imposibilidad de oir a los odiosos opresores de su raza; cuando en las calles se pregunta a los pasantes algo en inglés, puede desfilar toda la poblacion por delante, sin que haya una persona que de oríjen frances se dé por entendida, de lo que se le pregunta. Hablad en frances i entónces las miradas se vuelven de todas partes, los semblantes sonrien, i la buena voluntad i el deseo *d'être agréable* vése pintado en la blanda ondulacion de cada músculo. «¡Ah! señor, me decia un jóven, ¡con voz conmovida! ¡Viene Ud. de Francia! ¡qué feliz es Ud.! ¡Oh! la Francia, ¡nuestra patria! Si supiera ella lo que ha hecho, ¡entregándonos a los ingleses! Ya se ha arrepentido, ¿no es así?» Porque ni aun en sus reproches querrian ofender a este tipo de la nacionalidad de su raza!

La relijion se ha hecho un arma de oposicion a los dominadores, i el catolicismo una trinchera adonde se ha acojido toda la vida de este pueblo desmembrado. El catolicismo cuán estable es en sus dogmas, ha marchado, sin embargo con los siglos, i afectado nuevas formas, para adaptarse a las nuevas instituciones. Si quereis volver una pájina de un siglo de su historia i verlo tal cual era, despues de salido de la edad media, id a Montreal i lo encontrereis en todo su primitivo candor,　　lleno de savia i de fuerza, i concentrando en sí, como en España en tiempo de la reina Isabel, el patriotismo, el poder, i la fuente del heroismo. Hácia la base de Montreal, que da nombre a la ciudad, se levanta una hermosa casilla de ladrillo rodeada de árboles i colocada en una pequeña elevacion del terreno que la hace mas pintoresca. Esta casa que me habia llamado la atencion, tiene tapeadas las puertas, i está abandonada. Preguntando a un canadense el motivo de lo que veia: ¡qué no sabe! ¿me dijo? La casa del Judío.-¡I bien!-Del alma en pena, *¡le revenant!* Un judío (si esta apelacion no es como lo sospecho, todavía una muestra del viejo catolicismo) un judío era el dueño de esa casa. Una noche, tarde de la noche, ¡oyóse un tiro! Al dia siguiente los vecinos lo encontraron muerto, suicidado. Sus compatriotas quisieron ocupar la casa; pero el alma del condenado volvia a su habitacion todas las noches, revolvia papeles, oíanse ¡jemidos i ruidos de cadenas! En vano han querido despues habitar la casa; esto hace ya veinte años, algunos vecinos pobres han intentado ocuparla. El alma del condenado vuelve; las luces se apagan solas, i comienzan los jemidos i el ruido de cadenas. La autoridad ha mandado al fin amurallar las puertas, por miedo que la casa se convierta en guarida de ladrones». Yo escuchaba maravillado este cuento, que me traia a la memoria escenas de mi infancia, oyendo horripilado historias de ánimas i aparecidos; i miraba a mi hombre de hito en hito para ver si creia realmente lo que me estaba contando, i si no concluia como algunos clérigos en Roma que le enseñan a uno la mesa con tres patas en que almorzaba Jesucristo con San Pedro i San Juan, i que concluyen por reirse de la conseja cuando uno les pone cierta cara. Esta vez, empero, habia en la voz i en lo profundo de los ojos del narrador tal conviccion, que mostrar duda siquiera habria sido desmoralizarlo, porque la sencillez de su espíritu, la sancion dada por todos, aun por la autoridad, a esta tradicion, no lo habrian dejado sospechar que hubiera ser racional que dudase de la posibilidad de tales sucesos.

Sobrevino el domingo i me dirijí a la catedral para visitarla. Jamas habia podido imajinarme espectáculo mas imponente. Habíame enfriado Roma con su semana santa i sus ceremonias. San Pedro es en esos dias, como siempre, un suntuoso desierto. Los romanos preguntan: ¿Ha estado Ud. en San Pedro? ¿Ha visto al Papa? -Ellos no van nunca a la gran basílica i pocas veces a las demas iglesias. Si en Roma sucede eso, imajínese lo que sucederá en Francia, España i　　el resto de la Italia. No recuerdo dónde he encontrado en diversas iglesias, tres sacerdotes que decian misa sin un solo oyente o alguna vieja mendiga por todo acompañamiento.

En la gótica catedral de Montreal habia ese domingo de quince a veinte mil almas oyendo la misa mayor. La poblacion católica no se desobliga del precepto, sino oyendo la misa episcopal, pontificada con una pompa sencilla, servida por setenta i dos acólitos, monacillos i oficiantes que pude contar por los bonetes en forma de conos truncados i altos de una tercia que llevaban los oficiantes. No ofreciendo suficiente espacio el pavimento de la catedral para tanto concurso, se han adaptado a las naves esteriores dos anchas galerías salientes que hacen dos corridas de palcos por ambos lados de la iglesia; i las cuatro i el piso estaban llenas. Predicaba a la sazon el cura la plática doctrinal;

un profundo silencio reinaba en aquella inmensa congregacion, i una señora que me veia de pié, con los ojos i con la mano me invitaba cortesmente a tomar asiento a su lado, en las lunetas de madera que cubren toda la superficie del vasto edificio, mas ancho que la catedral de Santiago. Esto que veia entónces sucedia siempre, i las acomodaciones de la iglesia me lo decian demasiado.

Al dia siguiente encontré en las calles larga procesion de niños en dos filas, i precedido por una cruz con paño llevada por un clérigo, que se dirijian a la iglesia cantando en coro as alabanzas, seguidos del cura i sotacuras, a oir la misa diaria, ántes de entrar a las clases. El cura, como fué la práctica en los antiguos tiempos, es el maestro de escuela de la parroquia, i los sotacuras son sus ayudantes si es numerosa. Adoctrínalos con amor en todas las creencias; fortifícalos contra toda innovacion peligrosa i contra toda tibieza que pueda dar entrada en sus almas al odiado protestantismo de sus amos. Así el catolicismo se ha endurecido i reconcentrado para hacer frente a la destitucion de la raza i del idioma, i se apega a las añejas prácticas i aun a las supersticiones mas frívolas por no dar su brazo a torcer. Todo esto es santo, bello, tierno, patriótico i ortodojo sin duda. Pero, ¡ah! que está de Dios que no ha de haber ¡cosa cumplida en este mundo! Los católicos de Montreal poseen i cultivan ¡una ignorancia desesperante! Alejados de la administracion porque temen contaminarse si aceptan empleos, viven ajenos de todo movimiento de la vida pública. Al lado de los yankees, gobernados por la Inglaterra, no poseen ninguna industria, cultivan   mal la tierra, i la pobreza, la oscuridad, la nulidad i la miseria, los viene cercenando i estrechando de todas partes. Hoi vende una familia patricia su casa que compra un comerciante inglés, i mañana sus hijos están en la indijencia, i como no tienen ni instruccion ni habilidad manual, concluyen sus nietos por ser mozos de cordel o domésticos. Calcúlase que en un siglo mas habrá desaparecido este pueblo, incapaz de vivir en la sociedad actual i obstinado por patriotismo en perpetuar un modo de ser que lo aniquila lentamente.

Los ingleses, en tanto, se desenvuelven por el comercio, por el ejercicio del poder, por la inmigracion i por la vida inglesa tan llena de espansion i actividad. Ajitan los ingleses la separacion de la metrópoli, i maldicen el dia que vencieron a Montgomery, que les traia la independencia.

Montreal es un emporio de las peleterías del norte, i los almacenes están llenos de la variedad infinita de producciones que forman este ramo. Despues de haber visto aquella ciudad encantadora i que bajo las formas mas modernas encierra la poblacion mas vieja, hube de dirijirme a Quebec, donde queria examinar una caserna que el gobierno inglés ha establecido para recepcion de inmigrantes irlandeses. Dáseles allí racion i ocupacion diaria hasta que se les destina a los terrenos que se han señalado para las nuevas plantaciones. A veces creo que no debemos pensar en cosas nuevas, sino buscar donde está ya realizada la idea que nos embarga. Traia desde Alemania el pensamiento de estas grandes hospederías, para acojer inmigrantes en nuestros paises, i hablándole de ello a Astaburuaga en Nueva York, indicóme la existencia de ésta. Al tomar pasaje en San Lorenzo abajo, vínome el remordimiento de aquella prodigalidad de dinero con que iba haciendo mis viajes, cual si fuera un príncipe ruso. Siete pesos debia costarme de ida i vuelta la escursion a Quebec, duplicado de Montreal, ciudad ménos bella i pueblo ménos vírjen que el que habia visto. ¡Siete pesos! Tomé un vapor para atravesar el San Lorenzo con asiento en el ferrocarril de la Pradera, que lleva a orillas del lago Champlain, camino de Nueva York, tomando a lo largo el larguísimo lago, viendo aproximarse las costas, alejarse o cruzarse puntas de tierra entrantes i ensenadas, variándose el panorama con una movilidad infinita, hasta que llega a Whitehall, donde se toma pasaje por un canal que conduce a Troya, desde donde el camino de hierro lleva a Boston, fin de mi escursion por este lado. Reasumamos la parte económica del   viaje. De Búffalo a la cascada, camino de hierro, 1 peso, 22 millas. De Niágara Falls a Lewiston, camino de hierro, stage, 6 pesos, 31 millas. Lago Ontario a Montreal, vapor, 10 pesos. De Montreal a la Prairie, vapor i ferrocarril, 1 peso. De la Prairie, Lago Champlain a Whitehall, 1 peso; dilijencia a Troya, 3 pesos; ferrocarril a Greenbush, 3 pesos.

Boston

La ciudad puritana, la Menfis de la civilizacion yankee, tenia 18000 habitantes en 17903300 en 1810 i 114360 en 1845. La ciudad esta fundada sobre una península, cuyo istmo de una milla sirve de principal comunicacion con el continente, si bien muchos puentes echados sobre la bahía interior establecen nuevas líneas de contacto. Suaves colinas accidentan el suelo i dan a la perspectiva puntos de vista agradables. Vive aun la encina a cuya sombra se reunieron los *Peregrinos* para darse las leyes fundamentales. En Boston se dictó aquella famosa lei de educacion pública jeneral i obligatoria de 1676, que ha preludiado a la habilitacion del jénero humano. En Boston se reunieron en meetings los colonos i resolvieron no pagar el derecho del té, abstenerse del uso de esta infusion i arrojar al mar las cajas de té del estanco. En Boston se disparó el primer fusilazo en la guerra de la Independencia. En Boston están las escuelas públicas convertidas en templos por la magnificencia de su arquitectura, i cada viviente paga un peso anual por educar a los hijos de sus semejantes, i cada niño pobre consume al año siete pesos de renta pública para educarse. En Boston está la sede i el centro del unitarismo relijioso, que propende a reunir en un centro comun todas las subdivisiones de secta i elevar la creencia al rango de filosofía relijiosa i moral. De Boston, en fin, salen esos enjambres de colonizadores que llevan al *Far West* las instituciones, la ciencia i la práctica del gobierno, el espíritu yankee i las artes manuales que presiden a la toma de sesion de la tierra. Cuatro líneas de vapores lo ligan con la Europa. Un ferrocarril corre la costa hasta Portland en el Maine; otro hasta Concordia lo pone en comunicacion con el Estado de Nueva Hamphire; otro con Troya i sus líneas i canales afluentes; tres con Nueva York, completándose con líneas de navegacion por mar o por la sonda de   Long Island. Sus hoteles son el primor de los Estados Unidos, i el Fremont Hotel pasa por superior a todos en elegancia i *confort*.

Habia llegado de noche i entregádome a ese sueño de ganapan que termina las trasnochadas e incomodidades de un afanoso viaje. A las tres de la mañana me despiertan golpes redoblados a mi puerta, i una risa prolongada i burlona que apénas podia contenerse. Acababa de llegar en la noche; alma nacida podia saber que yo me hallaba en Boston, i, sin embargo, el burlon repetia finándose de risa: abra, Sarmiento, soi yo. -¿Quién es yo? -I creia hacerme desesperar.- Yo, Casaffoust.

Una noche en Nápoles tomaba helados en un café con un jóven frances. Como viese entrar a un individuo, dije a mi compañero en frances: aquel joven es americano, del mediodía, es de Buenos Aires. ¿Hai realmente un tipo nacional arjentino? Ruguendas sabe reproducirlo con el lápiz, i yo esta vez acertaba a conocer por la fisonomía a un compatriota. Acercóse con reserva, miróme con frecuencia i al fin se aventuró a decirme: «Creo, señor, haberle oido que soi americano». En efecto era porteño, uno de esos caractéres enérjicos que se abren paso en el mundo por su propio esfuerzo. Salido jóven de su pais, se habia establecido en Rio Janeiro, pasado a Valparaiso, Bolivia i Lima, i últimamente asentádose en la América Central, donde, habiendo engrosado su fortuna, habia empezado a creer que el mundo no estaria satisfecho si él no lo recorria. Despedímonos en Nápoles, i nos encontramos de nuevo en Roma. Allí tomó él para Trieste i yo debia salir mas tarde para Florencia. Al entrar en un café en Venecia, Casaffoust nos tapó la puerta; acaba de desembarcar. No debíamos vernos mas. El día que llegué a Paris lo encontré de manos a boca en el Boulevard. Habia venido de Lóndres a hacerse ropa para regresar a América. En el hotel donde un mes despues fuí a alojarme en Lóndres, encontré a Casaffoust, ¡que comia a la sazon! ¡Era éste un fantasma que me perseguia! Despues de cruzar los brazos uno i otro para contemplarnos con estrañeza, nos echábamos a reir de esta singularidad. Desde Lóndres partió al fin para Belice en el Istmo, desde donde debia arribar a Costa Rica. No quiso dirijirse, como yo se lo aconsejaba, a los Estados Unidos. La noche que llegaba yo a Boston, partia él del mismo hotel, i miéntras pagaba su cuenta, leia en el libro de pasajeros, abierto ante sus ojos, D. F. Sarmiento, entre los últimos llegados.   Suspendió su viaje, acompañóme dos dias, i nos separamos prometiéndonos con las mayores veras, no volvernos a encontrar mas, porque aquella tenacidad me iba ya dando que pensar. Esta vez lo hemos cumplido; no nos hemos visto mas.

El principal objeto de mi viaje era ver a M. Horace Mann, el secretario del Board de Educacion, el gran reformador de la educacion primaria, viajero como yo en busca de métodos i sistemas por Europa, i hombre que a un fondo inagotable de bondad i de filantropía, reunia en sus actos i sus escritos una rara prudencia i un profundo saber. Vivia fuera de Boston i hube de tomar el ferrocarril para dirijirme a Newton East, pequeña aldea de su residencia. Pasamos largas horas de conferencias en dos dias consecutivos. Contóme sus tribulaciones i las dificultades con que su grande obra habia tenido que luchar, por las preocupaciones populares sobre educacion, i los celos locales i de secta, i la mezquindad democrática que deslucia las mejores instituciones. La lejislatura misma del Estado habia estado a punto de destruirle su trabajo, destituirlo i disolver la comision de educacion, cediendo a los móviles mas indignos, la envidia i la rutina. Su trabajo era inmenso i la retribucion escasa, enterándola él en su ánimo con los frutos ya cosechados i el porvenir que abria a su pais. Creaba allí, a su lado, un plantel de maestras de escuela que visité con su señora, i donde no sin asombro ví mujeres que pagaban una pension para estudiar matemáticas, química, botánica i anatomía, como ramos complementarios de su educacion. Eran niñas pobres que tomaban dinero anticipado para costear su educacion, debiendo pagarlo cuando se colocasen en las escuelas como maestras; i como los salarios que se pagan son subidos, el negocio era seguro i lucrativo para los prestamistas. Gracias a sus desvelos, el Estado de Massachusetts, de que es Boston la capital, contenia en 1846, en las trescientas nueve ciudades i villas que lo forman, 3475 escuelas públicas, con 2589 maestros hombres i 5000 maestras, asistidas por 174084 niños. Observe Ud. que el número de maestros de escuela es mayor en este Estado que el monto total del ejército permanente de Chile, i el tercio del de todos los Estados Unidos.

La poblacion del Estado es de 737700 habitantes, i los niños en estado de asistir a la escuela, 203877.

Las rentas destinadas para sostener la educacion pública   son 650000 pesos, recolectados por contribucion de escuelas. A mas de las escuelas hai en Massachusetts 77 colejios públicos incorporados, con 3700 estudiantes i 1091 colejios i escuelas particulares, con 24318 discípulos, los cuales pagan 277690 pesos por la enseñanza que reciben.

A mas de estas pasmosas sumas, cada localidad posee fondos cuyos productos están especialmente destinados a la enseñanza. Estos fondos producian quince mil pesos de censo, a los que se añadian mas de ocho mil pesos de sobrantes de rentas ordinarias que eran aplicadas por la administracion a este santo objeto.

Para mas ilustracion de mi asunto, añadiré a Ud. que este Estado solo tiene siete mil quinientas millas cuadradas o treinta leguas de ancho sobre sesenta i tres de largo. En este reducido espacio hai, como he dicho, mas de setecientos mil habitantes, dueños de trescientos millones de pesos.

Ud. ve, mi querido amigo, que estos yankees tienen el derecho de ser impertinentes. Cien habitantes por milla, cuatrocientos pesos de capital por persona, una escuela o colejio para cada doscientos habitantes, cinco pesos de renta anual para cada niño, i ademas los colejios: esto para preparar el espíritu. Para la materia o la produccion tiene Boston una red de caminos de hierro, otra de canales, otra de rios, i una línea de costas; para el pensamiento tiene la cátedra del evanjelio i cuarenta i cinco diarios, periódicos i revistas; i para el buen órden de todo, la educacion; de todos sus funcionarios, los meetings frecuentes por objeto de utilidad i conveniencia pública i las sociedades relijiosas, filantrópicas i otras que dan direccion e impulso a todo ¿Puede concebirse cosa mas bella que la obligacion en que está M. Mann, secretario del Board de Educacion, de viajar una parte del año, convocar a un meeting educacional a la poblacion de cada aldea i ciudad adonde llega, subir a la tribuna i predicar un sermon sobre educacion primaria, demostrar las ventajas prácticas que de su difusion resultan, estimular a los padres, vencer el egoismo, allanar las dificultades, aconsejar a los maestros i hacerlas indicaciones, ¿proponer las mejoras en las escuelas que su ciencia, su bondad i su esperiencia le sujieren?

En los alrededores de Boston, a distancia de doce millas,   unido a la ciudad por un camino de hierro para las personas i por un canal para las materias primeras, está Lowell, el Birminghan de la industria norteamericana. Aquí como en todas las cosas, brilla la soberana intelijencia de este pueblo. ¿Cómo luchar con la fabricacion inglesa, producto de injentes capitales empleados en las fábricas, i de salarios ínfimos pagados a un pueblo miserable i andrajoso? Dícese que las fábricas aumentan el capital, en razon de la miseria popular que producen. Lowell es un desmentido a esta teoría. Ningunas ventajas o escasísimas llevan a los ingleses en el costo de la materia primera; pues tanto vale llevar a Lóndres o a Boston por mar las balas de algodon de la Florida; pero las diferencias de salarios son enormes, i sin embargo los tejidos de Lowell sostienen la concurrencia con los ingleses en precio, i les aventajan de ordinario en calidad. ¿Cómo han hecho este prodijio? Apurando todos los medios intelijentes de que el pais es tan rico. El obrero, el maquinista son hombres educados; su trabajo por tanto es perfecto, sus medios injeniosos; i pudiendo calcular el tiempo i el producto, producen mayor cantidad de obra i mas perfecta. Las hilanderas i trabajadoras son niñas educadas, sensibles a los estímulos del deber i de la emulacion. Vienen de ochenta leguas a la redonda a buscar por sí medios de reunir un pequeño peculio; hijas de labradores mas o ménos acomodados; sus costumbres decorosas las ponen a cubierto de la disolucion. Buscan plata para establecerse, i en los hombres que la rodean no ven sino un candidato de marido. Visten con decencia, llevan media de seda los domingos, sombrilla i manteleta en la calle; ahorran ciento cincuenta o doscientos pesos en algunos años, i se vuelven al seno de su familia, en aptitud de sufragar los gastos de establecimiento de una nueva familia. Para obtener estos resultados hai en Lowell hoteles cómodos i espaciosos que dan de comer i alojamientos económicos a los obreros, disponiendo de bibliotecas, diarios i aun pianos para las niñas que saben su poco de música. De todo el mal que de los Estados Unidos han dicho los europeos, de todas las ventajas de que los americanos se jactan i aquéllos les disputan o afean con defectos que las contrabalancean, Lowell ha escapado de toda crítica i ha quedado como un modelo i un ejemplo de lo que en la industria pueden dar el capital combinado con la elevacion moral del obrero. Salarios respectivamente subidos producen allí mejor obra, i al mismo precio que las fábricas de Lóndres que asesinan a las jeneraciones.

Estos tejidos de Lowell, como los de Pittsburg i de doscientas fábricas que se levantan en diversos puntos del territorio de la Union, entran por poco todavía en la masa de productos fabriles que inundan los mercados del mundo. Consúmense la mayor parte en el interior del pais, i aun en esto los Estados Unidos presentan uno de esos resultados que muestran en cifras luminosas, cuánto es el bienestar de que goza la masa de la poblacion. Datos estadísticos de Francia muestran que aquella nacion solo consume al año un metro de tejidos de algodon por persona, i la Irlanda una i media yardas, miéntras que los Estados Unidos consumen veintiuna i media yardas por persona, lo que hace suponer que no hai ganapan que no tenga sábanas i varias mudas de camisas. De este dato los publicistas norteamericanos sacan una conclusion que no deja de tener su valor. En lugar, dicen, de buscar mercados en el esterior para nuestras fábricas, traigamos poblacion para nuestros bosques. Si nosotros hubiéramos de proveer de tejidos de algodon a la Irlanda, que tiene cuatro millones de habitantes, habriamos suplido a sus necesidades con seis millones de yardas de tejidos; miéntras que para consumir esos mismos seis millones, son bastantes 285714 inmigrantes, que es poco mas o ménos la cifra de la inmigracion anual. Veinte años de inmigracion nos dará colocacion para ciento veinte millones de yardas de tejidos de algodon.

El consumo de los otros artículos manufacturados está en igual proporcion con los tejidos de algodon. El año 1842 se introdujeron en los Estados once millones de pesos en tejidos de lana, veinte i un millones en

1836, bien que en 1840 i 1842 anduvo de ocho a nueve millones. En 1839 consumieron veinte i un millon de pesos en tejidos de seda, quince millones en 1841, i nueve en 1842. Nueve millones de tejidos de hilo en 1836, cerca de siete millones en 1841, habiendo bajado a tres i medio en 1842. A este enorme consumo de productos europeos corresponden cifras no ménos abultadas de producciones nacionales. Calculábase para el año 1843 como producto anual de la agricultura 654387597 dollars; de manufacturas, 239836224 dollars; i del comercio 79721086.

Hasta el año de 1825 no se habia estampado en los Estados Unidos una sola yarda de calicó (quimon). En 1836 se importaron de Inglaterra ciento cincuenta millones de yardas, lo que segun el censo de 1840 que dió diez i siete millones de habitantes, toca a cada mujer (el tercio del número total) dos vestidos de a diez varas. En 1842 los estampados norteamericanos subieron a la enorme suma de ciento cincuenta i ocho millones de yardas, habiendo descendido la importacion inglesa a solo quince millones. Las manufacturas de los Estados de Nueva Inglaterra proveian en 1845 de mercado a un tercio del algodon que cosechan los Estados del sud, i los obreros consumian mas harina i granos que la cantidad esportada por el puerto de Nueva York.

M. Mann me favoreció con muchas cartas de introduccion para sabios, pedagojistas i hombres notables. Su nombre solo era ya por todas partes un pasaporte i un título de capacidad i de importancia para mí. Tuve una larga conferencia con uno de los ministros de Estado, quien me proveyó de una órden para que se me entregasen varias colecciones de libros i documentos públicos, que me ponian al corriente del estado de la educacion en Massachusetts; i despues de ver cuánto digno encerraba la ciudad de ser visto, púseme en camino para Nueva York, por una serie de ferrocarriles i vapores combinados, que me pusieron no sé cómo, de dia i de noche marchando, en el desembarcadero de Nueva York.

Baltimore, Filadelfia

Lleno aun de las emociones de este viaje, el mas *impresivo* que puede hacerse en quince dias; viendo aun en mi imajinacion la cascada de Niágara, asistí a una representacion del jeneral Tom Puce, el enano de 25 pulgadas de alto.

Don Santiago Arcos me aguardaba con impaciencia para que emprendiéramos el viaje de regreso a Chile. Cada vez que me hablaba de este asunto, poníale yo la cara de un ministro del despacho, cuando no sabe si se acordará o no lo que de él se solicita. Abriamos el mapa, trazábase la ruta, i ya estábamos punto ménos que en marcha, sin que yo diese síntomas de convenir en nada. Hubimos al fin de esplicarnos. Yo tenia en caja veinte i dos guineas i como treinta papeles de a un peso, ni un medio mas, ni un medio ménos. Al fin cojí a dos manos mi resolucion, i espuse mi situacion financiera con toda la dignidad de quien no pide ni acepta auxilio, intimando mi ultimatum de separarme desde la Habana, para seguir mi camino por Caracas. Arcos me habia escuchado con interes, i aun le tentaba la perspectiva de atravesar las soledades tropicales de la América del sud, correr aventuras ignoradas, pasar trabajos, i no contar sino consigo mismo para sobreponerse a ellos; pero el lado romanesco i varonil le su carácter no es ménos aparente que la jovialidad i franqueza que lo distingue. Cuando yo me esperaba ofrecimientos i protestas, salióme con un baile pantomímico i un reir a desternillarse, que me puso en nuevos gastos de dignidad. ¡Qué bueno! decia, saltando i riendo; pues si yo no tengo sino ¡cuatro cientos pesos! Hagamos compañía, i donde se concluya el capital de ambos, proveeremos segun lo aconseje la gravedad del caso. Dispusimos, pues, que yo continuaria mi ruta a Washington por Filadelfia i Baltimore, que nos dariamos cita enFiladelfia para emprender la jornada por Harrisburg i Pittsburg, para descender el Ohio i el Mississipi hasta Nueva Orleans, distante 22234 millas del lugar donde nos hallábamos; i acercándose la hora de la partida del tren de la mañana para Filadelfia, hice aprisa mi mala i la entrega de billetes i guineas para que las cambiara, prestándome en cambio treinta o cuarenta dollars para gastos de la escursion. Este pequeño incidente, es sin embargo, el oríjen del mas espantable drama de que he sido víctima en mis viajes.

Lo fatigaria a Ud. si continuase describiéndole ciudades notables; pero Filadelfia i Baltimore son tipos de la construccion civil de los Estados Unidos, que a diferencia de Nueva York, conservan toda su orijinalidad. Tienen los americanos el don de reducirlo todo a arte, i aplicar el sentido comun i los cálculos de la conveniencia a todas las cosas. Conoce Ud. nuestras ciudades sudamericanas cortadas todas por un mismo padron, en calles a distancia de ciento cincuenta varas, de doce de ancho, i cortándose en líneas rectas. Este damero parécenos el bello ideal de la perfeccion. Pero propóngase Ud. ir del centro en una direccion oblicua, o para fijar mas los términos, si las calles corren de sud a norte i de este a oeste, ¿cuánto espacio se necesita andar para llegar al estremo sudeste o nordeste? Claro está que el doble de la distancia que hai en línea recta, porque es necesario hacer zig-zag de calle en calle, por el ángulo de cada cuadra a fin de buscar la diagonal. La manzana de ciento cincuenta varas da en el centro setenta i cinco de fondo a cada solar; espacio mas que suficiente para tener viña, hortaliza i arboleda en el interior de la casa; pero acumulándose la poblacion, este centro de las cuadras es un terreno inútil i que fuerza a tomar a las habitaciones un frente en proporcion, i diseminar las casas. Despues vienen los tubos de hierro para distribuir el agua potable,   los cañones de gas, etc., i se encuentra que los costos para superficies tan grandes exceden a los posibles de los vecinos. Los norteamericanos han inventado su plan de ciudades en atención a todas estas circunstancias. La manzana tiene o puede tener 140 varas de largo, pero solo lo dan 30 o 50 de fondo, de manera que dos casas puedan dar frente a ambas calles, i poblar bien la ciudad. Como la calle es materia de comodidad pública i de recreo, tiene de ordinario treinta varas, flanqueada a distancia de cinco o seis de los edificios, de árboles coposos, que esparcen sombra en todas direcciones. Las aceras son por tanto calles separadas e independientes de la central, ancha de veinte varas que está abandonada a carros, jinetes, ómnibus i aun a ferrocarriles, que todos tienen espacio para moverse. Crúzanse estas en ángulos rectos; altérnanse en anchas i angostas; intercéptalas de vez en cuando una ancha calle trasversal que conduce a los ángulos estremos de la ciudad; cambia de plan i direccion todo el sistema de calles, redúcense mas aun las manzanas cerca de los puertos, i por todas partes presentan las calles asonadas un bosque de árboles, que cierran a cierta distancia la perspectiva, i por sobre sus copas las cúpulas de los bancos o de los hoteles, las agujas de los templos, i los frontispicios de los edificios del Estado. Nada hai mas holgado, aireado ni silvestre que estas calles de árboles i de casas, en que el movimiento de los otros es una cosa que no nos atañe ni interesa.

En Baltimore tomé el ferrocarril de Washington, i a poco andar cata que venia en direccion opuesta i por los mismos *rails* otro tren de wagones. Grande alboroto adentro. ¡Qué sacar de cabezas por las ventanillas, que abrir de ojazos, al mirarnos unos a otros, qué ajitar de pañuelos, en fin, en ambos trenes, temerosos de que fuesen a darse una topada i que dáramos todos hechos tortilla! Era el caso que con las avenidas, se habia desgringolado un puente, i el tren que venia era el que habia salido de Baltimore el dia anterior. Tuvimos que echar pié a tierra, i entre todos los pasajeros, metidos en el fango, levantar punto menos que en peso la locomotiva i el *tender* i traerla a la culata del tren para que desde allí volviéramos a Baltimore.

No se podia, ir a Washington, porque en los Estados Unidos si no hai camino de hierro, o canal o rio, no se cree viable la tierra de otro modo. Improvisóse en el acto un vapor que debia llevar los pasajeros por un rio hasta cierto punto; de allí tomar un fragmento de ferrocarril; pasar a pié una distancia,   tomar otro ferrocarril i embarcarse en otro i entrar en Washington por la Bahía de Cheseapeake i el rio Potomack. El vapor de la Bahía era un cascaron de formas abominables i de mal talante, lleno de camarotes superpuestos en seis o siete pisos, como las gabetas de un inmenso armario. El *steward* me señaló el mio en el quinto piso; pasóse el dia en mirar el paisaje, sobrevino la noche, solicitóme el sueño, i como gallinas que miran de hito en hito la rama donde han de posarse, anduve a vueltas un rato, hasta que resolví emprender la jornada de llegar a mi camarote, subiendo por los otros a guisa de lagartija. Iba ya a medio camino, cuando empieza abajo un rumor de voces i de risas, que se convertia por segundos en un *crescendo* universal. Yo seguia tranquilo mi ascenso, i ya ponia una pierna dentro de mi agujero, cuando álguien me toma de la otra i me dice qué se yo qué barbaridades en el tono natal del yankee. Vuelvo la vista, i veo, ¡oh rabia! que era yo el objeto de la risa de trescientos gaznápiros. El tal me disputaba el lugar: habíale colocado un pañuelo en señal de posesion, i hacia rato a que me estaba haciendo *oposition*, sin que yo interrumpiese mi ascenso. Imagínese Ud., amigo, mi situacion en aquella postura incongruente, espuesto a la verguenza pública, hecho el objeto del ridículo de aquella turbamulta. ¡No habia mas remedio que descolgarse, ocultar la cara entre ambas manos, atravesar la muchedumbre i tirarse al agua! Yo hice algo mejor. Bajéme en efecto, dirijíme rápidamente a una luz que estaba por ahí, i poniéndome en lugar donde los rayos me iluminasen perfectamente la cara,

con voz llena i estridente, con semblante contenido pero severo, dije, dirijiéndome a la multitud que aguardaba alguna nueva peripecia para reirse mas: ¡Señores! ¡Si hai entre vosotros alguno que entienda español o frances, hágame la gracia de manifestarse, porque necesito esplicarme, dar i pedir inmediatamente una satisfaccion! Un profundo silencio se habia hecho en el intertanto. Los que no sabian el frances en que hablaba, para no dar materia nueva el ridículo con mi mal inglés, se miraban unos a otros, mientras que allá en el fondo oí quedo repetir mis palabras traducidas al inglés, se miraban unos a otros, mientras que allá en el fondo oí quedo repetir mis palabras traducidas al inglés. La escena habia cambiado completamente, el yankee es bueno de

312

corazon, i todos sintieron que me habia llegado al alma aquella broma, que no tenia malicia de su parte. Acercáronse algunos, dandome cordiales esplicaciones, vino el *opositor* al hueco i me dijo en tono blando lo que sucedia, abandoné yo mi posicion de gato acosado, i fui a dormir en un espacioso   camarote que en cambio me dio el *steward*, que en pública audiencia habia declarado que él me habia asignado el camarote disputado. El dia seguiente pasélo tranquilo mirando las costas de la Virjinia, llanuras espaciosas cultivadas en parte, i en parte cubiertas de sotillos, hasta que remontando el Potomack llegamos a un barranco con honores de puerto mayor de Washington, la capital de los Estados Unidos.

Washington

Sobre una eminencia que domina el panorama adyacente se alza el Capitolio Americano, cuya primera piedra colocó Washington en 1793. Este monumento es la capital de los Estados Unidos, que no reconocen otra institucion madre que el congreso. Reunirse para deliberar sobre todas las cuestiones que afectan al interes de mas de uno, es el instinto nacional del pueblo norte americano. La naciente colonia de Virjinia, fundada por una compañía de Lóndres, a quien el rei había hecho una gran concesion de tierras, habia, despues de muchas vicisitudes, caido bajo el gobierno provisorio de un tal Argall, hombre violento i rapaz, que para hacerse obedecer de los colonos proclamó la lei marcial. El trabajo de los colonos era confiscado en favor del gobernador, i en castigo de lijeras faltas imponia meses de trabajo forzado en sus haciendas. Las violencias del gobierno, la trasplantacion de la tiranía a América contenian la emigracion europea mientras que los colonos, desalentados por los sufrimientos morales de la opresion, empezaban a desmayar en su ruda tarea de descuajar la tierra. Entónces los colonos elevaron su voz para pedir a la compañía de Lóndres desagravio; i acusaron a Argall de defraudar a la compañía misma, miéntras daba rienda suelta a sus pasiones sobre los colonos. Despues de acaloradas luchas sus quejas fueron oidas, Argall, depuesto y desaprobado, i en su lugar enviado Yeardley, un Washington que tomó a su cargo echar los cimientos de la futura organizacion de los Estados Unidos.

Así, pues, la arbitrariedad de los gobernantes que cual polilla se habia introducido en América entre los bagajes de los primeros colonos, fué estirpada ántes que lograse fecundar sus huevos en la patria americana; i la ocupacion constante de los colonos desde entónces, en cada punto de las nacientes   plantaciones, fué combatir ya las pretensiones de los gobernadores enviados por la corona; ya negar el *exequatur* a las prágmaticas i decretos de los reyes mismos de Inglaterra cuando invadian sus libertades; ya, en fin, oponerse a los avances del parlamento inglés, cuya autoridad en materia de impuesto no reconocieron jamas, por no estar las colonias directa i debidamente representadas en el parlamento. La revolucion de la independencia fué el último acto del drama principiado en 1618 en Virjinia, i que concluyó en 1774 con la última batalla de la guerra de la independencia.

¡Esto sucedia en 1618 a principios del siglo XVII, cuando la Europa, sin esceptuar a la Inglaterra, yacia entregada al desenfreno de la rejia autoridad, i la hoguera i el hacha del verdugo, la confiscacion i el saqueo, eran el castigo, mas que del crimen, de la debilidad de las víctimas. Puso Yeardluey órden en todas las cosas, libertando al diminuto plantel de colonos de todas las cargas hasta entónces impuestas, i que no fuesen estrictamente necesarias para la conservacion i adelanto de la colonia. La autoridad del gobernador fué limitada por un consejo, que tenia el derecho de revocar aquellas disposiciones que juzgare injustas o perjudiciales, i los colonos mismos fueron admitidos a participar en la legislacion. En el mes de junio del año 1819, fué convocado en Jamestown el primer congreso americano, la primera representacion popular, compuesta del gobernador i su consejo, i de dos diputados por cada uno de los once miserables villorios que componian por entónces la colonia de Virjinia, para discutir en él cuanta materia pudiese ofrecer medios de mejora i progreso para la naciente colonia. La compañía de Lóndres i no el rei, debia ratificar las leyes así sancionadas. Aquella nacion con congreso i consejo de estado componíase tan solo de seiscientas personas entre niños, mujeres i hombres, en 1619; i en 1851 en otra parte del suelo americano las hai de millones de hombres que no han tenido fuerza ni dignidad suficiente para poner límites racionales al poder inquisitorial i destructor que los domina. Aquella fué, pues, la aurora de la libertad norteamericana; los colonos llenos de entusiasmo i con el ánimo abierto a todas las esperanzas «empezaron a edificar casas, i sembrar trigo», seguros ya de tener una patria que no habia por qué temer abandonarian jamas.

Las lejislaturas entran desde los principios en la organizacion de casi todas las colonias, y se reunen congresos entre varias de ellas para resistir a las incursiones de los salvajes,   o mandar espediciones de milicias combinadas para escarmentarlos. Washington en una época posterior hizo conocer así a los Estados los talentos militares que mas tarde puso al servicio de la libertad de su patria. Cuando aun el pensamiento de separarse de la Inglaterra no habia apuntado en cabeza alguna, las diversas colonias enviaban diputados a congresos jenerales para acordar la marcha que debia seguirse a fin de resistir a las pretenciones del parlamento inglés, como habian resistido al Largo Parlamento, y como era la tradicion constante de la tierra. Durante la guerra de la independencia, el congreso emigraba de un punto a otro, i los soldados amotinados, cobrando sus salarios, era al congreso a quien dirijian sus quejas i sus amenazas. Todavía despues de asegurada la independencia, el congreso fue asaltado en Annápoles que le servia de asiento, i entónces Washington, dícese que sin otra idea política que la necesidad de fijar el lugar de su residencia, indicó a Washington para que reposase aquel tabernáculo de la alianza, como Salomon construyó un templo en Jerusalen para el area que contenia los libros de la lei del pueblo hebreo.

En los Estados Unidos no hai capital propiamente dicha, o, mas bien, segun la acepcion latina que damos nosotros a esta palabra. Descúbrese esto al contemplar la comparativa soledad de aquel monumento, arrojado como por acaso en el centro de una villa, que no es centro de nada, ni del pais, ni de la intelijencia, ni de la riqueza, ni de la cultura, ni de las vias comerciales. Colocada sobre la márjen izquierda del Potomack a 120 millas mas arriba de su embocadura en la bahía Chesapeacke, ni el nombre de puerto merece el desierto embarcadero adonde atracan algunos buques. El distrito de Columbia es la provincia de sesenta millas cuadradas que le queda, de las cien que orijinariamente le concedieron los vecinos Estados de Maryland i de Virjinia. Esta última retiró el año pasado cuarenta millas que estaban al lado opuesto del rio i que la capital jérmen no puede fecundar; i treinta i cinco mil habitantes es toda la poblacion del Estado, de la cual hai reunida en la capital mas de veinticinco mil. Como se sabe, el congreso es el soberano de este territorio.

La ciudad está rodeada de una serie de colinas de aspecto alegre, cubiertas de verdura, i en algunos de sus declives cultivadas. El terreno mismo de la ciudad es elevado, ocupando el centro el capitolio, desde donde parten calles con direccion a los cuatro puntos cardinales, dividiendo la ciudad en manzanas   cuadradas como nuestras poblaciones. Las calles llevan el nombre de los diversos Estados de la Union, i las principales de entro ellas tienen cuarenta i cinco i cincuenta varas de ancho. La mayor parte de ellas apénas están trazadas, pero la de Pensilvania, que conduce del capitolio a la casa del presidente tiene aceras de nueve varas de ancho, enlosadas i con líneas de árboles de ambos costados. En torno del capitolio se estiende un jardin de veintidos acres de terreno, adornado de gran variedad de árboles, i animado por el bullicio de fuentes cristalinas, de modo que aquel lugar, es tambien a mas de los altos fines de su existencia, un paseo que atrae a los habitantes i transeuntes por la belleza de la situacion.

El edificio pertenece al órden corintio i está construido con la hermosa piedra blanca norteamericana que llaman *freestone*. Está situado sobre una eminencia i elevado 78 piés sobre la altura de la marca, i se compone de un edificio central, dos alas i una proyeccion en el costado oeste, presentando un frente de 352 piés, incluyendo las alas. Al este el fronton tiene 65 pies de ancho, sobre el cual se avanza un pórtico de veintidos columnas de 38 pies de alto. La gran cúpula central tiene 120 piés de alto, i la rotunda que forma en el interior 90 de diámetro, adornada con esculturas, i altos relieves. En el ala del sud está la cámara en que se reune la Sala de Representantes, de forma circular de 96 piés de diámetro i 60 de alto, cubierta por una cúpula que sostiene veinticuatro columnas de jaspe americano con capiteles de mármol blanco de Italia. Al lado opuesto, i en una rotunda semejante, pero de mas pequeñas dimensiones, se reune el Senado; i en un piso inferior i ménos ornamentado, tiene sus audiencias la Suprema Corte de los Estados Unidos. Hai, ademas, setenta departamentos para reunion de las comisiones, i desidencia de los empleados del congreso. Una muralla de piedra rodea el edificio; un depósito de gas provee a la iluminacion especial de todo el espacioso monumento, pudiendo alimentar seis mil picos que se encienden para las iluminaciones; i en aquellos momentos estaba para terminarse el aparato para colocar sobre la cúpula central en un mástil de diezieis varas de alto, una luz eléctrica que debia iluminar la ciudad i acaso el distrito de Columbia entero. ¡Bello símbolo por cierto de la mision de aquella casa, desde cuyo recinto sale la luz de la intelijencia, iluminando a toda la nacion! Acordábamonos con Astaburuaga, quien me servia de cicerone en el exámen del edificio, de aquella camarilla de diputados que habíamos dejado en   Chile, en la que los representantes están ensacados en unas especies de vainas laterales, o si pudiese llevarse la comparacion a terreno irrespetuoso, cual bostitas de cordero en una tripa, repitiéndonos al oido el viejo adajio: ruin es el que por ruin se tiene. Los locos en Lóndres, en Jénova i en otros puntos de Europa, moran en palacios mas nobles que el que cubre a nuestros congresos en América.

Pues que ya he empezado a describir edificios, concluiré con los pocos que llaman la atencion del viajero en la presunta capital le los Estados Unidos. *White House*, la casa blanca como la llama el pueblo, es el palacio presidencial, i está colocado en la parte aun desierta de la poblacion, en el punto donde se cruzan las calles de Pensilvania, Virjinia, Connecticut, New York i Vermont, rodea da de un parque de veinte acres de terreno, i sobre una elevacion de cuarenta i cuatro piés sobre el rio. El frontis que sirve de entrada da a la plaza de Lafayette hácia el norte, i el que da al sur sobre el jardin domina un hermoso panorama de la ciudad, el rio Potomack i las costas de Maryland i de Virjinia. En el frente del norte hai un hermoso pórtico que reposa sobre cuatro columnas jónicas. Una intercolumnacion esterior sirve para poner a cubierto los carruajes de los visitantes. El espacio intermediario está destinado para el tránsito a pié, i una elevada plataforma conduce de ambos lados a la puerta de entrada. El interior del palacio está pasablemente ornamentado, aunque no tanto cuanto correspondiera al presidente de los Estados Unidos. El servicio de palacio es modesto, i aun mezquino en las esterioridades. Vése al presidente paseándose solo por las hermosas avenidas del jardin adyacente; uno o dos porteros en librea, únicos servidores que el Estado pone a su servicio, no siendo permitido al presidente tener guardias en torno de su persona. El presidente recibe sin ceremonia a los que desean verlo, i hai un dia de la semana, i dos o tres dias del año en que todo estante i habitante tiene derecho de entrarse hasta la habitacion del presidente. El 4 de julio la plaza de Lafayette se llena de carruajes de los visitantes en aquel dia de felicitaciones; descienden éstos del carruaje, i tras ellos el cochero, que encomienda la guarda de los caballos a algun muchacho mediante algunos centavos. El presidente está en aquellos dias en verdadera exhibicion; los cocheros se abren paso por entre la multitud haciendo resonar sobre el pavimento de mármol sus botas herradas, llegan ante el presidente i le tienden una mano callosa que   aprieta la suya fuertemente i la sacude, mirándole la cara i riéndosele con fisonomía bonaza, provocativa, i satisfecha; tornan a sus caballos, volviendo de vez en cuando la cara a mirar al presidente, a obtener un último *piping*, de gusto i de felicitacion. ¡Pobre presidente de la democracia!

Hácia el lado oriente del *White House* hai estensos edificios, i otros dos hácia el occidente, los cuales están destinados para las oficinas de los ministros de hacienda, guerra i marina. La Posta jeneral es un palacio del órden corintio; i la tesorería ostenta una columnata de 457 piés de largo. La oficina de patentes, depósito de modelos de inventos, con un pórtico imitado en la forma i en la estension del Partenon de Atenas, tendrá, cuando se terminen las alas, cuatrocientos piés de largo, encerrando en la parte concluida un salon de 275 piés de largo i 65 de ancho.

Hai ademas en Washington 30 templos de diversas congregaciones, doce colejios (academias), una universidad, tres bancos, dos asilos para huérfanos, un consistorio municipal, un hospital, una penitenciaria, un teatro i algunos edificios particulares que dan cierta apariencia a aquel plantel de ciudad.

Mi residencia en Washington fué uno de aquellos oasis de felicidad íntima, doméstica, en que el corazon se lleva la mayor parte, i que tan preciosos son para el que vaga por luengas tierras. El señor Carvallo, enviado estraordinario de Chile, se obstinó en darme hospitalidad en la casa de su embajada; su señora me prodigó cuantas atenciones puede hacer recordar la familia, i si algo faltara para estar a mis anchas, mi amigo Astaburuaga, secretario del ajente chileno, me acompañaba a todas partes, poniendo a mi disposicion su práctica i conocimiento de Washington. Así él podia mostrarme en la avenida de Pensilvania entre las jóvenes transeuntes que llamaban nuestra atencion, cuál era la hija de un senador, la de un banquero, una simple modista u otra persona ménos calificable. La sencillez del vestido, sus paseos i trajines por las calles, sin nadie que las acompañe, i el de tenerse aun a mirar cualquiera cosa que llame la atencion, dan una idea del decoro de las costumbres norteamericanas, i de aquella libertad de que goza la mujer soltera entre ellos.

Queria mi amigo Astaburuaga ponerme en contacto con el redactor del *Whasington Intelligencer*, diario mui importante de la capital, i por tanto de *oposition* entónces, pues en aquel momento dominaban en el gobierno con Mr. Taylor   los demócratas. Encontrámoslo en campo abierto sobre el terreno destinado a la fundacion de un colejio, para cuyo sosten legó un ciudadano millon i medio de pesos, rodeado de siete u ocho jóvenes, i ocupados de discutir las bases, a lo que supe despues, de un gran proyecto. Mr. Jonhson, el diarista, era el presidente de edad nombrado para presidir a la instalacion. Acercámonos nosotros a distancia comedida, esperando que la sesion se levantase, temerosos de ser importunos, como cuando nuestras jentes rezan, que debe esperarse a que se santigüen para saludarlas. Dirijíales el presidente la palabra; contestaba álguno; replicaba un tercero en tono sentencioso i frio, i oidos los pareceres el presidente sometia a votacion la materia, contando los gangosos *yes, yes, nay, yes, nay,* i declarando cuál era el punto sancionado. Repitióse varias veces el procedimiento, i el fuego graneado *yes, nay, nay, yes, yes* terminó al fin el asunto. Entónces se acercaron a Astaburuaga, sucediéronse las recíprocas presentaciones de costumbres, i supe, andando la conversacion, que se habian reunido allí para echar los cimientos de una asociacion con el grande objeto de... ¡jugar a la bocha! ¡Oh! ¡yankees!

Habíase, pues, propuesto, discutido i aprobado a una fuerte mayoría de dos o tres votos. -1.º presidente, que lo fué Mr. Jonhson; local, aquel donde estaban reunidos; hora de reunion, las cuatro de la tarde; estension del juego, reglas, arbitracion en los casos litijiosos, multas por infraccion, etc. Era i es Mr. Jonhson un sujeto de cuarenta años, hijo de un jeneral de la independencia del mismo nombre, culto de modales e instruido, cual correspondia al director de un diario trascendental. Pasamos dias enteros en discusiones las mas acaloradas sobre un punto, en que no habria esperado contradictores en los Estados Unidos, a saber la democracia i la república. Mr. Jonhson estaba bajo la pata del partido demócrata que domina desde la presidencia Polk, i ofendido, desmoralizado por la tiranía de sus opresores, porque en los Estados Unidos la mayoría dominante en el gobierno es implacable e intolerante, maldecia de la república, de la democracia i de aquella licencia ignorante i brutal que se decora con el nombre de libertad. El mérito oscurecido, i eso es cierto; el interes público descuidado, i eso tambien es cierto en muchos casos; los servicios olvidados o miserablemente retribuidos,   cosa que es de regla en los Estados Unidos; en fin, la pasion de partido sirviendo de criterio i de peso i medida para juzgar de todos i de todo; el charlatanismo preferido a la ciencia, i las pasiones ménos justificables sirviendo de impulso a la direccion de la opinion pública, todas estas tachas i otras muchas que afean las democracias, las pasaba en revista para hacerme detestar aquella libertad de que yo me mostraba tan apasionado. Cuando yo me empeñaba en contradecirlo, me decia con sinceridad: «lo que yo quiero es que Ud. no se alucine con esta apariencia de órden, de prosperidad i de progreso, i los atribuya a la forma de gobierno. Bajo esta corteza no encontrará sino miserias, pasiones indignas, ignorancia i caprichos. Lo que yo me propongo es que no vaya Ud. a la América del sur a proponernos por modelo de gobierno». Otras veces mas aplacado me confesaba que la exasperacion en que lo tenia la tiranía del partido contrario, a él que era hijo de un jeneral ilustre, a él que estaba por la educacion preparado para ocupar en la sociedad lugar mejor, ofuscaba a veces su razon i le hacia exajerarse los inconvenientes mui reales del gobierno popular. Sin embargo de estas atenuaciones, deferiamos en puntos esenciales. Sostenia él, por ejemplo, que la libertad es en las naciones una de las faces que recorren. La libertad enjendra la licencia; la licencia trae la anarquía; la anaquía el despotismo. Aquí hai un momento de alto; miéntras el despotismo se consolida, miéntras teme, es cruel, sanguinario i desconfiado. Cuando está de todos aceptado, entra en una época de induljencia i de tolerancia que hace nacer el bienestar, i da lugar al desarrollo de todas las facultades físicas i morales de hombre. Con la civilizacion i la seguridad, la libertad se desenvuelve, el pueblo conquista uno a uno sus derechos, discute en seguida el principio de la autoridad que lo gobierna, i de la estrema libertad pasa a la licencia, i de allí a la anarquía, volviendo a recorrer aquel cielo fatal en que está encerrada eternamente la vida de las naciones.

Esta doctrina que la primera vez que se presentó obtuvo de su autor el pomposo título de la *scienza nuova*, puede apoyarse con un poco de mafia i de sagacidad en la historia de todos los pueblos, desde Grecia i Roma hasta los tiempos modernos; i uno i otro la invocábamos en nuestro apoyo, luchando a brazo partido en la polémica i disputándonos palmo a palmo el terreno en cada hecho de aquellos que, sin poner en duda su autenticidad histórica, traducíamos de diverso modo.

Mi argumentacion iba por otro camino. La humanidad, decía yo, que es el conjunto de las sociedades, tiene en la historia su alto, en las épocas su ancho, i su organizacion íntima en la vida de cada pueblo. Aseméjase el mundo moral al mundo físico. La historia de la tierra se encuentra en las capas jeolójicas que revelan el mundo monstruoso que ha precedido al nuestro; si se la toma desde los polos hácia el ecuador, mostrará las graduaciones de temperatura i de vejetacion que diversifican su superficie; i si la consideramos desde los valles, remontando hácia la cumbre de las montañas, nos ofrecerá el mismo fenómeno de graduacion de climas i de producciones.

La historia es, pues, la jeolojía moral. Veamos si sus capas diversas han esperimentado mejora i progreso. Supongamos un dia antiguo en que la tierra se nos presenta poblada. ¿Qué es lo que vemos? Casi todo el globo sumido en la barbarie; imperios poderosos cuyas facciones, si no es la conquista i la violencia, no alcanzamos a discernir bien. Al fin la Grecia, una mínima porcion de la tierra, brilla por la libertad, la democracia, las bellas artes i la ciencia. No entremos en detalles. Roma se asimila a la Grecia, destruye a Cartago i somete al mundo. Pero Roma desenvuelve la nocion del derecho i estiende su práctica por toda la tierra culta, que es, sin embargo, una pequeña fraccion del globo. Como los romanos a los griegos i al Ejipto, los bárbaros de todos los estremos del imperio romano se los absorben a ellos; esto es, se asimilan a él, se agregan a la masa civilizada. La edad media es la obra de fusion. A fines del siglo XV la Europa entera está en posesion de las conquistas hechas por el pensamiento humano en cuatro o seis mil años. Con el renacimiento concurren Lutero, Galileo, Colon, Bacon i otros. La América se agrega a la masa de pueblos civilizados, i en esta parte se pone en práctica la nocion del derecho que está en todos los espíritus i cuyo desarrollo embarazan aun en Europa las escorias que ha dejado la edad media. Lleguemos de un golpe al siglo XIX, i abramos el mapamundi. ¿Dónde están los bárbaros? Guarecidos en las islas, trabajados por la Rusia en las estepas de la alta Asia o sepultados en el interior inaccesible del Africa. La parte civilizada i en posesion mas o ménos de la libertad, o en via de completarla, es la mayoría de la humanidad, mayoría numérica, mayoría moral, de fuerza, de intelijencia i de goces. Tiénese hoi en su poder la parte mas rica, mas productiva del globo; tiene el cañon, el   vapor i la imprenta para someter el resto salvaje del mundo, asimilárselo o aniquilarlo. En vista de este espectáculo, ¿cómo se quiere someter a un ciclo el movimiento social de las naciones, comparándolas con los ejemplos truncos, aislados que nos han dejado las naciones antiguas? Si hubiera un ciclo tal, es preciso convenir en que, así como se ha agrandado inmensamente la esfera de las naciones que tienen que recorrerlo a un tiempo, así deben ser largas las épocas en que se han de suceder las diversas faces; i yo me rio de la jeneral tiranía que ha de pesar sobre el mundo desde la India i los confines de la Rusia hasta los Montes Rocallosos en América dentro de mil miles de años.

Ahora miremos a los pueblos por su espesor o su organizacion íntima, aunque no sea posible considerarlos sin relacion a las épocas históricas. Pero supongamos un pueblo de Italia que se perpetúa en un punto del territorio desde las épocas históricas; la poblacion de Fiézzole, por ejemplo, que es florentina, toscana, i ha sido romana, etrusca, pelasga, autoctona e indíjena, si no ha tenido otros nombres intermediarios. ¿Cómo eran estos pueblos i cómo son? ¿Qué trasformaciones han esperimentado? Primero antropófagos; en seguida haciendo sacrificios humanos en los templos, mas tarde haciendo esclavos a los prisioneros en la guerra, i ejerciendo la guerra de pillaje i de devastacion como industria i ocupacion. Los conquistadores se distribuyen el suelo conquistado i los hombres; nacen las aristocracias i el pueblo siervo, la chusma ignorante i sujeta a la tortura en los tribunales de justicia, a la miseria i la degradacion. El cristianismo encontró al mundo organizado así. Pongámonos ahora a contemplarlo desde el siglo XIX, i desde los Estados Unidos, desde el seno de esta democracia que Ud. maldice como el prototipo del desorden moral i político. No hai guerra, no hai señores ni aristocracia; no hai pueblo en el sentido romano; hai la nacion, con igualdad de derechos, con industria personal para vivir, con máquinas auxiliares del trabajo, ferrocarriles, telégrafos, prensas, escuelas primarias, colejios, asilos, hospitales, penitenciarias, etc., etc. Observe la organizacion íntima de esta parte de la humanidad, de esta Atica moderna que ocupa, sin embargo, medio continente; i cuán atras supongamos al resto de las naciones, no se necesita mayor esfuerzo de ánimo para suponer que han de llegar a ese grado de habilitacion de todos los individuos de la sociedad, porque todas están labradas por las mismas ideas i las   mismas instituciones. Desde que haya una escuela en una villa, una prensa en una ciudad, un buque en el mar i un hospicio para enfermos, la democracia i la igualdad comenzarán a existir. El resultado de todo esto es que la masa en elaboracion es inmensa, que no hai naciones o pueblos propiamente dichos i que la libertad individual está en cada punto del globo apoyada por la humanidad civilizada entera; i cuando hubiese un pueblo que se inclinase a entrar en el cielo fatal de despotismo que se les asigna, el espectáculo, la influencia de cien otros que entran en el período de libertad, lo retendrian en la fatal pendiente. El primer período del cielo fué la antropofajía. ¿Qué pueblo ha vuelto a recorrerlo una vez salido de él? El último es la democracia. ¿Qué pueblo ha sido demócrata en el sentido moderno i con los medios organizados hoi de hacerlo efectivo, la prensa i la industria, i un mundo civilizado en el esterior que le sirva de atmósfera favorable i que haya salido de ese terreno para fundar monarquías, aristocracias? ¿Las repúblicas italianas?

Sobre este tópico nos batíamos sin cesar Mr. Jonhson i yo. A veces me decía: «Nada fueran las masas americanas, si no viniesen todos los años trescientos mil salvajes de Europa que echan a perder la fusion i hacen de la mejora de la opinion una cántara de las Danaides».

-Ah, si tuvieran Uds., como nosotros en Sud América, que luchar con una masa en la cual el europeo, tan atrasado como lo encuentran Uds., es un elemento precioso i escaso de civilizacion i de libertad...

El arte americano

A quince millas de distancia de Washington está Monnt-Vernon, la morada i la tumba de aquel grande hombre que la humanidad entera ha aceptado como un santo, grande por la virtud i el mas grande de los hombres por haber puesto la piedra angular al edificio de la nacion única del mundo que ve claro su porvenir i cuyo porvenir es el bello ideal de la grandeza de las naciones modernas. Tomo una descripcion que encuentro a mano del santuario yankee, de aquella Santa Caba de plácido recuerdo: «Despues de haber cabalgado un corto espacio por medio de bosques, que de vez en cuando se abren en oasis de culturas aisladas, mi amigo me señaló una   piedra hundida en el terreno al lado del camino; que, segun me dijo, marcaba el principio de la quinta de Monnt-Vernon. Todavía marchamos dos millas ántes de ver la puerta i la morada del portero. Despues de haber entrado recorrimos una distancia de cerca de media milla; i el camino de carruajes seguía atravesando un terreno mui variado i sombreado por árboles grandes en toda la lozanía de los bosques. Cruzamos un torrente, pasamos un arroyo, sintiéndonos tan en medio de la naturaleza primitiva que la vista de la casa i el huerto que la rodea casi hizo sobre mi ánimo el efecto de un encuentro inesperado. La aproximacion a la casa se hace por el frente del oeste. La puerta del gran patio da a una estensa habitacion en la cual entramos. No fué el hábito sino un sentimiento mas profundo el que me hizo quitarme el sombrero de la cabeza i marchar con precaucion como si pisara una tierra sagrada... Las piezas de la casa son espaciosas i campea cierta elegancia en su acomodo; pero el conjunto es notable por su estrema simplicidad. Todo cuanto la mirada abraza parece respirar la santidad de aquellas reliquias públicas, i todas las cosas se conservan casi en el mismo estado en que Washington las dejó. Todo americano, i principalmente los jóvenes que visitan este lugar, esperimentan una fuerte impresion que durará toda su vida... A cierta distancia de la casa, en un lugar retirado, está la tumba nueva de la familia, compuesta de una simple estructura de ladrillo con una puerta de fierro, por entre cuyas rejas se divisan dos sarcófagos de mármol blanco, el uno al costado del otro, los cuales contienen los restos de Washington i de su mujer. La antigua tumba de familia en que estaba colocado al principio, estuvo en una situacion mas pintoresca, sobre una colina dominando el panorama de Potomack; pero la presente está mas retirada, lo que fué una razon para determinar los deseos del hombre modesto».

¿Cuánto arte no se descubre en la colocacion de esta tumba, cuánta grandeza en su oscuridad, i cuán americano i nacional es aquel acompañamiento de bosques primitivos, torrentes agrestes i arroyuelos en el estado de naturaleza! Esta es la artística morada de Washington, el plantador norteamericano, el jenio de la democracia apénas posesionada de la naturaleza inculta. Adriano estaba bien en la que hoi es el castillo Sant-Anjelo; Rafael en la Rotunda de Agripa, que él puso sobre pilares en San Pedro; Napoleon bajo la cúpula de los Inválidos; pero los manes de Washington habrían vagado largo   tiempo en rededor de su sepulcro si le hubiese faltado la perspectiva i la sombra de los árboles seculares de los bosques, rodeando el asilo doméstico i combinando la naturaleza inculta con el fruto del trabajo personal del norteamericano.

I sin embargo Washington, el héroe de la independencia norteamericana, el fundador del pueblo trabajador i positivo, estaba destinado tambien a inspirar el sentimiento de las bellas artes a los hijos de los puritanos, i volver a esta familia, descarriada por preocupaciones relijiosas, al camino en que la humanidad ha marchado siempre, desde el fetiche informe que adora en su infancia, hasta las Pirámides de Ejipto, el Coliseo romano, el Partenon, o el moderno San Pedro. Las ruinas de Palenque, las esculturas encontradas por Stephen en Centro América, como las estatuas de Miguel Anjel o las pinturas de Rafael, son todas pájinas de un mismo libro, que señalan el dia en que cada nacion tuvo conciencia de sí misma i perpetuando la memoria de lo pasado o endureciendo en piedra o en bronce una idea, empezó a mirarse viva en las edades futuras, legando a las venideras jeneraciones monumentos, estatuas i obras públicas que demandan siglos de elaboracion. A veces me ocurre la idea de que tanto hicieron los ejipcios trabajar a los hebreos cautivos en la construccion de las pirámides i otros monumentos, que cuando aquella chusma se sublevó i tomó el desierto, juró no permitir que en la tierra de promision que iban buscando, se levantasen monumentos ni se erijiesen estatuas, acordándose sin duda de los palos que les habian dado los sobrestantes ejipcios. ¿Cómo esplicarse de otro modo el horror a los templos i a las imájenes que muestra Moises, el discípulo de los sacerdotes ejipcios? El arte es la realizacion del hombre, es el hombre mismo, puesto que no siendo al parecer necesario a su existencia, como lo muestran los demas animales, es sin embargo la preocupacion mas constante desde la vida salvaje hasta el pináculo de la civilizacion. Tengo para mí que Roma ha muerto sofocada por los monumentos, que este es el fin de las grandes ciudades de la historia i que Paris ha de acabar al fin por cuajar su suelo de monumentos públicos, de manera que al fin de los siglos la poblacion se acoja a las catacumbas, que minan el suelo, por no haber espacio para ella sobre la superficie de la tierra. Cuando se dice que los primeros cristianos se ocultaban en las catacumbas de Roma, huyendo de la persecucion, me parece que se toma un hecho por otro.

La esploracion de aquellas   inmensas cavernas i perforaciones muestra hoi al arqueólogo los restos de tres siglos de arte cristiano primitivo, lo que prueba que durante tres siglos i hasta la destruccion de la ciudad munumental por Atila, la plebe romana vivió alojada en las catacumbas, donde tenia sus templos, plazas subterráneas, mercados i cementerios. Es ridículo pensar que en una ciudad vivan escondidos durante tres siglos cientos de miles de habitantes, que a cada momento necesitan ponerse en contacto con el esterior para proveer a sus necesidades.

Mahoma i los protestantes no deben citarse en materia de bellas artes como una nueva aberracion de la naturaleza humana, puesto que la obra de estas dos reacciones en contra no son mas que recrudescencias de la ojeriza de Moises contra las pirámides, a causa del mal trato dado a los hebreos; gato escaldado, en materia de asentar piedras.

Los norteamericanos creen que no tienen vocacion artística, i afectan desdeñar las producciones del arte, como fruto de sociedades viejas i corrompidas por el lujo. Yo he creido, sin embargo, sorprender el sentimiento profundo, esquisito, de lo bello i de lo grande en este pueblo que marcha de carrera en busca del bienestar material, i va dejando a su paso incompletas todas sus obras i a medio hacer. ¿Qué no entra por nada en el sentimiento del bello ideal, la beldad moral? ¿Qué pueblo del mundo ha sentido mas hondamente esta necesidad de confort, de decencia, de holgura, de bienestar, de cultura de la intelijencia? ¿Qué pueblo ha sentido mas horror por el espectáculo de lo feo, la pobreza, la ignorancia, la borrachera, la degradacion física i moral, que es como la corteza i la primera apariencia de las sociedades europeas? En Roma, de entre los monumentos i las basílicas se alargan manos mui cuidadas pidiendo limosna.

No hablaré de los hoteles, bancos, iglesias, embarcaderos i acueductos que en toda la Union asumen formas monumentales; mucho ménos de las columnas, obeliscos de cierta grandeza i elevacion que en honor de Washington i de Franklin se alzan en Boston, Filadelfia i Nueva York. Todas estas son muestras, o mas bien, productos artísticos pero que no revelan el sentimiento norteamericano del arte. Los europeos emigrados ahora dos siglos, o emigrando actualmente, comunican por fuerza i como necesidad de existencia los medios artísticos que poseen. Pero no es este el arte americano, pues que no doi este nombre sino a la manifestacion de aquella, constante i seguida aspiracion de un pueblo en prosecucion   de una idea nacional, que existe i se revela en cada hombre, por jeneraciones sucesivas. Llámole arte, no a los grados de civilizacion de los diversos pueblos, sino al jenio, al carácter nacional en cuanto reviste formas tanjibles i afecta su historia. ¿Cuál era el arte romano? Sin duda que no se dará este nombre a las diversas órdenes de arquitectura, a la estatuaria i demas decoraciones, cuyas formas habían adoptado de los griegos, imitándolas, entremezclándolas, i adaptándolas a sus trabajos. Llamo arte romano a aquel sentimiento grandioso que hacia concebir las Termas, el Coliseo, la tumba de Adriano, los acueductos de Segovia i el anfiteatro de Nimes; al espíritu monumental i dominador de la tierra i de los obstáculos que ella oponia a la continuidad i facilidad de dilatacion i permanencia de la grande i perseverante idea artística romana, la incorporacion de la tierra conocida bajo el dominio de sus leyes, i la adopcion de los cultos, de las civilizaciones i de las costumbres de todos los pueblos.

Una revolucion interna, la elevacion de la plebe, i otra esterna, la incorporacion de los bárbaros, destruyeron la obra romana, como una plétora a que no pudo resistir aquel cuerpo que tenia que dijerir un mundo de un golpe.

Acaso los yankees están amenazados de sucumbir bajo el peso de una elaboracion interna tan amenazante como la de la plebe romana. Todos tiemblan hoi de que aquel coloso de una civilizacion tan completa i tan vasta no vaya a morir en las convulsiones que le prepara la emancipacion de la raza negra; incidente de una magnitud amenazante, i sin embargo, tan estraño a la civilizacion norteamericana en su esencia, como seria estraño a las leyes internas de nuestro globo el que un cometa de los millares que andan errantes por el espacio, se estrellase contra él un dia i lo hiciese periclitar.

¿Dónde está, pues, el jenio artístico americano? No léjos del Capitolio de Washington en una casita modesta, sobre un bufete de madera de pino sin barnizar, mostráronnos a mí i a mi amigo Astaburuaga, quien me conducia a aquel retrete, un modelo de un monumento que debia erijirse a la memoria del héroe norteamericano. La construccion se compone de un gran edificio de formas jónicas de cuyo centro se eleva una aguja. Segun la escala que tiene al pié el diseño, mide en alto todo él, dos metros mas que la pirámide de Cheops en Ejipto. La arquitectura es una combinacion mas o ménos feliz de formas i jéneros conocidos, herencia de todos los pueblos civilizados. Lo que en aquel monumento hai del jenio   yankee es la altura, es decir, el sentimiento nacional de sobrepasar en osadía a la especie humana entera, a todas las civilzaciones i a todos los siglos. Dos metros mas alto que el monumento mas alto construido por los hombres, he aquí el sentimiento de lo grande, de lo sin rival que caracteriza a aquel pueblo; sentimiento que ha preludiado o seguido a las mas grandes épocas que ha alcanzado alguna porcion del jénero humano. A este mismo sentimiento obedeció el pueblo que construyó las pirámides; ese mismo sentimiento aconsejó hacer del monte Athos una estatua de Alejandro, cuya mano tendria las fuentes naturales de un rio; ese sentimiento, en fin, inspiró la idea del coliseo de Neron, el coliseo su vecino, i ese sentimiento dirijió la construccion de San Pedro en Roma, el camino del Simplon, etc., etc.

La idea de elevar aquel monumento a Washington, ha sido acojida en la Union con entusiasmo febril, nada mas que porque respondia a la aspiracion nacional de sobreponerse a las demas naciones. Vése este espíritu en la arquitectura naval. El buque que no mide dos mil quinientas toneladas no merece llamar la atencion ni engreir al pueblo como un trofeo de su gloria. ¿Qué dijera Colon que atravesó el océano en carabelas de ochenta toneladas, si viera flotar sobre las aguas aquellos monstruos que pueden esconder en su seno cincuenta mil quintales de nieve o de granito, porque granito canteado i nieve, son dos mercaderías de esportacion de que los norteamericanos hacen un comercio de algunos millones? Hace cosa como de diez años que atormenta a los yankees la idea de atravesar el continente americano con un camino de hierro desde Nueva York hasta el Oregon, uniendo el Atlántico con el Pacífico, o interponiéndose ellos entre la Europa i el Asia, de manera de pasarles con la derecha a los ingleses lo que con la izquierda hubiesen cojido en las costas de la China i del Japon. No han inventado, sin duda, los americanos ni el camino de hierro, ni el buque, ni el órden jónico; pero suyas son las colosales aplicaciones i los perfeccionamientos   que introducen diariamente en su construccion; pues si no han podido mejorar los órdenes arquitectónicos, algo de un carácter nacional les han añadido a los conocidos, como la estatua de Franklin sosteniendo el pararrayos en el pináculo de las cúpulas, como ya lo he indicado ántes, i la mazorca de maiz como coronacion i remate, en lugar del piñon antiguo. El embarcadero de los caminos de hierro, el viaducto, el puente, el hotel i otras construcciones que reclaman las necesidades de nuestra época, pueden dar en los Estados Unidos formas arquitectónicas desconocidas en los siglos pasados i que estereotipen un carácter peculiar a cada clase de monumento.

La parte económica del monumento de Washington revela otro de los signos del jenio artístico de los yankees. Levántase aquella obra colosal, por medio de una suscricion popular de solo algunas monedas de cobre por individuo. Así cada año la nacion en masa trae a los piés de la estatua del grande hombre, tipo del bello ideal nacional, un tributo espontáneo de gratitud i alabanza; i en este punto pueden darse por vencidas todas las naciones de la tierra. Todos los monumentos del mundo están amasados con lágrimas e iniquidades; i el mismo San Pedro de Roma, no es *gloriam Dei* la que enarra, sino la perversidad i las estorsiones de sus ministros. Roma contiene hoi en monumentos, como ahora dos mil años, la sangre i los despojos de la tierra. Versalles, el Escorial, el Arco de l'Etoile, todos los monumentos del mundo protestan contra el despotismo de quien fueron antojo i vanidosa ostentacion. Pero el monumento de Washington es tan puro, como la idea inmortal que representa. Las jeneraciones pueden sucederse embelleciéndolo de año en año por siglos enteros, sin que una idea triste acongoje el ánimo del espectador mas complacido que asombrado. Veinte millones de ciudadanos, felices hoi, mañana ciento, consagran una ínfima parte de su trabajo a solemnizar el mas noble i el mas grande los recuerdos históricos, la personificacion de la dignidad moral mas alta que se haya ofrecido a la especie humana. ¿Qué es Napoleon mirado desde esa altura? El último i el mas sublime de los bandidos que han asolado la tierra i cubiértola de cadáveres, para poner su orgullo en lucha con la obra de la perfeccion social que destruyó con la república. ¿Qué es Washington sepultado al lado de su mujer en un oscuro i solitario rincon de la casa que habitó? El jenio de la humanidad moderna, el principio de una era que asoma, i que ya deja   marcado al mundo el camino de justicia, de igualdad i de trabajo laborioso que seguirá.

Deben decorar el interior del monumento de Washington, piedras e inscripciones enviadas por todos los Estados de la Union, las ciudades i las corporaciones, i sociedades científicas, filantrópicas, i aun industriales. Aquel sistema de contribucion popular i espontánea para la realizacion de un pensamiento nacional, constituye, a mi juicio, la muestra mas clara de la existencia de un sentimiento artístico nacional. No sé si hai en Europa pueblos que en masa se apasionen por la realizacion de una idea, si no son los franceses de cierta clase, i lo que ha hecho en la edad media el catolicismo, por medio de las corporaciones de artesanos. Pero en los Estados Unidos, si este sentimiento no está del todo desenvuelto en la masa de la nacion, léjos de morir como el bello espíritu cristiano de la edad media, está en jérmen apénas, i toma cada dia formas mas aparentes. No hai ciudad de alguna importancia que no tenga en los Estados Unidos su rudimento de museo, en que están bárbaramente mezcladas obras del arte, curiosidades traidas por los navegantes, objetos de historia natural, i aun representaciones grotescas de escenas ocurridas en los mares u otros puntos i que han preocupado al público. Estas colecciones se enseñan al curioso por una retribucion, i aquella retribucion forma un capital que se emplea incesantemente en enriquecer, embellecer i completar las colecciones para excitar mas i mas la curiosidad. Durante mi permanencia en Nueva York, estaba en exhibicion una bellísima estatua en mármol de Carrara, ejecutada en Roma por Poper, jóven artista norteamericano de rara habilidad. La estatua representaba una cautiva jeorjiana, no siendo mas que una Vénus con cadenas. Era acaso la vez primera que los puritanos veían espuesta una de esas bellas desnudeces femeniles con que tanto se famillariza uno, ennobleciéndose el pudor, en los museos de Italia i de Francia. Los primeros dias hubo grande escándalo; pero concluyeron al fin las gazmoñas por levantar los ojos i habituarse a contemplar la beldad artística en aquel espejo de mármol. El resultado fué que la esposicion de la estatua produjo en algunos meses algunos miles para el artista, i que agotada la curiosidad de Nueva York, la estatua tomó el camino de hierro, i fué de ciudad en ciudad exhibiéndose a los ojos rudos del pueblo, i reuniendo   en cambio de sorpresas, cuchicheos i admiraciones de los espectadores, sendos pesos fuertes; por manera que el artista obtuvo en recompensa de su talento, mas que lo que Cánova u Horace Vernet obtuvieron nunca, por sus mas afamados *capi d'ópera*. Estas costumbres i esta ovacion popular prometen al arte americano estímulos mas poderosos, gloria mas retumbante que la que los reyes de la tierra han podido conceder jamas, gastando en fomentar las bellas artes rentas que no son suyas, i que arrancan para sus placeres al sudor de los pueblos. No es esta una paradoja; háse comprobado ya que los gastos que hacen por suscriciones gratuitas en Norte América los ciudadanos i aun las señoras para costear los trabajos de los astrónomos de Cincinnati, exceden en mucho a las rentas acordadas por el gobierno inglés para los mismos fines. No está, pues, léjos el dia en que los grandes artistas europeos vengan tras del lucro a pasear por los Estados Unidos sus obras maestras, recojiendo pesos a millares miéntras el gusto nacional se educa, i mas tarde codiciando la ovacion que al talento haga un pueblo, juez competente ya en materia de arte. Las cantatrices i bailarinas célebres empiezan a mostrar el camino que mas tarde seguirán los pintores i los estatuarios. Tan jenial es aquella ambulancia del arte en Norte América, que no hace muchos años hubo un teatro magnífico, construido sobre un buque que iba dando funciones a ambas márgenes de un rio, a medida que llegaba a una villa o ciudad de consideracion.

Tienen los norteamericanos costumbres públicas i privadas que se prestarian al desarrollo de las artes. La vida afanosa que llevan i la excitacion de los negocios los fuerza a viajar continuamente, mostrando cierta necesidad de emociones, de ver i de ajitarse, que los lleva en romería a la cascada de Niágara, a los lagos i a las ciudades de la costa. Esta parte antigua de la Union ejerce sobre la poblacion del interior una grande influencia moral, como que allí está el centro del movimiento intelijente i mercantil, el contacto mas inmediato con las otras naciones, i la sede del gobierno; i como todas las familias del interior son orijinarias de los antiguos Estados, los ojos se vuelven siempre hácia la patria primitiva, embelleciendo los recuerdos, la carencia de los goces a que los padres estuvieron habituados.

Washington, la capital nominal de la Union, aprovechará sin duda en un porvenir próximo de estas disposiciones del espíritu nacional, si el Capitolio, el Museo de Inventos i el   monumento elevado a Washington, hubiesen de ser acompañados por otras atracciones que hiciesen al fin de la capital un centro de espectáculos que muevan la curiosidad de los viajeros i despierten el nacionalismo. Residencia de los Senadores, ministros i altos funcionarios como asimismo de los representantes de las otras naciones, Washington podria embellecer sus veladas con la ópera, i las artes dramáticas i coreográficas si las ideas relijiosas no opusiesen a ello fuertes obstáculos.

Añádese a esto que el sentimiento de unidad, de centralizacion, i de direccion, lucha con desventaja contra la enerjía individual i local, base de la organizacion política de aquel pais, i resultado del espíritu protestante. No conozco hecho en contrario, si no es el *Board* de Educacion de Massechusetts, que ha logrado al fin sobreponerse a las resistencias i espontaneidad local en materia de enseñanza, imprimiendo una impulsion científica i sistemada a la educacion jeneral del Estado. ¿Podria estenderse esta influencia sobre toda la Union partiendo de un centro único i oficial? Si tal sucediera, lo que es obra del tiempo, diríase que se obraba una revolucion radical en la vida de aquel pueblo. El movimiento de mejora i sistema en la educacion primaria principió en Boston; Nueva York, Maine i los demas Estados, hasta los del Oeste, pusiéronse luego en movimiento; pero cada uno de por sí, adoptando variantes i aplicaciones, segun lo aconsejaba la direccion impresa a la opinion. Es posible que aquellos Estados lleguen a tener al fin una lejislacion idéntica, sin ser por eso comun, ni ligada a un centro jeneral. La civilizacion i el poder de los Estados Unidos es igual a la suma de la civilizacion i el poder de los individuos que la componen; pero no es esa suma, representada por el Estado, como nos lo dictan nuestras ideas latinas en materia de gobierno. La estadística, los monumentos, todo se hace por agregaciones parciales; i tal es la idea de la negacion de la personalidad del Estado, que despues de una guerra se venden en pública subasta los buques, los fusiles i los cañones que sirvieron para hacer efectiva la fuerza nacional.

En despecho de todo esto, los americanos han tenido la pretension de honrar un arte nacional, llamando tal a los productos artísticos salidos de injenios americanos. Idea, mezquina para nacion tan cosmopolita, i emigrada de los antiguos pueblos europeos. Los norteamericanos debieran, como nacion, emprender la conquista de los monumentos de   las artes de Europa. A cada momento se anuncia en Venecia, en Jénova i en Florencia la venta de Museos particulares que cuentan Ticianos, Españolettos Carrachos, i aun Rafaeles. Los franceses han saqueado la España de Murillos, Zurbaranes i Velazquez, i aun la Irlanda se ha enriquecido de bellezas artísticas, miéntras que los cónsules bárbaros de Norte América no sienten siquiera la tentacion de Marcelo al ver las estatuas de Corinto. Cien mil pesos anuales destinados a la adquisicion de las obras de los maestres antiguos i modernos, echarian en los Estados Unidos la base del futuro arte americano. En Francia, cuán adelantada es aquella nacion en las bellas artes, pues lo es mas que la Italia, siéntese la necesidad de trasportar en copia al ménos todos los grandes modelos del arte estranjero. Washington debiera enseñar las imitaciones perfectas i como para servir de escuela, de la Rotunda de Agripa, del Partenon de Aténas, de la Catedral de Ruan, como modelo del gótico, i de media docena mas de edificios célebres. Así se convertiría en capital artística aquella aldea buena para nada, i rebelde al tiempo i al progreso, que agranda i embellece a vista de ojo todas las ciudades americanas; pues Washington no siendo centro comercial, ni naciendo el movimiento político de su seno, adonde viene por el contrario desde afuera, está condenada a no ser nunca gran cosa, si no se apodera del único principio orgánico que ella puede centralizar, que es la impulsion artística i la concentracion monumental que atrae a un centro comun de vanidad, de gloria i de veneracion.

Hai ya un establecimiento en Washington, i que atrae las miradas de toda la nacion, el cual es visitado diariamente como escuela nacional. La Oficina de Patentes encierra en un museo de modelos la historia de los progresos que las artes industriales han hecho desde su creacion. Trece mil quinientas veinte i tres patentes por invenciones i mejoras se habian otorgado hasta 1844, perteneciendo al año de 1843 quinientas treinta i una. En este ramo de la actividad intelijente del país han procedido, como debieran proceder en todo lo que tiene relacion con la cultura, a saber: importando primero, plajiando, saqueando a las otras naciones para enriquecer de datos su espíritu, i obrar despues. Los resultados no se han hecho aguardar. De un estracto del informe sobre esportacion de máquinas hecho en 1841 ante la Cámara de los Comunes en Inglaterra resulta que preguntado el informante si la Inglaterra debe de una manera notable a los estranjeros invenciones   en maquinaria, fué respondido: «podria decir que la mayor parte le los nuevos inventos últimamente introducidos en las fábricas de este pais, vienen de afuera; pero necesito hacer comprender que no son mejoras en máquinas, sino inventos enteramente nuevos. Hai ciertamente muchos perfeccionamientos emanados de este pais, pero temo que la mayoría de las invenciones realmente nuevas, esto es, ideas nuevas enteramente en la aplicacion de ciertos procedimientos, por máquinas nuevas, o por medios nuevos, traen su oríjen de afuera, i principalmente de *América*».

Esta confesion de la Inglaterra de su esterilidad en la maquinaria, i de la invasora fecundidad de su jóven rival, es el grito lúgubre de los náufragos que saben que no hai socorro posible. Norte América invade hoi al mundo, no ya con productos e inventos, sino con injenieros, artífices i maquinistas que van a enseñar las artes de producir mucho a poca costa, osarlo todo i realizar maravillas.

He insistido en aquel estraño atraso artístico, fruto de preocupaciones heredadas, porque no solo en las artes útiles, sino en los trabajos de la intelijencia los norte-americanos empiezan a tomar una posicion propia. Conoce Ud. a Cooper, a Washington Irving, a Prescott, a Bancroff i Sparks, como historiadores de primer órden de las cosas americanas, osando algunos de ellos emprender la aclaracion de algunos episodios de la historia europea; pero aun es grande el número de escritores de renombre que han tratado las cuestiones especulativas de filosofía, economía, política i teolojía. Baste decir que en doce años hasta 1842, se han publicado ciento seis obras orijinales sobre biografía; ciento dieziocho sobre jeografía e historia americana; noventa i una sobre lo mismo con respecto a otros paises, diez i nueve de filosofía; ciento tres de poesías; i ciento quince de novelas, miéntras que casi en el mismo tiempo trescientas ochenta i dos obras orijinales americanas habían sido reimpresas en Inglaterra, i aceptadas por aquel público mismo que veinte años ántes preguntaba por boca de una revista: ¿quién lee libros americanos? Oradores i estadistas como Everett, Webster, Calloum, Clay, los poseen iguales solo en la Francia i la Inglaterra, siendo de notar que el brillo en los trabajos históricos i en la elocuencia, empieza a ser como en Francia, escalon que conduce al poder i a la influencia sobre la opinion pública. Los viajeros, los naturalistas, arqueólogos de cosas americanas, jeólogos i astrónomos que emprenden enriquecer i aun rehacer la ciencia,   abundan comparativamente, mostrando por los resultados que obtienen en sus trabajos, que están mucho mas adelantados que lo que la Europa hubiera creido, a no tener a cada momento que aceptarlos.

Diráme Ud. que toda esta reseña de los progresos intelectuales de los americanos no tiene nada de comun con Washington, la desierta capital; pero, ¿dónde colocar estas reminiscencias i cómo darles cuerpo i unidad sí no se inventa un centro a que referirlas?

Mi permanencia en Washington se prolongó de un dia mas sobre el tiempo convenido con Arcos, pues nos habíamos dado cita últimamente, en Harrisburg en el *United-States-Hotel*, que yo habia señalado como punto de reunion.

Hube de regresarme a Baltimore i de allí tomar el ferrocarril que conduce a aquella ciudad; i no bien hubo llegado a la posta, empecé a inquirirme del United-States-Hotel. ¡Cuál fué mi sorpresa al saber que en Harrisburg no habia hotel con aquel nombre! Como en toda ciudad norteamericana hai uno que lo lleva, yo habia dado a mi futuro compañero de viaje cita al que suponia debia haber en Harrisburg. Con trabajo pude indagar el paradero de Arcos, que había dejado escrito en el libro del hotel de la posta, estas lacónicas palabras, dirijidas a mí: «Lo aguardo en Chamberburg». Asaz mohino i cariacontecido por este contratiempo me dirijí a Chamberburg, donde, despues de recorrer las posadas con inquietud creciente, nadie supo darme noticia de la persona por quien preguntaba, tanto mas cuanto que hablando Arcos el inglés con una rara perfeccion, gangoseándolo por travesura cuando se dirijia a norteamericanos, nadie, ni los mismos que habian hablado con él, me daba noticia del jóven español por quien yo preguntaba en un inglés que hacia estremecer las fibras a los pobres yankees. Entreteníame aun la esperanza de que estuviese en los alrededores cazando, pues en nuestro programa de viaje entraba una espedicion campestre en los Montes Alleghanies. Al fin supe que habia dejado en la posta una esquela, en quo me repetía lo de Harrisburg: «Lo aguardo en Pittsburg». ¡*Malheureux!* esclamé yo acongojado. ¡Cincuenta leguas de Chamberburg a Pittsburg, los Alleghanies de por medio, diez pesos de pasaje en la dilijencia, i no cuento sino con tres o cuatro en el bolsillo, suficientes apénas para pagar el hotel en que estoi alojado! Supe, pidiendo detalles circunstanciados sobre la indiscreta partida de mi intanjible precursor, que no habiendo   asiento en el interior de la dilijencia, se habia metido saco de heno que lleva encima para proveer a los caballos, i que allí debia viajar dos dias i dos noches, impulsado a tanto sacrificio por la inquietud juvenil de una sabandija incapaz de aguantar en un lugar ocho horas, que era la diferencia de tren a tren que nos llevábamos en el camino de hierro. Héme aquí, pues, en el corazon de los Estados Unidos, como quien dice tierra adentro, sin un medio, haciéndome entender a duras penas i rodeado de aquellas caras impasibles i heladas de los americanos. ¡Qué susto i qué aflicciones pasé en Chamberburg!

A cada momento llamaba al dueño del hotel i de palabra i por escrito le esponia mi situacion. -Un jóven que va adelante lleva mi dinero, sin saber que yo no traigo el necesario para los gastos de camino. Me piden diez pesos de pasaje en la posta i no tengo sino cuatro para pagar el hotel. Pero tengo algunos objetos de valor intrínseco en mi maleta, i quiero que la posta los retenga hasta que haya cubierto mi pasaje en Pittsburgh.- El posadero, al oir esta lamentable historia, se encojia de hombros por toda respuesta. Contaba mis cuitas al maestre de posta i se quedaba mirándome como si no le hubiese dicho nada. Dos dias de continuo suplicio i de desesperacion habian pasado ya, i lo peor era que no habia asiento en la dilijencia, por venir todos contratados desde Filadelfia, como complemento del camino de hierro que termina allí. Al fin me sujirieron escribir a Arcos por el telégrafo eléctrico, lo que hice en cuarenta palabras por valor de cuatro reales, i en los términos mas sentidos. No obstante aquel laconismo telegráfico, «no sea Ud. animal»... era la introduccion de mi misiva, i le contaba lo que por su indiscrecion me sucedia. -¿Dónde está el sujeto a quien se dirije?- En el *United-Stades-Hotel*, contesté yo, dudando ahora si en Pittsburg habria un hotel de aquel nombre; i para no darme un nuevo chasco, indiqué que se le buscase en todos los hoteles mas aparentes de la ciudad.

Tardaba la respuesta a mi impaciencia i a mi miedo de no dar con aquel calavera, i no despegaba los ojos de la maquinita que con golpecillos redoblados indicaba a cada momento el paso de misivas a otros puntos, i que no se anotaban allí, por no venir precedidas de la palabra Chamberburg i la señal preventiva i convencional para llamar la atencion del oficinista. Voi a preguntar me dijo; i tocando a su vez su aparate, se sucedieron los golpecillos, con cuya mayor o menor duracion trazaba el punzon magnetizado a cincuenta leguas   la pregunta que se hacia desde Chamberburg. -¿Qué hai del jóven Arcos que se mandó buscar?...I un momento despues... señal de atencion a Chamberburg... Contestan, me dijo el oficinista, acercándose al aparato; i el punzon de Chamberburg trazaba sus puntos sobre la tira de papel que el cilindro va desarrollando poco a poco. ¡Qué hubiera dado por leer yo mismo aquellos caractéres que consisten en puntos i líneas, obrados por la presion en la superficie blanca del papel. Concluida la operacion, tomó la tira de papel i leyó: «No se le encuentra en ninguna parte. Se ha mandado de nuevo a buscarlo». -Dos horas despues nueva interrogacion, nuevo martirio de aguardar un sí o un nó de que dependia el sosiego o la desesperacion, i nuevo i definitivo... no hai tal individuo...!

Quedé punto ménos que si me hubiese caído un rayo. Entónces, interesándose en mi suerte i haciendo conjeturas el hostelero, nombró a Filadelfia. ¡Cómo Filadelfia! le interrumpí yo; es en Pittsburg donde está Arcos i donde han debido buscarlo. -Acabaremos, me respondió; como es en Filadelfia donde se paga la dilijencia, el oficinista del telégrafo ha creido que es allí a donde Ud. recomienda que le tomen pasaje; *but no matter*, voi a correjir el error; i dirijiéndose a la puerta se detuvo, i señalando a la oficina me dijo: ya cerraron, hasta mañana a las ocho... Las grandes pasiones del ánimo no pueden desahogarse sino en el idioma patrio, i aunque el inglés tiene un pasable *godman* para casos especiales, preferí el español que es tan rotundo i sonoro para lanzar un ahullido de rabia. Los yankees están poco habituados a las manifestaciones de las pasiones meridionales, i el huésped, oyéndome maldecir con excitacion profunda en idioma estraño, me miró espantado; i haciéndome seña con la mano, como para que me detuviera un momento ántes de morderlos a todos o suicidarme, salió corriendo a la calle, en busca sin duda de algun alguacil para que me aprehendiese. ¡Esto solo me faltaba ya! i aquella idea me volvió repentinamente la compostura que en mi afliccion habia perdido por un momento. Minutos despues volvió a entrar acompañado de un sujeto que traía la pluma a la oreja i que con frialdad me preguntó en inglés primero, en frances en seguida, i luego alguna palabra en español, la causa de mi turbacion, de que lo habia instruido el posadero. Contéle en breves palabras lo que me pasaba, indiquéle mi procedencia i destino, suplicándole intercediese en la posta para que se tomase mi reloj i   otros objetos en rehenes hasta haber satisfecho en Pittsburg el pasaje. El individuo aquel me escuchó sin que un músculo de su fisonomía impasible se moviese, i cuando hube acabado de hablar, me dijo en frances: -Señor, lo único que puedo hacer... (¡Qué introduccion! me dije yo para mi coleto i tragando saliva)... lo único que puedo hacer es pagar el hotel i el pasaje de Ud. hasta Pittsburg, a condicion de que llegado Ud. a aquella ciudad, haga abonar en el *Merchants-Manufactory-bank*, en cuenta de Lesley i Ca. de Chamberburg, la cantidad que Ud. crea necesario anticiparle aquí.- Tuve necesidad de tomar una larga aspiracion de aire para responderle: pero, señor, gracias; pero Ud. no me conoce, i si puedo darle alguna garantía... -No vale la pena; personas en la situacion de Ud., señor, no engañan nunca; i diciendo estas palabras se despidió de mí hasta mas tarde. Comíme en seguida un real de manzanas, pues que hambre era lo que habia despertado la serie de emociones porque habia pasado durante tres dias. Aproveché la tarde en recorrer la ciudad i alrededores; necesitaba caminar, ajitar mis miembros para creerme i sentirme dueño de mí mismo. En la primera noche se me apareció mi ánjel custodio, cargado de libros; traíame un tomo de Quevedo, otro del Tasso en italiano i uno o dos mamotretos en frances para que me distrajese. Consagróme algunos momentos hablando alternativamente en español i en frances; díjome que conocia el latin i el griego, inquirióse sobre algunos detalles de mi viaje i me deseó buena noche al retirarse.

Al siguiente dia volvió i me dió cuatro billetes de a cinco pesos, no obstante mi empeño de devolverle uno por innecesario; i como ya se retirase, regresó diciéndome casi ruborizado: Ud. me perdono señor, pero se me ha quedado otro billete en el bolsillo que ruego a Ud. agregue a los anteriores. Este hombre habia excedido mas de la suma que yo habia indicado, porque en resumidas cuentas yo solo necesitaba diez pesos. Comprendí el sentimiento delicado que lo impulsaba e hice una débil resistencia a recibirlo, aceptándolo con cordialidad.

La dilijencia partió al fin, i yo volví a mi estado de quietud de ánimo ordinaria, complaciéndome de haber tenido ocasión, aunque tan penosa para mí, de dar lugar a manifestacion tan noble i simpática como aquella del caballero Lesley. La noche sobrevino, apareció la luna plácida en el horizonte, i la dilijencia empezó a remontar pausadamente los montes   Alleghanies. Cuando habíamos llegado a la parte mas elevada, bajaron algunos pasajeros, i una voz de mujer dijo en frances dentro de la dilijencia: bajen a ver el paisaje que es bellísimo. Aprovechéme de la indicacion, descendí tras los otros, i pude gozar en efecto de uno de los espectáculos mas bellos i apacibles de la naturaleza. Los montes Alleghanies están cubiertos hasta la cima de un frondosa i espesa vejetacion; las copas de los árboles de las lomadas inferiores, iluminadas de lo alto por los rayos de la luna, presentaban el aspecto de un mar nebuloso i azulado, que por el cambio continuo del espectador iba desarrollando sus olas silenciosas i oscuras, sintiéndose, sin embargo, aquella escitacion que causa en el ánimo la vista de objetos que se conocen i comprenden, pero que no pueden discernirse bien, porque el órgano no alcanza o la luz es incierta i vagarosa.

Al llegar a una posada despues de habernos recojido a nuestro vehículo, la misma voz dijo, siempre en frances: aquí se desciende a tomar algo, porque marcharemos toda la noche sin parar. Bajé yo, en consecuencia, i presentándose a la puerta una señora, ofrecíala la mano para que se apoyase. Volvimos a poco a tomar nuestros asientos, continuóse el viaje, i empezaba a sentir somnolencia, cuando la misma voz de ántes, i que era la de la señora aquella, me dijo con timidez: creo, señor, que Ud. se ha visto en algunas dificultades. -¡Yo! no, señora, contestéle perentoriamente, i la conversacion terminó ahí; pero miéntras yo recapacitaba sobre esta pregunta, la señora añadió con visibles muestras de turbacion, Ud. me dispense, señor, si le he hecho una pregunta indiscreta, pero esta mañana en Chamberburg, me hallaba por casualidad en una pieza, desde donde no pude dejar de oir lo que contaba Ud. a un caballero.- En efecto, señora, pero Ud. supo sin duda que todo quedó allanado. -I ¿qué piensa Ud. hacer, señor, si no encontrase a su compañero en Pittsburg?- Me asusta Ud., señora, con su pregunta. No he pensado en ello, i tiemblo de sospechar que tal cosa sea posible. Me volveria a Nueva York o a Washington donde tengo conocidos. -¿I por qué no continuaria su viaje adelante?- ¿Cómo he de engolfarme en un pais desconocido, señora, sin fondos?- Le decia a Ud. esto, porque mi casa está cinco leguas mas acá de Nueva Orleans, i deseaba ofrecérsela a Ud. Desde allí puede Ud. tomar noticia de su amigo; i si no lo encontrase, escribir a su pais i aguardar a que le manden lo que necesita. -La noble accion de Mr. Lesley habia, segun   lo visto, sido contajiosa. Aquella señora lo habia oido todo, i queria a su vez completar la obra. Esta reflexion me vino ántes, tocado como estaba por el buen proceder, de otra a que, su sexo podria haber dado pretesto; la señora me dijo en seguida, acaso para responder a la posibilidad de una sospecha, que hacia seis semanas que acababa de perder a su marido, i que iba a poner órden en los negocios de su casa de Orleans. Acompañábala una hijita de nueve años i ambas vistian luto completo. Era la madre, pues, i no la mujer, la que ofrecia el asilo doméstico a un desconocido que debia tambien tener madre; i obedeciendo a esta idea que santificaba la oferta i la aceptacion, traté en adelante a la señora con ménos reserva, seguro, sin embargo, de que no llegaria el caso por ella previsto.

Llegamos a Pittsburg, i la señora me hizo prevenir que partia por un vapor i que si aceptaba su ofrecimiento fuese a tomar pasaje en el mismo vapor. Salí a buscar a Arcos en el *United States-Hotel*; porque ¿dónde habia de encontrarlo sino allí? Afortunadamente para mí habia en efecto en Pittsburg un hotel de los Estados Unidos, donde encontré a mi Arcos, que a la sazon escribia en los diarios un aviso, previniéndome su paradero i justificándose de lo que ya empezaba a sentir por mi demora, que habia sido una niñería. Venia dispuesto a reconvenirlo amigable, pero seriamente; mas me puso una cara tan cómicamente angustiada al verme, que hube de soltar la risa i tenderle la mano. Salimos juntos inmediatamente, i contándole mi historia en el camino nos dirijimos al vapor *Martha Washington* en que habia tomado pasaje la señora, a fin de darla las gracias i prevenirla de mi hallazgo, para que no partiese con el temor de que quedase yo aislado. En efecto, no bien hube puesto el pié en la espaciosa cámara del buque, cuando del estremo opuesto, levantóse la señora que habia estado en acecho aguardándome, i dirijiéndose hácia mí con disimulo, finjió darme la mano para pasarme ocultamente un bolsillo de oro. Presentéle sin aceptarlo la buena pieza que me acompañaba i que habia ocasionado todas aquellas trajedias, i ambos la dimos un millon de gracias por su solicitud; i como si la ingratitud fuera la recompensa de tan desinteresado proceder, he olvidado su nombre habiéndonos separado en Cincinnati para no volvernos a ver mas.

Cincinnati

De Pittsburg, que no tuve tiempo de examinar, el vapor por 5 pesos lleva al viajero a Cincinnati cuatrocientas cincuenta i cinco millas Ohio abajo. El magnífico rio da nombre al Estado, si bien principia a ser navegado desde la Pensilvania. Otra vez he hablado de la riqueza de aquel suelo privilejiado, dónde sobre lechos inconmensurables de carbon bituminoso, se estienden llanuras de bosques i de cultivo, accidentadas por montes que esconden el hierro en sus flancos, i de cuyas faldas fluyen canales como el Ohio que se liga al Missisipi i sus afluentes, i somete un mundo al alcance de sus manufacturas.

Para darle noticia del progreso asombroso del estado del Ohio, debo principiar por el *sicut erat in principio*, es decir, el aspecto del pais ayer no mas. Este estado se estiende unas 40000 millas cuadradas desde la márjen del Ohio hasta el lago Erie, al norte. La arte sur i este del terreno es llano i fertilísimo; el resto, accidentado de montículos, encierra valles hermosos, sábanas, pantanos, i terreno quebrado. La cantidad de tierras arables se reputa en 35000 millas, el resto es la parte cenagosa, quebrada o estéril. Hasta 1840 la parte labrada no pasaba de 12000 millas. El primer establecimiento se hizo en 1788 en Marieta. La poblacion cristiana se presentó en Estado en 1802, en número de 50000 habitantes. En 1810 habia aumentado a 230760; en 1820, a 937679; i en 1840, a mas de un millon i medio. Hoi tiene mas de dos millones. No soi yo ahora quien hace esta comparacion. Copio de un librejo. «Dícese que el territorio de los Estados Unidos es un noveno o cuando mas un octavo de la parte del continente colonizado por los españoles. Sin embargo, en todas aquellas vastas rejiones conquistadas por Cortes i Pizarro no pasan de dos millones de habitantes de sangre pura española, de manera que no sobrepasan en mucho en número a la poblacion del Ohio en medio siglo, i quedan mui atras en riqueza i en civilizacion». Si la observacion no es del todo exacta el aumento de poblacion de la América española desde aquella época es sin duda infinitamente inferior. Méjico i la República Arjentina han disminuido el número de sus habitantes; bien es verdad que es artículo orgánico de la constitucion   política de los nuevos estados sudamericanos ignorar siempre cuántos bípedos habitan el pais. Nuestros gobiernos sabrán un dia oficialmente cuántas estrellas hai en el cielo, como los niños traviesos suelen deshojar una rosa para saber cuántos pétalos tiene; pero es saber cuál es el número de habitantes de su pais, ¡fi donc! Un gobierno descender ¡a tan mezquinos detalles! Toda la organizacion norteamericana reposa en el censo decenal i en el catastro de la propiedad; i hai reglas para calcular cada dia el aumento de poblacion, i sus resultados tienen certeza administrativa. El censo de 1850 está calculado en veinte i dos millones; el de 1860 en veintinueve; el de 70 en treinta i ocho millones; el de 80 en cincuenta millones; el de 1890 en sesenta i tres millones, i el de 1900 en ochenta millones. Habrá error quizá en un pico de diez o veinte millones de mas.

El valor de los productos del Ohio ascendió en 1840 a circun circa de veinte millones de duros, entre los cuales figuraban cinco millones de cecinas i animales domésticos, i cinco millones de artículos manufacturados. Como la poblacion de aquel Estado es aproximativamente la que se e atribuye a Chile (porque la verdad es un secreto que Dios se reserva entre los inescrutables de su política *a lui*) juzgará Ud. que Chile ha debido producir veinte millones, todos los años que hace que está teniendo millon i medio de habitantes. Es verdad que no contentos los habitantes del Ohio con las facilidades que les ofrece su rio, han abierto siete canales navegables que penetran en el pais, los cuales producian de beneficio ochenta i ocho mil pesos en 1843, i ciento setenta i dos mil seiscientos cincuenta i nueve en 1844, esto es, el doble del año anterior, lo que prueba que la cantidad de productos habia doblado de un año a otro.

Este Estado está poblado jeneralmente por los nuevos inmigrantes compuestos de alemanes, irlandeses i otras naciones. Estos labradores aumentan en número todos los dias, i forman una mayoría sobre los yankees *pur sang*, de donde resulta que les ganan siempre las elecciones, unidos los estranjeros de oríjen al partido demócrata. Esto desespera a los puritanos, pues que siendo por lo jeneral mui ignorantes los europeos, i en gran número católicos de Irlanda, lo que no constituye una patente de sapiencia, se oponen a todas las mejoras útiles, i se niegan a contribuir para escuelas, canales,   caminos, mostrando la mayor indiferencia por la llegada de cartas i periódicos, «al mismo tiempo, dice un autor, que están siempre dispuestos a dar sus votos a los demagogos, que estarian prontos a hundir el pais en la mas violenta carrera de cambios políticos». Esta coincidencia con ciertos paises que nosotros conocemos, me hace creer que cuánto mas ignorante i ménos dispuesto a promover las mejoras útiles, es un pueblo, mas aspira a cambios políticos, como aquellos animales despeados que dejan el camino trillado por mejorar, i se meten en la pedrazon i en los derrumbaderos.

Para azuzar a estos demócratas indisciplinados hai la *Stump oratory*, así llamada por la ocurrencia de algun candidato popular de treparse al copa de un árbol para dirijirse a su rudo auditorio. Un viajero inglés refiere en estos términos el discurso que le tuvo uno de estos personajes. «Un labrador que entró en el coche en Worcerter, habló con vehemencia contra la nueva tarifa, que dijo, sacrificaba los agricultores del oeste a los manufacturos de Nueva Inglaterra, quienes querian forzarlos a comprar sus efectos hechizos, miéntras que las materias primeras de Ohio i del oeste estaban escluidas del mercado de Inglaterra. Elejióme las ventajas de que gozaban en los Estados Unidos, compadeciéndose de la masa el pueblo inglés, privada de sus derechos políticos, i espuestos a la opresion i tiranía del rico. Con la mira de distraerlo le dije que un dia ántes habia visto en la ciudad de Columbus, a un ministro predicando en idioma welche ante una congregacion de trescientas personas;

que estos i otros pobres labradores irlandeses i alemanes eran ignorantes de las leyes e instituciones norteamericanas, i personas sin educacion alguna, i que ¿cómo se les habia de permitir influir i dominar en las elecciones como sabia que lo acababan de hacer en el Ohio? Sobre este tópico me espetó una oracion, cuyo tema fué la igualdad de derechos de todos los hombres, la division que algunos querian establecer entre los antiguos i los nuevos plantadores, la buena política de recibir a los inmigrantes cuando la poblacion era escasa, la ventaja de las escuelas comunales, i últimamente el mal de dotar universidades, que dijo son «un nido de aristócratas».

Este odio popular contra las universidades no quita que haya, i mui bien dotada, una universidad en Atenas, otra en Oxford, otra en Willoughly; siete colejios en varias otras ciudades; varios institutos teolójicos; setenta i cinco academias, i cinco mil doscientas escuelas.

La ciudad principal de este Estado es Cincinnati, cuya poblacion es de cincuenta mil habitantes, i está situada en la abertura de un valle delicioso formado por colinas que van ascendiendo suavemente hasta la altura de trescientos piés, enseñando en sus flancos grupos de árboles i aun manchas de bosque. La ciudad está situada en dos terraplenes uno mas alto que el otro quince a veinte varas. En el desembarcadero la playa está cubierta de losas hasta la parte mas baja del rio, i hai muelles cuya superficie sube i baja con la marea. Las calles están sombreadas de árboles i mui bien pobladas de edificios. Sus comunicaciones con el interior las facilitan canales que la ligan con el lago Erie i el canal Wabasch. Hai ademas ferrocarriles, caminos macadamizados i vecinales. El canal Whitewater se estiende 70 millas al interior. Como es bueno saber lo que puede hacerse en treinta años, recordaré a usted que esta ciudad fue reconocida tal en 1819 i fundada aldea en 1789. De su puerto parte un vapor diario para Pittsburg, i otros para San Luis, Nueva Orleans rio abajo, tambien diariamente. Dilijencias hacen la travesía entre las vecinas ciudades en todas direcciones. Hai cuarenta iglesias, un teatro, un museo, una oficina de venta de tierras del Estado, cuatro mercados, i un consistorio. La ciudad se suple de agua del rio, levantada por poderosas máquinas de vapor.

Pero lo que mas distingue a Cincinnati son el crecido número de sociedades literarias, científicas i filantrópicas, de las cuales haré a Ud. breve mencion, tanto mas que en adelante me abstendré de entrar en estos detalles. Me complazco en enumerar los elementos que entran en la composicion i en la vida de la sociedad americana, aun en estos Estados de ayer, porque la comparacion puede ser para nuestros compatriotas una útil enseñanza. Un viajero inglés, Robertson hablando de corrientes i entre rios, en la República Arjentina dice: «me espanta al contemplar estos bellos paises, considerar lo que han dejado de hacer los españoles en tres siglos». La idea es sublime i profunda. ¡Lo que no han hecho en tres siglos! Espanta en efecto. El colejio de Cincinnati fundado en 1819 tiene excelentes tierras i un hermoso edificio en el centro de la ciudad. El colejio de Woodward i el de San Javier, fundado por los católicos, i el seminario presbiteriano tienen dieziseis mil volúmenes en sus bibliotecas, dotacion i profesores correspondientes a los ramos de enseñanza. El colejio   de medicina del Ohio, fundado en 1825, posee hermosos edificios, i está bajo la direccion de un consejo de directores; tiene dos mil volúmenes i aparatos completos de anatomía, anatomía comparada, cirurjía química i materia médica. El colejio de jurisprudencia está relacionado con el de Cincinnati. El instituto de mecánica fué creado en 1829 para instruccion de mecánicos, i da cursos de artes i ciencias; posee importantes aparatos de física i química, una biblioteca i un salon de lectura. En una de sus salas se reune la Academia Occidental de ciencias naturales; en otro salon se tiene una feria anual para fomento de las artes i de las manufacturas. Una escuela normal para instruccion de maestros fué establecida en 1821. La biblioteca mercantil para jóvenes dependientes tiene un salon de lectura i dos mil volúmenes. La biblioteca de aprendices cuenta mayor número de volúmenes. Hai dos asilos católicos, el asilo para huérfanos i una casa de pobres. Los establecimientos que no son sostenidos por asociaciones espontáneas, costéalos el Estado con rentas especiales cobradas para el objeto. En materia de rentas de escuelas la lei obliga a contribuir al sosten de las que existen, aun a aquellos pobladores que están diseminados entre los bosques. Los poseedores de vastas estensiones de territorio desierto están ademas obligados a contribuir a todas las cargas del Estado, i cuando están ausentes i atrasados en el pago, el *sheriff* toma una porcion de terreno i la vende en pública subasta. De este modo la lei cuida de que los propietarios ricos no monopolicen la tierra, esperando sin cultivarla aprovechar del valor accesorio i progresivo que le va dando el tiempo. La ocupacion de este pais empezó desde las márjenes del Ohio hácia el norte. Cuando se terminó el canal del Erie, que ponia en comunicacion el Ohio con los lagos, el Hudson, Nueva York i el Atlántico; otro movimiento de poblacion comenzó a invadir desde el lago Erie hácia el sud, quedando un inmenso bosque en el centro para dar colocacion sucesiva a las jeneraciones venideras, pues la prevision de la lei de hacer pagar su parte de impuesto a los poseedores, hace que pocos quieran hacer la adquisicion, si no es con el ánimo de trabajarlas inmediatamente.

Cincinnati es el emporio de la esplotacion de los cerdos, i hai una clase de la sociedad a quien dan el apodo de la aristocracia de los puercos, por haberse enriquecido con esta industria. Anualmente se salan en los saladeros de Cincinnati doscientos mil puercos, i llegada la estacion de la cosecha,   puéblanse los establos de madera de los alrededores i acuden de toda la Union los compradores de manteca, jamones, etc. Apénas es posible creer a qué sumas enormes da oríjen esta industria. Lo mas notable es que en Cincinnati los puercos viven por millares en las calles sin propietario particular. Los vecinos toman uno para engordar en sus casas, los niños se montan en ellos si los logran cojer, i la policía manda matarlos cuando se propagan demasiado. Cincinnati es, pues, el pais donde se amarran perros con longanizas i no se las comen.

Cuatro o cinco dias pasamos con Arcos en Cincinnati dejándonos llevar por el placer de recorrer sus calles i alrededores, visitar su museo, i holgarnos en el *far niente* del *turista*. En Cincinnati fué donde Arcos viendo a un pacífico yankee que leia su biblia, sentado a la puerta de su tendejon, se paró delante de él, le sacó de la boca el cigarro que fumaba, prendió el suyo, volvió a metérselo, i siguió su camino sin que el buen hombre hubiese levantado la vista, ni hecho otro movimiento que abrir la boca para que le ensartaran el cigarro. Paciencia, hermano, en cambio de alguna impertinencia vuestra.

Embarcámonos en un vapor de grandes dimensiones i el tercero que descendia el Mississipi desde que se tuvo noticia me habian ya cesado los estragos de la fiebre amarilla, periódica en Nueva Orleans, en el verano. De Cincinnati a aquella ciudad hai 1548 millas, que se hacen en once dias de navegacion de vapor, marchando de dia i de noche sin otros intervalos que los necesarios para cargar leña o cambiar pasajeros en las ciudades i embarcaderos del litoral. Cuatro comidas abundantes i opíparas se sirven, contando con el lunch; i viaje, comida i servicio de once dias cuesta ¡quince pesos! algo ménos que lo que se pagaria por vivir el mismo tiempo en un hotel.

Poco diré a Ud. de las ciudades a cuyos puertos i muelles va sucesivamente atracando el vapor en el trayecto, pues que en ninguna permanecimos lo suficiente para conservar ni aun reminiscencia distinta de ella. Marieta, Luisville, Roma, Cairo, se suceden de dia en dia, hasta que el pais bárbaro, el Far West empieza, i la escena recobra su carácter agreste i semisalvaje.

El viaje del Mississipi es uno de los mas bellos i que mas duraderos i mas plácidos recuerdos me haya dejado. El majestuoso rio desciende ondulando blandamente por el seno del valle mas grande que existe en la tierra. La escena cambia a   cada ondulacion, i el ancho moderado del mas grande de los rios permite que la vista alcance en esta i la otra ribera a calar por entre la sombría enramada de los bosques, i esparcirse en las sábanas i aberturas que hace la vejetacion mayor de vez en cuando. El encuentro de un vapor es un incidente deseado, por la proximidad i rapidez del pasaje, miéntras que la vista cae desde lo alto de las galerías del palacio flotante, sobre una escuadra de angadas que descienden a merced de la corriente cargadas de carbon de piedra; vése mas allá un falte o mercachifle que va en su buquecillo de vela, vendiendo en detalle por las vecinas aldeas sus chismes i baratijas. Descender a las ciudades i aldeas adonde el vapor toca, correr por las calles, meternos en una mina, curiosearlo todo, comprar manzanas i bizcochos, con el oido atento a la campana que anuncia la próxima partida, era regalada i codiciada variante que no dejábamos de añadir a nuestras emociones, como nunca dejábamos de saltar sobre un barranco, ganar el bosque i correr un rato, miéntras el vapor estaba cargando leña para quemar en sus hogueras.

Arcos, que habia principiado nuestra asociacion con una niñada, se propuso en aquellos dias conquistar mi afecto, haciendo ostentacion de cuanto salero i jovialidad hai en su carácter, alimentados por un inagotable repertorio de cuentos absurdos, ridículos, eróticos, tales cuales solo sabe atesorar la juventud calavera de Paris o de Madrid. Ibamos con esto de zambra i fiesta permanente, a punto de ser conocidos i notados por trescientos pasajeros del vapor.

Servíase a bordo la mesa tres veces para dar abasto a tan crecido número de comensales, i como todos se atropellasen para tomar asiento en la primera, nos quedamos el segundo dia para la segunda, la que dejamos el tercero para estar a nuestras anchas, hasta que al fin nos arreglamos a comer en la cuarta con los criados, en lo que nos iba perfectamente, prolongando la sobremesa los dos solos por horas como lo habríamos hecho en el *Astot hotel* Gustáronnos las melazas que los primeros dias nos sirvieron de postre, i como faltasen el quinto, reclamamos pidiendo la presencia de las melazas; razon por la que un mozo descendia corriendo en los desembarcaderos a comprarla en los bodegones vecinos, «para los señores españoles que se enferman, decia, si no comen melazas». Hablábamos recio en español en la mesa, i reíamos con tal desenfado que atraíamos en torno nuestro un círculo de huasos ya hartos, a vernos comer, gozándose en nuestro inestinguible   buen humor. Una mañana Arcos la emprendió con un bonazo de ministro protestante. - Señor le decia, de qué profesion es Ud.?-Presbiteriano, señor. -Dígame, ¿cuáles son los dogmas especiales de esta creencia?- I el padre procedia bondadosamente a satisfacerlo. -Pero Ud. señor, le decia, Arcos con aire convencido, i como si ambos estuvieran de intelijencia, Ud. ¡no cree nada de eso por supuesto! Es Ud. demasiado sensato para poner fe en esas bromas.- Las facciones del infeliz sometido a tortura semejante, se contraian como cuando nos pisan un callo. El buen clérigo se ponia de todos colores, i medio indignado, medio suplicante hacia profesion de fe solemne de su creencia. Pero el implacable i serio burlon le replicaba con un aplomo imperturbable: - ¡Comprendo, comprendo! Ud. predica i sostiene ante el público esas doctrinas; vive Ud. de ello y la dignidad de su carácter así lo exije; pero aquí entre nosotros, vamos; yo se lo que hai en plata.

Otra vez estaba rodeado de un grupo de yankees horripilados de oirlo, i levantando mas i mas la voz, para que el escándalo fuese mayor. -Gobierno, decia, es ¡el del Emperador de Rusia! ¡Eso si que es un gobierno! Cuando un jeneral delinque o desagrada a su soberano, ¡se le desatan los calzones i se le dan quinientos azotes! ¡Pero estas repúblicas! esto es un escándalo i un desorden. ¿Qué significan vuestras elecciones; i qué sabe Ud. ni Ud., añadia, dirijiéndose a este o a el otro de sus auditores espantados, lo que conviene al estado; cuándo debe hacerse la guerra, i cuándo la paz? Al pueblo solo le toca pagar los gastos de la corte del soberano, que gobierna por derecho divino...

I esto dicho con una seriedad i una afectacion de estar de ello convencido, que aquellos hombres se hacian cruces de oirlo; i pasada la tormenta se lo señalaban unos a otros, mostrándolo como a un animal estraño, un ruso o un loco peligroso. Todo esto para reir despues i alimentar la francachela. ¿No se le antoja una vez persuadir a una cuarentona llena de colgajos i de colorete que yo en sobrino de Abd-el-Kader que viajaba incógnito, favoreciendo esta broma la circunstancia de ser el único en aquellos parajes que llevara la barba entera i la birreta griega? Habíala ya medio persuadido, hablábame en español para que ella creyese que era el árabe, exajerando el sonido de la *j*, i se empeñaba en que me pusiese albornoz para completar el chasco.

Mas tarde me mostró este jóven la parte seria de su carácter, que no es ménos notable por el buen sentido que lo caracteriza,   a lo que se añade mucho trato de la sociedad i la rara habilidad de revestir las formas populares en lenguaje i porte, cualidades que, con su instruccion en materias económicas, lo harian un jóven espectable si supiese dominar las impaciencias de un espíritu impresionable que no contienen ideas fijas i sentimientos de moralidad teórica, aunque su conducta sea regular. Necesito añadir estas rectificaciones por temor de que sin ellas hiciese pasar plaza de truan en mi narracion a un compañero de viaje que me acompañó cuatro meses i me prestó amigables servicios.

La vecindad de Nueva Orleans se deja presentir por alteraciones visibles en la materia de la cultura i por la forma de los edificios. Divísanse haciendas, i en ellas líneas de casuchas de madera de la misma forma i capacidad todas, mostrando que el libre albedrío no ha presidido a su construccion. La tierra está dividida en lotes mas grandes; la poblacion rural aislada desaparece, i las raras habitaciones que de cuando en cuando se presentan, asumen formas i estension que acusan la presencia de una aristocracia campestre. Aquellas casitas iguales son, en efecto, las habitaciones de los esclavos, i las grandes a que se arriman, las mansiones de los señores amos. Esta es la aristocracia de las balas de algodon i de las bolsas de azúcar, fruto del sudor de los esclavos. ¡Ah! ¡la esclavatura, la llaga profunda i la fístula incurable que amenaza gangrenar el cuerpo robusto de la Union! ¡Qué fatal error fué el de Washington i de los grandes filósofos que hicieron la declaracion de los derechos del hombre, el dejar a los plantadores del sud sus esclavos; ¿i por qué rara fatalidad los Estados Unidos, que en la práctica han realizado los últimos progresos del sentimiento de igualdad i de caridad, están condenados a dar las postreras batallas contra la injusticia antigua de hombre a hombre, vencida ya en todo el resto de la tierra?

La esclavatura de los Estados Unidos es hoi una cuestion sin solucion posible; son cuatro millones de negros, i dentro de veinte años serán ocho. Rescatados, ¿quién paga los mil millones de pesos que valen? Libertos, ¿qué se hace con esta raza negra odiada por la raza blanca? En tiempo de Washington i treinta años despues, el cinismo de la teoría no venia a justificar en el ánimo de los amos la codicia de la práctica; pero hoi la esclavatura esta apoyada en doctrina, porque se ha hecho el alma de la sociedad que la esplota. Entónces era mas reducido el número de esclavos, i por tanto mas cancelable económica i numéricamente. Miéntras tanto la esclavatura tiene en los estados yankees jenuinos, i éstos son los mas ricos, poblados i numerosos, antagonistas implacables, fanáticos. El espíritu puritano de igualdad i de justicia se eleva en el norte a la altura de un sentimiento relijioso. Abominan de ella como de una lepra i de una mancha que deshonra a la Union, i en su ardor predican la cruzada contra los réprobos que esplotan la abyeccion de una raza maldecida.

Echámosles en cara a los norteamericanos su perpetuacion. ¡Dios mio! Vale tanto como aflijir i humillar las canas del padre virtuoso, echándole en cara los desmanes de su hijo pródigo. La esclavatura es una vejetacion parásita que la colonizacion inglesa ha dejado pegada al árbol frondoso de las libertades americanas. No se atrevieron a arrancarla de raiz cuando podaron el árbol, dejando al tiempo que la matase, i la parásita ha crecido i amenaza desgajar el árbol entero.

Los estados libres son superiores en número i riqueza a los estados de esclavos. En el congreso, en las leyes no conquistará la esclavatura un palmo de terreno mas al norte de la línea que el hecho existente se ha trazado. Si la guerra sobreviene, ¿los negros irán a batirse con los blancos para evitar que les quiten sus cadenas? ¿Los amos formarán ejércitos para guardar sus esclavos? La separacion en estados libres i en estados esclavos, tan cacareada por los estados del sud, traeria la desaparicion de la esclavatura. ¿Pero adónde irian cuatro millones de libertos? Hé aquí un nudo gordiano que la espada no puede cortar i que llena de sombras lúgubres el porvenir tan claro i radioso sin eso de la Union Americana. Ni avanzar ni retroceder pueden; i miéntras tanto la raza negra pulula, se desenvuelve, se civiliza i crece. ¡Una guerra de razas para dentro de un siglo, guerra de esterminio, o una nacion negra atrasada i vil, al lado de otra blanca la mas poderosa i culta de la tierra!

Desde Pittsburg hasta Nueva Orleans habíamos atravesado diez estados de los que no entraron en la primitiva federacion. La ciudad de Nueva Orleans es la capital de la Luisiana, orijinariamente francesa i cuya promiscua poblacion se compone hoi de criollos americanos, españoles i franceses. La apariencia de la ciudad desde el puerto es magnífica, i los vapores solo, que están de continuo en sus ancladeros por centenares, bastan para revelar la actividad comercial de sus   habitantes. Puede decirse que el vapor se inventó para el Mississipi. Antes de su aplicacion a la navegacion fluvial, echaban meses i meses las raras barcas que remontaban los rios, como sucede hoi en el Paraná i Uruguai; los buques de alta mar cruzaban muchos dias en el golfo de Méjico acechando la ocasion favorable de tomar la difícil entrada del caudaloso rio que a muchas leguas de la costa lleva aun su caja en el fondo del mar flanqueada de bancos peligrosísimos. Inventóse, empero, el vapor, i bandadas de remolques remolinean en la embocadura para lanzarse en el golfo, apénas divisan en el lejano horizonte una vela. Millares de vapores recorren el rio arriba, dispersándose hácia todos los rumbos del horizonte, siguiendo las vias acuáticas en que por centenares se subdivide el canal principal a medida que se lo incorporan rios tributarios; i cuando el valle del Mississpi esté ocupado por el hombre, espantará sin duda la masa de productos que vendrá a acumularse en Nueva Orleans, quedando estrecho el canal anchuroso que desde aquella ciudad conduce al golfo para la no interrumpida procesion de buques que han de ir a desparramarse como puñados de granos en la inmensidad del océano, porque el Mississipi es la única salida que ofrece un mundo entero.

Desgraciadamente Nueva Orleans es incurablemente enferma; la fiebre amarilla aparece periódicamente en su recinto todos los años desde tal dia del año, hasta tal otro; mata a los que no huyen del seno de la ciudad, i vuelve a convalecer i restablecer su salud hasta la misma época del año siguiente. A una legua de la ciudad la salubridad es completa, i ni por contajio alcanza aquel azote periódico. Tenia en 1840 ciento dos mil habitantes, número que no aumenta en grandes proporciones, no obstante ser el desembarcadero de la emigracion francesa.

Residimos en Nueva Orleans diez dias hasta contratar pasaje para la Habana, en un malísimo i pestilente buquecillo de vela, que como la falúa del Mediterráneo que me condujo de Mallorca a Arjel, llevaba su carga de cerdos, con el aditamento de tres o cuatro tísicos moribundos, que partian con nosotros camarotes estrechísimos, calientes i llenos de tela de araña. El mundo norteamericano concluia, i principiábamos a sentir con anticipacion las colonias españolas a donde nos dirijíamos.

FIN DE LOS VIAJES

Printed in Dunstable, United Kingdom